LA CIENCIA DE LA MENTE

LIBROS POR ERNEST HOLMES

★ Publicado por Tarcher/Putnam

LA CIENCIA DE LA MENTE

ERNEST HOLMES

SCIENCE OF MIND PUBLISHING
LOS ANGELES, CALIFORNIA

1998 © SCIENCE OF MIND PUBLISHING
SPANISH EDITION

1938 © ERNEST HOLMES

TRADUCIDA AL ESPAÑOL POR: ESTELA SALINAS FLORES, 1988

REVISADA Y CORREGIDA POR: MARTHA T. TOPEL, 1996

REVISED AND CORRECTED, 1998
ALIDA AND JOSE L. SOSA, RScP
REV. REBEKA PIÑA, RScP
MEMBERS DE ALIANZA LATINA
INTERNACIONAL DE LA CIENCIA DE LA MENTE ®
REV. MINA KRAMER, REV. CIELO ARRILLAGA TORRENS,
LILIA S. DE BOLÍVAR, RScP, ALFONSO DE LA BARRERA, RScP,
Y JOE OBREGON, RScP (RETIRED)

DESIGN: RANDALL FRIESEN

UNITED CHURCH OF RELIGIOUS SCIENCE
3251 WEST SIXTH STREET
P. O. BOX 75127
LOS ANGELES, CALIFORNIA 90020
TEL. (213) 388-2181 - FAX (213) 388-1926

PRIMERA EDICIÓN EN ESPAÑOL.

IMPPRESO EN LOS ESTADOS UNIDOS DE NORTEAMERICA

Estas lecciones
están dedicadas a esa Verdad
que libera al hombre de sí mismo
y lo coloca en el sendero de una nueva
experiencia, lo cual le permite ver a través de la
niebla la Eterna e Inmutable Realidad.

LA PAZ SEA CONTIGO, FORASTERO

La paz sea contigo, forastero, entra y no temas.
La puerta está abierta y eres bienvenido en mi hogar.
Hay lugar para todos en mi casa.
He barrido el fogón y encendido el fuego.
El cuarto está caliente y alegre, y aquí encontrarás comodidad y descanso.
La mesa está puesta y las frutas de la Vida están a tu vista.
También el vino está aquí, brillando en la luz.
He colocado una silla para ti donde los rayos del sol danzan a través de la cortina.
Siéntate y descansa, y refresca tu alma.
Come la fruta y toma el vino.
Todo, todo es tuyo, y tú eres bienvenido.

RECONOCIMIENTO

Esta traducción en Español de *La Ciencia de la Mente* ha sido una labor de amor de muchas personas por muchos años. Razón por la cual esta publicada es un testimonio del impulso de expresion del gran Espíritu. En todas las cultura, todos los idiomas y en todos los países somos Uno con el Espíritu que es Dios.

Así es que con mucha gratitud reconocemos la dedicación y cooperación de las siguientes personas quienes hicieron posible la realización de este libro. Gracias a Rev. Catherine Boeskin, por su constante fe e inquebrantable convicción hacia la traducción en Español de este importante libro. A Estela Salinas Flores por su traducción original que fue terminada en 1988. A Martha T. Topel, practicante de Religious Science International, por su revisión y corrección de 1996. A Rev. Rebeka Piña, Alida y José L. Sosa, RScP de Monterey, México, a los miembros de Alianza Latina Internacional de la Ciencia de la Mente® que incluyen Rev. Mina Kramer, Rev. Cielo Arrillaga Torrens y Lilia S. de Bolivar, RScP, Alfonso de la Barrera, RScP, y Joe Obregon, RScP (retired) por su revisión y corrección de 1998.

Damos muchas gracias por su gran apoyo al Dr. J. Robert Gale, Director y Administrador Principal de United Church of Religious Science, a Kenneth T. Lind, RScP, Director Ejecutivo de Science of Mind Foundation, a United Church of Religious Science International Board of Trustees. También a más de 150 personas que dieron sus donaciones y a todos los demás individuos, incluyendo a Christina Tillotson, RScP por su generosa donación en memoria de su esposo el Dr. John P. Schill. Gracias también a todas las Iglesias y los grupos de estudio de la Ciencia de la Mente. Su convicción y generosidad, hizo una realidad a esta traducción de *La Ciencia de la Mente.*

Elaine Sonne, RScP
Managing Editor
Science of Mind Communications
1998

CONTENIDO

El Universo No Tiene Favoritos—No Hay Nada
Sobrenatural Sobre Del Estudio De La Vida—No Hay
Dos Mentes Solo Dos Nombres—Poder Ilimitado Al
Alcance Del Hombre—Todo Pensamiento Es
Creativo—El Camino A La Libertad No Es
Misterioso—Si Aprendemos A Confiar Seremos
Felices—La Naturaleza Divina Está En Todo Hombre.

La Mente Universal, O Espíritu, Es Dios—La Semilla
De La Perfección Está Oculta En Nuestro Interior—El
Espíritu Trabaja a Través de Nosotros Por Medio De
Nosotros—¿Cuánto Podemos Creer?—Sólo El Bien—
No El Bien Y El Mal.

El Universo Impersonal—Un Enigma De la Sencillez—
El Amor Gobierna Por Medio De La Ley—El Método
Científico—Contiene Todo El Conocimiento—El
Trabajo Mental Es Definido— El Principio Declarado
De Nuevo—El Secreto Ya Se Sabe—El Tratamiento Es

PRIMERA PARTE: LA NATURALEZA DE SER

Lo que creemos acerca de Dios y del hombre.

CAPÍTULO

TERCERA PARTE: EL SANAR MENTAL ESPIRITUAL
PRACTICA

Determinando el destino. la técnica por la cual captamos el poder de la mente, y comprobamos su uso práctico.

QUINTA PARTE:
ENSEÑANZAS DEL NUEVO TESTAMENTO

Jesús Perdona A Un Hombre Y Lo Sana—Dios No Conoce La Maldad—Remiendos Nuevos En Ropas Viejas—Tu Fe Te Ha Sanado—La Ley De La Circulación—¿A Quién Trataremos De Ayudar?—Nada Puede Esconderse—Los Enemigos del Hombre—La Recompensa De Ver La Verdad—La Sabiduría Se Reconoce Por Sus Obras—La Fe Semejante A La De Un Niño—El Verdadero Padre E Hijo—El Poder En El Corazón De Dios—La Gran Búsqueda—La Experiencia Espiritual Es Necesaria—La Causa De los Problemas Humanos—Cómo Dirigirse Al Espíritu—El Propósito De La Ciencia De La Mente.

Y Jesús Conocía Sus Pensamientos—Los Buenos Pensamientos Y La Buena Cosecha—Padre-Madre Dios—Al Que Tiene Se le Dará—El Concepto Del Hombre Próspero—El Ojo Que Ve—El Reino Y La Semilla De Mostaza—El Reino Es Como Levadura—La Perla De Gran Valor—Lo Que Corrompe—Cuando el Ciego Guía Al Ciego—El Que Salvare Su Vida La Perderá—El Ayuno Y La Oración—Sanando Al Epiléptico—Como Niños Pequeños—Lo Que Ataréis Sobre La Tierra—El Perdón Divino—Una Fórmula Para La Oración Efectiva—Los Dos Grandes Mandamientos—La Historia Comprueba La Realidad De La Verdad.

Dios Se Vuelve Hacia Nosotros Al Volvernos Nosotros A El—Los Dos Hijos—Dios No Discute—El País Lejano—Por Qué Experimentamos Carencia—El Hombre Caído—Nadie Puede Darnos Nada Sino Nosotros Mismos—El Gran Despertar—La Auto-Condenación—Y El Padre Le Vio Desde Muy Lejos—Dios No Condena—Dios No Conoce El Pecado—La Vestimenta Más Preciosa—La Casa del Padre Siempre

No Hay Demoras—Sin Falsedades—No Hay
Obstáculos—Ni Accion Excesiva, Ni Inercia—Yo Soy
Uno Con La Acción Perfecta—Paz, Serenidad Y
Poder—Tranquilidad Y Receptividad—Gratitud Y
Alabanza—La Luz Dentro de Mí—La Noche Está
Llena De Paz—El Sello De Aprobación—El Camino
Secreto—La Vereda Brillante—Las Cosas Que Necesito
Vienen A Mí—El Camino Se Aclara Frente A Mí.

Al Llegar El Amor, El Temor Se Va—La Vida Infinita
Dentro de Mí—No Tropezarán Mis Pies—Nada Te
Dañará—El Poder Del Vivir—El Círculo De Amor—El
Círculo De Protección—El Poder Dentro de Mí
Bendice Todo—La Respuesta Rápida—Un Canto De
Gozo—Nacido del Día Eterno—Me Levanto Y Sigo
Adelante—Inspiración—Ha Llegado La Alborada.

Confianza Total—Atrayendo El Bien—No Temo Al
Mal—Siempre He Sabido—Encuentro Mi Bien—Mi
Atmósfera—Mí Bien Está Completo—Lo Que Es Mío
Vendrá A Mí—Mi Alma Refleja Tu Vida—La Tristeza Se
Aleja De Mí—Substancia Y Abastecimiento—Lo
Eterno Y El Todo—La Casa del Amor.

Levántate, Espíritu Mío—Ordena A Mi Alma—La
Desesperación Cede Al Gozo—El Espíritu Libre
Dentro De Mí—Abundancia De Luz—El Que Habita
En La Eternidad—Escucho—El Gozo Ha Venido A
Vivir Conmigo—Pienso En Ti—Oh, Amor Divino—
La Paz Pasa Furtivamente Al Alma—Levántate Y
Habla—La Esencia Sutil del Espíritu Dentro De Mí—
Los Brazos Eternos—El Manto del Amor—La Voz De
La Verdad—El Testigo De La Verdad—Por Las Largas
Vigilias De La Noche—Tu Fuerza Es Suficiente—
Espero En Ti—El Que Tiene Derecho A Venir.

PROLOGO

por
Jean Houston, Ph.D.

Este es un libro para todos los tiempos. Contiene la sabiduría purificada de muchas eras, muchas culturas y una gran alma. Leerlo es pasar por el alambique del cambio, para entrar en una asociación con Dios y aprender las leyes de la co-creación. Es tal vez uno de los libros más potentes e influenciables del siglo veinte, aunque no aparezca en el compendio de los "Grandes Libros." Sus palabras han inspirado incontables millones, semillas en crecimiento para iglesias y filosofías espiritualmente innovadoras, aunque ninguna universidad le haya dado un lugar en sus curriculum todavia. En una prosa poderosa y precisa proyecta el plan original para rehacer la mente y reconstruír el mundo. Aún los arquitectos de las formas sociales y psicológicas saben poco acerca de esto. Probablemente asi es como debe ser, porque es la pieza-maestra escondida que debe ser descubierta solamente cuando uno está listo para entrar a una vida completa.

Si yo fuera a declarar la esencia de las enseñanzas de *La Ciencia de la Mente*, sería que "El Dios más Elevado y el Dios interno es Un solo Dios." En el centro de cada ser humano esta "el Genio Creativo Original del Universo." Por lo tanto, nosotros somos el contacto con la Esencia de Dios en la Tierra, la focalización de la Eternidad en el tiempo. Conciente o inconcientemente nosotros dirigimos el fluir de la Mente Universal hacia la forma. En términos comunes, "el motor cósmico está encendido pero el hombre lo guía en su propia vida." Esto nos concede un poder tremendo y con él una responsabilidad innata para hacer y dehacer nuestro mundo por medio del extraordinario trabajo del poder de nuestras mentes. Así pues el énfasis práctico de *La Ciencia de la Mente* está en el aprendizaje del poder que entrena el pensamiento. Muchos de nuestros pensamientos ordinarios en poco tiempo se vuelven patrones habituales, con

poca variación de un día a otro. Nuestras vidas reflejan ésto y caen
en una serie de monotonía interrumpida por episodios de problemas, pánico y pérdidas. Vivimos entonces como versiones limitadas y
desvalidas sin saber quién o qué somos, sufriendo la continuidad de
plagas emocionales y pensamientos tóxicos y el mundo trágica-
mente refleja eso mismo. En contraste, la Ciencia de la Mente seriamente interpreta la máxima de ser recreado a través de la renovación de nuestras mentes. Y no solamente nuestras mentes sino
nuestros cuerpos y almas también. Los poderes del Segundo Génesis
están dentro de nosotros y esto significa que debemos estar de
acuerdo en ponernos a tono y orquestrar nuestros pensamientos y
emociones hacia propósitos más elevados y fines creativos. En esto
tenemos ayuda porque el Espíritu asegura que el aliciente al cambio
está siempre llamando, como la visión incendiaria de lo que
podemos ser. Nosotros nos limitamos solamente por el concepto de
la ignorancia y la pereza y rehusamos remontar la inclinación del
pensamiento.

La Ciencia de la Mente nos da la pasión por una nueva posibilidad
acompañada con direcciones claras y precisas para construir un
molde nuevo de mente y manifestación. Este nos muestra como
activar la imaginación constructiva y como guardar en el pensamiento y en el sentimiento la intención y la energía para curar,
sanar y co-crear. Nos enseña como dejar de aburrir a Dios despertando al hecho de que estamos aquí en la Escuela de Dios para
aprender los principios de como hacer el mundo y la evolución del
ser y de la sociedad. Está visto que la evolución sigue a la involución
donde descubrimos que nuestras mentes son puertas estrella, nuestros cuerpos con células llenas de misterios, nos dan las llaves para
emerger a la fase de nuestra existencia. Ernest Holmes fué uno de
los primeros en dirigirnos a lo que tiene que ser encontrado en la
vasta ecología del espacio intemo. En su ámbito de entendimiento y
aplicación el anticipó y preparó el campo para la revolución que
estaba por venir en la investigacion de la mente y el cerebro. Los
patrones de una psicología sagrada que emerge son ofrecidos en el
conocimiento de que a medida que vamos dentro de nosotros
podemos tener acceso a las estructuras profundas de nuestro ser y

construir puentes hacia el gran reino Arquetipo ahí donde yacen los diseños dinámicos que forman y reforman nuestra realidad. *La Ciencia de la Mente* nos enseña como ser ciudadanos activos y creativos en un Universo e Interverso más rico que todas las imaginaciones previas.

Escrito en lo que algunos pudieran creer que fué un tiempo más fácil, éste trabajo habla al futuro y al tiempo más complejo también. No obstante que el lenguaje que usa Holmes pertenece a los años 1920 y 1930, las ideas expresadas son mas amplias que la fuerza de las palabras y aun más relevante para la necesidad de hoy. Holmes pareció anticiparse al mundo del nuevo milenio con su combinación de factores únicos para la experiencia humana. ¿Como podemos tratar con un mundo angustiado por un sistema completo en transición en el cual todas las cosas que hemos conocido estan cambiando a paso tan rápido que nos apresan entre los peligros que nos amenazan y las oportunidades que nos guían? Educados por la exigencia de una cultura y un tiempo diferente, estamos llamados a ser re-educados para hacer mucho más uso de nosotros mismos para enfrentar los muchos y nuevos retos que confrontamos. No tenemos opciones, entonces vamos a democratizar la grandeza y utilizar el gran contenido de Potencial humano y divino. *La Ciencia de la Mente* dice que esto no solo es posible sino que es precisamente lo que se espera de nosotros. De hecho, eso es para lo cual fuimos creados. El Infinito sabiendo que no puede contratar, ha codificado lo Relativo, que significa a nosotros mismos para expansión de Si Mismo. Por primera vez en la historia humana hemos sido requeridos, como una especie para extendernos radicalmente hacia nuevas formas de ser. Las tareas que ahora son nuestras, las tareas de la creación virtual, impulsan la revolución en la conciencia que nos dice que siendo de carne, somos parte de un gran Espíritu en desarrollo.

Este es el tiempo. Nosotros somos la gente. ¡Este es el libro que nos puede ayudar a lograrlo!

I

LA COSA MISMA

Todos esperamos el día en que la ciencia y la religión caminen de la mano a través de lo visible a lo invisible. La ciencia no reconoce nada de opinión, pero si reconoce que hay algo que gobierna por medio de leyes cuyos principios son universales. Por lo tanto, cualquier científico que rechaza los valores intangibles, no tiene una base adecuada para los valores que ha descubierto. La revelación debe mantener la fe dentro de la razón, y la religión dentro de la ley—mientras que la intuición extiende siempre sus alas para volar más alto—y la ciencia debe justificar la fe en lo invisible.

Suponer que la Inteligencia Creativa del Universo hubiera creado al hombre en la esclavitud y lo hubiera dejado esclavizado sería deshonrar el Poder Creativo que llamamos Dios. Suponer que Dios hubiera hecho al hombre como individuo sin permitirle descubrirse a sí mismo, sería suponer lo imposible. La individualidad debe ser espontánea; nunca puede ser automática. La semilla de la libertad debe ser plantada en el hombre en lo más profundo de su ser, pero, como el Hijo Pródigo, el hombre tiene que hacer el gran descubrimiento por sí mismo.

Nosotros vemos abundancia en el Universo. No podemos contar los granos de arena ni siquiera en una sola playa. La tierra contiene incalculables riquezas, y el aire mismo vibra con poder. ¿Por qué entonces el hombre vive débil, pobre y atemorizado? La Ciencia de la Mente se ocupa de estas preguntas. El Plan Divino es un plan de Libertad; la esclavitud no es obra de Dios. La Libertad es el patrimonio de toda alma viviente. Todos instintivamente así lo percibimos.

La Verdad significa libertad, bajo la ley. Es por esto que la naturaleza inherente del hombre siempre busca expresarse en forma libre. Es bueno que escuchemos esta Voz Interna, pues ella nos habla de una vida maravillosa a nuestro alcance; de un amor más grande que nuestros sueños más dulces; de una libertad que el alma anhela.

No obstante, el gran Amor del Universo debe ser Uno con la gran ley de Su Propio Ser, y nosotros debemos acercarnos al Amor por medio de la Ley. Esta, por lo tanto, es la enseñanza: El Amor es Ley. Así como el amor de Dios es perfecto, así también la ley de Dios es perfecta. Nosotros debemos entender ambas cosas.

Cualquiera que sea la naturaleza de algún principio—con tal que una persona lo pueda comprender—puede ser entendido por todos aquellos que dediquen tiempo a investigarlo. Esto no requiere un alto grado de inteligencia, sino más bien, una aplicación práctica de lo que ahora sabemos para poder aumentar nuestro conocimiento. El estudio de la Ciencia de la Mente es el estudio de la Primera Causa, del Espíritu, la Mente, o esa Esencia invisible, esa Materia e Inteligencia fundamental de la cual proviene todo, el Poder detrás de la creación—la Cosa Misma.

Nosotros aceptamos esta "Cosa" y creemos en Ella. Lo que deseamos es saber más de Ella, y cómo usarla. Tan solo por las pruebas obtenidas, sabemos que estamos tratando con un principio definido. Si uno (a través del uso conciente de lo que conoce) puede producir un cierto resultado, debe saber con qué está tratando.

Al hablar de la metafísica, parece ser que estamos tratando con algo demasiado abstracto. ¿Pero qué es lo tangible sino los resultados? Los principios siempre estarán ocultos a nuestra vista. Aceptamos las conclusiones de la ciencia con tal que estén comprobadas, y reconocemos que están basadas en principios inmutables—aunque invisibles.

EL UNIVERSO NO TIENE FAVORITOS

Estamos tan acostumbrados a pensar que si mezclamos ciertos colores vamos a obtener otros ciertos colores, que no nos damos cuenta que estamos tratando con un principio. Sabemos que *cualquiera* que combine estos mismos colores obtendrá el mismo resultado, pero no sabemos por qué; ¡EL HOMBRE MAS SABIO NO SABE POR QUE! En la metafísica no tenemos que esforzar más nuestra credulidad.

Consideramos la metafísica quizá como algo que sólo los más profundos pensadores pueden entender, pero hay que recordar que nosotros también somos pensadores. El más profundo pensador de todos los tiempos tiene reverencia por la Vida misma, reconociendo que ésta es un poder y una potencialidad, cuyas posibilidades infinitas no puede el intelecto ni siquiera imaginar.

Los principios Universales no respetan personalidades; el Universo no tiene favoritos. Por lo tanto, está escrito que: "Y el que tenga sed, que venga. Y el que quiera, que beba el agua de la vida libremente." (Rev. 22:17)

NO HAY NADA SOBRENATURAL SOBRE EL ESTUDIO DE LA VIDA

Acerquémonos, entonces, a la Ciencia de la Mente—la Ciencia de la Psicología Espiritual—con admiración, pero sin miedo; con verdadera humildad, pero sin sentir que no somos dignos. Empecemos con naturalidad, contentos, dispuestos a aceptar, felices de experimentar, esperando y creyendo que como resultado de nuestros esfuerzos obtendremos un gran bien—un firme entendimiento de las leyes naturales de la Vida, las cuales aplican tanto al individuo como a su relación con todo lo que existe en el universo.

Este es el significado simple de la verdadera enseñanza de la metafísica, el estudio de la Vida y la naturaleza de la Ley, gobernada y dirigida por el pensamiento; siempre conciente de que vivimos en un Universo espiritual, que Dios está dentro, a través, y alrededor de nosotros. No hay nada sobrenatural acerca del estudio de la Vida desde el punto de vista metafísico. Lo que hoy nos parece sobrenatural, una vez que se le entienda completamente, se reconocerá como algo espontáneo y natural.

Todos nosotros sabemos que muchos han sanado de enfermedades físicas por medio de la oración. Vamos a analizarlo. ¿Por qué unos sanan con la oración y otros no? ¿Se puede creer que haya un Dios que escoja a alguien y le diga, "Voy a concederte a ti lo que pides, pero a aquel otro señor no"? Esto es superstición, creer que Dios responde a la oración de uno y a la del otro no. Jesús dijo que Dios "hace que el sol salga para los buenos y para los malos, y que la lluvia caiga tanto sobre los justos como los injustos." (Mat. 5:45)

El que algunos hayan sido sanados por la oración mientras otros continúen igual se explica de la siguiente manera: NO es que Dios haya respondido a unos si y a otros no, sino que algunos han respondido a Dios más que otros. Sus oraciones (sus pensamientos) fueron respondidas por la ley de correspondencia. La respuesta a la oración está en la oración misma. ¿Pero qué es la oración? La oración es un movimiento del pensamiento dentro de la mente del está orando, a lo largo de una linea de meditación definida; es decir, con un propósito específico.

¿Qué es la mente? Nadie lo sabe. Sabemos bastante acerca de la mente, *pero no lo que ella es.* Al decir mente, queremos decir conciencia. En este momento nosotros la estamos usando. No podemos localizar la mente en el cuerpo porque, mientras que éste es un vehículo necesario a la conciencia mientras estemos aquí, pero el cuerpo no es la conciencia. Nosotros no podemos aislar la mente. Todo lo que se sabe acerca de la mente no es lo que es, sino *lo que hace*, y ni siquiera el más grande filósofo que haya existido sabe más que esto…aunque sí podría informarnos más sobre cómo trabaja.

NO HAY DOS MENTES, SOLO DOS NOMBRES

La Mente—la Cosa, Espíritu, Causa—está más allá, y sin embargo no más allá de nuestra comprensión. *Más allá* porque es inmensa; *dentro* porque dentro de la medida en que la entendamos *somos* Ella; no obstante, como es Infinita, nunca podremos abarcarla. *¡Nunca podremos abarcar a Dios, y sin embargo, siempre estaremos en Dios y seremos de Dios!*

La Mente tiene dos clasificaciones. No hay *dos mentes,* sino más bien dos nombres que se emplean para describir dos estados de la conciencia: el *objetivo,* o conciente y el *subjetivo* o subconciente.

Creemos que el estado conciente es el uso que hacemos concientemente de nuestra mente. El estado subconciente (o subjetivo)—llamado a veces estado inconciente—es la parte creativa de la mente activada por el estado conciente.

En este libro de texto, bajo el título de "Mente Subjetiva," se dice que: "En la Mente Subjetiva del hombre, existe una ley que obedece su palabra, que es la sierva de su espíritu. La sugestión ha comprobado que la mente subconciente actúa sobre los pensamientos. Es la ley mental de nuestro ser, y el factor creativo. Por el momento no es necesario entrar en detalle sobre la Mente Subjetiva y su funcionamiento; baste con decir que dentro de nosotros hay una *ley mental*, que cumple la voluntad y los propósitos de nuestros pensamientos concientes. Esto no puede ser más que *nuestro uso individual de esa Gran MENTE SUBJETIVA, la cual es la base de toda ley mental y acción*, y que es 'El Siervo del Espíritu Eterno a través de todos los tiempos'."

PODER ILIMITADO AL ALCANCE DEL HOMBRE

No importa qué tan sorprendente pueda ser este concepto, lo cierto es que el hombre tiene a su disposición—en lo que el llama *su* Mente Subjetiva—un poder que parece Ilimitado. ¡ESTO SE DEBE A LA UNION DEL HOMBRE CON EL TODO EN EL ASPECTO SUBJETIVO DE LA VIDA! El pensamiento del hombre, al caer en la mente subjetiva, se une con la Mente Subjetiva Universal, y se convierte en la ley de su vida a través de la única gran ley que rige toda la creación.

No hay dos mentes subjetivas. Sólo hay una Mente Subjetiva, y lo que llamamos *nuestra mente subjetiva* es realmente el uso que hacemos de la Ley Unica. Cada individuo mantiene su identidad en la Ley por medio de su uso personal de la Ley misma. ¡Y cada uno obtiene de la Vida lo que produce con su propio pensamiento!

Aprender a pensar es aprender a vivir, porque nuestros pensamientos entran en un Medio con capacidades infinitas de ser y hacer. El hombre, con solo pensar, puede crear en su vida todo lo que desee—con tal que piense correctamente, y que se convierta en la encarnación viva de sus pensamientos. Esto no se consigue *sosteniendo pensamientos* únicamente, sino conociendo la Verdad.

Dentro de nosotros, por lo tanto, existe un campo creativo llamado mente subjetiva; a nuestro alrededor hay un campo creativo llamado Mente Subjetiva. Uno es individual y el otro universal, pero en realidad son uno solo. EN EL UNIVERSO HAY UNA LEY MENTAL, Y AL USARLA SE CONVIERTE EN NUESTRA LEY PORQUE LA HEMOS INDIVIDUALIZADO. Es imposible llegar al fondo de la mente individual, *porque la mente individual no es realmente individual sino que ha sido individualizada.* Detrás de lo individual está lo Universal, lo que no tiene límites. Aún en este solo concepto existe la posibilidad de desarrollo eterno e infinito. Todos somos Universales en el aspecto subjetivo de la vida, e individuales sólo al grado de nuestra percepción conciente. La solución al enigma es entonces que todos usamos el poder creativo de la Mente Universal *cada vez que usamos nuestra propia mente.*

TODO PENSAMIENTO ES CREATIVO

Ciertamente, todo pensamiento es creativo, por lo tanto, no se puede decir que un pensamiento es creativo y otro no. Lo que se debe decir es que todo pensamiento es creativo de acuerdo con su propia naturaleza, impulso, emoción o convicción. El pensamiento crea un molde en la Mente Subjetiva, en la cual la idea es vaciada y aceptada, y activa el poder de acuerdo con la índole del pensamiento. La ignorancia de esto no perdona a nadie de sus efectos, porque estamos tratando con la Ley y no con una fantasía caprichosa.

La mente conciente es superior a la subjetiva y puede usar a ésta concientemente. Aún cuando el subconciente es tan grandioso, su tendencia es activada por el pensamiento conciente, y en esta posibilidad encuentra el camino a la libertad. La Ley Kármica no es un Destino. No es suerte o fatalismo, sino causa y efecto. Es un amo severo del tonto; un sirviente del sabio.

EL CAMINO A LA LIBERTAD NO ES MISTERIOSO

La experiencia nos han enseñado que la tendencia subjetiva de esta Ley inteligente de poder creativo puede ser dirigida concientemente y usada definitivamente. *Este es el más grande descubrimiento de todos los tiempos.* Aquí no hay ningún misterio sino una verdad profunda que puede comprobarse. El camino a la libertad se encuentra no a través de misterios o cosas ocultas, sino a través del uso inteligente de las fuerzas y leyes de la Naturaleza. La Ley de la Mente es una ley natural en el mundo espiritual.

Pero, ¿a qué nos referimos cuando decimos *mundo espiritual?* Nos referimos a la palabra de la inteligencia conciente. La Mente Subjetiva es un mundo de Ley y de orden mecánico; en nuestras vidas, es mayormente una reacción, un efecto, una forma. NUNCA ES UNA PERSONA AUNQUE CON FRECUENCIA PARECE QUE ACTUA COMO TAL. En esto se equivocan muchos totalmente, tomando los impulsos subjetivos por personalidades reales. Esto, sin embargo, es un campo de investigación que no va a explicarse aquí en su totalidad.

La forma más sencilla de establecer la proposición es decir que tenemos una mente conciente que opera dentro de un campo subjetivo que es creativo. La mente conciente es el Espíritu, la mente subjetiva es la Ley. Una es el complemento de la otra y no podría demostrarse ninguna individualidad real sin combinar las dos.

Ningún hombre ha llegado jamás al fondo de la vida conciente o de la vida subjetiva. En ambas direcciones, nos extendemos hacia el Infinito, y como no podemos abarcar el Infinito, siempre estaremos desarrollando y siempre aumentando nuestra capacidad de saber y de vivir.

No hay necesidad de preguntar *por qué* esto es así. No se puede explicar por qué la Verdad es verdadera. Nosotros no creamos las leyes ni los principios, sino que los descubrimos y los usamos. Aceptemos esta posición relativa a las leyes de la Mente y del Espíritu, y veamos que podemos hacer con ellas en lugar de tratar de contradecir lo inevitable. Nuestra mente y espíritu son nuestro eco de la misma "Eterna Cosa," y mientras más pronto descubramos esto, más pronto seremos libres y felices. El Universo está lleno del Espíritu y de la Ley. Estos reaccionan el uno con el otro. Nosotros somos Espíritu y somos Ley. La ley de nuestra vida reacciona a nuestros conceptos espirituales o materiales, y construye y reconstruye según nuestras creencias y nuestra fe.

SI APRENDEMOS A CONFIAR SEREMOS FELICES

Todo humano busca alguna relación con la Mente Universal, el Alma del Universo, o el Espíritu Eterno que llamamos Dios. Y la Vida se revela a cualquier persona que sea receptiva a Ella. Una conclusión a la que han llegado los pensadores más profundos de cada época es que vivimos en un Universo espiritual que incluye el universo material o físico. Se concluye inevitablemente que este Universo espiritual debe ser Inteligencia pura y Vida perfecta, gobernado por el Amor, por la Razón y por el Poder de crear.

Hay un Poder en el Universo que hace honor a nuestra fe en Él; hay una Ley en el Universo que produce exactamente hasta el más minúsculo detalle. Todos deseamos sentir que el poder que hay detrás de todo es benevolente, al igual que creativo; una Inteligencia Eterna e Inmutable, en la cual el hombre vive, se mueve y tiene su ser. Por intuición, creemos que todo hombre, en su estado natural, es parte o manifestación de este Eterno Principio; y que todo problema de limitación, maldad, sufrimiento, e incertidumbre no es ordenado por Dios, sino que es el resultado de la ignorancia. Está escrito que la Verdad nos dará la libertad, a condición de que sepamos la Verdad, y observamos que la evolución de la conciencia del hombre trae consigo la adquisición de nuevos poderes y más altas posibilidades.

Nos encontramos acongojados por la confusión, por el conflicto, por las afirmaciones y las negaciones, por la emoción congestionada por el miedo, congelada por el orgullo. Tenemos miedo del Universo en que vivimos, sospechamos de la gente a nuestro alrededor, dudamos de la salvación de nuestras propias almas. Todas estas cosas crean reacciones negativas que nos causan desórdenes físicos.

La Naturaleza parece esperar que la comprendamos y, como está gobernada por leyes inmutables—el ignorar dichas leyes no perdona a nadie de sus efectos—la esclavitud de la humanidad debe ser el resultado de nuestra ignorancia de la verdadera naturaleza de la Realidad. El almacén de la Naturaleza está lleno de bondades, pero éstas están bajo llave para el ignorante. La llave de esta puerta está guardada en la mente inteligente, que opera de acuerdo con la Ley Universal. A través de la experiencia, el hombre aprende lo que es realmente bueno y satisfactorio, y lo que es realmente valioso. A medida que crecen su inteligencia y su capacidad de entender las leyes sutiles de la Naturaleza, poco a poco se va liberando. Según el hombre va aprendiendo la Verdad, la Verdad misma lo libera automáticamente.

Cuando nosotros aprendamos a confiar en el Universo, tendremos felicidad, prosperidad y bienestar. Debemos aprender a vivir bajo este Gobierno Divino, y a aceptar la mesa rebosante que la Naturaleza pone ante nosotros. Nunca ha habido una hambre cósmica. "Sólo lo finito sufre y se afana, el Infinito siempre está en reposo sonriente." Dios siempre es Dios. No importa cual pueda ser nuestra tormenta emocional, o la situación objetiva, siempre hay algo oculto en nuestro ser interno que nunca ha sido violado. Podemos tropezar, pero siempre hay una Voz Eterna, que susurra a nuestro oído esa cosa que nos incita a la eterna búsqueda, esa cosa que siempre canta y canta.

LA NATURALEZA DIVINA ESTA EN TODO HOMBRE

Esto es La Cosa Misma. Recapitulemos brevemente. Existe dentro de cada persona algo que participa de la naturaleza del Todo Universal y—por cuanto a su acción—es Dios. Esto es lo que significa la palabra *Emanuel*, el significado de la palabra *Cristo*. Hay algo dentro de nosotros que participa de la naturaleza del Ser Divino, y *puesto que participa de la naturaleza del Ser Divino, nosotros somos divinos*. Este algo reacciona hacia nosotros de acuerdo con nuestra creencia en El; y es una Ley Inmutable, que puede ser usada aún por el más humilde de nosotros; no hace excepciones, no puede atársele. Nuestra Alma nunca cambiará ni violará su propia naturaleza; por más que la neguemos, nunca cambiará; por más que la afirmemos, nunca será más de lo que es. Pero por ser lo que es, por obrar como obra, cada persona la percibe según su propia creencia. Conforme a nuestra fe, así se nos concede.

Nosotros decimos entonces que en espíritu, el hombre es Uno con Dios. Pero, ¿qué decimos de la gran Ley del Universo? Si realmente somos Uno con el Todo, tenemos que ser Uno con la Ley del Todo, y Uno con el Espíritu del Todo.

Si nosotros tratamos de encontrar algo difícil de comprender, nunca lo comprenderemos, porque siempre pensaremos que es incomprensible. La mente que descubrimos dentro de nosotros *es la Mente que lo gobierna todo*. Esta es La Cosa Misma, y debemos reconocer su sencillez.

II

COMO FUNCIONA

La Ciencia de la Mente no es una revelación especial de ningun individuo; es más bien la culminación de todas las revelaciones. Nosotros tomamos lo bueno en dondequiera que lo encontramos, y lo adoptamos según lo entendemos. Lo que constituye la Ciencia de la Mente y el Espíritu es la comprensión de que el Bien es Universal, y que cada individuo puede usar tanto bien como sea capaz de asimilar en su vida.

Hemos discutido la naturaleza de La Cosa como Energía Universal, Mente, Inteligencia, Espíritu—que encuentra centros concientes e individualizados de expresión a través de nosotros—y que la inteligencia del hombre es esta Mente Universal, que funciona al nivel del concepto que el hombre tenga de Ella. Esta es la esencia de toda esta enseñanza.

LA MENTE UNIVERSAL, O ESPIRITU, ES DIOS

Hay una Mente Universal, Espíritu, Inteligencia, que es el origen de todo: Esta es Primera Causa. Es Dios. Esta Vida y Energía Universal encuentra salida en y a través de todo lo que obra con energía y de todo lo que tiene vida. Hay Una Vida en todo lo que vive. Hay Una Energía detrás de todo lo que obra con energía. Esta Energía está presente en todo. Hay Un Espíritu en toda expresión. Ese es el significado del refrán místico: "En Él vivimos, nos movemos, y tenemos nuestro ser." (Hechos 17:28)

La vida que vivimos es la Vida Universal expresándose a través de nosotros, de otra manera no podríamos vivir. Nuestro pensamiento y nuestra emoción son el uso que hacemos—conciente o inconcientemente—de esta Cosa original y creativa que es la Causa de todo. Así decimos que la mente, el espíritu, y la inteligencia que encontramos en nosotros tiene tanto de este Dios creativo y original como lo podamos entender. Es un hecho evidente que esto no le roba nada a Dios. Desde que nosotros somos, entonces nosotros somos reales y actuales y tenemos existencia; y como podemos reducir todo lo que existe a una unidad fundamental, llegamos a la siguiente conclusión:

Existe el Espíritu—o esta Causa Invisible—y la nada, de la cual todas las cosas son hechas. Ahora, si sumamos Espiritu más nada, el total resulta Espiritu únicamente. Por consiguiente, hay Una Causa Original y nada mas, de lo cual estamos hechos. En otras palabras, estamos hechos de esta Cosa. Por esta razón somos llamados el "hijo de Dios."

Ahora sabemos que esto es lo que somos—pues no podríamos ser ninguna otra cosa—¡pero no sabemos cuánto de esto somos! Cuando veamos Esto como realmente es, nos veremos a nosotros mismos como realmente somos. Nosotros sólo lo podemos ver mirándolo a través de nuestros propios ojos. Por lo tanto, encontraremos un Dios superior cuando hayamos elevado la norma del hombre. Si Dios ha de interpretarse a Sí Mismo para el hombre, también ha de interpretarse a Si Mismo a través del hombre. Pero el Espíritu no puede hacer ningún obsequio si no lo aceptamos.

LA SEMILLA DE LA PERFECCION
ESTA OCULTA EN NUESTRO INTERIOR

Esta Vida Original es Infinita. Es buena. Está llena de paz. Es la esencia de la pureza. Es inteligencia absoluta. Es poder. Es Ley. Es Vida. Está en nosotros. En ese santuario íntimo de nuestra propia naturaleza, oculta quizá a la vista objetiva, "se anida la semilla, la perfección."

En nuestra ignorancia de la verdad, hemos hecho mal uso del más grande poder que poseemos. Y tan grande es este poder—tan completa es nuestra libertad en el uso de este poder, tan absoluto el dominio de la ley por medio de este poder—que su mal uso nos ha producido las condiciones mismas por las que sufrimos. Estamos atados por la misma razón por la que primeramente fuimos libres; el poder que parece atarnos es el único poder en el universo que puede liberarnos. Por esto Jesús resumió Su filosofía entera en esta simple declaración: "Te será dado a ti de acuerdo a tu creencia." El gran Maestro miró tan profundamente dentro de la Naturaleza, que Ella le reveló su sencillez fundamental. Esa "creencia" y ese "de acuerdo a tu" simbolizan el cielo y el infierno. Y así sufrimos, no porque se nos haya impuesto el sufrimiento, sino porque ignoramos nuestra propia naturaleza.

EL ESPIRITU TRABAJA PARA
NOSOTROS A TRAVÉS DE NOSOTROS

La Cosa, por lo tanto, obra para nosotros obrando a través de nosotros, y siempre es nosotros. Ella no puede obrar para nosotros de ninguna otra manera. Ella sólo puede ser poder para nosotros se extiende asi misma sobre todo el universo y nos llama por todos lados, pero ella sólo puede ser poder para nosotros—SOLO CUANDO LA RECONOCEMOS COMO PODER.

No podemos reconocer lo que ella es, mientras creamos que no Es. Por lo tanto, está escrito: "Ellos…no pudieron entrar a causa de su incredulidad." (Heb. 4:6) Podemos entrar si creemos pero no podemos entrar mientras no creamos. Aquí encontramos una casa dividida contra sí misma. Si decimos que sólo podemos gozar un poco de bien, sólo un poco de bien gozaremos. Pero si decimos como Emerson, "No hay nada ni muy grande ni muy pequeño para el Alma que todo lo hace," entonces gozaremos de un mayor bien porque nosotros lo hemos concebido.

Nuestra creencia, entonces, fija el límite de nuestra demostración de un Principio que en Sí Mismo no tiene límite. El está listo para dárnoslo todo porque Él es Infinito. Así que no es cuestión de Su voluntad ni de Su habilidad. Es cuestión de nuestra propia receptividad totalmente.

¿CUANTO PODEMOS CREER?

El principio fundamental de esta Ciencia es que nosotros tenemos que proceder de acuerdo con la Ley, porque la Naturaleza nos obedece si primero la obedecemos a Ella, y al obedecerla la estamos aceptando. ¿Cuánto podemos creer? TANTO COMO NOSOTROS PODAMOS CREER se nos concederá.

Cuando la conciencia habla, la ley recibe y ejecuta. Cuando un agricultor planta su semilla, él invoca la ley. Lo que sigue es efectuado por la parte mecánica de la Naturaleza, que no tiene voluntad por sí misma. La involución es la causa y la evolución es el efecto. Cuando un practicante piensa, o hace un tratamiento, o una oración, él está tratando con la involución—el primer paso en el orden creativo. Esto es lo que la Biblia llama la Palabra. El siguiente paso es la evolución, o la manifestación de la palabra o del concepto, en existencia objetiva.

Nosotros somos centros concientes de Vida, podemos pensar, y tenemos voluntad y conocimiento. Estamos rodeados y sumergidos en Algo creativo que fluye a través de nosotros...no importa como le llamemos. La suma total de nuestros pensamientos, de nuestra voluntad, propósitos y creencias crea una tendencia en esta Ley que hace que ésta reaccione de acuerdo con la suma total de esas creencias.

La ignorancia de la ley no libra a nadie de sus efectos. Por lo tanto, si cierta forma específica de pensar y creer ha producido limitaciones, otras creencias o maneras de pensar diferentes las cambiarán. Nosotros debemos aprender a creer. El acercamiento debe ser directo y tambien debe de ser específico.

Supongamos que alguien está pasando apuros por sus ideas de limitación. Todo lo que piensa es limitación. ¿Dónde se está colocando a sí mismo en la Mente? ¿No está diciendo básicamente, "No *puedo* tener ni gozar de cosas buenas"? Y lo que está demostrando es que no puede tener, o llegar a tener, el bien. Corregir su forma de pensar puede tomarle tiempo; tiene que empezar por decir, "Comprendo que porque yo soy el que soy—porque debido a esta Cosa Infinita que eclipsa aún la misma eternidad y que encuentra su morada permanente dentro de mi—el bien es mío ahora mismo—todo el bien." En esto no hay coerción mental. No hacemos que las cosas sucedan por nuestra voluntad; las cosas se producen no por voluntad, sino por el poder de esa misma Verdad.

¿Cuánto puede uno demostrar? Sólo lo que uno mismo pueda creer. ¿Cuánto podemos ver, cuánto podemos aceptar, cuánto podemos encontrar en nuestra conciencia que ya no sea rechazado por nuestras propias negaciones? Tanto como eso sea, TANTO ASI PODEMOS TENER.

SOLO EL BIEN—NO EL BIEN Y EL MAL

El jardinero va con fe y siembra sus semillas. Ha aprendido que lo que siembre es lo que recogerá, que la ley es la misma para todos. Tenemos que acostumbrarnos a la idea de que la ley es impersonal, de que está al alcance de todos, y de funciona con precisión mecánica. Si nosotros sólo podemos concebir un poco de bien, sólo pdremos recibir un poco de bien.

Debemos fijar en nuestra mente la idea fundamental de que el bien no tiene límites. Sólo el bien, el amor y la bondad, "Me seguirán todos los días de mi vida." (Salmo 23) Debemos captar este concepto en lugar de continuar pensando que hay un poder del mal que se opone al poder del Bien. Nosotros experimentamos el bien y el mal porque percibimos una presencia de dualidad en vez de unidad.

Por lo tanto, sabiendo que La Cosa puede trabajar para nosotros sólo a través de nosotros, empecemos a aceptar hoy más bien del que disfrutamos ayer, y a saber que cosecharemos nuestros deseos cumplidos. El día llegará en que habremos dejado atrás todo lo que parecía malo; cuando esto suceda, enrollaremos la maldad como un pergamino y lo contaremos entre las cosas que solían creérse verdaderas.

Realizemos y trabajemos con este sólido conocimiento y perfecta fe: Cuanto más alta pongamos nuestra meta en Mente y Espíritu, así de visible sera Su manifestación en nuestro mundo material.

III

LO QUE HACE

Empecemos el estudio de esta Ciencia con razonamiento, sin esperar obtener de ella beneficios que no se encuentran dentro de su Principio. Porque, mientras que es cierto que estamos sumergidos en una Infinita Inteligencia, en una Mente que lo sabe todo, también es cierto que esta Inteligencia nos puede dar a conocer Sus ideas sólo al grado en que podamos y queramos recibirlas. La Mente Divina es Infinita. Contiene todo conocimiento y sabiduría, pero antes de que ella pueda revelar Sus secretos, debe tener una salida. Estamos obligados a proporcionar este medio de salida a través de nuestras propias mentalidades receptivas.

Toda invención, el arte, la literatura, el gobierno, la ley y la sabiduría que han llegado a la humanidad se le han dado por medio de aquellos que han penetrado profundamente en los secretos de la naturaleza y la mente de Dios.

Quizá la forma más simple de hacer esta declaración es decir que estamos rodeados por una Mente, o Inteligencia, que lo sabe todo; que en esta mente existe el potencial de saberlo todo; que la esencia abstracta de la belleza, la verdad y la sabiduría coexisten en la Mente del Universo; que nosotros también existimos en Ella y que podemos usarla. PERO LO QUE TOMEMOS DE ELLA DEBEMOS TOMARLO POR MEDIO DEL CANAL DE NUESTRAS MENTES. Debemos establecer una unidad, una conexión conciente, antes que podamos recibir los beneficios que la gran Mente está dispuesta a revelarnos o a darnos a conocer.

El Espíritu sólo nos puede dar lo que podamos tomar; nos da de

Sí mismo sólo en la medida en que participemos de Su naturaleza. Nos dice sólo lo que podemos comprender. El Conocimiento Infinito viene a ser nuestra sabiduría sólo al grado en que personifiquemos Su Inteligencia. Se ha dicho que podemos conocer a Dios sólo cuando empezamos a ser como Dios. Este es un pensamiento muy profundo y debe examinarse con cuidado. Debemos tomarlo figurativamente y no demasiado literalmente porque no podemos ser realmente como Dios, pero podemos y en efecto participamos de la Divina Naturaleza, y Lo Universal se personifica a Sí mismo a través del hombre en varios grados, según la receptividad del hombre.

EL UNIVERSO IMPERSONAL

El Universo es impersonal. A todos da por igual. No tiene favoritos. Valoriza a todos igualmente. Su naturaleza es dar, y la nuestra recibir. Cuando nos paramos frente a la luz, proyectamos una sombra en el camino de nuestra propia vida. Emerson aconseja que quitemos nuestra "hinchada insignificacia" del paso de los circuitos divinos.

UN ENIGMA DE LA SENCILLEZ

El reconocer que todo hombre existe a la sombra de una Mente poderosa, una Inteligencia pura, y una Bondad Divina es un pensamiento hermoso y verdadero. No sólo los grandes hombres oyen el suave paso del Invisible Huésped. El arrogante no ha percibido la sencillez de la fe, pero el puro de corazón ve a Dios. El agricultor ha visto el Espíritu Celestial en sus campos. El niño ha jugado con El retozadamente. La madre lo ha recogido en su pecho y el cariñoso amante lo ha visto en los ojos de su amada. Buscamos la Realidad demasiado lejos.

La inteligencia por medio de la cual reconocemos que hay una Presencia Espiritual y una Mente Infinita en el Universo, constituye nuestra receptividad de Ella, y decide como ha de fluir a través de nosotros. Hemos hecho un enigma de la sencillez porque no hemos leído los sermones escritos en las piedras ni hemos interpretado la luz del amor que existe en la vida.

Volver a una sencillez sana es una de las primeras y más importantes cosas que debemos hacer. Todos los hombres reciben alguna luz, y esta es siempre la misma luz. Hay una naturaleza que se difunde por toda la naturaleza; Un Dios que está encarnado en toda persona.

La Divina Encarnación es inherente en nuestra naturaleza. Estamos sumergidos en un Conocimiento Infinito. La cuestión es, ¿cuánto de esta Realidad vamos a expresar en nuestras propias vidas? El acercamiento directo es siempre el mejor y más efectivo. Si alguien ha hablado la verdad, ha proclamado a Dios—no importa qué método haya empleado. El científico y el filósofo, el sacerdote y el profesor, el filántropo y el fundador de imperios, todos han atrapado un destello de la eterna gloria y cada uno ha hablado, en su propia lengua, el lenguaje que de por sí es Universal.

Eliminemos la aridez de nuestro pensamiento y consideremos la cosa con sencillez y serenidad. La naturaleza del Universo es darnos lo que podamos recibir. No nos puede dar más. Ya lo ha dado todo, pero todavía no hemos podido aceptar el obsequio más importante.

La sabiduría espiritual dice que Dios se manifiesta a través de todo y que está encarnado en todos nosotros, que todo es Divinidad y que la Naturaleza misma es el cuerpo de Dios. Las leyes mecánicas de la naturaleza son fijas e inmutables, pero el reconocimiento espontáneo de estas leyes nos da el poder de hacer uso práctico de ellas en la vida diaria, en todo lo que experimentamos.

Aquí tenemos una unidad dual; ley y orden, elección espontánea, voluntad, acción conciente, y reacción automática. Uno debe confiar en todas las leyes del universo pero debemos entenderlas antes de poder usarlas. Una vez que se les entiende, toda ley está disponible y responde impersonalmente a todos por igual.

EL AMOR GOBIERNA POR MEDIO DE LA LEY

En un estudio inteligente de las enseñanzas de la Ciencia de la Mente, llegamos a entender que todo es Amor y al mismo tiempo todo es Ley. El Amor gobierna por medio de la Ley. El Amor es Entrega Divina. La Ley es el Camino. El Amor es espontáneo; la Ley es impersonal. Debemos estudiar la naturaleza de la Realidad con esto en mente, y de esta forma evitaremos dos graves errores: ver la vida como si estuviera hecha sólo de leyes mecánicas, o verla hecha sólo de acciones espontáneas, sin tener en cuenta ley ni orden.

Al ir ampliando nuestro punto de vista, veremos que la Vida debe contener dos características fundamentales. Veremos que hay un Espíritu Infinito, que opera por medio de una Ley que es Infinita e Inmutable. En esto, el Cosmos, y no el caos, encuentra existencia eterna en la Realidad. El Amor señala el camino y la Ley lo hace posible.

EL METODO CIENTIFICO

Al observar cualquier descubrimiento científico, vemos que esta es la forma en que funciona: la mente de alguien descubre la ley, o el principio que gobierna la ciencia; este es el camino del Amor, de la voluntad personal, de la elección—este es el elemento espontáneo en el universo. Después de saber como trabaja el principio—habiendo descubierto como obra la Ley—el elemento espontáneo resta su caso en las reacciones inmutables e inherentes de la Ley. Toda ciencia se basa en principios comprobados.

¡Pero no debemos ignorar el hecho importante que es la MENTE la que descubre y la que usa la ley mecánica! ¿No es esta mente el Espíritu en nosotros? Nunca podremos comprender a fondo la Mente Infinita: siempre estaremos descubriendo nuevos territorios. Por consiguiente, la evolución es un desarrollo eterno de lo que siempre está por venir.

Debido a que es la mente la que siempre debe llegar primero a ver, saber y comprender—y puesto que toda futura posibilidad para la humanidad debe encontrar primero una salida por medio de nuestra mente—sería bueno que buscáramos en la mente la respuesta a todos nuestros problemas.

No hay duda que estamos rodeados y sumergidos en una Vida Perfecta: en una existencia pacífica, armoniosa, sana, feliz, normal y completa. Pero *sólo tanto de esta vida como personifiquemos será realmente nuestra para usar.* Lo que comprendamos y personifiquemos de esta

Vida es lo que reaccionará como ley Inmutable—la reacción de lo mecánico a lo voluntario. El concepto es maravilloso y está lleno de gran significado. En él se encuentran nuestras esperanzas y nuestros temores, nuestras expectaciones, y nuestras realizaciones presentes y futuras.

Puesto que antes que podamos usar una ley ésta debe pasar primero por nuestra mente conciente, nos conviene que en todo lo que queramos obtener obtengamos primero el entendimiento. Si deseamos conocer alguna verdad, debemos declarar que ésta ya existe en la Mente, y esta declaración será cierta, pero debemos aceptar la Gran Mente en nuestra propia mente antes que podamos comprenderla. Entonces, ¿cómo vamos a obtener el resultado deseado? Declarando y sintiendo que *nuestra mente* conoce la verdad acerca de aquello que queremos saber. De esta forma atraemos la Mente Infinita a nuestra mentalidad, para obtener el conocimiento definido de algún bien particular.

CONTIENE TODO EL CONOCIMIENTO

La Mente Universal contiene todo el conocimiento. Es el máximo potencial de todas las cosas. Para Ella, todo es posible. Para nosotros, es posible tanto como lo que podamos concebir, de acuerdo con la ley. Aun cuando toda la sabiduría del universo se derramara sobre nosotros, recibiríamos sólo lo que pudiésemos entender. A esto se debe que unos adquieren una clase de conocimiento y otros otra, y todo procede de la misma fuente—la Fuente de todo conocimiento. El científico descubre los principios de su ciencia, el artista incorpora el espíritu de su arte, el santo atrae al Cristo de su ser—y todo porque cada uno ha cortejado la presencia específica de algún concepto definido. Todos, según su estado de conciencia, acuden a la misma fuente, pero tienen una receptividad diferente. Cada uno recibe lo que pide según su habilidad de asimilarlo. Lo Universal es Infinito; las posibilidades de diferenciar son ilimitadas.

La Vida siempre se convierte para nosotros en aquello que necesitamos *cuando creemos que Ésta se nos va a convertir en esa cosa específica.* Comprender esto es la esencia de la sencillez. Así como todos los números proceden de la unidad fundamental, así como todas las formas materiales no son más que la manifestación de la materia sin forma, así todas las cosas proceden de eso que no es ni persona, ni lugar, ni cosa, pero que es la esencia de todas las cosas.

Nuestro pensamiento y receptividad conciente hacen la distinción de esta Posibilidad Universal atrayéndola a través de nuestras mentes y encausándola para que fluya por canales particulares a través de la receptividad conciente de nuestras diferentes creencias. Un estado de conciencia va a manifestar una clase de resultado, y un estado diferente, una manifestación diferente.

EL TRABAJO MENTAL ES DEFINIDO

El trabajo mental es definido. El pensamiento, en cualquier estado en que se encuentre, percibe el mismo Principio, usa la misma Ley, y se inspira en el mismo Espíritu, pero cada uno obtiene un resultado diferente. Aquí está la multiplicidad que procede de la Unidad. Esto es lo que Emerson quiso decir cuando dijo que la Unidad pasa a la variedad.

Pero, alguien preguntará, ¿Podemos obtener ambos el bien y el mal de la Unica Fuente? Naturalmente que no. El Primer Principio es la Bondad, y sólo podremos tener éxito cuando nuestro pensamiento y nuestras acciones tiendan hacia un programa constructivo. No podemos luchar contra el Universo. Este se rehusa a ser desviado de su curso. Lo único que podemos hacer es seguirlo.

Pero hay amplio espacio para la expresión personal. Entonces, ¿cómo vamos a saber qué es bueno y qué es malo? No VAMOS a saberlo; ya lo sabemos. Todos sabemos qué es bueno y qué es malo en el sentido más amplio.

Vivir y gozar el vivir debe considerarse bueno. Estar bien, feliz, y expresar libertad es estar de acuerdo con la Ley Divina y la Sabiduría. Aquí hay espacio suficiente aún para el que tenga las más grandes expectativas, para el más entusiasta.

EL PRINCIPIO DECLARADO DE NUEVO

Volvamos a declarar nuestro Principio. Estamos rodeados por una Infinita Posibilidad, que es Bondad, Vida, Ley y Razón. Al expresarse por medio de nosotros, pasa a ser más conciente de Su propio ser. Por lo tanto, Él desea expresarse a través de nosotros. Al expresarse por medio de nosotros, automáticamente Se convierte en ley en nuestra vida. Esta infinita posibilidad puede volverse expresión por medio de nosotros sólo en la medida en que concientemente se lo permitamos. Por lo tanto debemos tener fe en esta Infinita Posibilidad, y en Su deseo y en Su habilidad de hacer para nosotros *absolutamente todo lo que necesitemos que se haga.* Como Él debe pasar a través de nuestra conciencia para funcionar por nosotros, debemos estar concientes de que Él así lo está haciendo.

El que desee manifestar algún bien en particular, debe estar conciente de ese bien particular, si desea llegar a gozarlo. Por lo tanto, tiene que hacer concientemente que su mente sea receptiva. En el tratamiento mental no hay juego ni engaño. Este es siempre definido, conciente, concreto y explícito. Estamos tratando con la Inteligencia y debemos hacerlo inteligentemente.

Cuando se da un tratamiento científico no hay ningún truco oculto. Es exactamente lo contrario. La sencillez debe marcar todo nuestro esfuerzo, y la positividad debe acompañar todas las declaraciones que hacemos en la Ley del Bien.

EL SECRETO YA SE SABE

Un *tratamiento* es una declaración hecha a la Ley, que incorpora la idea concreta de nuestros deseos y va acompañada por una fe sin condiciones de que la Ley trabaja *para* nosotros, en la medida en que trabajemos con Ella. No perdamos más tiempo buscando el secreto del éxito o la llave de la felicidad. La puerta ya está abierta para el que quiera entrar.

Sin duda, cada uno de nosotros está demostrando su concepto de la vida, pero el pensamiento *entrenado* es mucho más poderoso que el pensamiento no entrenado; y quien da poder conciente a su pensamiento debe tener más cuidado con lo que piensa que quien no lo hace.

Mientras más poder da uno a su pensamiento—mientras más completamente cree que su pensamiento tiene poder—más poder tendrá.

EL TRATAMIENTO ES ACTIVO, NO PASIVO

El tratamiento es activo. Cuando uno da un tratamiento correcto, no se sienta a esperar que algo suceda. Más bien, uno declara, siente y conoce el bien específico activo, constructivo y definitivamente. Esto va de acuerdo con el Principio que tratamos de demostrar. Si damos tratamientos sin un motivo definido en la mente, lo más que podemos lograr será promover una atmósfera saludable. Una meditación *pasiva* nunca producirá una demostración activa, lo mismo que un artista nunca pintará un cuadro si se sienta con sus pinturas pero no las usa.

La mente debe concebir antes que la Energía Creativa pueda producir; debemos de proveer la vía por la cual pueda obrar. Ella siempre está lista y dispuesta. Su naturaleza es producir por medio de nuestro pensamiento y nuestra acción.

En una fundición de hierro, el lingote se pone en el horno y se derrite. Lo que era sólido se vuelve líquido, y luego se vacía en moldes de diferentes formas. El hierro de por sí no sabe ni le importa que forma va a tomar; no tiene forma y está listo a tomar cualquier forma que se le de. Si no fuera vaciado en los moldes apropiados el líquido no tomaría ninguna forma en particular.

Así es como sucede con la sutil energía del Espíritu, pero los moldes son hechos en nuestras propias mentes subjetivas, por medio de nuestros pensamientos, propósitos y dirección concientes y específicos. Nosotros debemos tener mucho cuidado de no pensar que porque nosotros hacemos el molde debemos también crear la substancia. Esta ya existe; es parte de la Vida en que vivimos, es parte de la Energía Universal. Los moldes o conceptos definidos deciden la forma que tomará el líquido general. Esto nos comprueba que hay una técnica específica en el tratamiento mental que no debemos ignorar. Si nosotros deseamos un cierto bien, debemos instilar en nuestra mente la realización de este bien específico y luego—como esta idea es el molde que ponemos en la mente—ésta se llenará con la substancia necesaria para la manifestación total de este bien en nuestra vida.

Por lo tanto, si un hombre desea demostrar algo, él debe decirse a sí mismo que tiene fe en su propio poder, en su habilidad, en el Principio, y en la certeza de la demostración que persigue. La fe, siendo una actitud mental, va de acuerdo con la ley; y aun cuando tengamos dudas, éstas se pueden superar para crear la fe deseada en forma definitiva. Si no fuera así, sólo aquellos que por naturaleza tienen fe en Dios podrían esperar comprender el Principio de la Ciencia de la Mente y del Espíritu, el cual está sujeto a ciertas leyes definidas, inmutables e impersonales. Sin embargo, aunque la fe es una actitud necesaria, ésta es algo que siempre se puede establecer entendiendo la teoría y comprobando el Principio.

NO HAY MISTERIO EN LA VERDAD

La fe en una declaración específica tiene el poder conciente de oponer, neutralizar, borrar y destruir la actitud mental contraria. A esto se debe que este estudio sea una ciencia que puede usarse definitivamente, y así debemos aceptarlo. El misterio con el que la mayoría de la gente rodea la búsqueda de la Verdad, con respecto a este Principio, no proviene del Principio mismo sino de ideas que se le atribuyen erróneamente.

Por lo anterior se deduce que si el pensamiento y la fe, la oración, la esperanza y la apreciación tienen valor alguno, deben ser precisos; y si son precisos, tienen que ser específicos; y si son específicos indudablemente se debe llegar a cumplir su deseo.

LA ESPERANZA, UNA ILUSION SUTIL

Mucha gente empieza correctamente su tratamiento de esta forma: "Sé que el Principio de Inteligencia dentro de mi me dirigirá, etc.," y terminan diciendo, "Bueno, ojalá que así sea." Olvidan completamente toda declaración definitiva y simplemente se preguntan si quizá algo bueno sucederá. Esto no es un tratamiento correcto ni es el uso científico de este Principio.

La esperanza es buena; es mejor que la desesperación, pero es una ilusión sutil, una concesión inconciente, y por lo tanto no tiene ningún uso en un tratamiento mental efectivo. Debemos decirle a la duda: "¡De dónde vienes, quién eres tú, etc…. No tienes cabida en mi mente! ¡Fuera! Yo sé que la fe en mí ahora neutraliza TODA duda." Este es el uso científico de una declaración mental. En la conciencia no debe haber ningún término medio.

Hemos descubierto *qué es* el Principio y *Cómo Funciona*. Ahora veamos *Qué Hace*. Específicamente enfrenta la idea que te dice que no sabes como usar el Principio y repudia su falsedad. El Principio que tenemos que demostrar es perfecto y al grado en que la mente pueda percibir esta perfección, a ese grado lo demostrará automáticamente. La experiencia ha comprobado que esto es cierto.

Desperdiciamos mucho tiempo discutiendo sobre cosas que no tienen respuesta. Cuando llegamos a lo supremo, ESO ES LO SUPREMO. Así es como la Cosa funciona. Por lo tanto, nosotros tenemos derecho a decir que aquí existe una ley y que esta Ley ejecuta la palabra. Descubrimos las leyes, investigamos como funcionan y luego empezamos a usarlas. Por lo tanto esta pregunta es contestada cuando nosotros decimos que SER ASI es la naturaleza del pensamiento, la naturaleza de la Energía Creativa, y la naturaleza de Ser. Puede decirse que la Ley es un atributo de Dios. Dios no hizo la Ley; Esta coexiste con lo Eterno. La Ley Infinita y la Inteligencia Infinita no son sino dos aspectos de la Unidad Infinita. Una equilibra la otra y las dos son los grandes principios, personal e impersonal, en el universo. La evolución es el trabajo externo de lo mecánico, y la involución es el trabajo interior de lo conciente y electivo.

EL PENSAMIENTO NO TIENE LIMITE

Cuando nosotros pensamos, algo le sucede al pensamiento. El campo a través del cual opera el pensamiento es Infinito. No hay razón para dudarlo. No importa como lo veamos, para el pen-

samiento no puede haber límites, y por eso decimos que la naturaleza del Ser es reaccionar en esta forma. Aquí y ahora, estamos
rodeados y sumergidos en un Bien Infinito. ¿Cuánto de este Bien
Infinito es nuestro? ¡TODO! y, ¿Cuánto de este podemos usar?
¡TANTO COMO PODAMOS PERSONIFICAR!

COMO SE USA

Una de las grandes dificultades de esta nueva manera de pensar es que tendemos a satisfacernos con mucha teoría y poca práctica. En realidad, nosotros sólo sabemos aquello que podamos comprobar por medio de nuestras demostraciones. Lo que no puede comprobarse puede o no ser verdad, pero lo que puede comprobarse con certeza debe ser, y es, la verdad.

TODOS LOS PRINCIPIOS SON INTANGIBLES

Por supuesto, la *teoría* de todo principio científico en cualquier etapa de desarrollo y en la evolución de su realización siempre va más allá de su aplicación. Si no fuera así, no habría progreso en las ciencias. Las ciencias son objetivamente reales para nosotros solamente en el grado en que las demostremos, y mientras no se demuestren son sólo suposiciones en lo que se refiere a resultados prácticos. Si hay *algún* campo de investigación que requiere la aplicación práctica, es la metafísica, debido a que a la mayoría de la gente el principio de la metafísica les parece menos tangible que los principios de otras ciencias. Lo cierto es que *todos los principios son intangibles*, pero el mundo en general no ha llegado a considerar el Principio de la práctica mental a la misma luz que considera otros principios de vida y acción. *La intangibilidad aparente disminuye cada vez que alguien demuestra la supremacía del poder del pensamiento espiritual sobre la aparente resistencia material.*

Es muy fácil ir por allí gritando que la enfermedad no existe, pero esto nunca va a curar a aquel que parece estar enfermo. Es fácil proclamar que la pobreza no existe. Cualquiera puede *decir esto*, sea sensato o no. Si vamos a comprobar que tales declaraciones son realidad en nuestra experiencia, nos veremos obligados a hacer algo más que *anunciar un principio*, no importa que tan verdadero sea.

LA LEY ES INFINITA

No hay duda que la Ley es Inmutable y que está al alcance de todos. La Ley es Infinita. Está dondequiera que estemos en todo momento. Ella ocupa todo espacio y llena cualquier molde con variaciones de Sí Misma. La Ley fluye también a través de nosotros porque fluye a través de todo lo que existe, y puesto que nosotros existimos, tiene que estar en nosotros y fluir a través de nosotros. Esta es la clave de toda esta ciencia. Tan infinita e Inmutable como la Ley es—siempre presente y al alcance de todos como debe ser, y siendo a la vez el potencial de posibilidad de toda probabilidad humana—Esta debe fluir a *través* de nosotros y de esta forma manifestarse *para* nosotros.

Se ha comprobado que pensando correctamente y usando concientemente la ley de la Mente, podemos hacer que Esta nos produzca cosas definidas, por medio de nosotros mismos. Al pensar concientemente, le damos dirección conciente y la Ley, conciente o inconcientemente, responde según la dirección conciente o subjetiva que le demos.

Ella debe responder, y responde, a cualquiera, porque es Ley y la ley no hace excepciones. Estamos rodeados de una fuerza, inteligencia y substancia de donde todo proviene—de la Esencia suprema, en el mundo invisible y subjetivo, de toda forma y condición visible y objetiva. Nos rodea en su estado original, lista y dispuesta a tomar la forma que le de el impulso de nuestra creencia creativa. *Trabaja para nosotros al fluir por medio de nosotros.* Nosotros no creamos esta ley; esta ley no puede variar. Nosotros la podemos usar correctamente sólo cuando la entendemos y cuando la usamos de acuerdo con Su naturaleza.

Por consiguiente, si creemos que no trabaja, en realidad trabaja pareciendo que "no trabaja." Cuando creemos que la ley no quiere trabajar o que no puede, entonces según el principio, ELLA NO LO HACE. Pero cuando no lo hace, en realidad sí lo está haciendo—pero sólo de acuerdo con nuestra creencia de que no lo hará. Este es nuestro propio castigo según la ley de la causa y el efecto; no podemos entrar debido a nuestras dudas y temores. El castigo no nos lo impone el Espíritu de Dios, sino que es el resultado automático de no usar la Ley de Dios constructivamente.

DIOS NO CASTIGA AL MATEMÁTICO, LO CASTIGA EL PROBLEMA QUE NO HA RESUELTO

Dios no castiga al matemático por no obtener la solución correcta a su problema. El pensamiento del problema no resuelto es lo que lo castiga hasta que aplica el principio correcto y obtiene así la solución que desea. Así es que el pecado y el castigo, la rectitud y la salvación son la reacción lógica del Universo a la vida del individuo.

Al tratar con la Vida real—con pensamientos, impulsos, emociones, etc.—nosotros estamos tratando con la Causalidad, con la Causa original, y debemos de tener mucho cuidado de cómo tratamos con esos poderes y esas fuerzas. Al tratar con este sutil poder de la Mente y el Espíritu, estamos tratando con una fuerza fluida. Esta fuerza surgente está eternamente tomando y abandonando las formas que ha tomado. Por tanto, el practicante de esta Ciencia no debe dejarse confundir por alguna forma en particular, sino que debe saber que cualquier forma que no pertenece a la armonía original está sujeta a cambiar. El Espíritu Original es Armonía. Es Belleza y Verdad y es todo lo que corresponde a la Realidad Suprema. El Universo no está dividido contra sí mismo.

HAY QUE ALINEAR EL PENSAMIENTO CON LA REALIDAD

Nosotros debemos de aprender a controlar nuestros procesos de pensar y a alinearlos con la Realidad. El pensamiento debe dirigirse más y más hacia una actitud mental afirmativa que sea positiva, estable, y—sobre todo—hacia una unidad real con el Espíritu que ya es completo y perfecto.

Nosotros deberíamos de poder ver cualquier discordia directamente y negar su realidad, porque sabemos que su aparente realidad es sólo una ilusión, salida del "caos y de las tinieblas." Nuestra norma es la perfección. "Sed pues perfectos, así como vuestro Padre que está en el cielo es perfecto." (Mat. 5:48) Debemos llegar a ver cualquier error con la seguridad de que podemos cambiarlo. *La realización de que tenemos esta habilidad la podemos adquirir por medio de la aplicación de nuestro conocimiento.*

La práctica de la Ciencia de la Mente requiere un entendimiento positivo del Espíritu de la Verdad; una voluntad de dejar que este Espíritu interno nos guíe, sabiendo concientemente que "La ley del Señor es perfecta." (Salmo 19:7) Y tenemos que creer que esto es un hecho. MIENTRAS QUE NUESTRO PENSAMIENTO ESTE DE ACUERDO CON ESTA LEY PERFECTA, LOGRAREMOS EL EXITO Y NADA LO PODRA IMPEDIR. "El cielo y la tierra pasarán, pero mis palabras no pasarán," (Mat. 24:35) dijo el maravilloso Jesús cuando se empeñaba en enseñar a sus discípulos la Inmutabilidad de la Ley de la Rectitud.

Un practicante usa el pensamiento en forma definida y para propósitos específicos, y mientras use la Ley con más precisión, Ésta le responderá más directamente. Una falsedad no es ni persona, ni lugar, ni cosa para el que la descubre, y una vez descubierta no hay dónde se esconda. La *ilusión*, cuando se reconoce y entiende, se neutraliza en la experiencia del que la sufrió. Mientras que es verdad que existen condiciones erróneas, no podrían durar si no hubiese quien las sufriera. Por consiguiente, la experiencia tiene que estar en la conciencia. La falsa condición desaparece al cambiar la conciencia. Las condiciones no son entidades, nosotros somos entidades. ¿No puede aquello que es conciente eliminar lo que no tiene conciencia? Si nosotros comprendiéramos esto correctamente, podríamos destruir las falsas condiciones tan fácilmente como Jesús lo hizo. El *sabía*, pero nuestra fe es débil. Debemos y podemos fortalecerla.

LLENA TU MENTE CON LA EXPECTACION DEL BIEN

Analicemos esto: Alguien se encuentra en la pobreza. Desea cambiar su condición. Sabe que ésta no está de acuerdo con la Suprema Realidad; que el Espíritu no impone limitaciones. Por lo tanto, sabe que su aparente condición limitativa no está basada en ninguna ley verdadera; que simplemente es una experiencia en su conciencia. Desea un resultado definitivo en la dirección opuesta. Primero, reconoce que la Ley de la Vida es una Ley de Libertad, de Liberación. Luego declara que esta Ley de Libertad está fluyendo a través de él y todos sus asuntos. Pero la imagen de limitación persiste. Aquí hay una contradicción definitiva de su declaración de libertad.

Aquí mismo es donde el individuo debe detenerse y declarar que estas imágenes de limitación no son ni persona, ni lugar, ni cosa; que ellas no tienen poder, ni personalidad, ni presencia, y que no hay ley que las apoye; que el no cree en ellas y que no tienen poder sobre él. Está libre de su influencia para siempre. Luego empieza a llenar su mente con ideas de fe, con la expectativa del bien y la realización de la abundancia. Siente y mentalmente ve la acción correcta en su vida. Pone toda su confianza en la Ley del Bien, y para él la Ley se vuelve real al afirmar definitivamente su Presencia—en su ser y en sus asuntos. Niega absolutamente todo lo que contradiga su reconocimiento de esta verdad.

En este punto de reconocimiento, encuentra un "amigo" que inmediatamente empieza a hablar de tristezas y tiempos difíciles, de malas condiciones para los negocios, etc. Si hiciera caso al "cuento de la serpiente," ¡podría anular sus afirmaciones previas y volver negativo su concepto mental y espiritual anterior! Esto no quiere decir que tiene que negarse a conversar con la gente por temor de que neutralicen la posición que ha tomado en su mente, pero sí que debe negarse mentalmente a aceptar toda falsa posición. De esa manera él puede hablar con cualquiera sin ser perturbado.

DEJA QUE TU CONVERSACION ESTE EN EL CIELO

El día llegará en que dejemos que nuestra "conversación esté en el cielo," y en que nos neguemos a hablar, leer o pensar acerca de esas cosas que no tienen razón de ser. Pero dirán algunos, "¿Debemos rehusarnos a ver la enfermedad, la pobreza y la infelicidad?" No estamos hablando de esto. No vamos a negarnos a ayudar al desvalido o levantar al caído, pero sí vamos a rehusar revolcarnos en el lodo por causa de nuestra compasión. "Y si el ciego guía al ciego, ambos caerán en un hoyo." (Mat. 15:14)

De todos los que han vivido en este mundo, los que más se han acercado a conocer la Verdad han sido los más compasivos y los más amorosos con la humanidad. Jesús dijo, "Y cuando yo sea levantado (no dijo arrastrado), atraeré a todos a mi." (Juan 12:32)

Estamos en el mundo y somos del mundo, y es bueno que así sea. El mundo es bueno cuando lo vemos correctamente. ¿Quién sabe qué pasaría si todos habláramos la verdad? Nunca se ha tratado de hacer esto, pero no hay que permitir que la boca del profano estorbe a aquellos que quieren entrar, impidiéndoles que entren. El mundo aún no ha seguido la sencilla ética de Jesús, y sin embargo, proclama a grandes voces que es Cristiano. No escribimos esto con espíritu de controversia, sino de convicción, y atraerá sólo a aquellos que estén convencidos. "La persona convencida contra su voluntad, mantendrá aún su misma opinión."

Volvamos al hombre que desea demostrar la supremacía del poder del pensamiento espiritual sobre la aparente resistencia material. Pongamos su tratamiento en la primera persona—haciéndolo personal para mayor claridad.

"Yo soy un centro en la Mente Divina, un punto de la vida conciente de Dios, de Su verdad y acción. Mis asuntos están divinamente protegidos y guiados a la acción correcta, para obtener resultados correctos. Todo lo que hago, digo o pienso, está estimulado por la Verdad. Hay poder en esta palabra que pronuncio, tiene poder porque es palabra de Verdad y es la Verdad. Existe una perfecta y continua acción correcta en mi vida y en mis asuntos. Toda creencia erronea queda desvanecida y negada. Sólo la acción correcta tiene poder y *es poder, y* el Poder es Dios...el Espíritu Viviente Todopoderoso. Este Espíritu da vida a todo lo que hago, digo o pienso. Ideas me llegan diariamente y estas ideas son divinas. Ellas me dirigen y sostienen sin ningún esfuerzo de mi parte. Yo soy continuamente dirigido. Estoy impulsado a hacerlo todo bien en el momento apropiado, a pronunciar la palabra correcta en el momento oportuno, y a seguir el curso correcto en todo momento.

"Toda sugestión de edad, pobreza, limitación o infelicidad es arrancada de mi mente y no tiene entrada en mi pensamiento. Estoy feliz, sano y lleno de Vida perfecta. Yo vivo en el Espíritu de la Verdad y estoy conciente de que el Espíritu de Verdad vive en mi. Mi palabra es la ley de su propia manifestación y me traerá o hará que alcance su realización. No hay incredulidad, duda, ni incertidumbre. Yo sé, y sé que sé. Toda duda desaparece de mi mente, y conozco la Verdad, y esta Verdad me libera."

DEBEMOS CONFIAR EN LO INVISIBLE

La Verdad se demuestra instantáneamente, y para desarrollarse sólo toma el tiempo que es inherente a la ley de evolución lógica y ordenada. Debemos llegar a confiar en esta ley invisible de evolución, y aunque no veamos como funciona, tenemos que creer que ASI ES y que ES OPERATIVA. Debemos confiar en lo Invisible porque es la única causa de todo lo visible..."...las cosas que vemos no fueron hechas de lo que se ve." (Heb. 11:3)

El sanar y la demostración acontecen cuando nuestras mentes están afines a la verdad del Ser. No existe un *proceso para sanar*, pero generalmente hay un *proceso en el sanar*. Este proceso es el tiempo y el esfuerzo que nos toma reconocer la Verdad.

El que desee solucionar sus problemas científicamente, debe dedicar tiempo a meditar diariamente y tratar la condición mentalmente, no importa cuales puedan ser las contradicciones aparentes. El trabaja en silencio en la Ley y la Ley encontrará una salida a través de su fe en Ella. Esta Ley es la Ley que produce el hecho dentro de toda acción. Es el hacedor invisible, trabajando a través de nosotros para disponer y para hacer. Como resultado del tratamiento correcto, el molde que el tratamiento forma en la mente subjetiva hace posible una manifestación concreta. El tratamiento es una Energía inteligente en el mundo invisible. Es una entidad espiritual, que funciona por medio de la Ley de la Mente, y es una fuerza actual dirigida concientemente. Por lo tanto, debe producir resultados específicos.

Esto no parecerá extraño para los que han pensado acerca de este tema. Así como la Palabra primordial del Creador es lo único que explica la creación, así tambien la *palabra de todo hombre*—participante de esta naturaleza original (como así es)—tiene que reproducir la función creativa en su vida; al nivel de su conciencia de que existe Una Vida detrás de todo, dentro de todo y a través de todo.

EL TRATAMIENTO, UNA ENTIDAD ESPIRITUAL EN UN MUNDO MENTAL

Un tratamiento es una entidad espiritual en el mundo mental y está equipado con poder y volición—tanto poder y volición como sea la fe en la mente del que lo usa—y, obrando por medio de la Ley, sabe exactamente cómo funcionar y qué métodos usar y cómo usarlos. *Nosotros no ponemos el poder* dentro de esta palabra, pero sí dejamos que el poder de la Ley fluya a través de ella; y el que tenga más fe en este poder obtendrá los mejores resultados. Esta es, otra vez, la ley de la causa y el efecto.

Cuando se da un tratamiento de acción correcta, pero no cree que la obtendrá, niega su propio tratamiento. Por lo tanto, debemos emplear mucho tiempo en convencernos a nosotros mismos de la verdad de nuestros tratamientos. Ahora, éste no es un poder de voluntad, sino un poder de elección. Nosotros no ponemos el poder en el tratamiento, y ¡obtendremos de éste SOLO LO QUE CREAMOS QUE HAY EN EL!

Si uno duda de su habilidad de dar un tratamiento efectivo, uno debe específicamente darse un tratamiento para eliminar esta duda. Debe declarar lo siguiente, pero no necesariamente usando estas mismas palabras, "Estoy convencido de que esta palabra tiene poder, y firmemente lo creo. Yo confió que ella producirá los resultados

correctos en mi vida (o en la vida de la persona por quien pronuncio mi palabra)."

Debemos trabajar no con ansiedad sino con expectación; no por
coerción sino con convicción; no por compulsión sino en un estado
de reconocimiento conciente y receptividad. No es necesario forzar
o presionar sino que debemos aceptar y creer. Debemos, pues, dejarlo todo a la Ley, esperando una prueba total y completa de nuestra
fe. No quedaremos decepcionados ni contrariados, porque la Ley es
nuestro siervo fiel.

Uno debe hacer tratamientos por cualquier proposición hasta
que pruebe el Principio, no importa cuanto tiempo tome. Debemos
de tratar hasta obtener resultados—hasta que veamos el desbor-
damiento de nuestras palabras subjetivas en nuestra experiencia
objetiva. Cuando se da un tratamiento por otra persona, hay que
declarar el nombre de esa persona en la Mente—y luego proseguir
con el tratamiento. Si alguien viene y le pregunta, "¿Estoy demasiado viejo para encontrar el lugar que me corresponde?", usted como
practicante ¿qué contestará? Usted le explica que en la Verdad no
existe la edad; que todos tenemos nuestro lugar propio en la Verdad;
que Dios no se aleja de nosotros a cierta edad porque Dios es
Omnipresente. En esta Presencia, todo ser está abastecido totalmente
a cualquier edad.

El practicante concientemente elimina la aparente obstrucción, y
deja el campo abierto a una nueva afluencia del Espíritu. Poco a
poco transforma cosas en ideas, y disuelve la apariencia negativa en
la condición, reconociendo sólo la perfección. EL PRACTICANTE
DEBE SABER, Y DEBE DECLARAR, QUE EN EL CAMINO
DE LA VERDAD NO EXISTEN LOS OBSTACULOS. Debe
saber que su palabra, que es la actividad de la Verdad, hace desaparecer todas las obstrucciones del camino de su paciente, o de la persona por quien está trabajando.

Si la obstrucción es el resultado de una falsa creencia del pasado,
el practicante debe de saber que ningún error pasado puede obstruir
o impedir la corriente de la Inteligencia Divina a traves de la idea de
Dios—la cual es hombre perfecto, manifestando los atributos de
Dios de libertad, felicidad, actividad y poder, y que esta Verdad se

manifiesta ahora en su vida.

El paciente debe tratar de ser receptivo, no a la voluntad del practicante, sino al propósito del Universo. Es decir, el paciente debe de esperar resultados, debe de estar dispuesto y abandonar todo lo que pudiera obstaculizar la demostración. La creencia perfecta es el comienzo y el fin de todo buen trabajo mental.

La actitud mental del practicante debe negar toda falsa condición que se oponga al principio de la Vida—absoluta perfección. El mundo de Dios es perfecto, y este es el Principio que hay que demostrar. Las cosas espirituales deben de ser discernidas espiritualmente, y cuando estamos espiritualmente listos y dispuestos a discernir, de inmediato encontramos una respuesta de lo Invisible a lo visible. Hagamos nuestro trabajo conscienzuda y completamente, y dejemos los resultados a esa Ley que es perfecta.

Una nueva luz viene al mundo. Estamos al borde de una nueva experiencia. El velo entre el Espíritu y la materia es muy sutil. Lo invisible pasa a la visibilidad por medio de nuestra fe. Una nueva ciencia, una nueva religión, y una nueva filosofía se desarrollan rápidamente. Esto concuerda con la evolución de la gran Presencia y nada puede impedir su progreso. Es inútil y tonto intentar ocultar éste Principio, o mantenerlo como derecho exclusivo de alguna religión, secta u orden. La Verdad aparecerá. El Espíritu se dará a conocer por sí solo. Felices seremos los que veamos estas cosas que, desde el principio de la raza humana, han sido el anhelo de todas las almas que aspiran a elevarse.

EL PENSAMIENTO BASADO EN LA VERDAD
TRATA DIRECTAMENTE CON LA PRIMERA CAUSA

El pensamiento verdadero en la verdad trata directamente con la Primera Causa; y esta Ciencia es el estudio de la Primera Causa, Espíritu o Verdad, de esa Esencia Invisible, de esa Suprema Substancia e Inteligencia de la que proviene todo—del Poder detrás de la creación—de La Cosa Misma.

PRIMERA PARTE

LA
NATURALEZA
DEL SER

Lo que creemos acerca
de Dios y del hombre.

CAPITULO UNO

"¡EN EL PRINCIPIO, DIOS!"

El Principio—La Historia Simplificada de la Creación— Describiendo Al Infinito—La Inteligencia Absoluta—Una Investigación Profunda—La Voz De Dios En La Creación—El Pensamiento De Dios…La Palabra De Dios—El Espíritu Se Conoce A Sí Mismo—Volición.

EL PRINCIPIO

Nosotros deseamos descubrir qué creer, por qué creerlo y por qué nuestra creencia es razonable; y hasta donde nos sea posible, queremos penetrar en la naturaleza de la Causa invisible de esta vida que se manifiesta en nosotros. Deseamos descubrir cómo trabaja esta Causa; qué relación tiene con nosotros y qué relación tenemos nosotros con Ellá, y de qué manera podemos usar este entendimiento. El mundo está cansado de misterios, no entiende los símbolos y desea la Realidad. ¿Qué es la Realidad? ¿Dónde se encuentra? ¿Cómo se usa? Estas son las preguntas que hacemos, para las cuales buscamos respuestas.

"¡En el principio, Dios!" En el principio, Espíritu ó Inteligencia solamente. ¡No había un universo manifiesto; no había sistema de planetas! No había forma visible, sólo el Principio de Vida. Dios, el Espíritu, no se había movido sobre las aguas. Entonces este ser Omnímodo empezó a moverse y a crear. ¿Dónde se movió el Espíritu? ¿Sobre qué se movió? ¿De dónde vinieron Sus moldes? ¿Qué medios o poder empleó Él? ¿A través de qué medio trabajó? En suma, ¿de qué está hecho el mundo, inclusive nosotros? ¿Cómo fue que nosotros, y toda manifestación física, llegó a existir?

Si suponemos que el Espíritu es el Principio de Vida que fluye a través de todo lo manifiesto, la Causa de todo, entonces tenemos que suponer que tiene Substancia dentro de Sí Mismo y es conocimiento que existe por Sí Mismo. EL ESPIRITU HACE COSAS DE SI MISMO POR MEDIO DE ALGUNA ACCION DENTRO DE SI MISMO. Esta acción dentro de Sí Mismo, naturalmente tiene que ser acción conciente, de percibirse a Sí Mismo, y de conocerse a Sí Mismo. Lo que Dios sabe, ES. A todo esto se le ha llamado la *Palabra* de Dios y la *Contemplación de Dios de Sí Mismo*.

LA HISTORIA SIMPLIFICADA DE LA CREACION

Sin repetir el conocido relato (o relatos, porque son dos) de la Creación, como está escrito en la Biblia, digamos que alguien—generalmente se cree que fue Moisés—al explicar *su idea* de como vino a ser la Creación, puso sus pensamientos en forma de alegoría o historia simbólica. Repitamos esta historia, en nuestras propias palabras, y veamos qué tenemos:

Dios (o sea el Ser Supremo o Inteligencia del Universo) estaba conciente de Sí Mismo antes de la creación de un sistema particular en el mundo. Siendo conciente, y deseando manifestarse en forma, se manifestó por el poder de Su Palabra, que es Ley. Dios no es sólo Espíritu o Inteligencia, Él es también Ley perfecta e Inmutable. Cómo Espíritu puro, Él gobierna el Universo por medio del poder de Su palabra. Por lo tanto, cuando Él habla, Su Palabra es Ley. La Ley tiene que obedecer. La Ley es mecánica y la Palabra es espontánea. Dios no puede decir ni una palabra que contradiga Su Propia naturaleza.

Como Dios es Inteligencia Pura y es Ser Infinito, Él siempre está creando. Su naturaleza es crear, pero siendo el Todo, tiene que crear dentro de Sí Mismo.

La Palabra de Dios, hablada dentro de Dios mismo, pone la Ley (la cual está también dentro de Sí Mismo) en movimiento. El resultado es la Creación. La Palabra es el molde que, actuando a través de la Ley, produce la forma. Así como hay muchas palabras, también hay muchas formas, cada una es distinta y cada una es una idea individualizada de Dios.

Ya que la Palabra de Dios es permanente, cuando El habla, esa Palabra contiene dentro de Sí Misma todo lo que necesita para perpetuarse, lo mismo que la semilla contiene dentro de sí todo lo que necesita para reproducir su misma especie. No podría ser otra especie porque eso causaría confusión, y la Mente Divina nunca está confusa.

Dios hizo el universo mecánico, la vida de las plantas y los animales, pero esto no le satisfazio porque quería crear un ser que le respondiera y que le comprendiera. Por eso creó un ser que tuviera Vida Verdadera *dentro de sí*.

Dios sólo pudo hacer ésto impartiendo Su propia naturaleza a este ser, al cual le llamó hombre. Debía hacerlo de acuerdo con Su propia imagen y semejanza. Para poder ser un Ser verdadero, el hombre tiene que estar hecho de la materia de la cual está hecha la Eternidad. Si la humanidad ha de tener vida verdadera, tiene que participar de la Naturaleza Divina. Así es que Dios hizo al hombre de Su propia esencia y revistió esa esencia sutil con una forma definida.

Y Dios dijo dentro de Sí Mismo algo así: "Si deseo que exista un hombre que sea un ser verdadero, tengo que darle libre albedrío. Tiene que ser espontáneo y no automático. Él debe tener dominio sobre todo lo que tenga menos inteligencia que él mismo. Lo dejaré que nombre todo lo que he creado, y le daré todo para que lo goce, porque su vida ha de ser plena y abundante si es que ha de representar Mi naturaleza."

Así Dios le dio al hombre dominio sobre todas las cosas del mundo. No le dio poder al hombre para gobernar el universo, sino le dio poder para *tener dominio* sobre el universo.

Y Dios vio lo que había creado, y vio que era bueno, "muy bueno." ¿Cómo podía ser de otra manera si El Mismo lo había creado? ¿Cómo podría Dios, que es Bondad, ver otra cosa más que el bien?

Brevemente, esta es la historia de la Creación. El lector no debe asombrarse por este estilo narrativo humano. Ha de recordar que estamos poniendo en lenguaje humano una historia que sólo podemos imaginar. Veamos cuánto de esto tiene significado para nosotros—cuánto de esto podemos comprobar.

DESCRIBIENDO AL INFINITO

Cualquier relato de la Creación, por más breve que sea, implica primeramente una Inteligencia Universal que es omnisciente—que lo sabe todo. A esta Inteligencia la llamamos *Dios*. En la filosofía, se usa la palabra *Realidad*; en la ciencia, la palabra *Principio*. La Realidad de la filosofía, el Principio de la ciencia y el Dios de la religión tienen todos el mismo significado—la naturaleza del Universo en que vivimos. Lo describimos como Dios, Espíritu, Realidad, Verdad—Inteligencia Absoluta.

LA INTELIGENCIA ABSOLUTA

Nosotros creemos en una Inteligencia Absoluta porque esa inteligencia se manifiesta por todo el universo en el cual vivimos. Vemos su actividad dondequiera que miremos, ya sea en la inteligencia del átomo o en las circunvoluciones del pensamiento operando a través del cerebro de un Sócrates o un Einstein. Por lo tanto, declaramos que el Primer Principio es Inteligencia Absoluta. Es imposible que el pensamiento—ya sea filosófico, científico o religioso (y estas son las fuentes de las cuales nosotros obtenemos el conocimiento)—niegue esa inteligencia.

Creemos en una Inteligencia Absoluta y en un Conocimiento Absoluto. Estamos en el universo, y estamos concientes, por eso es razonable que creamos que la conciencia existe.

Creación quiere decir dar forma a la Substancia de la Mente o del Espíritu. El Espíritu, siendo Todo y siendo Único, no puede cambiarse en algo más que en Sí Mismo. Por lo tanto, todo cambio tiene que ocurrir dentro de lo que es Inmutable para manifestarse en diferentes formas. El Infinito de Sí Mismo no tiene forma, pero dentro del Infinito están todas las formas que dan expresión a Su

Conocimiento. El Espíritu es lo Ilimitado dentro del cual existe todo el tiempo. La Creación y las experiencias prosiguen eternamente, pero cualquier experiencia en particular se mide en términos de tiempo y tiene principio y fin.

Al principio de cualquier serie creativa, existe sólo la Inteligencia Absoluta, el Espíritu puro, que todo lo incluye, presente donde quiera, infinito. Este Espíritu Total no podría tener impulso para moverse si no fuera conciente. Por lo tanto, "El Espíritu es el poder que se conoce a Sí Mismo." La historia de la Creación que dice, "En el principio, Dios creó los cielos y la tierra," no se refiere a un tiempo cuando no había creación, sino a un proceso eterno de creación, que es manifestación continua del Espíritu. El hecho que existe una creación que está creando eternamente, queda comprobado pues tenemos que suponer que el Espíritu es Inteligencia conciente, y *¡no puede existir la Inteligencia Conciente a menos que esté conciente de algo!* El Espíritu es conciente, y tiene que ser conciente de algo. Por lo tanto, *siempre tiene que crear.* ¡Qué glorioso concepto es la idea de un Principio Eternamente Creativo! En el Espíritu no hay estancamiento, ni debe haberlo en nuestra idea de la espiritualidad. *¡Ser espiritual es ser creativo!* El espíritu está vivo, conciente, enterado y activo.

UNA INVESTIGACION PROFUNDA

Si nosotros examináramos los principios básicos de las religiones del mundo, encontraríamos una gran similitud en todas. Cada una señala una Vida Central de la cual todos obtienen vida, y sin la cual nada podría existir. La Religión Cristiana da más valor a la vida del individuo que la mayoría de las otras religiones. Por eso es que atrae a las razas más vitales del mundo. En muchas formas, la Biblia Cristiana es el libro más grandioso que se ha escrito, y señala el camino hacia valores eternos. Pero es sólo UNA explicación, y no puede considerarse como la UNICA luz en religión, pues hay muchas otras que, al combinar sus enseñanzas, tejen la historia de la Verdad en un patrón completo y unido.

Los sabios de la antigüedad, lo mismo que los filósofos de todos los tiempos, han meditado mucho, con gran devoción, sobre la *naturaleza* del Ser Divino. Sabiendo que existe sólo Una Realidad Suprema detrás de todas las cosas, han considerado a fondo la naturaleza de esa realidad, y es significativo que casi todos han llegado a conclusiones similares.

LA VOZ DE DIOS EN LA CREACION

El rasonamiento va más o menos así: La Causa Suprema detrás de toda cosa tiene que ser UNA SOLA, porque la Vida no puede dividirse contra Sí Misma. Lo Infinito tiene que ser UNO SOLO porque no *podría* haber *dos* Seres Infinitos. Cualquier cambio que ocurra tiene que ocurrir dentro de este UNO. Pero este UNO es inmutable porque, siendo UNICO y SOLO, no puede volverse otra cosa más que Sí Mismo.

Todo cambio aparente es solamente el juego de la Vida dentro de Sí Misma; y todo lo que acontece, debe acontecer a causa y por medio de alguna acción dentro de Sí Misma. ¿Cuál puede ser la naturaleza de esta acción interna? No puede ser física—según nosotros entendemos lo físico—sino que tendría que ser algún movimiento interno de la Vida misma, por ejemplo, la Voz de Dios—es decir, la Primera Causa y la Unica Causa de todo lo que es.

EL PENSAMIENTO DE DIOS—LA PALABRA DE DIOS

La Palabra de Dios significa el poder que tiene el Espíritu de declararse a Sí Mismo en manifestación o en forma. *La Palabra de Dios* quiere decir el Espíritu contemplándose a Sí Mismo. El Universo manifiesto, como lo vemos, lo mismo que el Universo Invisible, que también tiene que existir, son resultados de Dios contemplándose a Sí Mismo. "Habló y se hizo." La Palabra estaba con Dios, y la Palabra era Dios. Toda cosa fue hecha por Él, y sin Él, nada de lo que fue hecho, hubiera sido hecho." El principio de toda la creación es la Palabra del Espíritu. La Palabra es el Concepto, la Idea, la Imagen, o el Pensamiento de Dios. Es la Mente que se conoce a Sí Misma manifestándose por medio de Su

Palabra. La Palabra detrás de todo es su Causa Inicial.

El término "pensamiento" parece tener más significado en este caso que ningún otro término. Parece abarcar mejor el significado porque sabemos que *pensamiento* es un proceso interno del conocimiento. El Pensamiento de Dios tiene que ser la Causa de todo lo que realmente existe; y como hay muchas cosas que existen, tiene que haber muchos pensamientos en la Mente del Infinito. Esto es lógico de suponer porque una Mente Infinita tiene por necesidad que concebir una variedad infinita de ideas. De aquí procede la multiplicidad en el mundo, las muchas cosas. Pero un mundo de *multiplicidad* no contradice al mundo de la *Unidad*, porque los muchos viven en el UNO. Este concepto de Unidad es el secreto místico de todos los tiempos, la llave de la sabiduría espiritual, y de las enseñanzas de Jesús.

EL ESPIRITU SE CONOCE A SI MISMO

Es imposible concebir que haya otra cosa aparte de la Palabra de Dios que sea capaz de poner en movimiento al poder. ¡Dios habla y se hace! Es evidente que la Primera Causa tiene que Existir por Sí Misma, es decir, tiene que ser Original. No puede haber nada antes de lo que es Primero. Por lo tanto, el Ser al Cual llamamos Dios tiene que ser Auto-existente. DIOS HABLA Y SE HACE. Si Dios habla, Su palabra tiene que ser Ley. La Palabra de Dios es también la Ley de Dios. DIOS ES PALABRA, DIOS ES LEY, Y DIOS ES ESPIRITU. Esto es evidente. Concluímos que Dios como Espíritu es Vida Conciente. Esto es lo que significa la profunda enseñanza del "YO SOY."

VOLICION

Existe sólo un factor volitivo en el Universo, y éste es el Espíritu, o la Mente que se conoce a Sí Misma. Dios no hizo a Dios, esto es evidente. Dios no hizo la Ley; la Ley es co-eterna con Dios. Dios no hizo la substancia, esta también es Co-Existente y Co-Eterna con Dios. PERO DIOS SI HIZO, HACE, Y SEGUIRA HACIENDO

FORMAS DE ETERNIDAD A ETERNIDAD. Vivimos en un universo de Substancia Infinita y de formas innumerables donde nada se mueve a menos que la Inteligencia lo mueva de acuerdo con la ley.

Por lo tanto, todo lo que el Espíritu piensa tiene que tomar forma. El Espíritu, siendo Vida Conciente de Sí Misma, sabe y no puede dejar de saber. ¡Suponer que Él pudiera dejar de saber es suponer que pudiera dejar de ser! Como no puede dejar de saber, siempre tiene que poner en movimiento la Ley de Su Ser; y esta Ley siempre tiene que proyectar la forma de Sus pensamientos y así producir cosas. La Creación siempre está *principiando* pero nunca *termina*. Hasta el menor pensamiento de la Inteligencia pone el poder en movimiento por medio de la Ley, produciendo la cosa correspondiente. Las cosas vienen y van, pero la Creación continúa siempre. Este es, verdaderamente, un concepto maravilloso, porque significa que siempre habrá manifestación de Ideas Divinas. No pueden acabarse mientras Dios exista, y como Dios siempre existe, siempre habrá manifestación de alguna clase. Lo Invisible siempre ha de manifestarse en algún plano.

CAPITULO DOS

LA MENTE...
EL DESCUBRIMIENTO
MAS GRANDE

La Naturaleza Espera Que El Hombre Se Reconozca A Sí Mismo—El Primer Gran Descubrimiento—El Descubrimiento Más Grande De Todos Los Tiempos—La Mente—La Memoria—La Ciencia—¿Cómo Se Descubren Las Leyes?—La Ciencia De La Mente—¿De Dónde Provienen Nuestras Impresiones Mentales? Leyendo El Pensamiento—Leyes Mentales—La Naturaleza De La Trinidad De Dios—La Trinidad Del Ser.

✺

LA NATURALEZA ESPERA QUE
EL HOMBRE SE RECONOZCA A SI MISMO

Nada es más evidente que el hombre, como lo vemos ahora, es el resultado de la evolución. Pero para poder evolucionar, él tuvo que tener un Principio del cual desarrollarse. Como el hombre es inteligente, tiene que haber evolucionado de una Causa Inteligente.

Al estudiar el orden de la evolución del hombre, parece cierto que era necesario—desde el momento en que este hombre llegó a tener libre albedrío—que el hombre mismo descubriera su propia naturaleza. Si el hombre es dotado con los atributos de selección propia y libre albedrío, debe permitírsele hacer este gran descubrimiento por sí mismo. Ni Dios mismo podría crear un individuo mecánico. Por ejemplo, las fuerzas de la naturaleza seguramente han existido siempre, pero, por lo que toca al hombre, existen para usarse sólo después que el hombre las descubre y aprende a usarlas. La electricidad era una realidad cuando Moisés condujo a los israelitas fuera de la tierra de Egipto, pero ni Moisés ni sus seguidores sabían nada de la electricidad. Esto es la verdad de todas las leyes naturales; ellas han existido siempre, pero sólo se pueden usar cuando se comprenden. De esta manera la Vida espera que el hombre descubra las leyes naturales, se descubra a sí mismo, y descubra su relación con el gran todo.

El *principio* de cualquier ciencia es invisible, es teoría, como lo es nuestra idea del Espíritu. Nadie ha visto a Dios; nadie ha visto la Vida; lo que vemos es la manifestación de la Vida. Nadie ha *visto* la Inteligencia; la experimentamos. Nadie ha *visto* la Causa; vemos lo que hace, tratamos con Sus efectos. No vemos la Belleza. El artista siente la belleza y la describe lo mejor que él puede, y le llamamos bello al resultado de sus esfuerzos. El matemático resuelve un problema, pero el problema no es el Principio de las Matemáticas; la solución del problema es un efecto o el resultado de aplicar el principio. No vemos la Vida, la vivimos. La Causa es invisible.

EL PRIMER GRAN DESCUBRIMIENTO

El primer gran descubrimiento del hombre fue descubrir que podía pensar. Este fue el día en que dijo por primera vez, "Yo soy." Esto marcó su primer día de adelanto personal. Desde ese día, empezó a ser un hombre individual y tuvo que progresar por sí mismo. Desde ese día no hubo evolución obligatoria; desde entonces ha tenido que trabajar concientemente en unión con la Vida.

La base de donde el hombre evoluciona es Infinita. Detrás del hombre está el Gran Desconocido, pero que no es imposible de conocer. El hombre ha construído una gran civilización como resultado de descubrir que podía pensar, planear y ejecutar; ha percibido que la Naturaleza tiene que obrar a *través de él* para que pueda obrar por él. Ha dominado la electricidad, ha obligado al vapor a hacer lo que él le ordene, ha conquistado el aire, ha construido ciudades, ha hecho que el desierto florezca, y ha desarrollado líneas de comercio alrededor del mundo. Y hasta parece haber poseído la tierra durante este proceso, pero ha dado poca atención a esa voz serena y pequeña dentro de él mismo que le dice, "Hombre, conócete a ti mismo."

EL DESCUBRIMIENTO MAS GRANDE
DE TODOS LOS TIEMPOS...LA MENTE

Cuando el hombre descubrió que podía pensar, lo aceptó sin apreciarlo. Siempre había podido pensar. Era prueba de que existía; le dió la habilidad de reconocer sus necesidades y satisfacerlas. Parecía ser una cosa automática; algo que traía consigo y que seguramente moriría con él. El cerebro parecía ser el órgano de pensar y, por supuesto, cuando la muerte lo callaba, el cerebro no pensaba más.

Pero llegó el día en que un hombre sabio dijo que no era el cerebro el que pensaba, porque si fuera el cerebro, seguiría pensando aún cuando se sacara del cuerpo; no obstante, sin el cerebro el hombre no podía pensar, *lo cual comprobó que algo detrás del cerebro lo usaba como instrumento.* El hombre sí piensa, así es que detrás del cerebro ha de haber un pensador. Pero, ¿dónde está el pensador? No se le ve. ¿Tenemos derecho a decir que hay un pensador cuando nunca le hayamos visto? Sí, porque la prueba de esta realidad es la evidencia de su pensamiento. Detrás del organismo está el pensador y el hacedor—la Mente. *Este fue el descubrimiento más grande de todos los tiempos, porque significaba que el cuerpo sin el pensador no podía funcionar.* Al principio, el hombre no percibía esto y pensaba que su cuerpo obraba por sí mismo; cuando descubrió que no era así, encontró que concientemente podía pensar y decidir, *y que algo pasaba con sus pensamientos después que los pensaba;* se iban a *alguna parte* y volvían a él como memoria.

LA MEMORIA

Reflexionando sobre esto, el hombre concluyó que la memoria era una cosa activa, y razonó así, "La memoria ha de ser el almacén de todas las ideas que han pasado por mi mente. La memoria es activa porque mis pensamientos vuelven a mi. Mi pensamiento está conciente de mi cuerpo; mi cuerpo obra de acuerdo con mi pensamiento; y mi cuerpo también tiene que obrar de acuerdo con mi memoria, porque mi memoria es activa; pero como mi memoria es resultado del pensamiento conciente, *la memoria por sí misma es una acción inconciente de lo que antes fue un pensamiento conciente.*" ESTA ES UNA DE LAS CONCLUSIONES MAS IMPORTANTES A LA CUAL LA MENTE DEL HOMBRE HA LLEGADO. Al cambiar su pensamiento, el hombre podía cambiar sus asuntos; y pensando correctamente, podía traer condiciones nuevas a su vida: ¡Tremendo!

LA CIENCIA

La ciencia es el conocimiento de ciertos hechos basados en un principio que ya ha sido comprobado. La investigación científica de cualquier cosa es, necesariamente, una proposición fría. Hablamos del *saber*, y de la ciencia como un conocimiento absoluto; ¡la ciencia *es* conocimiento absoluto hasta el punto que podamos demostrarla con hechos!

COMO SE DESCUBREN LAS LEYES

En el descubrimiento científico de las leyes, ciertas teorías son postuladas; esas teorías pueden desarrollarse por medio de estudio e investigación. Cuando se comprueba que alguna teoría es correcta después de muchos experimentos, el principio se anuncia. De esta manera, la verdad científica queda demostrada; pero nadie ha *visto* ninguno de estos principios que la ciencia anuncia, así como nadie jamás ha visto la gran Causa detrás de toda manifestación de la vida.

Tan pronto como se descubre una ley, se hacen experimentos con ella, ciertos hechos son comprobados, y de esta manera la ciencia se formula gradualmente. *Cualquier* ciencia consiste de todos los hechos que se conocen acerca de su principio invisible. A medida que se van conociendo más y más factores de la ley, la ciencia se expande y gradualmente viene a ser aceptada por todos, y *todos los que la comprenden la pueden usar.*

LA CIENCIA DE LA MENTE

Acerquémonos entonces a la Ciencia de la Mente con reverencia, pero no con temor; con espíritu de verdadera humildad, pero no con la idea de que no somos dignos, y sobre todo, sin ninguna superstición. Estudiémosla normalmente, felices, dispuestos a aceptarla, contentos de experimentar con ella, creyendo que como resultado de nuestros esfuerzos, recibiremos este gran bien—un mejor entendimiento de las leyes naturales de la Vida según se aplican al individuo y a su relación con el plan universal de todas las cosas.

Por lo tanto, la Ciencia de la Mente es el estudio de la Vida y de la naturaleza de las leyes del pensamiento; el concepto de que vivimos en un Universo espiritual; que Dios existe en nosotros, a través de nosotros y alrededor de nosotros. No hay nada sobrenatural en ninguna parte, en ningún plano; lo que ahora parece ser sobrenatural, después que se comprende, se reconoce como algo espontáneamente natural.

Decimos que existe una Mente Universal; pero nadie la ha visto. Decimos que Dios es Espíritu, pero nadie ha visto a Dios. La Biblia dice, "Ningún hombre ha visto a Dios en ningún momento; sólo el Hijo, él lo ha revelado." Expresando esta idea con nuestras propias palabras: Nadie ha visto la Causa; porque nosotros vemos el efecto, sabemos que tuvo que haber una Causa. No hay nada más evidente que el hecho de que nosotros vivimos; y como vivimos, tenemos que tener vida, y como tenemos vida, tiene que haber Vida. La única prueba que tenemos de que existe la Mente es que pensamos. El Principio Eterno siempre está oculto.

¿DE DONDE PROVIENEN
NUESTRAS IMPRESIONES MENTALES?

El problema más difícil de la filosofía, ahora como en el pasado, es ¿cómo y de dónde provienen nuestras impresiones mentales? Kant dice, "Podemos percibir un objeto porque despierta una percepción intuitiva dentro de nosotros." ¿Cómo podría despertar una *percepción intuitiva* dentro de nosotros si no existiera *dentro* de nosotros el mismo medio que creó el objeto? ¡La percepción intuitiva no es el resultado de percibir un objeto, *sino que es la causa misma por la cual podemos percibir el objeto!* Esto es lo que quiere decir Emerson cuando dice, "Existe una mente común en todos y cada uno de los hombres."

Todo lo que aparentemente está fuera del individuo, puede saberse por medio de la intuición, porque la percepción y el que percibe tienen que existir en una misma Mente. *Ningún objeto puede parecer existir en el mundo objetivo si primero no existe un mundo subjetivo que perciba el objeto.* No existe ningún objeto fuera de la Realidad; pero la Realidad tiene que ser un Perceptor Infinito, o una Mente Infinita...Una Mente común en todos los hombres.

La Biblia dice, "En Él vivimos, nos movemos y tenemos nuestro ser"..."Él"..."Eso"...o "Dios." Jesús dijo que la Realidad no está en la montaña, ni está alejada, sino que está dentro de nosotros mismos. Por lo tanto, sin tratar de definir, o explicar, nosotros hacemos esta simple declaración: "La Mente es." La Mente es, y es tanto Universal como individual. No es solamente Universal y abstracta; Ella es también individual y concreta. La Mente que se personifica es la misma Mente que es Universal.

Esta es la percepción que tenían Buda, Jesús y otros grandes guías espirituales. Ellos entendían que el Universo tiene que ser Uno solo para poder existir. Jesús vió esto cuando dijo que si él arrojara demonios en el nombre de Belcebú, el príncipe de los demonios, eso sería una casa dividida dentro de sí misma, y una casa dividida entre sí no podría existir; y también dijo, "Quien me ha visto a Mí, ha visto al Padre." Jesús llegó a percibir la Unidad.

Las imágenes del pensamiento, aunque parecen venir de afuera, en realidad *surgen del aspecto objetivo de lo que es parte de un subjetivo interno.* Para que la Naturaleza sea coherente y tenga expresión, tiene que existir lo objetivo, el mundo manifiesto; ¡pero *lo que existe físicamente fuera de nosotros, también existe en el mismo medio en que existimos nosotros, y la inteligencia con que lo percibimos es la MISMA INTELIGENCIA QUE LO CREO!* Por lo tanto, aunque objetivamente está separado, subjetivamente está unificado. Nuestras imágenes en el pensamiento nacen de un medio en el cual el que mira, así como lo que se ve, existen en un estado de unidad interna. Dios existe en todo. Dios existe en mí, y porque Dios existe en mí, puedo reconocer otros seres que existen en Dios. El Espíritu es el medio por el cual estoy conciente de mí mismo, de los demás y de mi ambiente.

LEYENDO EL PENSAMIENTO

Si reconocemos que estamos rodeados por una Mente Universal, no es extraño que algunas personas puedan percibir nuestros pensamientos aún cuando no lo sepamos, porque el pensamiento opera a través de un medio que es Universal...siempre presente.

Casi podemos asegurar que entre amigos siempre existe una comunicación silenciosa, algo como una conversación subconciente entre ellos. Cuando esto es reconocido por la inteligencia conciente, se le llama telepatía mental. Esta comunicación con otros está sucediendo todo el tiempo aunque la mente conciente no lo reconozca. Estas impresiones son más o menos vagas, y pocas veces salen a la superficie. Sin embargo, están allí, y gradualmente graban en nuestra mente impresiones y formas de pensamientos que son percibidos silenciosa e inconcientemente.

Esto nos ayuda a concluir que lo que llamamos nuestra mente subjetiva, es en realidad, el uso que hacemos individualmente de la Subjetividad Universal. Así como los mensajes de la radio operan a través de un medio universal, también nuestros pensamientos operan a través de un Medio Universal.

LEYES MENTALES

Así como nosotros pensamos en el medio de transmisión de la radio en términos de ley, así debemos pensar en el Medio Mental en términos de Ley; porque el Medio Mental tiene que ser la Ley de acción mental. Podemos pensar que es la Mente de Dios, pero no podemos pensar que es el Espíritu de Dios; porque el Medio Mental es automático, pero el Espíritu se conoce a Sí Mismo. No podríamos llamar "Dios" al Medio Universal de la Mente, lo mismo que no llamaríamos "Dios" a la electricidad. El Medio Universal de la Mente es sólo uno de los atributos de Dios, el medio por el cual Dios obra como Ley.

Debemos distinguir entre *Mente* Universal y *Espíritu* Universal. Al examinar el Subjetivo, encontramos que es tanto inteligente como conciente, sin saber que es inteligente y sin estar conciente de sí mismo. Toda ley tiene que ser subjetiva; la tierra sabe tomar la semilla y hacer una planta de ella; no sabe si está haciendo un tomate o un repollo. Si esto no fuera cierto de las leyes de la naturaleza, no podríamos depender de ellas, confrontaríamos caprichos. Una de las cosas más difíciles de comprender es que cuando tratamos con la Ley de la Mente, nosotros estamos tratando con una cosa totalmente impersonal. Ella sabe crear sin saber lo que está creando. Por lo tanto, debemos distinguir entre la Ley de la Mente y el Espíritu que usa la Ley. Los antiguos enseñaban que hay un Espíritu Infinito que se reconoce a Sí Mismo (uno de los refranes más viejos del mundo es: "El Espíritu es el Poder que Se reconoce a Sí Mismo") además, existe también la Ley Infinita que sabe cómo hacer pero no le importa lo que hace. Esta ley es la Ley Kármica de Buda: "La Ley que ata al ignorante y libera al sabio," como dijo Anna Besant. Es la Ley de Causa y Efecto del Occidente; pero no debe confundirse con la predestinación, porque *su tendencia puede cambiarse.*

Existe una Ley en el Universo que obra en cierta forma según la tendencia que se pone en acción, y lo hace matemática e inexorablemente. No podemos destruir la Ley, pero sí podemos cambiar y dirigir Su movimiento. Cuando sembramos una semilla y luego decidimos que preferimos otra, vamos y arrancamos la que sembramos primero y ponemos otra en su lugar. No destruimos la tierra al hacer esto, sino determinamos que la usaremos de otra manera. *Cuando tratamos con la Subjetividad, siempre tratamos con aquello que está sujeto a la volición conciente.*

La volición conciente en el Universo es lo que llamamos el Espíritu de Dios. ¡El Medio Mental, la Subjetividad Universal, la Ley, es el *hacedor* de la Palabra! Plotino habla de ésto como el *Hacedor* pero no el *Conocedor*. Le llamó la fuerza ciega que hace, pero no sabe lo que hace.

Este es el principio que usamos en la práctica. Debemos distinguir entre la volición conciente como Espíritu, y la Ley Subjetiva que obra con inteligencia pero sin conocerse a sí misma. Cuando comprendamos esto, ya no seremos supersticiosos acerca de nuestro uso de la Ley. Ha sido difícil abandonar tal reacción supersticiosa debido a que el tema se ha considerado desde un punto de vista teológico en lugar de científico. La Ley que estamos tratando es simplemente una Ley de la Naturaleza, una fuerza de la Naturaleza. Es una fuerza mental y a la vez inteligente y creativa, como la electricidad, que puede usarse para iluminar la casa y cocinar la comida, o que también puede electrocutarnos, si la usamos incorrectamente.

LA NATURALEZA DE LA TRINIDAD DE DIOS

Encontramos que al estudiar nuestro propio ser, empezamos a deducir lo que es la Naturaleza de Dios, o del Ser Universal. No hay otra manera de conocer a Dios más que estudiando al hombre. Alguien podría decir, "Dios se revela a Sí Mismo;" sí, creemos que Dios Se revela a nosotros, *pero lo hace revelándose a través de nosotros.* Sabemos acerca de Dios sólo lo que juzgamos que Dios tiene que ser al estudiar la naturaleza de las cosas que más o menos podemos analizar, y además usando ese sentido intuitivo que tenemos de las verdades eternas.

Si estudiamos la verdadera naturaleza del hombre, sondearemos la naturaleza verdadera de Dios, o de la Primera Causa, de donde viene el hombre. Ya que hemos encontrado que el hombre tiene una triple naturaleza, tenemos que deducir que Dios también tiene una triple naturaleza, es decir, Dios es Espíritu, o Conocimiento de Sí Mismo; Dios es Ley y acción; y Dios es resultado o Cuerpo. Esta es la enseñanza esencial de la "Trinidad." Dios, como Espíritu conciente de Sí Mismo, es el Ser Divino en quien siempre hemos pensado y en el cual hemos creído; es el Ser al que hemos orado y al que hemos adorado. Dios como Ley es la manera en que el Espíritu trabaja, y la Ley en este sentido, es el siervo del Espíritu. Dios como Cuerpo, es la manifestación del Espíritu.

LA TRINIDAD DEL SER

Esta trinidad del ser parece existir en toda la Naturaleza y en toda la vida. Por ejemplo, existe la electricidad, la manera en que trabaja, y sus resultados, que son luz y poder de movimiento. Existe la semilla, el medio creativo o la tierra, y la planta.

Como quiera que lo observemos, encontraremos la necesidad de una Trinidad del Ser. La Trinidad se ha enseñado a través de todos los tiempos. Todas las grandes religiones y las filosofías espirituales han enseñado esta Trinidad. Padre, Hijo y Espíritu Santo es la Trinidad Cristiana. Es la Cosa, la Manera en que Funciona y Lo que Hace. La Cosa es Inteligencia Absoluta; la *forma* en que trabaja es la Ley Absoluta; y Lo que Hace es el resultado—la manifestación. La Acción de la Cosa Misma es lo que la Biblia llama "La Palabra"…Inteligencia Absoluta.

CAPITULO TRES

EL ESPIRITU

La Definición De Espíritu—Su Naturaleza—El Espíritu Inmutable—La Acción Del Espíritu Dentro De Sí Mismo— Como Entendemos Su Operación—La Metafísica Y La Física—Sólo Una Mente—La "Personalidad" De Dios.

LA DEFINICION DE ESPIRITU

La definición de Espíritu es: "Vida o inteligencia, concebida totalmente aparte de la encarnación física. Ella es Esencia vital, fuerza o energía, distinta de materia."

Es probable que la definición de Dios como "Espíritu" se entienda más fácilmente, se acepte más que ningún otro término que se usa para describir la Deidad. Jesús, al hablar con la mujer de Samaria, explicó: "Dios es Espíritu, y los que le adoran tienen que adorarle en espíritu y en verdad."

La naturaleza del Ser es Unidad, con tres atributos distintos: Espíritu, Alma y Cuerpo.

El Espíritu es el principio activo y Auto-Conciente. El Espíritu es Primera Causa o Dios—la Esencia Absoluta de todo lo que es. Es el Gran o Universal YO SOY. El Espíritu es la Mente Conciente y el Poder que se reconoce a Sí Mismo. Es el Ser conciente.

El Espíritu es Auto-Impulsor; Él es Absoluto y es Todo. Existe por Sí Mismo y tiene toda la Vida dentro de Sí mismo. Es la Palabra y la Palabra es Volición. Tiene elección porque es Volición. Es Voluntad porque escoge. Es Espíritu Libre porque no conoce nada fuera de Sí Mismo, y por lo tanto, no conoce nada diferente a Sí Mismo.

El Espíritu es el Padre-Madre Dios, porque Él es el Principio de Unidad detrás de todas las cosas. El principio masculino y el femenino ambos vienen del Uno. El Espíritu es toda la Vida, Verdad, Amor, Ser, Causa y Efecto. Es el único Poder en el Universo que se conoce a Sí Mismo. El Espíritu *no puede conocer nada fuera de Sí Mismo*, porque eso sería Dios y algo más. EL ESPIRITU ES TODO—el Centro y Circunferencia de todo lo que existe—lo que se manifiesta y lo que no se manifiesta. El Espíritu no tiene enemigos, no tiene diferencias, no se aparta ni se separa dentro de Sí Mismo. Es Indivisible, Completo y Perfecto dentro de Sí Mismo, no tiene contrario ni oposición. Sólo conoce Su propia habilidad, y como es Todo, absolutamente nada le puede obstruir.

Es imposible que una mente finita pueda comprender una Vida y un Poder tan completo. En momentos de verdadera inspiración, comprendemos hasta cierto grado, que Dios es Todo—que contiene dentro de Sí mismo todo lo que verdaderamente es—que es la Vida en todo y el amor que fluye a través de todo; la Unica Presencia y la Unica Persona Infinita, a la cual llamamos Dios o Espíritu; dentro de este Uno vive todo.

SU NATURALEZA

La premisa fundamental en la cual la filosofía de la Biblia se desarrolla es que el *Espíritu es Uno*, y que la CREACION ES EL RESULTADO DEL UNICO MODO DE ACCION DEL ESPIRITU.

Tal vez el punto en que todos estamos de acuerdo es que no importa cual sea la Naturaleza de la Primera Causa o del Espíritu, *el Espíritu es Creativo*. Si ésto no fuera así, nada existiría. Es imposible pensar que la Vida Creativa puede expresarse de alguna manera que no sea viviente. Jesús seguramente se refirió a esto, cuando dijo que él había venido, "para que tuvieran vida, y para que la tuvieran más abundantemente."

En otro punto en que todos estamos de acuerdo es que la Naturaleza de la Primera Causa es armoniosa. Si hubiera cualquier elemento falto de armonía, de discordia o de decadencia en cualquier parte de Su Naturaleza, se destruiría a Sí Misma.

Siempre se ha enseñado que el Alma del Universo es el *medio receptivo* en el cual el Espíritu da aliento a las formas de Su pensamiento. El Alma es subjetiva al Espíritu. Lo que es *subjetivo*, siempre es impersonal, neutral, plástico, pasivo y receptivo. Dondequiera que encontramos la ley subjetiva, encontramos algo que está obligado a recibir lo que se le de, y obligado a obrar sobre ello. Por consecuencia, el Alma del Universo ha sido llamada "una fuerza ciega, que no sabe, que sólo ejecuta." Ha sido llamada a través de las eras "El Siervo del Espíritu Eterno." Es el medio del pensamiento, del poder y de la acción del Espíritu.

EL ESPIRITU INMUTABLE

Al decir la Creación, no queremos decir que algo se hace de la nada. La Creación es el pasar del Espíritu a la forma, y esto está aconteciendo eternamente. El Espíritu no puede cambiar, porque siéndolo Todo, no hay nada en que poder cambiarse. Esto es evidente.

Es necesario que comprendamos que el único Principio activo es el Espíritu...Auto-Conciente...y que todo lo demás está sujeto a Su Voluntad. El Espíritu está conciente de Su propio Pensamiento, Su propio Deseo, Su propia Acción manifiesta; y está conciente de que Su Deseo ha de cumplirse. Por consiguiente, está conciente de Lo que manifiesta; *pero no está conciente de ningún esfuerzo o proceso en Su manifestación.*

Es necesario que el Alma y el Cuerpo existan, porque el Espíritu sin manifestación sólo construiría un mundo de sueños, sin llegar a realizarse a Sí Mismo. Tiene que haber un medio por el cual el Espíritu se exprese, y tiene que existir la manifestación, por lo tanto existen el Alma y el Cuerpo. Las enseñanzas de los grandes pensadores de todos los tiempos nos dicen que vivimos en un Universo triple de Espíritu, Alma y Cuerpo—de Inteligencia, Substancia y Forma.

LA ACCION DEL ESPIRITU DENTRO DE SI MISMO

Dios, la Primera Causa Auto-Existente, habla, y Su Palabra se cumple. Su Palabra es Ley. Dios es Palabra, Dios es Ley, Dios es Espíritu. El Espíritu se reconoce a Sí Mismo, la Ley es siervo del Espíritu y es puesta en acción por medio de la Palabra. Toda Ley es alguna forma de fuerza o energía universal. La Ley no se conoce a sí misma; la Ley sólo sabe ejecutar. Es el medio por el cual obra el Espíritu para cumplir Su propósito.

¿Hizo Dios la Ley? Es imposible pensar que en algún momento la Ley no obrara; es imposible pensar que la Ley fue creada. Por lo tanto, la Ley tiene que ser Co-Existente y Co-Eterna con el Espíritu, tiene que ser parte de la Naturaleza Sin Causa de la Realidad Divina.

El Espíritu obra a través de la Ley, que es parte de Su propia Naturaleza; por lo tanto, ¡*toda acción tiene que ser acción del Espíritu como Ley!* La Palabra del Espíritu se mueve por medio de la Ley, y como la Ley es infinita como el Espíritu mismo, no podríamos pensar que en algún momento en que no existiese la Ley, o que algún día dejase de existir; tampoco podemos imaginarnos que la Ley cese de operar una vez que se haya puesto en movimiento.

Tenemos, entonces, un Espíritu Infinito y una Ley Infinita...Inteligencia y la manera en que trabaja. DIOS OBRANDO POR MEDIO DE LA LEY, la cual es infalible y cierta. Es la Creación—la actividad de Dios, la actividad del Espíritu—el pasar de la Substancia a la forma por medio de una Ley, la cual es puesta en movimiento por la Palabra del Espíritu. El Espíritu es "el mismo ayer, hoy y siempre," y por lo tanto, nuestro pensamiento no puede imaginarse que la acción del Espíritu tendrá fin algún día.

Toda la acción del Espíritu ha de ser dentro de Sí Mismo, *sobre* la Ley (que también está dentro de Sí) y sobre la Materia Universal, que también está dentro de Sí. Los tres en realidad son Uno—la Trinidad. Existe algo que se llama Dios que hace cosas de El Mismo (o de Sí Mismo) y se convierte en la misma cosa que ha hecho, y lo hace de acuerdo con la Ley y el orden. En la medida en que la inteligencia humana puede juzgar, el Espíritu crea al contemplarse a Sí Mismo.

COMO ENTENDEMOS SU OPERACION

La filosofía de la metafísica aplicada se basa en dos o tres proposiciones teóricas muy sencillas. TODOS LOS PRINCIPIOS INVISIBLES SON TEORICOS porque no los podemos apreciar con nuestros sentidos físicos; no los podemos pesar o medir. La vida, el amor, la belleza, pueden considerarse teóricos, porque nunca los ha visto nadie. Vemos sólo su manifestación; y porque vemos la manifestación deducimos que su realidad existe.

El trabajo de la metafísica se basa en la teoría de que el Universo es producto de una Inteligencia Absoluta, que esta Inteligencia existe por Sí Misma—que el Espíritu no fue creado. Era, es y siempre será. Nos vemos precisados a suponer la realidad de una Energía Original Creativa e Inteligente, antes de la cual no existe nada. Dios, el Principio Divino o Universal de la Vida, no importa como le llamemos, es un Ser Original, Inmutable, que no fue creado. No es un Ser con diferentes partes, sino que es un SER con potencialidades. En esto hay una enorme diferencia.

Un distinguido físico interpreta el Universo como "un Pensador Infinito que piensa matemáticamente." El Pensador Infinito es un Pensador espontáneo. El Pensador Infinito piensa y lo que piensa se lleva a cabo en una secuencia de ley y orden, causa y efecto; esta es la matemática. El Pensador Infinito, en *movimiento*, es el Principio. *El Ser* del Pensador Infinito es Espíritu puro, y podemos pensar que es (en un sentido que poco comprendemos) lo Infinito, o la Esencia abstracta de la personalidad concreta, y la causa de toda manifestación objetiva y subjetiva.

Expresándolo más simplemente, Dios piensa. Como resultado del pensamiento de Dios, la Ley se pone en movimiento—o El Pensamiento se mueve como Ley—en un campo de Causa y Efecto. Su movimiento es matemático. Lo único espontáneo es el propio Pensamiento Creativo—la Contemplación del Espíritu.

LA METAFISICA Y LA FISICA

Las Leyes de la Mente, o Espíritu, no son diferentes a las leyes de la química o la física. La metafísica empieza donde la física termina. Todo es movimiento; todo lo que podemos comprender y analizar, todas las cosas en el mundo físico o en el mundo de formas, están a cierto grado de vibración y *son un efecto*. Este es el *resultado* de un "Pensador pensando matemáticamente."

Para reducir esta proposición a la vida práctica del individuo, creemos que lo que la mente puede pensar, puede también cancelar. Por lo tanto, si por medio de la ley de causa y efecto hemos producido condiciones desagradables, por medio de esa misma ley podemos producir diferentes efectos.

Otro principio fundamental de nuestra práctica es que no sólo lo que se ha puesto en movimiento puede cambiarse, sino que la Verdad, al saberse, se demuestra. El conocimiento de la Verdad y su demostración son simultáneos e instantáneos. ¡Debido a que estamos tratando con lo que es Ilimitado, que no conoce ni grande ni pequeño, la posibilidad de nuestra demostración depende no del Principio, sino de lo que podamos admitir e incorporar de dicho Principio, de las ideas que deseamos experimentar! El pronunciar la palabra "paz" no producirá paz a menos que detrás de la palabra haya un reconocimiento de lo que significa la paz. Así que en la sencillez de nuestras propias palabras, tratamos de convencernos a nosotros mismos de la realidad de lo que pedimos en nuestros tratamientos, sabiendo que hasta el grado que incorporemos la idea, la idea misma entra en el campo mecánico de la ley y *tiene* que operar.

"El Espíritu es el Poder que se conoce a Sí Mismo." Ese poder dentro de nosotros que se conoce a sí mismo constituye esa parte de nosotros que es espíritu, o espiritual. Ser conciente de uno mismo es ser entidad espiritual. La Mente, en su forma conciente de Sí Misma, no puede diferenciarse del Espíritu. La Mente en su estado subjetivo o subconciente, es la Ley del Espíritu. El hombre es un espíritu mientras Dios es El Espíritu. El hombre es individual, mientras Dios es lo Universal; pero como el individuo viene de lo

Universal y existe en lo Universal, viene a ser un mundo pequeño dentro de sí mismo. Esto es lo que Jesús quería decir cuando dijo que el hombre tiene vida inherente dentro de sí. Vida *inherente* quiere decir vida *real*...vida creativa.

No puede ponérsele límite al espíritu del hombre. Se une con el Espíritu Universal porque los dos son verdaderamente Uno. Dios está en nosotros como nosotros estamos en Dios—la misma esencia—en un grado aparentemente diferente. Uno es finito y el otro es Infinito, y como lo Infinito no puede nacer de lo finito, es necesario que lo finito nazca de lo Infinito, un círculo pequeño dentro de un círculo grande.

En la metafísica reconocemos al Espíritu Universal como la Fuente de toda la vida e inspiración; es un Conocimiento Propio Infinito que comprendemos sólo en parte, pero que está siempre a nuestro alcance, porque lo Infinito es Omnipresente. La mente del hombre es extensión de la Mente Eterna o del Espíritu, y la evolución del hombre es el desarrollo de esta Mente eterna a través de su pensamiento.

SOLO UNA MENTE

No existe cosa tal como tu mente, mi mente y la Mente de Dios. Existe sólo una Mente, en la cual todos "vivimos, nos movemos y tenemos nuestro ser."

Las cosas son ideas en forma. ¿Qué otra cosa podrían ser? No hay nada de qué hacer formas sino de las ideas. Al principio no miramos nada visible; sólo hay una Infinita Posibilidad, Una Imaginación Ilimitada, una Conciencia; la única acción de esta Conciencia es ser Idea.

Eso que llamamos *nuestra* mente subjetiva, es en verdad, nuestra identidad en la Mente Infinita. Es el resultado de nuestras actitudes mentales. Es nuestra atmósfera mental, o nuestro centro, en la Mente Subjetiva Universal, donde se retienen todas las imágenes, impresiones, tendencias heredadas, y sugestiones de la raza humana. Vemos entonces que nuestra mente subjetiva es el medio por el cual llegan nuestras experiencias.

Existe Una Primera Causa—Espíritu, Alma y cuerpo; Causa, Medio y Efecto; Padre, Hijo y Espíritu Santo. No existen tres dioses sino una Naturaleza Trina del Unico Dios, la Unica Causa. Pensamos del Espíritu como Inteligencia Absoluta, Conciente de Sí Misma. Pensamos del Alma como receptiva a la Inteligencia, y la Inteligencia actuando siempre sobre Ella. El Espíritu y el Alma se interconectan y ambos son omnipresentes. El Espíritu del Universo penetra el Alma del Universo, impregnándolo con ideas. El Alma del Universo es la "Santa Matriz de la Naturaleza," y produce las formas que aparecen en el universo manifiesto.

El Cuerpo del Universo es el resultado del pensamiento del Espíritu, obrando a través del Medio del Alma. El Padre es Inteligencia Positiva, Absoluta; el Hijo es el Producto del Padre; el Espíritu Santo es "El Eterno Siervo del Espíritu Eterno." El Espíritu es Inteligencia Absoluta, que obra a través del Alma de la Inteligencia Receptiva, impregnándola con "las Ideas Divinas."

"PERSONALIDAD INFINITA"

Nosotros debemos pensar en Dios no sólo como un Principio que tiende siempre a expresarse, sino también como una Persona Infinita. En otras palabras, si pensamos en Dios sólo como un Principio abstracto y una Ley matemática de Causa y Efecto, perderemos todo el calor y colorido de Su personalidad. *Debemos de ser muy cuidadosos de que al abstraer el Principio no olvidemos la Esencia.*

Existe algo en la mente humana que desea pensar en Dios o en el Espíritu como Persona. Todo lo que haya estado en la mente humana desde el principio del tiempo—todo impulso profundo que no hayamos podido borrar de la mente humana como una profunda urgencia—surge de la Realidad.

No olvidemos que es una necesidad inherente sentir el calor y el colorido del Espíritu. El Universo es más que una inexorable Ley de Causa y Efecto. LA PERSONALIDAD NO PODRIA NACER DE UN PRINCIPIO QUE NO CONTIENE DENTRO DE SI LA POSIBILIDAD INHERENTE DE LA PERSONALIDAD. ¡En cada uno de nosotros, para cada uno de nosotros, y por medio de cada uno de nosotros, algo es personalizado, y *aquello que es personalizado es personal a su propia personificación!* La evolución espiritual debe hacer lo Infinito más íntimo, no más distante.

CAPITULO CUATRO

EL ALMA

EL MEDIO CREATIVO

Hemos hablado de la Naturaleza triple de la Realidad, o de Dios—la Trinidad del Ser—como Espíritu, Alma y Cuerpo; Inteligencia Conciente, Ley Subjetiva y Forma. Esta Unidad triple de la Realidad ha sido enseñada por la mayoría de las grandes religiones y filosofías espirituales que el mundo ha conocido.

Usamos la palabra "Alma" en el sentido de un Alma Universal, o Medio, por el cual el Espíritu opera. Es el Espíritu Santo o la Tercera Persona de la Trinidad Cristiana. Así como la tierra es el medio creativo donde se siembran las semillas y de donde proviene la vida de las plantas, así el Alma del Universo es el Medio Creativo en el cual cae la Palabra del Espíritu, y del cual brota la Creación.

Sin embargo, no debemos de pensar que el Alma y el Espíritu están separados uno del otro. En verdad son dos partes o dos aspectos de una misma cosa; cada uno existe por Sí Mismo y es Eterno. El término Mente Subjetiva se usa para hablar del Alma Universal en vez del término *Mente Subconciente*, para evitar la impresión que *subjetivo* quiere decir *inconciente*. ¡LA MENTE NUNCA PODRIA ESTAR INCONCIENTE! El Alma es Subjetiva al Espíritu, y recibe impresiones del Espíritu. La Mente Subjetiva que llamamos Alma, no es conocedora en el mismo sentido que el Espíritu es; por ejemplo, el Alma no está conciente de Sí Misma. Ella sabe qué hacer pero no sabe por qué lo hace. El Alma es la hacedora o ejecutora de la voluntad del Espíritu y no tiene elección por Sí Misma. Es la función del Alma reflejar las imágenes que el Espíritu proyecta en Ella.

LA INTELIGENCIA SUBJETIVA

El Alma no es material en el sentido que pensamos de la materia, sino es la substancia del Espíritu, y quizá nosotros podríamos decir que es "La materia del Espíritu." Así como toda materia en el mundo físico al final debe transformarse en el éter de donde provino, así podemos pensar en la Substancia del Alma, como el éter de la ciencia, y podemos reconocer que toda forma vuelve de nuevo a ser Materia del Alma.

Quizá sería más fácil pensar en el Alma como el último análisis de la materia. (Seguimos usando la palabra materia aunque sabemos que los científicos, en teoría, ya han abandonado la idea de la materia.) Sabemos que la materia viene de alguna parte, y según las enseñanzas, viene de la Materia del Alma. Sin embargo tenemos que distinguir entre la materia, o Cosa del Alma, y el Alma Misma. El Alma es Inteligencia Subjetiva, es el Principio que está inmediatamente bajo el Espíritu; porque, mientras que el Alma no puede tener la Inteligencia conciente para elegir, ciertamente tiene la Inteligencia de ejecutar el deseo del Espíritu. NUNCA ESTA INCONCIENTE EN NINGUN ASPECTO. El Alma del Universo es sierva del Espíritu, y en Principio, sigue al Espíritu. El término "Materia del Alma" se refiere a la Substancia primordial o indiferenciada, de la cual todas las cosas son hechas.

Aunque el Alma no elige porque no tiene Auto-Conciencia, siempre tiene una Inteligencia que es infinita en comparación con la inteligencia que exhibimos nosotros. Por ejemplo, la inteligencia combinada de toda la humanidad no podría crear la vida de una planta, pero la inteligencia que está en el suelo creativo de la tierra puede producir todas las plantas que deseemos si plantamos las semillas de lo que deseemos cosechar.

El mismo principio opera en el gran medio Creativo del

Espíritu que llamamos el Alma del Universo. Tiene la Inteligencia y el Poder de producir, pero no puede elegir *que* ha de producir. Al no tener Mente conciente de Sí Misma, recibe todas las ideas que se le den y tiende a crear formas alrededor de estas ideas. Si el Alma pudiera elegir, podría también *rechazar*, y eso es tan imposible como lo es que la tierra nos dijese un día, "Este año no puedes plantar espinacas, tienes que plantar coliflores." No es posible imaginar que consternación habría en el mundo si *tan sólo una vez* la tierra dejara de funcionar de acuerdo con su naturaleza. Eso no nos preocupa. La tierra está sujeta a aceptar y a obrar de acuerdo con su naturaleza. No se pone a investigar, sino que inmediatamente empieza a crear algo similar al patrón que se le ha dado. Si le decimos "petunias," responde, "petunias," y empieza inmediatamente a producirlas. Siendo como es un medio neutral y creativo, no conoce ni bien ni mal, sólo conoce su propia habilidad *de hacer*. Por esta razón algunos de los filósofos antiguos se referían al Alma Universal, o al Medio Creativo, como "una fuerza ciega, que no tiene conocimiento, que sólo sabe hacer." Sabemos que esta es la naturaleza de toda ley. No estamos hablando de la naturaleza del Espíritu. Estamos hablando de la Ley.

LA LEY

Por ahora, ya debe ser aparente que el Medio Creativo del Espíritu es la gran Ley Mental del Universo. Es la Ley, obedeciendo la Voluntad del Espíritu; es la Ley Universal de la Mente. Toda ley es la Mente en acción. El Alma es el Medio por el cual obra toda Ley y todo Poder. Siendo subjetiva, no puede analizar, discernir o negar. A causa de su Naturaleza, siempre tiene que aceptar. La Ley Kármica, o sea la Ley de Causa y Efecto, trabaja a través del Alma Universal, que es el Principio Creativo de la Naturaleza y la Ley del Espíritu.

Tengamos presente que el Espíritu y el Alma del Universo jamás fueron creados. Cada uno es eterno. Por razón de que esta Alma imparcial e impersonal es el medio por el cual el Espíritu trabaja, y porque es "una fuerza ciega, que no tiene conocimiento, que sólo sabe hacer," los antepasados le llamaban "Maya" y de ahí vienen las enseñanzas de las ilusiones de la mente—el espejo de la mente.

Lo que la gente comunmente llama Mente Subjetiva no existe. En realidad, no hay tal como tu mente subjetiva o mi mente subjetiva. Si nuestras mentes subjetivas estuvieran aisladas y si existieran por sí mismas, estaríamos tan completamente separados que no habría manera de comunicarnos unos con otros. El siguiente punto importante que tiene que reconocer la psicología es que lo que llamamos tu mente subjetiva y mi mente subjetiva es sólo el lugar donde la Subjetividad Universal, o sea el Medio Creativo Mismo, reacciona al uso personal que hacemos de la Ley.

Dentro de nosotros existe un campo creativo que llamamos mente subjetiva y alrededor de nosotros existe un campo que llamamos Subjetividad Universal. Uno es Universal y el otro es individual, pero en realidad son uno solo. Existe una Ley mental en el Universo y donde la usamos viene a ser *nuestra* ley porque la hemos individualizado. Es imposible sondear el fondo de la mente individual porque en realidad no es *individual* sino que se ha *individualizado*.

Detrás o dentro del punto individualizado está lo Universal, que no tiene límites. En este concepto solo está la posibilidad de una expansión eterna e infinita. Cada uno es Universal en el lado subjetivo de la vida, e individual sólo en el punto de percepción conciente. ¡Usamos el poder de la Mente Universal cada vez que pensamos!

COMO USAMOS EL PRINCIPIO CREATIVO

Si a través de la Ley el pensamiento es creativo, no podemos decir que un pensamiento es creativo mientras que otro no lo es. Tenemos que admitir que todos los pensamientos son creativos, según el impulso, la emoción o la convicción que apoyen el pensamiento particular. Nuestra teoría es que el medio es una Presencia Universal y simultánea y en esta presencia vivimos todos; ¡y *lo que se sabe en un punto dentro de esta Presencia, se sabe en todos los puntos instantáneamente!* Por lo tanto, si nosotros, practicando este principio en Los Angeles, declaramos la verdad de John Smith que vive en Nueva York (o cualquier otro lugar del mundo) el pronunciar su nombre dirige la Ley hacia la vibración de su personalidad, su individualidad.

Mental, física y espiritualmente él existe en la Ley. Hemos, por así decirlo, tocado la clave de su ser. Este ser también está en el centro de nuestro ser, por lo tanto, *el trabajo mental se hace en nuestro ser*, para él; pero el trabajo tiene que operar, y efectivamente, opera a través de la Ley. Esta Ley es subjetiva.

LA MENTE Y EL ETER

En un interesante artículo escrito por Sir Oliver Lodge (en el cual habla del éter y de las leyes del universo físico) él dice que no hay dos partículas físicas, o dos electrones que lleguen a tocarse uno al otro. En realidad, cada uno está separado de los otros por un espacio que es relativo al espacio entre los cuerpos planetarios, *y jamás llegan a tocarse sino por medio de este éter.* Lodge le llama a este éter "el cemento de la materia." Su teoría es que así como las leyes de atracción y repulsión, de gravitación, de adhesión y de cohesión, operan a través del éter, así tiene que haber una Mente Universal que obra *sobre* el éter o sobre la Mente; o que la Mente tiene que obrar sobre la mente, a través del éter; ¿o quizá el éter es la Mente? Concluye que el éter y la Mente obran recíprocamente.

Pensemos en el éter de la Mente como una Subjetividad Universal, el Alma del Universo. Así como el éter del espacio es el medio para la acción física, así esta Subjetividad Universal es el medio para la acción mental. Cualquier cosa que se haya pensado en cualquier tiempo en la historia del hombre hoy existe en un estado subjetivo en la Mente Universal. Cuando entramos en el campo de la Mente, no hay ni pasado, ni presente ni futuro. Todo se une en un solo medio.

¿COMO PUEDE CREAR EL ESPIRITU?

Nadie jamás ha podido sondear las profundidades de la vida conciente ni de la subjetiva. En ambas direcciones nos extendemos hacia lo Infinito, y como no podemos abarcar la Infinidad, siempre estaremos creciendo y acrecentando nuestra capacidad de saber y de experimentar. No necesitamos preguntar por qué es esto así. No puede haber razón de por qué la Verdad es verdad. ¿Cómo puede el Espíritu crear de Sí Mismo una nueva forma? No se sabe. Como dijo Newton, el mero hecho que podemos anunciar el misterio, *es* el misterio. Al físico que ha estudiado y fotografiado el átomo no se le pregunta, "¿POR QUE actúa el átomo como lo hace?" El no sabe por qué lo hace, y nosotros tampoco lo sabemos. Lo único que él sabe es que ha aprendido algo acerca de la manera en que operan las leyes de la naturaleza del átomo. Nosotros no creamos ni las leyes ni los principios, sino los descubrimos y los usamos. Aceptemos esta postura relativa a las leyes de la Mente y el Espíritu, y veamos lo que podemos hacer con ellas, en lugar de buscar la forma de contradecir su existencia.

EL ALMA RAZONA DEDUCTIVAMENTE

Antes de dejar este tema del alma debemos entender perfectamente que es *imposible dividir la Mente*. Hablamos de lo conciente y de lo subjetivo; de lo que es conciente de sí mismo y de lo que es inconciente, y los términos nos confunden si no recordamos que la conciencia siempre es una unidad. Nosotros, no obstante, arbitrariamente dividimos las diferentes actividades de la conciencia a fin de poder discutir como funciona el pensamiento.

Hay dos métodos de razonar, el inductivo y el deductivo. El razonamiento inductivo *hace preguntas* a la verdad; es un proceso de análisis. El razonamiento deductivo sigue la premisa ya establecida; va del todo a la parte.

Como el razonamiento inductivo es un análisis, *una investigación de la Verdad*, es natural que Dios solo pueda razonar deductivamente, porque Dios *es* la Verdad. Lo que es Infinito no tiene que *investigar* la Verdad. Por consiguiente, no puede haber razonamiento inductivo ni en el Espíritu ni en el Alma del Universo. No puede haber razonamiento inductivo en el Espíritu, *porque el Espíritu ya sabe todo*. No puede haber razonamiento inductivo en el Alma del Universo porque es el Medio Creativo, y si pudiera razonar inductivamente, podría rechazar algunos pensamientos porque tendría la capacidad de analizar; y el Alma o Subjetividad, no puede rechazar.

Está obligada por su Naturaleza a aceptar; es impersonal y ni sabe ni le importa quien la use. No tiene forma porque de suya no tiene mente propia. Se le ha llamado el Universal Femenino o la Santa Matriz de la Naturaleza, porque es receptiva y es creativa. Es Ley Kármica porque está sujeta a la Mente Conciente de Sí Misma. Es el medio de la ley de causa y efecto, de todas las sugestiones de la raza humana.

Si un ser deforme del país más subdesarrollado siembra rosales de color de rosa, la tierra producirá para él las mismas hermosas flores que producirá para la más bella estrella de cine. Todo lo que se necesita en ambos casos es cumplir con la ley de plantar rosales. Así es que el Alma no tiene conocimiento conciente, pero está conciente por lo que se refiere a las impresiones que recibe (ya sean la Verdad o sólo creencias) y con certeza y precisión matemática, de acuerdo con la Ley de su propio Ser, procede a ejecutar las ideas que se le siembren. Así podemos ver claramente que el Alma sólo puede razonar deductivamente.

LA SUBJETIVIDAD NUNCA ES UNA ENTIDAD

El Subconciente o Subjetivo nunca es una entidad, aunque actúa como si lo fuera. El Medio Creativo es sólo un medio, nunca es una persona. Es necesario que entendamos esto porque una de las primeras cosas que el practicante profesional tiene que hacer es establecer una separación entre la creencia y el creyente. Desde el punto de vista del hombre *espiritual*, la enfermedad, la pobreza, la infelicidad y la miseria no son ni persona, ni lugar, ni cosa.

Cuando damos un tratamiento, el tratamiento es una entidad espiritual en el mundo subjetivo y tiene modos, maneras y métodos para proyectarse, de los cuales la mente conciente no sabe nada, *¡y sin embargo está sujeto al pensamiento conciente!* Plotino tenía un concepto claro cuando dijo: "¡La Naturaleza es la gran Nada, pero no es exactamente nada porque Su función es recibir las impresiones del Espíritu!" Hablaba de lo que llamamos *substancia indiferenciada*, como una cosa indeterminada, sin mente propia. Siempre tiene que haber alguien que decida o elija por ella.

En este capítulo hemos tratado principalmente con el Alma Universal, pero en otro discutiremos en más detalle la manera en que el *hombre* reproduce la Naturaleza de Dios.

CAPITULO CINCO

EL CUERPO

Definición—Lo Que Cambia—La Forma Dentro De Lo Que No Tiene Forma—Causa Y Efecto—Unidad y Multiplicidad—Inmortalidad—Un Cuadro Mental Divino.

DEFINICION

El Universo ha sido llamado la Gran Trinidad o la Unidad Trina de Espíritu, Alma y Cuerpo—siendo el Cuerpo el resultado, el efecto o la objetivación del Espíritu. El Alma es un Medio inmaterial, plástico y receptivo. Es una Cosa primordial o Cósmica—forma sin manifestación. El Cuerpo es el resultado del Espíritu obrando a través del Alma o Ley. LA MANIFESTACION COMPLETA DEL ESPIRITU, YA SEA VISIBLE E INVISIBLE, ES EL CUERPO DE DIOS. Existe Un Cuerpo del Universo, y dentro de este Cuerpo Único están incluidos todos los cuerpos menores.

Cuerpo quiere decir la manifestación entera del Espíritu en todos los planos. "En la casa de mi padre hay muchas mansiones," dijo Jesús. Por supuesto, no podemos nosotros ver todas las mansiones. La ciencia nos ha revelado que existen muchas cosas que no podemos ver y por medio de revelación sabemos que el Universo es Infinito…"Porque sabemos en parte, y profetizamos en parte."

La palabra "cuerpo" según se usa en la Ciencia de la Mente, significa toda manifestación objetiva del Principio invisible de Vida. Se distingue el cuerpo de la idea porque podemos ver el cuerpo, pero la idea es invisible. El universo físico es el Cuerpo de Dios—el Principio invisible de toda la vida. Nuestro ser físico es el cuerpo de la idea del hombre que no se ve. Detrás de la forma objetiva de la rosa, está la idea que proyecta la rosa.

El cuerpo siempre es efecto, nunca es causa. El cuerpo siempre expresa inteligencia, una aparente inteligencia prestada por la conciencia que lo satura. ¡No decimos que la conciencia está en el cuerpo, sino que *el cuerpo está en la conciencia!* Si una persona está inconciente, no siente dolor ni miedo. El dolor y el miedo están en la conciencia, pero la conciencia envuelve al cuerpo tan completamente, que parece que el cuerpo es inteligente.

Tal vez el cuerpo humano es una réplica exacta de un cuerpo invisible que es inmaterial, según entendemos ahora la materia y la forma física. El cuerpo físico ha evolucionado con el propósito de permitir a la conciencia que funcione en este plano. El cuerpo es necesario para este plano, porque solamente por medio del cuerpo físico podemos funcionar apropiadamente aquí. Cuando el cuerpo deja de ser un instrumento adecuado, el alma lo abandona y sigue funcionando en otro plano.

Es un error decir que el cuerpo no es real. Es real, pero es un efecto, no es una entidad. Hasta puede comprobarse que la mente controla al cuerpo *completamente* y que el cuerpo es sólo una reflexión de la mente. Esto no contradice de ninguna manera la realidad del cuerpo, ni la realidad del dolor o la enfermedad, pero nos ayudará a comprender mejor estas experiencias. Aunque afirmemos que el cuerpo no es una cosa por sí misma, no podemos decir que no existe el cuerpo. La manera más sencilla de pensar en el cuerpo es darnos cuenta que el cuerpo es una manifestación objetiva de la mente subjetiva y de la conciencia; y si hemos de lograr salud y felicidad, no sólo el cuerpo sino la mente también tienen que estar en paz y en armonía.

La psicología nos enseña que los disturbios psíquicos (o subjetivos) producen reacciones físicas en el cuerpo. Si el cuerpo ha de permanecer saludable, el alma o la vida subjetiva tiene que estar serena, y la mente tranquila y feliz. Se puede considerar como una regla general que cuando el alma está en equilibrio, en verdadera realización espiritual, el cuerpo estará normal y saludable. Este es el propósito de sanar mentalmente, no importa que se aborde desde el punto de vista de la psicología o de la metafísica. La psicología y la

metafísica son dos extremos de la misma cosa. De esta manera tratamos al cuerpo como un efecto legítimo, que es controlado por la
vida del alma.

LO QUE CAMBIA

Hemos aprendido que el Espíritu es el Ser Absoluto, que es la
única cosa en el universo que tiene conocimiento propio, y que
tiene volición—selección o albedrío. El Alma es la sierva del
Espíritu y no tiene poder para elegir y ningún otro objeto, más
que ejecutar el propósito que se le de. El Espíritu del Universo *no
puede* cambiar; siendo TODO, no hay nada en que se pueda transformar. El Alma del Universo tiene que obedecer al Espíritu. ¡EL
CUERPO DEL UNIVERSO NO PUEDE MAS QUE CAM-
BIAR! Esto es lo que constituye la actividad eterna del Espíritu
dentro de Sí; el Espíritu tomando forma—la creación continuando
eternamente. Como el Espíritu tiene que manifestarse para estar
conciente, tiene que haber alguna *manera* de manifestarse y también tiene que haber una manifestación. Por eso tenemos Alma y
Cuerpo. El Cuerpo es la manifestación y el Alma es la Forma, o la
Ley por la cual se manifiesta.

LA FORMA DENTRO DE LO QUE NO TIENE FORMA

Nuestro cuerpo físico es igual que otras manifestaciones físicas. La
idea del cuerpo es una imagen nacida de la fuente de todas las ideas.
La *forma* es la materialización de la Substancia de todas las formas.
Todos los cuerpos son hechos de la misma materia. Esta materia es
inanimada e infinita, y está distribuida por igual en el universo—lo
mismo que la idea moderna del éter en el espacio—y ¡LA NATU-
RALEZA DE ESTA MATERIA ES TOMAR FORMA! Por lo
tanto, *la forma está totalmente en el terreno del efecto*. La forma va y
viene pero no tiene conocimiento propio. La forma está dentro de
lo que no tiene forma. La forma no es una ilusión, ni siquiera cuando ésta sea de enfermedad; lo que representa entonces es una conclusión falsa, pero es tan real como debe ser. Si lo informe no

tomara forma, el Espíritu no podría realizarse a Sí Mismo.

Esto que no tiene forma, toma forma en lo que llamamos "tiempo." "El tiempo es una sucesión de acontecimientos en una totalidad unitaria;" es el recordar, la atención y la anticipación—el pasado, presente y futuro—simplemente, es la medida de la experiencia. Por supuesto, el tiempo es real, pero no existe por sí mismo. Si lo eterno no se manifestara en lo que llamamos *tiempo*, no produciría fruto. Por lo tanto, tenemos forma y tiempo, y lo que llamamos espacio, que no es una cosa por sí misma, sino que es la posibilidad de diseño. Si no hubiera tal diseño, pasaríamos unos a través de otros sin reconocernos. La forma es verdadera *como forma*, pero no está conciente de lo que es, sino que siempre está sujeta al poder que la crea. Las formas vienen y van, pero el Poder detrás de las formas no cambia nunca. La forma es temporal pero la Mente es eterna.

CAUSA Y EFECTO

El efecto es lo que no se ha hecho solo, sino que tiene que tener un poder detrás que lo cause. ¡Toda manifestación y todo cuerpo son *efecto, y están sujetos a su causa!*

El Creador es más grande que Su creación. Todo lo que vemos, tocamos, saboreamos, sentimos, oímos o comprendemos con nuestros sentidos físicos es un efecto. "Las cosas que se ven no están hechas de cosas que se ven." Lo que vemos viene de lo que no podemos ver.

Si el conocimiento propio está en el Espíritu, y si la Ley que ejecuta la volición del Espíritu es completamente subconciente o subjetiva a la voluntad del Espíritu, entonces, ¡ambos la causa y el efecto son espirituales! Dentro de la idea que el Espíritu deposita en el Medio Creativo está incluído todo lo necesario para dar forma a esta idea. El Espíritu nunca piensa en métodos o procesos porque *lo que el Espíritu envuelve tiene que evolucionar*. La contemplación del Espíritu, el Conocimiento Propio de Dios, produce la involución. La evolución es el pasar del pensamiento, o idea, a la manifestación.

Dicho de otra manera: Todo es Ser Infinito y todo está eternamente en proceso de hacerse. El Ser Infinito es Conocimiento

Infinito y como resultado de este Conocimiento Infinito existe la Transformación o Creación Infinita. El Conocimiento Infinito produce lo que llamamos involución por medio de la auto-contemplación del Espíritu. Como resultado de esta contemplación—esta *Palabra* de la Biblia—la Creación se manifiesta. Esto es la evolución.

La evolución es el proceso, el modo, el tiempo, y la experiencia que transpira mientras el Pensamiento—o Inteligencia, o idea, o contemplación—pasa del Ser abstracto a la expresión concreta. Por consiguiente, *¡la evolución es un efecto de la inteligencia, y no la causa de la inteligencia!* LA EVOLUCION NO CREA LA INTELIGENCIA; LA INTELIGENCIA PROYECTA LA EVOLUCION. No negamos la teoría de la evolución; afirmamos que su causa es Inteligencia, operando como Conciencia y como Ley.

UNIDAD Y MULTIPLICIDAD

La substancia de la cual están hechos nuestros cuerpos humanos es la misma substancia etérea de la cual todo es hecho. La Mente Unica concibe todas las cosas. De la Unidad—que es el Uno detrás de todas las cosas, por medio de la Unica Ley, que es el Medio de toda acción—se manifiesta la multiplicidad; pero lo mucho nunca contradice la Unidad del todo. Cuando nos damos cuenta que estamos tratando con una Inteligencia Infinita y con Ley Infinita *dentro* de esta inteligencia, vemos que no debemos ponerle límite al Principio Creativo.

Si pudiésemos comprender lo que es la Causación Absoluta, percibiríamos que es una Inteligencia pura obrando a través de una Ley perfecta, produciendo efectos que viven y tienen su ser, no por virtud de alguna vida aislada, sino por causa de una Unidad Universal que satura todas las cosas. Vemos entonces que el mundo de multiplicidad tiene raíces hondas en el Universo de Unidad; que nada sucede por casualidad; que vivimos bajo un gobierno de Ley— desde el vasto sistema planetario hasta el jardín de rosas; desde el Arcángel (el Cristo) hasta el santo y el pecador; por medio de lo bueno y hasta lo que llamamos malo. A través de las actividades cósmicas y en los destinos humanos, contemplamos el vasto panorama objetivo de causas subjetivas invisibles, pero adecuadas.

No debemos separar la Vida del vivir, ni el Espíritu de la materia, ni el Principio Divino de la Creación Universal. Dios es "Todo en todo." Es decir, DIOS ES y ESTA en todo. El jardinero encuentra una idea divina escondida en la semilla; poniéndola en acción, esta idea produce una planta. El geólogo encuentra la impresión de fuerzas invisibles en la roca. El evolucionista lee la historia de las actividades cósmicas en este planeta al descifrar el desenvolvimiento de una Fuerza de Vida Inteligente, que lleva a la creación hacia adelante hasta su consumación aquí, que es la producción de vida conciente de sí misma. El científico encuentra una energía escondida en el átomo y el genio espiritual descubre un saber intuitivo que sólo puede explicarse basándose en la teoría que vivimos en "el regazo de una Inteligencia Infinita."

La unión de la creación con el Creador es tan cercana, que es imposible decir dónde empieza una y dónde termina el otro. Emerson dice que la *naturaleza* es Espíritu reducido a Su mayor delgadez; y Spinoza dice que la Mente y la materia son la misma cosa; y Jesús proclamó que las palabras mismas que él hablaba eran Espíritu y eran vida. Roberto Browning habla de la chispa que podremos profanar pero que nunca podremos apagar; y además dice que todos somos dioses, "aunque sea en germen." Wordsworth canta que el Cielo es el hogar nativo de toda la humanidad, y Tennyson exclama que se forjan más cosas por la oración que lo que el mundo sueña y Shakespeare percibió sermones en las piedras y el bien en todo.

Estamos al borde de descubrir un Universo espiritual, y al final hemos de concluir que lo que llamamos el universo físico es una aparición espontánea, a causa de la evolución de fuerzas internas que no podemos explicar pero que tenemos que aceptar. ¿Cómo podemos dudar, entonces, que la misma mente que ahora usamos es el Principio Inteligente de donde toda vida toma su poder para ser y su inteligencia para expresarse?

El progreso de la evolución depende de nuestra habilidad de sentir una Unidad con la Naturaleza y sus fuerzas. Cuando el conocimiento de esta unidad nos llegue a todos por igual, la marcha de los ejércitos terminará y la llamada del clarín hará eco a las suaves notas del amor fraternal.

INMORTALIDAD

Suponiendo que nosotros pudiésemos ver el mundo, no como ahora lo vemos desde un plano, sino desde diez planos distintos, ¿qué pasaría? Seguramente veríamos diez veces más de lo que vemos ahora. En la actualidad, la hipótesis de la ciencia es que el éter es más sólido que la materia; y esto quiere decir que podría haber una forma *dentro de la forma misma que nuestro cuerpo ocupa ahora en el espacio; podría* haber innumerables cuerpos cada uno dentro de otro; y cada uno sería tan real como el que ahora pensamos que tenemos. Lo que podemos ver del Universo no es ni una fracción de lo que el Universo verdaderamente es. "El ojo no ha visto…etc.," porque los ojos sólo ven en un plano y sólo ven en parte.

Desde el punto de vista de la inmortalidad, podemos tener un cuerpo dentro de otro hasta la infinidad. ¡Cuando este cuerpo físico ya no sea útil, y no sea un instrumento adecuado para que podamos funcionar, quizá otro cuerpo ya estará allí!

La desaparición física de Jesús después de su Resurrección fue el resultado de la espiritualización de su conciencia. Este aceleró su mentalidad a tal grado que su cuerpo se desintegró, y sus seguidores no podían verlo porque él estaba en otro plano. Los diferentes planos no son lugares, sino estados de conciencia.

¿Es cierto que el Espíritu no puede saber nada fuera de Sí Mismo; que cualquier cosa que el Espíritu sabe tiene que ser imagen mental definida, o concepto o idea en la Conciencia del Espíritu? ¿Está claro que así como la Auto-Conciencia del Espíritu se conoce *dentro* de Sí Misma, se conoce también sobre Sí Misma como Ley?

¿Está claro también que la Ley nunca puede decir, "No, no quiero hacerlo," sino que sólo puede hacer lo que se le ordene? Y, ¿se entiende que así como el ESPÍRITU deposita las formas de Sus pensamientos en el Alma o en la Subjetividad del Universo, estos pensamientos tienen que manifestarse como cosas? ¿Como Forma? ¿Como Cuerpo?

UN CUADRO MENTAL DIVINO

¿Acaso no nos sentimos impulsados a aceptar el hecho de que existe una causa específica, o una imagen mental concreta, un Cuadro Mental Divino, detrás de cada idea, de cada cosa, cuando vemos los millones de formas de diferentes figuras y colores, y sabemos que todas provienen de Una Sola Materia? En el mundo subjetivo debe haber algo correspondiente a todo lo que existe en el mundo objetivo; y como el mundo subjetivo es substancia receptiva o plástica, esta correspondencia puede encontrar su punto inicial en la Inteligencia verdadera. Por lo tanto, *¡la Inteligencia es la agencia creativa suprema del Universo!*

CAPITULO SEIS

LA RELACION DEL HOMBRE CON EL UNIVERSO ESPIRITUAL

El Hombre Representa La Naturaleza De Dios—El Mundo Ya Ha Aprendido Todo Lo Que Debería Aprender A Través Del Sufrimiento—Libertad O Esclavitud—Castigo Y Recompensa—Espíritu, Alma Y Cuerpo—El Medio Ilimitado—El Cristo Y El Anticristo—Unidad—La Ley Subjetiva—El Resultado De Nuestro Propio Pensar—La Ley Es Mente En Acción—El Uso Destructivo De La Ley—Unidad Con Toda la Ley.

EL HOMBRE REPRESENTA LA NATURALEZA DE DIOS

Lo que es verdad del Universo como una Totalidad, también tiene que ser verdad del individuo como parte que es de esta Totalidad. El hombre evoluciona del Universo como un centro del Espíritu Viviente, conciente de sí mismo, y siendo así, tiene que reproducir el Universo en su naturaleza y en su ser.

Si nosotros realizamos que Dios es "Trino" y que el hombre es semejanza espiritual de Dios, veremos que todo el esquema de la Vida, y toda la naturaleza del Ser Divino se vuelven a reproducir a través del hombre. Esto, por supuesto, no quiere decir que el hombre es Dios. Quiere decir que en su mundo pequeño de expresión individual la naturaleza del hombre es idéntica a la naturaleza de Dios.

Esto es lo que decía Jesús cuando dijo: "Como el Padre tiene

106

vida dentro de Sí Mismo, así le ha dado potestad al hijo para que también tenga vida dentro de sí." Esto se refiere a la Vida inherente, la Vida *verdadera*. Es la única vida que Dios *podría* tener. Por lo tanto, tenemos que encontrar en el hombre los mismos atributos inherentes que encontramos en el Universo de donde proviene. Una gota de agua no es todo el océano, pero contiene dentro de sí las mismas cualidades y atributos del océano.

El hombre está hecho de Vida y proviene de la Vida. Así como el efecto tiene que participar de la naturaleza de su causa, así el hombre tiene que participar de la Naturaleza Divina de donde proviene. Nosotros no creamos nuestra naturaleza; no podemos cambiar su realidad inherente; somos lo que somos y usamos nuestra naturaleza para bien o para mal. Siendo lo que somos, tenemos ciertas responsabilidades que acompañan nuestra naturaleza; tenemos ciertas responsabilidades si nuestro pensamiento es creativo y si tenemos la facultad de escoger—es decir, volición y elección; y si estamos desarrollándonos hacia el descubrimiento de nuestra verdadera naturaleza, la cual ya es perfecta, entonces la obligación y responsabilidad que esta naturaleza nos impone temporalmente es libertad o esclavitud, *pero nuestra esclavitud no puede ser verdadera desde el punto de vista de lo Absoluto.*

EL MUNDO YA HA APRENDIDO TODO LO QUE DEBERIA HABER APRENDIDO POR MEDIO DEL SUFRIMIENTO

La Ciencia de la Mente y del Espíritu hace una afirmación tremenda cuando declara que el individuo debe estar libre de la esclavitud de enfermedad, pobreza o infelicidad. Sin embargo, cuidadosamente declara las condiciones bajo las cuales obran la libertad y las leyes que gobiernan la Vida, diciendo en términos definidos que a menos que el hombre entienda estas condiciones y obedezca estas leyes, no recibirá los beneficios completos de sus enseñanzas.

El mundo está principiando a darse cuenta que ya ha aprendido todo lo que debería haber aprendido por medio del sufrimiento y del dolor. Indudablemente, no puede haber una Inteligencia en el Universo que desee que el hombre sufra enfermedades, sufra dolor, que sea infeliz y que al fin termine en el olvido. Indudablemente, si Dios, o Inteligencia Universal, está imbuido de bondad, entonces Él no *podría* ordenar que el hombre fuese otra cosa que una expresión perfecta de Vida.

Hemos demostrado que la naturaleza del hombre es lo mismo que la Naturaleza de Dios; intelectualmente no debemos tener dificultad en reconocer que una Inteligencia Infinita no podría hacer una individualidad automática, y esto explica por qué el hombre sufre en su camino hacia su propio descubrimiento. Su sufrimiento no es ordenado por Dios, porque él mismo crea su propia experiencia cuando se individualiza. Individualidad quiere decir elección propia, volición, mente conciente, Espíritu personificado, libertad completa, y PODER PARA RESPALDAR ESA LIBERTAD. No podemos imaginarnos una individualidad mecánica y sin espontaneidad; para ser verdadera y libre, *la individualidad tiene que ser creada en la imagen de Perfección, y tiene que permitírsele que se descubra a sí misma.*

LIBERTAD O ESCLAVITUD

Por lo tanto, llegamos a la conclusión que *aunque la esclavitud es una experiencia, existe una Realidad para la cual la esclavitud no es verdad.* Para esta Realidad, la esclavitud no es ni ilusión, ni alucinación; existe una parte en nosotros que nunca se engaña. Por eso es que aun en medio de las pruebas más grandes, de muerte o de cualquier sufrimiento humano, existe eso que surge de dentro de nosotros mismos y dice con Job: "Aunque muera, aún viviré."

El libre albedrío significa la habilidad de hacer, es decir, de pensar y de expresar la vida como uno desea personalmente; poder pensar o soñar en la libertad solamente, no es libertad verdadera. Un prisionero sentenciado de por vida también puede hacer eso. El poder imaginar algo, sin tener poder para manifestar lo que se ha imaginado, sería permanecer en un mundo de sueños que nunca llegarían a realizarse; este no es el mundo donde vive el hombre, porque vive en un mundo donde tiene expresión propia—aunque a veces su propia expresión parezca limitarlo.

Existimos en una Mente Infinita y la Mente Infinita también existe en nosotros. Y es por medio de esta Mente que pensamos. Esta Mente es eterna, por lo tanto nosotros somos eternos. La Mente es completa, por lo tanto, nosotros somos completos espiritualmente, aunque *parezca* que no lo somos. Esto no altera el hecho de que el potencial del hombre es tan perfecto como lo es el Dios inherente. Como Jesús dijo, "No temáis, mi pequeño rebaño, porque es el placer del Padre daros el Reino." Si es el placer del Padre darnos el Reino, debemos aprender a aceptarlo y a usarlo.

Una libertad forzada sería la peor clase de esclavitud. La Biblia dice: "Si hubiese alguna ley por la cual esta libertad pudiera obligarse, entonces verdaderamente por esa ley se hubiera concedido." Si hubiera Ley por la cual el Principio Creativo Divino pudiera obligar al hombre a que instantáneamente apareciera en la escena de la experiencia revestido con toda su libertad—y aún permaneciera individual—entonces verdaderamente, por esa ley lo hubiera hecho. Pero ni Dios mismo podría hacer eso. La única manera que Dios puede evolucionar a un individuo espontáneo es dejándolo solo y permitiéndole que se despierte a sí mismo. "Oíd, estoy a la puerta y llamo…"

Así es que el hombre tiene que ser creado con la posibilidad de libertad ilimitada y tiene que dejarse solo para que se descubra a sí mismo. En el camino a su descubrimiento, tiene que sujetarse a la Ley de la Verdad, y si por su ignorancia viola la Ley, tiene que sufrir. Sin embargo, el sufrimiento no existe por decreto Divino, sino porque el caso lo requiere. Dios nunca tuvo la intención de que el hombre sufriera. ¡El sufrimiento puede ser saludable si nos conduce a aprender que éste no es necesario! Dejaremos de sufrir al ir cumpliendo más y más con las Leyes del Universo, porque todo sufrimiento es el resultado de la infracción a estas leyes. Es un consuelo para la mente cuando llegamos a comprender que toda limitación humana, desde el punto de vista de la Divinidad dentro de nosotros, no es necesaria. Reconocemos que sufrimos dolor, pero ¿cómo puede existir una realidad eterna de dolor? De ser esto verdad, existiría un Universo doliente, un Dios sufriente, una Deidad agonizante, y todo esto es falso, irreal e imposible.

Tenemos que saber definitiva y consistentemente que el Universo está a favor y no en contra de nosotros. Pero alguien nos dirá, "El Universo no está a favor nuestro; mira la maldad, la limitación, el dolor físico, y la angustia de la raza humana." Tenemos que aprender que la maldad no es ni persona, ni lugar, ni cosa por sí misma, que es sólo una experiencia que se nos permite tener—debido a nuestra individualidad divina—hasta que aprendamos por medio de las experiencias negativas a usar la Ley afirmativamente y a cooperar con ella, para gozar de todos sus beneficios porque la Ley verdadera es una Ley de Libertad, no de esclavitud. El Universo no se engaña. Sí nos dice que podemos tener lo que podamos tomar o aceptar, *pero también dice que recibiremos el resultado lógico de lo que pensamos o lo que hacemos, ya sea éste bueno o lo que llamamos malo.*

El significado de la libertad implica la *posibilidad* de sufrir porque si somos libres, somos libres sólo por virtud de la posibilidad de escoger más de un curso de acción como experiencia. No puede haber libertad o felicidad como una individualidad espontánea a menos que haya una restricción temporal de la esclavitud o la infelicidad causada por el mal uso de la libertad. (Todo es posible para lo Infinito, pero lo Infinito siempre es fiel a su propia naturaleza y nunca se contradice a Sí Mismo.)

Si el hombre basa las imágenes de su pensamiento sólo en experiencias previas, continúa en la esclavitud que esas experiencias crean. Si hablamos de discordia, seremos más discordantes. Entre más se arme el mundo para la guerra, más seguridad habrá para la guerra. Los que siempre hablan de su infelicidad siguen siendo más infelices. Jesús entendió estas grandes leyes de causa y efecto en el Universo que a veces parecen operar lentamente, pero siempre con seguridad. Al fin comprenderemos que toda esclavitud humana es el resultado de la ignorancia.

CASTIGO Y RECOMPENSA

Antes de dejar este tema de libertad y esclavitud, queremos aclarar que no existe el pecado sino el error, ni existe el castigo sino la consecuencia inevitable. La mala obra tiene su castigo porque la Ley de Causa y Efecto opera eternamente. La acción correcta también tiene su recompensa de la misma manera.

No estamos diciendo que el hombre no puede pecar; lo que decimos es que si peca—o comete errores—automáticamente es castigado por sus errores MIENTRAS CONTINUE COMETIENDOLOS; pero la esclavitud no es una verdad para el Universo, y el pecado no es verdadero para Dios. Esto no quiere decir que podemos hacer lo que deseemos sin prestar atención a las consecuencias; ni el hecho que somos castigados por nuestros propios errores quiere decir que existe un poder malvado en el Universo; pero *sí significa* que existe una Ley Inmutable de Causa y Efecto que fluye a través de todo. ¡No somos castigados *porque* pecamos, sino que son los pecados mismos los que nos castigan! El pecado es su propio castigo, y la rectitud es su propia recompensa.

La eterna discusión del problema de la maldad no podrá resolverse hasta el día en que nos demos cuenta de que la maldad no existe por sí misma. Es simplemente *el mal uso de la Ley de Libertad.* El problema de la maldad se resolverá cuando dejemos de hacer lo malo y hagamos lo bueno, porque la maldad desaparece cuando la abandonamos. Cuando todo el mundo vea lo que es correcto y lo haga, entonces se resolverá el problema de la maldad para toda la humanidad.

ESPIRITU, ALMA Y CUERPO

Es necesario que nosotros comprendamos la Unidad de toda la vida, la Unidad de Dios y el hombre en los tres planos. Hemos estudiado el Espíritu Universal; la Subjetividad Universal, que llamamos el Alma del Universo, y el Espíritu Universal en manifestación, que llamamos el Universo físico o el Cuerpo de Dios.

Al estudiar al hombre encontramos que su cuerpo—como el Universo físico—sin mente o inteligencia, no tiene volición. Puede estar impregnado de inteligencia, pero no es inteligente. Es uno con el Cuerpo de Dios, el Universo físico.

¿Qué hemos aprendido acerca del Alma del Universo?

Recordemos las cualidades que discutimos bajo el tema de Subjetividad y las encontraremos representadas en lo que llamamos la naturaleza subjetiva del hombre; porque nuestro subconciente o mente subjetiva *reproduce todos los atributos que pertenecen a la Mente Subjetiva Universal.* Cuando pasamos al espíritu del hombre, encontramos que es uno con el Espíritu de Dios; el hombre es un centro de inteligencia individualizada, conciente de sí, que puede pensar y seleccionar, o es un centro en la Conciencia de Dios, en el gran Todo.

Así es que nosotros encontramos que en el mundo físico, el hombre es uno con todo lo que es físico; uno con el alma del Universo en el mundo subjetivo, y uno con el Espíritu de Dios en el mundo conciente. Por medio de lo que llamamos nuestra mente conciente u objetiva, percibimos lo que sabemos de Dios y de la Vida. La mente objetiva o conciente es la *mente espiritual* que hemos estado buscando, pero todavía no está completamente desarrollada. *Si no fuera así, no habría mente con la cual buscar.* ¡La mente objetiva tiene que ser la mente espiritual del hombre, porque es lo único en él que sabe que el hombre tiene vida, y que está conciente de sí!

El Espíritu en su totalidad está potencialmente enfocado en nuestra conciencia objetiva individual, pero no hemos llegado a evolucionar al punto de reconocer ésto, excepto en grado menor. Nos acercamos y hacemos contacto con el Espíritu Mayor a través de nuestro espíritu o mente conciente. *La puerta de lo Absoluto está abierta al centro de nuestra percepción intuitiva.* Entramos en lo Absoluto a través de lo que parece ser finito, porque lo finito tiene que provenir de lo Infinito. Este Espíritu que nos anima es el mismo Espíritu que anima toda Vida y todo lo que vive. Emerson dice que animamos lo que vemos y que vemos lo que animamos, debido a que sólo al grado en que verdaderamente veamos puede la Divina Armonía reflejarse por medio de nosotros, y animar aquello que vemos.

El espíritu del hombre está equipado con decisión, voluntad, selección, volición, intelecto y propósito. Es el microcosmos dentro del Macrocosmos, o sea, el mundo pequeño dentro del mundo grande. También se le ha llamado la Imagen de Dios; el Hijo, el Hijo del Padre; Emmanuel, o Dios con nosotros; el Cristo o Logos que significa la Palabra, y que puede razonar inductiva y deductivamente.

El espíritu del hombre parece tener una percepción externa y una interna. Percibe lo externo según las apariencias, y lo interno por medio de la intuición. Las apariencias limitarían las posibilidades futuras al uso que el hombre ya ha hecho de la Vida, y así limitarían al Infinito, por lo tanto se nos dice que juzguemos correctamente y no según las apariencias. Plotino dice que hay tres medios por los cuales obtenemos conocimiento: la ciencia, la opinión y la intuición o iluminación. *Estos medios representan capacidades espirituales porque cada uno es avenida que nos dirige al conocimiento propio, y el conocimiento propio es la verdadera naturaleza y esencia del Espíritu.* La ciencia es el Espíritu *induciendo* sus propias leyes. La Intuición es Espíritu *conociéndose* a Sí Mismo. La Opinión es nuestra *estimación de la Realidad.* Todas son facultades espirituales y deben considerarse en el estudio de esta Ciencia. La humanidad está desarrollándose hacia una divinidad más amplia a través de cada época, así que, al avanzar en su marcha hacia el eterno progreso, la Verdad se le va revelando más y más.

Debemos pensar en nuestro espíritu como parte del Espíritu Universal y que nuestras mentes están abiertas a la Influencia Divina. Así como cualquier conocimiento específico tiene que venir del centro de todo conocimiento, así también siempre y dondequiera que la mente del hombre se abra la Influencia Divina, recibirá instrucciones directamente del centro y fuente de Todo. La ciencia, la invención, el arte, la literatura, la filosofía y la religión, todas tienen un centro común del cual, a través de la experiencia, proviene todo el conocimiento.

No debemos separar el Espíritu de la materia—la forma física de lo que le da forma—ni la Vida del vivir. Suponer que uno tiene que separarse del mundo para ser espiritual es uno de los errores más grandes posibles. Esto contradice directamente la verdad evidente que el Espíritu se regocija en sus propias obras, que son manifestaciones de Sí Mismo. Participamos del Espíritu de la Vida solamente cuando participamos del vivir, cuando vivimos.

No podemos verdaderamente gozar de la vida hasta que veamos que todo es animado por el Espíritu, y a medida que vemos que así son animadas todas las cosas, veremos el Universo verdadero. ¡La Esencia de la Realidad es invisible, pero la substancia de lo invisible se ve y se oye *y es parte de la vida diaria de todo!*

Encontramos que referente al alma o lo subjetivo, el hombre es subconciente, pero subconciente no significa inconciente. Subconciente sólo quiere decir que está sujeto al pensamiento conciente, y obligado por causa de su subjetividad, a aceptar todo lo que se le de. Es Ley Kármica porque es el uso que estamos haciendo de la Subjetividad Universal. Karma quiere decir la Ley de Causa y Efecto. El Alma contiene la memoria porque es el receptáculo para las semillas de nuestro pensamiento; y porque es la raíz de la memoria, contiene nuestras tendencias heredadas. También contiene las sugestiones de la raza humana, porque no estamos tratando con una mente subjetiva aislada o apartada, sino con la única Mente Subjetiva—hay una vasta diferencia entre pensar que tenemos tres o cuatro mentes, y pensar en Una sola Mente que todos usamos.

Tratamos el *Alma* como si fuera esa parte de nuestro ser mental que es subjetivo a la mente conciente. Desde este punto de vista, el alma del individuo es un efecto y no una causa. Este entendimiento de la vida del alma va de acuerdo con el más profundo pensar de todos los tiempos, y es un punto de vista legítimo que concuerda con investigaciones recientes en los campos de la psicología y la metafísica.

El Alma es la sede de la memoria, el espejo de la mente en el individuo. Es un poder creativo dentro de nosotros, que crea según el molde que se le provee y las memorias que ya contiene. Adquirimos alma o fuerza subjetiva, a medida que acumulamos el tipo correcto de experiencias. La ley del alma está sujeta al espíritu conciente; las tendencias que se siembran en el alma o en la vida subjetiva, tienden a producir su semejanza en el mundo objetivo. De aquí se deduce la posibilidad del poder de sanar de la palabra pronunciada, operando a través de la ley mental, porque la ley mental siempre es subjetiva.

El alma, siendo la sede de la memoria, contiene el registro de todo lo que jamás nos haya acontecido. La totalidad de estas memorias constituye la tendencia subjetiva de la vida del individuo; *esta tendencia puede cambiarse* por medio del esfuerzo constante y del propósito determinado y persistente. La vida subjetiva de todos se une, más o menos, y crea la vida subjetiva de la raza humana—el subjetivo colectivo de la humanidad—que algunas personas llaman el "inconciente colectivo." Este "inconciente colectivo" contiene el registro de todos los acontecimientos de todo tiempo. Hasta cierto punto, todos estamos sujetos a este pensamiento colectivo, porque opera como una sugestión poderosa de la humanidad. La suma total de las creencias humanas equivocadas *atan al individuo, hasta que él mismo, mentalmente, se eleva de la ley mediocre a una ley más alta de Individualismo Espiritual.*

Al estudiar la relación del hombre con lo Universal, hemos descubierto cómo el espíritu y el alma del hombre son semejantes al Espíritu y el Alma del Universo. Consideremos ahora la idea del *cuerpo.* Cuerpo—o efecto, asuntos, condiciones, salud, enfermedad, destino, riquezas, pobreza, negocios, vocación, profesión, resultados—cualquier palabra que represente lo externo del pensamiento y esfuerzo humano, lo clasificamos como parte de este *cuerpo.*

La vida exterior del hombre es resultado del estado subjetivo de su pensamiento. El *pensador* es la mente conciente. Pero cuando piensa, suelta las formas del pensamiento en la Mente Subjetiva, que es el Medio Universal de todo pensamiento y acción, y como resultado de esto, el Medio Creativo inmediatamente empieza a producir la cosa trazada.

Plotino, quizá el más grande filósofo neoplatónico, al personificar la Naturaleza, dijo: "Yo no discuto, yo contemplo; y al contemplar, suelto las formas de mi pensamiento." Esta es la manera en que la Naturaleza crea. Como resultado de Su contemplación deja caer la semilla de su pensamiento en el Subjetivo Universal, el cual, siendo Ley, produce el objeto pensado. Tenemos que esperar encontrar—y efectivamente encontramos—el mismo principio reproducido en el hombre. Esto significa que cualquier cosa que el hombre piensa (no importa que le llame *bueno* o *malo*) cae en el medio Creativo

Universal el cual lo acepta inmediatamente y empieza a ejecutarlo, y *a menos que sea neutralizado*, tiende a tomar forma objetiva.

El hombre objetivo es *cuerpo*. Al decir el hombre objetivo o el hombre físico, queremos decir el hombre con forma, el hombre de carne y hueso. Este hombre está unido con todos los elementos físicos u objetivos en el Universo y unido con la Fuente invisible de donde provienen. Analizamos el cuerpo y encontramos que está hecho de la misma materia que el ladrillo; no es diferente en esencia pero es diferente en su composición y en su vibración. Existe una Substancia Universal cuya función es tomar múltiples formas.

Se dice que la materia no es cosa sólida y estacionaria, sino que es una corriente constante de substancia sin forma, que siempre va y viene—se le ha llamado "un remolino etérico de energía." Cualquiera que sea su naturaleza, es tan indestructible como Dios, tan eterna como el Ser Eterno; no se le puede añadir ni disminuir. Los cuerpos físicos que tenemos ahora no los teníamos hace varios años; descartamos muchos cuerpos en nuestro camino por la vida; porque la substancia de la cual son hechos, está en un estado constante de flujo—es una substancia corriente que toma la forma que la mente le provee. ¿Y de qué materia son hechas las otras cosas aparte del cuerpo humano? Todo es lo mismo—UNA SOLA SUBSTANCIA en el Universo, tomando formas y figuras diferentes y convirtiéndose en diferentes cosas. La Unidad se expresa en multiplicidad.

El último análisis de la *materia* la reduce a éter universal, a una sola cosa a la que se le puede dar forma; una fuerza y energía, sin volición, que está siempre lista para ser moldeada. En el principio teorético de la creación, el mundo estaba "sin forma y vacío." No existe diferencia en las partículas minúsculas que toman formas innumerables—sólo existe diferencia en su arreglo. Nuestros cuerpos son Uno con el Cuerpo Sumo del Universo; las semillas, plantas, repollos y hasta los reyes, todos están hechos de la misma substancia. Los minerales, sólidos, líquidos, todos están hechos de esta Substancia primordial que siempre está fluyendo como forma, y abandonándola para volver nuevamente al vacío.

Nada podría darle forma a lo informe, sino una Inteligencia que operara a través de la misma. Aquí, pues, regresamos a la Palabra como punto inicial de la Creación—la Palabra de Dios en la Gran Creación, el Gran Mundo, y la palabra del hombre en el mundo pequeño; Un Espíritu, Una Mente y Una Substancia. Una Ley pero muchas ideas, Un Poder pero muchas maneras de usarlo. Un Dios en el cual todos vivimos, y Una Ley, que todos usamos. ¡UNO! ¡UNO! ¡UNO! No se puede concebir una unidad más grande que la que ya existe.

Así encontramos que el hombre es Uno con el universo físico en el que vive. El universo físico no puede tomar determinaciones por sí mismo; encontramos que el cuerpo físico del hombre es una masa latente de materia. Nuestro cuerpo es verdaderamente Uno con el Cuerpo de Dios, con el universo físico, *pero el cuerpo no sabe que es cuerpo.* Si los pies supieran que son pies con la capacidad física de andar, podríamos amputarlos y aún serían capaces de correr por la calle a hacer un mandado. UNA COSA ES DECIR QUE NUESTROS PIES NO SABEN QUE SON PIES, Y OTRA ENTERAMENTE DIFERENTE, DECIR QUE SON ILUSIONES, y sin embargo, todos estamos de acuerdo en que no tienen inteligencia de por sí. Por sí mismo el Universo físico es un *efecto*. Así también es la parte física del hombre que llamamos cuerpo.

EL MEDIO ILIMITADO

Cuando nos damos cuenta de que al tratar con nuestra individualidad estamos tratando con la Mente Auto-Conciente, y cuando reconocemos que al tratar con la mente subjetiva estamos tratando con la Subjetividad Universal, comprendemos que tenemos a nuestra disposición una Inteligencia Creativa, comparada con la cual, la inteligencia unida de la raza humana no es nada. La Mente Subjetiva Universal, siendo completamente receptiva a nuestro pensamiento, está obligada por su naturaleza a aceptar el pensamiento y a actuar sobre él, no importa qué pensamiento sea.

Ya que estamos tratando con un Poder Infinito que sólo conoce su propia habilidad de ejecutar y puede objetivizar cualquier idea que se le imprima, no puede haber límite a lo que puede o podría hacer por nosotros, excepto el límite que imponga nuestra propia incorporación interna. *El límite no existe en el Principio ni en la Ley, sino sólo en el uso individual que hagamos del Principio.* Nuestro uso de este Poder sólo puede ser igual a nuestra capacidad de entenderlo y de incorporarlo. No podemos demostrar más de nuestra habilidad de proveer un equivalente mental a nuestro deseo.

El Subjetivo es completamente receptivo y neutral como hemos aprendido, y sólo puede recibir nuestros pensamientos de la misma manera que los pensamos—no tiene alternativa. Si yo digo, "Soy infeliz," y lo sigo diciendo, la mente subconciente dice, "Sí, eres infeliz," y me mantiene infeliz tanto tiempo como yo lo siga afirmando, porque los pensamientos son cosas, y un pensamiento activo produce una condición activa, ya sea para bien o para mal.

Suponiendo que una persona ha pensado en *pobreza* año tras año, ella ha personificando una ley que sigue perpetuando esa condición. Si no borra ese pensamiento, la condición continuará. Se ha activado una ley que dice, "Yo soy pobre," y esa ley tiene que encargarse de que así sea. Al principio, esto es autosugestión, y despúes viene a ser memoria inconciente, trabajando día y noche. Esto es lo que determina cómo la Ley de la Atracción trabaja para nosotros, porque *las leyes de atracción y de repulsión son completamente subjetivas.* Nuestro uso de estas leyes puede ser conciente al principio, pero viene a ser subconciente tan pronto como las usamos.

Supongamos que yo no *digo* que soy pobre, pero vine al mundo con un pensamiento inconciente de pobreza. Mientras que este pensamiento permanezca, es probable que yo siga pobre. Aunque yo no entienda la ley, ésta sigue trabajando todo el tiempo. Venimos a este mundo con tendencias subjetivas a ciertas condiciones, pero no debemos olvidar que *también estamos tratando con una tendencia subjetiva hacia el bien supremo,* porque a pesar de todas las condiciones, la humanidad cree más en el bien que en el mal, de otra manera, no podría seguir existiendo. Esta es la esperanza eterna y el sentido de nuestra vida.

El alentador mensaje en todo esto es que *no importa que haya en el estado subjetivo de nuestro pensamiento, el estado conciente lo puede cambiar;* esto es lo que hace el tratamiento. ¿Cómo se puede hacer esto?

Por el método más directo que nos podemos imaginar: *sabiendo* concientemente que no hay tendencia heredada de limitación, ni sugestión de la humanidad obrando por medio de la subjetividad; no hay nada adentro, alrededor ni a través de nosotros que crea o que acepte limitación absolutamente de ninguna manera. No nos detenemos aquí, esto es sólo la mitad del tratamiento. El estado conciente ahora tiene que proveer una contemplación más elevada, una realización espiritual que dice: "Yo soy partícipe de la naturaleza y la abundancia del Todo Bien, y ahora estoy rodeado de todo lo que hace que la vida sea valiosa." El Medio Universal inmediatamente cambia su pensamiento (porque su pensamiento es deductivo solamente) y dice: "Sí, yo soy todas estas cosas en ti," e inmediatamente principia a trabajar para que se manifiesten esas condiciones. *Cualquier cosa que se retiene en el conocimiento hasta que forma parte del pensamiento subjetivo, tiende a manifestarse en el mundo exterior.* La razón por la cual no obtenemos demostraciones más fácilmente es que el estado subjetivo de nuestro pensamiento muchas veces es neutralizado por el estado objetivo, aunque a veces este es un proceso inconciente.

Cualquier cosa que la mente subconciente retiene por suficiente tiempo, tiene que ser producida en nuestro mundo exterior. Nuestra Mente Subconciente es el Medio en el cual todos vivimos, nos movemos y tenemos nuestro ser en el aspecto subjetivo de la vida— nuestra atmósfera en la Subjetividad Universal—el Medio por el cual toda intercomunicación ocurre en todo plano.

Naturalmente, por lo que hemos dicho, cualquier sugestión que se retiene en la Mente Creativa, tiene que producir su resultado lógico, no importa cual sea la sugestión. Si es sugestión de destrucción, destruirá; si es sugestión de bondad, edificará, porque este es un campo neutral.

EL CRISTO Y EL ANTICRISTO

El "Espíritu del Cristo" quiere decir esa mentalidad que reconoce la Ley y la usa para propósitos constructivos. El espíritu del Anticristo significa el espíritu del individuo que entiende la Ley y la usa destructivamente. El significado de la Inundación o Diluvio (que está registrado en todas las escrituras sagradas de las cuales hemos oído o leído) es que en un tiempo vivió en la tierra una raza que llegó a comprender lo psíquico, es decir, llegó a comprender que la Ley subjetiva es sierva del Espíritu. Sabían que ellos mismos eran Espíritu, pero no entendían la Unidad armoniosa del Espíritu. Habían llegado a un conocimiento intelectual de la Ley—un concepto mental definido claramente. ¿Usaron la Ley destructivamente, y qué sucedió? La confusión que ocurrió en el mundo psíquico (o la atmósfera psíquica de este planeta) causó su correspondencia física en forma de Diluvio o Inundación.

Ha habido muchas controversias acerca del uso y el mal uso del Poder de la Mente. Algunos dicen que no nos es posible usar mal este Poder porque existe sólo Una Mente y esa Mente no puede obrar en contra de Sí Misma. LA MENTE NO PUEDE ACTUAR CONTRA SI MISMA, Y CUALQUIER PERSONA QUE SABE ESTO, Y QUE SABE QUE NO HAY MENTE HUMANA QUE DESTRUIR, ESTA INMUNE AL MAL USO DEL PODER.

Nosotros no debemos temer al mal uso de esta Ley si nos protegemos por medio del reconocimiento que sólo existe Una Verdad Suprema "en contra de la cual no existe ninguna ley." Reconocemos a la Mente Subconciente como el Gran Siervo de nuestro pensamiento, y el Medio a través del cual operan todos los tratamientos y *hacemos contacto* con esta Mente Subjetiva Universal *dentro de nosotros mismos, y no en alguna otra parte.* Siendo omnipresente, está en nosotros. Al uso que hacemos de Ella nosotros le llamamos nuestra mente subjetiva, pero de suyo es Universal.

UNIDAD

Nuestra enseñanza es que el hombre en verdad tiene un cuerpo, que en verdad tiene una vida subjetiva y que en verdad él es espíritu. El cuerpo, alma y espíritu representan un punto donde la individualidad se enfatiza en la Universalidad. Sólo por medio de este concepto podemos darnos cuenta de la Unidad de Todo. Es decir, si yo

tengo una mente, tú tienes otra mente y Dios tiene otra—tres
mentes distintas—yo no puedo hablar contigo y tú no puedes hablar
con Dios. Si tu mente y mi mente no fuesen la misma mente, no
tuviéramos manera de comunicarnos uno con el otro. Por lo tanto,
estamos obligados a concluir que existe sólo una Mente. Sin embargo, cada individuo es una variación única y diferente en el
Universo; no hay dos personas iguales, sin embargo, toda persona
tiene su raíz en aquello que es idéntico.

Reconocemos en la mente auto-conciente del hombre, su
Unidad con el Todo; lo mismo que reconocemos que una gota de
agua, aunque no es todo el océano, aun contiene dentro de sí todos
los atributos del océano. La mente conciente del hombre es el
instrumento que percibe la Realidad y conoce o se da cuenta de la
Verdad. Toda iluminación, inspiración y realización tiene que venir a
través de la mente auto-conciente para manifestarse en el hombre.
La visión, intuición y revelación, se proclaman a sí mismas a través
de la mente auto-conciente del hombre; y los santos y los sabios, los
Salvadores y los Cristos, los profetas y los videntes, los juiciosos y los
enterados, todos han percibido concientemente y proclamado este
hecho.

Cada evidencia de la experiencia humana, todos los hechos de
bondad y misericordia, se han interpretado por la mente conciente
en el hombre. Todo lo que sabemos concientemente, lo que decimos
o pensamos, lo que sentimos o creemos, lo que queremos o
deseamos, lo que tememos o dudamos, es alguna reacción de la
mente auto-conciente. Tenemos memorias subjetivas y sentimos
emociones que no expresamos, pero sólo la mente auto-conciente
puede alcanzar la realización. Sin esta capacidad de saber concientemente, el hombre no existiría como ser expresado y, según nosotros,
no existiría en absoluto. La mente auto-conciente del hombre se
proclama en cada pensamiento, en cada hecho o en cada obra y es
verdaderamente la única garantía que tiene el hombre de su
divinidad. *Es su Unidad con el Todo, o sea con Dios, en el aspecto conciente
de la vida; y es garantía absoluta de que es un centro de la conciencia de
Dios en la vasta Totalidad.*

Decimos entonces que en Espíritu, el hombre es Uno con Dios.

¿Pero qué decimos de la gran *Ley* del Universo? *Si nosotros verdadera-mente somos Uno con el Todo, también tenemos que ser Uno con la Ley del Todo,* lo mismo que Uno con el Espíritu. Otra vez la psicología ha determinado que todo es un hecho. Las características de la mente subconciente del hombre determinan su Unidad Subjetiva con el Universo de Vida, de Ley y de Acción.

En la mente subjetiva del hombre encontramos una ley que obe-dece su palabra, es siervo de su espíritu, es ley mental de su ser, y es el factor creativo dentro de él. Este es el uso que hacemos individ-ualmente de la gran Mente Subjetiva del Universo que es la raíz de toda ley y acción. Tan maravilloso como es este concepto, no es menos cierto que el hombre tiene a su disposición en lo que lla-mamos su mente subjetiva, un poder Ilimitado. El pensamiento del hombre viene a ser la Ley de su vida *por medio de la gran Ley de toda la Vida.* No existen dos mentes subjetivas; existe sólo Una Mente Subjetiva, y lo que llamamos *nuestra* mente subjetiva *es en realidad el uso que estamos haciendo de esta Unica Ley.*

Cada individuo mantiene su identidad en la Ley por medio de su uso personal de la Misma y cada uno toma de la Vida lo que ha puesto en ella por medio de su pensamiento. Aprender a pensar es aprender a vivir. El hombre al pensar puede traer a su vida todo lo que desea si lo piensa correctamente. No lo hace sosteniendo pen-samientos, sino lo hace conociendo la Verdad. Es vasta la diferencia y pocos se enteran de ella.

La ciencia moderna tiende a enseñar la Unidad; tiende a reducir el universo material a un universo físico y al universo físico a energía. La tendencia del pensamiento moderno es volver por el camino de la ciencia inductiva a la gran deducción de todos los tiempos—que Todo es Uno. Pero los hombres se confunden tratan-do de descifrar el enigma y reconciliar el mundo de multiplicidad—el mundo objetivo de muchas cosas—con su creencia en la necesi-dad final de Unidad. Todos los grandes maestros espirituales han sabido siempre que Dios es Uno, no dos. También han sabido que la maldad existe en el mundo—maldad quiere decir lo que aparece como limitación—pobreza, enfermedad, muerte y lo que llamamos pecado, que no es más que error.

¿Cómo vamos a reconciliar el sufrimiento y la carencia con la Bondad de Dios? La dificultad se resuelve cuando nos damos cuenta de que toda la creación es *efecto*. Es bastante real-tan real como supuestamente debe ser. Al mirar a nuestro alrededor, notamos que la montaña es montaña, la colina es colina, y la polvareda es polvareda; *pero todos estos son efectos*. Cuando uno va a su jardín, y ve el árbol de bambú, el de fruta y todas las variaciones y formas que hay en el jardín, observa que cada una tiene su raíz en el mismo suelo creativo y cada una individualiza del mismo suelo creativo lo que puede utilizar. La especie siempre mantiene su integridad.

Observamos en la creación una inteligencia atómica, luego una conciencia simple; después una conciencia personal y después una conciencia Cósmica. Estas variaciones de conciencia están firmemente definidas y son aceptadas por la mayoría de los investigadores. Al ver la transición de la inteligencia atómica a la inteligencia simple, de la simple a la personal y de la personal a la Cósmica, encontramos que *sólo vamos ascendiendo una escala de Unidad*. El Espíritu no es algo separado de la materia, sino algo trabajando a través de la materia; la posibilidad potencial de lo que llamamos lo más alto y lo más bajo es inherente en todo. No son cosas diferentes. *Es la misma cosa funcionando a diferentes niveles.* "No es ni aquí, ni es allí, porque mirad, el Reino de Dios está dentro."

Existen diferentes niveles mentales de profundidades y alturas desde donde podemos observar la vida y de cualquier nivel que la percibamos, lo que vemos vuelve a nosotros por medio de una ley invariable de atracción. Lo que vemos es verdadero mientras lo estamos viendo. *Llegamos al conocimiento de Unidad sólo en la medida que comprendamos que la Cosa que andamos BUSCANDO es la misma Cosa CON la que buscamos y ES lo que vemos.* Perdemos la gloria porque no percibimos la armonía. El infierno es el fantasma que sufrimos debido a nuestras mórbidas imaginaciones. Cielo e Infierno son estados de conciencia.

LA LEY SUBJETIVA

Debemos entender la idea de la Subjetividad Universal, la Potencialidad de todas las cosas, el Medio Creativo Divino. Este es el principio por medio del cual demostramos el alivio del cuerpo o de condiciones; y opera exacta y matemáticamente porque es la Ley de Causa y Efecto.

Cuando pensamos, el pensar proviene de la inteligencia conciente o del Espíritu. El pensamiento entonces viene a ser subjetivizado; pasa a la mente subconciente. ¿Qué cosa es la mente subconciente del hombre? Es su atmósfera o centro mental en el Subjetivo Universal. Decimos en nuestra filosofía que no hay tal cosa como tu mente subjetiva y mi mente subjetiva, es decir dos mentes, porque eso sería dualidad. *Pero sí existe el estado subjetivo de mi pensamiento en la Mente y el estado subjetivo de tu pensamiento en la Mente.* Tenemos que ver esto claramente porque es aquí donde la psicología y la metafísica se separan, donde sus interpretaciones son diferentes.

Cuando pensamos, pensamos dentro de un Medio Creativo Universal, un medio creativo y plástico que nos rodea por todos lados, que permea y fluye a través de nosotros. Cuando pensamos, pensamos dentro de este Medio porque es Omnipresente.

Al subjetivizar cada persona su propia conciencia, ésta se rodea de una atmósfera mental y nada puede entrar en esta atmósfera a menos que entre por su propio pensamiento. Pero *este pensamiento puede ser conciente o inconciente.* Por lo general es inconciente. Sin embargo, el estudiante de metafísica aprende a controlar concientemente la corriente de pensamientos que permite dentro de su mentalidad creativa interna.

EL RESULTADO DE NUESTRO PROPIO PENSAR

El pensamiento es un movimiento interno y es principalmente resultado de la manera que la persona percibe la vida y su reacción a ella. Cada vez que este movimiento ocurre, ocurre dentro de la Mente, sobre la Causa y de acuerdo con la Ley. ¡Estamos tratando con el mismo Poder que moldea los planetas y todo lo que hay en ellos y el límite de nuestra habilidad de usar este Poder no está en el Principio, sino en nuestro entendimiento del Principio!

Estamos tratando con un Poder creativo, neutral, tal como lo haríamos con la electricidad o cualquier otra fuerza natural. éste está en un plano más elevado porque es el Poder de Inteligencia. Nuestro pensamiento, al exteriorizarse, llega a su propio nivel, lo mismo que el agua llega sin esfuerzo a su propio nivel, bajo su propio peso. Así es como debe ser porque el Universo, para poder existir, tiene que ser Auto-existente. Al decir que el Universo es Auto-existente, queremos decir un Universo que es Su propia razón de ser; un Universo que existe por virtud de ser Todo.

Cada uno de nosotros verdaderamente es el resultado del uso que ha hecho de la Ley, conciente o inconcientemente. Tan pronto como seamos concientes de esto, veremos que lo que somos ahora (o lo que ahora tenemos y lo que hacemos) es el resultado de lo que hemos pensado; ¡y la respuesta a *lo que seremos* está contenida en lo que estamos pensando ahora, PORQUE NOSOTROS PODEMOS CAMBIAR NUESTRO PENSAMIENTO!

El hombre piensa y al abandonar sus pensamientos supone que ya terminó con ellos; pero no es así porque el pensamiento es subjetivizado en la Mente como una semilla plantada en el suelo y a menos que sea neutralizado, se queda allí y determina la atracción o repulsión en la vida del que pensó. En el aspecto subjetivo de la vida, existe una acción constante, que es un proceso inconciente que determina lo que ha de suceder en la experiencia externa. Lo que pensamos, hacemos, creemos, sentimos, visualizamos, vemos, imaginamos, leemos y hablamos—en suma, todos los procesos que nos afectan o nos impresionan—pasan al estado subjetivo de nuestro pensamiento, el cual es nuestro uso individualizado de la Mente Universal. Cualquier cosa que entra al estado subjetivo de nuestro pensamiento, tiende a volver de nuevo en forma de circunstancia. Así es que nosotros y sólo nosotros controlamos nuestro destino.

LA LEY ES MENTE EN ACCION

Existe Una Vida Infinita que actúa por medio de la Ley y esta Ley es mental. La Ley es la Mente en acción. Estamos rodeados por una Cosa Infinita, subconciente, impersonal, neutral, plástica y siempre presente, de la cual todas las cosas provienen, y la cual, en Su Estado Original impregna todas las cosas.

Al imprimir nuestro pensamiento en esta Substancia, podemos encausarla para que nos produzca lo que pensamos. El imprimir nuestro pensamiento en Ella no es un hecho externo porque cuando imprimimos nuestro pensamiento en nuestra propia mente, estamos pensando dentro de Ella Misma. Esto es a causa de la Unidad de toda la Mente.

Jesús dijo, "Conforme a vuestra fe, así se os concede." Conociendo la naturaleza de la Ley, no dijo, "Conforme a vuestro deseo, así se os concede." Anunció la universalidad de la Ley cuando le llamó la Ley de Creencia.

EL USO DESTRUCTIVO DE LA LEY

Alguien dirá: "No puedo imaginarme *que a Dios no le importe.*" Yo tampoco creo eso, pero estamos tratando con la Ley. ¿Le importa a la ley de la electricidad si cocina la comida o quema la casa? ¿Si electrocuta a un criminal o calienta a un santo? Por supuesto que no. ¿Le importa al Impulso que urge al hombre a expresarse si se arrodilla en éxtasis o se tira borracho en la calle? Estamos tratando con una Ley y por eso mismo, ésta al final nos devolverá el producto de las fuerzas que pusimos en movimiento por medio de Ella.

Por consecuencia, ninguna persona iluminada desearía usar esta Ley destructivamente, porque sabría que tarde o temprano el mismo poder que hubiese puesto en acción, lo destruiría. "El que a hierro mata, a hierro muere." El Espíritu de Cristo es el espíritu que usa la Ley *constructivamente.* El espíritu del Anticristo es el uso *destructivo* de la Ley. El Espíritu de Cristo, por estar de acuerdo con la Vida Cósmica, siempre superará, neutralizará, destruirá, y completamente eliminará el espíritu del Anticristo. Al final, sólo el Espíritu de Cristo puede triunfar.

UNIDAD CON TODA LEY

Cuando reconocemos nuestra Unidad con Dios y con la Ley, nos quitamos un gran peso de encima. *Todo sentido de oposición es borrado de la conciencia que percibe Unidad.* Lo que llamamos NUESTRA mente subjetiva es sólo un punto en la Mente Universal donde nuestra personalidad mantiene su expresión individualizada del Espíritu. Si pensamos que estamos separados del Universo, estaremos limitados por este pensamiento, porque es la creencia en la separación de Dios lo que nos ata y limita. LO UNICO QUE NOS ATA ES NUESTRA CREENCIA. "No pudieron entrar por su incredulidad y porque limitaron al Santo de Israel."

Solamente hay Una Mente. El punto es este: todo lo que experimentamos, lo que tocamos, probamos, olfateamos—ambiente, cuerpo, condiciones, dinero, felicidad, amigos—todo es *efecto*. ¿Queda claro que las posibilidades infinitas de ese Uno, del cual el hombre es parte, dependen de *la expresión del hombre* sobre su propio concepto de sus posibilidades? Si el hombre es un punto de personalidad en la Mente Ilimitada (y así es), y si toda su vida proviene de esta Sola Mente (y así tiene que ser) entonces no puede existir ninguna otra cosa. Y si no puede existir ninguna otra cosa y nada se mueve más que la Mente—y si el hombre es un centro de pensar en la Mente—¡*nada puede acontecerle al hombre que no le acontezca A TRAVÉS de sí mismo,* aun cuando eso sea resultado de sus propias conclusiones erróneas, las de su abuelo, o las de la raza a la cual pertenece! Esto no es fatalista en ningún sentido, porque PODEMOS CAMBIAR EL CURSO DE CAUSALIDAD QUE SE HA PUESTO EN MOVIMIENTO EN CUALQUIER MOMENTO QUE DECIDAMOS HACERLO.

Todo proviene de la Inteligencia. No existe más que Unidad; no existe más que libertad; no existe más que perfección; no existe más que Totalidad. Empieza al principio y razona esto varias veces hasta que toda duda desaparezca. Es necesario que cada uno haga esto por sí mismo.

El poder del pensar correcto es tan poderoso que cancela y borra todo lo que no es correcto. Es la respuesta a toda pregunta, resuelve todo problema y es la solución a toda dificultad. Es como un rayo de Sol de Verdad Eterna que, rompiendo las nubes de la obscuridad, baña toda vida en una gloria celestial. Es nada menos que lo Absoluto con el cual estamos tratando.

CAPITULO SIETE

RESUMEN DE LA PARTE PRIMERA: LA NATURALEZA DEL SER

Hay una Presencia Universal que obra como si fuese Inteligente y podemos suponer que lo es. Existe una Inteligencia Universal que obra como Ley—también podemos suponer que esto es Verdad. Existe una Substancia sin forma en el Universo que eternamente está tomando forma y eternamente está cambiando de forma; aceptamos esto porque así es evidente.

Tenemos toda la razón en postular una naturaleza trina al Ser Universal, que llamaremos Espíritu, Alma y Cuerpo. Consideraremos al Espíritu como el gran Hacedor, al Alma como el medio de Su acción, y al Cuerpo como el resultado de Su acción. Pensaremos del Espíritu como el único Hacedor Conciente—el Poder que se conoce a Sí Mismo. Pensaremos en el Alma como en una Fuerza ciega, que obedece la Voluntad del Espíritu; y pensaremos en el Cuerpo como efecto del Espíritu trabajando por medio de la Ley para producir forma. Asumiremos que ni la Ley, ni la Materia de lo que se hacen las cosas, tienen inteligencia *conciente*, sino que están obligadas por su naturaleza a tomar forma por medio de la Palabra. Esto simplifica la cuestión y más fácilmente podemos ver que en el Universo entero sólo obra Un Poder—el Poder de la Palabra del Espíritu, Dios, o Inteligencia Universal Conciente.

La evolución del hombre lo trae arbitrariamente a un lugar

donde su individualidad verdadera funciona. A partir de ese día, cualquier adelanto en su evolución tiene que provenir de su cooperación conciente con la Verdad. Toda la Naturaleza espera que el hombre reconozca y coopere con sus leyes y siempre está dispuesta a obedecer la voluntad del hombre; pero primero el hombre tiene que usar las fuerzas de la Naturaleza según Sus propias leyes y tiene que cooperar con los propósitos de la Misma—que son bondad, verdad y belleza—si desea obtener dominio sobre sí mismo.

El hombre nunca crea; sólo descubre y usa. De esta manera evolucionan todas las ciencias. Vivimos en un Universo de Ley por el cual fluye el espíritu de Inteligencia con conocimiento propio. "Todo es Amor y sin embargo, todo es Ley," dijo Robert Browning.

La Ley ya hizo todo lo que podía hacer automáticamente para el hombre. Lo ha evolucionado hasta el punto de individualidad y ahora tiene que dejarlo solo para que descubra los secretos de la vida por sí mismo. Potencialmente el hombre es perfecto, pero su libre albedrío y su elección propia le hacen parecer imperfecto. En verdad, lo único que el hombre puede destruir es alguna personificación particular de él mismo. La Chispa Divina siempre está intacta en el hombre potencial.

El hombre despierta a la conciencia de si mismo (auto-conciencia) y encuentra que tiene mentalidad, tiene cuerpo y ambiente. Gradualmente descubre una ley de la naturaleza y luego otra hasta que al fin conquista su ambiente por medio de su entendimiento de la índole de esas leyes. Dondequiera encuentra que la naturaleza le obedece, con tal que primero comprenda sus leyes y las use de acuerdo con la naturaleza inherente a estas. Primero tiene que obedecer la naturaleza y después la naturaleza le obedece a él.

El hombre descubre que puede pensar y que dentro de sí hay una reacción a su pensamiento. Puede pensar concientemente y la ley mental actúa sobre su pensamiento y su pensamiento afecta su cuerpo físico.

En seguida él descubre que puede pensar por otros, causando una acción correspondiente dentro y a través de sus cuerpos. De esta manera descubre un medio mental por el cual obra el pensamiento.

Entonces se entera que él es un centro de pensar en una Mente Universal.

Luego descubre que sus asuntos son primeramente cosa del pensamiento y que al pensar por otros, también puede ayudarles a controlar sus asuntos. Entonces reconoce que *todo* en el mundo visible es EFECTO; que detrás de todos los efectos existen *ideas* que son la verdadera Causa de los efectos. Las *Ideas Divinas* son perfectas, pero la libertad individual del hombre las hace aparecer imperfectas. Por medio de pensar correctamente descubre que la imperfección es apariencia y revela la Idea Perfecta. "Mirad vos mi cara siempre."

La idea humana de la Deidad, evoluciona con sus otras ideas. Después de creer en muchos dioses, viene a saber que existe sólo Una Mente y un Espíritu detrás de todas las manifestaciones. Este Espíritu Único o Vida Auto-Conciente obra por medio de una Mente o Ley Subjetiva, produciendo muchas manifestaciones. La Multiplicidad viene de la Unidad sin romper la Unidad del Todo.

El Espíritu es Auto-Conciente, pero la Ley es automática y obedece la Voluntad del Espíritu porque no tiene otra alternativa que obedecer. Como toda ley, la Ley de la Mente es una fuerza impersonal, y debido a su Naturaleza está obligada a obrar.

El Alma y la Mente Subjetiva Universal son lo mismo, y son el Medio Creativo de todo pensamiento y acción. El alma también es la Substancia del Espíritu, la Cosa sin forma, de la cual se desarrollan todas las formas.

El Espíritu, obrando sobre el Alma, produce la Creación. El Espíritu, el Alma y la Substancia se entrelazan la una a la otra porque cada una es omnipresente. La Creación ocurre *dentro* del Espíritu y es resultado de la contemplación de Sí Mismo, o el conocimiento propio del Espíritu. La Creación siempre está aconteciendo; el cambio siempre está ocurriendo dentro de lo que es constante. Las formas aparecen y desaparecen en un Medio que de suyo no tiene forma.

El Espíritu piensa o conoce dentro de Sí Mismo y como resultado de esta acción interna, la Creación se manifiesta. La Creación es el juego de la Vida sobre Sí Misma a través de la Imaginación

Divina. El Espíritu tiene que crear para expresarse. Espíritu, Vida, Alma, Substancia, Ley y Unidad, todos son co-existentes y eternos. Lo único que cambia es la forma. El Espíritu hace las cosas de Sí Mismo al convertirse en lo que hace. El procedimiento no requiere ningún esfuerzo.

La Mente Conciente y el Espíritu significan lo mismo; son esa parte de la Realidad que se conoce a Sí Misma.

Mente Subconciente y Subjetiva, Alma y Medio Mental, Subjetividad Universal y Ley, todos tienen el mismo significado; son esa parte de la Realidad que obra como Ley.

El Cuerpo, Creación o universo manifiesto es el resultado del Espíritu obrando a través de la Ley. El Cuerpo, Creación o universo manifiesto es el resultado del Conocimiento propio del Espíritu.

Sólo el Espíritu está conciente de Sí Mismo. La Ley y la manifestación son reacciones automáticas del Espíritu.

El Alma o Mente Subjetiva, la Substancia o la Cosa sin forma y el Espíritu Conciente penetra toda cosa y toda persona. Existe una Inteligencia que obra por medio de todo y todo responde a esta Inteligencia.

No puede decirse más claro—el Espíritu o Inteligencia Conciente es el único principio que se afirma a Sí Mismo en el Universo. "El Espíritu es el Poder que se conoce a Sí Mismo," y es el *único* Poder que tiene conocimiento propio, todo lo demás está sujeto al Espíritu. La sola función del Espíritu es obrar por medio de Su Palabra que, actuando como Ley a través de la Substancia, produce la Creación.

El hombre reproduce la Naturaleza Divina en los tres planos. Se conoce a sí mismo en su mente conciente, es creativo por medio de sus reacciones subconcientes y tiene cuerpo. Personifica la Trinidad del Ser. Es el Hijo dentro del Padre. El Padre es más grande que el hijo, pero el hijo tiene la misma Esencia de Vida que tiene el Padre o la Mente Paterna.

El hombre real está eternamente en unidad completa con el Todo. Su mente conciente es su entendimiento de Dios; su mente subjetiva es su uso del Medio Creativo Universal; y su cuerpo es uno con el Cuerpo de la Verdad.

Existe sólo una Mente en el Universo y el hombre la usa. El hombre es una identidad en el Universo...un centro de la Conciencia de Dios. Al principio él ignora esto, y hace mal uso de su poder y como consecuencia atrae a sí mismo sufrimiento y negación.

El Espíritu del hombre, que es su auto-conciencia, es la única parte de él que tiene volición o elección; todo lo demás obra como ley automática. El pensamiento conciente del hombre, actuando a través de la Ley, puede cambiar cualquier condición en su experiencia, pero tiene que concebir claramente el cambio que desea. No existe ningún límite para la Ley. La limitación no es inherente a la Ley, sino que es resultado de la incapacidad del hombre de incorporar toda la Verdad y usar la Ley constructivamente. El hombre tiene a su disposición en lo que llama su mente subconciente, un poder ilimitado; esto es porque él es Uno con el Todo en el aspecto subjetivo de la Vida.

Existe sólo Una Mente y Una Ley que toda persona usa, conciente o inconcientemente, constructiva o destructivamente. Un Espíritu, Una Mente, Una Ley, Una Substancia...pero muchas formas. Existe una Realidad Suprema, pero dentro de esta Realidad existen muchas experiencias. El hombre está dentro de esta Realidad y obtiene de Ella todas sus experiencias.

A medida que el hombre piensa, su pensamiento es subjetivizado, poniendo así la Ley en movimiento por el Medio de la Mente Universal. *Esta Ley trabaja automáticamente hasta que se cambia concientemente.* Aprender a pensar es aprender a vivir porque nuestros pensamientos entran en un Medio que es Infinito en Su habilidad de ser y hacer. El hombre usa un Poder que es Infinito al compararlo con el poder de su pensamiento conciente.

Aún tan grande como es el subconciente, su tendencia es activada por el pensamiento conciente, y *en esto radica la posibilidad y el camino a la libertad.* Libertad y esclavitud, enfermedad y salud, pobreza y riqueza, el Cielo y el Infierno, bueno y malo, grande y pequeño, felicidad y miseria, paz y confusión, fe y temor y todas las condiciones que *parecen ser* opuestas no son verdaderamente resultados de *poderes opuestos* sino que SON LA MANERA EN QUE SE USA EL PODER UNICO.

Nosotros estamos atados porque primeramente somos libres y el poder que nos ata es la única cosa en el universo que puede liberarnos. El hombre ya tiene dentro de sí mismo la llave de su libertad pero tiene que llegar a realizar su relación con el Todo. Esta es una relación de Unidad total.

SEGUNDA PARTE

EL SANAR MENTAL-ESPIRITUAL

Primera División: Ideación

Un reconocimiento del Poder,
y del pensamiento y propósito
detrás del sanar mental.

CAPITULO OCHO

EL PODER DEL PENSAMIENTO

*El Sanar Mental-Espiritual—La Base Del Sanar Mental—
El Acto De La Encarnación—La Actividad De La Unica
Mente—Se Nos Concede—La Fuerza del Pensamiento—La
Atmósfera De Nuestro Pensamiento—Induciendo El
Pensamiento—Escogiendo Pensamientos—Los Pensamientos
Son Cosas—Uno Con Dios—El Poder Interno—Nosotros
Ponemos Nuestras Propias Limitaciones—El Entendimiento.*

EL SANAR MENTAL-ESPIRITUAL

Le ha tomado a la humanidad miles de años aprender que tiene el poder de controlar su propio destino. La Biblia nos asegura: "Según el hombre piensa en su corazón, así es él." Los antiguos filósofos griegos entendían algo del significado del pensamiento. Lo que anticipamos o esperamos, dijo Aristóteles, *es lo que encontramos. Lo que deseamos, es en lo que creemos*, dijo Demóstenes. Y a Shakespeare se le atribuye haber dicho: "No hay nada ni bueno ni malo sino que esto lo determina el pensamiento." Una cosa es *saber* un principio y otra es *aplicarlo*.

El mundo comercial moderno acepta el lema: "Creer es poder." A través de los tiempos muchos se han dado cuenta de que la causa es algo interno. Es verdad que miles de seres infelices indican que pocos han sabido usar este conocimiento para su beneficio, sin embargo, los días de escepticismo incrédulo o de crítica superficial del poder del pensamiento han pasado. A menos que desacreditemos todo testimonio humano, estamos forzados a concluir que el sanar de toda clase de enfermedades por medios mentales y espirituales es un hecho. Los médicos más distinguidos están dirigiéndose asiduamente al estudio de los fenómenos y procesos mentales. Están comprendiendo las posibilidades increíbles de dominio que residen en las fuerzas dinámicas del reino mental. Ha llegado una creencia a los círculos más ortodoxos de la medicina; una aceptación del sanar mental que está recibiendo creciente aprobación como agente legítimo y útil.

LA BASE DEL SANAR MENTAL

Hay mucho en este campo que todavía no se entiende perfectamente porque el estudio científico de la mente aún está en su infancia; pero el hecho de que el mal uso de las leyes espirituales y mentales está en la raíz de muchas condiciones infelices relativas a la vida física, sobresale claramente.

El primer principio fundamental necesario para entender como opera el pensamiento, es que estamos rodeados de una Inteligencia Infinita. La posibilidad de sanar enfermedades físicas, cambiar el ambiente, atraer amistades y demostrar bienes por medio del poder que existe en el pensar correctamente, está basada completamente en la teoría de que estamos rodeados de una Mente Infinita, que reacciona a nuestros pensamientos de acuerdo con una Ley.

Nosotros comprendemos el significado de la Inteligencia Infinita sólo en una escala pequeña pero, como somos seres espirituales, sentimos la presencia de una Inteligencia que está más allá del entendimiento humano—una Inteligencia que es tan grande que abarca el pasado, entiende el presente, y es Padre del futuro. Ella es la causa de todo lo que ha sido y aquello de lo cual se desarrollará todo lo que va a ser. Nuestra propia inteligencia es una de sus actividades y es de la misma naturaleza.

EL ACTO DE LA ENCARNACION

Al nivel de nuestro propio entendimiento conocemos y entendemos la naturaleza de Dios. Este conocimiento propio, que es conocimiento de Dios, tiene la capacidad de crecer eternamente.

Como inteligencia individual, nos comunicamos unos con otros—nos contestamos unos a otros—y al hacer esto, establecemos el hecho de que la inteligencia responde a la inteligencia. Esta misma ley se mantiene en el bien aunque pensemos en la inteligencia finita respondiendo a la inteligencia finita, o la Inteligencia Infinita respondiendo a la inteligencia finita *porque la inteligencia es lo mismo en ESENCIA dondequiera que la encontremos.* Podemos concluir que la Inteligencia Infinita nos responde por la necesidad que tiene de ser fiel a su propia naturaleza.

¿Pero cómo es que ella responde? Responde sólo correspondiendo, esto significa que la Inteligencia Infinita nos responde impartiéndose directamente de Sí Misma por medio de nosotros. "El Dios Altísimo, el Dios más Íntimo es el Único Dios." Así podemos decir con Jesús, "El Padre y Yo somos Uno." La inteligencia que nosotros tenemos es algún grado de la Única Inteligencia que llamamos Dios.

Así vemos que la Mente Infinita imparte de Sí Misma a lo finito por medio del hecho de encarnación. El progreso de la raza humana es un resultado de ese proceso por el cual la Inteligencia pasa a la mente humana, por medio de la evolución en grados sucesivos de encarnación.

LA ACTIVIDAD DE LA UNICA MENTE

Vivimos en un Universo Inteligente que responde a nuestros estados mentales. Hasta el punto que aprendamos a gobernar esos estados mentales, automáticamente gobernaremos nuestro ambiente. Es por esto que estudiamos *el poder del pensamiento* al llegar al tema del sanar mental espiritual. Esto es lo que significa la aplicación práctica de esta Ciencia a los problemas de la vida diaria. El resultado de este trabajo mental es lo que llamamos demostración.

En la gran Mente Universal el hombre es un centro de inteligencia y cada vez que piensa pone la Mente en movimiento. Porque la Mente es Una Sola, no puede saber nada fuera de Sí y por lo tanto no puede contradecir ningún pensamiento que se le presente; sino que está obligada a reflejar cualquier pensamiento. Estamos sumergidos en un Medio Creativo Infinito el cual, debido a Su Naturaleza, tiene que crear según el molde que nuestro pensamiento le presente. Jesús entendía esto y en unas cuantas palabras explicó la Ley de la vida: "Te será concedido conforme a tu creencia." No puede hacerse una declaración más simple ni más profunda.

SE NOS CONCEDE

¡Qué idea tan maravillosa para conservar en la mente: "Que se nos concede!" No necesitamos *forzar*, nosotros no *creamos* este poder, pero tenemos que *PERMITIR* que este Gran Poder Actúe a través de nosotros.

En la Infinidad de la Mente, no existe nada más que la Mente y lo que la Mente hace—Sus operaciones. *Esta mente es activada por nuestro pensamiento y de esta manera el pensamiento viene a ser la ley de nuestras vidas.* Es la ley de nuestras vidas individuales al igual que el pensamiento de Dios es la ley de la vida del Universo. ¡NOSOTROS NO CREAMOS EL PODER SINO USAMOS EL PODER DE LA UNICA MENTE QUE CREA PARA NOSOTROS! Nuestras creencias y nuestras convicciones, arraigadas profundamente, inevitablemente se reflejan en nuestra experiencia y en nuestro ambiente, ambos en la condición física de nuestro cuerpo y en el mundo que nos rodea. Lo que somos exteriormente y lo que seremos *depende de nuestros pensamientos actuales,* porque esta es la manera que estamos usando el Poder Creativo. Tan pronto como dejemos de pensar que *nosotros* tenemos que crear, podremos obrar de acuerdo con el Espíritu. El hombre siempre *usa;* nunca *crea* nada. Toda la inteligencia de la raza humana no podría hacer una sola rosa; pero nuestro pensamiento, centrado en la Mente, está *usando* el Poder Creativo del Universo.

La Ley de la Vida es la ley del pensamiento—es una actividad de la conciencia—el Poder fluye a través de nosotros. El Espíritu puede hacer para nosotros sólo lo que puede hacer a través de nosotros. A menos que podamos proveer la conciencia, no puede darnos el regalo. El Poder detrás de todas las cosas no tiene límite, pero al actuar para nosotros, tiene que actuar a través de nosotros mismos.

Comprendiendo, entonces, que aunque el Poder es ilimitado, tiene que ser activado por nuestro propio pensamiento; veremos asi que lo que necesitamos no es un poder mayor, sino una conciencia mayor, una realización más profunda de la vida, un concepto más sublime del Ser, un concepto más íntimo del Dios que ya existe dentro de nosotros, *quien es personal para nosotros en virtud de ser personificado a través de nosotros.*

LA FUERZA DEL PENSAMIENTO

La fuerza del pensamiento es el movimiento del conocimiento en un campo de Ley mecánica pero inteligente. El movimiento de la conciencia sobre sí misma crea un movimiento o una vibración en la Substancia, *La fuerza que es igual a la incorporación del pensamiento puesto en movimiento.* Por todo lo que acontece en el mundo objetivo tiene que existir algo en el mundo subjetivo que lo nivele perfectamente.

Supongamos como ilustración, que el Universo no es más que agua saturada por Inteligencia Infinita. Imaginémonos que cada vez que esta Inteligencia se mueve, o que piensa, se forma hielo en el agua que corresponde exactamente al pensamiento. ¡Podríamos tener muchos pedazos de hielo de diferentes formas, colores y tamaños en el agua pero *todos estos pedazos de hielo tendrían que ser agua!* Después, si pudiésemos calentarlo todo, se derretiría y todas las formas volverían a ser fluidas. Nada habría cambiado excepto las formas. El universo físico es Espíritu en forma.

Primero es la Inteligencia; después la palabra, la idea, la imagen, el concepto; luego el movimiento hacia la cosa. El pensamiento es un poder que verdaderamente trabaja. De otra manera no existiría nada por lo cual el Universo pudiera ser gobernado.

LA ATMOSFERA DE NUESTRO PENSAMIENTO

Todos estamos sumergidos en la atmósfera de nuestro propio pensamiento que es el resultado directo de todo lo que hemos dicho, pensado o hecho. Esto decide qué acontecerá en nuestras vidas. El pensamiento atrae lo que es igual a sí mismo y rechaza lo que es diferente. Somos atraídos a las cosas que nos imaginamos mentalmente. La mayoría de los procesos internos de nuestro pensamiento son inconcientes, pero *cuando entendemos la ley, aprendemos a personificar lo que deseamos, a pensar en eso solamente, y así somos atraídos silenciosamente a lo que deseamos.*

El énfasis en el verdadero sanar mental está insistentemente en Dios—Mente Unica, Alma Unica, Ser Unico—siempre presente y siempre disponible; y también está en la habilidad del hombre y en el derecho que tiene de hacerse receptivo a esta Presencia Sanadora—la realización de la divinidad esencial de nuestra propia naturaleza y la verdad que la maldad no puede existir en esta Presencia. Tenemos que unirnos con el Gran Todo. El hombre que se atreve a lanzar su pensamiento hacia la Inteligencia Universal, con la confianza de aquél que comprende su naturaleza divina y la relación de ésta con el Universo—y que se atreve a reclamar todo lo que existe—encontrará siempre una bondad creativa lista a ayudarle. Dios aceptará su petición. Todo lo demás gravitará hacia el alma que conoce su propia divinidad. Por lo tanto, agradezcamos nuestros procesos mentales y atrevámonos a pensar en términos universales. ¡Atrevámonos a creer que cada palabra constructiva es invencible!

INDUCIENDO PENSAMIENTOS

Lo que el pensamiento ha hecho, el pensamiento puede deshacer. Los viejos hábitos de pensar incorrectamente pueden neutralizarse conciente y deliberadamente y puede establecerse un nuevo orden de reacciones mentales y emocionales en la Mente. No es suficiente dejar de pensar mal, tiene que existir también el pensar bien, activamente. Tenemos que ser *activamente* constructivos y felices en nuestro pensar—no sólo *pasivos*. Las ideas nuevas de vida, vitalidad y esperanza tienen que ser aceptadas e incorporadas en lo más profundo de nuestra vida mental, a fin de manifestar exteriormente un cuerpo y un ambiente saludables.

La mayoría de nosotros tendremos que principiar nuestro trabajo de sanar con un proceso mecánico porque todos tenemos que principiar donde nos encontramos. Debemos tomar el pensamiento más alto que tenemos y tratar de expander este conocimiento hasta que abarque un concepto más elevado de la Verdad. El conocimiento, en este sentido, quiere decir una incorporación interna de las ideas. Si alguno quiere demostrar prosperidad, primero tiene que tener una conciencia de prosperidad; si desea salud, tiene que incorporar la idea de salud. Esto es más que fe; es saber que estamos tratando con la Ley. Aunque el conocimiento puede inducirse mecánicamente, hasta cierto punto, entre más espontaneidad lleve la palabra mecánica más poder tendrá.

ESCOGIENDO PENSAMIENTOS

No podemos vivir sin seleccionar. Cada día, cada momento, cada segundo tenemos que elegir. Si no fuera así, no seríamos individuales.

Nosotros tenemos el derecho a escoger la experiencia que deseamos. Tenemos derecho a escoger la clase de compañeros con quienes deseamos asociarnos, la ciudad y el tipo de casa en que queremos vivir. Somos individuos y la única manera de poder demostrarlo es siendo espontáneos. La individualidad mecánica no existe; la individualidad tiene que tener los elementos esenciales de espontaneidad. No existe la espontaneidad ni la individualidad sin prerrogativa. No puede haber selección si no hay variedad de donde escoger; sin la habilidad de escoger sería sólo fantasía. Por lo tanto, no sólo tiene que haber la posibilidad de escoger, sino también la responsabilidad de experimentar lo que se ha escogido.

Tenemos derecho a escoger lo que induciremos en la Mente. Muchas veces no podemos ver la *manera* en que nuestro pensamiento será manifestado—pero no debe perturbarnos no saberlo porque el potencial del efecto está en la causa. "Yo soy el Alfa y Omega," y todo lo que está entre la causa y el efecto. La causa y el efecto son verdaderamente una sola cosa y si ponemos cierta causa en acción, el efecto tiene que ser manifestado al nivel de la causa. Son el interior y el exterior de la misma cosa. Una idea cierta, específica e inteligente en la Mente producirá una manifestación cierta, específica y correcta, igual a la idea. Existe un Principio Infinito, Una Materia Infinita, un Poder Creativo Infinito, pero existen formas innumerables que cambian de acuerdo con las ideas que las proyectan.

LOS PENSAMIENTOS SON COSAS

La salud y la enfermedad son principalmente manifestaciones externas de nuestro estado dominante mental y espiritual. Es sabido que un choque emocional o una mente llena de temor, han sido la causa de que el corazón se pare o se acelere. Los médicos atestiguan ahora que la sangre, bajo tensión emocional, especialmente de ira, deja un depósito químico alrededor de las coyunturas del cuerpo. La preocupacion, el coraje, el enojo, los celos, y otras condiciones emocionales, son de naturaleza mental y se reconocen como causas ocultas de una gran parte del sufrimiento físico que hereda la carne. Una mente normal y saludable se refleja en un cuerpo sano y al contrario, un estado mental anormal, expresa su condición correspondiente en alguna condición física. ¡Los pensamientos son cosas!

La psicología moderna afirma que todos los pensamientos y las emociones que hemos tenido desde que existimos concientemente están presentes en la Mente, donde siguen activos sin cesar y se manifiestan como tendencias subjetivas que amoldan al cuerpo a la salud o la enfermedad; y a la vez determinan nuestras reacciones hacia toda vida y experiencia.

No estamos diciendo que ésta o aquella enfermedad específica es siempre el resultado de pensar en esa misma condición; pero sí aseguramos que un estado mental discordante y prolongado, con seguridad dará como resultado alguna enfermedad física. Algunas personas han muerto de gran pesar, de amores decepcionados, de ira, o de resentimiento profundo y continuo, de preocupacion excesiva y de muchos otros estados mentales en los cuales no había idea específica de enfermedad. El punto que hay que recordar es este, *toda actividad mental inevitablemente tiende a crear un correspondiente físico*, de manera que un estado mental enfermo y moribundo se proyecta dentro del cuerpo físico.

Los pensamientos son cosas; tienen el poder ellos mismos de objetivizar; el pensamiento se hace Causa y forma Substancia verdadera. La palabra del hombre es la ley de su vida bajo la Gran Ley de toda Vida. Los pensamientos de enfermedad pueden hacer que el hombre enferme, y los pensamientos de salud y perfección pueden sanarlo. El pensar es la actividad conciente del pensador, y trabaja de acuerdo con la dirección que él le de a través de la Ley; y esta Ley puede activarse concientemente. Esta Ley trabaja para él de acuerdo con la fuerza de su creencia y su entendimiento de Ella. La realización de la Presencia de Dios es el medio más poderoso para sanar que el hombre conoce.

UNO CON DIOS

Hasta que nosotros despertemos al reconocimiento de que nuestra naturaleza es Una con la naturaleza de Dios, no encontraremos el camino de la Vida. Hasta que comprendamos que nuestra propia palabra tiene el poder de vida, no veremos claramente. La Biblia indica que el poder que el hombre tiene en su vida y en su mundo, es el mismo poder que Dios tiene. "La Palabra era con Dios y la Palabra era Dios," se repite muchas veces pero no se entiende. La promesa que se le hizo al hombre también es positiva: "La palabra está cerca de ti, hasta adentro de tu propia boca, para que la conozcas y la ejecutes." Si alguna palabra tiene poder, lógicamente se concluye que todas las palabras tienen poder. Esto significa que toda palabra que oímos, que hablamos o que pensamos tiene algún poder.

EL PODER INTERNO

Por medio del discernimiento espiritual, vemos que existe dentro de nosotros un poder que es más grande que cualquier otra cosa con la cual podamos tener contacto jamás; un poder que puede superar todo obstáculo en nuestra experiencia y que nos pone a salvo, satisfechos y en paz, sanos y prosperos bajo una nueva Luz y una nueva vida, "Si Dios esta con nosotros, ¿quién puede estar contra nosotros?"

El Poder Creativo de la Mente está aquí mismo, y es el poder de Dios. Nosotros tenemos todo el poder que podamos aceptar e incorporar en nuestras vidas. El almacén de nuestra naturaleza está lleno de bien infinito, y espera que el despertar de nuestro pensamiento lo toque para manifestarse en nuestras vidas; pero, *¡el despertar tiene que ser dentro de nuestro pensamiento!* La palabra que hablamos es la ley en nuestras vidas y nada estorba su operación más que nosotros mismos. Podemos usar esta palabra creativa para cualquier propósito que deseemos, y esta palabra es ley hacia la cosa por la cual se pronuncia. Se nos ha dado el poder de sentarnos en el transcurso de nuestras vidas y dirigir sus actividades. La contienda y la lucha no son necesarias. Solamente necesitamos saber, pero necesitamos saber *constructivamente.*

Mientras dependamos de alguna condición pasada, presente o futura, estamos creando caos, porque estamos tratando con condiciones (efectos) y no con causas. Si pudiésemos comprender que existe un Poder que hace cosas directamente de Sí Mismo—simplemente al convertirse en las cosas que hace—si sólo pudiésemos darnos cuenta de esta grandiosa verdad y si pudiésemos darnos cuenta de que estamos tratando con un Principio que es científicamente correcto y eternamente presente, *llevaríamos a cabo cualquier cosa que pudiésemos concebir.* La vida se exterioriza al nivel de nuestro pensamiento.

NOSOTROS PONEMOS
NUESTRAS PROPIAS LIMITACIONES

¿Deseamos vivir en un mundo lleno de amigos que nos amen, y rodeados de cosas hermosas y agradables? Sólo podemos hacerlo de una manera, y esa manera es tan cierta como es cierto que el sol ilumina. DIARIAMENTE TENEMOS QUE ELIMINAR TODO PENSAMIENTO QUE NIEGUE LA REALIDAD: Y AFIRMAR LA PRESENCIA DIVINA DENTRO DE NOSOTROS; entonces, ¡tal como la niebla desaparece ante el sol, así se derretirá la adversidad ante el brillo radiante de nuestro pensamiento exaltado!

El Hijo Pródigo siguió siendo pródigo mientras eligió serlo. Cuando eligió volver a la "Casa de su Padre" así lo hizo y fue recibido con los brazos abiertos. Así será nuestra experiencia cuando vayamos al mundo de la perfección; algo allí nos recibirá. Veremos un cielo y una tierra nuevos; no en alguna tierra lejana sino aquí y ahora mismo. "Actúo como si lo fuera y lo seré." El Espíritu de Verdad nos guiará hacia todo bien. Este es el camino hacia la satisfacción completa de nuestras vidas.

Por lo tanto, no existe más limitación que nuestra propia ignorancia y ya que todos podemos concebir un bien más grande del que ya hemos tenido, tenemos la habilidad de superar las experiencias previas y ascender; pero *nunca triunfaremos si persistimos en mantener las mismas reacciones mentales viejas.*

EL ENTENDIMIENTO

Antes de tratar de mejorar nuestras condiciones, y antes de proceder con el *tema del sanar*, es necesario que estemos seguros en nuestras propias mentes de que el *pensamiento es creativo*, porque en esto se basa totalmente nuestra superestructura. Todo lo que existe en el mundo manifiesto es *un efecto* del pensamiento porque el Espíritu crea al contemplar—esto es una acción mental. Nuestras propias mentes son expresión de la Mente Divina y tienen que ser de la misma esencia.

Si a pesar de esto nos encontramos en alguna condición indeseable, es prueba de que nosotros mismos nos hemos limitado voluntariamente. ¿No sería bueno pensar en forma opuesta y tomar como punto de partida la naturaleza inherente de los poderes mentales?

Hemos avanzado mucho en la dirección correcta cuando determinamos que *la Creación sólo podría haberse originado en la Inteligencia,* y cuando además comprendemos que nuestro poder mental tiene que ser creativo al igual que el Poder Creativo de Dios. Por lo tanto, empezamos a sentir, aunque levemente, que en la medida que nuestras mentes se asemejan más y más a la Mente Divina, nos acercamos a una vida más completa, *¡a nuestro mundo creado por nuestra conciencia, la cual toma su color de la percepción de nuestra relación con el Infinito!*

Nosotros debemos esforzarnos por tener una visión perfecta, un concepto perfecto. Debemos expander nuestro pensamiento hasta que se de cuenta de todo el bien y luego usar este Poder Infinito con propósitos definidos ignorando todas las *apariencias*. Cada día debemos sentir una unión más profunda con la Vida, más intimidad con el Dios Interno—el Dios de lo visible y lo invisible—dentro de nosotros. Cuando hablamos dentro de esta Mente, hemos sembrado una semilla del pensamiento en lo Absoluto y podemos descansar en paz. No necesitamos apresurarnos, porque se nos concede según nuestra propia creencia. "En aquel día, a aquellos que me llamen responderé."

CAPITULO NUEVE

LA ORACION

La Diferencia Entre la Oración Y el Tratamiento—Las Leyes Que Gobiernan La Oración—La Oración Es Esencial Para la Felicidad—En La Oración Misma Está la Respuesta.

LA DIFERENCIA ENTRE
LA ORACION Y EL TRATAMIENTO

Una de las preguntas más frecuentes acerca de la Ciencia de la Mente es la siguiente: "¿Son idénticos la *oración* y el *tratamiento?*" La contestación a ésta pregunta es *sí* y *no*.

Si la persona ora y en su oración reconoce la Omnisciencia, Omnipotencia y Omnipresencia del Espíritu, y realiza la unidad del hombre con el Espíritu, entonces su oración es un tratamiento.

Si, por otro lado, esta persona ora desde el punto de vista que Dios es un Ser que está distante, a quien se dirige con duda en su pensamiento, preguntándose si va a tener la suerte de poder aplacarlo y persuadirlo del gran mérito de su petición—*entonces* hay poca similitud entre la *oración* y el *tratamiento*. Nada podría ser más desalentador que laborar bajo el engaño de que Dios es un Ser arbitrario que contesta unas oraciones y otras no.

Sería difícil creer en un Dios que ama más a una persona que a otra. No puede haber un Dios que es amable un día y cruel al día siguiente; no puede haber un Dios que nos creó con tendencias e impulsos que escasamente comprendemos y después nos castiga eternamente cuando hacemos errores. Dios es una Presencia Universal, un Observador impersonal, un Dador Divino e imparcial, eternamente volcándose en su creación.

LAS LEYES QUE GOBIERNAN LA ORACION

La mayoría de los hombres que creen en Dios creen en la oración; pero nuestra idea de la oración cambia así como nuestra idea de Dios cambia y es natural que cada uno sienta que su manera de orar es correcta. Pero nosotros debemos de recordar que las oraciones efectivas—no importa de quién sean—*son efectivas porque incorporan ciertos principios universales, los cuales, cuando se entienden, pueden usarse concientemente.*

SI ALGUNA VEZ DIOS HA RESPONDIDO ALGUNA ORACION, ENTONCES DIOS SIEMPRE RESPONDE A LA ORACION, porque Dios es "el mismo ayer, ahora y siempre." Si aparentemente hay un fracaso, este está en la ignorancia del hombre, o en su entendimiento erróneo de la Voluntad y Naturaleza de Dios.

Se nos dice que "Dios es Espíritu y los que le adoran, tienen que adorarle en espíritu y en verdad." El Espíritu Divino está al alcance inmediato; no está "ni en la montaña, ni en el templo; ni aquí, ni allí; porque el Reino de Dios está dentro de nosotros."

Esta es una percepción verdadera del poder espiritual. El poder ya no es el Yo, sino es "el Padre que vive dentro de mí." Si pudiésemos concebir al Espíritu como encarnado en nosotros—y aún siendo más de lo que está encarnado—¿no creceríamos espiritual e intelectualmente? ¿No serían nuestras oraciones contestadas antes que las hiciéramos? "El Reino de Dios está dentro de ti." Cuando estamos concientes de nuestra unidad con el Bien Universal, las creencias en la maldad, el pecado, la enfermedad, la limitación y la muerte tienden a desaparecer. Ya no "pediremos erradamente," suplicando como si Dios no estuviera dispuesto, rogando como si Él no quisiera darnos.

"Si moráis en mi, y mis palabras moran en vosotros, pediréis lo que deseáis y os será concedido." Esto da luz a una ley importante que gobierna la respuesta a la oración. *Morar en El* significa no tener conciencia aparte de Su conciencia—nada en nuestro pensamiento que niegue el poder y la presencia del Espíritu. Sí, podemos ver fácilmente por qué las oraciones son contestadas cuando *moramos en El.*

Nuevamente leemos, "cualquier cosa que pidas en mi nombre, te la concederé." Esto parece sencillo al principio, pero es otra declaración profunda como la primera; el significado está en la frase, "en mi nombre." "*En Su nombre*" significa igual que Su Naturaleza. Si nuestro pensamiento es inmaculado como la Mente de Dios, si estamos reconociendo nuestra Unidad con Dios, no oraremos por otra cosa más que el bien de todos los hombres. En esta clase de oración no debemos pensar en maldad o adversidad. El secreto del poder espiritual está en la conciencia de la unión del uno con el Todo y el alcance del Bien. Dios está accesible a toda persona.

Dios se manifiesta por medio de todas las personas. No existen dos personas iguales; cada persona tiene su propio lugar en el universo de la Mente; cada uno se aproxima a Dios a través de su propia mentalidad, de una manera individual, obteniendo de Él una expresión única de Su Naturaleza Divina. Si alguna persona es receptiva a la idea de amor, es amorosa. En el grado que ella incorpora el amor, ella es amor; así los que aman, son amados. Cualquiera que sea receptivo a la idea de paz, serenidad y calma—el que incorpora estas realidades divinas—las encuentra fluyendo a través de sí mismo y viene a ser pacífico, sereno y calmado.

Existe un lugar dentro de nosotros que está abierto a lo Infinito; pero cuando el Espíritu nos da su regalo, volcándose a Sí Mismo a través de nosotros, no puede darnos más que lo que podemos tomar. Este "tomar" es mental. Si persistimos en decir que la Vida no nos dará lo bueno ("Dios no contestará mi oración.") no puede dárnoslo *porque la Vida tiene que revelarse a nosotros por medio de nuestra inteligencia.* La energía reprimida de la vida y la posibilidad de que la humanidad avance más en su evolución, obran a través de la imaginación y la voluntad del hombre. *La hora mejor es ahora; el lugar adecuado es aquí y se nos concede de acuerdo con nuestra creencia.*

LA ORACION ES ESENCIAL PARA LA FELICIDAD

La oración no es un acto para vencer la renuencia de Dios, sino que debe ser una aceptación *activa* de Su voluntad. Por medio de la oración reconocemos una ley espiritual que siempre ha existido y nos unimos a ella. Moisés podría haber usado la ley de la electricidad si la hubiera comprendido. Emerson dijo, "¿No es la oración un estudio de la verdad, un viaje sin fin del alma al Infinito?"

La oración es constructiva porque nos capacita a establecer contacto más cercano con la Fuente de Sabiduría, y estamos menos propensos a ser influenciados por las apariencias que nos rodean—a juzgar "según las apariencias." La oración correcta pone la "ley del Espíritu de Vida" en acción en nuestras vidas.

La oración es esencial, no para la salvación del alma, porque el alma nunca está perdida, sino para el bienestar conciente del alma que no se entiende a sí misma. Existe una vitalidad en nuestra comunión con el Infinito que produce el bien supremo. Así como el fuego calienta el cuerpo y la comida nos da fuerza, así como el sol da alimento a nuestro espíritu, así hay una transfusión sutil de una fuerza invisible en esa comunión que se teje en la trama y enredo de nuestras mentalidades. Esta mezcla conciente de nuestro pensamiento con el Espíritu es esencial para nuestro total bienestar.

La oración ha estimulado a millones de personas a pensar pensamientos más elevados y a realizar hechos más nobles. Eso que tiende a conectar nuestras mentes con la Mente Universal permite que nos entre a raudales Su conciencia. Si nosotros pensamos de Dios como un Dictador Celestial—como algo distinto de lo que se mueve, vive y tiene su ser donde nosotros estamos—entonces, seguramente creemos que nosotros estamos desconectados de esta Presencia Infinita; ¡y la consecuencia inevitable de pensar así es un miedo terrible de que *nunca* podremos hacer contacto con El! Pero si conocemos a Dios como una Presencia Interior, nuestra oración es dirigida naturalmente a esta Presencia dentro de nosotros. Deseamos y necesitamos una unión conciente con el

Infinito. Esto es tan necesario para la naturaleza y el intelecto del hombre como es la comida para el bienestar de su cuerpo físico.

EN LA ORACION MISMA ESTA LA RESPUESTA

Causa y efecto son dos aspectos del pensamiento y el Espíritu, siéndolo TODO, es ambos, la Causa y el Efecto. La oración, entonces, es su propia respuesta. La Biblia nos dice: "Antes que llamen, les responderé." Antes que nuestra oración sea formulada en palabras, Dios ya ha contestado, *pero si solamente creemos parcialmente en nuestra oración, entonces habrá sólo una tendencia hacia su respuesta*; si al día siguiente dudamos totalmente, no habrá ninguna respuesta. Al tratar con la Mente, tratamos con una fuerza que no podemos engañar. No podemos defraudar al Principio ni en lo más mínimo de nuestro concepto más sutil. La mano escribe y pasa, pero lo que ha escrito permanece; y la única cosa que puede borrar lo que está escrito es una escritura de carácter diferente. No existe obstrucción que no pueda ser disipada por el poder de la Verdad.

Así aprendemos a penetrar profundamente dentro de nosotros mismos y a hablar como si hubiera una Presencia allí que sabe; y deberíamos tomar tiempo para desenterrar esta causa escondida, para penetrar esta cámara interna de la conciencia. Verdaderamente vale la pena tener comunión con el Espíritu—reconocerlo y sentirlo. El acercamiento al Espíritu es directo…a través de nuestra propia conciencia.

Este Espíritu fluye a través de nosotros. La inteligencia que tenemos es este Espíritu en nosotros. La oración es nuestra respuesta.

Podemos estar seguros que existe una Inteligencia en el Universo a la cual podemos acudir, que nos guía y nos inspira; un amor que nos da sombra. Dios es verdadero para el que cree en el Espíritu Supremo, para el alma que siente que está unida con el Todo.

Cada día y cada hora, estamos encontrando las realidades eternas de la vida y en el grado en que cooperamos con estas realidades eternas en amor, en paz, en sabiduría y en gozo—creyendo y recibiendo—en ese grado somos bendecidos automáticamente. Nuestra oración es contestada antes de que pronunciemos las palabras.

CAPITULO DIEZ

LA FE

*El Acercamiento Mental—Siempre Un Poder—La Fe
Extraviada—Entendiendo La Fe—Sin Confusión—La Fe
Al Alcance De Todos—La Fe Que Vitaliza—La Técnica Para
Adquirir Fe—Convicción.*

EL ACERCAMIENTO MENTAL

El Universo es un Sistema Espiritual. Sus leyes son leyes de inteligencia. Nos acercamos a este sistema a través de la mente que nos capacita a saber, a dirigir nuestra voluntad, y a actuar. La oración, la fe y la creencia son actitudes mentales relacionadas unas con otras.

La oración es un acercamiento mental a la Realidad. No es el símbolo, sino *la idea simbolizada* lo que hace que la oración sea efectiva. Algunas oraciones son más efectivas que otras. Algunas sólo nos ayudan a tolerar, mientras que otras transcienden condiciones, y demuestran una ley invisible que tiene poder sobre lo visible. Al grado en que nuestra oración es afirmativa, a ese grado también es creadora de los resultados deseados.

SIEMPRE UN PODER

La Fe siempre ha sido reconocida como un poder—ya sea fe en Dios, fe en el prójimo, fe en uno mismo, o fe en lo que uno está haciendo. La idea de que la fe sólo se refiere a nuestras ideas religiosas es un error. La fe es una facultad de la mente que encuentra su expresión más alta en la actitud religiosa; pero el hombre que siempre tiene fe en su propia habilidad realiza mucho más que el que no tiene confianza o fe en sí mismo. Los que tienen gran fe, tienen gran poder.

¿Por qué es que las oraciones de un hombre son contestadas y las de otro no? No puede ser que Dios desea más bienes para uno que para otro. Tiene que ser porque todos, al acercarse a la Realidad, obtienen resultados—no por causa de lo que creen, sino porque lo creen. La Fe es el acercamiento mental afirmativo a la Realidad.

LA FE EXTRAVIADA

Alguien ha dicho que todo el mundo sufre de un gran temor—el temor de que Dios no contestará nuestras oraciones. Analicemos los temores que nos poseen y veremos si esto es cierto. El temor a la carencia no es más que la creencia que Dios no provee, ni proveerá lo que necesitamos. El temor a la muerte es la creencia de que las promesas de vida eterna tal vez no son verdaderas. El temor a perder la salud, a perder amistades, a perder pertenencias—todos vienen de la creencia de que Dios no es lo que declaramos que es: Omnisciente, Omnipotente y Omnipresente.

Pero, ¿qué es el temor? *No es ni más ni menos que el uso negativo de la fe...*fe extraviada, una creencia en dos poderes en vez de Uno; la creencia que puede haber un poder—opuesto a Dios—cuya influencia y habilidad nos *puede* traer el mal. En otras palabras, para corregir todos los males del mundo, necesitaríamos tener sólo fe positiva, fe colocada correctamente, fe que comprende la integridad del Universo, la bondad de Dios y la Unidad de toda la Vida. Sin embargo, no podemos tener fe en algo que en alguna medida no comprendemos.

ENTENDIENDO LA FE

¡Deseamos una fe basada en el saber que no existe nada que temer! "La Fe es la substancia de las cosas que se esperan, la evidencia de las cosas que no se ven." El pensar con fe moldea la substancia primordial, y

produce la manifestación de lo que ha sido diseñado en la mente. Así es como la fe cumple nuestros deseos.

Cuando usamos nuestra imaginación creativa con gran fe, la fe nos crea de la Unica Substancia cualquier cosa que hemos formado en nuestro pensamiento. De esta manera el hombre es co-Creador con Dios. Con fe nunca llegará el fin de ninguna de las verdades eternas como el Amor, la Belleza y la Verdad. Nunca llegará el fin de Dios, ni de los atributos que son co-eternos y co-existentes con Dios. Si somos sabios, cultivaremos la fe en estas realidades. Esta no es una *tarea* difícil sino una *experiencia* emocionante.

La Substancia Espiritual está alrededor de nosotros, esperando ser formada. Así vemos lo que quería decir Jesús cuando dijo: "Y yo os digo, pedid y se os dará." La ley tiene que obrar y cumplir nuestra demanda. El sentir el Impulso Divino dentro de nosotros es la manera de Dios de hacernos saber que debemos proseguir y tomar lo que está esperando nuestra petición. *Si el bien existente en el abastecimiento invisible no fuera nuestro ya, nos sería imposible obtenerlo.* "Abrió su mano y satisfizo el deseo de toda criatura viviente."

SIN CONFUSION

La historia ha registrado muchos casos de curación por medio de la fe. Este es un hecho indisputable. Sin embargo, nosotros no podemos creer en un Poder Divino que responde más rápidamente a una persona que a otra. Estamos obligados a ver que la oración no es el fin en sí, sino una manera de llegar a un fin. Así como la práctica de la Ciencia de la Mente es una *manera*, así la fe es una *manera*. El principio que gobierna la fe es que cuando el que ora se convence a sí mismo, su oración es contestada automáticamente. Jesús anunció la ley de la mente diciendo: "Conforme a vuestra creencia, así se os concede." El Universo existe por Su propia proclamación, por Su propia afirmación. El Universo sólo sabe, "YO SOY." No sabe nada más. Por lo tanto, *la oración tiene que ser contestada* siempre que se haga correctamente, con fe y tocando la Realidad, de acuerdo con la Verdad misma.

LA FE AL ALCANCE DE TODOS

Los que están familiarizados con la Biblia no necesitan lecciones de fe, pues el capítulo onceavo de Hebreos está lleno de ejemplos que comprueban el poder sustentador de la fe. Pablo relata las experiencias de Enoc, Noe, Abrahán, Moisés, Gedeón, Samuel y los profetas, y de muchos más, "que por la fe dominaron reinos, forjaron rectitud, obtuvieron promesas, cerraron bocas de leones, apagaron el poder del fuego, escaparon del filo de la espada, en su debilidad se hicieron fuertes, echaron fuera ejércitos de extranjeros, y mujeres recibieron a sus muertos resucitados."

Nuestros antepasados creyeron estos testimonios y encarnaron esta fe viviente en su conciencia, dejándonos así una gran herencia de fe. Lo que hicieron lo pudieron lograr porque alcanzaron una fe instintiva y marcharon valientemente con ella.

Como la fe es una cualidad que no está confinada a edad o situación, puede ser nuestra ahora así como ha sido del hombre todo el tiempo. No estamos pasando por un tiempo más difícil ahora, ni por una noche más larga o más obscura que la que jamás se haya visto. Sólo parece más obscura porque hemos perdido la fe—la luz que alumbra.

Si alguien tiene fe en sí mismo, en su prójimo, en el Universo, y en Dios, esa fe alumbrará el lugar donde se encuentra, y por la luz de esa fe, podrá ver que TODO ES BUENO. Y la luz derramada por esta fe guiará el camino para otros. Sólo estamos concientes de la obscuridad cuando no tenemos fe—porque la fe es la luz de nuestro día y la luz de nuestro camino, la cual hace el camino visible para nosotros aún cuando otros creen que el camino es difícil y áspero.

LA FE QUE VITALIZA

Para poder *tener* fe, debemos tener la convicción de que todo está bien. Para *mantener* la fe, no debemos permitir que nada entre en nuestro pensamiento que pueda debilitar ésta convicción. La fe crece por nuestra creencia, aceptación y confianza. Cuando algo penetra nuestro pensamiento y destruye en cualquier grado alguna de estas actitudes, a ese grado se debilita nuestra fe.

Nuestra mente debe permanecer firme en la convicción que nuestra vida es una parte de Dios, y que el Espíritu está encarnado en nosotros. Las afirmaciones y negaciones tienen como propósito vitalizar nuestra fe—el propósito de convertir el pensamiento en creencia en cosas espirituales. El fundamento para el tratamiento mental correcto es: Dios perfecto, hombre perfecto, y ser perfecto. El pensamiento tiene que organizarse para que acepte esta premisa, y las conclusiones han de ser basadas en esta premisa. Tenemos que mantener nuestra fe viva si deseamos tener éxito al dar tratamientos para nosotros mismos y para otros.

Todas las ciencias están basadas en *principios de fe.* Todos los principios son invisibles y todas las leyes son aceptadas por fe. Ningún hombre ha visto a Dios jamás, ni ha visto la bondad, la verdad o la belleza, pero, ¿quién puede dudar que existen?

No sólo debemos tener fe completa en el Espíritu y en Su habilidad de saber y hacer, sino también debemos tener confianza completa en nuestro acercamiento a El. No debemos ser tibios en nuestra convicción. *Tenemos que saber que sabemos.* Debemos demostrar que la fuerza del pensamiento espiritual tiene poder sobre todo lo que parece ser resistencia material, y que esto no puede hacerce a menos que tengamos abundante confianza en el Principio con el que hacemos contacto.

La fe pura es una convicción espiritual; es el consentimiento de la mente, la encarnación de la idea, la aceptación de un concepto. Si creemos que el Espíritu encarnado en nosotros puede demostrar, ¿nos perturbaremos por lo que *parece* contradecir esto? Con frecuencia tenemos que *saber* que la Verdad que anunciamos es superior a la condición que vamos a cambiar. En otras palabras, *si hablamos desde el punto de vista del Espíritu, no puede haber oposición a Él.* Es sólo cuando abandonamos completamente la voluntad humana y reconocemos la Esencia Pura del Principio Espiritual encarnado en nosotros que nuestro pensamiento se eleva sobre la creencia en dualidad. Constantemente debemos vitalizar nuestra fe por medio del saber que el Eterno está encarnado en nosotros; que Dios constantemente crea de nuevo a través de cada uno de nosotros; ¡y que hasta el grado en que nosotros hablamos la Verdad, el Todopoderoso ha hablado!

LA TECNICA PARA ADQUIRIR LA FE

Uno no puede ser buen estudiante de la Ciencia de la Mente si está lleno de temor y confusión. Hay que mantenerse en un estado de equilibrio, de paz y de confianza...en un estado de entendimiento espiritual. *Entendimiento espiritual* no quiere decir algo extraño o anormal, sólo quiere decir que la creencia en la bondad tiene que ser más grande que la aparente manifestación de lo contrario. Es esta ciencia de fe lo que queremos descubrir—una técnica definitiva que conduzca nuestras mentes, por un proceso de pensamiento si es necesario, a ese lugar al cual las mentes sublimes de todos los tiempos han llegado por medio de la intuición directa.

No hay nadie que crea más en la fe, en la oración, o en la necesidad de que se haga la Voluntad Divina, que el que diariamente practica la Ciencia de la Mente. Este ha borrado de su mente la idea mórbida que la Voluntad de Dios *puede* ser voluntad de sufrimiento; porque si hubiera un Dios sufriente, y si somos seres eternos, sufriríamos por toda la eternidad. Pero un Dios sufriente es una imposibilidad. Nosotros sufrimos porque no estamos en comunicación conciente y subjetiva con el aspecto afirmativo del Universo. Toda miseria humana es resultado de la ignorancia; y sólo el saber puede liberarnos de esta ignorancia y de sus efectos.

Como estudiantes de la Ciencia de la Mente, encontramos en el carácter extraordinario de Jesús un gran ímpetu hacia la fe y la convicción. El centurión vino a Jesús y le pidió que sanara a su siervo, y Jesús dijo, "Anda, y que se haga así como has creído." El centurión tenía lo que llamamos el equivalente mental de autoridad Divina. Aceptó que la palabra de Jesús tenía poder en el plano invisible. Jesús dijo, "En verdad, en verdad os digo que en ningún israelita he encontrado fe tan grande."

Es maravilloso contemplar la actitud mental de las personas que no temen creer que sus oraciones son contestadas, y que no temen decir, "Yo se." Todos arribaremos a esta misma seguridad, a esta fe perfecta, al grado que dejemos de creer que el Universo está en oposición a Sí Mismo, y que dejemos de desear hacer o ser lo que es contrario al Bien Universal.

No existe nada en el orden universal que le niegue al individuo su propio bienestar, o su expresión propia, siempre y cuando su expresión propia no contradiga el bien general o la Bondad Misma. No existe nada en el Universo que nos niegue el derecho de ser felices, si nuestra felicidad no niega o se interpone al bien general. El Universo permanece ilimitado aunque todo el mundo haya sufrido limitación.

Debemos cuidar de no dividir nuestra casa mental en contra de sí misma. Habiendo anunciado la ley de libertad, no podemos negarla. Cuando todos sepamos la Verdad, entonces encontraremos medios, formas y métodos para que todos seamos liberados. El molde de nuestra aceptación es la medida de nuestra experiencia. El Infinito llena todos los moldes y fluye siempre hacia moldes nuevos y más grandes. Dentro de nosotros está la posibilidad de experiencias ilimitadas. ¡Es nuestro privilegio darles nacimiento!

CONVICCION

La Ciencia Mental no niega la divinidad de Jesús, sino que afirma la divinidad de todo hombre. No niega que Jesús fue hijo de Dios, sino que afirma que todos los hombres son hijos de Dios. No niega que el reino de Dios fue revelado por medio de Jesús, sino dice que el reino de Dios también se revela por medio de ti y de mí.

Jesús dijo: "Si tenéis fe como un grano de mostaza, dirás a esta montaña, muévete a aquel lugar, y se moverá; y nada te será imposible." La fe tiene su centro en la Mente Divina y coopera con Ella.

Debido a que no comprendemos que el Principio no es atado por precedente, limitamos nuestra fe a lo que ya ha sido entendido, y pocos "milagros" se producen. Cuando por medio de la intuición, la fe encuentra su propio lugar bajo la Ley Divina, no existe limitación y se produce lo que llamamos resultados *milagrosos*.

Mientras Jesús estuvo con los discípulos, la fe de ellos por lo general fue de la misma esencia que la de él, pero al pasar de los años, éstos se dedicaron más y más a la organización objetiva, y dejaron de predicar acerca de la necesidad de una fe viviente. ¡De hecho, unos cuantos cientos de años más tarde, los cristianos enseñaban que los "milagros" anteriores sólo comprobaban la divinidad de Jesús!

Nuestro pensamiento tiene que estar centrado en la Mente Universal, si deseamos tener una fe activa—la fe *de* Dios, y no sólo la fe *en* Dios. Estamos convencidos que todo es posible si sólo *creemos* y trabajamos de acuerdo con los principios de esa Ley Divina. Una fe tal no se desarrolla instantáneamente, sino que crece por el conocimiento y la experiencia. No importa cual sea la apariencia exterior, debemos apegarnos constantemente a saber que Dios es bondad, que Dios es todo, arriba, abajo y alrededor. Así podremos decir con convicción, "Yo sé en quién he creído."

CAPITULO ONCE

TRATAMIENTO MENTAL-ESPIRITUAL

El Tratamiento: Qué Cosa Es—El Propósito Del Tratamiento—La Forma Del Tratamiento—El Tratamiento No Se Explica En La Biblia—¿Qué Es Un Practicante?— El Primer Requisito—El Trabajo Del Practicante—Diferentes Métodos De Tratamiento—¿Cuándo Y Qué Es Una Demostración?—No Nos Engañemos.

EL TRATAMIENTO: QUE COSA ES

El tratamiento mental efectivo es impulsado por una conciencia de amor y la realización que el Espíritu Creativo siempre está trabajando. El Practicante no siente que tiene que obligar a la Fuerza a que obre. Es la naturaleza del Poder Creativo tomar forma, y es la naturaleza del hombre usarlo.

Un tratamiento debe darse de una manera calmada y expectante, con convicción profunda de su realidad, sin ningún temor y sin sentir que la mente humana tiene que hacerlo efectivo. El trabajo es efectivo porque la Ley siempre está funcionando.

EL PROPOSITO DEL TRATAMIENTO

El tratamiento mental-espiritual debe de manifestar efectivamente la salud y la felicidad que son la herencia normal y divina del hombre. Ese sanar incluye la emancipación de la mente de toda forma de esclavitud a través de un concepto nuevo de Dios que cause que el corazón lata con gozo y alegría. Este poder del sanar es la conciencia de Unidad de toda la Vida y la naturaleza espiritual de todo ser. La vida del hombre tiene su raíz en lo Universal y lo Eterno, y tal vida no es otra que la Vida de Dios. El proceso del sanar, mientras se pueda llamar un proceso, es el convencerse a uno mismo concientemente, de esta verdad eterna.

El tratamiento debe incorporar un *reconocimiento conciente* que la salud siempre ha sido nuestra, la abundancia siempre ha sido nuestra, y la felicidad y la paz siempre han sido nuestras; son nuestras ahora porque son la misma esencia y Verdad de nuestro ser. Todo lo malo que existe, de cualquier nombre o cualquier clase, es el reverso del bien eterno.

LA FORMA DEL TRATAMIENTO

En el tratamiento damos la espalda completamente y dejamos atrás la condición, porque mientras la estamos viendo, no podremos sobrepasarla. Al pensar en una condición, tendemos a reforzarla con la energía de nuestro pensamiento, y así se perpetúa y se agranda. El tratamiento es la ciencia de inducir, dentro de la Mente, conceptos, aceptaciones y realizaciones de paz, equilibrio, poder, abundancia— salud, felicidad y éxito—o cualquiera que sea la necesidad particular.

El tratamiento no es el uso de *fuerza de voluntad* para que sucedan ciertas cosas; sino es proveer dentro de nosotros mismos, una avenida por la cual puedan suceder. El tratamiento abre las avenidas del pensamiento, expande la conciencia dejando que la Realidad penetre; aclara la mentalidad, remueve la obstrucción del pensamiento y permite que entre la Luz; elimina la duda y el temor con el reconocimiento de la Presencia del Espíritu, y es necesario mientras nos enfrentamos con obstrucciones u obstáculos. Ya estamos viviendo en un Universo Perfecto, pero tenemos que verlo mentalmente antes que pueda ser parte de nuestra experiencia. Todo problema es primeramente mental, y la respuesta a todo problema se encuentra en una Realización Espiritual.

Naturalmente, si no entendemos el medio ilimitado de la Subjetividad, no podremos comprender completamente cómo obra la Ley cuando se da un tratamiento. A menos que entendamos la naturaleza triple del hombre y del Universo: como conocimiento activo, que llamamos Espíritu; como Ley creativa o receptiva, que llamamos el medio o la Subjetividad Universal; y como manifestación, que llamamos forma o Creación...a menos que comprendamos además que así como tratamos con nuestra individualidad, así tratamos con lo Universal que ha proyectado de Sí Mismo lo que es como El a escala de miniatura...a menos que entendamos todo esto, estaremos trabajando mayormente basados en una fe ciega.

Como ilustración de la importancia de este entendimiento, notemos lo siguiente: Supongamos que un hombre en Nueva York telefonea a un Practicante en Los Angeles, explicándole que no ha podido dormir por varias semanas y desea un tratamiento para el insomnio. ¿Cómo procederá el Practicante en este caso? El Practicante en Los Angeles sabe que el hombre en Nueva York no puede dormir porque carece de paz en su conciencia; existe un disturbio mental y su mente sigue trabajando durante toda la noche. El Practicante empieza a pensar *paz* acerca del hombre. *No* dice: "Ahora, Juan (suponiendo que el hombre se llama Juan), vas a estar en paz;" más bien dice para *sí mismo*, "Juan está en paz." El Practicante no envía pensamientos o sugestiones; él realiza, en su propia mente, la verdad de este hombre. *¡El Practicante hace el tratamiento para sí mismo, por el paciente, siempre!* El Practicante principia a derramar la edificante verdad en su propia mente: "Juan duerme en paz, se levanta gozoso, y vive bien. No hay miedo, preocupación, duda ni confusión. Él no ha adquirido el hábito del desvelo porque su conciencia está llena de paz."

La Mente Universal, siendo Omnipresente, está dondequiera que esté el hombre que pidió ayuda. Si es receptivo a la armonía de la creencia que el Practicante ha volcado dentro de la Mente Subjetiva, ésta se exteriorizará al nivel de la incorporación del pensamiento del Practicante. Así Juan, el hombre en Nueva York, es ayudado por el trabajo del Practicante en Los Angeles.

El Practicante trabaja a través de la Ley de la Mente, definitivamente, por otra persona. Declara la verdad de la persona que está tratando, afirmando que esta persona es un Ser Divino, completo, feliz, satisfecho, conciente de su propio ser espiritual; que aquello que lo está haciendo sufrir no es ley, ni tiene derecho de ser, ni tiene efecto sobre él, ni puede sugerirle nada; que él está libre de eso; que la palabra—que el Practicante está diciendo—elimina cualquier obstrucción en la mente, u obstrucción en la manifestación, y permite que la vida fluya a través de ese individuo. Hace tales declaraciones para sí mismo acerca de este individuo, y estas declaraciones tienden a aclarar su propio pensamiento, su creencia acerca de la persona por la que está haciendo el tratamiento, hasta que al fin llega a un punto en el tratamiento donde declara que la persona *ahora mismo* está bien—libre de la condición. Y la condición nunca más puede volver. Que esto es la verdad de él; que esto ahora mismo es la Verdad. Este es un tratamiento formado, declarado definitivamente—un tratamiento científico.

Por lo general, cuando el resultado se obtiene de esta manera, parece que ha ocurrido un milagro, pero no es así. Es solamente un milagro como lo es todo en la vida. Una idea conciente, definida ha sido puesta en movimiento en el Mundo Subjetivo, el cual acepta las ideas por su propio valor, y tiende a obrar sobre ellas.

EL TRATAMIENTO NO SE EXPLICA EN LA BIBLIA

Desde el principio hasta el fin, de una manera o de otra, la Biblia enseña la ley de causa y efecto, basada en la premisa que el Universo es un sistema espiritual, que el hombre está incluído en este sistema espiritual, que el Infinito crea por el poder de Su palabra o por la contemplación de su conciencia, y como complemento de esto, que el hombre reproduce lo Universal en una escala individual.

La Biblia no nos dice cómo dar un tratamiento. Esta ciencia se ha dado a conocer al mundo en los últimos cien años. No es un sistema antiguo de pensar. Los sistemas antiguos de pensar sí contenían la verdad pero estudiando éstos no podríamos dar un tratamiento mental efectivo. No podríamos aprender a dar un tratamiento al estudiar la Biblia, lo mismo que no podríamos aprender a analizar una persona psicológicamente. El principio del tratamiento espiritual está implícito en la Biblia, lo mismo que en otras escrituras sagradas de la antigüedad, pero uno no podría aprender a dar un tratamiento al leer estos Libros Sagrados. Todas estas fuentes ofrecen una inspiración espiritual tremenda, *pero no nos enseñan a dar un tratamiento.*

¿QUE ES UN PRACTICANTE?

El que procura sanarse a sí mismo o a otro, por medio del reconocimiento del poder creativo de la Mente, y la eterna disponibilidad del Bien es un Practicante mental o espiritual. Es aquél que se rehúsa a permitir que ningún pensamiento negativo domine su conciencia. El que se empeña a percibir la divinidad en toda persona.

El que desea demostrar el poder de la realización espiritual en los asuntos diarios debe creer en la guía Divina. Debe afirmar que su mente está continuamente impresa con imágenes de acción correcta, y que todo en su vida es gobernado por amor, armonía y paz; que todo lo que hace prospera, y que la Energía Eterna que existe detrás de todo aviva todo lo que emprende. Toda evidencia objetiva contraria al bien debe ser negada resueltamente, y en su lugar, debe llegar un sentido de acción correcta. Debe sentir una unidad de Espíritu fluyendo en todas las personas y todas las cosas. Debe declarar que el Espíritu dentro de él es Dios, apresurando hacia la acción correcta todo lo que toca, extrayendo lo mejor de todas sus experiencias, guiándolo y sosteniéndolo siempre. Debe afirmar el mayor bien que pueda concebir en su mente como parte de su experiencia diaria. De ser asi ¡no importa cual sea su ocupación, es un practicante mental y espiritual, y de tal meditación diaria debe aventurarse hacia una vida de acción, con la voluntad de hacer, con la determinación de ser, y con gozo al convertirse en ello!

El Practicante mental y espiritual *profesional* es una persona que ha dedicado su vida—su tiempo, su energía, su inteligencia—a ayudar a otros a través de formas y métodos mentales y espirituales.

EL PRIMER REQUISITO

El primer requisito del practicante mental y espiritual es sentir totalmente que su fe es sagrada; lo sagrado de la confianza de su paciente que le impulsa a volcar lo más íntimo de su alma. *El practicante debe mantener esta confianza sagrada e íntegra.* No debe traicionar esta confianza, lo mismo que un sacerdote que oficia en el confesionario, un abogado que maneja los negocios y finanzas de su cliente, o un médico que atiende el bienestar físico de su paciente.

A veces se reúnen los practicantes para hablar de sus casos, así como lo hacen los doctores en una clínica, pero nunca deben mencionar el nombre o los asuntos personales privados que han tratado o que están bajo tratamiento.

EL OFICIO DEL PRACTICANTE

El oficio del practicante es descubrir a Dios dentro de todo hombre. Dios no está enfermo. Dios no es pobre. Dios no es infeliz. Dios nunca tiene miedo. Dios nunca está confuso. Dios nunca está fuera de lugar. La premisa en la cual se basa todo el trabajo mental es Dios perfecto, hombre perfecto, ser perfecto.

Primero Dios perfecto y después hombre perfecto. Existe un hombre espiritual que nunca está enfermo, que nunca es pobre o infeliz; que nunca está confuso o temeroso...que nunca queda atrapado en el mal pensamiento. Browning le llama a esto: "La chispa que el hombre puede profanar pero que no puede perder."

Estos son los instrumentos del pensamiento con los cuales trabaja el practicante. ¿Dónde hace su trabajo? EN SU PROPIA MENTE. Nunca en ningún otro lugar. Siempre en sus propios pensamientos. El practicante nunca trata de salirse de la mente que existe en él mismo.

Cuando la mente rehusa a ver la condición aparente y se vuelve hacia lo Absoluto, estamos practicando científicamente. Un tratamiento científico no puede ser condicionado por ninguna cosa que actualmente exista o por ninguna experiencia, a menos que sea la perfección. En el tratamiento, tornamos completamente de lo relativo—alejándonos completamente de lo que aparenta ser. Podemos principiar un tratamiento con la declaración: "Con Dios todo es posible, Dios encuentra la manera." Podemos decir: "Los que moran en el Santuario del Altísimo, etc." Lo que cuenta no es tanto lo que uno dice, sino lo que uno cree cuando lo está diciendo. Tiene que creer que su palabra es ley hacia aquello que declara, si ha de tener éxito como practicante.

Tratamos al hombre, no como un paciente, no como un cuerpo físico, ni como una condición de enfermedad; ni tratamos la condición como si le perteneciera. No debemos pensar en la enfermedad como algo que está conectado con él, o con alguna parte de él. El practicante afirma que el hombre es nacido del Espíritu y no de la materia. Realiza esto hasta que ve a su paciente como una encarnación viviente de Perfección.

El practicante entonces, es alguien que, reconociendo el poder de la Mente, habla definitivamente, específicamente, concretamente y concientemente, desde su mente objetiva hacia la Subjetividad, y le da dirección a la Ley, que es el Hacedor.

Lo que el practicante verdaderamente hace es que toma a su paciente, la enfermedad y todo lo que aparenta estar mal, dentro de su propia mentalidad, y allí disuelve todas las apariencias falsas y conclusiones erróneas. El practicante debe efectuar el trabajo de sanar en el centro dentro de su propio ser.

Mientras más convencido esté el practicante del poder de su palabra, más poder tendrá su palabra. TIENE QUE HABER UNA CONVICCION DE QUE EL PODER DE LA PALABRA, OBRANDO COMO LA VERDAD Y LA REALIDAD DEL SER, PUEDE HACERLO TODO. Por lo tanto, la persona cuya conciencia es más clara y tiene más fe, y es la que tendrá más éxito en sanar.

DIFERENTES METODOS DE TRATAMIENTO

Aunque se usan varios métodos de tratamiento, sólo existen dos métodos distintos; a uno se le llama *argumentativo* y al otro *realización*.

El método argumentativo es exactamente lo que la palabra implica, aunque el argumento (o razonamiento) nunca es con otra persona—es un proceso mental en que el practicante razona consigo mismo acerca de su paciente. Presenta un argumento lógico a la Mente Universal, o Principio, y si el argumento lleva evidencia completa a favor de su paciente, el paciente sanará.

En el método de realización el practicante realiza dentro de sí mismo—sin necesidad de crear paso a paso una conclusión—el estado perfecto de su paciente. Es simplemente un proceso espiritual y meditativo de contemplar al hombre perfecto, y si el practicante llega a una encarnación perfecta de la idea, sin confusión o duda, inmediatamente producirá la restauración. *El tratamiento tiene el propósito de inducir la realización de perfección en la mentalidad del practicante, cuya realización interna, actuando a través de la Mente, obra en el paciente.*

Otra ilustración: Supongamos que Mary está enferma y que John es el practicante. Ella viene a él y le dice: "Estoy enferma." El practicante comprende el poder de la Mente; ella no lo comprende. El practicante no trata de sostener un pensamiento sobre ella o para ella, ni le sugiere ninguno. John habla el nombre de Mary y hace sus declaraciones acerca de este nombre. Contradice lo que aparenta estar mal y declara la Verdad acerca de ella. ¿Qué sucede? *Su palabra, obrando por medio de la Mente Universal, pone una ley en movimiento en el aspecto subjetivo de la vida, que se objetiva en el cuerpo de Mary en forma de curación.*

Mary cree que se ha hecho un milagro. Pero no es milagro. John usó una ley que toda persona puede usar si lo desea. Si Mary estuviera bien de salud pero necesitara un tratamiento para obtener un trabajo, el tratamiento sería de la misma naturaleza; John habría declarado dentro de la Mente lo que debería cumplirse para Mary. Sólo existe una Ley; Mary misma podría activarla si comprendiera

Su naturaleza; tarde o temprano tiene que entenderla y usar esta Ley concientemente.

Entre John y Mary existe un Medio Universal al igual que existe dentro de John y dentro de Mary. No existe solamente entre ellos, sino que también existe dentro de ellos y a su alrededor. Como John sabe la Verdad, ahí mismo donde él se encuentra, y como existe sólo Una Verdad, al mismo tiempo sabe la Verdad *donde Mary se encuentra*, porque su trabajo funciona a través de un campo que no está dividido, sino que es Unidad completa y Entera. Al saber él dentro de sí mismo, lo sabe también dentro de la misma Mente que opera en la persona por quien hace el tratamiento, no importa donde se encuentre esa persona. No existe el tratamiento *ausente*, como algo opuesto al tratamiento *presente*. Cuando uno sabe en un lugar, lo sabe en todos los lugares. Cuando se da un tratamiento, ni envía ni sostiene un pensamiento, ni hace una sugestión. *Un tratamiento es un movimiento conciente del pensamiento, y el trabajo empieza y termina en el pensamiento del que da el tratamiento. El practicante tiene que hacer el trabajo dentro de sí mismo.* Tiene que saber la verdad dentro de sí mismo, y cuando hace esto, la Ley actúa; cualquier cosa que se sabe en una parte de la Mente Universal, se sabe en todas partes, porque la Mente Universal es Entera sin divisiones.

Si alguno estuviera tratando a "Henry Black" que está en otra ciudad, diría: "Estoy haciendo un tratamiento por Henry Black en tal lugar." Entonces se olvidaría completamente de Henry Black como personalidad y daría el tratamiento. No es necesario especificar el problema. A veces puede haber razón de mencionar ciertas cosas para negar su existencia, pero este no es el mejor método. Por supuesto, ciertos pensamientos existen detrás o apoyan ciertas condiciones, y algunas veces, el practicante, al saber cual es la enfermedad, sabe cuales pensamientos debe negar.

Otra ilustración de la diferencia entre el método *argumentativo* y el método de *realización*, se encuentra en lo siguiente:

Mary Jones viene a *John Smith* y le dice: "Tengo tuberculosis." En respuesta a esto, él afirma: "La palabra que yo afirmo es para Mary Jones. Ella es una manifestación completa y perfecta del Espíritu Puro, y el Espíritu Puro no puede estar enfermo, por consiguiente, ella no puede estar enferma." Este es el argumento en la mente de John Smith, al tratar de presentar evidencia a favor de la perfección de Mary Jones; es un argumento que produce ciertas conclusiones en su mente, y como resultado, pone en movimiento cierta ley para Mary Jones. A medida que John hace esto, día tras día, gradualmente se convence de la perfección espiritual que Mary es. Este es el método *argumentativo* de dar tratamientos. *Todas las declaraciones argumentativas simplemente conducen la mente del practicante a creer lo que está diciendo.*

Al usar el método de *realización*, John Smith diría: "La palabra que pronuncio es por Mary Jones." Entonces principiaría a reconocer la Presencia Perfecta, la UNICA Presencia Perfecta. "Dios es todo lo que existe; no existe nada más. Dios existe en Mary Jones, ahora mismo ella es un ser perfecto, ahora mismo ella es un ser espiritual."

No importa cual método se use porque ambos producen el mismo resultado. Un método es un argumento lógico en la mente del practicante por medio del cual se convence a sí mismo de la Verdad del Ser; el otro es atravesar instantáneamente por todas las apariencias al reconocimiento de la Realidad que existe detrás de todas las cosas. Indudablemente, cuando podamos seguir el método de *realización pura*, habremos alcanzado el método ideal.

Pero como no siempre realizamos la perfección del hombre, seguimos este proceso que llamamos "tratamiento" para encontrar esa perfección. No debemos temer este método científico; tampoco debemos temer notar, por un lado, las apariencias negativas, admitiéndolas como condiciones; y por otro lado, notar los argumentos, uno por uno, que eliminan las condiciones aparentes, y al fin, la realización llegará.

El método *argumentativo* del tratamiento es una serie de afirmaciones y negaciones, que tienen el propósito de crear en la mente del practicante un estado de reconocimiento y aceptación. El poder está en el reconocimiento, pero también existe poder en el argumento. El que da el tratamiento cree que existe un Poder y una Presencia que responde a su pensamiento. No importa lo que crea todo el mundo, no importa lo que digan los demás, *él tiene que creer que este Poder responde a su palabra.* Como Jesús dijo, "Cielo y tierra pasarán, pero mi palabra no pasará." Esto es convicción, y si el practicante no tiene esta convicción, debe crearla. Después de mucha experiencia, aprenderá la mejor manera de desarrollar su fe en el Poder del Espíritu. Debemos abordar esta Presencia simple, directa y fácilmente, porque está *dentro de nosotros*. Nunca podremos salirnos de nosotros mismos; nuestra comprensión siempre está en el interior; nosotros estamos aquí y nuestra comprensión también está aquí.

Al dar tratamientos espirituales nosotros encontramos que entre más completamente se aleja la mente de la escasez, más completamente deja el pensamiento de tratar de preguntarse cómo se va a efectuar la demostración; y entre más completamente dejemos de usar la fuerza de la voluntad, y, aunque parezca extraño, entre menos tratemos de concentrarnos, el TRATAMIENTO TIENE MAS PODER. El tratamiento no tiene nada que ver con hacer esfuerzo alguno ni con concentrar la Energía de Dios. La Energía de Dios ya está concentrada en todo lugar. El jardinero no *dispone* que las papas y los repollos se produzcan, pero sí está dispuesto a obrar de acuerdo con la ley de la naturaleza, y provee las condiciones que hacen posible que esta ley las produzca.

¿CUANDO Y QUE COSA ES UNA DEMOSTRACION?

En el lenguaje de la metafísica, una "demostración" ocurre cuando se efectúa lo que el practicante desea demostrar...ya sea salud, felicidad o abundancia. Una demostración es una manifestación. Es la oración contestada. Cuando la palabra de un practicante toma forma, esto es una demostración. Cuando al deseo se le da un molde subjetivo, y viene a objetivarse en la vida de la persona por quien el practicante trabaja, esto es una demostración. El practicante, por supuesto, da gracias cuando hace su demanda al Infinito, sabiendo que la demanda y el suministro son una sola cosa, y que su petición se manifiesta instantáneamente en el plano invisible. "Antes que llamen, les contestaré," es la promesa divina.

No podemos demostrar más allá de la habilidad que poseemos de incorporar mentalmente la idea que deseamos demostrar. El argumento se encuentra entre nuestra experiencia, lo que el mundo cree, y lo que estamos convencidos que es la Verdad.

Debemos comprender que podemos demostrar a pesar de nosotros mismos—a pesar de nuestras debilidades, de nuestro temor, a pesar de todo lo que hay en nosotros—porque así es el Poder de la Verdad. Esperamos solamente que despierte nuestro pensamiento. La Ley no es ni buena ni mala. La Ley simplemente es, y simplemente responde.

La posibilidad de demostrar no depende del ambiente, de la condición, del local, de la personalidad, ni de la oportunidad. Depende solamente de nuestra creencia, nuestra aceptación, y nuestra voluntad de cumplir con la Ley por medio de la cual proviene todo lo bueno. ¡El Universo nunca nos negará nada, a menos que nos sea posible pensar en algo que al Universo le sea imposible producir! Todo el que pide recibe según su creencia.

NO NOS ENGAÑEMOS

No debemos engañarnos acerca de ninguna demostración. Sabemos que existe un estado de conciencia que puede sanar instantáneamente, pero si no arribamos a este estado en un momento, no debemos admitir derrota. No vamos a despreciar los resultados de nuestras sumas porque al principio no sabemos sacar la raíz cúbica.

La clase de demostración en que creemos es la que puede ser verificada por un médico si así lo deseamos. Si estamos dando tratamientos para curar un cáncer, no hemos efectuado una demostración hasta que el cáncer ha desaparecido y la salud del cuerpo es evidente a cualquiera. Este no es un proceso de decir, "Paz," cuando no hay paz.

El practicante que trabaja con una persona que tiene presión sanguínea alta, dirá: "Cada semana has de ir a tomarte la presión sanguínea." Si ésta continúa alta, no se habrá hecho la demostración sino hasta que la presión sea reducida a lo normal.

Decir que está perfectamente normal mientras que la presión permanece alta, sería un insulto a la inteligencia de cualquier persona sensata.

Aunque es posible que a veces tenemos que trabajar por algún tiempo en ciertos casos, *debe haber alguna señal de mejoramiento desde el primer tratamiento.* Si el practicante admite para sí mismo que tomará mucho tiempo, se está olvidando que está tratando con el instantáneo *ahora* y el siempre presente *aquí.*

Nuestra teoría se apoya completamente en la suposición de que es imposible tener un concepto subjetivo verdadero, sin que haya un factor objetivo, positivo, absoluto e igual. Los dos tienen que balancearse exactamente. Para cada acción, hay siempre una reacción igual y opuesta. Si esto es cierto, y si la reacción igual y opuesta es automática—como una reflexión que nada puede parar— entonces el practicante no trata de crear el reflejo, sino trata de encarnar la imagen. No puede haber encarnación de la imagen sin apreciar lo que significa la imagen. Un hombre que siempre está muy turbado no puede dar un buen tratamiento para obtener la paz. Por lo tanto, no sólo tiene que estar la imagen en la mente del que da el tratamiento, sino también tiene que apreciar lo que la imagen significa, antes de que la imagen pueda reflejarse; de otra manera, es una palabra pero no es una encarnación. Hay una gran diferencia entre estas dos. La palabra de poder es la palabra apoyada por la convicción. No nada más repitamos palabras muy contentos, y digamos que el tratamiento está hecho y la restauración obtenida, a menos que tengamos evidencia que nuestra palabra ha cumplido "por lo que fue enviada." No nos engañemos acerca de nuestros propios tratamientos.

El engañarse uno mismo acerca de la verdad de una demostración es el campo de error más fértil en nuestro sistema de pensar. No existe nada en esta enseñanza que diga que debemos engañarnos o que debemos engañar a otros. Mientras más naturales y espontáneos podamos ser, y mientras más podamos cumplir con dar un tratamiento sin pensar que somos responsables de sanar la condición—de poner el poder en la palabra—más poder tendremos.

No hay nada en el mundo más específico que un tratamiento científico, pero tampoco hay nada que deba evitar delineamiento tanto como un tratamiento científico. Sin embargo, no hay ningún secreto en el asunto de demostrar. El único secreto es la habilidad persistente de usar la Ley, y la determinación de seguir usándola hasta que la comprobemos.

CAPITULO DOCE

RESUMEN DE LA SEGUNDA PARTE: EL SANAR MENTAL-ESPIRITUAL

Primera División: Ideación

Reconocimiento del poder, pensamiento,
y propósito que existen detrás del sanar mental.

———————— ✹ ————————

La posibilidad de sanar por medio de la mente espiritual, de cambiar el ambiente y dominar las condiciones, etc., por medio del poder que tiene el pensamiento correcto, está basada totalmente en la teoría que estamos rodeados de una Mente Universal que reacciona a nuestro pensamiento—y que lo hace siempre de acuerdo con la Ley.

El Hombre Espiritual es Perfecto, pero su uso individual de la Vida y la Ley le permite que cubra su perfección—la idea perfecta—con una capa que parece hacerlo imperfecto.

La enfermedad no es una Realidad espiritual; es una experiencia, un efecto y no una causa. Un cuerpo, sin mentalidad, no podría saber ni experimentar sensaciones—es un efecto completamente. El cuerpo del hombre está hecho de la misma Substancia Espiritual, indiferenciada, de la cual está formada toda la Creación.

El hombre llega a la objetividad con las tendencias de la humanidad ya dentro de su subconciente a través de la sugestión-de-la-raza humana. La humanidad sufre experiencias de enfermedad y limitación, y ésta sugestión es más o menos operativa en toda persona. Esta sugestión opera a través del pensar subjetivo de la raza humana y opera por medio del individuo.

El hombre no tiene que estar conciente de pensar negativamente para producir disturbios físicos, pero el equivalente físico es el resultado lógico de lo que piensa. Así vemos que no sólo es importante tener pensamientos correctos, sino también es necesario tener una base de pensar constructiva.

Encontramos que la oración es esencial para la felicidad porque la oración activa la Ley del Espíritu de la Vida para nuestro bien. La oración es esencial para el bienestar conciente del alma. La oración ha estimulado a incontables millones a pensar mejor y a mejorar sus vidas. La oración contiene su propia respuesta. Antes que nuestra oración sea formulada en palabras, la posibilidad de su respuesta ya existe.

Encontramos que la fe en Dios es una cualidad espiritual de la mente; y una fe con entendimiento está basada en un Principio Inmutable. Su acción es más alta que la del intelecto, porque nace de la intuición.

Uno debe tener fe en sí mismo, fe en su prójimo, en el Universo, y en Dios. Nuestra mente ha de estar fija en la convicción que nuestra vida es parte de Dios, y que el Espíritu está encarnado en nosotros. "La fe es la substancia de las cosas que esperamos; la evidencia de cosas que no vemos."

Un practicante espiritual es una persona que reconoce al hombre como una Realidad Espiritual. *Como existe sólo Una Mente, el practicante reconoce esto dentro de su propia mente.* A través de la única Mente, sus declaraciones se elevan a ser condiciones objetivas en el paciente, de acuerdo con su creencia y con la receptividad del paciente. El sanar se lleva a cabo a través de la acción de poner en movimiento la Ley Subjetiva. Mientras más espiritual o más semejante a Dios sea la mentalidad del practicante, más poderoso será el tratamiento.

Un tratamiento mental principia y termina dentro del pensamiento del practicante, porque él existe en la misma Mente que su paciente. El tratamiento es el hecho de inducir conceptos correctos en el lado subjetivo de la vida.

Los tratamientos ausentes y presentes son iguales porque *la ausen-*

cia no existe en la Presencia Única. Por lo que toca al practicante, no hay ninguna diferencia entre un tratamiento ausente y uno presente. El practicante solamente tiene que saber a quien desea ayudar, reconociendo que en el campo de la Mente y el Espíritu no existe la separación; luego declara su palabra por la persona con completa confianza que la Ley obrará sobre ella. No le importa en dónde esté la persona que desea ayudar ni lo que esté haciendo en ese preciso momento. Sólo le concierne su propio pensamiento relativo a esta persona, esforzándose por aclarar en su propia mente el reconocimiento que esta persona es una entidad espiritual, gobernada por una Ley perfecta, dirigida por Inteligencia positiva, y avivada por la Vida Divina, por el Amor y por la Ley.

No hay responsabilidad personal en el sanar. No debemos sentir que *nosotros ponemos el poder en la palabra.* El practicante dirige el Poder y lo deja que haga su trabajo. En el sanar mental, uno no *sostiene* el pensamiento, sino lo *libera.* El practicante no trata de sugestionar, hipnotizar o influenciar mentalmente; simplemente desea *saber* en ese instante que el hombre es un ser espiritual, y sostiene esa idea no importa cuales sean las apariencias. Un tratamiento espiritual correcto no cansa al que lo está dando.

El magnetismo personal no tiene nada que ver con el sanar mental. Toda la base de la posibilidad del sanar mental está en la premisa que todos vivimos en Una Mente Creativa que reacciona a nuestra creencia. Es como si hubiera un Oído Universal escuchándonos y oyendo todo lo que decimos, sentimos o pensamos, y reaccionando a ello.

El sanar no es un proceso sino una revelación; porque la revelación del hombre perfecto siempre sana. El proceso, si es que existe un proceso, es el tiempo y el pensar que se necesitan para llegar al entendimiento correcto del estado perfecto del hombre en el Espíritu.

Cualquiera que cree que puede sanar puede hacerlo si está dispuesto a tomar el tiempo necesario para poner su creencia en acción por medio de la Ley. El ver al hombre perfecto diariamente, y declararlo así diariamente para su aparición en el mundo objetivo, es práctica mental correcta, y sanará.

Un tratamiento reconoce que todo es Mente, y que todo es mental. Disuelve toda enfermedad en el pensamiento; neutraliza el pensamiento falso y reconoce la verdad. Nada puede detener su operación, excepto la falta de fe en la realidad de la Verdad, y en la habilidad del hombre de usarla.

Al dar un tratamiento mental, el practicante primero realiza su propio ser como ser espiritual; después reconoce el estado espiritual del ser de su paciente; luego, ataca la condición falsa, y trae evidencia de la verdad en contra de ella, pensando de tal manera que completamente destruya la declaración falsa y reconozca la Verdad. Al grado en que este reconocimiento sea completo, la petición se transmuta en aceptación, y la mente efectivamente siente que el objeto de su deseo ya se ha realizado.

El mayor bien que cualquiera puede experimentar es formar dentro de sí una certidumbre absoluta de sí mismo, y de su relación con el Universo, eliminando para siempre la idea de que el cielo está fuera de él.

Tal entendimiento nos enseña que nunca llegará el día en que dejemos de progresar; que la edad es una ilusión; que la limitación es un error; y que la infelicidad es ignorancia. Este entendimiento apartará al hombre de su soledad, y le dará un sentido de la seguridad que no conoce el temor, una paz sin la cual ninguna vida es feliz, una serenidad fundada en esta paz, y un poder que es resultado de la unión de la paz y la serenidad.

TERCERA PARTE

EL SANAR MENTAL-ESPIRITUAL

Segunda División: La Práctica

Determinando el destino. La técnica por la cual captamos el poder de la mente y comprobamos su uso práctico.

CAPITULO TRECE

CAUSAS Y CONDICIONES

La Práctica Mental Trata Sólo Con El Pensamiento—La Realidad Inmutable—El Universo Perfecto—Rechaza Completamente la Condición—¡Mira Sólo Lo que Deseas!—Nunca Límites Tu Concepto De La Vida—No Le Pongas Límite Al Principio—En Dios No Existen Convenios.

LA PRACTICA MENTAL TRATA
SOLO CON EL PENSAMIENTO

La filosofía del sanar por medio de la mente espiritual está basada en el concepto que vivimos en un Universo de Inteligencia—en un Universo espiritual; que los pensamientos son cosas, que los estados de conciencia definidos, según se subjetivizan, pasan por un campo creativo y tienden a reproducirse tomando forma.

Por lo tanto, se deduce lógicamente que este sistema de tratamiento tiene como propósito descubrir y neutralizar estados erróneos de pensar...de crear en la mente el concepto de nuestra herencia espiritual. El pensamiento edificado en la realidad de la Presencia Divina tiene el poder de neutralizar el pensamiento negativo, de borrarlo, así como la luz tiene el poder de vencer la obscuridad; no lo hace combatiendo la obscuridad sino lo hace por ser exactamente lo que es, LUZ. "Y la luz brilló en la obscuridad; y la obscuridad no la comprendió."

El tratamiento espiritual no se ocupa de condiciones desagradables ni de manifestaciones imperfectas, ni en el cuerpo de la persona ni en sus asuntos. El tratamiento tiene el propósito de inducir un entendimiento interno—una realización interna—en la mente del practicante, perteneciendo a la perfección espiritual de la persona por quien trabaja.

LA REALIDAD INMUTABLE

El Espíritu es la Realidad Inmutable. Eso que llamamos personalidad es el instrumento por medio del cual el Espíritu obra, pero el Espíritu puede obrar *para* el individuo solamente al obrar *a través* de él. El Espíritu nunca está limitado por la forma que toma, *ni es afectado por alguna causa o condición aparente*, sino que es siempre libre. El Espíritu no sólo llena todas las formas sino surge alrededor de ellas y a través de ellas. El hielo está hecho de agua, todo el hielo es una forma de agua. Así Dios y el hombre existen en un estado eterno de unidad— el sólido y el líquido son una substancia.

Estamos tratando con un Principio impersonal. Obra por uno lo mismo que por otro porque es Ley. Atrévete a hablar y a saber que lo que tú hablas es ley sobre la cosa que has hablado, no importa qué condiciones existan. Un solo individuo, unido en su conciencia con lo Infinito, constituye una mayoría completa Reconociendo ésto en tu pensamiento, trabaja en paz y con calma perfecta. ESPERA SIEMPRE EL BIEN. Ten entusiasmo y, sobre todo, ten una conciencia de amor—una sensación radiante fluyendo a través de tu conciencia a cada momento. Trátate a ti mismo hasta que sientas dentro de ti la unidad con el Bien Universal.

EL UNIVERSO PERFECTO

Debemos tratar de entender el Universo Espiritual, no importa cual sea la condición aparente, si queremos personificar nuestro máximo bien. Si el Universo espiritual no fuera perfecto, no podría existir por un solo momento.

La verdad es Indivisible y es Completa. Dios es Completo y Perfecto. *Una Causa Perfecta tiene que producir un efecto perfecto.* Haciendo caso omiso a toda evidencia de lo contrario, el estudiante de la Verdad mantendrá que vive en un Universo Perfecto entre personas potencialmente perfectas. Regulará su pensamiento para satisfacer ésta necesidad y se rehusará a creer lo contrario. Al principio podrá ser influenciado por las condiciones y podrá parecer débil, pero según pase el tiempo, él se probará a sí mismo que su posición es correcta, porque lo que parece ser imperfecto principiará a desaparecer de su experiencia.

El meditar en la Vida Perfecta diariamente, y el encarnar diariamente el Gran Ideal es el camino real a la libertad, a esa "paz que sobrepasa el entendimiento" y es la felicidad del alma del hombre. Aprendamos a ver como Dios ve, con Visión Perfecta. Busquemos lo bueno y lo verdadero y creamos en ello con todo nuestro corazón, aunque cada hombre que encontremos se encuentre lleno de sufrimiento, y aunque parezca que existe la limitación en todos lados. No podemos darnos el lujo de creer en la imperfección ni por un segundo, porque eso es dudar de Dios; es creer en un Poder aparte de Dios, es creer en otro Creador. Digámonos diariamente: "Dios Perfecto *dentro de mí*, Vida Perfecta *dentro de mí*, que es Dios, ven a expresarte por medio de mí, como lo que yo soy; guíame siempre por veredas de perfección, y déjame mirar solamente el Bien." Al practicar esto, el alma será iluminada y llegará a identificarse con Dios y a estar en paz. "Se perfecto, así como tu Padre que está en el cielo es perfecto."

RECHAZA COMPLETAMENTE LA CONDICION

"Mirad mi cara siempre." "Vedme a mí y seréis salvos, por todos los confines de la tierra." Es decir, mira hacia arriba, no hacia abajo. La razón por la cual el hombre tiene dificultad en desechar las debilidades de su carácter—mientras que cree en el Espíritu absolutamente y tiene fe que vencerá sus limitaciones—es que no ha inducido las imágenes necesarias en su mente. Si lo hubiera hecho, hubiera vencido su dificultad. Al pensar en su debilidad, mantiene esta imagen ante él. No es posible enfatizar demasiado la importancia de este punto; en el tratamiento, tenemos que DAR LA ESPALDA COMPLETAMENTE A LA CONDICION. La enfermedad y la limitación no son ni persona, ni lugar, ni cosa. Rechaza completamente la condición, o de la situación y dirígete a lo opuesto, hacia la realización de la salud, la felicidad y la armonía. El Tratamiento Espiritual principia con Dios Perfecto, hombre Perfecto, y Ser Perfecto, y esta declaración conciente remueve cualquier creencia que niegue su manifestación.

MIRA SOLO LO QUE DESEAS

Nunca mires aquello que no desees experimentar. No importa cual sea la condición falsa, debe ser refutada. La negación apropiada está basada en el reconocimiento que *en realidad*, no existe ninguna limitación porque la Mente puede hacer un planeta tan fácilmente como hace una bellota. El Infinito no sabe la diferencia entre un centavo y un millón de dólares; sólo sabe que ES.

Es la conciencia respaldando la palabra lo que da forma a la palabra. Conciencia quiere decir la incorporación interna de la idea por medio del reconocimiento de la Verdad y por medio de una relación directa con lo Divino. El maestro más grandioso que ha vivido jamás fue también el hombre más espiritual, porque mientras más universal y más amplio sea el pensamiento, más se asemeja a Dios.

Un tratamiento bien dado siempre está lleno del reconocimiento de la Presencia de Dios, o del Bien. Esto automáticamente borra cualquier imagen de condiciones desagradables, *porque el Espíritu de Dios es ley que elimina y borra todo lo que no es como El Mismo.* Hasta en lo que llamamos *cosas espirituales*, también estamos tratando con la Ley de Causa y Efecto, porque Dios es Ley. Cuando el pensamiento es más elevado, más celestial, más amplio, más semejante a Dios o a Cristo, más poder tiene. Esta es la razón por la que el maestro más excelente vino a ser el Salvador. Un genio espiritual tenía que ser un Salvador.

NUNCA LIMITES TU CONCEPTO DE LA VIDA

Nunca limites tu concepto de la vida a causa de experiencias pasadas. *La posibilidad de la vida es inherente en la capacidad de imaginar lo que la vida es, y está respaldada por el poder de producir este conjunto de imágenes, o Imaginación Divina*. No es cuestión de triunfar o fracasar; es simplemente cuestión de aferrarse a una idea hasta que sea convertida en una realidad tangible. La ilusión está en la manera que vemos las cosas. Hemos visto pobreza, degradación y miseria y cómo han tomado proporciones gigantescas. Ahora tenemos que ver armonía, felicidad, abundancia, prosperidad, paz y acción correcta hasta que aparezcan.

Cuando hacemos una demostración, no ponemos atención a lo que pasa en el mundo objetivo. Interpretamos las causas según las condiciones solamente cuando nos damos cuenta que la condición tiene que participar de la naturaleza de su causa. Si parece haber confusión en la condición, entonces el pensamiento detrás de la condición ha de haber sido confuso. No ponemos atención a la expresión objetiva mientras que sepamos que estamos obteniendo el reconocimiento subjetivo correcto. El modo de resolver un problema científicamente es *concebir diariamente en el pensamiento que la solución ya se ha llevado a cabo en hecho y en experiencia*. Nos damos cuenta que el deseo ya está encarnado en lo Absoluto. Estamos tratando nada menos que con lo Absoluto—con la REALIDAD.

Durante el proceso, muchas cosas pueden ocurrir *parecer* destructivas. Pasaremos por buena y por mala fortuna, pero si llegamos al punto que no nos perturban la "cosas," hemos encontrado el secreto. O como dijo Jesús: "No jusguéis según las apariencias, sino juzgad con justo juicio," acordándonos que "las cosas que se ven no son hechas de cosas aparentes;" repito, si podemos juzgar de esta manera, PODEMOS PRODUCIR ARMONIA DE CUALQUIER CAOS.

NO LE PONGAS LIMITE AL PRINCIPIO

Conoce tu propia mente. Disciplínate a pensar lo que deseas pensar; a ser lo que deseas ser; a sentir lo que deseas sentir, ¡y no le pongas límite al Principio!

Las palabras que tú hablas serían tan poderosas como las palabras que habló Jesús si supieras que tu palabra es Ley adondequiera que la dirijas, pero tienes que SABERLO EN EL FONDO DE TI MISMO, no sola-

mente aceptarlo intelectualmente. ¡Si has llegado a un punto en que tu conciencia interna lo cree, entonces tu palabra simplemente anuncia la Realidad!

SABE—sin duda alguna—que algo sucede en la Mente Infinita como resultado de tu tratamiento. La Mente Infinita es el hacedor y tú anuncias su obra. Si sientes un temor vago, sutil o inconciente, guarda silencio y pregúntate: "¿Quién soy yo?" "¿Quién está hablando?" "¿Qué es mi vida?" De esta manera regresa tu pensamiento nuevamente al Principio hasta que tu pensamiento se aclara perfectamente. Tal es el poder del pensar correcto que borra y cancela todo lo que no es como él. Contesta toda pregunta, resuelve todo problema; es la solución a toda dificultad. Es como la luz celestial de la Verdad Eterna que rompe las nubes de obscuridad y baña de gloria la vida entera. Estás tratando con lo Absoluto. ¡TODO LO QUE REALMENTE ES, ES DIOS!

EN DIOS NO EXISTEN CONVENIOS

Al hacer demostraciones sobre condiciones, las únicas preguntas que debemos hacer son las siguientes: "¿Las cosas que deseamos son para propósitos constructivos? ¿Expresan una vida más abundante, no roban ni engañan a nadie, y expresan un grado más alto de vida?" Si podemos contestar estas preguntas afirmativamente, entonces, *¡todo el poder del Universo apoya nuestros propósitos!* Si fuesen dinero, casas, automóviles, tierras, acciones del mercado de valores, bonos, vestidos, camisas o agujetas—todo lo cual viene de la misma fuente—no puede haber nada ni en la Ley ni en el Espíritu que existe detrás de la Ley, que nos niegue el derecho a expresar la vida en la forma más grandiosa que nos sea posible.

Dios nunca entra en convenios con lo opuesto a Él. El practicante tiene que poder confrontar los hechos y tiene que saber que todas las manifestaciones son efectos que pueden cambiarse al cambiar la causa mental. Tiene que poder ver al hombre enfermo que ha venido a pedirle ayuda, y saber que en ese hombre sólo existe la perfección; tiene que ver más allá de la apariencia a lo que es fundamentalmente perfecto. Esto no es irracional para el que ha estudiado la Ciencia de la Mente y el Espíritu cuidadosamente.

La verdad no conoce oposición. Cuando se elimina la creencia en la maldad—el creer que la apariencia externa es lo mismo que la realidad interna—la maldad desaparece. Debemos continuamente recordarnos a nosotros mismos el poder de la Palabra y nuestra habilidad de usarlo. Tenemos que saber que la Verdad produce libertad porque la Verdad *es* libertad. Nuestro trabajo puede realizarse mejor en un ambiente de expectación callada y de seguridad tranquila. Los *resultados* radican en la Ley Eterna del Bien.

CAPITULO CATORCE

PERFECCION FISICA

⁕

Lo Que Entendemos Acerca Del Sanar—Se Nos Permite Escoger—El Hombre Representa A Dios—Sólo Nuestros Propios Conceptos Nos Limitan—El Sanar Mental-Espiritual—La Enfermedad Es Impersonal—La Enfermedad No Siempre Es Causada Por La Mente Conciente—Cómo Sanar—Sanar Es Pensar Claramente—No Hay Sensación En El Tratamiento—El Medio De Sanar—Tratando A Niños—El Poder De La Palabra—Viendo La Perfección.

LO QUE ENTENDEMOS ACERCA DEL SANAR

No hay cuestion que a través de los tiempos, muchas personas han sido sanadas por medio de la oración y la fe, ni hay duda que estas personas mentalmente han tocado una Ley que sana en este Universo espiritual de Ley y Orden. ¿Cómo hicieron contacto con esta Ley? Toda oración es mental, es una cierta actitud mental, un cierto modo de pensar, un cierto modo de creer, un proceso que eleva, una creencia en Dios. Algunas oraciones no alcanzan este estado, pero otras sí se elevan a un estado de conciencia espiritual.

Por lo tanto, llegamos a comprender que la respuesta a la oración existe dentro de la oración misma cuando se ora—la creencia del que ora pone en acción la Ley de Amor, que es Ley fundamental del Universo.

La vida del hombre, en realidad, es espiritual y mental, y hasta que no sane su pensar, ninguna forma de sanar será permanente. Entendemos que la *salud es un estado mental así como un estado físico.* Deseamos sanar las mentalidades de los hombres porque sabemos

que hasta el grado en que triunfemos, también estaremos sanando
sus cuerpos. Sabemos también que segun el grado en que podamos
ver a un hombre perfecto, así aparecerá. Sentimos que el hombre
espiritual o el hombre real *es* perfecto, y queremos descubrir esta
perfección que existe en la vida de cada hombre. Esto es el sanar
mental-espiritual.

El hombre se librará de enfermedades y de dificultades en pro-
porción exacta a su descubrimiento de sí mismo y de su verdadera
relación con el Todo. La Ley es Ley dondequiera que la encontremos, y descubriremos que las Leyes de la Mente y Espíritu tienen
que comprenderse para poder usarse concientemente con propósitos
definidos. EL ESPIRITU SABE y LA LEY OBEDECE. Oculta en
la naturaleza interna del hombre real, está la ley de su vida.

Así como las Leyes de Dios son amplias, así debemos ser nosotros
al tratar con ellas. En esta Ciencia creemos que la vida del hombre
es un drama que toma lugar en tres planos: físico, mental y espiritual. No debemos tener objeción a ninguna forma de sanar, porque
todo lo que ayude a aliviar el sufrimiento es bueno, ya sea una píldora o una oración. Creemos en cualquier método que produce
resultados, porque cada uno tiene su lugar en el Todo.

Creemos en todas las iglesias y en toda forma de adorar. Sobre
todo, *¡ciertamente creemos en Dios!* Debido a que la Verdad es Infinita,
tiene que desarrollarse continuamente en el conocimiento del hombre y nadie podrá jamás tener *entendimiento completo de la Verdad.*
Entender la Verdad completamente sería entender a Dios completamente, y entender a Dios completamente sería ser Dios. Sabemos
que se nos dará más luz a medida que usemos la que ya poseemos y
repudiemos cualquier creencia que diga que *Toda* la Verdad ya ha
sido revelada.

Comprendemos que el sanar mental tiene que ser también sanar
espiritual, porque *no pueden* separarse. Sabemos que la creencia en
dualidad—la creencia en el poder del Bien y en el poder del mal—
ha contribuido a destruir al hombre, y por sí mismo el
entendimiento de Unidad lo sanará. Nuestro propósito es realizar
esta Unión con Dios en todo nuestro trabajo de sanar. *Cada
tratamiento debe llevar en sí la realización de Dios,* si ha de ser un buen

tratamiento. No somos supersticiosos acerca de esto sino que comprendemos que es necesario puesto que toda la vida es Una Sola, y Dios es la UNICA Vida en la cual todos vivimos.

Comprendemos que como nuestro entendimiento no está todavía completo, es legítimo usar todos los métodos que ayuden a la humanidad que sufre, ¡pero sí anticipamos el día en que la Verdad *sola* responderá a toda necesidad! El *Sanador* mental hará todo su trabajo en la mente, y dará todo su tiempo y atención al conocimiento correcto, pero dejará a su paciente libre para que use cualquier método que le beneficie. De esta manera, el practicante obtendrá mejores resultados, porque todo es bueno hasta cierto punto, pero la *conciencia de la Verdad es el único instrumento del practicante espiritual.*

Nosotros insistimos que es errónea la creencia de que la fuerza de voluntad es creativa. La voluntad da dirección, pero no es creativa. La voluntad es el poder conciente del intelecto, y, como tal, tiene una parte muy importante en el orden creativo pero de ninguna manera debemos usarla como si pudiera forzar los acontecimientos que deseamos. Cualquier idea de usar la voluntad para influenciar a la gente es un error.

Si decimos que podemos influenciar a otros por nuestra fuerza de voluntad, estaremos admitiendo que otros con más fuerza de voluntad pueden influenciarnos a nosotros. No existe ninguna ley de la naturaleza que trabaje sólo de una manera, porque todas las leyes son impersonales. Los efectos temporales de la voluntad continúan sólo mientras la voluntad los force. No tienen vida por sí mismos y tienen que desintegrarse tan pronto como se les retire la fuerza anormal.

Además este uso de la fuerza de voluntad contradice el fundamento principal en el cual está basada la verdadera ciencia mental, es decir, un Poder Creativo que usamos y que no tiene que ser presionado o forzado a actuar. Su naturaleza es obrar, y como nosotros somos como somos, Su naturaleza es obrar creativamente sobre las imágenes que le imprimimos con nuestro pensamiento. Nosotros no creamos la energía, la distribuimos, y en las ciencias naturales sabemos que podemos transformar energía de un tipo a otro. Así, la fuerza de voluntad puede decidir qué forma tomará la energía pero no necesita, ni puede, crearla.

La Energía de la Mente, como todas las otras energías naturales, ya existe. Simplemente la usamos, y tenemos la opción de usarla de cualquier manera que deseemos; tenemos el poder dentro de nosotros, de hacer que tome las formas variadas que deseemos; ninguna forma en particular es permanente. La imaginación es creativa, la voluntad es controlada.

Por medio de la voluntad decidimos exactamente qué deseamos que se haga. Quizá deseamos usar el poder creativo para ayudar a otros, a nosotros mismos, o para otros propósitos. En este caso, la voluntad mantiene la atención sobre el punto de vista mental, hasta que la fuerza creativa tenga tiempo para obrar a través de la ley del desarrollo. Quizá deseamos adquirir cierta información; la voluntad entonces sostiene la idea de que estamos recibiendo la información deseada. Puede volverse activa o receptiva, o puede pasar a un estado de contemplación neutral, donde su propósito sólo es sentir las maravillas de la vida espiritual. Pero la voluntad nunca es creativa.

Tenemos voluntad para que nos protejamos en ella. Nada debe pasar por las corrientes creativas de nuestro pensamiento hasta que la voluntad lo admita primero. La voluntad tiene que analizar, criticar y luego decidir en qué trabajará la imaginación. El trabajo espiritual verdadero da fuerza a la voluntad sin cansar la mente; si nuestro trabajo mental nos cansa, estamos usando la voluntad de manera incorrecta. La manera correcta de usarla es tomar la determinación de pensar en la paz aunque no exista razón aparente en la experiencia para esperar esa paz.

Así como debemos entender el uso apropiado de la voluntad, así también debemos entender el verdadero significado de la concentración. Se han promulgado tantas ideas que han dado como resultado gran confusión. Concentrarse quiere decir centrarse, y en la Ciencia Mental quiere decir enfocar la atención mental en algún pensamiento definido y deseado, en alguna imagen, idea o cosa. Por supuesto que estamos tratando con la idea como si la idea fuera una cosa. El espíritu de la cosa está en la idea. Esta es su esencia, su ley y su causa.

Concentrar el pensamiento no debe hacerse por obligación, sino por el deseo de permitir que la corriente de la Energía Creativa tome una forma definida. Tratar de forzar por medio de la concentración es darnos una sugestión adversa con lo cual atraemos lo contrario de lo que deseamos, porque hemos reconocido un poder opuesto al poder del Bien. Y lo hemos hecho de acuerdo con una Ley mental que es bien conocida y definida en el Mundo Espiritual.

Nosotros concentramos nuestra atención. La Ley crea la forma. Esto resuelve uno de los Enigmas Divinos de las enseñanzas de Jesús. El siempre les decía a sus seguidores que creyeran, que tuvieran fe; también les dijo simplemente, "¿Quién de ustedes, por mucho que se preocupe puede agregar un codo a su estatura?" Aquí nos está diciendo que no debemos preocuparnos. El enigma se resuelve en el momento en que ponemos el pensamiento, la imaginación, la voluntad y la concentración en su lugar correcto, en el orden creativo.

Cuando la voluntad y las emociones están balanceadas, alcanzamos un equilibrio psicológico, es decir, cuando el intelecto decide a qué responderán las emociones. Después que el intelecto toma esa decisión, la imaginación hace su parte, y el juego de vivir principia. La función de la voluntad es determinar a qué responderá la imaginación.

Es sumamente importante recordar que siempre estamos causando que algo sea creado para nosotros; y que cualquier causa que pongamos en acción, tiene que producir algún efecto. ¿Estamos produciendo los efectos que deseamos experimentar? El proceso creativo seguirá indeciso. No podemos ganar el juego de la Naturaleza porque somos parte del juego que Ella juega. ¿Cuál será el resultado en nuestras vidas, comedia o tragedia? Para decidir esto, se nos ha dado la voluntad.

Debemos considerar cuidadosamente si estamos dispuestos a experimentar el resultado de nuestros pensamientos. Nunca debe haber en ellos nada que dañe, ni a nosotros ni a los demás. Estemos seguros que si dañan a los demás, también nos dañarán a nosotros. Lo que sembramos es lo que cosechamos, pero esto no es una limitación real porque la Vida Creativa desea que tengamos todo lo que podamos usar. Si mantenemos el pensamiento fijo en la idea que esta Energía, que también es Inteligencia, está tomando ahora mismo la forma de alguno de nuestros deseos, principiará a tomar esa forma. Si cambiamos el deseo, cambiará la forma. Por lo tanto, tiene que haber un propósito definido en nuestra imaginación.

Estamos tan unidos con el Todo, que lo que es verdad acerca del Todo es también verdad acerca de nosotros. Somos uno con la Substancia sin forma que está siempre tomando forma, y somos uno también con la Ley que le da forma. El precepto total consiste en: ser espontáneo, manifestación espontánea. La Ley sigue la palabra como la palabra sigue al deseo. El deseo nace de la necesidad que tiene el Universo de expresarse. La Ley sigue a la palabra. La palabra sigue al deseo. La palabra da forma a la Substancia, y el Principio de la Ley subjetiva produce la manifestación. No hay ningún esfuerzo en el proceso.

Por consiguiente, lo que concentramos es nuestra atención. Y lo hacemos por medio de la intención y la voluntad de mantener el pensamiento centrado hasta que la forma aparezca. No es necesario aprender métodos de concentración si aplicamos estas reglas sencillas.

SE NOS PERMITE ESCOGER

El hombre tiene la habilidad de elegir lo que desea hacer con su vida, y está unido a una Ley que automáticamente produce lo que él elige. Aunque no tiene la habilidad de destruír la idea de él mismo, sí tiene la habilidad de deformarla, de hacerla aparecer disonante, pero *no puede destruír la Imagen Divina*. El hombre es individual y hace consigo mismo lo que desea. Las Escrituras nos dicen: "Dios hizo al hombre recto, pero ellos han andado en busca de muchas invenciones." La individualidad no puede producirse automáticamente, tiene que ser espontánea. No podría haber individualidad sin la capacidad de elegir cómo pensar.

Vivimos en un Universo de Amor así como en un Universo de Ley, uno es complemento del otro—el Universo de Amor palpitando con sentimiento, con emoción, y el Universo de Ley, el que ejecuta todo sentimiento y toda emoción. En esta lección de sanar, no olvidemos que detrás del hombre que vemos está la Imagen Divina.

Existe un Concepto Perfecto del Hombre mantenido en la Mente del Universo como un hecho ya realizado, pero el hombre está sujeto a la Ley de su propia elección.

EL HOMBRE REPRESENTA A DIOS

El hombre es mente conciente o espíritu; esta es su facultad objetiva. La mente objetiva del hombre es su reconocimiento de la vida en un estado conciente—es el único atributo del hombre que es voluntario, o que elige por sí mismo. Por consiguiente, el hombre es espiritual también. La mente conciente del hombre es lo que contempla.

Recordemos lo que ya hemos aprendido; que el Universo es el resultado de la contemplación de la Mente Divina, o del Espíritu Santo, que es Dios. Dios crea al contemplar su propio SER, y esta contemplación, a través de la Ley, viene a ser la objetivización de la Realización Propia de la Mente Infinita.

La Naturaleza Divina está representada en el hombre; él es mente conciente y espíritu, y al contemplar, refleja el pensamiento dentro de la Subjetividad Universal, la cual lo recibe y actúa sobre él.

Como Mente, o Alma, acepta estas imágenes del pensamiento, obra sobre la substancia sin forma y la hace tomar forma definida como cuerpo, que viene siendo la forma inconciente. Viene a ser *forma definida*, pero la forma por sí sola es inconciente porque está hecha de substancia inmaterial. El cuerpo por sí mismo, sin Mente, no tiene conocimiento ni voluntad. Sin la mentalidad, el cuerpo no piensa, no mira, no escucha, no siente, no toca, no saborea. Si le quitamos la mentalidad al cuerpo, el cuerpo es sólo un cadáver. Sin inteligencia conciente, el cuerpo principia inmediatamente a desintegrarse y a volver a la Substancia Universal, a la materia sin forma de donde provino.

Aunque el hombre es inherentemente una idea perfecta, su individualidad cubre esta idea con las formas de las imágenes de su propio pensamiento. El hombre viene a esta vida sujeto a la conciencia racial de la humanidad y a su propio ambiente, desarrolla su propia personalidad, y principia a crear nuevamente un pensamiento subjetivo. Piensa, observa, y llega a ciertas conclusiones y deducciones, las incorpora dentro de su mentalidad hasta que al fin pasan a ser parte de la causa relativa de su existencia objetiva.

El sanar, entonces, se alcanza al descubrir, neutralizar y borrar imágenes falsas del pensamiento, y al dejar que la idea perfecta se refleje en el cuerpo a través de la mente subjetiva.

Cuando uno se da cuenta que todo es Mente y que nada se mueve más que la Mente, y que el único instrumento de la Mente es el pensamiento (que es contemplación en una forma u otra), verá que ningún sanar es permanente si no está acompañado del pensar correcto.

SOLO NUESTROS PROPIOS CONCEPTOS NOS LIMITAN

Sabiendo que el pensamiento conciente obra por medio de un Poder que es Infinito, vemos que no puede haber límite en el poder sanador más que el límite de nuestra capacidad de concebir tal Poder como sanador. Somos limitados no por el Principio, sino por *nuestra incapacidad de ver la perfección.* Nuestro pensamiento puede atraer una condición tan perfecta como la podamos concebir. Por lo tanto, el hombre cuyo pensamiento se asemeja más a Dios—es decir, el más verdadero, más alto, más noble, más completo, más pacífico— ese será el mejor sanador. Su pensamiento refleja mayor perfección. Por eso no podemos divorciar el verdadero sanar mental del verdadero trabajo espiritual. Cuando el pensamiento llegue a un grado más elevado de perfección, y a medida que el conocimiento de la humanidad se desarrolle y evolucione, producirá un desarrollo de la vida más grande de lo que hasta ahora hemos conocido.

EL SANAR MENTAL-ESPIRITUAL

Nunca olvidemos que la Mente Conciente es la única Acción en el Universo y en el hombre; que la mente inconciente o subjetiva está obligada—por razón de su naturaleza—a aceptar. Nunca puede rehusarse. Ahora podemos ver que un tratamiento mental es una obra real, tangible y específica, trabajando perfectamente de acuerdo con la ley conocida.

Cuando un practicante trata a un paciente, no solamente tiene *esperanzas* de que el paciente sane; no *pide*, ni solamente desea que sane; pero sí se convence a sí mismo en su propia mente que el paciente ya es perfecto; esto es un trabajo mental definido; es producir en su propio conocimiento (en su propia mente conciente, contemplativa de sí misma) el entendimiento que el paciente *es sano y es perfecto*.

El tratamiento es el acto, el arte y la ciencia de inducir un pensamiento dentro de la mentalidad del que está tratando, este nuevo pensamiento percibirá el cuerpo del paciente como una Idea Divina, Espiritual y Perfecta. El tratamiento no tiene que tratar cada órgano del cuerpo específicamente, pero sí declarar que el cuerpo es armonioso y que cada idea específica dentro de él es armoniosa. Luego le da atención especial a lo que parece ser el desorden físico.

Como resultado de este tratamiento, la Mente Subjetiva—que es Universal y Omnipotente—acepta las imágenes del pensamiento del practicante y las refleja en la dirección que él especifica...hacia su paciente.

El practicante no está tratando de enviar un pensamiento, de sostener un pensamiento, o de sugerir un pensamiento. Lo que el practicante hace es reconocer el estado de perfección del paciente. Tenemos que estar seguros que distinguimos entre la *sugestión* (que es buena sólo hasta cierto punto pero limitada) y el verdadero sanar metafísico. En el sanar metafísico estamos concientes que estamos tratando con un Principio Universal o Ley, que toma la impresión de nuestro pensamiento y obra sobre él. Estamos tratando con Algo que no puede ni desea discutir. Estamos dando dirección a esta Ley para ciertos propósitos definidos, ordenando que haga ciertas cosas y la Ley las hace. Esto es lo que pasa cuando damos un tratamiento.

Nosotros dejamos que el campo médico haga su propio trabajo. Nuestro trabajo se hace totalmente en el campo de la mente. Sin controversia, trabajamos con cualquier doctor que el paciente desee—nosotros, en el campo de la mente y el doctor en su propio campo. Si esto persiste a través de los años, los dos campos se acercarán más y más uno a otro. Este será uno de los pasos más grandes en el arte de sanar.

Cuando uno principia un tratamiento por alguien más, a veces siente una gran responsabilidad personal. El practicante por compasión puede sentir alguna duda o alguna carga; ¡en este caso esa idea está fundada *en la premisa que él personalmente tiene que llevar a cabo el resultado!* Si ocurre esto, el practicante debe tratarse a sí mismo para borrar este pensamiento, porque mientras lo mantenga, ese pensamiento es una barrera para el sanar. ¿Por qué? Porque, *¡cuando examinas ese sentido de responsabilidad con absoluta minuciosidad, te das cuenta que ésta es la creencia de que tú no puedes sanar!* No debes creer esto ni por un momento, porque esto es sólo un *pensamiento* que te dice que no puedes sanar. Es sólo un pensamiento lo que lo está diciendo—o que lo puede decir—e igualmente es sólo un *pensamiento* lo que puede dejar de decirlo. Declara: "Mi palabra tiene el poder de sanar," y encontrarás que la duda desaparece.

El practicante tiene que tratarse a sí mismo para saber que la palabra que él habla es completamente independiente, *hasta de sí mismo.* Si subimos al techo de un edificio y lanzamos una silla al vacío, caerá al suelo. Hay una ley que la atrae al suelo; nosotros no somos responsables de esta ley, no tenemos que hacer que la silla caiga al suelo. De igual manera, si este tratamiento es ejecutado por una ley en el aspecto subjetivo de la vida, nuestra función es dar el tratamiento, y *la función de la Ley es ejecutarlo.*

Sin embargo, como practicantes, sí tenemos una obligación. Si aceptamos un caso, estamos obligados a dar el tratamiento. Si alguna persona te dice casualmente, "mantén un buen pensamiento por mi el día de hoy," debes contestarle: "¿Quieres decir que te de un tratamiento? ¿Que tome un tiempo definido—treinta minutos más o menos—y haga el trabajo mental específico para ti? ¿Es lo que deseas?" Las personas que no entienden lo que es este trabajo pueden tener la impresión que el tratamiento, o el trabajo, consiste en "mantener un buen pensamiento."

La gente tiene que llegar a enterarse de que el tratamiento es algo específico. Cada caso es específico y no pueden tratarse dos casos de la misma manera. Es deshonesto comprometerse a tomar más casos de lo que nuestro tiempo nos permite tratar inteligentemente.

LA ENFERMEDAD ES IMPERSONAL

La palabra enfermedad (del latin: infirmitas) quiere decir alteración de la salud. "A-normal" significa la ausencia de una condición normal. Para poder hacer su trabajo, es necesario que el practicante sepa que la enfermedad no es una entidad. Desde el punto de vista del practicante, la enfermedad es una cosa impersonal que trata de obrar y de personificarse; es una fuerza del pensamiento y una concepción equivocada: es una convicción en la mente del que tiene la enfermedad, y, por supuesto, una experiencia real del que la está sufriendo.

Sin importar su origen particular la enfermedad es una experiencia que obra a través de la persona pero que no le pertenece de ninguna manera. Hay que reconocer que no es ni persona, ni lugar, ni cosa; que no tiene ley espiritual que la apoye; que es discordia huyendo de la armonía; que no hay nada más que la Verdad. El practicante tiene que saber que el Poder que está usando es definido, científico, dinámico, espiritual, absoluto, completo *y que funciona*. No debe permitir que el temor entre en su pensamiento.

Lo primero que hace el practicante es separar la creencia del creyente. Es una cosa personal, no una cosa cósmica. El mal no es un problema para Dios, es sólo problema para el individuo. Por lo tanto, separamos la creencia del creyente, y principiamos a percibir al individuo como un ser espiritual, ya no sujeto a esa creencia, y que aún ahora mismo es una encarnación de la perfección. Si el practicante puede ver solamente la *perfección*, la totalidad, verá la salud manifestada en el paciente. Entonces el practicante, al reconocer que la Mente, Inteligencia, Espíritu—o como quiera llamarle—es la base fundamental de todo movimiento, pronuncia su palabra definitiva, específica y concientemente dentro de este medio creativo.

Empieza a usar este principio, no importa que creas que sabes poco; el resultado te inspirará a percibir nuevas maneras y nuevos métodos de acércartele, y así, poco a poco, tu seguridad se irá profundizando.

El hombre es fundamentalmente perfecto, esta es toda nuestra premisa, la base total de nuestro argumento—Dios Perfecto, Hombre Perfecto, Ser Perfecto. Separa siempre la enfermedad del que la sufre. En la práctica mental, NUNCA LOCALICES LA ENFERMEDAD porque los pensamientos son cosas. Separa la creencia del creyente, porque el hombre espiritual no tiene enfermedad, y tú estás hablando sólo del hombre espiritual.

LA ENFERMEDAD NO SIEMPRE ES CAUSADA POR EL PENSAMIENTO CONCIENTE

Las enfermedades de origen mental tienen que provenir de algún estado dentro de la conciencia. Aunque la mayoría de las enfermedades primero tienen que tener una causa subjetiva, esta causa subjetiva (nueve de cada diez veces) no está en el pensamiento conciente del paciente, sino es probablemente el resultado de ciertas combinaciones de pensar.

Así que mientras es verdad que la enfermedad tiene su prototipo en la mente subjetiva, también es verdad que el individuo que sufre la enfermedad, tal vez nunca había *pensado* que iba a sufrir este problema en particular.

Pero esto no cambia el hecho de que cada enfermedad que se presenta por medio de la subjetividad y aparece en el cuerpo, *tiene que venir a través de la mente.*

COMO SANAR

En nuestro trabajo tratamos al hombre no como cuerpo físico, ni tratamos la enfermedad como algo que le pertenece, *por la razón que si lo hiciéramos así, después no podríamos librarlo de la enfermedad.* No pensamos en la enfermedad como algo que es parte de él, o que está conectado con él. El prácticamente busca reconocer al hombre *perfecto*, que no necesita sanar de nada. Esto es nada menos que la realización de la Presencia y el Poder de Dios, o Espíritu, como Vida del Hombre, como la única vida que existe, perfecta y completa en él ahora mismo.

Primero reconoce tu propia perfección, y luego haz el mismo

reconocimiento acerca de tu paciente. Entonces estás preparado para atacar el *pensamiento* que le ata, *reconociendo que tu palabra destruye este pensamiento y afirmando que así es.* Luego, toma en cuenta y menciona específicamente todo lo que necesita cambiarse, toda ley que parezca ser infringida y todo pensamiento falso. Después termina tu tratamiento con un sentimiento de paz, y permanece por algunos momentos en silencio, reconociendo que tu trabajo ya está hecho, completo y perfecto.

No debemos pensar que este trabajo es difícil. Cuando reconocemos que existe sólo Una Mente, nos damos cuenta que este trabajo no puede ser difícil o laborioso. *El Tratamiento Mental es una declaración directa de cierta creencia en la mente, asociada con un reconocimiento que el trabajo ya ha sido efectuado.* El hombre espiritual no necesita sanar, la salud es una realidad omnipresente, y cuando la obstrucción que estorba el sanar se suprime, *se descubrirá que la salud había estado ahí todo el tiempo.* Así que en tu trabajo, no sientas que tienes que sanar a nadie. Tu única responsabilidad es descubrir la Verdad.

Nunca digas: "Aquí está un paciente que tengo que sanar," porque si piensas en él de esta forma, ¿cómo vas a sanarlo? Si mentalmente ves al hombre enfermo, seguirá enfermo mentalmente. *No podemos tener éxito en sanar mientras reconozcamos la enfermedad como una realidad del Espíritu.* En el sanar espiritual por medio de este método, nadie cree en la enfermedad; no tiene acción, ni reacción, ni tiene causa ni efecto; no tiene nada que la apoye ni nadie por medio de quien pueda operar. No hay nadie con quién hablar de ello, ni nadie que lo crea. Aún cuando decimos que la enfermedad es primordialmente cosa del pensamiento, no negamos que es una experiencia real y que causa sufrimiento, pero en lugar de la enfermedad buscamos el alivio, y cooperamos con todos, no importa qué método usen para aliviar el sufrimiento.

Tú no tienes nada que ver con el pensamiento del paciente como personalidad, porque a medida que tu pensamiento se aclara, el paciente será ayudado. Primero remueve toda duda y temor de tu propio pensamiento; comprende que tu paciente es un Ser Divino, y que tu palabra es ley hacia lo que has declarado. Esto fue lo que dio a Jesús su poder, "Porque les enseñaba como alguien con autoridad, y no como los escribas."

SANAR ES PENSAR CLARAMENTE

El sanar-mental científico es resultado del pensamiento claro y del razonamiento lógico, lo cual se presenta a la conciencia y la Mente actúa sobre él. Es un proceso sistemático de razonamiento, que desentierra la causa mental o la idea subyacente a la enfermedad, y presenta la Verdad del ser del hombre.

Por ejemplo, di para ti mismo: "Dios es todo lo que existe. Existe sólo una Vida." Cuando estás haciendo un tratamiento, si existe el menor punto que no está claro, no prosigas con el tratamiento. Detente inmediatamente, regresa al análisis de la Realidad Ultima y construye todo un argumento sobre ella, para aclarar tu conciencia.

Repite: "Dios es Todo. Existe sólo un Poder, Una Inteligencia, y Un Conocimiento en el Universo, sólo Una Presencia. Esta Unica Presencia no puede cambiar. No existe nada en que pueda convertirse más que en Sí Misma. Es inmutable, *y es mi vida ahora mismo, está en mi ahora mismo*." Proclama que ninguna forma de sugestión de la raza humana, ni creencia en limitación, ni idea subjetiva de limitación, pensamiento de karma, fatalidad, teología o infierno, horóscopo, ni ninguna otra creencia falsa, tiene poder alguno. No aceptes ninguna de ellas. Si alguna vez has creído en eso, si has creído que las estrellas te gobiernan, o que tu ambiente te gobierna, o que tus oportunidades te gobiernan, reconoce esto como una condición hipnótica en la cual has caído, y niega cada una de ellas hasta que no haya nada en ti que las crea.

Esta es una buena manera de aclarar tu conciencia. Podemos ver fácilmente lo que hace: induce un concepto claro de la Realidad que tiene que reproducirse. Si este proceso de pensar claramente se practica diariamente, sanará. Cuando estás dando un tratamiento, estás *pensando*. Estás encontrando, oponiendo, neutralizando, borrando y destruyendo la supresión, el temor, la duda, el fracaso, la emoción mórbida y el sentido de pérdida—cualquier cosa que sea la dificultad. Cada vez que tu pensamiento toca directamente la causa, la borra tan definitivamente como si alguien borrara una raya de gis. Tal es el misterio de la aparición y la desaparición del pensamiento.

El pensamiento correcto, volcado constantemente a la conciencia eventualmente la purificará. La discordia es como una botella de agua sucia, y el sanar se asemeja al proceso de dejar caer agua pura en la botella, gota a gota, hasta que toda el agua quede limpia y pura. Alguno preguntará por qué no puede voltearse la botella boca abajo y de una vez vaciar todas las impurezas. Esto puede suceder, pero no muy a menudo. Mientras tanto, el proceso paulatino finalmente eliminará las impurezas y producirá el sanar.

En el tratamiento, tienes que ir más allá de la enfermedad y proveer una conciencia espiritual. Un tratamiento no está completo sin una gran realización de Vida y de Amor, de Dios y de Perfección, de Verdad y Sabiduría, de Poder y de Realidad. Siente constantemente la Presencia Divina dentro y a través del paciente.

No hay ninguna diferencia si decimos que el pensamiento *se proyecta*, o que el Principio obra sobre él. Es evidente que hasta que el pensamiento sea creado, no hay ninguna obra. Es evidente que EL PENSAR PONE LA CAUSA EN MOVIMIENTO. En verdad no importa si es la palabra la que sana, o si la palabra simplemente pone la ley en movimiento.

El practicante está en la misma Mente en que el paciente vive; por consiguiente, si cada uno está en la Única Mente, el paciente está enfermo en el mismo medio, y en cierto sentido, en la misma Mente en que vive el practicante; y como esta Mente es Indivisible, el practicante puede, en su propia mentalidad, llegar al pensamiento que hace que el paciente esté enfermo. No hay ninguna diferencia en decir que *envía el pensamiento* o que simplemente *reconoce el pensamiento*. Lo más sencillo es decir que el *practicante reconoce dentro de sí mismo, en la única Mente, por medio del Único Medio, en la Única Ley.*

El practicante reconoce una cierta verdad para su paciente dentro de sí mismo. Por lo tanto, pone la Ley en movimiento para su paciente. (Podemos pensar en esta Ley de igual manera que pensamos en la Ley por la cual el agua alcanza su nivel por su propio peso.) El practicante sabe DENTRO DE SI MISMO, y este saber eleva a la conciencia de su paciente. Es como plantar una semilla en la tierra; el practicante siembra la semilla y la Mente Creativa produce la planta. ¿La tierra obra sobre la semilla, o la semilla sobre la tierra? No lo sabemos. Pero sí sabemos que cuando se siembra una semilla en la tierra, la ley del crecimiento opera y produce una planta; y si no se siembra la semilla, no se produce la planta.

¡En la práctica, nunca intentamos enviar pensamientos a nuestros pacientes! Sabemos que existe una Mente. Supongamos que "A" representa al enfermo que desea ayuda, y que "B" representa al practicante. "B" piensa dentro de la Mente; y ya sea que digamos que él está pensando dentro de sí mismo o en cualquier otro lugar, no importa, *¡él siempre está pensando dentro de la Mente, porque está en la Mente!* Pero alguien dirá, "El paciente piensa en su propia mente subjetiva." Sí, así es, si quieres designarlo como su mente subjetiva, pero su mente subjetiva es sólo su atmósfera en la Unica Mente. Tenemos que entender esto claramente, de otra manera puede suceder que algún día se forme una pared entre nuestro pensamiento y nuestra habilidad de sanar a alguna persona que se encuentre a millas de distancia.

Tanto el paciente como el practicante piensan dentro de la Unica Mente común. Por lo tanto, cuando un paciente viene al practicante para sanar, el practicante no trata de hipnotizarlo ni de sugerirle nada. Sólo declara la verdad acerca del paciente. *Hasta el grado en que el practicante trae su propia conciencia a un verdadero reconocimiento de perfección*—a condición de que haya receptividad subjetiva en el pensamiento del paciente—*en ese mismo grado el paciente recibirá la ayuda.*

El practicante no trata de *sostener un pensamiento* ni de *enviar un pensamiento.* Unicamente trata de convencerse a sí mismo de la perfección de su paciente. El practicante no trata de hacer que su palabra obre por medio del paciente sino que intenta conocer la Verdad de lo que afirma. El paciente tiene que ser receptivo a la Verdad, y la Verdad lo sanará. El practicante trata con la Ley Universal, apoyada por el Poder omnipotente, que es el Principio Divino. Esto es lo que quería decir Jesús cuando dijo: "Sabrás la verdad, y la verdad te dará la libertad."

Cada vez que pensamos, estamos pensando dentro de una Substancia receptiva, plástica, que recibe la impresión de nuestro pensamiento. Cuando nos detenemos a comprender qué sutiles son los pensamientos, y qué inconcientemente pensamos con negatividad, y qué fácil es sentirnos derrotados mentalmente, vemos que cada uno está perpetuando su propia condición. Por eso muchas personas van de mal en peor, o de un éxito a otro éxito mayor.

Únicamente tomando las ideas verdaderas, de una manera gradual, definitiva e inteligentemente, y usándolas para construir la estructura de nuestro pensamiento, llegaremos a la reacción que deseamos. En el tratamiento mental, el practicante trata sólo con ideas, no trata ni cuerpos ni condiciones. Nunca manipula, ni debe nunca poner las manos sobre su paciente...No debe importarle donde se encuentre el paciente o qué esté haciendo cuando da el tratamiento. *El trabajo del practicante principia y termina dentro de su propia conciencia.* Esto debe recordarse constantemente.

NO HAY SENSACION EN EL TRATAMIENTO

Algunos piensan que al dar o recibir un tratamiento, uno debe sentir alguna sensación física. El paciente a veces dice después de recibir un tratamiento, "No sentí nada raro durante el tratamiento." No es necesario que el paciente sienta algo extraño. No hay ninguna sensación peculiar que acompañe al tratamiento, ni es necesario que el practicante sienta nada más que la verdad de las palabras que habla.

Cuando plantamos una semilla en la tierra no sentimos ninguna sensación, y es probable que la tierra no sienta nada tampoco; pero la semilla que es sembrada en la tierra creativa, producirá una planta. "Lo que es verdad en un plano es verdad en todos los planos." Debes saber lo que estás haciendo así como el jardinero sabe lo que hace. Es la persona que sabe lo que está haciendo la que obtiene los resultados que desea.

A veces, la persona que recibe el tratamiento, lo mismo que el practicante, sienten una gran sensación de paz o exaltación, o una vibración de luz. El tratamiento—si pudiera ser visto—aparecería como una luz. A menudo algunas personas tienen una sensación como de luz durante un tratamiento; pero no es necesario ni que el practicante ni que el paciente sientan ninguna sensación extraordinaria durante un tratamiento. El practicante no se pone en un estado emocional. Aunque es verdad que el tratamiento es creativo, también es verdad que cualquier sensación que se experimente tiene que ser efecto y no causa. Tiene que ser resultado de una convicción.

EL MEDIO DE SANAR

Lo que debemos recordar es esto, que EXISTE SOLO UNA MENTE SUBJETIVA EN EL UNIVERSO. Este es el punto que a veces algunas personas no pueden comprender, y por eso no pueden entender como puede el practicante tratar a una persona sin tocarle, o como puede un tratamiento a distancia serle de beneficio al paciente.

Si existe sólo Una Mente Subjetiva en el Universo (y ya hemos aprendido el significado y la naturaleza de la Mente Subjetiva: Es deductiva, receptiva, plástica, neutral, impersonal y creativa; es Eso de lo cual todas las cosas están hechas), entonces, tú puedes imprimirle alguna cierta imagen del pensamiento o un cierto proceso de reconocimiento, y obtendrás un resultado porque esta Mente es el Hacedor.

Cuando hablamos de *cada pensamiento que cae dentro del Medio Creativo,* ¿acaso estamos pensando que el pensamiento de Dios y el pensamiento del hombre son iguales? Creemos que cada uno es pensamiento; pero, *mientras que el hombre piensa de ambas maneras, inductiva y deductivamente, Dios piensa sólo deductivamente.*

Dios no está conciente de la materia como la conocemos nosotros. Dios está conciente de forma, pero no de tamaño. Dios está conciente de manifestación, pero no de espacio. Dios está conciente de contorno, pero no de limitación. Dios está conciente de muchas formas, *pero no como división.*

Hay una gran diferencia entre el pensamiento conciente y el pensamiento inconciente, porque el pensamiento entrenado es mucho más poderoso que el que no está entrenado. Si esto no fuera verdad, los pensamientos del practicante metafísico no podrían neutralizar los pensamientos que causaron la enfermedad del paciente.

El pensar correcto, aunque sea poco, puede corregir la condición errónea.

Hemos aprendido que la Mente Subjetiva sólo puede deducir, que no puede por sí misma iniciar nada, pero esto no quiere decir que no es inteligente. Tenemos que tener mucho cuidado de no engañarnos y creer que porque la Mente Subjetiva no puede razonar, no es inteligente, *porque es infinitamente más inteligente que nuestro estado presente de mente conciente*, más sin embargo, está gobernada por la mente conciente.

Si nuestra conciencia subjetiva estuviese siempre clara, si nunca recibiera impresiones falsas, el Espíritu siempre fluiría a punto de objetivizarse, y nunca cometeríamos errores, nunca estaríamos enfermos, ni seríamos pobres o infelices.

Como el Universo es sólo deductivo, no puede negarle nada al hombre. La misma fuerza que nos enferma es la fuerza que nos puede sanar; la fuerza que nos hace pobres nos puede enriquecer; y el mismo poder que nos hace miserables nos puede hacer felices. Si no fuera así habría dualidad en el universo, y eso es imposible.

No necesitas buscar una *ley de salud* como algo *opuesto a una ley de enfermedad*, porque existe sólo Una Ley. Esto nos da una gran seguridad porque quiere decir que NO EXISTE NINGUN PODER QUE SE OPONGA AL TRATAMIENTO. Estamos atados por nuestra propia libertad; nuestro libre albedrío nos ata, pero como el libre albedrío crea las condiciones que nos limitan externamente, asimismo puede no crearlas o disolverlas. En lugar de decir, "Aquí esta un hombre enfermo al que hay que sanar, y yo se que tengo que trabajar muy duro en este caso," debemos comprender que no existe más que Espíritu en el Universo, y por lo tanto, decir, "Voy a concebir que este hombre es Espíritu, y el mismo poder que lo enfermó lo sanará."

Algunos dirán: "Ha de ser agotador para el practicante tener que tratar a tantas personas. Supongo que su *fuerza de voluntad* se agotará." Este es un concepto erróneo. Por "libre albedrío" nos referimos solamente a la capacidad de escoger por uno mismo *lo que uno desea* pensar. ¡LA FUERZA DE LA VOLUNTAD NO TIENE NADA QUE VER CON EL SANAR MENTAL! Su uso implicaría que el practicante usa la fuerza de su pensamiento personal sobre el paciente. Esta sugerencia es falsa; eso sería una forma de hipnotismo. Conociendo nuestra Unidad con Dios y con el Medio Creativo, Ley, nuestros tratamientos están libres de toda idea que tenemos que controlarlos.

Todos los pensamientos de duda acerca de nuestra habilidad de sanar, provienen de la creencia que es la personalidad y no la Ley la que sana. Nunca digas: "Yo no soy bastante bueno para sanar," o, "Yo no se lo suficiente para sanar." Reconoce que estás tratando con la Ley, y la Ley es el Actor. Reconoce todos esos argumentos sólo como sugerencias, y niégate a dejar que tengan efecto sobre ti. ¡TU PUEDES SANAR, pero *tienes que saber que puedes hacerlo!* El día vendrá, y está próximo, en que el mundo entero creerá la Verdad debido al gran poder neutralizador que el pensar correcto está ejerciendo sobre el la conciencia de la raza humana.

¡La razón por la que muchas personas no obtienen mejores resultados es que no comprenden que el Principio trabaja independientemente...que la Verdad se demuestra a Sí Misma!

TRATANDO A NIÑOS

En el caso de un infante—que está sujeto al pensamiento conciente de las personas que lo rodean—puede ser necesario enseñar a los padres cómo deben pensar acerca de la salud del niño; porque podría ser que el practicante lo sane y los padres lo hagan enfermar de nuevo. Es necesario explicar a los padres el resultado que tiene el temor por la salud de sus hijos. Recuerda que el pensamiento de los padres tiene influencia sobre la salud de los hijos.

Supongamos que la madre dice constantemente: "Pobrecito de mi hijo, tan chiquito y tan enfermo, pobrecito." Desde el punto de vista humano, esto es natural, pero no le ayuda al niño, no importa que tan cariñoso sea el pensamiento. A esto se le llama negligencia inconciente o inocente. Es negligencia porque es el uso erróneo del pensamiento; es inocente porque no tiene intención de hacer daño; es inconciente porque la madre no sabe el resultado de esta acción mental. En un caso así, le corresponde al practicante convencerse de que no hay influencia mental obrando sobre el niño, sólo la idea de perfección.

Al principio, los niños son felices, libres y espontáneos. Por eso los queremos tanto; viven de su instinto. Conforme van creciendo y sus emociones son más complejas, escuchan a las personas hablar de muerte, de problemas, de divorcios, amores, casamientos, y de tantas otras cosas—buenas, malas o indiferentes—y principian a reaccionar a estas emociones subjetivamente. Todo lo que se opone a la armonía y a la unidad espontánea viene a ser desastroso para la salud del niño, tarde o temprano. Después de cierta edad, los niños tienen que volverse a educar, así como los adultos, para que sus mentes subjetivas no reproduzcan impresiones falsas.

EL PODER DE LA PALABRA

¡Sé específico en tus tratamientos; sé directo y definido en tu trabajo mental! Estás tratando con Inteligencia, así que debes tratarla inteligentemente. El tratamiento *debe reconocer al paciente como perfecto; debe reconocer la palabra como poder, debe saber que rompe toda ley hecha por el hombre* y la elimina; que es Ley de armonía y de reconocimiento de la Presencia de Dios, que dentro de sí no tiene límites, y que está equipado con el poder de ejecutarse—*y debe saber que lo hace.* Tiene que saber que nada puede cambiarlo, que no hay creencia que lo obstaculice; que no puede ser invertido, perdido, neutralizado o destruido por ninguna fuerza opuesta; que *cumple lo que debe cumplir. Y debe saber* que es continuo e incesante, y que obra hasta que realiza todo lo que debe realizar.

Jesús dijo, "El cielo y la tierra pasarán, pero mis palabras no pasarán." Isaías entendía algo de esto cuando dijo, "Así será la palabra que sale de mi boca; no volverá a mí vacía."

VIENDO LA PERFECCION

Cuando Jesús le dijo al hombre: "¡Extiende tu mano," *seguramente él vió una mano perfecta!* Si todo es mental, y si Jesús hubiese visto la mano imperfecta, no hubiera habido un buen resultado, según la

Ley de Causa y Efecto. Un practicante no trata un enfermo, él trata sólo la idea—un hombre espiritual; de otra manera entraría en la vibración del sufrimiento y *tal vez* él mismo sufriría el resultado de la vibración. Por lo que sabemos, Jesús debe haber visto la mano perfecta. Aunque tal vez él haya reconocido la condición falsa, por lo que concierne a su palabra sanadora, tiene que haber sido palabra de reconocimiento de la perfección...de otra manera no le hubiera sanado.

El sanar no es *crear* una idea perfecta o un cuerpo perfecto; es revelar una idea que ya es perfecta. El sanar no es un proceso, es una revelación a través del pensamiento del practicante al pensamiento del paciente. Puede haber un proceso *en* el sanar, pero no es un proceso *de* sanar. El proceso en sanar es el trabajo mental y el tiempo que le toma el practicante para convencerse a sí mismo de la perfección de su paciente, y el tiempo que le toma al paciente reconocer esta perfección.

Detrás de lo que llamamos cuerpo humano, tiene que estar el Cuerpo Divino. No es necesario visualizar este cuerpo espiritual, pero debemos sentir el cuerpo como una idea espiritual, y sentir que el fluir y el circular de la vida a través de él, son completos. No está inhibida, ni congestionada.

Es necesario que el practicante crea en un cuerpo perfecto. No puede realizar esto a menos que esté convencido que el cuerpo perfecto ya está allí. Si ha llegado a esa conclusión, no debe negarla. Hay un corazón perfecto y una idea perfecta del corazón, una cabeza perfecta y una idea perfecta de la cabeza, pulmones perfectos e idea perfecta de los pulmones. El practicante tiene que darse cuenta que detrás de la apariencia está la Realidad, y su función es descubrir esta Realidad. Esto lo hace por medio del proceso de destruir todo pensamiento falso. Tiene que negar las conclusiones falsas, presentar la evidencia de la perfección, y producir la salud. *La enfermedad es un hecho, pero no es una verdad; es una experiencia, pero no es una realidad espiritual.*

Tenemos que trascender la apariencia, aunque la admitamos como un hecho. No debemos tener la sangre fría de decir que el dolor no existe al que lo sufre. Esa no es nuestra idea ni nuestro

propósito. Admitimos el dolor como un hecho, pero ES COMPLE-
TAMENTE DIFERENTE ADMITIR QUE EL HECHO DEL
DOLOR ES NECESARIO. Admitimos que existe la infelicidad,
pero sería inconcebible admitir que es necesario ser infeliz. ¿Podrá
ser cierto que haya una necesidad universal de infelicidad? NO
PUEDE SER. ¡Y llegará el día en que nadie sea infeliz! Yo no se
cuando llegará, no voy a esperarlo, pero estoy seguro que ese día llegará; y puede llegarnos a ti y a mi AHORA MISMO, hasta el grado
que lo acojamos. Podremos recibirlo hasta el punto en que podamos
convencer a nuestra conciencia de que ya está aquí, y cuando finalmente llegue, ¡encontraremos que siempre había estado aquí!

Por consiguiente, la enfermedad es un hecho pero no una verdad. Por muchos años fue un hecho en la experiencia humana que
la radiodifusión no existía, pero no era verdad que esto no pudiera
hacerse. No era una Realidad divina, porque si alguien hubiera
sabido como hacer un radio y transmitir, lo hubiera hecho en
cualquier momento. Por eso siempre debemos tratar de ver y sentir
que detrás de las apariencias ESTA LA PERFECCION.

CAPITULO QUINCE

PERFECCION FISICA,
Conclusión

¿Qué Puede Sanarse?—Sugerencias Para Tratamientos—No Trates De Proceder Más Allá De Tu Entendimiento—Depende Del Principio—Como Son Adquiridos Y Tratados Los Hábitos—Tratando El Dolor—Repitiendo Los Tratamientos—Dolor de Cabeza—Por Qué Se Fatiga La Gente—Tratando La Demencia—Tratando Problemas De Pulmones—La Visión—Estreñimiento—La Piel—Brazos Y Manos—Pies Y Piernas—Brotes Falsos (Tumores, Cáncer, Cálculos Biliares)—Eliminando El Complejo—Problemas Del Corazón—Envenamiento De Cualquier Clase—Parálisis—Asma y Fiebre De Heno—Problemas De Los Nervios—Problemas De La Sangre Y Enfermedades De La Piel (Alta Presión, Endurecimiento De Las Arterias, Eczema, Barros)—Fiebres—Obstetricia—Resfríos, Influenza Y Gripe—Obesidad—Tratando Problemas De Riñones, Vejiga E Hígado—Tratando Problemas Del Estómago E Intestinos—Tratando El Insomnio—Sordera—Condiciones Del Tiempo—Pensamientos Acerca De Los Alimentos—Reumatismo—Sanando Los Excesos—Provisión— Tratamiento Para Obtener La Paz Mental.

¿QUE PUEDE SANARSE?

¿Qué debemos tratar de sanar por medio del tratamiento espiritual? Si estuviéramos tratando solamente con el poder del pensamiento no esperaríamos sanar nada; pero si estamos tratando con un Principio Universal, ¿por qué ponemos límite a su Poder?

Como la Ley de Dios es Infinita, desde el punto de vista espiritual, no existe una enfermedad incurable como algo opuesto a una enfermedad curable. La Ley no sabe nada de enfermedad; la Ley sólo actúa. El practicante se da cuenta que su palabra es la presencia, el poder y la actividad de la Verdad que está en él, que es Todo Poder, que es Dios, y "además del cual no existe otro."

Esta palabra es la ley hacia lo que está dirigida y tiene dentro de sí misma la habilidad, el poder y la inteligencia de ejecutarse a sí misma por medio de la gran Ley que gobierna toda la vida.

Esta palabra, siendo el reconocimiento espontáneo del Espíritu Viviente—Infinito, Siempre Presente y Activo—ahora mismo se manifiesta dentro y por medio de esta persona, o de esta cosa, en la cual está pensando el practicante.

Para el Espíritu no puede haber enfermedad incurable. La palabra "incurable" quiere decir no ser susceptible de ser curada. La definición de *curar* es "cuidar." Si decimos que una enfermedad es *incurable*, estamos diciendo que no en susceptible al cuidado. Mientras que cualquier célula esté viva, es susceptible al cuidado, es decir, mientras una persona está viva, las células de su cuerpo responden al cuidado. Naturalmente, las células no se están curando mientras no son cuidadas apropiadamente. Ya hemos aprendido que la enfermedad, por lo general, es un estado mental, y no podríamos decir que un estado mental es incurable, ¿no es así? Sabemos que el pensamiento está cambiando constantemente, tomando siempre nuevas formas de expresarse. No es posible que sea permanente. Tiene que cambiar. Por consiguiente, ¿no es posible cambiarlo a un estado mejor en vez de un estado peor?

La ciencia médica está usando el término "incurable" menos cada vez, porque la mayoría de las enfermedades pueden curarse. Librémonos entonces de la suposición que cualquier estado de pensar perturbado tiene que ser permanente ("incurable").

SUGERENCIAS PARA TRATAMIENTOS

Al dar un tratamiento mental espiritual, es mejor no insistir en lo negativo para evitar que le demos demasiada importancia. Afirmar la presencia de Dios es mejor que negar la presencia del mal. Sin embargo, si la presencia del mal persiste, a veces es bueno negarla sabiendo que no es persona, ni lugar, ni cosa; que no nos pertenece y que no puede obrar ni a través, ni alrededor de nosotros. No es causa, ni medio, ni efecto. No es imaginación, ni idea, ni reflexión. No es visible, ni invisible. No puede emanar de Dios, y no emana del hombre. El diablo es un mito, y el cielo se pierde sólo por falta de la idea de armonía. "Detente y observa la salvación segura del Señor." Este Señor es siempre la Presencia Interna. El "Yo" individual es una encarnación del "Yo Soy" Universal.

Un practicante debe pensar en su paciente como una entidad perfecta, viviendo en un Universo perfecto, rodeado de situaciones perfectas y gobernado por Ley perfecta. El Universo entero está dedicado a su bien. "Todo lo que el Padre tiene es tuyo." "Levántate, oh, Hijo, y toma." Podemos aceptar más de este bien con una actitud mental afirmativa que prestando atención a lo negativo. "¡Mirad, el reino del cielo está a la mano!" Pero este reino tiene que reconocerse. El reconocimiento es una acción mental. Tenemos que saber que el Espíritu Todopoderoso está siempre al alcance y siempre capaz de sanar cualquier condición discordante del cuerpo, de la mente, o de los asuntos, pero nunca debemos buscar fuera de nosotros mismos para encontrar este Espíritu, porque es interno. Lo que verdaderamente hacemos es ver dentro de nuestra propia conciencia, y "orar al Padre que está en secreto, y el Padre que ve en secreto nos premiará abiertamente." El practicante sincero se asegurará que su propio pensamiento está claro, que su propia fe es igual a las demandas que se le hacen. Sobre todo debe cuidar de no dejarse atrapar por las corrientes de pensamientos negativos. Jesús no hubiera podido resucitar a Lázaro de entre los que se creía que estaban muertos si hubiera tenido miedo de "remover la piedra," o si hubiese puesto atención a los lamentos de los que lo rodeaban. Ser espiritual mentalmente quiere decir entrar en la tranquila atmósfera del pensamiento puro, ese "Conocimiento Celestial" que es el "Lugar Secreto del Altísimo" en el hombre.

Al principiar una serie de tratamientos para una persona, debemos principiar con la idea de Dios Perfecto, Hombre Perfecto y Ser Perfecto. En todos los casos es bueno principiar por eliminar la duda y el temor para asegurarnos que la persona que deseamos ayudar es perfecta, armoniosa y completa. En seguida, tenemos que formular nuestros argumentos, declaraciones y reconocimientos para que alcancen la medida de este ideal perfecto.

Es fácil creer que Dios es perfecto. También tenemos que creer que el hombre espiritual es perfecto, y como es difícil creer que el hombre objetivo es perfecto, tenemos que limitar nuestras declaraciones al reconocimiento de la perfección espiritual del hombre. Al grado en que nuestra realización sea una encarnación subjetiva, automáticamente a ese mismo grado el sanar objetivo ocurrirá. Sabemos que en el fondo, el pensamiento humano tiende a la negatividad en alto grado, a la negación de un Universo armonioso; por consiguiente, nuestra perspectiva de la vida tiene que ser transformada por la renovación de la mente, y cuando los resultados no se obtienen rápidamente, tenemos que mantener calma y serenidad en el pensamiento. Tenemos que volver a encender la antorcha de nuestra imaginación con el "fuego del cielo." Debemos permanecer fieles a esta visión porque la realización de la Presencia de Dios es el poder secreto de nuestro trabajo.

Los ejemplos siguientes no deben considerarse dogmáticos; son sólo sugerencias que pueden usarse para hacer un buen trabajo. El practicante tiene que creer que el hombre es espiritual y tiene que estar seguro que sus declaraciones acerca del hombre espiritual encontrarán la salida correspondiente en el hombre físico. Sin embargo, tiene que tener cuidado de no tratar nunca al hombre físico, sino de pensar en el hombre como totalmente espiritual, y si el hombre es espiritual en su totalidad, entonces su ser físico debe reflejar ideas espirituales. El practicante provee estas ideas espirituales y deja que la Ley de la Mente haga lo demás. Lo correcto es principiar el tratamiento con una seguridad silenciosa que el hombre, siendo espiritual, está exento de negatividad. El Amor Infinito armoniza el ser entero del hombre. Las corrientes sanadoras de la Vida corren a través de él, eliminando pensamientos y manifestaciones negativos, y ajustando totalmente su ser físico a la idea de la Armonía Divina.

NO TRATES DE PROCEDER
MAS ALLA DE TU ENTENDIMIENTO

Debido a que nuestro entendimiento espiritual no es suficiente para capacitarnos mentalmente a soldar huesos rotos, llamamos a un cirujano; como no podemos caminar sobre el agua, tomamos un barco. Podemos ir sólo hasta donde nuestro conocimiento espiritual nos lleve. El Principio es Infinito, pero nosotros demostraremos su poder sólo al nivel de nuestro concepto de Él. Cada día escuchamos noticias de científicos que hacen descubrimientos nuevos—leyes que han existido siempre pero que aún no han sido utilizadas.

No permitas que nadie desanime o empequeñeza tus esfuerzos al preguntarte, "¿Por qué no caminas sobre el agua como lo hizo Jesús?" No te desvíes a causa de estas sugestiones vanas, de estas obstrucciones mentales que algún descreído quiera poner en tu camino. Si tuviéramos el entendimiento que tenía Jesús, podríamos caminar sobre el agua. No importa que no podamos hacer esto ahora. Algún día vendrá alguien que podrá caminar sobre el agua.

Probablemente estamos al borde de un gran despertar espiritual. La humanidad está tan cansada de buscar cosas donde no existen, que más y más completamente abrirá el pensamiento al reconocimiento que el Espíritu es una Presencia activa. Pero *si ocupamos todo nuestro tiempo tratando de descubrir por qué no trabaja, nunca descubriremos cómo y por que sí trabaja.* Muchas veces el argumentar es una pérdida de tiempo. De alguna manera tiene que llegar cada individuo a la convicción interna que todos somos Uno con el Universo, y que el Espíritu fluye a través de nosotros al grado en que lo reconocemos y lo encarnamos. Porque este es "el camino, la verdad, y la vida."

La gente dice: "No puedo ver sin mis lentes." Pues úsalos, pero principia a hacer la declaración que hay una Visión Perfecta que ve por medio de ti. Esto es la Verdad. *Si esta declaración llega a ser una realización subjetiva, sanarás y ya no necesitarás los lentes.*

Si el vendaje enyesado te da alivio, úsalo; si una píldora te hace bien, tómala, pero gradualmente trata de dirigir tu pensamiento de donde estás hacia reinos más elevados en tu conciencia, donde el alma reconoce su propia naturaleza espiritual.

Supongamos que alguien no puede convencerse de la Verdad de la declaración que hace. ¿Cómo va a llegar al punto de creer? Repitiendo su afirmación, contemplando su significado y meditando sobre lo que significa espiritualmente hasta que su estado subjetivo de pensar se aclare. Esta es la única razón por la cual se repiten los tratamientos, pues un solo tratamiento sanaría si no hubieran dudas subjetivas. Los tratamientos repetidos inducen dentro de la conciencia un concepto definido de una verdad que ya está establecida, aunque el hecho no se haya exteriorizado todavía. Por eso es que el sanar mental es científico. No hay lugar para la duda en el tratamiento.

Realiza que tú haces el tratamiento con tu propio entendimiento; tú por ti mismo decides dar un tratamiento, *pero el tratamiento obra por medio de la Ley.* Nunca digas: "Yo no soy suficientemente bueno para dar tratamientos." En Dios no hay bueno, mejor, ni óptimo.

No permitas volverte supersticioso, porque estás tratando con una ley natural y normal en el mundo mental y espiritual. Esta ley es tan real como cualquier otra ley que conocemos. Nunca digas: "No estoy seguro de tener suficiente poder para hacer tratamientos." Con esa actitud mental nunca podrás sanar, *porque eso implica que crees que tú eres el que está efectuando la acción de sanar.* En lugar de eso, di "Al liberar las formas de mi pensamiento, el Principio en que yo creo obra sobre ellas. Esta es la Ley de Dios, la ley del hombre y la ley del Universo." Nunca digas o pienses: "Esta enfermedad es difícil de curar, mientras que la que se me presentó ayer era fácil." Si descubres que estás diciendo esto, *sánate tú mismo inmediatamente.* Esa creencia viene de la idea que estamos tratando con un poder que tiene límite y que ese poder conoce varios grados de incomodidad. La Verdad es que hay sólo Un Poder, y ese Poder sólo conoce la Perfección.

DEPENDE DEL PRINCIPIO

El Principio es el Poder que ha hecho todo. Es Absoluto, no será ni puede ser negado. La única cosa que puede negar a Dios es tú mismo.

No pienses en la enfermedad como una entidad sino como una fuerza de pensamiento impersonal. Al sanar, estás separando lo falso de lo verdadero. El trabajo es definido y dinámico, y se hace concientemente, siempre con un propósito claro en la mente.

Si tu propio pensamiento está claro, y puedes reconocer la Presencia del Espíritu en tu paciente, tu trabajo será efectivo. Por medio del uso apropiado de esta gran Ley Subjetiva, puedes imprimir una idea definida sobre ella, y si tú, tú mismo no la retiras o la neutralizas con otra idea opuesta, la ley la manifestará.

Entonces, lo que necesitamos hacer, es aprender la Ley que gobierna este Principio. Cuando das un tratamiento, estás poniendo una Ley Universal en movimiento definitivamente, *la cual no sólo tiene que aceptar lo que tú dices sino tiene también que aceptarlo de la manera que lo dices.* Si das el tratamiento con un sentido de lucha, se manifestará de esa manera. Si lo das con un sentido de paz, se manifestará de una manera pacífica.

Recuerda que tú no tienes que asumir responsabilidad por el alivio de tu paciente, *pero sí tienes la obligación definida de dar el tratamiento* apropiado, claro, completo y concienzudamente…cuando has acordado hacerlo. Tu responsabilidad es ver mentalmente la perfección espiritual de tu paciente detrás de toda apariencia contraria.

Cuando tengas ocasión de tratarte a ti mismo, menciona tu propio nombre, y sigue con el tratamiento como si fuese otra persona. O puedes decir, "Yo soy así…tal y tal cosa."

La enfermedad será sanada si arribas a la causa y la eliminas (y al decir *si arribas a la causa,* queremos decir llegar a la causa mental) con la condición que la persona por quien estás haciendo el tratamiento esté dispuesta a abandonar esa causa. *No puedes sanar a nadie de su dificultad si es resultado de alguna actitud mental que él no desea abandonar.* En este caso, encuentra la actitud mental y elimínala, enseñándole al paciente la actitud mental correcta. Es obligación del practicante descubrir las ideas falsas de la vida y reemplazarlas con la verdad. Si se puede hacer esto antes que la enfermedad destruya el cuerpo físico, el sanar siempre se efectúa.

COMO SON ADQUIRIDOS Y TRATADOS LOS HABITOS

¿Qué es un hábito? Un hábito es un deseo objetivizado—"el carácter continuado de los pensamientos y sentimientos de la persona"— deseo de algo que da satisfacción. La raíz de todos los hábitos es una cosa básica: *el deseo de expresar la vida*. El impulso de expresarse existe en toda persona, y este impulso, obrando a través de los canales de la Mente Creativa, desencadena una energía en acción y obliga al individuo a hacer algo. Detrás de este deseo está el impulso del Espíritu de expresarse. En el hombre, este impulso tiene que expresarse al nivel de su conciencia.

"Porque cada uno, por el gozo de trabajar,
  Y cada uno en su estrella singular,
  Dibuja el cuadro que mira
  Para el Dios de las cosas que son."

Unos se expresan constructivamente y otros destructivamente. Supongamos que un hombre que tiene el hábito del licor viene a ti para ser sanado. Tú no tratarías ese hábito. No orarías para que el hombre sane. Tú sabrías que estás tratando con un hombre que tiene el deseo de expresar la vida, y que por el momento cree que tiene que expresarla en términos de intoxicación. Una vez pensó que para él esto expresaba la realidad. Ahora ya sabe que no es así, pero no puede dejar el hábito sólo por su propia fuerza de voluntad porque parece que el hábito se ha apoderado de él. (Tenemos que recordar siempre que a menos que dominemos el pensamiento, el pensamiento nos dominará.)

Al dar el tratamiento, reconoce primero quién y qué es este hombre, diciendo algo así: "Este hombre es expresión completa y plena de la Verdad, y como tal está libre de todo sentido de limitación. No está adicto por sentir una inferioridad que necesita cubrir, porque él es individualidad única que expresa todos los atributos de Dios. Está libre del engaño o del temor al engaño. Sabe que el Espíritu de Verdad dentro de él está completo y está siempre complacido. No tiene más deseo que el deseo de expresar su propia divinidad, y tiene la seguridad de cumplir esto: 'Bienaventurados son los que tienen hambre y sed de justicia (de vivir rectamente) porque ellos serán saciados.' Ese hábito que se llama alcoholismo no tiene poder sobre él, y no puede obrar en él. Por el poder de esta palabra que ahora mismo yo estoy hablando, este hábito está completamente destruido y borrado para siempre." Luego, mentalmente míralo libre, expresando vida y felicidad en armonía.

TRATANDO EL DOLOR

Usa el pensamiento de paz con el reconocimiento de la Presencia Perfecta. Muchas veces, con sólo declarar: "Exactamente donde parece estar el dolor, está la Presencia de Dios," instantáneamente desaparece el dolor. *El reconocimiento perfecto* de esta Presencia lo logrará siempre. Reconoce que en esta Presencia no existe tensión, lucha, temor, ni sentido de conflicto. Tú debes conocer esto hasta que llegue a tu concienca un sentido de calma profunda, de paz y bienestar, y hasta que todo pensamiento de dolor sea eliminado.

El sanar ocurre en la misma medida en que introducimos pensamientos correctos a la subjetividad. Lo que queremos decir es que al pensar concientemente y con sentimiento profundo (sabiendo), plantamos la idea correcta en la Mente, y la Mente reproduce esta idea como efecto en el cuerpo. Tenemos que darnos cuenta que estamos usando un Poder que, al compararlo con toda la inteligencia junta de la raza humana, ésta no es nada. El practicante envuelve una idea en la Mente; es la Ley la que crea. Así como el practicante trata su propia mentalidad, que es simplemente un punto en la Mente, asimismo toca la mentalidad de su paciente. El practicante puede borrar la idea de dolor de la mentalidad del paciente cuando primero haya neutralizado la idea en su propio pensamiento.

REPITIENDO LOS TRATAMIENTOS

Un tratamiento es algo específico. Cuando estás haciendo tratamientos para neutralizar *cualquier forma* particular de enfermedad, debes hablar tu palabra de manera que neutralice la *creencia* en la necesidad de la condición. Cada tratamiento tiene que tener dentro de sí todo lo necesario para abarcar completamente el caso. Cuando des un tratamiento, reduce toda cosa a pensamientos—cuerpos, personas, objetos y todo lo demás—todo es cosa del pensamiento. Una vez que hayas reducido todo en pensamientos, debes saber que la enfermedad no es ni persona, ni lugar, ni cosa. No tiene ubicación, no le pertenece a nadie, y no puede obrar por medio de nadie. Debes saber que es una imagen falsa, sin poder, y en seguida, prepárate a disolverla mentalmente.

Siempre que des un tratamiento debes llegar a una conclusión completa. Siempre debes sentir que el tratamiento ya está realizado, completo y perfecto, y da gracias por la contestación, como si ya se hubiese objetivizado. En el intervalo entre tratamientos, no lleves el pensamiento del paciente contigo. Eso es dudar, y debes superar esta actitud mental. Cada tratamiento debe ser una declaración completa de la Realidad del Ser. *El tratamiento debe repetirse diariamente hasta que el paciente sane.* Aunque tome cinco minutos, cinco horas, cinco días o cinco años, el tratamiento debe continuar hasta que la situación queda corregida. Este es el único método que conocemos. No es suficiente decir que todo está bien. Esto es verdad en Principio, pero de hecho y según la experiencia humana, es sólo tan verdadero como lo hagamos. Continúa dando tratamientos hasta que obtengas resultados. El sanar se efectúa cuando el paciente ya no está enfermo, y hasta entonces, el trabajo mental debe continuar.

DOLOR DE CABEZA

Los pensamientos confusos, ansiosos o tensos pueden producir congestión en la cabeza. Los que se mortifican por bagatelas y piensan que están sujetos a las condiciones que los rodean, a veces sufren dolores de cabeza, pero la realización del poder vitalizante del

Espíritu dentro del cuerpo entero, pronto destruye la tensión y trae una sensación de desahogo al cuerpo.

Detrás de casi toda discordia o desorden, hay algún complejo subjetivo, un nudo mental, que necesita desatarse; generalmente, alguna emoción suprimida que tal vez está centralizada alrededor de los afectos—lo que nos gusta y lo que no nos gusta, amores y pasiones, y todo lo que va con ello. Estos nudos tienen que ser desatados y el practicante tiene la responsabilidad de desatarlos.

Cuando una persona está sufriendo de dolor de cabeza, muchas veces tiene buen resultado un tratamiento para obtener la paz. Si uno puede detenerse suficientemente y saber que: "La Inteligencia Infinita dentro de mí me eleva de la confusión, mortificación y duda," muchas veces no se necesita más. Y una regla perfecta para *prevenir* los dolores de cabeza es pensar correctamente. Sólo debemos pensar "en todo lo verdadero, en todo la decoroso en todo lo justo, en todo lo puro, en todo lo amable." A continuación sugerimos este tratamiento:

"No hay congestión ni confusión en el Espíritu, y este hombre es espiritual. No hay congoja ni dolor en la Conciencia de Dios cuando fluye dentro del hombre. Todas las ideas son asimiladas y encuentran perfecta expresión de alegría por medio de la fuente de Vida que no puede estar congestionada, atrasada, ni forzada. Las ideas se entienden completamente, su significado espiritual es asimilado, y no hay ningún mayor esfuerzo al ser expresadas. La corriente de la Fuerza de la Vida a los centros del cerebro, nunca está atrasada, y siempre es suficiente y continua."

POR QUE SE FATIGA LA GENTE

Si una persona dice para sí misma, "Yo trabajo demasiado," inmediatamente viene a través de su conocimiento la creencia en el cansancio. La persona que se queja constantemente que está cansada, ha sido hipnotizada por la ley de sugestión de la humanidad. Como ejemplo está la creencia que la persona que tiene más de cuarenta años de edad se fatiga fácilmente, no puede hacer ejercicio estrenuo de ninguna clase y tiene que trabajar menos horas cada día. Esta sugestión de la humanidad ha hipnotizado al mundo entero. Pocas personas, después de los cuarenta años, se atreven a iniciar nuevos esfuerzos en actividades con el mismo entusiasmo que lo hicieron cuando tenían veinticinco años. A lo que llamamos edad media, muchos se quejan de fatiga habitual. Por lo general se atribuye a esfuerzo excesivo o disipación general de reservas, pero frecuentemente, cuando se analiza, se descubre que la causa es mental—una resistencia profunda a ciertas condiciones que el paciente no ha podido cambiar.

Supongamos que alguien está atado por su confusión mental, que sus deseos lo atormentan, y que hay conflictos en su vida. ¿Qué ha ocurrido? El tuvo que haber estado depositando continuamente *pensamientos contrarios* en su mentalidad; y cuando la acción mental— la fricción—ocurrió, produjo un cuerpo muy cansado; y si el caso es extremadamente caótico, pudo producir lo que se llama postración nerviosa. Sin embargo, no era el cuerpo lo que estaba enfermo sino era una condición que resultó por causa del pensamiento erróneo.

Ahora, si el pensamiento subjetivo fuera una cosa separada de nosotros, si no tuviésemos acceso conciente a él, no podríamos cambiarlo; pero siendo que es resultado de la manera en que el pensamiento trabaja, *podemos* cambiarlo concientemente. Si esto no fuera verdad, el sanar mental sería imposible.

Podemos librarnos de la fatiga al saber que tenemos dentro de nosotros—siempre a nuestro alcance inmediato—una Fuerza Infinita. Así que permitimos que esta idea penetre nuestra conciencia interior, nos sentimos fuertes, llenos de vitalidad y capaces de solucionar cualquier emergencia. "¿No sabéis que sois el templo del Dios viviente?" Este poder dentro de ti es el mismo poder que sostiene los planetas en el espacio. El poder que respalda tu palabra es ley perfecta, y se cumple y vuelve a ti como tu *fuerza perfecta*.

TRATANDO LA DEMENCIA

Al tratar una persona que parece estar demente, date cuenta que hay sólo Una Mente, esa Mente es Dios, y es Perfecta. Esta es la Unica

Mente que existe. Es la Mente de tu paciente; es tu propia Mente. Esta Mente, siendo Completa, Perfecta, Entera e Indivisible, no puede obrar bajo engaño; no puede ni por un sólo momento, perder el Conocimiento de Sí Misma. Después que hayas comprendido esta Verdad acerca de la Vida, sabe que también es verdad acerca de la persona que estás tratando. Su pensamiento es perfecto. Si uno comprendiera esto totalmente, sabiendo que existe sólo una Mente, no habría duda ni confusión, y la mentalidad del paciente dejaría de estar trastornada.

El practicante nunca debe permitirse pensar que el paciente ha "perdido la mente." Si por algún momento se nublase su conocimiento con esta creencia, sería verdaderamente "el ciego guiando al ciego." El practicante tiene que creer que existe sólo Una Inteligencia en el universo, y que esta Inteligencia está presente dondequiera y fluye libremente a través de cada individuo. La mentalidad del hombre es un punto en la Mente Universal donde todo se sabe. En esta Mente, todas las personas son racionales y serenas.

TRATANDO PROBLEMAS DE PULMONES

La idea espiritual del pulmón mismo es universal y perfecta, nunca ha cambiado. Ha sido, es y será perfecta. Pero el hombre, por el medio creativo de su pensamiento, ha causado la apariencia de enfermedad en el pulmón. Detrás de esa enfermedad hay una pasión que consume, una emoción, un deseo fuerte que no han sido expresados. El sanar ocurrirá al grado que el practicante neutralice esa creencia y perciba la presencia de un pulmón perfecto.

¡El practicante reconoce que hay un cuerpo perfecto, un ser perfecto, Dios perfecto, hombre perfecto, expresión perfecta, bronquios perfectos, tráquea perfecta, pulmones perfectos! El practicante tiene que elevar su propio pensamiento si ha de sanar. La palabra que habla es ley, es poder; sabe que es lo que es. Es la ley hacia ese caso. En ese mismo momento está conciente que la palabra que habla neutraliza y destruye completamente el pensamiento falso y la condición falsa. Dice, "Hay un cuerpo; este cuerpo es el Cuerpo de Dios, y es Perfecto; nunca se agota, su vitalidad no disminuye. No hay derroche ni agotamiento en la substancia, porque la substancia es eterna, inmutable y perfecta. Este Cuerpo es el cuerpo de mi paciente ahora mismo."

El continúa hasta que en su propia mente haya abarcado todo lo que parece ser la causa mental de la condición falsa. Si hace esto día tras día, el paciente sanará, aunque el practicante nunca piensa en el paciente, excepto para saber que la palabra de Verdad ha sido dicha por él. Nunca se pregunta a sí mismo si estará haciendo efecto su palabra, sino que sólo dirige su palabra hacia la Inteligencia y deja que ésta actúe.

La vida humana es la encarnación de Dios en el hombre. Con cada respiración, aspiramos esta vida al inhalar y la vertimos al exhalar. Los pulmones se renuevan constantemente con cada respiración. Con cada inspiración nueva del pensamiento nos apropiamos algo de Dios. Y al expresar la vida, con fe y buenas obras, expresamos a Dios. Cuando asociamos nuestro respirar con la verdadera Vida y Luz de Dios, nada puede retardar la corriente de esta vida a través de nosotros. Una buena meditación para el practicante o el paciente que teme a la enfermedad de los pulmones es la siguiente:

"La Única Vida Infinita y la Unica Substancia es la única Vida y Substancia que existen; y esta Vida y esta Substancia son mi Vida ahora mismo. Expreso esta vida a través de un cuerpo espiritual que es, y continúa siendo perfecto. No hay derroche ni destrucción de ninguna parte de este cuerpo porque lo que es Eterno nunca puede dejar de existir. Cualquier parte que parece deteriorada está renovándose ahora mismo por la misma Vida de Dios que fluye dentro y a través de mí.

"Borro de mi conciencia la creencia que los tejidos de mi cuerpo pueden deteriorarse, inflamarse o destruirse. Alegremente, pacíficamente, con expectación y con toda confianza, doy mi cuerpo—cada tejido, átomo y función—al Espíritu de Vida, el cual en Su Perfección, ahora mismo me renueva y me reconstruye. Esa Substancia de la cual está creado mi cuerpo es Espiritual y está mantenida por la Esencia Todopoderosa del Espíritu."

LA VISIÓN

Según las Escrituras, la mente y el cuerpo deben mantenerse puros—deben mantenerse "enfocados" al bien—para lograr una visión perfecta y permanente. "El ojo es la lámpara del cuerpo. Así que si tu ojo es brillante, ten la certeza de que todo tu cuerpo estará lleno de luz...todo lo contrario será si tu ojo está enfermo. Ten por cierto que tu cuerpo estará en oscuridad." (Mat. 6:22,23)

Pero los ojos por sí solos no pueden ver. La mente es la que ve, la que interpreta lo que ven los ojos. Los ojos verdaderamente pueden ser llamados "las ventanas del alma." Representan la habilidad de la mente de discernir y comprender. Al iluminarse nuestro entendimiento, habitualmente decimos, "Ya veo, ya veo," lo cual significa que discernimos mentalmente. *¡El hombre que realiza claramente su Unidad con todo bien debe tener una vista fuerte y clara!*

Dios ve, y Su Mente es la única Mente que existe. Es la Mente del hombre, y por consiguiente, el hombre también ve, aunque no lo sabe. No temas proclamar esto porque es la verdad. No hay obstrucción a la vista, ni miopía, ni hipermetropía; no hay vista falsa, débil o confusa. Hay Un Mirar Perfecto, que ahora mismo ve a través de ti...que ahora mismo está viendo a través de mí.

Cuando dejamos de usar cualquier órgano, se atrofia. ¡Como los ojos son los órganos del alma, cuando no usamos los poderes del alma, perdemos el uso de los órganos por los cuales funciona! Si no permite uno que la mente vea por medio de los ojos, la vista se torna confusa e imperfecta. Para recobrar esta, uno debe hacer uso de la vista interna.

En caso de vista defectuosa, declara que la vista espiritual es clara, y que tu fe en la substancia espiritual es firme. Cuando la fe toca cierto punto en nuestra conciencia, y la luz del entendimiento espiritual despierta en nosotros, glorificamos lo bueno. Si hemos sido ciegos en lo exterior, nos vuelve la vista. Debemos alabar nuestra vista. La claridad de la vista espiritual debe reflejarse por medio de nuestros ojos.

Siempre debe uno estar conciente de la idea de la Totalidad de la Vida—función perfecta en todo aspecto. El practicante debe saber que la Substancia Espiritual nunca ha sido destruida en ningún punto, o en ningún plano de expresión, y que la vista de su paciente es perfecta e indestructible ahora mismo. Declara diariamente: "Por medio de mis ojos Dios ve la perfección de Su Reino. Yo también veo la perfección en toda la creación...la belleza del Dios Omnipotente."

Los pensamientos de deshonestidad y de sospecha hacen los ojos evasivos. Pensamientos de temor, desolación y falta de esperanza opacan los ojos. Los ojos brillan con amistad y buen humor cuando son animados por la luz del amor, la alegría, la fe y el propósito noble.

Debemos agradecer la ayuda de los lentes si creemos que nos ayudan, pero tenemos que saber en nuestro interior que no dependemos de ellos. Afiánzate en este pensamiento: "Levantaré mis ojos hacia Dios, de donde viene mi vista perfecta." De esta manera estamos reconociendo la condición pero no como una entidad, y le estamos dando a la Mente Subjetiva un molde nuevo (o sea, el molde *original*) de ojos perfectos...vista perfecta. "Por medio del prisma del amor de Dios, reconozco la Unidad de Dios y el hombre; tengo vista perfecta ahora mismo."

ESTREÑIMIENTO

Nunca pienses que una persona enferma sólo tiene el cuerpo enfermo. Si lo haces, encontrarás que estás tratando al cuerpo. ¿Por qué no debemos tratar al cuerpo? Por la sencilla razón que la causa de la enfermedad no está en el cuerpo. El cuerpo es efecto, no es causa. *Tienes que saber que los cuerpos y las condiciones nunca se mueven por sí mismos, tienen que ser movidos por alguien o algo.* Una persona enferma es la que tiene pensamientos enfermos lo mismo que un cuerpo enfermo.

Muchas veces el estreñimiento se debe a la creencia en limitación o carga, y se ayuda mentalmente sabiendo que no hay restricción ni falta de actividad, ni esclavitud, ni temor, ni congestión. Comprende que toda acción es normal, armoniosa y perfecta.

Cualquier pensamiento que produce tensión mental—el temor a

la escasez, a la dificultad, a las enfermedades de todas clases, a perder amistades, a perder posiciones—puede manifestarse como estreñimiento. Cualquier clase de pensamiento o temor retarda la acción libre de las fuerzas de vida, interfiriendo grandemente con las funciones del cuerpo.

En estos casos, debe darse tratamiento para un total desahogo. Es bueno saber: "La Inteligencia Divina dentro mi gobierna, domina y dirige todos los órganos de mi cuerpo de una manera que funcionan perfectamente de acuerdo con su naturaleza. Soy un canal abierto para que el bien fluya en mi, a través de mi, libre, generosa y alegremente."

Todo pensamiento de crueldad perturba al cuerpo entero. Salomón nos dice que "el que es cruel, mortifica su propia carne," y cada pensamiento adverso es cruel. Pensamientos de paz y de buena voluntad, el reconocimiento de la unidad en todos los hombres, producen armonía, y efectúan la eliminación perfecta del cuerpo.

Es necesario desprendernos de todos los pensamientos—lo mismo que de las cosas—que congestionan nuestras vidas. Recordemos que hay algo semejante a lo Divino en la inteligencia y el valor de los órganos de nuestros cuerpos, en la manera que toman lo que necesitan para su sostenimiento y bienestar, y desechan lo que no necesitan. Si los órganos del cuerpo hicieran lo que ordinariamente hace el hombre con sus hábitos adquisitivos—si los pulmones acumularan secretamente el aire que toman, si el corazón guardara la sangre fresca entre sus paredes y se rehusara a dejarla circular, si el estómago retuviera toda la comida que se toma para la nutrición, ¡qué condición más perturbada tendríamos! Pero por el contrario la verdad es que asimilación, eliminación y circulación tan perfectas, jamás han sido igualadas por el hombre en ninguna de sus invenciones.

"Sabrás la verdad y te hará libre." Esta es una promesa que todos hemos comprobado en cierto grado. Si pudiéramos comprender el significado completo de la Substancia Espiritual, quedaríamos libres para siempre de pensamientos congestionados—egoísmo, codicia y glotonería—que han sido llamados *los desperdicios de la mente.*— Entendiendo esto, nos veríamos libres de sus efectos. Muchas veces se pronuncia la palabra para sanar y no parece que obra porque hay alguna obstrucción que le estorba. Algunas personas son obstinadas, resistentes, testarudas, y tienen que sanarse de esas creencias. El practicante tiene que saber que no hay resistencia a la Verdad, y no hay pensamiento en ningún lugar que pueda impedir que el conocimiento perciba la Verdad. *No importa* cual sea la condición falsa, tú debes organizar tus argumentos mentales en contra de la condición. Estudia el pensamiento desde todos los ángulos hasta que, por razón o por fortuna, encuentres lo que está mal. *Cualquiera puede ayudar al enfermo quien pueda alejarse del efecto por tiempo suficiente para percibir una causa diferente…una causa perfecta detrás de lo que parece ser un efecto imperfecto.*

Un pensamiento de amor siempre produce el alivio, particularmente cuando se trata del estreñimiento. Si el practicante comprende totalmente que el Amor cumple todas las leyes de la vida—de su vida, y de la vida del paciente—que no hay restricciones, ni pesares, ni inhibiciones en el Amor, que es la vida misma interior, el sanar se producirá.

Si uno se diera tiempo cuando menos una vez al día, y abandonara lo que no es verdad, apreciara la Realidad, descartara toda duda, desconfianza, mortificación, condenación y temor, y valorizara la Vida en su expresión de belleza, de verdad y de unidad, su congestión mental sanaría. Mantén la mente y el cuerpo abiertos para recibir la Verdad. Es el punto de vista estático, fijo, o inflexible lo que produce en el cuerpo y en los músculos la tendencia a funcionar de una manera tensa y menos activa. Mantén firmemente el pensamiento en la idea de que la vida entera está en un estado de fluidez eternamente. Desahoga tu pensamiento y permite que la libre corriente de la Esencia de Vida fluya en ti y por medio de ti, y tu cuerpo responderá a su actividad restauradora. La inactividad pronto se desvanecerá en la nada, en el ritmo y armonía de todas las funciones de tu cuerpo.

LA PIEL

La piel representa una cubierta temporal pero perfecta, que responde siempre a esa calma interna y profunda, donde la Vida está en equilibrio en Sí Misma. No existe nada en el Espíritu que se rompa o haga erupción, que congestione o contamine. Por dentro es perfecta.

BRAZOS Y MANOS

Los brazos y las manos representan la habilidad del hombre de captar ideas; de sostener sus convicciones de la verdad; de extenderse y alcanzar la Realidad; de ser partícipe de los Beneficios Divinos.

PIES Y PIERNAS

Los pies y las piernas representan la habilidad del hombre de caminar erguido; de ser dirigido hacia la verdad; de ser guiado por la Mente que está siempre presente.

BROTES FALSOS
(Tumores, cáncer, cálculos biliares)

Debemos pensar en el estado subjetivo de nuestro pensamiento como nuestra atmósfera en la Mente Universal, porque no nos podemos separar del Universo. Existe sólo Una Mente, y nosotros existimos en Ella. Existimos en Ella como inteligencia. Esta Mente acepta nuestro pensamiento y obra sobre él. Las emociones destructivas, deseos o ideas destructivas, si no son neutralizados, de alguna forma se manifestarán en el cuerpo, y pueden producir enfermedad. La enfermedad no podría manifestarse sin el pensamiento, no importa cual fuese la enfermedad. Estamos rodeados de una Inteligencia Receptiva que recibe la impresión de nuestro pensamiento y actúa sobre el mismo.

Si puede eliminarse el pensamiento de brotes falsos, su manifestación se puede curar. Declara: "Cada planta la cual no ha sido sembrada por mi Padre Celestial será arrancada." El Padre Celestial es la Realidad del hombre y es Presencia y Perfección Eterna. Disuelve la idea de brotes falsos sabiendo que no existe nada con que se alimenten. Borra la creencia en tu propia mentalidad y la borrarás de la mentalidad del paciente, y así proyectarás el poder sanador en su cuerpo.

Al tratar el cáncer y los tumores, tiene que haber una armonización en la conciencia que ha de limpiar la sangre. Declara: "El Amor Divino dentro de mí remueve de mi conciencia todo pensamiento que no se asemeja a Dios (El Bien). En mi cuerpo físico sólo hay lugar para la perfección, porque el pensamiento que mantiene y nutre mi cuerpo sólo sabe de perfección; nada puede existir excepto lo que proviene de la Unica Mente Creativa, y nada puede crecer a menos que haya algo que lo alimente, por consiguiente, sé que mi pensamiento no mantiene ningún falso brote, conciente o inconcientemente originado.

"La depresión, el malentender, la mala adaptación o frustración que hayan existido en mi vida están erradicados. Dios es la Unica Causa de toda manifestación *y no puede haber* causa para el desarrollo de algo contrario o superfluo al orden divino. Por lo tanto, no puede haber *nada* dentro de mi cuerpo que no exprese perfección. La Vida de Dios, dentro y por medio de mi es eternamente limpia y sana, y renueva cada órgano, y cada átomo de mi cuerpo según el molde de perfección."

Las falsas causas mentales son eliminadas por la frescura del pensamiento, y sostenidas por la perspectiva afirmativa de la fe y la confianza en la perfección de la vida. *El único acrecentamiento que sucede en mi cuerpo es lo que produce la actividad del Principio Perfecto*, y lo que el cuerpo no puede usar queda eliminado libremente.

Hemos aprendido que sólo hay Una Substancia, de la cual todo está hecho...repollos y reyes, manos y casas, dinero y gente...por consiguiente, cualquier condición errónea en el cuerpo humano está hecha exactamente de la misma substancia de la que está creada la forma más perfecta. La luz pura y perfecta del Espíritu disipa y desvanece toda forma discordante, porque todo lo que no ha sido implantado por el Espíritu Divino no tiene ley que lo sostenga.

Ya sea que se trate de cáncer, fibroma, quiste cebáseo, o cálculos biliares, el practicante debe saber que el Espíritu que vive en su paciente es perfecto y está completamente manifestado, y que cada sombra de conclusión errónea queda eliminada. El brote falso no es ni persona, ni lugar, ni cosa; no tiene vida que lo sostenga, no puede crear raíz en la Verdad; no tiene vitalidad, ni substancia, ni poder, y no puede ser alimentado por la Verdad.

ELIMINANDO EL COMPLEJO

Supongamos que alguien está constantemente diciendo: "Todo está mal en el mundo. La Gente está equivocada, las cosas están mal, las condiciones están mal. Todo es enfermedad e infelicidad. Nada parece que valga la pena." Tú, como practicante, no te debes perturbar por estas quejas. Tu responsabilidad es eliminar este complejo, porque estas emociones internas crean condiciones externas, en el cuerpo y a través de él, y son responsables en alto grado de la enfermedad en el mundo.

El Tratamiento Mental-Espiritual corrige a La conciencia por medio del pensamiento claro. Cuando el conocimiento interno está de acuerdo con la Verdad, entonces—y no hasta entonces—se realiza una demostración. Examina específicamente los pensamientos que están equivocados y usa el poder de tu palabra para sanarlos.

La profesión médica toma en consideración los pensamientos que hay detrás de la enfermedad, y muchos médicos eminentes profundizan en el "complejo," la "obsesión," o "el mecanismo defensivo," revelados por el pensamiento del paciente, los cuales dan como resultado la ceguera, la sordera, el mutismo, etc.

En el sanar mental espiritual, reconocemos que la causa nunca es material, ni física. Hay sólo Una Primera Causa. No obstante, con frecuencia es necesario que el practicante diagnostique el pensamiento de su paciente; de hecho, este es un punto importante en el sanar. Esto es psicoanálisis (de psiques, o alma). El psicoanálisis es el análisis del alma o mente subjetiva. Este enseña que dentro del alma o mente subjetiva caen todas las semillas de nuestros pensamientos, y que la mayoría de los problemas físicos del hombre son causados por algún conflicto interno. La mente conciente, deseando ciertas cosas que no puede tener, envía al pensamiento subjetivo deseos opuestos que entran en conflicto unos con otros y mentalmente destruyen o atan; y al manifestarse en el cuerpo, producen enfermedad. Se dice que setenta por ciento de todas las enfermedades son el resultado de emociones suprimidas. Estas emociones no son necesariamente emociones sexuales, sino pueden ser cualquier deseo suprimido.

Es probable que cuando Jesús perdonó al hombre sus pecados, supo que el hombre tenía dentro de sí un complejo de condenación. El sentimiento de condenación que lleva la humanidad es muy pesado, y tiene que eliminarse. Por eso dijo Jesús; "Tus pecados te son perdonados." Son nuestros sentimientos los que nos hieren. Se ha dicho: "La vida es una comedia para el que *piensa*, y una tragedia para el que *siente*."

Reconocemos que todo está en la Mente, y que nada se mueve, sólo la Mente. Que la Inteligencia está detrás de todo, obrando por medio de la fuerza del pensamiento que es concreta, definida y real. La razón por la que muchas personas no se dan cuenta que el sanar mental es posible es que no entienden el significado de causalidad; no comprenden que la Inteligencia esta detrás de todas las cosas; que existe sólo Una Inteligencia Fundamental en el Universo; y que el individuo es simplemente un punto donde esta Mente Unica se manifiesta como persona. La enfermedad tiene que venir por medio de la mente para poder obrar en nosotros. Existe sólo Una Mente Subjetiva en el universo, y siempre estamos pensando dentro de Ella.

El practicante habla con su paciente, le explica la Ley de la Mente, le enseña el camino, diagnostica su pensamiento, le indica que ciertas actitudes mentales producen ciertos resultados físicos, le enseña como armonizar su pensar, como estar en paz, y como confiar y creer en el Bien. Es decir, el practicante lo eleva mental y espiritualmente, y sostiene su pensamiento hasta que el paciente lo pueda hacer por sí mismo.

El practicante tiene que estar lleno del Espíritu de Compasión Divina. Tiene que tener un sentido profundo y subyacente de unidad y afinidad, de otra manera de poco servirá; *pero no debe tener afinidad con la enfermedad*. La única garantía que tenemos de nuestra Divinidad es su expresión a través de nuestra humanidad. Por consiguiente una alma iluminada entiende el significado de la afinidad y lo practica, pero no morbosamente.

PROBLEMAS DEL CORAZON

El corazón es el centro del Amor Divino y de la circulación perfecta. Su acción es armoniosa, vital, adecuada y completa. No hay acción falsa o incorrecta. Las pulsaciones de la vida son firmes, constantes y perfectas. "No permitas que se aflija tu corazón." El amor es el centro del ser del hombre, y las pulsaciones de la Vida, serenas y continuas, son gobernadas por el Amor.

A Salomón se le acreditan muchas palabras sabias de las cuales ninguna es más apropiada aquí que la amonestación, "Guarda con diligencia tu corazón, porque de él mana la vida." (Prov. 4:23) En la época en que no sabíamos si las emociones debían expresarse, reprimirse o suprimirse, la referencia al corazón no era tan significativa como lo es hoy. Ahora, a la luz de la experiencia, no existe duda que cualquier cosa que toca la naturaleza benevolente del hombre contiene dentro de sí el poder de construir o destruir el cuerpo físico. El registro diario de las fatalidades por causa de "problemas del corazón" contiene la evidencia de esto. Un choque repentino, una pérdida terrible—particularmente pérdida de amor—TEMOR de todas clases, son algunos de los pensamientos que pronto se manifiestan en el cuerpo del hombre como "problemas del corazón." El remedio para estos es el AMOR. "El Amor Perfecto desecha el temor," y tratándose de problemas del corazón debe usarse un valor Divino, un propósito firme, una determinación de pensar solamente en lo que es de Dios.

Generalmente en todos los casos de enfermedades del corazón se les puede encontrar el origen en los pensamientos de tensión y falta de armonía; a veces, al seguirles la pista, se puede llegar a decepciones o desacuerdos con personas amadas; a condiciones financieras adversas; o a la creencia de que podemos estar en una posición en la cual Dios está ausente. Repitiendo, el remedio para toda enfermedad del corazón es el AMOR. Al corazón se le conoce como el centro de amor, que es el bálsamo que sana cualquier pensamiento discordante. Así que hacemos real nuestra Unión con la Inteligencia infinita, nos liberamos de la incertidumbre y del dolor. Mientras entendamos que nuestro corazón es un centro viviente a través del cual el Amor de Dios sale siempre a bendecir no sólo nuestras vidas sino también las vidas de todos los que tocamos, nuestro corazón no puede sentir aflicción.

Otro punto que debe considerarse cuando se trata de enfermedades del corazón es la idea de la edad. La sugestión de la humanidad lleva consigo una firme creencia acerca de las condiciones tristes que se presentan cuando la persona "envejece." Entre estas está la condición física que llamamos *endurecimiento de las arterias*, que obstruye la corriente de la sangre al cerebro. El tratamiento debe formularse de tal manera que se reconozca que existe sólo Una Mente; por consiguiente, ninguna idea de depresión, temor, o sugestión de falta de perfección, puede fluir por Ella. El hombre es inmortal, es Espíritu eterno; y esto es lo que debemos estar concientes en nuestro trabajo. Esto no deja nada que pueda nacer, crecer, deteriorarse y morir. La vida no puede envejecer. Dios—en nosotros, a través de nosotros, y como nosotros—sólo puede expresarse de acuerdo con Su Propia Naturaleza, la cual es Perfección. Por lo tanto, la Ley de nuestro ser es Ley de asimilación, eliminación y circulación perfectas; y es Ley que neutraliza todo lo que no es semejante a Ella. El conocer nuestra Unidad con la Vida de Dios que existe alrededor y dentro de nosotros, que esta vida es gobernada por la Ley y la Armonía Divina dentro de nosotros, y que sólo necesitamos cooperar mentalmente con esta Ley de Vida—sanará cuando reconozcamos Su presencia y actividad dentro de nosotros.

Algunos médicos dicen ahora que la acción del corazón es acción refleja, y que la dilatación y contracción del corazón es gobernada por centros de nervios simpáticos en la columna vertebral; y mientras dicen que la voluntad no gobierna el latido del corazón, *las emociones sí afectan al corazón, y un pesar repentino e inesperado a veces causa la muerte instantánea.* Los pensamientos de amor a la humanidad eliminan la tensión, estimulan el corazón hacia la acción saludable, y envían nueva vida a cada parte del cuerpo. "Bienaventurados los puros de corazón porque ellos verán a Dios."

ENVENENAMIENTO DE CUALQUIER CLASE

El tratamiento es similar en todos los casos de envenamiento. El sanar tiene que provenir por medio del reconocimiento que el cuerpo es substancia pura del Espíritu. Existe sólo una Substancia, Una Inteligencia—Dios—y todos los órganos del cuerpo expresan y manifiestan a Dios, es decir, a la perfección. La sangre del cuerpo es la objetivación de la corriente de vida pura y perfecta siempre, llenando cada vaso de sangre, y circulando libre y suficientemente. No puede haber separación de Dios ni puede haber creencia en una vida aparte de Dios (Bien), ni pensamiento negativo, ni idea de envidia, odio, malicia o egoísmo que pueda alojarse en la conciencia para envenenar la Vida pura de Dios que corre dentro y a través del hombre.

PARALISIS

Usa la idea que la Vida no puede paralizarse o ser inactiva. La Vida siempre está presente en toda Su plenitud. Por lo tanto, donde parece que existe cualquier forma de inactividad, debemos esforzarnos por reconocer e incorporar la presencia de Vida y acción. El Espíritu ni es inactivo ni superactivo; nada puede agregarse o eliminarse a su acción; donde parece haber falta de acción debemos declarar acción correcta. Como en el caso del estreñimiento, existe la idea de restricción detrás de la manifestación de la parálisis; muchas veces tratamos con una persona de naturaleza muy emocional, y a veces, aunque no muy a menudo, con mucha testarudez y resistencia a sanar.

A veces el esposo o la esposa, al ver a su cónyuge sufrir de parálisis, resiente tanto su esclavitud que le da *más poder a esa creencia*, y la misma condición principia a manifestarse en su propio cuerpo. A esta persona se le debe enseñar que en la Mente existe libertad perfecta; y que en esta libertad, nada puede atarlo ni mental ni físicamente; que nada de lo que él haya hecho o pensado, o que otro haya hecho o pensado, puede atarlo; que la misma Vida de Dios es su libertad, que esta Vida y Acción Infinita le *ordenan* que manifieste la verdad de él mismo en el plano subjetivo.

Cuando Jesús sanó al paralítico, primero lo sanó en su conciencia y luego le dijo que tomara su cama y se fuera. Este es el ejemplo perfecto que debemos seguir para sanar la parálisis. El practicante debe saber sin ninguna sombra de duda, que el mismo poder por el cual el paralítico tomó su cama y caminó—el poder por el que Jesús levantó su cuerpo—es exactamente el mismo poder por el cual brazos y piernas que se encuentran paralizados ahora recobran la vitalidad y sanan. Tiene que crearse una conciencia de la Única Presencia Interna, y el paciente deberá de aceptar este conocimiento y obrar de acuerdo con él. *La Vida es una idea que está presente en todo lugar en la Mente, y tiene que aceptarse que está presente en los órganos que parecen estar paralizados.* Una buena meditación en estos casos es la siguiente:

"El Espíritu Infinito, la Esencia Completa de la Vida, es ahora mismo mi vida. Aquello que recibe la vida del Espíritu Perfecto tiene que expresar o ser lo mismo que Lo que le dio la vida. Mi pensamiento contempla el yo verdadero, y ese pensamiento aclarado facilita la obra de la Esencia de la Vida a través de mi.

"No hay falta de acción ni parálisis en la Mente de Dios. Toda vida manifestada es parte del Cuerpo de Dios. Mi cuerpo es parte del Cuerpo de Dios; ahí donde parece no haber acción existe la vida verdadera y la acción verdadera. La vida del Espíritu que fluye libremente ahora mismo está dando energía a cada parte de mi ser, incitándolo a la vida y a la acción. El Espíritu jamás ha estado paralizado ni puede estarlo. Siento la vida en acción y la energía del Espíritu fluyendo a través de mí. Yo soy libre.

"La coordinación y el funcionamiento de las partes de mi cuerpo, en su acción correlativa, están a ritmo perfecto y en armonía. Estoy conciente de esta perfección...belleza y acción perfecta...primero en mi pensamiento y luego en mi cuerpo a medida que se va manifestando. Ya no pienso en la esclavitud. Ya no me afecta la creencia de que existe o puede existir vida o acción separada de Dios. No lucho. Siento la libertad dentro de mi. Está completa, perfecta y fluye ahora mismo. Me entusiasma vivamente la Fuerza Todopoderosa del Universo al correr por mi cuerpo. Llena cada parte de mi cuerpo de vitalidad, de vida y de acción nueva. Soy el poder de Dios dentro de mi haciendo al hombre físico perfecto. *Yo soy libre.*

"Se que fluye a través de mi la Esencia Perfecta de la Vida. Mi cuerpo es el lugar donde mora esta Vida. Mi cuerpo está hecho de la Substancia Eterna y Perfecta. Mi cuerpo refleja el movimiento perfecto, la facilidad rítmica de la Mente en acción. La Vida Perfecta es mía."

ASMA Y FIEBRE DEL HENO

Muchos médicos creen que las "personas nerviosas" y las que primordialmente hacen trabajo mental sufren de fiebre de heno con más frecuencia que otras, y que la fiebre de heno ataca solamente a las que están predispuestas a ella. Generalmente se acepta que es resultado de excesiva sensibilidad de la nariz al polen de ciertas flores o plantas, y hasta al pelo de ciertos animales.

Tenemos que saber que lo que aparenta ser fiebre de heno no tiene poder sobre nosotros, que estamos inspirados y dirigidos por la Mente Infinita, y que la discriminación y el juicio están establecidos en nosotros. Al tratarte a ti mismo, declara que cada día eres capaz de expresar grandes posibilidades que son tu herencia divina; que estás ocupado expresando el bien y no tienes tiempo de pensar en el temor al asma o a la fiebre de heno.

Reconoce que sólo tú guardas la puerta del "Templo del Espíritu Santo," tu cuerpo. Tienes el poder de decidir qué entra en él. No puede entrar nada falso mientras estás reconociendo tu Unidad con la Vida Infinita. El polen que creías que te irritaba está hecho de la misma substancia que tu cuerpo. Tú produces sólo pensamientos de paz, de amor y de gozo, y ningún pensamiento o cosa irritante puede venir a molestar o estorbar el funcionamiento perfecto de cada órgano de tu cuerpo. Los pasajes de tu mente están abiertos solamente a la entrada y salida del bien. Eres sensible sólo al bien; radicas en un conocimiento elevado; entiendes la Vida en su propósito espiritual; sientes alegría, vitalidad y entusiasmo.

Está escrito que el aliento de Dios infunde vida a la creación con la presencia viva de una divinidad pura. ¿Qué aliento respiramos sino es el aliento verdadero, libre, y que corre por los canales de receptividad pura, de la Inteligencia Infinita y de la Vida perfecta de Dios? Deja que tu pensamiento habite no en el aliento o falta de aliento, *sino en lo que respira.* Siente la libertad de esta Vida de Dios que fluye dentro y por medio de ti. Tú no creaste la Substancia Original de la cual fue formado tu cuerpo. Dios Mismo hizo tu cuerpo para que sea usado como Su propia experiencia. Este canal debe ser perfecto. Con suave flexibilidad, libera tu pensamiento de ansiedad o tensión, indecisión, mortificación, o inquietud profunda, sabiendo que solamente tienes que mantener tu pensamiento firme y claro; fijo en la perfección potencial del Universo en que vivimos. Cuando hayas elevado tu conocimiento de esta manera, usa esta meditación:

"Mi cuerpo entero es ahora mismo un canal receptivo para la operación de la Vida de Dios. Mi pensamiento es puro, relajado y pacífico. Mi respiración no está obstruida (asma); mi pensamiento no es sensible a ningún sentimiento discordante o desagradable (fiebre de heno) *pues la Mente no podría jamás abrigar un sentimiento desagradable.* Yo respiro la Esencia Eterna de la Vida. Estoy purificado y fortalecido por este aliento. Soy libre de toda creencia que no sea de Perfección."

PROBLEMAS DE LOS NERVIOS

Al llegar a comprender que los pensamientos son cosas, vemos también que una clase diferente de pensamientos produce una clase diferente de efectos. No existe sino una Verdad o Realidad pero siempre se nos presenta en formas variadas de Sí Misma. Estas formas son desfiguradas temporalmente por causa del poder creativo de nuestro propio pensamiento. Porque no debemos olvidar que lo que llamamos *nuestro pensamiento,* es verdaderamente el lugar donde usamos la Mente Creativa Misma. Nuestro pensamiento es creativo no porque lo deseamos, sino PORQUE ASI ES POR SI MISMO. NO PODEMOS CAMBIAR ESTO NI

ESCAPAR DE SUS EFECTOS EN NUESTRA VIDA.

Por consiguiente, podemos ver que algunos pensamientos deprimen mientras que otros estimulan. Y todos, de acuerdo con la Unica Ley, que gobierna nuestras vidas. Reconociendo esto, comprendemos qué queremos decir cuando decimos que se deben usar ciertos pensamientos para tratar ciertos casos.

Consideremos qué clase de pensamientos debemos usar para tratar problemas de los nervios. No negamos que algunas personas sufren de esta o de cualquier otra causa. Nosotros lo que hacemos es afirmar que el pensamiento ayuda y tiene la posibilidad de sanar completamente la dificultad. Los nervios ciertamente representan la forma más elevada de inteligencia que fluye a través del cuerpo. Verdaderamente los nervios representan la mente en su forma más elevada al controlar al cuerpo humano.

El tratamiento general para desórdenes de los nervios debe incorporar pensamientos de paz, de equilibrio y de poder. No existe tensión ni lucha en el Universo. Todas las acciones de la Vida son armoniosas, firmes, seguras y tranquilas. Los nervios son muy obedientes al pensamiento, por lo tanto reaccionan inmediatamente a una declaración de armonía. El entender la verdad de que solamente el bien es real y verdadero nos da la fe esencial para establecer una mente firme y resuelta, la cual es necesaria para mantener nervios estables, firmes, sensibles y rápidos para responder. Nuestro pensamiento no debe nunca fluctuar de la premisa de Un Poder, el cual es Un Poder para el bien, infinito, impersonal.

Entrenamos nuestras mentes a contemplar lo bueno, lo duradero, y lo verdadero. Lo que ha causado depresión, desaliento o indecisión debe neutralizarse rehusándonos a permitirle que nos afecte. Comprende que el Espíritu dentro de ti se manifiesta como armonía perfecta, y que cada célula, átomo y órgano de tu cuerpo funcionan de acuerdo con la Ley Divina. Declara: "Estoy lleno de la paz, la fuerza, el poder y la decisión del Espíritu. Las fuerzas de la vida fluyen libre, pacífica y armoniosamente por cada átomo de mi cuerpo; ahora mismo estoy completo y soy perfecto. La Mente Todopoderosa del Cristo dentro de mí disuelve y disipa de mi mente toda creencia en la indecisión, la ansiedad, la depresión y el desaliento porque yo vivo en el reino de la paz."

Debemos sanarnos a nosotros mismos de la preocupación. Esta tensión se alivia a medida que crece nuestra confianza en la bondad, la verdad y la belleza. La fe tiene que vencer al temor, y debemos usar declaraciones fuertes de nuestra fe para neutralizar los pensamientos de duda y de preocupación que nos asalten. "Yo tengo fe. Yo soy Fe, Yo vivo en la fe. Toda duda y temor se alejan de mí. Yo comprendo por que puedo permanecer en la fe. Tengo confianza total. No titubeo ni vacilo en mi fe porque sé que Dios, el Espíritu Viviente, es la única Presencia que existe o que jamás puede existir."

También debemos borrar los pensamientos del ayer que puedan robarnos la felicidad de hoy. "No existe nada del pasado que pueda perturbarme. El pasado, el presente y el futuro son una corriente del bien sin interrupción. Abandono todos los pensamientos que me han causado ansiedad en el pasado. El Espíritu no conoce ningún pasado, ni le afecta ninguna creencia del pasado. El pasado se hunde en la victoria de un presente perfecto, el cual está lleno de amor y protección."

Por lo mismo, no debemos temer el futuro. "Veo que el futuro es brillante y prometedor. Me señala que voy avanzando hacia una realización más completa de mi propio mérito y al lugar que me corresponde en el Universo. Todos mis días serán felices y llenos de ocupación armoniosa. Miro hacia el futuro con gran expectación y placer, sabiendo que ampliará mi oportunidad de expresarme radiantemente. Amo mi pasado y mi futuro, y entiendo que son solamente una continuación de la cadena perpetua de la vida. No existe futuro que temer ni pasado que traiga discordia al presente."

Tales declaraciones tienden a borrar corrientes negativas de causas que pudieran haberse activado en el pasado. No desperdicies tu tiempo discutiendo con otros estas verdades. Esta es la verdad y realmente funciona. Es mejor usar el tiempo utilizando la Ley que argumentando acerca de ella. Nuestra posición es comprobada sólo por la DEMOSTRACION. ESTA ES LA PRUEBA FINAL DE TODAS LAS TEORIAS.

Debemos leer, estudiar, pensar y meditar sobre esas declaraciones que tienden a calmar, a dar equilibro y confianza, y que borran todo pensamiento de temor o tensión. La ley subjetiva puede obrar solamente sobre lo que se le presente, y por eso debemos tener cuidado con nuestras formas de pensar. Vivimos en un mar de Vida Perfecta y debemos darnos tiempo para entender y sentir esto en nuestra imaginación. Debemos pensar en nosotros mismos como si estuviésemos rodeados de vida perfecta y suspendidos en una calma eterna. Estamos en un mar de aguas tranquilas de vida perfecta, del cual podemos beber hasta saciarnos. *Nosotros mismos tenemos que beber;* nadie puede beber por nosotros. Debemos alzar la copa de la aceptación hasta que se llene y esté desbordante de las manifestaciones de nuestros deseos. Este cáliz se levanta para que el flujo celestial lo llene con la vida abundante de Dios.

Las palabras de paz que son dirigidas al sistema nervioso eliminarán la tensión que produce dolor e inflamación en los nervios. No existe ni irritación, ni agitación, ni inflamación en Dios, en el Espíritu, o en la Verdad; y el hombre es la Verdad. "Mi paz os dejo, mi paz os doy…No se turbe vuestro corazón, ni tengáis temor." "Yo soy un Espíritu puro. Todo mi sistema nervioso es Espíritu puro. Estoy suspendido en la armonía, en la Verdad, y en una calma total. Mi sistema nervioso está en el Espíritu dentro de mi, gobernando mi cuerpo físico con armonía. No existe ninguna necesidad de dolor. Mi cuerpo es Substancia Espiritual pura, y como tal, es perfecto y armonioso."

Estamos suspendidos en una sensación de paz que proviene de nuestra fe completa en Dios como luz, poder e inspiración de nuestras vidas. No habrá temblores de músculos, inquietud, o ansiedad por ningún motivo, si sabemos—despiertos o dormidos—que a cada paso del camino Dios va con nosotros.

PROBLEMAS DE LA SANGRE
Y ENFERMEDADES DE LA PIEL
(Alta Presión Sanguínea, Endurecimiento
de Arterias, Eczema y Barros)

La circulación de la sangre representa la circulación del pensamiento puro, directamente de la Fuente Divina. El metabolismo representa la inteligencia en el hombre que sabe qué utilizar y qué desechar. Esta corriente sanguínea representa el flujo espiritual de la Vida pura y perfecta. El Espíritu nunca está anémico. Creemos que la causa básica de toda anemia es la falta de conocimiento del amor y del flujo de vida, que está representado por la emanación del Espíritu que se regocija al reconocerse a Sí Mismo. No existe ni alta ni baja presión en este flujo porque la presión es estabilizada por la perfección espiritual. No existe susceptibilidad ni tensión, ni falta de acción, ni demasiada acción, ni acción falsa o inadecuada. La acción, siendo espiritual, siempre es perfecta. Esta corriente de vida se renueva diariamente. No es material, sino espiritual. La corriente de sangre se renueva continuamente mientras convierte la idea de la Substancia Espiritual en beneficios materiales. El Amor, la armonía y la paz reinan supremos.

Las arterias transportan esta corriente de sangre, y ni se endurecen ni se ablandan. Siempre están flexibles y perfectas. No hay tensión ni super-tensión, sino que existe siempre una corriente calmada de vida vigorizante, siempre renovando, revitalizando, y llevando y distribuyendo a cada parte del cuerpo la substancia espiritual pura, instantánea y perfectamente. No existe agitación interior ni irritación exterior.

Los que sufren problemas de la sangre y enfermedades de la piel, no han comprobado la promesa: "Conoceréis la verdad y la verdad os hará libres." A muchas enfermedades de la piel y desórdenes de la sangre puede seguírseles el rastro hasta descubrir una interrupción en la armonía rítmica de la vida. Cuando el cuerpo es el templo armonioso del Dios Viviente, el Espíritu y el orden divino reinan en todo lugar. Barros, eczema y otras irritaciones de la piel deben tratarse reconociendo que la sangre está manifestándose como Substancia pura.

Si uno se ha irritado mentalmente y no ha podido ajustarse a la causa indeseable de la irritación, es natural que la irritación se manifiesta objetivamente tarde o temprano. También pudiera ser que uno no sepa cual es la causa, que quizás esté sepultada profundamente en el subconciente y no haya llegado a su conocimiento conciente. La crítica y la inhabilidad de convivir con otros—de ajustarse uno a los demás—produce muchos desórdenes. El resentimiento profundo en contra de algunas personas o condiciones se manifiesta en alguna reacción física desagradable.

El primer paso hacia el sanar es analizarse uno mismo sinceramente. ¿Cómo nos hemos sentido habitualmente hacia las personas que nos rodean? ¿Les hemos dejado vivir verdaderamente como desean? ¿Y hemos hecho lo mismo nosotros? Un buen tratamiento para este propósito es:

"No hay irritación, frustración, ni resentimiento en mi vida. Cualquier sentimiento de irritación interna se borra ahora mismo, y en su lugar siento mi unidad en esencia y en experiencia con todo el bien que existe. El centro de mi ser es Entendimiento e Inteligencia. Estoy calmado, sereno y en paz con todo el mundo."

El endurecimiento de las arterias debe tratarse con pensamientos de amor. El saber que el cuerpo está gobernado por la mente y que no necesita envejecer ayuda a ahuyentar el miedo a esa condición que, según la conciencia colectiva, llega a mucha gente con lo que llaman "vejez." Debes hacer tratamientos para llegar al entendimiento que el amor es más fuerte que ninguna otra fuerza en el Universo, y que constante y rítmicamente la vida de Dios fluye por medio de ti y vuelve a El, donde se renueva, se purifica y se refresca; y que el poder palpitante del Amor Divino lo impulsa hacia adelante.

Supongamos que viene a ti alguien que tiene alta presión sanguínea. Tú deseas tomar el caso y remover esta condición. Tu trabajo será reconocido como efectivo si después que lo has hecho, el paciente es examinado por un médico y su presión se encuentra normal.

Toma la idea de alta presión sanguínea, o de presión nerviosa y todo lo concerniente, y transfórmala en la verdad espiritual de que existe una circulación divina, que es el Espíritu, que está circulando en esa persona. No existe nada que lo inhiba, ni nada que lo acelere; siempre es circulación perfecta; no existe pensamientos de temor o congestión. Indudablemente existe como experiencia, pero como practicante mental, no estás tratando con síntomas objetivos sino sólo con ideas.

Si aparentemente el sistema circulatorio no funciona de una manera adecuada, el practicante tiene que aprender que la circulación del paciente se equilibra en el Espíritu, que Vida y Energía Divinas fluyen gustosamente en cada parte de su cuerpo, limpiándolo, revitalizándolo y volviéndolo a su integridad completa. Existe una circulación que es el Espíritu fluyendo por medio del hombre. No existe ningún procedimiento degenerativo en el Espíritu.

Tú sientes que esta persona es un ser Divino; el Espíritu mora en él. Nadie existe fuera de Dios. Mientras más convencido de esto está el practicante, mientras más cierto está que ahora mismo existe una circulación divina sin inhibiciones, y que la presión sanguínea es normal en la experiencia de la persona que está tratando—más definitivos serán los resultados.

En cada caso, el practicante mental procede asumiendo que el Espíritu ya está en su paciente. Piensa en el Espíritu que respalda el hecho: el Espíritu de circulación perfecta, sin inhibiciones—*eso que automáticamente tiene que eliminar todo lo que no le pertenece a la persona.* Nada puede obstruir ese flujo; nada puede aumentar o disminuir esa presión.

Para cualquier irregularidad de la sangre, puede usarse la siguiente meditación sencilla:

"Mi existencia es una progresión armoniosa, como la de un hijo de Dios que entra plenamente en su relación conciente con el Padre. Mi carrera a través de la vida es una expresión alegre y feliz, una expansión diaria hacia reinos de vida y de vivir. Mi vida en Dios no tiene ni edad ni muerte porque vive eternamente. Ahora mismo renuncio toda duda personal, temor o sentimiento herido, que pueda retardar el flujo perfecto de la vida a través de mí. No existe obstrucción ni barrera en mi mente, ni en mis venas, ni en mis negocios. Yo soy armonioso, pacífico, y estoy libre de temor."

FIEBRES

En el sanar mental, la idea fundamental en el tratamiento para la fiebre es la Paz. Cualquier pensamiento que tiende a inspirar, consolar o traer paz a la mente es bueno. Por medio de nuestro entendimiento del reino interior podemos reclamar nuestro poder y dominio.

Un tratamiento general como el siguiente será efectivo para sanar la fiebre:

"En todo momento yo estoy conciente de mi inmediata Unidad con Dios; y la gloria de mi pensamiento me hace inmune a experiencias y sugestiones negativas. Abandono el temor y torno resuelto y gozoso hacia la fe, e instantáneamente el bien deseado se manifiesta en mi experiencia. Doy gracias porque soy Divino y conozco mi Divinidad. Este lugar dentro de mí es un refugio sagrado donde mi pensamiento se une con el Todopoderoso."

OBSTETRICIA

En un tratamiento para parto, nosotros reconocemos que la gran Ley de la Creación está operando. Sabemos que ninguna idea de Dios viene muy temprano o muy tarde, sino siempre viene a su debido tiempo. Sabemos que la acción correcta prevalece.

Si estás haciendo un tratamiento para ti misma, date cuenta que tu parte sólo es aceptar completamente que la ley dentro de ti tiene la sabiduría; y no sólo sabe, *sino que ejecuta* cada acción correcta a su debido tiempo; que sincroniza todos los impulsos hacia el acontecimiento. Es su naturaleza hacer esto. No podría hacer otra cosa. Permite que tu pensamiento contemple la maravilla de esta Inteligencia *que sabe*, que organiza el esquema de un cuerpo nuevo, infundiéndole sus propias leyes de salud y acción, arreglando los varios sistemas del cuerpo para que obren perfectamente, la respiración, la circulación, la eliminación, y demás. Realiza que la Perfección está trabajando, formando y proyectando hacia el mundo objetivo, aquello sobre lo cual ha centrado Su acción; que no puede haber obstrucción a la acción correcta en ningún plano de expresión. Tu meditación en el caso puede ser:

"Yo estoy unificada con la Ley Universal, creando, dando a luz, perfeccionando. Reposo en la Mente, regocijándome que sólo tengo que aceptar el resultado perfecto de esta ley natural. Yo me entrego completamente a esta Ley perfecta, y estoy en paz. Yo estoy serena porque sé que estoy protegida por la Perfección en acción."

RESFRIOS, INFLUENZA Y GRIPE

Los que anuncian convencidos que son "muy susceptibles a los cambios de temperatura" han aceptado de todo corazón la impresión mental que el clima determina si se han de resfriar o no. El problema no está en el clima sino en el pensamiento; no han liberado su entendimiento del concepto anticuado que una "corriente de aire puede producir pulmonía." Esta creencia causa que la persona sienta miedo y confusión. *Los conflictos mentales también causan confusión, y la confusión puede causar resfríos.* Así es que el primer paso para sanar es borrar de la mente todo temor a las corrientes de aire.

Los resfríos no tienen lugar en tu vida porque la vida misma de Dios se regocija al fluir por medio de ti. Cada vez que respiras, anuncias tu alianza eterna con la Vida. Debemos estar dispuestos a declarar que no creemos en resfríos, y así ayudaremos a librarnos a nosotros mismos y a otros del mal hábito de los resfríos que nos agotan.

La convicción que el Dios dentro de nosotros nos mantiene ahora y en todo momento en salud perfecta, traerá la paz. Y debemos eliminar de la mente la duración, los síntomas y la frecuencia de los resfríos, y así eliminamos el molde del pensamiento que ya no deseamos usar. Debemos armonizarnos concientemente con todo y con todos los que nos rodean—ya sean personas o el clima—y con Dios y la perfección espiritual.

En los resfríos, congestión, influenza y gripe, la idea que debe sanarse es la de confusión. Tiene que haber un conocimiento de serenidad, un reconocimiento de paz; y cuando el individuo lo acepte, acabará con los resfríos. Más resfríos resultan de espíritus desalentados que de pies mojados. Cuando tememos y resistimos el mal clima nos resfriamos, no por el viento y la lluvia, sino por nuestra frialdad de corazón. Debemos reclamar nuestro dominio y poder en el Espíritu. El Espíritu no está sujeto al calor o al frío.

OBESIDAD

Una persona de mente normal come normalmente. Si uno es glotón, es porque su mentalidad está llena de anhelos que no ha expresado y está tratando de sublimarlos. La comida es símbolo de amor, de cuidado y de la substancia de Dios, y debe comerse con agradecimiento. Es un error creer que ayunar o el darse un banquete puede tener un efecto saludable en el desarrollo de las facultades intelectuales o espirituales. La comida no daña al hombre, sino que deshonramos a Dios cuando le tememos. No obstante, hay una diferencia entre alimentar el hambre y alimentar el apetito. *¡Es tan desastroso abusar del regalo de Dios siendo glotón, como es deshonrar el hombre espiritual temiendo la comida!*

Para librarte mentalmente de la gordura, declara que tú eres hijo de Dios, que eres Espíritu, que tanto tu apetito como tu asimilación de la comida funcionan en orden divino y que tu cuerpo esta manifestando simetría y perfección.

TRATANDO PROBLEMAS DE RIÑONES, VEJIGA E HIGADO

Los agentes mentales que contribuyen a producir toda clase de problemas de los riñones son la preocupación, ansiedad, temor y crítica. Ataques agudos de nefritis, que a veces producen la muerte, han sido causados por choques repentinos o por pesar. El saber concientemente que en la Mente Divina somos reconocidos como *perfección*, eleva nuestro pensamiento de tal manera, que cada reacción mental y emocional a las circunstancias y condiciones mejora.

Diabetes: "Como la Vida de Dios es pura y completa, y como la Vida de Dios dentro de mí tiene el poder de sanar, yo sé que esto que se llama diabetes, no es ni persona, ni lugar ni cosa; yo no puedo ser obligado a que sufra por ella o de ella. No puede obrar por medio de mí, ni puedo creer en ella. Lo que mi corriente sanguínea necesita o debe tener lo tiene ahora mismo porque Dios es todo, en todo, sobre todo y a través de todo, y la Substancia de Dios en mi cuerpo me libera de todo efecto de la diabetes."

"Mis riñones ejecutan su función natural y se ajustan a su perfección y operación espiritual. Son perfectos porque son ideas espirituales y todo lo que dios concibe es perfecto ahora mismo. No existe desaliento ni condenación obrando por medio de mi. La vida dento de mi es perfecta y armoniosa ahora mismo y seguirá siendo perfecta y armoniosa. Yo estoy sano ahora y soy feliz. Mi corriente sanguínea es pura, perfecta y espiritual. Yo siento esto, lo se y lo comprendo.

"Mi sistema, que es espiritual y perfecto, contiene dentro de sí toda química requerida. El espíritu no puede cometer error, no puede negar a mi sistema lo que éste necesita. Mi eliminación es perfecta, yo me abandono a la fuerza del espíritu puro que da vida."

Problemas de la vejiga: Al tratar problemas de la vejiga debemos calmar el pensamiento. Eliminar cualquier irritación interna o agitación es de gran valor para resolver esta dificultad en particular. De nuevo debemos recordarnos que no existe un tratamiento específico para un problema en particular, pero sí existe una cierta manera de dirigirnos a diferentes problemas con buenas posibilidades de triunfo. Es una buena idea seguir la dirección de nuestra propia mente en todos los casos, pero atender particularmente *la idea específica* que causa la enfermedad en el paciente es siempre el método correcto que hay que practicar.

Es bueno trabajar con la idea central de pureza y fuerza, con eliminación perfecta, y libre de condenación. Recuerda que los pensamientos son cosas, y por consiguiente, diferentes pensamientos producen diferentes cosas.

"No hay irritación, agitación ni inflamación en el espíritu y el hombre es espíritu puro ahora mismo. Hay orden perfecto en cada órgano y función del cuerpo. Hay una inteligencia discerniente que separa lo falso de lo verdadero. No existe ninguna materia de desecho que pueda permanecer en el sistema. La corriente jubilosa y libre de vida y espíritu ahora mismo está activa dentro de mí, limpiando mi mente y mi cuerpo de todas las impurezas del pensamiento o de la carne. No existe preocupación, irritación ni agitación. Yo estoy sostenido en una profunda calma interior. El espíritu fluye por medio de mí; nunca le obstruye nada. No hay demasiada acción, ni falta de acción, ni acción errónea del espíritu dentro de mi. Su acción es completa, armoniosa y perfecta. Todo lo que no pertenece al espíritu puro es eliminado."

En este tratamiento, la intención es que como resultado de esta declaración, la vejiga vuelve a su estado natural y perfecto.

Los pensamientos de avaricia, egoísmo y celos producen congestión en varias funciones del cuerpo, especialmente en los riñones. El trabajo de los riñones es eliminar los venenos del cuerpo, pero cuando nuestras mentes se llenan de pensamientos de ira, odio o resentimiento, depositamos en nuestros cuerpos substancias venenosas, las cuales ponen una sobrecarga en los riñones y perturban la regeneración de los tejidos del cuerpo. Pero los pensamientos degenerativos pueden ser convertidos en pensamientos creativos, activos y vitalizantes. La ira puede convertirse en amor; y el mismo poder que ha estado destrozando, puede reconstruir, no solamente los riñones, sino el cuerpo entero.

El hígado, el gran laboratorio del cuerpo, que extrae ciertos materiales de la sangre y los convierte en substancias nuevas que el cuerpo puede usar para reconstruir o que las elimina cuando ya no son necesarias, funcionando como lo hace con otros órganos digestivos, es un factor importante para mantener el equilibrio ordenado del cuerpo.

Cuando ocurren desórdenes del hígado, es importante borrar toda experiencia desagradable de la memoria, todo pensamiento duro y tenso de la mente. Así como el hígado puede convertir ciertas substancias en material para reconstruir el cuerpo, así también la mente—llena del conocimiento de que sólo hay Una Esencia

Divina, Poderosa, Vital—puede cambiar pensamientos discordantes en ideas que sanan, purifican y elevan.

TRATANDO PROBLEMAS DEL ESTÓMAGO E INTESTINOS

Ningún órgano en el cuerpo se trastorna más fácilmente que el estómago por alguna condición mental desequilibrada. Frecuentemente las personas que no saben de que manera el pensamiento gobierna al cuerpo, dicen que cierta experiencia les ha "trastornado el estómago."

Aún los que no tienen el hábito de dar gracias antes de comer, se beneficiarían si elevaran el pensamiento en acción de gracias—eliminando ideas de preocupación, desconfianza y ansiedad—y así asegurarían una digestión maravillosa, la ayuda perfecta a la asimilación.

A veces, un conflicto constante en la naturaleza emocional causado por sentimientos heridos es tan irritante que se manifiesta como hemorragia o úlcera en el estómago. Igualmente, el sentir un profundo desaliento y desilusión se objetiva como una condición desordenada del estómago y los intestinos. (El estreñimiento se trata bajo subtítulo por separado.) Es probable que sea necesario enseñarle al paciente que la excesiva sensibilidad no es otra cosa que egoísmo, de lo cual quizá no está conciente.

El mejor remedio para desórdenes del estómago es el amor y el gozo. Di para ti mismo, "La gloria de mi pensamiento me hace inmune a experiencias negativas y también a sugestiones negativas. La vida misma de Dios vitaliza cada uno de mis órganos y tejidos. Ahora mismo tengo perfecta y completa fe en Dios como mi Bien eterno. Mi fe me llena y exalta todo mi ser. Al relajarse mi pensamiento, todos los músculos de mi cuerpo se relajan, el Espíritu de Vida fluye a través de mí, y mi cuerpo responde perfectamente a su actividad restauradora, y toda función de mi cuerpo es perfecta. La Vida Infinita que está dentro de mi ahora mismo me está sanando, haciéndome íntegro, de acuerdo con el molde de Perfección Infinita y Eterna."

TRATANDO EL INSOMNIO

El insomnio proviene de una condición mental perturbada, ya sea conciente o inconciente. A veces es el resultado de algún susto, pena o ansiedad, aunque algunas veces es solamente la incapacidad de librarse de las preocupaciones del día. Confianza perfecta en el Dios interno es el secreto de la relajación, el descanso y la renovación. El siguiente es un tratamiento para el insomnio:

"El espíritu dentro de mí es descanso perfecto. El centro de mi ser está quieto y sereno. Permito que el espíritu interno llene todo mi ser de paz y tranquilidad. Con esta palabra ahora descanso en cuerpo y mente. Yo permito que la tranquilidad divina llene todo mi ser.

"Ahora mismo mi mente abandona toda sensación de carga o tensión. Nada puede herir o perturbar mi ser espiritual. Yo estoy libre y a salvo. Todos los planes y las ideas pueden esperar hasta más tarde. La sabiduría divina obra en mi y me protege de errores. Mi mente está profundamente calmada y tranquila. Toda tensión se disipa y una gran paz interna fluye a través de cada nervio de mi cuerpo. Mi cuerpo descansa en el tranquilo silencio del espíritu. Yo bendigo mi cuerpo y mi mente porque son buenos y dignos de amor.

"La gran bendición del espíritu fluye a torrentes a través de mí ahora mismo, y me protege en todos los aspectos. Mi bien me rodea y siempre está conmigo, y así estoy sano y salvo. La presencia amorosa del espíritu está conmigo ahora y siempre, por lo tanto, estoy protegido divinamente. Relajo todos los problemas y sé que el espíritu está conmigo. La gran quietud y calma del amor universal están dentro de mi. Yo soy ricamente bendecido.

"El descanso penetra mi mente y mi cuerpo con su presencia restauradora. Yo no trato de forzar que algo suceda, yo acepto dormir descansadamente. El descanso penetra mi habitación y mi cama. Yo dejo que el espíritu se encargue del universo y de mis asuntos, mientras que yo dejo ir toda responsabilidad y duermo. La mente todopoderosa del cristo dentro de mi disuelve toda sensación de desvelo y estoy en paz."

SORDERA

Recordemos las palabras de Isaías: "El Señor Jehová ha abierto tu oído." El oído es la representación física de la capacidad receptiva de la mente. Una actitud de calma y confianza, una actitud de: "Habla, Señor, que tu siervo te escucha," abrirá el camino para que la voz del Espíritu interno hable al oído interno. Nosotros podemos entrenar nuestro oído para oír la Armonía Divina en el interior, de tal manera que reproduciremos Su melodía, Su ritmo, y Su belleza en nuestra manera de vivir.

El oír es una idea divina en la Mente, y todas las ideas divinas son perfectas. Las ideas rinden un servicio al Espíritu del hombre, y mientras que el hombre espere y acepte de todo corazón este servicio, y coopere conciente y subjetivamente con él, no existe nada que pueda oponerse al funcionamiento de los instrumentos físicos por medio de los cuales operan las ideas.

Haz tratamiento para saber que tu oído es perfecto, que es Dios quien escucha por medio de ti. No hay ninguna creencia en la falta de acción que pueda evitar que tú oigas, porque cada idea del cuerpo es completa y es perfecta ahora mismo, y funciona de acuerdo con la Ley Divina. Sé receptivo y mantente abierto a la Verdad. Deja que el oído interno escuche la voz de la Verdad que siempre habla. Repite para a ti mismo: "Yo escucho perfectamente la voz del Bien. Mis oídos están abiertos a la Armonía Divina. El oído interno y el oído externo, ambos están abiertos y receptivos a la vibración de armonía perfecta."

CONDICIONES DEL TIEMPO

El Espíritu puro ni es ni puede ser gobernado por las condiciones del tiempo. Todo clima es manifestación del espíritu, el florecer de lo Divino cuando el sol brilla, en la sombra, en la lluvia y en las nubes. Di para ti mismo:

"Yo estoy en completa unidad con todo. Yo estoy completamente de acuerdo con todo y yo disfruto de todo. No existe congestión en el clima ni en mí. No existe confusión acerca del clima en mi pensamiento. No temo a ninguna clase de clima porque yo se que estoy unido con todo. Yo amo las nubes, la lluvia, y el sol. Soy uno con el calor y el frío. Estoy unido con la humedad, con la resequedad de la atmósfera, con la luz del sol y con las sombras.

"Cada átomo de mi cuerpo responde al entendimiento de que los cambios en las condiciones del clima son solamente variaciones de la unica vida, manifestaciones diferentes del unico dios apareciendo en muchas formas. Amo cada una de las formas y siento mi unidad con ellas. Amo el calor del desierto y la humedad del océano. Me siento fisicamente bien y armonioso en todo clima. Yo no condeno ninguna clase de clima porque todos son parte de mi. Yo soy uno con todos. Yo amo a todos los climas y me siento confortable en todos.

"Todo temor a las condiciones del tiempo que haya podido tener antes ahora se desvanecen de mi pensamiento para siempre. Ya no existe y nunca más puede afectarme. Conozco y siento mi libertad. Yo me regocijo en esta libertad."

PENSAMIENTOS ACERCA DE LOS ALIMENTOS

La comida tiene que ser una idea espiritual. Tiene que ser una idea de substancia y abastecimiento. Como la comida que ponemos en nuestro sistema es, fundamentalmente, una con el cuerpo que la recibe, no existe ninguna razón en el Espíritu para que la comida nos dañe. No podemos comer demasiado o comer cosas inapropiadas y esperar que esto nos haga bien. Pero hay una inteligencia dentro de nosotros que nos guía a una dieta adecuada. Debido a que cada persona es individual, el tomar alimento es una idea individual y es un acercamiento individual a la Realidad. La Inteligencia nos dirige a tomar lo que necesite nuestro sistema físico individual para estar en armonía. Pero no podemos esperar que nuestra comida nos siente bien si vivimos constantemente condenándola.

"Lo que como me sienta bien, y estoy satisfecho con mi comida. No hay condenación en mí ni trabajando a través de mí. Entiendo que el alimento es una idea espiritual de Substancia, y ahora mismo yo estoy completamente de acuerdo con esta idea. Todo lo que como es asimilado y eliminado perfectamente. Yo no tengo ningún problema en digerir mis alimentos porque la digestión es también una idea espiritual y trabaja en armonía perfecta con todo lo que yo pongo en mi sistema. Mi sistema es espiritual y armonioso con cada idea que pasa por él. Mi comida es espiritual y está en armonía con mi sistema. Tanto la substancia como el abastecimiento para el cuerpo físico son espirituales y no pueden crear ningún disturbio interno."

REUMATISMO

En el Espíritu no existe la esclavitud, y debemos esforzarnos por comprender que el Espíritu nos libera de toda clase de esclavitud. Así como el amor perfecto desecha todo temor y nos libera de la esclavitud, la testarudez y la incredulidad, así debemos liberarnos de la condición externa y de la manifestación de dolor y congestión que aparecen como reumatismo. ¿Por qué ha de esconder impurezas el sistema, o por qué ha de haber acidez, si estamos gobernados por una Inteligencia Divina acerca de lo que debemos comer, y por la Ley Divina acerca de la manera de eliminar lo que no le pertenece al sistema? Conviene recordar que el sistema es espiritual y que está constituido divinamente. Dios no comete errores, y nuestros múscu-los y coyunturas no necesitan almacenar desperdicios que nos causen dolor y pena física.

El ser purificados por el Espíritu debe de tener un significado real para nosotros, y el practicante debe creer que sí existe tal bautismo en el Espíritu. No importa si alguno lo critica por esa creencia. Por supuesto que nosotros debemos esperar contradecir la experiencia humana si esperamos transcenderla; ¿de qué otra manera Jesús le hubiera dicho al ciego que mirara hacia arriba?—Le dijo hacia arriba, no hacia abajo. El que trabaja en esta área del pensamiento espiritual no debe temer atacar mentalmente cualquier condición física con una seguridad completa de que está tratando con un poder que primeramente ha creado, y que con

igual facilidad puede volver a crear. El hace esto sabiendo que ya
está cumplido.

No vaciles en saber que tú puedes sanar; tú puedes si sabes que
puedes, y no puedes hasta que lo sepas. Esclavitud y libertad son
solamente dos posibilidades de nuestro uso de la Ley. Afirmemos la
libertad y no la esclavitud.

"Mi sistema entero es espiritual y mi ser físico se reanima con
nueva vida y verdad. Se limpia y se purifica por el poder de la palabra de dios dentro de mí. Esta palabra que hablo es la presencia, el
poder y la ley de dios obrando a través de mi.

"La energía del espíritu puro y perfecto ahora mismo me limpia
de toda impureza de la carne. Mi eliminación es perfecta. El gozo
del señor dios está dentro y alrededor de mí. Vivo en el sol brillante
de la verdad y belleza eternas. Amo y entiendo la vida. Mi fe en el
poder de mi palabra de limpiar y de sanar es completa. Esta palabra
penetra la médula y el hueso de mi ser físico, y elimina toda substancia de desecho. Mi comida se digiere perfectamente. Existe una
circulación perfecta de amor, verdad y belleza en mi sistema entero.
El amor y la vida penetran en cada átomo de mi ser. Yo soy lavado y
purificado interiormente. Yo perdono todo, y todos perdonan todas
mis faltas. Nada permanece en mi ser sino el amor. No hay ni dolor
ni pena en mis coyunturas o en mis músculos. Mi cuerpo es el cuerpo de dios, el espíritu viviente todopoderoso."

Ahora toma tiempo para reconocer la verdad de las declaraciones
anteriores. Lo que cuenta no es tanto lo que dices sino la actitud
mental que mantienes cuando lo dices. La clave es que al creer,
sanarás. El pensamiento clave es la creencia de *Dios perfecto, hombre
perfecto y ser perfecto*; al creer esto, sanarás. Forma todas tus declaraciones de acuerdo con dicha creencia.

SANANDO LA INTEMPERANCIA (LOS EXCESOS)

"El espíritu dentro de mí no anhela nada. Él está libre, salvo y satisfecho. No hay ninguna sensación de falta de seguridad o de inferi-

oridad. No hay nada que desee evitar. Yo estoy conciente de mi habilidad de enfrentarme a cualquier situación. No hay ni depresión ni desaliento en mi perspectiva de la vida. Yo no veo nada fuera de mi mismo que me de placer, comodidad o certidumbre. Yo no deseo nada ni temo nada. Todo mi ser está conciente de su unión con dios, de su unidad con el espíritu. No hay placer en la intemperancia, ni puede ofrecerme ninguna sugestión de felicidad. Yo ahora mismo veo exactamente lo que es este hábito; es una ilusión que desea forzarme a creer que existe un poder fuera de mí que puede darme placer o dolor. Yo no anticipo tal placer ni existe poder sugestivo en este hábito que pueda causar que yo crea que alguna vez me haya dado, bajo ninguna circunstancia, ningún placer. Yo estoy libre para siempre de esta idea y de sus efectos. Yo no libero a mi ser de este hábito por fuerza de voluntad, sino que entiendo que este hábito no es persona, lugar, ni cosa. Debido a que no tiene ley por medio de la cual pueda obrar, no puede funcionar. Porque no tiene inteligencia, no puede sugerirme nada. Porque no tiene mente, no puede tener voluntad. Ahora mismo yo estoy libre de la creencia errónea de que este hábito era algo por sí mismo. Yo lo veo separado de mi ser real para siempre, por siempre divorciado de mi imaginación, mi pensamiento y mi convicción. Ahora mismo estoy libre."

El practicante debe comprender que las palabras que usa son ley y se dirigen hacia lo que está hablando. Tiene que tener confianza firme y serena en su habilidad de revelar el hombre real, y al hacerlo, de liberar al hombre físico de la creencia falsa. "Las palabras que te he dicho son Espíritu y son Vida." El practicante tiene que saber que el deseo falso no es absolutamente nada, que no tiene poder sobre nadie, que su paciente es Espíritu puro, y siempre está completamente satisfecho dentro de sí mismo. Como resultado de estas declaraciones, el practicante debe llegar en su mente a la convicción que el apetito del cual está liberando al paciente, se disipa completamente, es decir, deja de existir. No existe más. Nunca existió en el Espíritu, y ya no puede existir u obrar por medio del paciente.

PROVISION

Dios es Espíritu. El Espíritu es Substancia y la Substancia es provisión. Esta es la idea fundamental para manifestar una vida más abundante, para demostrar más éxito en asuntos financieros. Es bueno que tengamos éxito, de otra manera el Espíritu no se expresa. A la Divinidad no puede faltarle nada, y a nosotros tampoco puede faltarnos nada que haga que nuestra vida sea meritoria aquí en la tierra.

Debemos tener éxito en todo lo que emprendemos, y debemos ser guiados a hacer esas cosas que son constructivas y valiosas. Realizar la Presencia del Espíritu en todos nuestros actos—hasta en las cosas más insignificantes—es demostrar que Dios lo es todo. No existe lo grande ni lo pequeño para la Divinidad, así que no debemos preguntarnos nunca si lo que vamos a hacer es fácil o difícil.

Un tratamiento como el siguiente debe comprobar la ley de la abundancia en la vida de aquellos que usan declaraciones como estas *y las creen*:

"Yo estoy rodeado por el espíritu puro, por dios, el espíritu viviente. Mi pensamiento es el pensamiento de dios, y es la ley para lo que hablo. Todo lo que hago tendrá buen resultado. Yo soy dirigido, guiado e inspirado por el espíritu viviente de amor y de acción correcta. Yo estoy impulsado a moverme en dirección correcta y se qué hacer, *donde* hacerlo y *como* hacerlo.

"Yo estoy rodeado por la acción correcta. Yo estoy rodeado del conocimiento de la acción correcta. La acción correcta triunfa en todo lo que yo emprendo y hago. Yo tengo éxito en todo lo que emprendo y soy compensado por todos mis esfuerzos. Yo estoy rodeado de substancia que siempre está tomando forma de abastecimiento, y que se manifiesta en la forma que necesito a cada momento.

"Yo siempre tengo abundancia de dinero y de cualquier cosa que necesito para hacer mí vida feliz y opulenta. Existe un movimiento continuo hacia mi de abastecimiento, de dinero, de todo lo que necesito para expresar al máximo la vida, la felicidad y la acción.

"Yo tengo un profundo entendimiento de mi lugar en el universo. Se que es un lugar único. La divinidad no ha encarnado en ninguna otra persona en la manera individual que se ha encarnado en mi. Soy único y estoy individualizado para siempre. Por lo tanto, no tengo que imitar a nadie o desear el bien que pertenece a otro. Todo bien es mío ahora mismo y se manifiesta en mi experiencia. Yo no compito con nadie, porque yo soy y siempre seré yo mismo. Mi ser se une con todos los seres, pero siempre es individual y único.

"Existe algo valioso y deseable en mí que todos reconocen, y toda persona en mi vida ama esto en mí y reconoce su valor. Yo atraigo a todos a mí; los que puedo beneficiar y los que pueden beneficiarme, ambos son atraídos irresistiblemente a mí. Yo no me esfuerzo, ni obligo, ni coerzo. Yo se. La verdad me libra de temor, pobreza y esclavitud, y me emancipa de la idea de limitación. Yo veo que el dinero, como toda otra cosa que es deseable, tiene que ser una idea espiritual, y se que tengo esta idea correcta en mi mente en este momento, y siempre tendré esta idea de que la abundancia. Es idea mía, y la acepto.

"La oportunidad de expresarme y recibir compensación siempre está a mi disposición, y siempre soy impulsado a saber, a aceptar y a tomar esta oportunidad. Tengo abundancia porque soy abundancia. 'Todo lo que el padre tiene es mío'."

UN TRATAMIENTO PARA OBTENER PAZ MENTAL

No podremos vivir en paz hasta que sepamos que el Espíritu es la única causa, medio y efecto en nuestras vidas. No existe pasado, presente, ni futuro en el Espíritu. La maldad no tiene historia, y nunca ha entrado ni en el ser ni en la experiencia de la Realidad. La mente tiene que saber y tiene que darse cuenta de todas estas verdades si ha de tener paz verdadera y perdurable. Un tratamiento como el siguiente servirá para informarle a la mente su propia verdad:

"Calla y sabe que yo soy dios. Yo soy el cristo, el hijo del dios viviente dentro de mi. Yo soy el principio de la paz que existe en mi. Yo soy la manifestación de amor dentro de mí. Mi mente está serena en la paz y en la belleza. Todo sentimiento de temor y duda se desvanece. Yo reposo en una fe tranquila, y confío en la ley del espíritu que trae el bien a mi experiencia.

"Yo disputo ni compito con nadie. Yo estoy lleno de una paz y luz maravillosas. No hay incertidumbre acerca de mi futuro, ni temor como resultado del pasado. Vivo en el eterno ahora que está lleno sólo de bondad. El bienestar y la belleza, la paz y el gozo me acompañan. La felicidad y la unidad llenan todo mi ser con una realización de amor y perfección.

"Yo soy el cristo, el hijo del dios viviente dentro de mi. Esta mente interior es divina y completa ahora mismo. Ella no siente perturbación ni temor. Está íntegra, completa y satisfecha. En retrospección, veo mis experiencias pasadas y encuentro que fueron buenas, muy buenas. Yo veo hacia el futuro y veo que éste es bueno, muy bueno. Yo veo el presente y encuentro que también es bueno, muy bueno. Porque dios está en todo, sobre todo, y a través de todo.

"Yo soy el cristo, el hijo del dios viviente dentro de mi. Yo soy el espíritu de confianza. Yo estoy centrado en el amor y la razón. Yo soy la ley perfecta de la verdad y la presencia total de la belleza…Yo soy el cristo, el hijo del dios viviente dentro de mí."

CAPITULO DIECISEIS

LOS PRINCIPIOS
DEL VIVIR PROSPERO

Todo Tiene Su Precio—La Ley Es Infinita—Demostrando la Ley—El Espíritu Y La Ley Mental—Éxito y Felicidad.

TODO TIENE SU PRECIO

Las lecciones acerca de la *prosperidad* y el control mental algunas veces son peligrosas, porque pueden ser mal entendidas. La Ciencia de la Mente no es un truco para "enriquecerse rápidamente," ni promete algo por nada. Sin embargo, sí le promete al que cumple con sus enseñanzas, que podrá atraer mayores posibilidades y mejores condiciones a su experiencia.

Nosotros no enseñamos que puedes obtener cualquier cosa que quieres. Si todos *pudiéramos* obtener lo que queremos, podría ser desastroso porque, ciertamente, la mayoría de nosotros querríamos cosas que se interpondrían con el bienestar de los demás.

Mientras que no podemos esperar demostrar lo que es contrario a nuestra propia naturaleza, no solamente creemos, sino sabemos, que es enteramente posible por medio del tratamiento mental—por medio del pensamiento y creencia correcta—influenciar en gran medida nuestro ambiente, su reacción hacia nosotros, las situaciones que encontramos, y las condiciones con las que hacemos contacto. Sí existe tal cosa como la demostración del control de condiciones. Podremos comprobar esto al grado en que podamos ignorar las condiciones presentes mientras que aceptamos mejores condiciones. No solamente tenemos que aceptar esto intelectualmente, sino que

262

nuestra aceptación tiene que ser una encarnación subjetiva de la cual el intelecto sólo provee el cuadro mental.

Por consiguiente, esta ciencia no promete que se puede obtener algo por nada. Sin embargo, sí nos dice que si cumplimos con la Ley, la Ley cumplirá con nosotros. Ningun hombre puede demostrar paz y seguir aferrado a su infelicidad. El puede demostrar resignación y *llamarle* paz, pero el no estara en paz. Ningún hombre puede meterse al agua y permanecer seco. Esto es contrario a la ley y a la razón. ¡NINGUNA PERSONA QUE SE PASA TODO EL TIEMPO CONTEMPLANDO LIMITACION PUEDE VERSE LIBRE DE TAL LIMITACION! La Ley misma tiene que estar dispuesta a dar, porque al dar, la Vida se expresa por sí misma.

LA LEY ES INFINITA

La Ciencia de la Mente está basada totalmente en la hipótesis que estamos rodeados de una Mente Universal, dentro de la cual pensamos. Esta Mente, en su estado original, llena todo el espacio; llena el espacio que el hombre usa en el Universo. Está *dentro* del hombre lo mismo que fuera de él. Según piensa dentro de esta Mente Universal, pone en movimiento la ley que es creativa y que contiene dentro de sí posibilidades ilimitadas.

La Ley, por medio de la cual el hombre obra, es infinita, pero el hombre parece ser finito; es decir, que todavía no ha evolucionado hasta llegar a un entendimiento completo de sí mismo. Su desenvolvimiento proviene de un Potencial Ilimitado pero sólo puede traer a su experiencia lo que puede concebir. No existe límite en la Ley, pero aparentemente existe límite en el entendimiento del hombre acerca de la Ley. En la medida en que se va desenvolviendo su entendimiento, sus posibilidades aumentan.

Es un gran error decir: "Toma lo que desees, porque tu puedes tener cualquier cosa que desees." No tomamos lo que deseamos sino que sí atraemos hacia nosotros el equivalente de nuestro pensamiento. EL HOMBRE DEBE AMPLIAR SU CONCIENCIA SI DESEA OBTENER MAYOR BIEN EN SU VIDA. No debemos obrar bajo el engaño creyendo que sólo necesitamos decir que todo es nuestro. Esto es verdad en la Realidad, pero como un hecho, sólo es tan verdadero como lo pongamos en práctica. Proveemos el molde para la Ley Creativa, y a menos que el molde que proveemos sea aumentado, la Substancia no puede aumentar en nuestra experiencia, ya que la Ciencia Mental no promete nada que contradiga la necesidad de cumplir con la Ley.

La Ley es ley de libertad, pero no ley de libertinaje. Es exacta y precisa, y a menos que estemos dispuestos a obedecer Su Naturaleza y a trabajar con ella, de acuerdo con las reglas de Su Ser inherente, no recibiremos gran beneficio. CADA HOMBRE TIENE QUE PAGAR EL PRECIO DE LO QUE RECIBE, Y ESE PRECIO SE PAGA EN MONEDA MENTAL Y ESPIRITUAL.

Toda la naturaleza conspira para producir y manifestar la libertad del individuo, para desatar su propia energía. Podemos estar seguros que Dios está a nuestro favor, y—no importa cual sea nuestro concepto de Dios, ni cual pueda ser nuestro concepto de la relación de Jesús y la idea de Cristo con la humanidad de Dios y de nuestra propia salvación—esto obra con una Ley definida en el universo; esta Ley dice que cuando quiera y dondequiera que haya una imagen subjetiva adecuada que no contradiga la Naturaleza del universo, esa imagen no sólo *tenderá* a tomar forma, sino que tomará forma y se manifestará. Nosotros no hicimos esta Ley ni podemos cambiarla.

Pero esta enseñanza no debe confundirse con la idea de que podemos obtener lo que deseemos sin pagar el precio. La oración verdadera debe ser, "Hágase tu voluntad," pero no se implica en esta oración que la *voluntad de Dios* es someterse inevitablemente a la maldad o a la limitación; es saber que la Voluntad de Dios *siempre* es BUENA.

¿Cómo sabemos cual es la Voluntad de Dios? Lo único que sabemos es esto: La Voluntad de Dios no puede ser la muerte. ¿Por qué? Porque si asumimos que Dios es el Principio de Vida, el Principio de Vida no podría causar muerte sin destruirse a sí mismo. La Voluntad de la Vida tiene que SER solamente Vida. La Voluntad de lo que es Infinito jamás puede ser finita. Entonces, todo en el Plan Divino debe tender a la expansión y multiplicación. ESO es la

Voluntad de Dios. Tiene que ser belleza, verdad y armonía, como dijo Troward, porque esta es la relación verdadera del Todo con sus partes, y de las partes con el Todo. Por lo tanto, debemos interpretar la Voluntad de Dios como todo lo que expresa vida sin dañar nada. Este criterio tiene que ser justo, lógico, sensato e inteligente. Cualquier cosa que nos permita expresar más vida, más felicidad, más poder—mientras no haga daño a nadie—tiene que ser la Voluntad de Dios para nosotros. Tanta vida como se pueda concebir, vendrá a ser parte de nuestra experiencia.

Si hemos de ser libres, habrá que proveer una avenida mental por la cual pueda obrar la Ley como ley de libertad. Esto no quiere decir que tenemos que complacer a la Ley, porque la Ley es impersonal y ni sabe ni le importa quien la usa, ni con que propósito se usa; pero ya que es impersonal está obligada por su propia naturaleza a devolver al pensador exactamente la impresión que él le haya grabado con su pensamiento. No debemos olvidar la ley de equivalentes mentales, porque "Todo lo que el hombre siembra eso es lo que cosechará."

Si un hombre es inteligente, naturalmente tratará de librarse de la miseria y de la infelicidad. La teología dirá que esta motivación es egoísta, pero es exactamente lo que todos tratamos de hacer aunque le demos diferentes nombres. Ya sea por la remisión de los pecados, o por la salvación del alma individual, *cada acto en la vida del hombre es para que el individuo se exprese a sí mismo*. Por ejemplo, el amor de una madre para sus hijos, de un hombre para su esposa, de un patriota para su país, de un ministro para su religión, de un artista para su arte—todas estas son maneras de realizarse a sí mismo. Esta es legítima expresión propia.

Sin embargo, nosotros realizamos que tratar de expresarse uno mismo a expensas de la sociedad, o de otro individuo, es frustrar el propósito mismo por el cual existe la libertad, porque detrás de todo está la unidad. Por lo tanto, encontramos que al final las leyes de necesidad, y no las de teología (de las cuales todos los sistemas de religión, de ética, de moralidad y de sociedad son solamente luces pálidas) obligan la experiencia hacia el camino de la verdadera rectitud.

El criterio de cada persona acerca de lo que es recto o equívoco para él, no se encontrará en el juicio de otro. El criterio es: ¿Esto que yo quiero expresa más vida, más felicidad, más paz para mi, y al mismo tiempo no perjudica a nadie? Si así es, ese algo es correcto; no es egoísta. Pero si lo hace a expensas de otro, entonces está usando mal la Ley.

Debemos enfatizar que creemos que el universo existe para que el Espíritu se exprese, y el hombre existe para expresarse, porque es la expresión del Espíritu.

El hombre no existe con el propósito de dejar una impresión en su ambiente. Existe para expresarse dentro y por medio de su ambiente. En esto hay una gran diferencia. El hombre no vive para dejar una impresión perdurable en su ambiente. De ninguna manera. No es necesario que dejemos ninguna impresión. No es necesario, si muriésemos esta misma noche, que nadie se acuerde que vivimos. Lo único que importa es que mientras vivamos, VIVAMOS verdaderamente, y que a dondequiera que vayamos después de esta vida, seguiremos viviendo.

Nosotros nos libramos de un gran peso cuando realizamos que no tenemos que mover el mundo—el mundo sigue su movimiento, no importa que hagamos nosotros. Este hecho no disminuye nuestro deber u obligación social. Esto lo clarifica. Nos permite hacerlo jubilosamente y libres de morbosidad lo que debemos hacer en el aspecto social.

Con esto en mente, y creyendo que existe una Ley Infinita del Espíritu, o Ley de Vida, que tiende a multiplicar nuestros regalos, porque al hacerlo multiplica Sus propia experiencia, Su propio placer, Su propia satisfacción, podemos asumir que el hombre espiritual ya es un éxito, abastecido ya con todo lo que necesita. El potencial de todas las cosas existe en la Totalidad Universal.

DEMOSTRANDO LA LEY

Las posibilidades de la Ley son infinitas, y nuestras posibilidades de usarla son ilimitadas. Sí existe algo que llamamos Ley Universal y Mente, y nosotros podemos usarla si cumplimos con su Naturaleza y si trabajamos como Ella trabaja. Podemos y debemos recibir el beneficio total, y lo haremos hasta el grado que entendamos la Ley y la usemos apropiadamente. Miles de personas están comprobando la Ley ahora mismo, y a su debido tiempo, todos descubrirán su verdad.

Podemos demostrar al nivel de nuestro entendimiento; no podemos demostrar más que eso. Pero continuamente expandemos y aumentamos nuestro conocimiento y comprensión, y así seguimos creciendo en nuestra capacidad de usar la Ley. Con el tiempo, seremos liberados por medio de Ella.

Existe una ley de desarrollo en el hombre que dice que éste sólo puede avanzar al caminar del punto donde se encuentra hacia donde desea ir. Esto no es porque la Ley sea limitada, sino porque es Ley. Conforme el hombre desarrolla su mentalidad, la Ley reacciona hacia él automáticamente. La manera de proceder es principiar exactamente donde nos encontramos y por medio de nuestra dedicación constante a la Verdad, gradualmente crecemos en sabiduría y entendimiento, porque solamente de esta manera tendremos buenos resultados. Si día a día tenemos más entendimiento, y tenemos un concepto más claro, si diariamente estamos comprendiendo más de la Verdad, y la estamos aplicando en nuestras vidas, estamos en el camino recto y con el tiempo seremos libres. Usar la Ley concientemente, sentir que podemos sembrar una idea en la Mente y observar como toma forma gradualmente es una experiencia maravillosa y una gran aventura.

El estudiante debe darse tiempo cada día para ver su vida tal como la desea y hacer un cuadro mental de su ideal. Debe liberar este cuadro a la Ley y proseguir con sus asuntos diarios, con una seguridad tranquila de que en el interior de la vida está sucediendo algo. No debe de haber ninguna sensación prisa o preocupación acerca de esto, solo debe sentir paz y calma por esta verdad. Permite que la Ley obre y se exprese en la experiencia. No debe haber ninguna idea de compulsión. No tenemos que hacer que la Ley trabaje, es su naturaleza hacerlo. Con alegría, pues, debemos expresar nuestros deseos y esperar confiadamente que la Ley Perfecta se manifieste a través de nosotros.

Por nuestra parte, debemos de estar preparados y dispuestos a ser dirigidos hacia la verdad y la libertad. Si al hacer una demostración es necesario cambiar nuestra manera de vivir, la Ley nos indicará el camino. Nuestra selección correcta será parte de la obra de la Ley. Debemos dejar toda duda y todo temor y reemplazarlos con fe y confianza, porque el Espíritu nos guiará hacia el bien.

Algunas veces dicen ciertas personas, "No se qué hacer, no se cómo seleccionar." Debemos comprender que existe una inteligencia dentro de nosotros que sí sabe. Esta "guía" es igualmente verdadera en la India, donde la gente es budista, como en América, donde la gente es cristiana. Y era tan justa y verdadera diez mil años antes del advenimiento del cristianismo como lo será dentro de diez mil años.

En la medida que hacemos que esta ley trabaje, *lo logramos porque hacemos contacto con Leyes Universales que han existido en todo tiempo, en toda la humanidad, y que responden a cada persona por igual.* Si podemos ver esto, podremos desechar mucha superstición e ignorancia. Debemos permitir que cada persona, inmediata y directamente, y por su propia integridad, se acerque a la Ley que Es. *No existe ningún mediador entre nosotros y la Mente Universal más que nuestro propio pensamiento. Hasta el grado en que aceptamos algún mediador, tenemos que absorberlo antes de que podamos acercarnos directamente.* La Biblia dice, "No hay mediador entre Dios y el hombre excepto el Cristo." Cristo quiere decir la verdad de nosotros mismos. De manera que si tenemos que hacer una selección y no sabemos que escoger, debemos permanecer tranquilos en nuestro conocimiento y saber que el Espíritu dentro de nosotros sabe escoger, sabe lo que es más constructivo y nos guiará.

¡Cuando la Inteligencia hace una demanda sobre Sí misma, responde a su demanda según su propia naturaleza, y no puede evitarlo! En filosofía esto se llama, "Evolución Emergente." Cuando el Universo hace una demanda de sí mismo, de la misma demanda se crea el cumplimiento. *Pero sólo lo hace cuando la demanda es de la misma naturaleza del Universo.*

Por lo tanto, la persona que cree que Dios se especializa para ella, tiene razón. Dios sí se especializa para ella por medio de la Ley. Esa persona lo comprobará cuando diga, "Existe una Inteligencia Divina que sabe la respuesta correcta," y acepte esta declaración como verdadera, que *la respuesta a ese problema es creada en la Mente en ese mismo instante y en ese mismo lugar,* y que se proyectará por medio de su intelecto donde y cuando él esté preparado para recibirla. *Es una creación nueva.*

Dios siempre está haciendo cosas nuevas y cuando nosotros concebimos ideas nuevas, es Dios mismo proyectándose en la Creación. No existían las máquinas voladoras hasta que el hombre las concibió. El Espíritu no tenía máquinas voladoras guardadas en un armario cósmico en algún lugar. Pero la mente que concibió la posibilidad de la máquina voladora *es* Dios. La mente que usamos es la Mente del Universo. Es Dios en el hombre, y sólo por medio de esta Mente podemos entender cualquier cosa. Esta Mente en nosotros, respondiéndonos, "el vuelo del Ser Único al Único," del "Uno a Sí Mismo," es Dios hablando y Dios contestando.

San Pablo dijo, "Tenemos la mente de Cristo," es decir, cada uno de nosotros tiene acceso inmediato a la Inteligencia del Universo. Le damos salida a esta Inteligencia de dos maneras: por inspiración pura o intuición, o por la manera más común que es la experiencia amarga, por lo general lo hacemos de la segunda manera. Si no fuera por la esperanza divina dentro de nosotros, nuestra experiencia sería más de lo que la mente humana podría asimilar.

El propósito del tratamiento no es hacer que sucedan las cosas sino proveer una avenida dentro de nosotros mismos por la cual sucedan las cosas. En el momento que pensamos que tenemos que hacer tratamientos para *forzar alguna cosa,* en ese momento estamos usando la fuerza de voluntad, la cual se enfrenta con algo que no puede vencer. El tratamiento no es coerción mental; no es fuerza de voluntad; no es concentración. Nunca llegaremos a un método correcto de dar un tratamiento espiritual si sólo nos concentramos en algún objeto en particular por algún tiempo. Eso no es lo que deseamos realizar. Sí es necesario para obtener una atención mental, pero ni el ayunar ni el comer opíparamente, ni el llorar ni el alabar nos llevarán al punto de aceptación.

El tratamiento no es algo que una persona hace para otro, ni para el medio ambiente, ni para una situación. *Siempre es algo que uno hace para sí mismo.* Cualquier método que utilice para hacerlo es un buen *método*, una buena *forma*. El tratamiento es solamente una acción en el pensamiento. Abre las avenidas del pensamiento, extiende nuestro conocimiento y permite que se exprese la Realidad. Aclara la mentalidad, remueve las obstrucciones del pensamiento, y permite que entre la Luz. Ya vivimos en un Universo Perfecto pero tenemos que verlo mentalmente y experimentarlo espiritualmente antes que pase a ser parte de nuestra vida diaria.

Cuando hacemos tratamientos para reconocer la acción correcta, debemos principiar con la suposición que la acción correcta ya existe. Nosotros no creamos la acción correcta. Algo absoluto, inflexible, debe quedar integrado en el tratamiento. Troward dice que penetramos lo Absoluto hasta el grado que abandonamos lo relativo; y que abandonamos lo relativo hasta el grado que penetramos lo Absoluto. Es decir en la medida que la respuesta y el resultado sean dependientes de cualquier circunstancia existente…de cualquier hecho conocido…no importa que tan aparente sea, el tratamiento no está en lo Absoluto; está en lo relativo y *está condicionado necesariamente por las circunstancias que se mantienen en la mente.*

Tomemos un ejemplo concreto: Supongamos que se me presenta un problema y que no sé qué hacer. Según mi criterio, todo está en contra de la solución de este problema. Yo digo, "Deseo tratar esta situación científicamente desde el punto de vista de la ciencia espiritual." *Por lo tanto, mi tratamiento no puede considerar las apariencias.* Las apariencias son relativas. El tratamiento tiene que ser Absoluto. Quiero ponerlo en la Mente como aceptación perfecta, no de las circunstancias viejas sino de las nuevas. Hasta el punto que este tratamiento participe de la naturaleza de la Realidad, tendrá poder. Solamente puede tener el poder que yo le incorpore. Esta es la limitación en el tratamiento; no es limitación en el Principio sino en su ejecución. Por supuesto, la Cosa Misma no tiene límites. Al comprobar que el precedente no ata al Principio, llegamos al reconocimiento que dice: "Mirad, todo lo hago nuevo," sin llevar las ideas limitadas de las razones por las cuales no puede ser. Cualquier cosa que negamos en el tratamiento simplemente nos conduce a una afirmación más amplia.

EL ESPIRITU Y LA LEY MENTAL

Es imposible divorciar el entendimiento espiritual del uso apropiado de la ley mental. El Espíritu dentro del hombre es Dios, y sólo hasta el grado que escuchemos y obedezcamos este Espíritu, triunfaremos realmente. Actualmente, son pocas las personas que distinguen el Espíritu del Universo de la Ley del Universo. El Espíritu de Dios, que conocemos como el Padre Celestial, es una Presencia Divina, y la Ley es una fuerza mecánica.

El electricista puede ser metodista, católico o budista. Puede ser hombre de mentalidad espiritual o material, pero la electricidad, siendo ley natural, puede ser usada por un hombre lo mismo que por otro. Trabajará lo mismo aquí, allí, o dondequiera. Esto no nos parece extraño, pero a veces, cuando abordamos cosas que parecen ser religiosas o espirituales, pensamos, "Ahora estamos fuera del alcance de la Ley. Dios es Bueno, por lo tanto, la Ley ya no existe." Fallamos en reconocer con Browning que "Todo es amor, y aún así, todo es ley." Tenemos que diferenciar entre la Presencia Divina como Espíritu Universal—algo con lo que nos comunicamos—y la Ley Universal, que es simplemente una fuerza ciega. La Ley es una fuerza ciega, y para evitar hacer mal uso de Ella, *debemos tener cuidado de seguir un curso constructivo.* La Ley es Absoluta y debemos confiar implícitamente en su acción impersonal. Puede hacer para nosotros cualquier cosa que NOSOTROS PODAMOS CONCEBIR QUE PUEDE HACER. Es Ley de libertad para todos los que creen en Ella y le obedecen.

Debemos darnos cuenta que el Espíritu Universal es el Conocedor Supremo del Universo. La Ley sólo puede obrar sobre lo que se conoce. Hasta el grado que nuestro conocimiento participa de Su Sabiduría Original, o de Su Naturaleza, hasta allí tendrá poder. El logro más elevado que podemos alcanzar es el reconocimiento de la Omnipresencia del Espíritu. Esto pondrá en acción posibilidades más grandes y automáticamente proveerá un concepto mejor de la vida. Por consiguiente, las personas que más profundamente han sentido la Presencia Divina y han unido ese sentir con el conocimiento definido de la Ley Universal de la Mente, han tenido un poder más grande sobre la Ley. Este fue el secreto del poder de Jesús.

Nosotros diariamente deberíamos entrenar nuestro pensamiento a reconocer el Espíritu en todo lo que hacemos, decimos y pensamos. No existe ninguna otra manera, y el tratar de usar otro método sería fracasar completamente. "Por lo tanto, dar al César lo que es del Cesar, y a Dios lo que es de Dios." Un reconocimiento constante de la presencia del Espíritu proveerá un sentido de Compañerismo Divino que ninguna otra actitud puede producir. ¿Por qué no hemos de tomar lo más elevado y lo mejor? DIOS ES—y debemos reconocer esta verdad y usarla. Tan pronto como reconocemos que Dios es, podemos tornar hacia la Ley y ordenarle qué cosa ha de ejecutar.

No hay constancia de que Jesús le *pidió* a Dios que hiciera cosa alguna excepto en el Jardín de Getsemaní, cuando le dijo: "Padre, si es posible, aleja de mi esta copa; sin embargo, no se haga mi voluntad, sino la tuya." Aparte de esta ocasión, el método que usó Jesús durante todo su ministerio fue de dar gracias y luego ordenar a la Ley que obrara. Este es el método correcto de aproximarnos al Espíritu y a la Ley. Sin embargo, ¿acaso hemos encontrado otro hombre que tratara de seguir la Voluntad Divina tan evidentemente? ¡No! Cuando Jesús sanó a los enfermos, y les dijo que se levantaran y caminaran, no hacía oración para que pudieran levantarse y caminar. Ejercitaba una autoridad que parecía ser resultado de su comunión con el Espíritu, e indudablemente lo era. El tratamiento es una declaración definida en la mente, una afirmación positiva. Es un movimiento activo, conciente y agresivo, y hasta el grado que la idea se encarna—y no existe nada en la mente que lo niegue—*entonces el tratamiento tomará forma,* porque viene a ser parte de la Ley y el orden del Universo en que vivimos.

La Ley está sujeta al Espíritu y es Su siervo. El hombre es Espíritu, pero hasta que SEPA esto, usará sólo la mitad de la Ley porque no tiene un entendimiento claro en que apoyarse. El tratamiento remueve la duda y el temor y permite el reconocimiento de la Presencia del Espíritu, y es necesario mientras nos confrontan obstrucciones u obstáculos. Todo problema es primeramente mental, y la solución de nuestros problemas se encuentra siempre en la Realización Espiritual.

EXITO Y FELICIDAD

El éxito y la felicidad son nuestros cuando tratamos con lo Absoluto. Esta es la actitud que debemos tener. Lo que necesitamos saber es la Verdad. Esto no quiere decir que no necesitemos ser activos; por supuesto seremos activos, pero no necesitamos obligar a las cosas a que acontezcan. Solamente debemos recordar que estamos rodeados por una Subjetividad Universal, un Conocimiento Subjetivo, Creativo, que es receptivo, neutral, impersonal, que siempre está recibiendo la impresión de nuestro pensamiento y que no puede más que obrar directamente sobre esa impresión, y que de esa manera crea las cosas que nosotros pensamos.

Cada uno debe saber que no existe nada dentro de sí mismo que le niegue lo que desea. Nuestra unidad con el bien no se establece mientras que haya algo en nosotros que lo niegue. A veces nos preguntamos, "¿Cómo sabré yo, cuando ya lo sé?" El hecho mismo de hacernos esta pregunta demuestra que no sabemos, porque cuando sabemos que sabemos, comprobamos que lo sabemos demostrándolo.

El pensamiento pone en acción fuerzas definidas en la Mente con relación al individuo que está pensando. Por ejemplo, en conciencia a mi se me conoce como Ernest Holmes porque ese es mi nombre; y cada declaración que haga para mi, que yo acepte, obra por medio de avenidas de actividad mental y retorna a mí en forma de alguna situación.

Una buena demostración se hace cuando la Verdad, por Su propio poder, eleva a la persona de su ambiente; y mientras esto no suceda, esa persona debe permanecer donde está para que se entere cuando se efectúe la demostración. No hay una buena demostración si después de dar tratamientos seguimos luchando como lo hacíamos antes. ¡El Principio es Absoluto, y al grado en que cualquier individ-uo pueda inducir dentro del conocimiento, dentro del Principio, una aceptación definida y concreta de su deseo…éste se manifestará, aunque fuera necesario que todo pensamiento en la tierra cambiara para cumplirlo! ¡Aún si sólo faltara un pedacito de información para hacer la demostración y solamente una persona en la tierra la tuviera—y esa persona se encontrara en el centro de Africa—aún así, la información se efectuaría!

CAPITULO DIECISIETE

EQUIVALENTES MENTALES

Si Sabemos—¿Qué Significan Los Equivalentes Mentales?—
La Oración De Fe—Un Plan Definido—Como Demostrar
Una Casa—Mira La Vida Expresada—Acción Perfecta…Sin
Errores.

SI SABEMOS

Si sabemos que el Poder con que estamos tratando es Principio y no personalidad; si sabemos y creemos que la Mente es la unica que Actua, Causa, Efecto, Substancia, Inteligencia, Verdad y Poder que existen; *si verdaderamente lo absorbemos,* podemos hacer demostraciones. Si nos falta algo, si somos pobres, sin amigos ni oportunidades, debemos borrar de nuestro pensamiento todo sentimiento de escasez. Borramos un pensamiento del conocimiento al sustituirlo por un pensamiento opuesto. El pensamiento nuevo reemplaza al anterior y neutraliza su efecto. Lo borra lo mismo que se borra una raya en un pizarrón. Tenemos que mantener una actitud mental consistente, positiva, y agresiva en la Verdad.

Caminamos cayendo hacia adelante; el agua cae por su propio peso; los planetas giran eternamente por el espacio; todo en la naturaleza se mantiene por sí mismo. La única razón por la que el hombre está limitado es que no ha permitido que la Divinidad dentro de sí mismo se exprese más completamente. La Individualidad Divina del hombre obliga ha la Infinidad a aparecer en su experiencia como dualidad *porque el ha creído en dualidad.*

¿QUE SIGNIFICAN LOS EQUIVALENTES MENTALES?

La oración tiene un cierto efecto en la mente del que ora. A Dios no le afecta en nada. El Regalo Eterno está siempre dado. El Regalo de Dios es la Naturaleza de Dios, la Eterna Dádiva. Dios no puede más que dar el regalo porque DIOS ES EL REGALO. No tenemos que pedirle a Dios que sea Dios. Dios es Dios. Jesús reveló la naturaleza del Ser Divino por su encarnación personal de la Naturaleza Divina. Dijo: "Conforme a vuestra creencia, así se os concedera."

La enseñanza entera de Jesús estuvo basada en la teoría que estamos rodeados de una Ley inteligente que produce para cada persona según su creencia. Implicó la necesidad de la fe, convicción, y aceptación. Es decir, *se nos concede de acuerdo con nuestra propia medida.* No solamente tenemos que creer, sino tenemos que saber que nuestra creencia es la medida para el alcance y el grado de nuestra bendición. Si nuestra creencia es limitada, poco podremos realizar *porque eso es lo que creemos.* A esto le llamamos la ley de equivalentes mentales. ¿Cuánta vida puede experimentar un hombre? Tanta como pueda absorber. No hay nada fatalista acerca de esto. Estamos constituidos de tal manera que podemos aumentar nuestra absorción continuamente. Es decir, crecemos en la gracia; crecemos en el poder, y en teoría, no debe haber límite a ese crecimiento. Pero hoy mismo podemos hacer demostraciones, o tener respuesta a nuestras oraciones, de acuerdo con nuestra creencia y la absorción de esa creencia.

Lowell dijo, "El regalo sin el dador es vacío," y también es verdad que no puede darse un regalo si no hay quien lo reciba. "Y a cuantos lo recibieron, a ellos les dio el poder." Queremos descubrir la ciencia de la oración: la esencia del Espíritu encarnado en la oración. Encontramos que la esencia del poder de la oración es fe y aceptación. Además de la ley de fe y aceptación, tiene que considerarse la ley de equivalentes mentales. Estas son las dos grandes leyes con las cuales tenemos que tratar, y de las cuales nunca podremos apartarnos. Si una oración ha sido contestada y otra no, no es porque Dios se conmovió a contestarle a uno pero al otro no, sino que *uno más que el otro se ha elevado en su relación correcta con el Espíritu o Principio del Ser*—como quieras llamarle.

Podemos tener la seguridad que la Fe toca el Principio y que el Principio responde. Debemos tener más fe de la que tenemos, y no es tonto cultivar la fe. TODA ORACION SERA CONTESTADA CUANDO OREMOS ACERTADAMENTE. Lo primero que se necesita es fe. ¡Fe! Pero, alguno exclamará, "¡Esto no es nada nuevo, eso es lo que siempre se nos ha enseñado!" Correcto, no ofrecemos nada nuevo. Simplemente ofrecemos una manera nueva de acercarnos a una verdad antigua, una manera que es más inteligente, más sistemática, y que nos lleva concientemente hacia la fe. Para esto es el tratamiento.

¿Por qué pudo Jesús decirle al paralítico, "Toma tu camilla y camina"? Porque Jesús sabía cuando dijo ésto, que el hombre *se levantaría y caminaría*. NO SOLO CREIA QUE HABIA ALGO QUE LE CONTESTABA, SINO TAMBIEN TENIA EL EQUIVALENTE MENTAL DE LA CONTESTACION, lo cual era igualmente necesario.

La Ley es Infinita y Perfecta, pero para poder hacer una demostración TENEMOS QUE TENER EL EQUIVALENTE MENTAL DE LA COSA QUE DESEAMOS. Una demostración, como cualquier otra cosa en la vida objetiva, nace de un concepto mental. La mente es el factor que formula el estilo, y de acuerdo con su escala, visión y positividad, así será el resultado o experiencia. Por ejemplo, si una persona sólo ve fealdad en otro, es porque la fealdad es elemento fuerte dentro de él mismo. La luz que proyecta hacia otros es generada en su propio ser, y ve a otros como quiere verlos. Mantiene constantemente en su mente el equivalente mental de fealdad y crea reacciones feas hacia él. Recibe lo que está proyectando. Si alguna persona piensa que fracasa en todo, y que no vale la pena tratar de cambiar, lleva consigo el equivalente mental del fracaso, y efectivamente *tiene éxito* al fracasar, de acuerdo con la ley. Esta es su *demostración*. Si mantenemos un cuadro mental o un concepto fuerte como equivalente mental, y no damos atención a las circunstancias o condiciones, tarde o temprano tendremos la manifestación de acuerdo con el cuadro o el concepto que hemos mantenido en la mente.

Por consiguiente, la escala de nuestras posibilidades actuales no se extiende mucho más de la escala de nuestros conceptos actuales. A medida que nuestra visión se agranda, inducimos un concepto más grande, y así demostramos más en nuestra experiencia. De esta manera estamos creciendo y desarrollándonos continuamente. No esperamos dar un tratamiento hoy para obtener prosperidad y mañana tener un millón de dólares, sino poco a poco podemos desarrollar nuestro conocimiento adquiriendo equivalentes mentales más grandes, hasta que al fin, seremos libres.

La manera de proceder es principiar exactamente donde nos encontramos. La persona que entienda el uso sistemático de la Ley, entenderá *que se encuentra donde se encuentra por causa de lo que es*, pero *no* dirá, "Tengo que permanecer aquí por causa de lo que soy." Al contrario, principiará por negar las apariencias. Así como sus declaraciones desprenden tendencias subjetivas erróneas, al proveer en su lugar un concepto correcto de vida y de Realidad, automáticamente será elevado de su condición; fuerzas impulsoras, barriendo todo frente a ellas, lo librarán si confía en el Espíritu y en la acción de la Ley.

Permanece con Dios, y nunca te desvies de Él; nunca lo abandones ni por un momento. Nada puede igualarse a esta actitud. DESERTAR LA VERDAD EN LA HORA DE LA NECESIDAD ES PROBAR QUE NO CONOCEMOS LA VERDAD. Cuando las cosas se ven peor, es el momento supremo para demostrarnos a nosotros mismos que no hay obstrucciones a la obra de la Verdad. Cuando las cosas se ven peor, es el mejor momento para trabajar, el momento que da más satisfacción. La persona que puede abandonarse completamente al Mar Ilimitado de la Receptividad, habiéndose librado de toda atadura aparente, es siempre la persona que recibirá la recompensa más grande.

LA ORACION DE FE

No hay nadie en el mundo que crea más en la oración que nosotros. Nuestra teoría entera está basada no sólo en la creencia en el Espíritu, sino también en la disponibilidad del Espíritu—en Su respuesta inmediata. Hasta decimos en lenguaje cotidiano, "Ora correctamente y Dios no puede más que responder." Esto es lo máximo a donde uno puede llegar en la fe. No existe confusión en esta manera de acercarnos a la Realidad. Debemos hacerlo calmadamente y sin pasión, pero llenos de sentimiento, porque el sentimiento y la emoción son creativos. Debemos combinar la *letra* y el *espíritu* de la Ley.

La fe es el poder de la oración. Ahora, ¿qué es la fe? Cuando se analiza, se descubre que es una actitud mental que no encuentra contradicción alguna en la mente del que la tiene. Desgraciadamente, existe una gran fe en el temor. Fe en el *temor* de perder uno su trabajo, sus posesiones materiales, su salud, y demás.

Si la actitud mental es de relación con Dios, entonces es fe en Dios. Si está en la relación con la habilidad de la persona de escribir un poema, entonces es fe en su habilidad creativa. LA FE ES UNA ACTITUD MENTAL QUE ESTA TAN CONVENCIDA DE SU PROPIA IDEA—QUE LA ACEPTA TAN COMPLETA-MENTE—QUE CUALQUIER CONTRADICCION ES INCONCEBIBLE E IMPOSIBLE. Antes que podamos crear una actitud mental así, no debe existir nada en el subjetivo de nuestro pensamiento que contradiga nuestra afirmación objetiva.

La fe es afirmación mental elevada a un plano de realización. Es más que una simple sutileza o mascullar de palabras, porque se identifica con la Realidad de tal manera que se vuelve real para el creyente. Lo invisible viene a ser visible, y lo que no se ve es verdadero, para la mente.

La fe es verdadera para el que la experimenta y no puede negársele a la mente de quien la ha comprobado. ¿Y cuál es esta fe que debemos tener? Debemos tener fe que existe sólo Una Mente. Esta Mente es a la vez la Mente del hombre y la Mente de Dios. Usamos la Mente de Dios porque existe sólo una Mente. Esta Mente es la esencia de la creatividad y la esencia de la bondad. Está al alcance de todos. No hace excepción de personas porque ha encarnado en todos. Está en todo y a través de todo. La fe no puede ser negada, no acepta el no por respuesta. Habla en lenguaje afirmativo.

La fe sabe que el Universo es un sistema Espiritual y que el hombre es parte de este sistema. Sabe también que el ambiente del hombre es parte de este sistema. Debido a que el sistema es perfecto, la condición también puede ser perfecta, y sería perfecta si *supiéramos* que lo es. La fe sabe que la vida del hombre es Dios, la Realidad eterna e inmortal de todo Ser.

La fe ve lo invisible y en lugar de ver el vacío, ve la realidad sólida. La fe no es esperanza, es Substancia. No mira fuera de sí misma; siendo Substancia, ve dentro de sí misma. Al hacer esto sabe que la vida de Dios es también la vida del hombre. La fe afirma esto y niega todo lo que contradiga lo que para ella es el hecho supremo de la existencia.

La fe es esencial para que el tratamiento mental sea efectivo, pero esta fe tiene que ser una fe de entendimiento. Así, puede decirse que la fe es científica, o sea que estamos tratando con un Principio que se ha definido y de cuya forma de operar sabemos algo. Sabemos usar la Ley que la gobierna. La fe en la Ley nos ayuda a usar nuestro entendimiento con más convicción.

El conocimiento espiritual es tratamiento mental correcto. El amor impulsa el tratamiento mental. La conciencia de la Presencia Divina dentro de la persona que deseamos ayudar es necesaria porque tenemos que proveer equivalentes mentales diferentes a los que han creado la enfermedad.

Si el universo se manifiesta es la forma exterior del pensamiento del Espíritu, y si es un resultado de Dios reconociéndose a Sí Mismo, y si nosotros somos de igual naturaleza que la Mente Suprema, es lógico concluir que al dar un tratamiento mental seguimos un proceso de reconocernos a nosotros mismos. Por consiguiente, será efectivo solamente el tratamiento qué sabemos de antemano que será efectivo. Esto es lo que verdaderamente significa la fe, porque la fe no es una fantasía tonta sino un hecho dinámico.

El tratamiento encontrará correspondiente exterior en el mundo objetivo que será exactamente igual a la convicción interna que existe en el momento que es dado, y además es necesario que encuentre aceptación mental en la persona por quien se da. Entre más pensemos sobre esto, más racional nos parecerá.

La fe en Dios es una convicción tan completa que el Espíritu dará el regalo, de que ya no queda ninguna contradicción subjetiva. Esta fe sólo puede existir en el grado que la convicción esté de acuerdo con la Realidad. Nosotros no podemos creer que ninguna ley del Universo cambiará su propia naturaleza porque nosotros lo deseamos. AL ENTRAR NOSOTROS AL REINO ESPIRITU-AL—que es un reino perfectamente normal y natural—TENEMOS QUE HACERLO EN LA NATURALEZA PROPIA DE ESTE REINO. Es una unidad. No puede existir nada ofensivo en este Reino. ¿Recuerdas lo que dijo Jesús? "Por lo tanto, si traes tu regalo al altar y allí te acuerdas que tu hermano tiene algo contra ti, deja tu regalo ante el altar y vete; primero ve a reconciliarte con tu hermano y luego ven a ofrecer tu regalo." ¿Por qué? Porque no podemos tener paz mientras estamos en un estado de confusión. No es posible. No podemos manifestar amor mientras tenemos el equivalente mental de odio en nuestros corazones y en nuestras mentes.

UN PLAN DEFINIDO

Digamos que hay cuatro hombres, "A", "B", "C" y "D". "A" recibe $15 por semana; "B" recibe $50; "C" recibe $75 y "D" recibe $100. Supongamos que estos cuatro hombres están sin empleo y cada uno acude a un practicante para que haga un tratamiento mental para conseguir empleo. Por favor no creas que esta es una presentación material de una verdad espiritual, porque en el último análisis, en nuestra filosofía, el Universo o es todo materia o es todo Espíritu. Si es todo materia, lo que antes llamábamos materia es Espíritu. Si el Universo es todo Espíritu, lo que llamábamos Espíritu es materia. El Universo Espiritual no debe ser dividido dentro de sí mismo. El Bhagavad-Gita dice que nunca encontraremos paz mientras tratemos con Pares Opuestos. No vamos a decir que quince dólares es algo material y que el Padre Nuestro es espiritual. Hasta en el Padre Nuestro, Jesús dijo, "Danos hoy nuestro pan de cada día," y ya les había dicho que recibirían tanto pan como esperaran recibir. No les dijo de que tamaño sería el pan.

Como decíamos, estos cuatro hombres están sin trabajo y vienen a un practicante para que haga un tratamiento mental. El practicante toma la idea que no existe nada más que actividad. El Sana la creencia en la falta de actividad y declara que cada uno de estos hombres está divinamente activo, empleado y compensado. Sin más, ha puesto una ley en movimiento que producirá algo para cada uno de los cuatro. Supongamos que su tratamiento es bueno y efectivo. Los cuatro lo aceptan, y por consiguiente, cada uno encuentra empleo. Como resultado, probablemente "A" recibirá $15 otra vez; "B", $50; "C", $75 y "D", $100 por semana.

"Pero," alguien podria decir, "el practicante habló la misma palabra por cada uno. ¿Por qué no recibieron todos $100 por semana?" Porque la Ley dice que podemos tener sólo aquello que PODEMOS ACEPTAR. La palabra del practicante fue usada por cada uno de igual manera, pero cada uno sólo pudo recibir su máxima capacidad—sólo su capacidad mental de comprender. El puede tener más, pero, ¿cómo ha de obtenerlo? ¿Puede un recipiente de un cuarto de litro contener más de un cuarto de litro? Se podría agrandar el recipiente y hacerlo contener más y más, y el hombre también puede agrandar su conocimiento y aumentarlo continuamente. Es la misma ley antigua que dice que podemos expander lo finito, pero no podemos disminuir lo Infinito.

Cada hombre, "A", "B", "C" y "D", estaba satisfecho y sin duda rebosante cuando recibió el puesto como resultado del tratamiento; pero los puestos que recibieron, los moldes que sus percepciones de la vida habían proveído, estaban limitados por el recuerdo subjetivo que ellos mismos habían puesto en acción. Cada uno atrajo a sí mismo del Bien Universal lo que podía comprender. Es el mismo refrán antiguo que el agua llega a su nivel por su propio peso *y sin esfuerzo*. Así, un tratamiento se nivela en el mundo objetivo al nivel del pensamiento subjetivo y a la realización del que lo proyecta y el que lo recibe.

Esto no quiere decir que cada uno de los cuatro hombres siempre tiene que recibir la misma compensación, porque al expander su conocimiento, cada uno puede recibir más. No hay nada terminante acerca de esto, porque el hombre cuyo conocimiento ahora le atrae una cosa pequeña o de menos importancia (le llamamos grande o pequeña, y para nosotros es efectivamente grande o pequeña) puede, si lo desea, concebir algo más grande, de más importancia. La oración misma produce lo pequeño y lo grande.

Un hombre no se hace rico de pronto sólo con sentarse y pensar, "Yo soy multi-millonario." Pero cuando piensa afluentemente, sí empieza a demostrar prosperidad.

COMO DEMOSTRAR UNA CASA

Ninguno de nuestros sueños maravillosos, de nuestros deseos y nuestras oraciones por bienes materiales, llegarán a un nivel mayor que nuestra creencia en el poder de Dios, y en su voluntad de ayudarnos. La voluntad de Dios de ayudarnos se expresa en esa Ley Inmutable que nos da exactamente la clase de experiencia objetiva que es semejante al equivalente mental que poseemos. Si tenemos el equivalente mental de una casa cómoda, amplia, iluminada, alegre, y con dinero suficiente para mantenerla; si nosotros somos capaces de construir en nuestra mente la clase de casa que deseamos y no existe nada en nuestro pensamiento subjetivo que lo niegue, entonces podemos decidir y demostrar la clase de casa que deseamos.

MIRA LA VIDA EXPRESADA

Uno debe analizarse a sí mismo y decir, "¿Me veo yo mismo desde un punto de vista de restricción? ¿Veo la vida limitada a la rutina eterna de levantarme en la mañana, comer, ir a trabajar, volver a casa, acostarme, dormir y levantarme otra vez, y demás?" Debes romper las cadenas de la necesidad aparente y mirar la vida como una expresión continua del Ser Infinito; a medida que este concepto penetra tu pensamiento, algo sucede en el exterior para aliviar aún las demandas más grandes de tu necesidad. Libera tu ser para siempre de la idea que Dios queda complacido con vidas de sacrificio, que el mundo es mejor por tu miseria, o que la rectitud se manifiesta mejor en la pobreza que en la abundancia. Debes saber que mientras más abundancia del bien demuestras en tu vida, más perfectamente satisfaces la urgencia Divina dentro de ti. CUALQUIER

COSA QUE TU PUEDAS SOÑAR no es demasiado grande para que lo emprendas, si no daña a nadie, y si trae felicidad y bienestar a tu vida. Si cada persona hiciese el trabajo que debiera hacer, no se cansaría nunca, porque la energía que sostiene el universo en su lugar es incansable. Nos cansamos porque pensamos en corrientes opuestas acerca de nuestro trabajo. Esto resulta por la creencia en dualidad—una creencia en el bien y en el mal.

Al dar un tratamiento, concebimos el objetivo final de la idea pero nunca del proceso. Nunca trates el proceso. Sembramos una semilla y ya existe en esa semilla a través del suelo creativo, todo lo que hará que se desarrolle, se desenvuelva, y produzca una planta. *El objetivo final del efecto ya es potencial en su causa.* Este es el significado místico de las palabras: "Yo soy el Alfa y Omega." Nuestra palabra para la expresión más completa de nuestra vida, o para el detalle más mínimo, debe ser el Alfa y el Omega, el principio y el fin de la cosa pensada. Toda causa y todo efecto existen en el Espíritu, y están unidos. Uno es el interior y el otro el exterior de la misma cosa, unidos en una entidad completa.

Nunca permitas que nada te haga dudar de tu habilidad para demostrar la Verdad. CONCIBE QUE TU PALABRA YA ES COSA. Ve tu deseo como un hecho que ya se ha cumplido, y descansa con confianza perfecta, en paz y con certidumbre, sin buscar resultados, sin preocupación, sin ansiedad, sin prisa, sin preguntar. Los que no entienden esta actitud pensarán que no estás activo, pero recuerda: "Para el que puede practicar la inacción perfectamente, todas las cosas le son posibles."

Lo que sabemos de la mente subjetiva es que está inconciente del tiempo; no conoce tiempo ni proceso. *Sólo sabe cumplir, sólo sabe contestar.* Por eso está escrito, "Antes que llamen, contestaré." La Creación Cósmica procede de la idea hacia el objeto. No sabe nada de proceso; el proceso está envuelto en la idea, pero no concientemente. El practicar correcto es saber que la acción correcta existe ahora mismo. Si decimos, "Mañana va a ser," entonces, de acuerdo con la misma ley que estamos usando, mantenemos la respuesta en un ESTADO FUTURO QUE NUNCA PUEDE CONVERTIRSE EN PRESENTE. Si un jardinero mantiene la semilla en su mano y dice, "Mañana voy a sembrar esta semilla," su jardín nunca empezará a crecer. Por lo tanto, Jesús dijo, "Cuando ores, cree que ya has recibido y recibirás." No dijo, cree y tendrás inmediatamente. Dijo, "Recibirás." No negó la ley natural de evolución y de crecimiento. La Naturaleza obra de acuerdo con una ley de secuencia lógica.

ACCION PERFECTA...SIN ERRORES

En el trabajo mental tenemos que comprender que existe Una Mente Infinita que dirige nuestro destino concientemente. Declara cada día que:"Nunca se han cometido errores ni se están cometiendo ahora, ni se *pueden* cometer." Declara también, "Existe una Inteligencia Suprema que me gobierna, me guía y me dice qué hacer, y cuando y cómo obrar." Haciendo esto con fe perfecta, obras con perfecta seguridad. Además, declara:"Todo lo que necesito para expresar totalmente la experiencia de gozo abundante es mío ahora mismo." Sabe esto, míralo, siéntelo, y SE ESO. Practícalo cada día por unos cuantos minutos. Todos debemos hacer esto hasta que ya no sea necesario. Cuando llegue ese día, lo sabremos por nuestras demostraciones.

Supongamos que alguien dice, "Yo he cometido muchos errores en mi vida, tuve oportunidades que no aproveché." Todo hombre siente esto alguna vez en su vida. Esta es la creencia directa que el hombre tiene solo una oportunidad y que si no la aprovecha, no tendrá más. Es una creencia en el límite de las oportunidades y debe negarla completa y específicamente. No es que no hayamos cometido errores, pero si la creencia que es necesario cometer errores permanece en el conocimiento, seguramente se repetirá. En la práctica científica declara que no se han cometido errores en el conocimiento del hombre, y que si han ocurrido, ahora mismo son borrados. En el Plan Divino los errores no existen, y no existe otro plan para el hombre más que el Plan Divino.

Si un hombre aparentemente ha tenido muchas oportunidades y no las ha aprovechado, debe mostrarle que está al punto de oportunidades ilimitadas; que la oportunidad esta aquí ahora mismo, que él la reconoce y la aprovecha. La oportunidad lo reconoce a él, y él reconoce la oportunidad. Existimos en medio de Oportunidades Ilimitadas que siempre buscan expresión por medio de nosotros.

Debes saber que la condenación no existe, porque nada puede condenarnos si no creemos en ello. Destruye toda idea que imponga limitación o esclavitud en cualquier situación o condición. "Despréndela, aléjala de ti." Habla contigo mismo, no con el mundo. No tienes que hablar con nadie más que contigo mismo, porque toda experiencia ocurre dentro de ti mismo. Las condiciones son reflexiones de nuestras meditaciones y nada más. Existe sólo Una Mente, y esta Mente es nuestra Mente ahora mismo. Nunca piensa confusamente; esta Mente sabe lo que desea, y sabe realizar lo que desea. *Es lo que desea.*

Vamos a suponer un caso de dar un tratamiento para obtener prosperidad. Alguien viene y te dice, "El negocio va mal, no hay actividad." ¿Cómo lo vas a tratar? ¿Vas a tratar actividad, negocio, clientes, condiciones, o qué? Solo hay una cosa que tratar según concierne al practicante, y esta es A SI MISMO. El practicante se trata a sí mismo por la razón que su propia mente y la mente del paciente existen en la Unica Mente.

No hay más que una actividad, que es perfecta. No le ha pasado nada; nada la puede destruir; siempre está obrando. No existe creencia en la inactividad. ¿Para qué es esta declaración? Para neutralizar la creencia en la inactividad. Una palabra hablada en la Mente, llega a su propio nivel en el mundo objetivo por su propio peso, al igual que en la ciencia física sabemos que el agua llega a su nivel por su propio peso. Tienes que destruir la idea de inactividad. El hombre no puede desanimarse o atemorizarse si se da cuenta que existe sólo Una Mente que él puede usar concientemente. El hombre verdadero no sabe desalentarse, no sabe temer, y no es incrédulo. Y el que conoce el poder con que está tratando, y que siembra una semilla de pensamiento en la Subjetividad, sabe que esa semilla nacerá y tendrá su fruto.

Proyecta la idea de Substancia. Has que la conciencia perciba que la Substancia es Espíritu, que el Espíritu es Dios, y que Dios es todo lo que existe. Cuando tu conciencia esté familiarizada con esta idea, sembrará esta idea en el Poder Creativo, y se exteriorizará en tu vida.

Continúa declarando que no se han cometido errores, ni se cometen, ni se cometerán. Di, "Yo represento la Verdad, la Verdad entera, y solamente la Verdad. Esta es infalible y nunca se equivoca. No existen errores en el Plan divino para mi. No existe limitación, pobreza, necesidad, ni escasez. Yo me encuentro en medio de la oportunidad eterna, la cual siempre me presenta evidencia de su expresión completa. Yo soy gozo, paz y felicidad. Yo soy el espíritu del gozo dentro de mi. Yo soy el espíritu de paz, de serenidad y de poder dentro de mi. Yo soy el espíritu de felicidad dentro de mi. Yo estoy radiante de Vida; Yo soy Vida. Existe Una sola Vida, y esa Vida es mi Vida ahora."

No es suficiente decir, "Existe Una sola Vida y esa Vida es Dios." Tenemos que completar la declaración y decir: "Esa Vida es mi Vida ahora mismo," porque tenemos que unir esta Vida con la nuestra para poder expresarla. No estamos *convirtiéndonos* en esta Vida, sino que ahora mismo somos y estamos en esta Vida. No existe otra Vida. Dios no está volviéndose: Dios ES. Dios no está creciendo; Dios es completo. Dios no está tratando de enterarse de algo; Dios ya sabe. La evolución no es expresión de un Dios que está por ser, sino es simplemente una de las maneras en que el Dios que ya ES, se expresa a Sí Mismo; y como tal, es resultado lógico de una involución que continúa eternamente.

Para el hombre que cree que el "negocio va mal," para el hombre que cree que ha cometido muchos errores y que cometerá más, y para el hombre que sólo ve inactividad a su alrededor, se puede usar la siguiente meditación:

"Yo se que ahora mismo me encuentro al umbral de todo bien, de sabiduría y de verdad. Todo el bien que puedo encarnar es mío ahora mismo. Sólo tengo que abrir las puertas de mi alma y aceptar lo que está preparado para expresarse por medio de mi.

"Yo espero completa y enfáticamente la respuesta a mi oración ahora mismo. Yo ahora mismo poseo esto que deseo tanto. Yo elimino todo temor de escasez y de negación, porque es la unica barrera que se levanta en el camino de mi experiencia hacia el bien. Sólo yo puedo eliminarla y la elimino ahora mismo.

"En este momento mi bien viene hacia mi, suficiente y de sobra, para dar y compartir. Nunca puede agotarse; mi bien no puede agotarse nunca porque la fuente de donde proviene es inagotable.

"Hoy, en este momento, la ley responde a mi pensamiento. Mi palabra es palabra de afirmación elevándose desde el conocimiento de que el bien, lo perdurable y lo verdadero son eternos en mi experiencia. No puedo apartarme de lo que es mi bien. Mi bien me está asegurado por dios, la esencia total de mi vida."

CAPITULO DIECIOCHO

LA LEY DE ATRACCION

La Atmósfera Del Pensamiento—La Atracción De La Personalidad—Atrayendo Amigos—Atrayendo Exito—No Hay Fracasos—No Hay Responsabilidad Personal—La Ley De Correspondencia.

LA ATMOSFERA DEL PENSAMIENTO

El sanar por medio de la mente espiritual es el resultado del uso constructivo de una ley mental que el mundo está principiando a entender poco a poco. Como somos seres que pensamos y no podemos dejar de pensar, y como la Mente Creativa recibe nuestro pensamiento y no puede dejar de crear, siempre tiene que estar creando algo para nosotros. Lo que tiene que crear depende completamente de lo que pensamos, y lo que atraemos depende completamente de lo que habita en nuestro pensamiento.

El pensamiento puede atraer a nosotros lo que primero hemos incorporado mentalmente, lo que es parte de nuestra composición mental, parte de nuestro entendimiento interno. Cada persona está rodeada por una atmósfera de pensamientos. Esta atmósfera mental es resultado directo conciente e inconciente, el cual viene siendo la razón directa y la causa de lo que acontece en su vida. Por medio de este poder atraemos o rechazamos. Lo que es semejante es atraído; y también es verdad que podemos ser atraídos a algo mejor que nuestra experiencia anterior, si incorporamos primero la atmósfera de nuestro deseo.

Principiando con la idea que la esencia de la vida del hombre es Dios, lógicamente el hombre usa también el mismo proceso creativo. Todo tiene origen en el Uno, proviene de la misma Fuente y vuelve a Ella. Así como el pensamiento de Dios crea mundos y los puebla con cosas vivientes, así nuestro pensamiento crea nuestro mundo y lo puebla con nuestras experiencias. Debido a la actividad de nuestro pensamiento, llegan cosas a nuestra vida, y somos limitados sólo porque no hemos sabido la Verdad. Hemos pensado que las cosas externas nos gobiernan cuando siempre hemos tenido dentro de nosotros lo que podía haber cambiado todo y habernos liberado de la esclavitud.

Cada uno atrae a sí mismo lo que él es; y debemos establecer que dondequiera que nos encontremos, no importa que intolerable sea la situación, es precisamente donde debemos estar. No existe poder en el universo más que nosotros mismos que nos pueda liberar. Alguno podrá ayudarnos en el camino hacia la realización, pero la fuerza y permanencia sólo pueden venir por el conocimiento de nuestra propia vida y nuestro propio pensamiento. El hombre tiene que elevarse a sí mismo al lugar en la mente donde no existe mala fortuna, ni calamidad, ni accidente, ni trastorno, ni confusión; donde no existe más que plenitud, paz, poder, Vida y Verdad. Debe declarar diaria, definitivamente (usando su propio nombre) la Verdad de sí mismo, reconociendo que está manifestando sus declaraciones dentro del Conocimiento, y que serán cumplidas por El.

En el misticismo, a esto se le llama Invocación Elevada; invocando la Mente Divina, sembrando dentro de Ella semillas de pensamientos relacionados con uno mismo. Y esta es la razón por la cual algunos maestros del pasado instruían a sus discípulos que cruzaran sus manos sobre el pecho y dijeran: "Soy maravilloso, maravilloso, maravilloso," enseñándoles definitivamente que así como se valoraban mentalmente, serían valorados. "Obro como si lo fuera, y lo seré."

Un refrán antiguo dice, "Para el hombre que puede practicar inacción perfectamente, todo le es posible." Esto parece ser una contradicción hasta que uno penetra en su significado interior porque sólo cuando el hombre practica inactividad completa, llega al punto del verdadero actor, porque entonces se da cuenta que el hecho y el que lo hace son uno y el mismo; la causa y el efecto son la misma cosa; y es otra manera de decir: "Y conocerás la Verdad, y la Verdad te hará libre." En otras palabras, cualquier cosa que uno manifiesta en la Mente tiende a tomar forma.

LA ATRACCION DE LA PERSONALIDAD

Cada negocio, cada lugar, cada persona, cada cosa, tiene una cierta atmósfera mental propia. Esta atmósfera decide lo que atrae para si. Por ejemplo, nunca jamás hemos visto un hombre próspero que lleve consigo una atmósfera de fracaso. Las personas prósperas piensan acerca del exito. Un hombre próspero está lleno de ese algo sutil que impregna todo lo que hace con una atmósfera de confianza y fuerza. El hombre que se dice a sí mismo, "Yo no tengo personalidad para atraer a otros," obra bajo una ilusión. Tiene que ser desilusionado. Tiene que enseñársele que existe sólo Una Persona; esta Persona se manifiesta por medio de toda alma viviente. Es LA Personalidad. Y es Completa.

Los que más nos atraen no son necesariamente los más bellos físicamente, sino son aquellos de quienes recibimos esa emanación sutil, "ese algo." ¿Qué es *ese algo*? Es eso que emana del interior, el reconocimiento interno de la Realidad.

Ahora sabemos, y saber quiere decir usar la Ley de una manera constructiva, "Yo y mi Padre somos uno." Esta es fuerza para el débil y vida para todos los que creen. Podemos llenarnos del poder de atracción a tal grado que se volverá irresistible. Nada Puede estorbarle al hombre que sabe que está tratando con un Poder que crea todo de Sí Mismo; mueve todo dentro de Sí Mismo; y al mismo tiempo, mantiene todo en su lugar. Uno con el Poder Infinito. Uno con la Mente Infinita. Uno con la personalidad de Dios. Debemos permitir que esto resuene en nuestra mente cada día, muchas veces por día, hasta que nunca más digamos: "No tengo personalidad." ¡Tenemos toda la Personalidad!

ATRAYENDO AMIGOS

Al dirigirte a la ley, debes comprender que es Ley de Reflexión. "La vida es el espejo del rey y del esclavo." Emerson dijo: "Si quieres tener un amigo, sé un amigo." Al surgir la idea de la amistad en el conocimiento, la ley de atracción produce amigos, porque una es la imagen y la otra es la cosa. Esa es la gran enseñanza de involución y evolución, el pensamiento creado y el resultado producido. Uno es el tratamiento y el otro es la demostración. Cuando tratamos con la Causa Primordial, estamos tratando con eso que tiene todos los efectos envueltos dentro de si mismo en la medida en que se desarrolla. Podemos dejar que la Ley impulse la acción correcta. Tomando esto en cuenta, continuemos con el tratamiento.

¿Deseamos atraer amigos? Tenemos que empezar por imaginarnos relaciones ideales, ya sean sociales o de otra índole; intuir y sentir la presencia de amigos; gozarlos en nuestra mente, no como ilusión, sino como realidad; no como un sueño, sino como una experiencia; declarar su presencia aquí, ahora mismo. PERO NOSOTROS NUNCA DEBEMOS DE VOLTEAR PARA VER SI EN REALIDAD ESTAN AQUI, PORQUE ESTO IMPLICA QUE DUDAMOS Y NEUTRALIZA NUESTRA PALABRA. Podemos atraer la clase de amigos que deseemos si designamos específicamente la clase, pero nunca debemos pensar en *ciertas personas*, o que un individuo en particular tiene que ser uno de los amigos, porque esto sería hipnotismo. La idea atraerá la clase correcta de amigos.

Para tener amistades duraderas y bellas, que en verdad sean valiosas, debemos cultivar una actitud de amistad hacia todo y hacia todos. El que ha aprendido a amar a toda la gente, encontrará bastantes personas que retornen su afecto. Esto no es solamente un sentimiento, es más que una actitud religiosa de la mente. Es un hecho profundo, científico, al cual debemos prestar nuestra atención. La razón es esta: Como todo es Mente, y *como atraemos a nosotros aquello que básicamente somos*, hasta que aprendemos a amar, no enviamos vibraciones de amor, y hasta que no enviemos esas vibraciones de amor, el amor no puede regresar a nosotros.

Cuando nos encontramos sin amigos, lo que debemos hacer es inmediatamente enviar nuestro pensamiento hacia todo el mundo; enviarlo lleno de amor y de afecto; saber que este pensamiento se encontrará con los deseos de otra persona que desee lo mismo, y que de alguna manera, los dos se atraerán uno al otro. Piensa que todo el mundo es tu amigo, pero *tú también tienes que ser amigo de todo el mundo*. De esta manera, y con esta práctica simple, atraerás tantos amigos, que no tendrás tiempo suficiente para gozarlos todos. Rehúsate a ver el lado negativo de cualquier persona. Rehúsate a malentender o a que te malentiendan. Sabe que todos desean que tú tengas lo mejor. Afirma esto adondequiera que vayas, y encontrarás que las cosas son así como tú deseas que sean.

Una de las primeras cosas que debes hacer es amar a todos. Si no has hecho esto, debes principiar inmediatamente. Siempre existe más bondad que maldad en toda persona, y cuando ves el bien, el bien tiende a sobresalir. El amor es el poder de más fuerza y alivio en el mundo. Es la razón misma de nuestro ser, y por eso, todos debemos tener algo o alguien a quien amar. La vida que no ha amado no ha vivido; todavía esta muerta. El amor es el único impulso para la creación, y el hombre que no tiene amor como el incentivo principal de su vida, nunca ha desarrollado su verdadero instinto creativo. Nadie puede lanzarse hacia lo universal sin amor, porque todo el Universo está basado en el amor.

"Al que mucho ama, mucho se le perdona." Un hombre puede tener muchas faltas, pero si ama mucho, mucho se le perdona. Muchas personas darían su vida porque alguien se interesara verdaderamente por ellos, por una amistad genuina, porque alguien los apreciara tal como son. Siempre vemos con simpatía al hombre que ve a todo el mundo como su amigo, y que lo ama. Y es ley que *el hombre que constantemente ve lo que desea ver, no importa cuales sean las apariencias, algún día verá en su experiencia exterior lo que ha visto fielmente en el interior.* Aunque sea por razones egoístas—si no encontramos razón mejor—no nos conviene encontrar defectos, odiar, ni siquiera tener *una sola cosa* en contra de nadie; el Dios de amor no puede oír la oración del que no ama. En nuestra meditación para obtener amistades, debemos unirnos con toda la humanidad, con toda la vida:

"Dios en mí esta unido con el Dios en todo. Dios atrae a mi vida amor y compañerismo. Yo soy uno con toda la gente, con todas las cosas, y con toda la vida. Cuando escucho en el silencio, y la voz de la humanidad me habla, y me responde con el amor que yo le guardo hacia ella.

"El gran amor que yo ahora siento por el mundo es el Amor de Dios, y todos lo sienten, y este amor retorna a mí de parte de todos. Yo comprendo a todos, y todos reflejan mi comprensión. Yo doy amistad y por lo tanto, tengo amigos. Yo ayudo y por lo tanto soy ayudado. Yo doy ánimo y por lo tanto soy animado. Ahora mismo yo estoy rodeado de amor, amistades, compañerismo, salud, felicidad y éxito. YO SOY UNO CON LA VIDA. Yo espero en el silencio mientras el Gran Espíritu lleva este mensaje a todo el mundo."

ATRAYENDO EXITO

La demostración quiere decir traer a nuestra experiencia algo que no hemos tenido antes, manifestándolo como resultado de nuestro pensamiento conciente; y si no podemos hacer esto, entonces nuestra ciencia es un error y un engaño total. A menos que exista un Principio Divino, Alma Universal o Subjetividad, o Medio, que de por Sí—sin ayuda o asistencia—pueda producir cosas, y lo hace, entonces no tiene ningún valor esta enseñanza. Pero sí existe este Principio Divino, *y lo que hace por nosotros tiene que hacerlo a través de nosotros.* Nuestra parte en la demostración es poner la palabra en movimiento, y así impulsar el resultado o la manifestación por medio de la Ley de Subjetividad.

Este estado subjetivo del pensamiento del hombre decide qué acontecerá en su experiencia objetiva. El estado subjetivo de su pensamiento es la suma total de su pensar y saber. Es el medio entre lo relativo y lo Absoluto, entre lo Ilimitado y lo condicionado. Todo lo que esté involucrado en el estado subjetivo se desarrollará. Por lo tanto, cuando no queda nada en nuestra mentalidad que niegue nuestra palabra, la demostración se manifestará; nada puede evitarlo porque la Ley es Absoluta.

Debemos acercarnos a la Ley con un sentido normal, natural, y fácil. No existe nada peculiar o misterioso en ella. Es Ley natural, obrando de una manera normal, y debemos pensar en Ella de esa forma. Debemos considerar y pensar en la Ley y el Espíritu como nuestros amigos. De esta manera iremos poco a poco del bien a un mayor bien, y de la paz a una mayor paz. Esta es la evolución natural de la Realidad a través del hombre. Debemos ESPERAR LO MEJOR, y vivir de tal manera que lo mejor sea parte de nuestra experiencia.

Supongamos que una persona desea más actividad en su negocio, más éxito. Cada día debe ver su establecimiento lleno de clientes; verlos examinando su mercancía y disfrutando de hacerlo; verlos comparando precios y reconociendo que ofrece buenos precios; verlos encantados con el servicio que les da; verlos alegres, radiantes y expansivos, gozando de la atmósfera de su negocio; ver la elevación que el espíritu de su buena voluntad les da. Debe formar un cuadro mental de todo esto. Estamos tratando con Inteligencia, y debemos reconocer el Poder con que trabajamos—realizar nuestra Unidad con El—y luego debemos pedir lo que deseamos, y tomarlo.

Si nosotros hacemos un tratamiento para tener más actividad en un comercio que tenemos en Boston, no vamos a hacerlo para sanar a un enfermo en Kalamazoo y esperar que el negocio en Boston demuestre más éxito. TENEMOS QUE SER ESPECIFICOS EN LO QUE HACEMOS, y al mismo tiempo no debemos *delinear* cómo es que se debe hacer. Recuerda que estamos tratando con Inteligencia. NUESTRO CONCEPTO VA A EVOLUCIONAR EXACTAMENTE COMO LO HAYAMOS CONCEBIDO. Si una persona pudiera tomar una fotografía de sus circunstancias objetivas, y otra de su mentalidad subjetiva, encontraría que son idénticas, porque una es causa de la otra. Una es la imagen, y la otra reflexión de la imagen.

Por eso nuestro éxito en los negocios, la actividad que podamos generar por medio de la acción de la Ley, depende de nuestra habilidad de concebir. En todo momento estamos atrayendo cosas hacia nosotros o rechazándolas. Por lo general esto sucede sin que nos demos cuenta, pero ignorar la Ley no cambia su resultado. Alguna persona dirá, "¿Crees tú que yo pensé fracasar? ¿O que deseaba fracasar?" Por supuesto que no. Tal vez pensaste que *podrías* fracasar; o tal vez tuviste el temor de fracasar, de alguna manera esta idea entró en tu mente.

Vivimos en la Mente, y la Mente puede retornarnos sólo lo que hemos pensado dentro de Ella. No importa que hagamos, la Ley siempre prevalecerá. Si estamos pensando que somos pobres y estamos necesitados, la Mente no puede más que darnos lo que hemos pensado dentro de Ella. "Conforme a vuestra fe, así se os concede." Los pensamientos de fracaso, limitación o pobreza son negativos y debemos desecharlos de nuestra vida para siempre. Dios nos ha dado poder, y tenemos que usarlo. Haríamos más para salvar el mundo comprobando esta ley que todas las obras de caridad que se han hecho jamás.

Recuerda que Dios es el Poder silencioso detrás de todas las cosas, siempre dispuesto a proveer lo que necesitamos en nuestra experiencia. Tenemos que tener una fe receptiva y positiva en la evidencia de las cosas que no se ven con los ojos físicos, pero que son eternas en los cielos. Todo es Mente, y tenemos que proveerle una avenida receptiva para que pase a través de nosotros hacia una expresión exterior en nuestros asuntos. ¡Si permitimos que la opinión del mundo gobierne nuestro pensamiento, *esa será nuestra demostración!* De otra manera, si superamos la opinión del mundo, creamos un patrón nuevo.

Es absolutamente necesario, entonces, que el hombre próspero en sus negocios mantenga su mente en pensamientos de felicidad que producen alegría en lugar de depresión. Debe irradiar gozo y estar lleno de fe, de esperanza y de expectación. Estas actitudes de alegría y esperanza son indispensables para el que verdaderamente hace algo en la vida. Declara tu libertad. Sabe que no importa que digan, que piensen o que sean los demás, tú tienes éxito, *eres éxito ahora mismo,* y nada puede impedir que logres tu bien. Todo el poder del universo está contigo. Siéntelo, sábelo, y luego obra como si así fuera.

Principia a borrar una por una, todas las falsas creencias—toda idea de que el hombre es limitado, pobre o miserable. Rehusa el pensar en fracaso o dudar de tu propio poder. Ve solamente lo que tú deseas en tu experiencia, no mires nada más. Nosotros nos liberamos de todo pensamiento de adhesión a cualquier persona o cosa. ¿Qué, el Gran Principio de Vida no puede crear para nosotros todo lo que nosotros necesitamos? El Universo es inagotable, Él es ilimitado, El no conoce restricciones ni limitaciones. Nosotros no estamos dependiendo de una caña, la cual es mecida por el viento, *sino por el Principio de Vida de Su Mismo Ser,* para todo lo que tenemos y todo lo que necesitemos. Él no es *algo* de poder, no un *gran* poder, Él es TODO PODER. Todo lo que tenemos que hacer es creer, núnca dudar, no importando lo que pase. Al hacer ésto, encontraremos que las cosas constantemente vienen a nosotros sin ese esfuerzo tremendo que destruye la paz de la mente de la mayoría de la raza humana. Nosotros sabemos que no puede haber falla en la Mente de Dios, y esta Mente es el Poder del cual nosotros estamos dependiendo.

NO HAY FRACASOS

Si alguien parece haber fracasado, debe realizar que no hay fracaso en el Universo. Debe borrar la idea del fracaso declarando que el fracaso no existe. Si alguno cree que fracasó el año pasado, es probable que fracase también este año, a menos que borre el pensamiento falso. Bórralo todo, excepto el reconocimiento del Unico Poder Perfecto que no depende de lugar, persona, condición, estación del año, ni de nada, sólo de Sí Mismo. La demostración se hace cuando viene directamente de la Verdad. El que desee hacer una demostración tiene que limpiar su atmósfera subjetiva debido a que objetivamente puede hacer declaraciones que su mente subjetiva está negando. De esta manera neutralizamos nuestra palabra muchas veces tan pronto como la hablamos.

Cuando Jesús dijo, "No resistáis," quería decir que la única manera de evitar el mal es no reconociéndolo. Esto es la verdad según la Ley de Causa y Efecto, porque lo que persistimos en reconocer, persistimos en mantenerlo en su lugar. Lo que nos rehusamos a reconocer, lo neutralizamos, y ya no existe más en cuanto a nosotros concierne.

Así borramos cualquier idea de fracaso. Aquí es donde uno no parece decirse la verdad a sí mismo, pero está declarando la verdad del Espíritu que está dentro de él. ESTE ESPIRITU NUNCA FRACASA. Afirma esto hasta que sea parte integral de tu ser: "Esta palabra borra del libro de mis recuerdos toda idea de escasez, limitación, necesidad o fracaso. No existe el fracaso, ni persona que fracase. El fracaso no es ni persona, ni lugar, ni cosa. Es un pensamiento falso y no tiene verdad por sí mismo. Es una creencia en escasez, y la escasez no existe. Es una creencia en limitación que tampoco existe."

Tu palabra, que está unida a la Vida Infinita, se ha hablado con confianza y con serenidad. Inmediatamente será elevada y activada. El modelo es perfecto y el resultado será perfecto. Tu palabra lo establece ahora para siempre. Ve esto, siéntelo y sábelo. Ahora mismo estás rodeado de vida perfecta, de actividad infinita, de todo poder, y toda guía. El Poder del Espíritu te provee de todo bien, te llena de vida y amor.

El pensamiento es muy sutil, y a veces cuando haces tal afirmación, te presentará argumentos opuestos. Detente inmediatamente y confronta estos argumentos. Niégate a aceptarlos. Nuestra palabra contiene la inteligencia que somos, y, respaldada por la Inteligencia Superior de la Mente Universal, nuestra palabra viene a ser la ley sobre aquello por lo cual se dice. Y de esta palabra emana el Poder del Infinito.

Supongamos que una persona está dando un tratamiento por su negocio y siente que algo dentro de sí le dice: "Hay demasiada gente en esta clase de negocio," inmediatamente debe tratar la idea de competencia. Declara: "No hay competencia ni monopolio en mi experiencia."

El tratamiento es una cosa por sí misma; es una entidad de la Infinita Inteligencia, Vida y Acción, y nada puede estorbar su operación más que la incredulidad o falta de equivalentes mentales adecuados. "No pudieron entrar a causa de su incredulidad," y porque "limitaron al SantoÚnico de Israel."

Nunca dependas de personas o digas que las cosas vienen de aquí o de allá. De dónde provengan las cosas no importa. DI QUE EXISTEN, y deja que vengan de donde sea, y luego si ocurre algo que indique de donde han de venir, lo correcto es decir: "Si este es el lugar, entonces no existe ningún obstáculo."

Nada se mueve excepto la Mente. Dios hace las cosas por la acción directa de convertirse en la misma cosa que crea. Esto es lo que hacemos, porque nuestro pensamiento viene a ser la cosa que pensamos. El pensamiento y la cosa son una en realidad. LO QUE EL HOMBRE TIENE Y LO QUE ES, ES RESULTADO DEL ESTADO SUBJETIVO DE SU PENSAMIENTO. Sigue subjetivando el pensamiento hasta que la balanza del conocimiento esté en el lado afirmativo, y nada pueda estorbar la demostración. Esto es inevitable porque es la manera en que la Ley obra. Una buena meditación para Oportunidad es la siguiente:

"Mis oportunidades son ilimitadas. Existe un impulso divino que se expresa. Penetra en mí y llena todo espacio y toda persona. Todos mis asuntos están en manos de ese impulso para el cual. Los mejores metodos, la mejor forma y significado para mi mayor expresion son claramente visibles. Le son perfectamente visibles las mejores formas, métodos y medios para expresarme más ampliamente. Dejo a este principio a cargo de mis asuntos, y coopero con el.

"Hoy, las posibilidades de mi experiencia son ilimitadas. El espíritu fluye en mí, inspirándome y manteniendo esa inspiración. Tengo habilidad y talento, y hago buen uso de ellos. Este talento se promueve y se sostiene divinamente bajo un plan universal de acción correcta.

"La vida se abre ante mi—rica, llena, abundante. Mi pensamiento, que es mi llave a la vida, me abre todas las puertas. Soy uno con la infinidad y la divinidad. Reconozco esta unidad. Continúo en mi camino como quien sabe que dios va con él hacia el día eterno de privilegio infinito. Sólo tengo que abrir los portales de mi alma y aceptar lo que desea expresarse a través de mi. Ahora mismo abro estos portales ampliamente; ahora mismo soy instrumento por el cual fluye la vida."

NO HAY RESPONSABILIDAD PERSONAL

No importa qué tan grande sea la responsabilidad por aquello que hay que hacer, nunca permitas que tu pensamiento acepte ni por un momento la responsabilidad acerca de eso, porque *aquello a lo cual la mente da nacimiento ES,* y CADA IDEA TIENE QUE PRODUCIR UN EFECTO EXACTAMENTE SEMEJANTE A SU CAUSA.

Cuando hacemos una demostración, tenemos que aceptar sus consecuencias. Por lo tanto, toda demostración debe hacerse en paz, confianza y gozo, y con un conocimiento del Amor Divino y la Perfección que todo lo penetra. La razón de esto es evidente, porque estamos tratando con la Ley de Causa y Efecto. No dependemos de la suerte sino de la Ley. La responsabilidad de poner la Ley en movimiento es nuestra, pero la responsabilidad de hacer que la Ley trabaje *es inherente a su propia naturaleza.* Tenemos que saber que estamos tratando con la Substancia de la cual todo está hecho. Nada se mueve más que la Mente, y estamos tratando con la Mente que es Lo que mueve, el Creador, la Causa de todo lo que es o ha de ser. Tenemos que sentir que detrás de la palabra que pronunciamos está el Poder del universo, surgiendo para expresarse. Entonces, habla la palabra concientemente, sabiendo que es la Ley.

LA LEY DE CORRESPONDENCIA

El límite de nuestra habilidad de demostrar depende de nuestra habilidad de proveer un equivalente mental de nuestro deseo, porque la ley de correspondencia trabaja de la creencia a la cosa. Pero tenemos el poder de proveer un equivalente mental más grande por medio del desarrollo del conocimiento; y este crecimiento interno nos guiará finalmente a la libertad.

Lo que demostramos ahora, mañana, y el día siguiente, no es tan importante como la TENDENCIA QUE VA TOMANDO NUESTRO PENSAMIENTO...la actitud dominante de nuestra mente. Si cada día las cosas son un poco mejor, un poco más felices, un poco más armoniosas, si expresan un poco más de salud y gozo, más vida, vamos en dirección correcta.

Así, diariamente meditamos en el Universo de Toda Bondad, en el Espíritu Infinito Interno que llamamos Dios, el Padre, Encarnado en el hombre, tratando de percibir y sentir el Bien Interno como el Principio Activo en nuestras vidas. Esto es lo que llaman los místicos, "El Hombre del Corazón," o "El Angel de la Presencia de Dios." Por eso es que enseñaron que hay dos cosas, lo que *parecemos ser* y lo que *verdaderamente somos.* Al hacer contacto con este Principio de nuestras propias vidas—que es Perfecto y Completo, que no necesita nada, ni le falta nada, que sabe todo y que está feliz y satisfecho—y al meditar diariamente en este Dios Interno, adquiriremos un equivalente mental superior.

Para aquellos que siempre han tenido pensamientos de limitación, es buena práctica meditar sobre la magnitud del Universo. Piensa en cuantas estrellas hay en el cielo, cuantos peces en los mares, cuantos granos de arena en las playas. Piensa en la inmensidad del espacio, del océano, en lo grande que es todo, en la grandeza que es todo. Aunque sea necesario hacerlo mecánicamente, obliga a la mentalidad a reconocer la Realidad. Si no se puede obtener la convicción de otra manera obliga a la conciencia a reconocer la verdad a través de la razón.

Piensa, ve y siente la actividad. Irradia Vida. Siente que existe eso dentro de ti que es el centro y circunferencia del universo. El Universo es el resultado de la Contemplación Misma de Dios. Nuestras vidas son resultado de nuestra propia contemplación, y están pobladas por las personificaciones de nuestros pensamientos e ideas. Acepta esto sin ninguna duda, porque es la Verdad.

Nada es real para nosotros a menos que nosotros lo hagamos real. Nada puede tocarnos a menos que le permitamos que nos toque. Niégate a permitir que tus sentimientos se ofendan. Rehúsa recibir condenación de nadie. En la independencia de tu propia mentalidad, cree y siente que tú eres maravilloso. Esto no es orgullo, es la verdad. ¿Qué puede ser más maravilloso que la manifestación de la Mente Infinita? "Despierta tú que duermes, y levántate de entre los muertos, y Cristo te dará luz." "Compruébame ahora mismo, dice el Señor Dios de los Ejércitos, si no te abriré las ventanas del cielo, y te derramaré tal bendición que no habrá suficiente lugar para recibirla." "Sé firme, y seras firme." "Actúa como si fueras, y lo seras." "Mira hacia la Deidad, y la Deidad mirará hacia ti." "Conforme a tu creencia, te sera dado." "Pide y se te dará." "Tal será la palabra que sale de mi boca—que prosperará."

CAPITULO DIECINUEVE

RESUMEN DE LA TERCERA PARTE:
LA PRACTICA DEL SANAR MENTAL-ESPIRITUAL

En los dieciocho capítulos que preceden, el único objeto en mente, ha sido el de descubrir la naturaleza espiritual del hombre y su relación con Dios y el Universo. Por lo tanto, en lugar de recapitular los últimos seis capítulos, lo que nos proponemos hacer a continuación es una discusión informal del tema general de "Cómo dar un Tratamiento Mental."

La espiritualidad es bondad natural. Dios no es una persona; Dios es una Presencia personificada en nosotros. La espiritualidad no es una cosa; es la atmósfera de la presencia de Dios, de bondad, de verdad y de belleza. La religión es una vida, es una forma de vivir. Si pudiéramos olvidar que la filosofía es profunda, que la religión es espiritual, y que la vida es seria—todo lo cual es verdad—pero si pudiéramos olvidar esto, y nos acercáramos a la Realidad tan normalmente como a nuestros asuntos diarios, nos beneficiaríamos más.

Una cosa que debemos aprender es que el tratamiento espiritual no debe confundirse con la *concentración mental*.

El tratamiento es una cosa activa, ya sea que lo hagamos por medio de una técnica, de un método de procedimiento, o por un proceso mental. Si vamos a someter el tratamiento a una ciencia mental, entonces existe un método, una técnica y un procedimiento en el tratamiento mental. Tenemos que poner cierta atención al dar un tratamiento, pero esta atención es diferente a la idea popular de concentración mental; o sea, de mantener la mente sobre un pensamiento por cierto tiempo.

Principia con esta simple proposición: La naturaleza de Dios, del hombre, y del ser es perfecta, es armoniosa y es íntegra—Dios Perfecto, Hombre Perfecto, Ser Perfecto—y conforma tu pensamiento a esta idea en el tratamiento. Luego permite que el tratamiento sea una cosa móvil, una serie de pensamientos o declaraciones seguidas por la realización.

Gradualmente crece la convicción que Dios es todo lo que existe, y a medida que crece esta convicción, el trabajo se hace más fácilmente y con más aceptación...una atmósfera de crecimiento espiritual entra en ello. Cuando esta verdad queda fija en nuestra conciencia y hacemos contacto con lo que parece ser hombre imperfecto, Dios imperfecto, y ser imperfecto, sabremos que la manifestación de lo imperfecto no tiene derecho a existir. En la práctica ésto es una serie de declaraciones—probablemente argumentos—pero una serie de declaraciones que al final culminan con la evidencia mental a favor del Dios Perfecto, Hombre Perfecto y Ser Perfecto.

La manera de aprender a dar un tratamiento, es dando el tratamiento. Al principio pensamos que tal vez no está pasando nada a causa del tratamiento, *pero al fin comprendemos que lo que parece ser la nada con lo que tratamos, es lo único de lo cual se hacen las cosas tangibles.*

Investigaciones recientes en la física han revelado que esta abstracción metafísica es la misma cosa con lo que principia la física—es energía e inteligencia. Podemos agregar a esto que la inteligencia puede ser dirigida por la conciencia. En el tratamiento mental-espiritual, el practicante se empeña para llegar a una conciencia de unidad con toda la vida; en cuya unidad existe el pasado, el presente y el futuro; la persona por quien se da el tratamiento y las condiciones—aún no nacidas, pero con posibilidad potencial—por las cuales da el tratamiento. No está tratando con sugestión mental sino con una Presencia espiritual; no espera forzar cosa alguna, sino permite que una Inteligencia Creativa ejecute un cierto acto.

Todos estamos familiarizados con la idea de unidad en este

mundo físico, en este Universo físico; toda forma física, al final, está hecha de una misma cosa, de la cual nadie sabe la naturaleza. Conocemos la forma. Como se dijo anteriormente, la física ya ha seguido la huella de esta forma, por así decirlo, hasta llegar a su unidad primordial de energía e inteligencia. Tal vez esto es lo que quería decir Emerson cuando dijo que todo hecho es fluido; o lo que quería decir Spinoza cuando dijo: "No digo que la mente es una cosa y la materia otra; digo que son la misma cosa."

En teoría, todas las formas se reducen a una energía y substancia universal, sobre la cual, y por medio de la cual, obra la Inteligencia. La Biblia dice: "En el principio era la Palabra y la Palabra era con Dios y la Palabra era Dios; y todas las cosas fueron hechas por la Palabra, y sin la Palabra, nada de lo que fue hecho, hubiera sido hecho." La Biblia claramente habla del universo físico, y de todo lo que existe en el universo, *como si fuera una palabra hecha forma;* que Dios es Espíritu; que el Espíritu obrando sobre Sí Mismo produce la creación; que el hombre es complemento del Universo, una encarnación del Universo, participando de la misma naturaleza. ¡Por lo tanto, *su palabra es creativa!* Esta es la respuesta para los estudiantes que no pueden comprender como los pensamientos se convierten en cosas, como puede el pensamiento influenciar la vida objetiva, ya sea el cuerpo o el ambiente físico.

La Biblia también nos dice cómo podemos usar el poder de la palabra. Nos da la historia de Adán y el Jardín del Edén y la Caída para enseñarnos acerca del mal uso del poder. Luego nos da la historia de Jesús, el Cristo, y sus enseñanzas espirituales sobre el uso correcto del poder; y otra vez: "Así como en Adán todos mueren, en Cristo todos tienen vida." También dice, "...en el principio Dios hizo al hombre perfecto, pero el hombre ha buscado muchas invenciones." Valientemente declara que la muerte y la resurrección son invenciones de la mente humana, y no son decretos del Todopoderoso. Refiriéndose a Adán y a Jesús, la Biblia dice, "El primer hombre es de la tierra, terrenal; el segundo es el Señor del Cielo." Y cuando los discípulos de Jesús le preguntaron, "¿Qué relación tiene Dios con los muertos?" Jesús respondió, "Dios no es el Dios de los muertos, sino de los vivos; para Él todos están vivos." En otras palabras, la Biblia nos dice claramente que estamos viviendo en un Universo Espiritual, gobernado por leyes mentales; que existe una acción de conocimiento como Ley, sobre la Substancia, que siempre está produciendo formas y al mismo tiempo está eliminando cualquier forma en particular, y de esta manera produce siempre nuevas formas; que la forma cambia, pero la Substancia que no tiene forma no cambia nunca.

La ciencia nos dice que todas las formas vienen de Una Substancia que se manifiesta por medio de vibraciones. Esto también nos ayuda a ver la relación de la Palabra con lo que no tiene forma, y nos instruye acerca de lo indestructible y eterno de la energía y materia cósmica. El carbón y el aceite que usamos ahora pasaron hace millones de años de una forma a otra, y ahora, cuando los quemamos, pasan de nuevo a ser energía. Nada le ha pasado a la energía, sólo ha estado aprisionada temporalmente para que al soltarse y explotar pueda producir calor y energía con fines de servicio general. Pero nada le ha acontecido.

Los grandes sabios nos dieron este conocimiento espiritual hace cinco mil años, pero era difícil hacérnoslo entender. Ellos han tenido que permanecer en el olvido hasta que por fin la ciencia explica el Universo físico, no como un vacío, sino como una substancia indefinible e indivisible, que fue anunciada por hombres como Sócrates, y sobre cuyas conclusiones hombres como Jesús basaron todo su sistema de pensar, y su método de proceder.

Nosotros no estamos negando el universo físico cuando tratamos de explicarlo. La forma física es real, y si no fuera por la forma, Dios o Inteligencia, no se expresaría. Pero en esto se confunden muchos estudiantes porque decimos que Dios sabe de forma pero no de tamaño. Como dijo Emerson, "No hay grande ni pequeño para el Alma que lo hace todo; y de donde proviene, de allí proviene todo; y viene de todos lados." Por lo que concierne a la Ley, nada sabe de grande o pequeño. Alquien dirá: "Si Dios sabe algo, tiene que saber de grande y de pequeño." Pero Dios no puede saber nada que sea contrario al Ser Divino. Es imposible que lo Infinito sepa de lo finito. El superlativo no puede ser el comparativo.

Esto no quiere decir que Dios no puede saber de montañas y

colinas. Hemos tratado de aclarar que Dios sabe de forma pero no de tamaño. Conoce ambas la montaña y la colina, pero no como grande y pequeña. Lo Infinito sabe de experiencia pero no de duración. *¡Todo lo que el Espíritu sabe, es!* Porque Su Ser realiza Su conversión a través de Su Conciencia Propia.

Creemos en la ciencia porque es un conocimiento organizado y sistematizado, y solamente cuando el conociminento está organizado y sistematizado puede utilizarse. Seguramente la ciencia, por medio de su método y proceso, nos está volviendo a dirigir una vez más hacia las grandes deducciones espirituales de todos los tiempos; el universo físico es Uno; la Mente es Una. Yo no podría hablar contigo ni tú conmigo si tu mente tuviera una división aguda, una diferenciación en la Realidad de mi mente. Habría algo entre los dos diferente a nosotros, y no podríamos conversar. El mismo hecho que estamos aquí y que podemos comunicarnos uno con otro establece la Unidad de la Mente, y también establece el hecho de que la Inteligencia hace contacto y se comunica Consigo Misma.

La Mente es individualizada pero nunca es individual. Esta Mente que es Universal nunca será menos que Universal; nunca será individual sino que será individualizada. Esto es algo diferente. *La ola del mar nunca será ola por sí misma.* SERA EL OCEANO COMO OLA. Es todo lo que ha de ser, visto como ola pero siendo siempre el océano. Tal vez este era el concepto que Jesús demostraba cuando dijo que Dios se lo había dado todo a él, pero que él por sí mismo no podía hacer nada sino que Dios como él, en él, "hace las obras."

La individualización de lo Universal viene a ser un punto en lo personal, así como el cuerpo humano es uno con todo el universo físico. Es un tipo diferente de la misma cosa. Por eso lo que yo llamo mi mente, no es otra mente, es esta Mente, pero está pensando individualmente. Esto es todo. Al pensar individualmente, piensa diferente—no necesariamente mejor ni peor, sino diferente.

Somos entidades individuales en un Universo que provee ambientes de fondo frente para cada uno de nosotros, pero cada uno es único, diferente y al mismo tiempo fundamentalmente igual. Entonces, ¿por qué ha de parecernos extraño—si toda esta diferenciación del universo físico es sólo diferencia en forma, distinguiendo objetos uno de otro según su arreglo—que el iluminado mire la Palabra de Dios detrás de este arreglo?

En otras palabras, el Orden Cósmico es la Mente Divina; el Universo en que vivimos es un Sistema Espiritual; somos seres espirituales pero no lo sabemos, no lo entendemos. En nuestra ignorancia hacemos mal uso de nuestra divinidad, pero no podemos cambiarla ni destruirla. Nunca podremos cambiar la Realidad, ni destruirla, ni romper sus leyes; pero nos ponemos en tal posición con respecto a ella, que parece a veces que es una ley limitada e infeliz, y hasta parece morir. "Por el hombre vino la muerte, y por el hombre también vino la resurrección de los muertos." ¿Qué es esto sino decir que el hombre se figuró cómo morir y cómo volver a nacer? Dios no tuvo nada que ver con eso porque Dios "no es Dios de los muertos sino de los vivos: porque todos están vivos en El."

¡Nosotros por lo tanto, *somos miembros del Universo, y siendo miembros de aquello que lo une todo, somos parte unos de otros!* "Yo soy la vid y vosotros las ramas…" Las palabras de Jesús eran símbolos del Universo en que vivimos. A menos que la rama viva de la vid, no podrá dar fruto, pero, "Si vosotros moráis en mí, y mis palabras moran en vosotros, pedid lo que deseais y se os concederá." Así se glorifica al Padre en el Hijo.

Por lo tanto, nuestro pensamiento es creativo en nuestro mundo. El macrocosmos—mundo grande—y el microcosmos—mundo pequeño. Reproducimos el Cosmos en nuestro mundo individual. El Padre es más grande que el Hijo, y sin embargo, *el Padre es el Hijo, y nosotros somos uno y otro, y Él está en todos nosotros.* Así cada día vivimos de esta Unidad y proyectamos las experiencias de ella hacia la pantalla de nuestras vidas objetivas. Hemos hecho esto ignorantemente por tanto tiempo, que parece que estamos atados por el bosquejo de las formas que proyectamos en nuestra ignorancia. Esto quería decir Platón cuando contó la historia de los esclavos en la cueva. Vieron la sombra de la esclavitud, y pensaron que estaban atados, pero las cadenas no eran verdaderas.

Nosotros buscamos una manera práctica de usar la Verdad. El Espíritu es el punto inicial de todas las cosas. Existe una Presencia en el Universo que llamamos Dios, Inteligencia, Ley, que por Su propia palabra, crea una forma objetiva que es como Su Palabra. La Palabra viene a ser carne. Nosotros somos parte de este orden creativo y no podemos cambiar nuestra naturaleza. Tenemos que aceptar la verdad, y debemos usarla. Es mejor que la usemos constructiva y no destructivamente, con felicidad en vez de miseria. Las dos son hechas de la misma cosa, pero debemos tratar de llegar al cielo y no al infierno. El infierno se enfría cuando pensamos en el cielo.

Y nosotros deseamos demostrar. ¿Qué es demostrar? No es nada peculiar, nada sobrenatural, nada que pertenece a los fantasmas. *Demostrar* quiere decir comprobar, ejemplificar, manifestar, traer o proyectar en nuestra experiencia algo mejor que lo que tuvimos antes…menos dolor, menos infelicidad, menos pobreza, menos miseria, *mayor bien*…ésto es lo que significa una demostración.

Nosotros quisiéramos ser más felices, gozar de mejor salud. Quisiéramos tener más de eso que produce felicidad, ya sean millones o canicas. Las cosas no son nada por sí mismas. Pero cuando pensamos en ellas como entidades por sí mismas, las adoramos; y entonces, lo que poseemos, nos posee, nos obsesiona. Todos los genios espirituales nos han enseñado esto: Si tienes posesiones que te poseen, es mejor que las pierdas para que entiendas su forma temporal y pasajera. Ningún gran maestro espiritual ha negado que es bueno usar las posesiones. Emerson dice que las arrojes a los cuatro vientos, que no las retengas. "Ten cuidado de retener demasiadas riquezas en tu mano."

Quisiéramos ayudar a otros y ayudarnos a nosotros mismos usando la Ley de la Mente. Podemos hacer esto por medio del tratamiento. ¿Qué es un tratamiento? Es algo de lo cual la mente se entera. Alguno preguntará, "¿Es algo que el Espíritu de Dios nos hace?" Sí, el Espíritu de Dios es todo pero la mente tiene que aceptar, y como la mente no puede aceptar lo que rechaza, la mente tiene que aceptar todo incondicionalmente. Aquí está el problema. *Todos tenemos el poder espiritual para revivir a los muertos,* pero no sabemos que lo tenemos. Nuestra mente no *acepta esto totalmente.* Por lo tanto, lo que somos proyecta la forma de no-tener, debido a nuestra incredulidad, en lugar de proyectar la forma de TENER, pero aún al tomar la forma de no tener, *demuestra que tiene lo que CREE.*

Entramos en lo Absoluto en el grado en que nos retiramos de lo relativo. La Biblia nos dice que no contemos nuestros enemigos. No es fácil alejarse de una enfermedad y SABER QUE NO EXISTE LA ENFERMEDAD, cuando sabemos bien que es una experiencia del momento. Esto no es fácil, pero el que puede hacerlo puede sanar. La Sabiduría totalmente Creativa no cree que una cosa es difícil y otra fácil. Con Dios todo es posible. Debemos *saber* esto y este Poder de Dios debe conectarse con nuestro pensamiento, con lo que estamos haciendo. La energía desconectada hace nada; solamente cuando se usa, propiamente dirigida, realiza las cosas.

Tenemos que concebir al Espíritu, Dios, gobernando, controlando y dirigiendo la actividad del hombre. Dios no es un *fracaso*. Por lo tanto, tenemos que alejarnos definitivamente de toda experiencia que ha sido negativa, de toda experiencia de fracaso, y de toda experiencia que niega a Dios. El practicante mental y espiritual debe tratar solamente con su profesión. No se opone al practicante de medicina; no dice: "No puedo hacer tratamientos por este hombre si toma una píldora." A menos que pueda probar que el paciente no *necesita* tomar la píldora, es mejor que la tome si le va a beneficiar. No existe nada sobrenatural acerca de la aplicación de la Verdad. No debemos ser supersticiosos al usar la Ley de la Mente. Pero, el practicante mental debe permanecer en su propio campo, que es siempre el campo del pensamiento.

Si uno está trabajando por una persona que tiene "alta o baja presión sanguínea," después de unos tratamientos podría hacer que su paciente regresara a su médico para un examen físico. "Pero," puede alguien preguntar, "¿puedo tener un tratamiento espiritual si hago esto?" Esta es una reacción supersticiosa y toda superstición es ignorancia. Si el practicante mental y espiritual puede restaurar la presión sanguínea normal en su paciente, un doctor que pueda medirla podrá rápidamente determinar si el trabajo ha tenido éxito. Cuando se entienda esto, la cooperación entre el médico y el metafísico se acercará grandemente. Es inevitable que llegará el día en que se entenderán el uno al otro. Ambos trabajan en dos campos separados, que al mismo tiempo tienen una unidad fundamental en un principio primordial. Pero el practicante mental y espiritual trabaja sólo en el campo de la Mente.

Al contrario del médico que necesita diagnosticar la enfermedad y trabajar con ella, el metafísico aleja su pensamiento de la enfermedad completamente. La enfermedad—ya sea paperas, sarampión, pobreza o infelicidad—es sólo una demostración de nuestra inhabilidad de ajustarnos a la vida; es falta de tranquilidad. El practicante mental y espiritual tiene que alejarse completamente de la condición, cualquiera que sea, y CONTEMPLARLA COMO DEBERIA SER…nunca como parece ser.

Y para esto tiene una técnica, un método de proceder. Tiene una manera de pensar. Principia con la premisa que Dios es perfecto, el Sistema Espiritual es perfecto, el hombre es parte de este Sistema Espiritual, por lo tanto, el *hombre espiritual* es perfecto. El practicante no trata con el hombre material; declara que el hombre espiritual es perfecto y que la enfermedad no puede adherirse a ese hombre espiritual. Si estuviera tratando directamente con enfermedad, pobreza o infelicidad, sería envuelto por esas vibraciones mentales. Tenemos que desligar nuestra imaginación del hombre material y unirla con nuestra contemplación del hombre espiritual. El hombre espiritual es perfecto. El hombre espiritual está continuamente remodelando y haciendo de nuevo al hombre material, o sea al hombre físico.

En el proceso natural de evolución, pasa lo que llamamos tiempo—un día, una semana, un mes, un año—pero en el Espíritu no existe tal cosa como el tiempo. El Espíritu es Eterno. Por lo tanto, el practicante mental y espiritual no trata con el tiempo sino que transciende el tiempo. No sólo tiene que superar el tiempo sino tiene también que alejarse definitivamente de *cualquier* forma de limitación. Dios no está limitado por ninguna forma. Siempre está en lo que no tiene forma porque de allí provienen todas las formas nuevas.

Repitamos de nuevo lo que tenemos que hacer. Antes que todo tenemos que CREER. Se supone que el lector ya cree, si no, no estuviera estudiando esto. ¿Por qué debemos creer? Porque Dios es creencia. Dios es creencia, y la creencia es Ley, y la Ley produce formas de la substancia. Cuando Jesús explicó a sus discípulos que no habían podido sanar porque les faltaba fe, protestaron que sí tenían fe en Dios. Jesús les dijo que eso no era suficiente; que tenían que tener la fe *de* Dios. La *fe de Dios* es algo muy diferente a la fe en Dios. La fe de Dios ES Dios, y en un punto en el camino de nuestra evolución espiritual, poco a poco ocurrirá la transición; dejaremos de tener la fe EN Dios y tendremos la fe DE Dios. Siempre al grado en que esto ocurra, también ocurrirá la demostración. Tenemos que creer, porque Dios es creencia; el Universo físico está hecho de creencia—fe, aceptación, convicción.

Esto es sólo el punto de partida. ¿De qué nos sirve esta posibilidad si no la ponemos en uso? ¿Cómo nos beneficia el saber si no lo aplicamos prácticamente? Por eso debemos declarar definitivamente en la Mente nuestra convicción en forma concreta. Un tratamiento debe ser siempre definido, específico y concreto. En el tratamiento práctico, uno nunca entra en lo subjetivo. El hecho creativo es siempre conciente. Es decir, el tratamiento se mueve en el pensamiento, pone algo en movimiento, es una cosa activa.

Por ejemplo, supongamos que se nos ha pedido ayuda en una condición física. Inmediatamente tomamos el nombre de la persona en nuestra conciencia—porque cada uno mantiene su identidad en la Mente Universal, lo mismo que en el mundo físico—y declaramos la verdad de la persona, la verdad del *hombre espiritual*, y sabemos que la verdad del Hombre Espiritual es la verdad de la condición de *esa* persona ahora mismo. Primero el reconocimiento, y después la unificación. Continuamos haciendo esto hasta que viene algo a nuestra conciencia que nos dice, "Sí." Entonces sabemos que el trabajo ya está terminado. Este es el tercer punto, la realización. Esto es lo que es un tratamiento. Tal vez mantengamos esta conciencia por un tiempo, y tal vez podríamos repetir el tratamiento dos o tres veces al día por algún tiempo. Si aceptamos la responsabilidad de tratar a la persona, debemos asegurarnos de hacerlo. Al mismo tiempo, tenemos que tener cuidado después de dar un tratamiento, de no tomar la responsabilidad de hacer que funcione. La Ley trabaja por su propia energía; *cómo*, no lo sabemos.

No importa cual sea la necesidad, ya sea que le llamemos enfermedad física, pobreza, infelicidad, falta de oportunidad, falta de amor o amistades, debemos conformar nuestras palabras a la necesidad del caso en el tratamiento. Debido a que todos somos miembros uno del otro, la palabra del practicante se elevará por medio del conocimiento hacia la experiencia del paciente. Hay una ley en la física que dice que el agua llega a su propio nivel por su propio peso. También hay una ley en la metafísica que le corresponde; el conocimiento se exterioriza a su propio nivel por su propio reconocimiento. Podemos llamarle a esto fe, o encarnación; no importa cómo le llamemos, pero sí existe algo en el Universo que responde y corresponde a nuestros estados mentales.

Por lo tanto, es imperativo que nos alejemos de lo relativo, porque VER LA LIMITACION ES IMPRIMIRLA EN LA MENTE, y acentuar el estado de conocimiento que la produce. No es fácil alejarse del temor, la pobreza, el dolor, y el sufrimiento de la existencia humana hacia lo que es perfecto. Pero el que puede hacerlo—y el que se entrena a hacerlo—será como el que sanó de la ceguera. No podía comprender cómo había sanado, sólo podía decir:"...lo único que yo sé es que yo era ciego y ahora veo."

BREVES RECORDATORIOS DE COMO
DAR UN TRATAMIENTO ESPIRITUAL

Supongamos que cuando uno principia a dar un tratamiento siente un gran temor de no poder dar un buen tratamiento. Lo que debemos hacer es tratar este temor como una sugestión que no tiene fuerza, y por lo tanto, no puede convencerlo de que le falta poder para sanar. Debe decir, "No existe nada en mi que dude de mi habilidad de sanar." Esto neutralizará el temor, y le permitirá hacer su esfuerzo libremente.

¿Cómo sabemos cuando ya hemos hecho suficientes tratamientos por un paciente? ¿Cómo sabría uno cuándo dejar de verlo si uno fuera médico? Cuando ya esté bien no necesitará tratamiento; y hasta que llegue ese día debemos hacer tratamientos diariamente por la realización de la perfección. Principia cada tratamiento como si nunca antes hubieras hecho uno por este paciente, aceptando cada vez que este tratamiento está realizando su obra perfectamente.

¿Cuál es la diferencia si el paciente toma o no toma medicina? Ninguna. Si la medicina le da alivio, debe tomarla. Necesitamos todo el alivio que esté al alcance. El paciente sana cuando ya no necesita la medicina. Algunos piensan que deshonran a Dios si toman una píldora. Esto es superstición. Olvida eso y dirige tu atención a reconocer la perfección de tu paciente.

El sanar no se alcanza por fuerza de voluntad, sino por el conocimiento de la Verdad. Esta Verdad es que el Hombre Espiritual ya es perfecto, no importa cuales sean las apariencias. "Sostener pensamientos" no tiene nada que ver con esta forma de tratamiento. Si encuentras que al dar un tratamiento sientes dolor de cabeza, es que estás haciendo tu trabajo en el plano mental y no por medio de la realización espiritual. Un tratamiento debe dejar al practicante en un estado de salud mejor que antes, y si no lo hace, no es un buen tratamiento.

Alguien podría preguntar: "¿Acaso toda enfermedad de la mente es causada por un pensamiento que se ha conservado firmemente en la mente conciente del paciente?" No, no necesariamente. Puede ser un pensamiento subconciente; puede ser resultado de muchos pensamientos, los cuales, al juntarse producen un resultado definido. Pensamientos diferentes se combinan y producen efectos definidos.

La pobreza y la limitación no son cosas por sí mismas, sino que son el resultado de una manera restrictiva de pensar. Estamos rodeados de una Inteligencia Subjetiva que recibe la impresión de nuestro pensamiento y obra sobre ella. Esta Ley natural en el Mundo Mental no es ni buena ni mala. Sólo sabemos que ES, y que podemos usarla concientemente. La Ley es ley de reflexión porque la Vida es un espejo que refleja las imágenes de nuestro pensamiento en forma de condiciones. Lo que pensamos tiende a formarse y a ser parte de nuestra experiencia propia. El Medio de todo pensamiento es la

Mente Universal obrando como Ley. La Ley siempre es impersonal, neutral, receptiva y reactiva.

Un sentido de alejamiento del bien nos hace sentir limitados; mientras un sentido de Unidad con el bien cambia la corriente de Causalidad y trae una condición más feliz a nuestra experiencia. Todo lo que existe en el universo físico es efecto, y existe solamente por virtud de una causa invisible. La individualidad del hombre le capacita a usar la ley como desee. El hombre vive limitado no porque existe la limitación, sino porque su pensamiento es limitado. El mismo poder que lo limita lo liberará cuando comprenda que la Ley es Ley de libertad y no de esclavitud. El poder dentro del hombre puede liberarlo de cualquier condición desagradable si entiende y utiliza la Ley que gobierna este poder.

La Ley de la Mente, que es el Medio de toda acción, es una ley de equilibrio perfecto; el mundo objetivo está en equilibrio perfecto con las imágenes dentro del mundo subjetivo. El agua llega a su nivel por su propio peso; y de acuerdo con la misma ley, la conciencia se exterioriza a su propio nivel por su propio peso. La causa y el efecto son dos lados de la misma cosa, uno es imagen en la mente y el otro es la condición objetiva. Esta es la regla invariable para saber dar un tratamiento. Sólo podemos juzgar el concepto subjetivo por el efecto objetivo. Si todo lo que hace una persona lo dirige hacia la confusión, debemos dar el tratamiento sabiendo que la persona es serena. El Espíritu no se confunde por nada. Si todo lo que un hombre hace fracasa, tenemos que saber que el Espíritu dentro de él no puede concebir fracasos. Lo que pongamos en el tratamiento se manifestará. Puede ser que se manifieste más, pero no podrá ser de un *tipo diferente*. Si siembro una semilla de sandía, cosecharé sandías; recogeré muchas sandías que tendrán muchas semillas que podrán producir más y más sandías; así el pensamiento se MULTIPLICA pero nunca se DIVIDE. El tratamiento es una cosa definida, conciente y concreta. Hay *intención* en el tratamiento y debe también haber una aceptación definida.

El universo manifiesto es resultado de la Contemplación Propia de Dios. *El mundo de los negocios del hombre es resultado de la contemplación propia del hombre.* Al principio, el hombre ignora esto y se limita por causa de su pensamiento y de su acción equivocada. Al ir retrocediendo su pensamiento, va también retrocediendo la condición correspondiente. No existe ni esfuerzo ni tensión en saber la Verdad. La acción correcta es obligada por el conocimiento correcto. Por lo tanto, cuando sabemos la verdad, nos obliga a obrar de una manera correcta.

La atracción y repulsión son cualidades mentales y pueden usarse concientemente con propósitos definidos. El hombre, automáticamente y de acuerdo con la Ley, atrae a sí mismo lo que corresponde a su actitud mental interna. Uno puede inducir actitudes mentales internas pensando y sabiendo correctamente. El estado subjetivo del pensamiento puede cambiarse concientemente por medio de acción mental correcta. El pensamiento conciente controla el subconciente, y a su vez, el subconciente controla nuestras condiciones.

Puesto que la Ley es *mental*, uno debe creer en Ella para hacer que actúe afirmativamente para nosotros. Pero *siempre está obrando* de acuerdo con nuestra creencia aunque no estemos concientes de esta verdad. La demostración se hace a través del campo de la Mente Universal. Ponemos el Poder en acción, y la Ley produce el efecto. Sembramos la semilla, y la Ley produce la planta.

Nunca debemos permitirnos hablar o pensar en limitación o pobreza. La vida es un espejo y refleja lo que el pensador ha pensado en ella. Mientras más espiritual sea el pensamiento, más elevada será su manifestación. "Pensamiento espiritual" significa una creencia absoluta y una fe completa en la Verdad. Esto es tanto natural como normal.

Todo es Amor, y todo es Ley. El Amor es la fuerza que impulsa, y la ley ejecuta la voluntad del Amor. El hombre es un centro de la conciencia de Dios en el gran Todo. El no puede deformar su verdadero ser, pero si puede estorbar que la perfeccion a traves de su vida se exprese completamente. Volviendo a Dios con entrega absoluta y completa confianza nos encontraremos sanos slavos y properos.

Existe una Mente Infinita de donde proviene todo. Está en el hombre, alrededor y a través de él. Es la Única Mente que existe y cada vez que el hombre piensa, la usa. Existe Un Espíritu Infinito y cada vez que el hombre dice "Yo Soy," lo proclama. Existe Una Substancia Infinita y cada vez que el Hombre se mueve, se mueve dentro de Ella. Hay Una Ley Infinita y cada vez que el hombre piensa, pone esta Ley en acción. Existe un Dios Infinito y cada vez que el hombre habla con este Dios, recibe una contestación directa. ¡UNO! ¡UNO! ¡UNO! "Yo soy Dios y no existe ninguno otro." Existe una Vida Ilimitada que le retorna al pensador exactamente lo que ha pensado dentro de ella. ¡UNA! ¡UNA! ¡UNA! "En todo sobre todo, y por todo." Habla, vive, obra, cree y sabe que tú eres un centro en este Uno. Todo el Poder que existe, toda la Presencia que existe, todo el Amor que existe, toda la Paz que existe, todo el Bien que existe, y el Unico Dios que existe, es Omnipresente. Por consiguiente, el Infinito está dentro y a través del hombre, y dentro y a través de todo. "Actúo como si ya lo fuera y lo seré."

CUARTA PARTE

EL TODO PERFECTO

*El Todo Indivisible,
dentro del cual existen
todas Sus partes.*

CAPITULO VEINTE

LO QUE HAN
ENSEÑADO LOS MISTICOS

¿Qué es un Místico?—Unidad—Individualidad—Salvación Final Para Todos—La Evolución—Conciencia Cósmica— Iluminación.

¿QUE ES UN MISTICO?

Un *místico* no es una persona misteriosa sino una que tiene un sentido profundo de la Vida y de su unidad con el Todo. El *misticismo* y el *psiquismo* son dos cosas completamente diferentes. Uno es *verdadero*, mientras que el otro puede ser, o no ser, una ilusión. No hay nada misterioso en la Verdad cuando se entiende, pero todas las cosas parecen ser misteriosas hasta que las entendemos.

Un místico es alguien que percibe la Verdad intuitivamente sin el proceso mental, y alcanza una Realización Espiritual. Lo mejor de la filosofía que ha conocido el mundo, ha venido por medio de las enseñanzas de los místicos más iluminados. ¿Quién podría haberles enseñado a tales hombres? ¿Por medio de qué proceso mental llegaron a sus conclusiones profundas? Nos vemos obligados a reconocer que sólo el Espíritu fue su Maestro; verdaderamente Dios les enseñó.

Nuestras grandes religiones han venido a través de los pocos hombres que se han elevado a las alturas de visión espiritual, y han captado el fugaz vislumbre de la Realidad Suprema. Ningún alma *viviente* podría haberles enseñado lo que sabían.

Los grandes poetas han sido verdaderos místicos quienes, por medio de sus poesías, han revelado la Presencia de Dios. Hombres como Robert Browning, Tennyson, Wordsworth, Homer, Walt Whitman, Edward Rowland Sill, y otros de igual naturaleza, nos dieron poesías inmortales porque tenían un sentido espiritual de la vida.

Los grandes filósofos espirituales son místicos. Los profetas de la antigüedad eran místicos—David, Salomón, Jesús, Plotino, y muchos otros, todos tuvieron la misma experiencia—sintieron la Presencia Viviente. La música más hermosa que se ha escrito ha sido escrita por místicos; y lo más elevado y lo mejor del arte ha venido a través de hombres de percepción espiritual.

El hombre ha obligado a la naturaleza a hacer su voluntad. Ha utilizado la electricidad y el viento, ha atrapado el vapor, y los ha hecho que hagan su voluntad. Ha inventado máquinas que hacen el trabajo de miles. Ha unido a todo el mundo por medio de la transportación, y ha hecho una civilización maravillosa; pero, en muy pocos casos ha podido conquistar su propia alma. El místico ha revelado verdades que no pasan como barcos en la noche. Ha revelado Verdades Eternas y nos ha enseñado claramente que existe una Presencia Divina dentro de TODO. Esto constituye la herencia intelectual y espiritual más grande de todos los tiempos. Lo demás que sabemos acerca de Dios tiene que venir como comunicación directa de El. Tenemos que aprenderlo por nosotros mismos.

El místico *no lee el pensamiento humano,* sino que siente la atmósfera de Dios. ¡Los místicos de todas las épocas han visto, han sentido, y han enseñado LA MISMA VERDAD! En cambio, en cuanto a las experiencias psíquicas, encontramos exactamente lo contrario, porque más o menos se contradicen unas a otras, porque cada psíquico ve diferente clase de escenas. ¡Pero las experiencias místicas de todos los tiempos siempre han revelado UNA MISMA VERDAD!

El psíquico ve principalmente a través de su propia mentalidad subjetiva o por la de otro. Por lo tanto, sus impresiones son más o menos coloreadas por la connotación de las vibraciones de su pensamiento o el pensamiento de otro. Está sujeto a impresiones falsas y a alucinaciones de toda clase. Por eso generalmente, no hay dos psíquicos que vean la misma cosa. Los místicos siempre han sentido una Realidad idéntica, y su testimonio no confunde de ninguna manera porque el Espíritu dentro de ellos siempre atestigua la misma Verdad.

Los místicos han sido personas perfectamente normales. Nunca pensaron en sí mismos como místicos, porque el misticismo era para ellos su idioma natural—perfectamente normal. Han sido personas como Jacob Boehme, un zapatero, que al trabajar con sus zapatos miró hacia arriba y vio en un geranio la reflexión del Cosmos—el alma misma de Dios; como Jesús, que miró el corazón de la naturaleza; como Moisés, que leyó la Ley de Dios en un arbusto ardiendo.

Los místicos nos han enseñado que debemos *cortejar concientemente la Presencia Divina*. Debemos darle receptividad conciente, *pero una receptividad balanceada*. Uno de los apóstoles dijo que prefería decir diez palabras con entendimiento, que diez mil palabras con confusión. "Dios no es el autor de la confusión, sino de la paz." Contrariamente a los grandes psíquicos de todos los tiempos que han vivido más o menos confusos, los grandes místicos siempre han sido personas intensas y cabales preeminentemente sanas.

La filosofía de Jesús permanecerá firme aún cuando la creencia en un universo material se enrolle como pergamino y se ponga entre las cosas que en un tiempo se creyeron ciertas. Así también será la filosofía de Buda, Platón, Sócrates, Emerson, Whitman, y la filosofía que estamos escribiendo hoy. Pero los descubrimientos más o menos inconcientes de la mayoría de los psíquicos no son verdades completas ni el día que se descubren. Aunque el estudio del psiquismo es muy interesante, debemos entenderlo por lo que vale.

El Universo Espiritual se revela por medio de las enseñanzas de los iluminados que nos imparten lo que sabemos de Dios. Sólo podemos saber de Dios lo que experimentamos directamente y lo que creemos que otros han experimentado.

Jesús enseñó un Poder trascendente, triunfante, absoluto, positivo, contra el cual las leyes menores no significaron nada. *Un Poder que sana por su propia Presencia*. Los místicos nunca contendieron ni

pelearon con la gente. No había nada que argumentar. ELLOS
VEIAN y SABIAN. Son los grandes reveladores de la naturaleza del
Universo, y de la relación del hombre con Dios.

UNIDAD

El razonamiento declara que Lo que es Infinito no puede estar dividido en contra de Sí Mismo. El Infinito *es*, por lo tanto, indivisible, y
por consiguiente, una Unidad Perfecta. "Escuchad, oh Israel, el
Señor nuestro Dios es Un Solo Señor." Es también, "Aquello cuyo
centro está en todos lados y Cuya Circunferencia no está en ninguna parte."

El Todo está presente en cada lugar y en todo lugar dentro de Sí
Mismo. *La totalidad de Dios está presente en cada lugar y en todo lugar
dentro de Dios.* Era a este Espíritu Interno a quien Jesús oraba,
porque Dios está dentro del hombre así como está en toda la
creación. Es ese "hilo hermoso que Todo sostiene, que corre por
todo, y que lo une todo." "Su alcance se ha adentrado los en todos
lugares." "No hay lugar donde no esté Dios."

Este concepto de Unidad permitió a Job decir, "En mi carne veré
a Dios." Toda la vida está unida por una Ley común de Amor, y el
Amor es el Espíritu Dándose a Sí Mismo. La realización de esta
Presencia iluminó a los santos y a los sabios del pasado. "El Padre y
yo somos Uno." Tenemos que sentir esta Presencia maravillosa,
porque este es el secreto del éxito en todo trabajo metafísico; Dios
en todo y a través de todo.

Toda manifestación de la Vida proviene de un plano invisible
hacia un plano visible por medio de un proceso fácil y silencioso de
realización espiritual. TENEMOS QUE UNIRNOS EN NUES-
TRAS PROPIAS MENTES CON EL ESPIRITU PURO. Para
cada uno de nosotros individualmente, Dios o el Espíritu, es la
Personalidad Suprema del Universo—la Personalidad Suprema de lo
que nosotros mismos somos. Sólo en la medida en que aumenta la
relación del individuo con la Deidad, en esa medida tiene uno conciencia de poder.

En el tratamiento, siempre debemos reconocer la Unidad absoluta de Dios y el hombre: la Unidad, Inseparabilidad, Indivisibilidad, Inmutabilidad. Dios como el gran círculo y el hombre como el pequeño círculo. El hombre está en Dios y Dios está en el hombre, al igual que una gota de agua está en el océano, y el océano está en la gota de agua. Jesús reconocía esto cuando dijo: "Yo y el Padre somos Uno." Existe una Unión Perfecta, y al grado en que estemos concientes de esta Unión, incorporamos este conocimiento en nuestra palabra; y nuestra palabra tiene tanto poder como ponemos en ella, ni más, ni menos.

Dentro de esta Mente Infinita existe cada individuo, *no como una entidad separada sino como una entidad diferente.* Somos un punto en el Conocimiento Universal que es Dios, y Dios es nuestra Vida, Espíritu, Mente e Inteligencia. No estamos separados de la Vida, ni la Vida está separada de nosotros sino que somos entidades diferentes en Ella—centros individualizados de La Conciencia de Dios.

Nosotros tuvimos nuestro origen en la Vida, vivimos en la Vida, y somos uno con la Vida; y sabemos que esta Vida Instintiva dentro de nosotros—La cual nos ha traído al punto de reconocernos a nosotros mismos—aún sabe la razón de todas las cosas, el propósito de todas las cosas; y sabemos también que no existe miedo, duda o confusión dentro de nosotros que pueda estorbar el flujo de la Realidad hasta el punto de nuestro reconocimiento. La Inteligencia Divina nos guía diariamente por caminos de paz, donde el Alma reconoce su Fuente y se une gozosamente con Ella.

El poder de Jesús se entiende cuando estudiamos su manera de proceder. Consideremos el caso de resucitar a Lázaro de entre los muertos. Estando frente a la tumba de Lázaro, Jesús dio gracias; este era el reconocimiento. En seguida, dijo: "Yo se que Tú siempre me escuchas;" esto era la unión con el poder. Después dijo: "Lázaro, ven aquí." Esto era la orden. El método es perfecto, y nos conviene seguir su ejemplo. Este método puede usarse en cualquier tratamiento. Primero date cuenta que el Poder Divino es verdadero; luego, únete con El; y después pronuncia tu palabra "como alguien con autoridad," porque la Ley es "siervo del Espíritu Eterno por todos los tiempos."

Jesús oró para que todos llegaran a ver la Unidad de la Vida.

"Que ellos sean Uno, así como tú y yo somos Uno," esa fue su oración al acercarse al final de su gran obra—la oración que permitió a los que estaban más cerca de El que entendieran la Unidad del Espíritu, en cuya Unidad el hombre reconoce claramente su Unidad con el Creador y con toda la Creación. Todos los místicos han sentido que vivimos en Una Vida; "En El vivimos, nos movemos y tenemos nuestro ser."

La Unidad del Bien es una revelación importante porque nos enseña que somos Uno con el Todo, y somos Uno con cada persona. La Paternidad de Dios y la Hermandad actual del Hombre serán aparentes en la tierra al grado en que el hombre realice su Unidad verdadera.

INDIVIDUALIDAD

Mientras más elevado sea el sentido de la Verdad, más elevada será la realización de la singularidad del carácter individual y la personalidad. El verdadero Ser es un don de Dios y no puede ser negado. *Es el lugar donde Dios es un punto de Expresión Individualizada y Personificada.* "Yo soy la luz del mundo."

La individualidad quiere decir libre albedrío, volición, mente conciente, Espíritu personificado, libertad completa, y un Poder perfecto respaldando esa libertad. No podría haber una individualidad mecánica, o una individualidad sin espontaneidad. La individualidad tiene que ser creada a imagen de la Perfección, y *permitírsele que se descubra a sí misma;* emerge de lo Universal. La psicología nos enseña acerca de la personificación de esta individualidad, y es verdad hasta cierto punto, pero la metafísica la universaliza al unirla con el Todo. Hay una naturaleza Universal del Hombre, algo inherente en él que causa que se manifieste su personalidad—el Espíritu de Dios.

Hemos descubierto ahora una unidad con el Todo en los tres aspectos de la vida; o sea, los tres modos de expresión. Somos Uno con el cuerpo del mundo físico; Uno con la Ley Creativa del Universo en el mundo mental; y Uno con el Espíritu de Dios en el mundo conciente.

¿Podríamos pedir o desear más? ¿Sería posible que se nos diera más? No podríamos pedir más, y no *podría* dársenos más libertad. De ahora en adelante, sólo podemos expandernos, crecer y expresarnos en el grado en que cooperemos concientemente con el Todo.

Todos los grandes místicos han enseñado casi lo mismo. Están de acuerdo en que el alma está en el camino de la experiencia; es decir, en camino a descubrirse a sí misma; que está en este camino para volver a la casa del Padre; y que toda alma llegará finalmente a su hogar celestial.

También han enseñado la divinidad del hombre. "Os he dicho, vosotros sois Dioses e Hijos del Altísimo." Nos han dicho que el destino del hombre es Divino y seguro; y que la creación es completa y perfecta *ahora mismo*. Los grandes místicos están de acuerdo en que al hombre se le ha dado la vida para que haga lo que desee, pero que cuando se vuelve hacia el Único Dios, siempre recibe inspiración de lo Alto.

Nos han dicho de la relación maravillosa que existe entre Dios y el hombre, una unión que no puede romperse. Los místicos más grandes han caminado y hablado con Dios como nosotros hablamos y caminamos unos con otros. Es difícil comprender como un Ser Universal como es Dios, puede hablar con el hombre. ¡Es aquí donde el sentido místico revela la más grande verdad, y donde sabe que aunque el Ser Divino es infinito, SIN EMBARGO, ES PERSONAL PARA TODOS LOS QUE CREEN EN SU PRESENCIA! Es totalmente posible que un hombre hable con el Espíritu, porque el Espíritu está dentro de él; y Aquel que ha hecho los oídos también puede oír.

Al reconocer que la *personalidad* es lo que la persona hace con su *individualidad*, debemos volver hacia el interior (como lo han hecho todos los grandes hombres que han bendecido al mundo con su presencia), y allí ENCONTRAR A DIOS. Debe ser natural para nosotros volver hacia este Gran Poder que lo respalda todo; y debemos sentir que es normal creer en este Poder; y debemos llegar a sentir la Presencia Verdadera cuando nos volvemos hacia el Unico Poder en el Universo entero.

Este método es el más efectivo. Nos da un sentido del poder que no encontramos de otra manera, y al mismo tiempo probamos que es la Realidad. Sería un experimento maravilloso si el mundo se esforzara por resolver sus problemas por medio del poder del Espíritu. Verdaderamente llegará el día en que todos lo harán..."Desde el más alto...hasta el más bajo."

Indudablemente, el Poder de Jesús radicaba en su reconocimiento de la Persona Infinita como una Realidad Viviente, Susceptible, Conciente; mientras que por otra parte reconocía la Ley como una fuerza arbitraria obligada a obedecer su voluntad. Combinó los atributos personales e impersonales de la Vida en una Sola Perfección. EL INFINITO ES PERSONAL PARA TODO EL QUE CREE EN EL. Es un error hacer el Principio tan abstracto que olvidemos la Presencia Viviente. Es la combinación de las dos cosas lo que hace el trabajo efectivo. El sentido de totalidad sólo toca el alma del que Realiza su Unidad con el Gran Todo. El hombre nunca estará satisfecho hasta que todo su ser responda a este pensamiento, y entonces, verdaderamente "Dios continuará la Creación." "A todos los que creyeron, El les dio potestad."

SALVACION FINAL PARA TODOS

Los místicos han enseñado que sólo hay Una Realidad Suprema; y que esta Realidad Suprema está *aquí* AHORA MISMO, si sólo pudiésemos verla. Los grandes místicos han sido iluminados. Han visto a través del velo de la materia y han percibido el Universo Espiritual. ¡Han enseñado que el Reino de Dios está presente ahora mismo, y que sólo NECESITA QUE LO COMPREN-DAMOS! También han sentido que este reino está en el interior de nosotros mismos.

Una de las cosas más iluminadoras que ha revelado el misticis-mo es que *la maldad no es al fin una realidad,* sino simplemente una experiencia del alma en su camino hacia la Realidad. La maldad no es una entidad, sino una experiencia en el camino hacia el des-cubrimiento de uno mismo. No es una cosa por sí misma, sino es el mal uso del poder. La maldad desaparecerá cuando la aban-donemos, y no la veamos más. No podemos dejar de creer en la maldad mientras nos entreguemos a ella, por eso los místicos nos dicen que nos alejemos de la maldad y hagamos el bien.

Además, los místicos han enseñado la salvación fundamental de toda la gente y la inmortalidad de cada alma. En verdad, nos han enseñado QUE LA INMORTALIDAD ESTA AQUI AHORA MISMO, Y SOLO NECESITAMOS DESPERTAR Y RECONO-CERLO. "Amados, ahora somos hijos de Dios." *¡Porque cada alma es una parte del Todo, es imposible que ninguna alma se pierda!* "Dios no es Dios de los muertos sino de los vivos." La condenación siempre ha estado tan retirada de la mente de los místicos así como el concepto de la maldad está de la Mente de Dios."

Los grandes místicos han enseñado que el hombre no debe llevar cargas, y no las llevará si se vuelve hacia el "UNO." "Venid a mi todos los que sufren y están fatigados, porque yo os daré el descanso." Como Jesús sabía que era imposible que todos llegaran a El como Personalidad, lo que quería decir con esas palabras era que teníamos que llegar a tener su comprensión de la Vida y la Realidad. Algún día aprenderemos a dejar nuestras cargas en el altar del Amor para que sean consumidas por el fuego de la fe en el Espíritu Viviente. El hombre nunca tendría ninguna carga si mantuviera su "Mirada elevada hacia el Dios Unico"—si siempre se tornara hacia el Uno.

En el sanar mental, el practicante espiritual debe sentir que cada persona es un Ser Divino, y de esa manera causar que despierte la Divinidad que yace latente en toda persona. Este despertar espiritual nunca debe divorciarse del hecho mental, que es el despertar de la mente a la realización del Espíritu. El universo es, *ahora mismo*, un sistema espiritual. El problema de la maldad no entra en esta contemplación. Esto no quiere decir que podemos seguir haciendo la maldad. Es un problema personal y no cósmico, y desaparecerá cuando dejemos de contemplarlo.

Nuestro universo individualizado siempre está completo y siempre se está completando para que cada experiencia nos enseñe a trascender una experiencia previa, en ciclos ascendentes. Este es el verdadero significado de la desgracia, vicisitud o sufrimiento, que nunca son cosas por sí mismas. Reconocemos la Verdad cuando la declaramos, y cuando el hombre dijo, "Yo soy," es Dios mismo proclamando Su Propio Ser. Emerson dijo que con frecuencia estaba conciente de Dios saludándose a Sí Mismo detrás de nuestras espaldas.

Como una aplicación práctica, supongamos que estamos dando un tratamiento por una persona que tiene poca vitalidad. El practicante no debe reconocer la poca vitalidad, sino la Vitalidad Real, reconociendo que el Yo Soy es Todopoderoso, Dios. AL GRADO EN QUE CONTEMPLAMOS EL ESPIRITU VIVIENTE, A ESE GRADO SE MANIFIESTA. Una idea clara del vivir se personifica como vitalidad física. *Por lo tanto, al reconocer nosotros la vitalidad, la vitalidad nos reconoce a un nivel equivalente.*

Hay una gran diferencia en nuestra reacción cuando creemos que la maldad es una entidad, y cuando comprendemos que solamente es algo que *podemos experimentar.* ¡El Universo no exige que suframos! El sufrimiento es obra del hombre por su ignorancia. Y continuará hasta que el hombre aprenda a negarlo en su experiencia. Algún día hemos de decidir que ya hemos sufrido bastante.

No puede haber ninguna Ley en el Universo que demande maldad, escasez, limitación, o infelicidad para proveer diferentes grados de su gloria. Por lo tanto los místicos han enseñado que la maldad sólo tiene el poder de destruirse a sí misma; que no es ordenada por Dios. Desde el punto de vista de la Realidad, la maldad es una ilusión, pero no la niegan como una experiencia. Es una experiencia que todos han tenido. Los grandes hombres han reconocido la *apariencia* de la maldad, pero han separado la apariencia de la realidad. Ellos han abandonado la maldad como entidad cósmica—NO HAY DIABLO, NI INFIERNO, NI TORMENTO, NI CONDENACION, fuera de nuestro propio estado de pensamiento; NI CASTIGO, aparte del que uno mismo se inflige por su ignorancia; NI SALVACION, APARTE DE LA COOPERACION CONCIENTE CON LO INFINITO. *El Cielo y el Infierno son estados de conciencia.*

LA EVOLUCION

El Universo visible e invisible es un Sistema Espiritual. ¡El hombre es parte de este Orden Espiritual, y está tan unido con este sistema que el Cosmos entero se refleja (o puede reflejarse) en su mente! La evolución es el despertar del alma al reconocimiento de su unidad con el Todo. La evolución material es un *efecto*, no es una *causa*. ¡Esto invierte la creencia popular de que la *evolución es el resultado de la inteligencia,* en vez de que la inteligencia sea el resultado de la evolución!

El propósito de la evolución es producir un hombre que en el punto de su pensamiento objetivo pueda manifestar completamente la idea de la vida, pueda traer la Unidad al punto de particularizarla, y pueda encontrar que no existe Ley que se le oponga. El hombre Jesús se convirtió en Cristo a través de la realización completa de la Unidad del Espíritu y la Totalidad de Su Palabra. Sus facultades físicas y espirituales, su mente objetiva y subjetiva, estaban completa y perfectamente balanceadas.

Es evidente que si esa realización ocurriese en otro individuo, su palabra se manifestaría de igual manera. Porque detrás de la palabra está el Alma Universal, la Ley Omnipotente. El Espíritu es Ilimitado, pero solamente puede ser para nosotros lo que nosotros creamos que sea. ¿Por qué tenemos que creer que ES? ¡PORQUE HASTA QUE CREAMOS QUE ES, ESTAMOS CREYENDO QUE NO ES! Y todo depende de la creencia, *pero la creencia puede inducirse científicamente a un estado subjetivo por medio de nuestro esfuerzo conciente.*

En suma: El objeto de la evolución es producir un hombre que, al punto objetivo que determine por sí mismo, pueda manifestar completamente la vida interna del Espíritu. Ni el Espíritu mismo desea controlarnos; nos deja solos para que nos descubramos a nosotros mismos. Lo más preciado que el hombre posee es su individualidad; verdaderamente, esto es lo único que en realidad tiene, o es. Es un crimen en contra de su propio ser el permitir influencias exteriores que controlen su individualidad, aunque sea por un solo momento.

En la Biblia leemos: "Amados, ahora somos hijos de Dios, y todavía no aparece lo que seremos, pero sabemos que cuando aparezca, seremos como El, porque le veremos como El es." Aunque este proceso de evolución todavía está ocurriendo—no ha cesado y tal vez no cesará nunca, porque siempre estaremos desarrollán-

donos—aún en este estado incompleto, aún "YA somos hijos de
Dios." A medida que nos desarrollamos más completamente, veremos el Cristo aparecer, y "cuando Él aparezca, seremos como Él,
porque lo veremos como Él es," siendo transformados de gloria en
gloria debido al impulso Divino dentro de cada uno de nosotros.
Ahora mismo la Realidad Divina se lleva a cabo en la Mente
Infinita. Dentro de cada uno de nosotros se encuentra un hombre
indestructible, eterno, como Dios intentó que fuese, un ser perfecto...nuestro ser perfecto.

La idea del hombre perfecto tiene que haber estado en la Mente
Divina; dentro de la *causa* está el *efecto*. Y en la mente del Eterno, el
hombre tiene que ser perfecto. Dios es Mente Perfecta y no puede
concebir ideas imperfectas, por lo tanto, la idea del hombre en la
Mente de Dios, *tiene que ser una idea perfecta.* ¡El hombre perfecto es
el único hombre que Dios conoce!

El hombre, siendo individual, puede hacer lo que desee consigo
mismo—como dijo Browning, puede profanar su vida pero nunca
puede perderla. El Espíritu siempre tiene su testigo dentro de
nosotros, y el hombre prometido de Dios ya sabe que es Uno con el
Todo; que la Naturaleza consiste en un Solo Poder que usa muchos
instrumentos, y tiene muchas avenidas para expresarse. Ha llegado el
día en nuestra evolución en que debemos despertar y reconocer que
apoyando a cada persona está la Mente Eterna—que cada persona la
tiene a su alcance; que cada uno puede acudir a Ella para recibir
inspiración y revelación—y que alrededor de todo está una Ley
Divina que obedece los mandatos de esta Mente Eterna.

La evolución es un principio que aún siendo invisible, encuentra
manifestación en todas las formas de la vida. Es el resultado lógico o
necesario de la Inteligencia Universal del Espíritu; *pero la evolución es
efecto de la Inteligencia, y no su causa.* La evolución solamente puede
seguir a la involución. La involución es la idea mientras que la
evolución es el desarrollo de la idea. LA INVOLUCION PRE-
CEDE LA EVOLUCION, Y LA EVOLUCION PROSIGUE
CON PRECISION MECANICA, PROPULSADA POR UNA
LEY INMUTABLE...la Ley de Causa y Efecto.

Dios es Inteligencia Universal o Espíritu. La única manera en que la Inteligencia puede moverse es por medio de un movimiento interior. Si Dios es TODO, tiene que moverse dentro de Sí Mismo. Se mueve dentro de Sí Mismo y sobre Sí Mismo. Es evidente que el movimiento que respalda el mundo objetivo tiene que ser movimiento subjetivo—un movimiento del conocimiento. Por lo tanto, es necesario que cualquier movimiento que ocurra, TIENE que ocurrir dentro y sobre el UNO; y por consiguiente, todo lo que es creado es creado de este UNO.

Dios se mueve sobre Dios. Este es el punto donde principia la Creación. *Cada vez que alguna persona concibe una idea, es Dios expresándose a Sí Mismo.* Está sabiendo eternamente, y sabe eternamente por medio y a través de todos. La naturaleza de Dios es saber, y hay un anhelo emocional o un deseo de expresar que es inherente en el Universo. Existe una Ley Universal que obedece la Voluntad del Espíritu, y por medio de esta Ley, lo que está envuelto, evoluciona. Nosotros, como Espíritu conciente, ponemos la Ley Universal en movimiento, y la Ley produce *cosas* de nuestras ideas. El Espíritu INVOLUCIONA, y la ley EVOLUCIONA. La Ley no sabe que está evolucionando; Su Naturaleza es evolucionar y esta naturaleza es mecánica.

Por lo tanto, la evolución no sucede por sí misma; es un efecto. Detrás de toda forma objetiva existe una semejanza subjetiva que balancea exactamente y es prototipo de la forma. La cosa envuelta balancea perfectamente la cosa que se desenvuelve en ella. *¡La evolución es el tiempo y el proceso por medio del cual se desenvuelve el Espíritu!* La persona puede usar esta Ley en el grado en que la entiende. Tenemos que aprender *como* trabaja y obrar de acuerdo con *la manera* en que trabaja. La Ley siempre es un siervo obediente. Según siembra el hombre, así también cosecha. Involución y evolución, el pensamiento y la cosa, la Palabra y la Ley, el propósito y la ejecución...esta es la secuencia.

Mientras que hay libertad en el principio de la evolución, éste, por necesidad, tiene que estar siempre de acuerdo con ciertas leyes fundamentales. Parece que hay una presión irresistible detrás de la evolución que le obliga a producir más cosas, mejores y más avanzadas. Por ejemplo, si estudiamos la evolución de la locomoción desde que el hombre existe en la tierra, lo vemos montando a caballo, en carreta, en carruaje, etc., hasta llegar al automóvil y al avión. Esto no es más que la evolución de la locomoción, el desarrollo de la posibilidad de viajar por medio de la mente del hombre. Si estudiamos la evolución de viajar por el agua, encontramos lo mismo desde la balsa hasta los buques modernos.

¿Cuál es el fin inevitable de la locomoción? ¿Podría ser otro que el que abandonemos, finalmente, *todo método visible de transportación? Cuando nos hayamos unido con la Omnipresencia, seremos omnipresentes.*

Cuando tengamos suficiente entendimiento, nuestro pensamiento nos llevará a donde deseemos estar. Cuando sepamos lo suficiente, pasaremos a otro plano y volveremos a este si lo deseamos. Cuando sepamos suficiente para multiplicar los panes y los peces, lo haremos. Cuando sepamos lo suficiente para caminar sobre el agua, lo haremos también, y lo haremos de acuerdo con una ley natural en el mundo espiritual.

CONOCIMIENTO COSMICO—ILUMINACION

El Dr. Bucke nos da la siguiente definición de Conciencia Cósmica: "Nuestra conciencia personal de unidad con el Todo." El místico percibe la verdad por medio de la intuición, y muchas veces, sin ningún proceso de razonamiento—inmediatamente lo sabe, con lo que Swedenborg llamó, un "saber interno," un sentir espiritual.

Es posible que descienda a nuestras mentes—y se encarne y se personifique en nosotros—una Divinidad, una Unidad, el Espíritu de Dios, una encarnación directa de la Cosa Original en nosotros—una presentación directa de la Cosa Original en nosotros—una presentación mística del Cristo.

Dean Inge, tal vez el hombre más avanzado de la Iglesia Anglicana de hoy, dice que Plotino tuvo siete períodos distintos de *conciencia cósmica,* en los cuales se unió tan completamente con el Universo que era Uno con El. Su filosofía espiritual fue resultado de estas experiencias. Recordarán que Plotino fue uno de los mas grandes filósofos de la época Neoplatónica.

El Dr. Bucke, autor del libro "Conciencia Cósmica," un libro muy lógico, cita muchos casos bien conocidos y auténticos, de personas que han tenido experiencias Cósmicas. Al tratar científicamente este tema, dirige la atención a la necesidad de distinguir entre revelaciones psíquicas y Conciencia Cósmica.

Los informes de las experiencias de la mayoría de los psíquicos son contradictorios. En cambio, las experiencias de los que han entrado en una Conciencia Cósmica—por miles de años—dicen la misma historia, idéntica, una vez encontrada la clave a su idioma—*todos* dicen la misma historia de la Realidad. Lo psíquico puede o no ser verdad, pero lo espiritual siempre es verdad. El reino psíquico es el reino del subconciente, o primera causa relativa. El reino espiritual es el reino de la Primera Causa. Por lo tanto, podemos leer lo que escribió Buda, Jesús, Platón, Sócrates, Aristóteles, Swedenborg, Emerson, Whitman, Browning, o cualquiera de los místicos, no importa en que época hayan vivido, encontraremos la misma Esencia. Si leemos lo que escriben la mayoría de los psíquicos, nos confundimos; por esa razón debemos entender claramente esta diferencia importante entre el psiquismo y el misticismo. El uno puede ser o no ser verdad, pero el otro siempre es Verdad.

Llamamos instinto a la inteligencia en el animal que dirige sus acciones y le dice a donde vaya a encontrar comida y amparo. En verdad, el instinto es Omniciencia en el animal. Esta misma cualidad, más desarrollada, aparece conciente en el hombre y es lo que llamamos intuición. La intuición es Dios en el hombre, revelándole las Realidades de su Ser; y así como el instinto guía al animal, la *intuición* dirige al hombre si el hombre se lo permite.

También en esto debemos cuidar de no equivocar una impresión psíquica con una intuitiva. *Las impresiones psíquicas pueden dominarnos; pero la intuición permanece en el fondo y espera que la reconozcamos.* "He aquí, estoy a la puerta y llamo."

Todo dominio arbitrario sobre el hombre tuvo que cesar tan pronto como el hombre se reconoció a sí mismo. A partir de este momento, el hombre tiene que descubrirse a si mismo; pero la intuición, que es nada menos que Dios en el hombre, espera calladamente que el hombre le reconozca y coopere con ella. El Espíritu siempre está con nosotros, si tan solo sintiésemos Su Presencia. Los místicos han sentido este Poder maravilloso obrando dentro de ellos y le han correspondido; y como evidencia segura que no han sido engañados, TODOS HAN PERCIBIDO LO MISMO. Si las impresiones hubieran sido psíquicas solamente, cada uno hubiera visto y sentido *algo diferente*, porque cada uno habría visto y habría sentido a través de la obscuridad de su propia mentalidad subjetiva.

La Conciencia Cósmica no es un misterio; es el Conocimiento de Dios de Sí Mismo a través del hombre. Mientras más completa sea la obra de ese Poder, *más completa es la mentalidad conciente del hombre;* porque el hombre iluminado no expresa menos sino más de *lo que verdaderamente es.* Mientras más grande sea el conocimiento de Dios, más completa es la realización del Ser Verdadero—la Realidad Divina.

La iluminación vendrá a medida que el hombre realice más y más su Unidad con el Todo, y se empeñe en permitir que la Verdad obre a través de él. Pero como el Todo está en la Mentalidad Interna, solamente allí puede hacer contacto el hombre con Ella. "Habla con Él, porque Él escucha." Al grado que la persona tiene un sentido de su espiritualidad, a ese grado realizará la universalidad de su propia alma. Los grandes místicos han sentido esto y han sentido la posibilidad de comunicarse inmediatamente con el Espíritu Universal. Esta esencia ha penetrado todas las teologías y ha sido la causa, en gran parte, de su vitalidad. La teología, con todas sus debilidades, ha sido más fuerte en su fuerza que débil en sus debilidades, porque los elementos vitales en la teología han sido más grandes que los debilitantes. Si no fuera así, no hubiera teología.

El único Dios que el hombre conoce es el Dios de su Vida Interna; no puede conocer otro. Asumir que el hombre puede conocer a un Dios fuera de él mismo es asumir que puede saber algo de lo cual no está conciente. Esto no quiere decir que el hombre es Dios; quiere decir que el único Dios que el hombre conoce está dentro de él, y que la única vida que el hombre tiene está también dentro de él. Dios no es externo; Dios habita en el Interior, en el propio centro de la vida del hombre. Esta es la razón por la qué Jesús dijo que el Reino del Cielo estaba dentro del hombre, y por la que oró: "Padre Nuestro, que estás en el Cielo."

Los grandes místicos como Jesús han enseñado que así como entramos en el Uno, el Uno entra en nosotros, *viene a ser lo que somos, y es lo que somos.* Han enseñado el "Matrimonio Místico," la unión del alma del hombre con el Alma de Dios, y la Unidad de toda la Vida. Los grandes místicos, aún sintiendo esta Unidad—la Universalidad de todas las cosas—también han sentido la individualización del Ser y la individualidad del Hombre como una Realidad Divina. Tagore, queriendo explicar esto, dice que el hombre está sumergido, pero no perdido en Nirvana, y usa la ilustración..."asi como la flecha se pierde en su marca," y aún permanece flecha. El misticismo de Buda no enseñó la aniquilación del alma, sino la eternidad del principio del alma, desarrollándose siempre.

La práctica mental más elevada es escuchar esta Voz Interna y declarar Su Presencia. Cuanto más conocimiento tenga el hombre de este YO SOY interno, más plenamente vivirá. Esto no lo guiará nunca hacia la ilusión sino lo llevará hacia la Realidad. Todos los grandes hombres han sabido esto y se han esforzado constantemente en permitir que la Mente de Dios se exprese a través de sus mentalidades. "El Padre que vive en mí, El hace las obras." Esta fue la declaración del gran Maestro, y debe ser la nuestra también; no en un sentido limitado de la vida sino en un sentido ilimitado.

Es imposible describir con palabras o por escrito lo que los místicos han visto, y es tan difícil de creerse—de comprender que así es—como de ponerse en palabras. Pero existe un sentido interno que algunas veces, en un instante, puede ver la Realidad que ilumina todo el ser con un gran torrente de luz. Esto también puede parecer una ilusión a menos que el testimonio esté completo, pero *todos* los místicos han tenido esta experiencia...unos en grado más elevado que otros. De todos los místicos, Jesús fue el más grande, y cuando menos una vez, después de un período de iluminación, su cara estaba tan radiante que sus seguidores no podían vérsela. Todos los místicos han visto esta Luz Cósmica. Por eso se dice que eran iluminados. Todos han tenido la misma experiencia, ya fuera Moisés cuando descendió de la montaña, Jesús, después de la resurrección, Pablo, en su regreso a Damasco, Emerson caminando por el parque en Concord—donde de pronto estuvo conciente de esta luz—o

Whitman, que se refiere a esta luz como algo que "hundió su lengua horquillada" dentro de su ser cuando él estaba tendido en el césped, o Edward Carpenter, quien, después de dejar a Whitman, miró hacia arriba y creyó que toda la Ciudad de Nueva York estaba en llamas. Los grandes artistas han percibido esta luz tan completamente que la han pintado como una aureola alrededor de la cabeza de los santos, una atmósfera de luz.

Bucke indica que la iluminación de todos los místicos ha sido acompañada por una gran luz. Él supone que Emerson caminó al borde de esta luz por muchos años—y más continuamente que todos los demás—pero no tuvo una experiencia tan definida como otros; no obstante tenía lo que diríamos una mayor continuidad de lo que llamaremos una luz *menor*.

Es interesante que la LUZ viene con la expansión de la conciencia. "La luz brilla en la obscuridad y la obscuridad no la abarca." Todos en diferentes grados tenemos este sentido—esta iluminación—de percibir que la Verdad es Luz. Si un tratamiento espiritual pudiera verse (y tratamiento espiritual quiere decir simplemente unir la mente con la Bondad) se vería como una vereda de luz. Esta no es una luz creada. No es una explosión psicológica; es algo que ya existía previamente. Es inútil tratar de visualizarla o hacerla aparecer. No es un truco de concentración. "El Reino del cielo no viene por observación."

En momentos de profunda realización, los grandes místicos han sentido la única Vida que fluye a través de todo, y han sabido que todos somos parte de esa Vida. También han visto la Substancia, una cosa fina, blanca y brillante, cayendo siempre en todas las cosas; una Substancia indestructible y eterna. En estas ocasiones de realización completa, han sido cegados por la LUZ de la que estamos hablando.

Recuerden que esto ocurre cuando la mente está en un estado perfectamente normal que no tiene nada que ver con el estado psíquico. No es ilusión, sino realidad; y durante estos períodos vienen las verdaderas revelaciones. Como ilustración, supongamos que hay un grupo de personas en una habitación pero ninguno sabe que otros están presentes; cada uno está ocupado con sus asuntos personales. De pronto, la habitación se ilumina y pueden verse unos a otros. Después, tratan de explicar lo que vieron. En ráfagas de iluminación, los inspirados han visto *el centro mismo de la Realidad,* y de allí han traído un cuadro de lo que han visto y sentido. Brevemente, estas son sus conclusiones: están convencidos firmemente de la inmortalidad…la inmortalidad AHORA MISMO, no para alcanzarse alguna vez en el futuro. Individualmente, Dios en forma personal para cada uno; inevitablemente, el bien triunfa sobre el mal.

Por lo tanto ellos han enseñado que de acuerdo al grado del concepto de que Dios es suficiente, el mal desaparece. ¿Cómo vamos a hacer uso práctico de esto en nuestras meditaciones para sanar y demostrar? Esto es lo que significa un método, un proceso, una técnica y una realización: acompañando el método y la técnica, debemos siempre tener tanta realización como podamos generar en ese momento. En el método y la técnica, decimos ciertas palabras; ésto es algo en movimiento, pero cuando llegamos al punto de iluminación, no decimos nada…LO SENTIMOS.

CAPITULO VEINTIUNO

ALGUNAS FASES
DE LA VIDA SUBJETIVA

La Mente Subjetiva—Sugestiones De La Raza Humana—
Mente Subjetiva E Inspiración—Atmósferas Mentales—
Sintonización Con El Pensamiento—Corrientes De
Conciencia—El Espíritu De Profecía.

LA MENTE SUBJETIVA

Ya hemos visto que lo que llamamos el alma es verdaderamente la parte subjetiva de nosotros mismos. Veamos un poco más a fondo los fenómenos del alma.

No tenemos dos mentes, pero sí la mentalidad tiene un aspecto doble, a lo cual llamamos estados objetivo y subjetivo del conocimiento. La mente objetiva es la parte de la mentalidad que funciona concientemente. Es la parte que se conoce a sí misma, y sin la cual no podríamos estar concientes de nosotros mismos. La mente conciente es la parte donde vivimos concientemente y donde reconocemos que estamos viviendo. Es el Espíritu.

La mente subjetiva es nuestra emanación mental en la Subjetividad Universal. Es nuestro uso individual de la ley mental. No deseamos desviarnos de lo que la psicología enseña acerca de la mente del hombre en sus estados conciente y subconciente o subjetivo. Sólo deseamos *agregar* esto: *la razón por la que tenemos mente subjetiva es que la Subjetividad existía en el Universo antes que nosotros la usáramos; y donde la usamos, forma una personificación subjetiva de nosotros mismos a nuestro alrededor, la cual es resultado de la acción y reacción de nuestro pensamiento.*

La mente subjetiva es la raíz de la memoria y contiene recuerdos de todo lo que le ha pasado al hombre exterior. También contiene las características de familia y de la raza humana. Guarda estas memorias, en cierto sentido, como cuadros mentales. La mente subjetiva puede compararse a una galería, y en sus paredes están colgados los cuadros de todos los incidentes que ha experimentado y las personas que ha conocido.

SUGESTIONES DE LA RAZA HUMANA

Las sugestiones de la raza humana son una cosa verdadera, y cada persona lleva consigo (tiene escrito en su mentalidad) muchas impresiones que nunca ha pensado ni experimentado concientemente. Cuando nos damos cuenta que la subjetividad del individuo es su propio uso de la Única Mente Subjetiva, podemos ver que se mantiene una unidad subjetiva entre todas las personas, y que las mentalidades subjetivas que están en vibración armoniosa unas con otras, se mezclan más o menos, y reciben sugestiones unas de otras. Esto es lo que significa la influencia mental, la cual es muy real.

Así como cada persona, cada lugar o cada cosa tiene una atmósfera subjetiva o memoria, así también cada pueblo, cada ciudad y cada país tiene su atmósfera individual. Algunos pueblos vibran con vida y actividad, mientras otros parecen estar muertos; unos tienen un espíritu de cultura y otros de comercio. Este es el resultado de la mentalidad de los que viven en los diferentes pueblos. Lo mismo que una ciudad tiene su atmósfera así también la tiene cada nación. El pensamiento combinado de los habitantes de la nación entera crea la conciencia nacional, que llamamos la *psicología* de la población.

La Mente Subjetiva, siendo Universal, tiene la historia de la humanidad escrita en la atmósfera mental del globo en que vivimos. Es decir, todo lo que ha sucedido en este planeta en todas las épocas, ha dejado su estampa en las paredes del tiempo; y si pudiéramos caminar por sus corredores y leer las inscripciones, leeríamos la historia de la humanidad. Esto debería ser sencillo cuando comprendemos que las vibraciones de la voz humana pueden preservarse en discos receptivos de fonógrafo, o en películas de sonido, y pueden reproducirse. Si imprimiéramos uno de estos discos, o una cinta de película de sonido, y lo guardáramos por muchos años, bien protegido, volvería a reproducir estas vibraciones. Por lo tanto, no es difícil entender que las paredes del tiempo pueden contener cuadros de los eventos humanos, y que una persona que pueda ver estos cuadros, puede leer la historia de la humanidad. La humanidad tiene la tendencia de reproducir las experiencias subjetivas que ha acumulado la raza-humana.

MENTE SUBJETIVA E INSPIRACION

La mente subjetiva individual es el almacén de la memoria y retiene todo lo que el ojo ha visto, lo que el oído ha escuchado, y lo que la mentalidad ha concebido. Debido a que contiene muchas cosas que el hombre exterior no sabe concientemente, ya que es el receptáculo del saber que la humanidad comunica inconcientemente, tiene una capacidad de conocimiento que sobrepasa las facultades objetivas.

Al comprender que la subjetividad atrae todo lo que le es afín, podemos ver que cualquier persona que está en armonía con la humanidad, o que tiene las mismas vibraciones que la humanidad, puede captar las experiencias y emociones de la raza humana—y si pudiera traerlas a la superficie—hasta podría dibujarlas concientemente. Muchos de los oradores, actores y escritores del mundo han podido hacer esto, y por esa razón han sido excéntricos, porque han sido dominados más o menos por emociones con las cuales han hecho contacto.

Cualquier persona que hace contacto con el lado subjetivo de la mentalidad de la humanidad, y que tiene la habilidad de traerlo a la superficie, *tendrá a su disposición una sabiduría sobre las emociones que no podría acumular en muchas vidas de arduo estudio.* PERO, SI LA PERSONA TUVIERA QUE RENUNCIAR A SU INDIVIDUALIDAD EN EL PROCESO, SERIA MEJOR QUE PERMANECIERA IGNORANTE.

Hay, por supuesto, un fondo más profundo de sabiduría que la mente subjetiva; éste es el Espíritu; el contacto directo con el Espíritu es la Iluminación.

ATMOSFERAS MENTALES

Cada persona tiene una atmósfera mental que es resultado de todo lo que ha pensado, dicho, hecho, y lo que ha percibido, ya sea conciente o inconcientemente. La atmósfera mental es una cosa verdadera, y es esa influencia sutil que constituye el poder de atracción personal, porque la atracción personal tiene poco que ver con el aspecto físico. Es más profunda que éste y es casi totalmente subjetiva. Y ésta es la razón por la cual algunas personas nos agradan y otras no. Unas personas nos atraen inmediatamente sin ninguna razón aparente, mientras rechazamos otras sin más ni más. Este es el resultado de su atmósfera mental o las vibraciones de sus pensamientos. No importa que palabras digan los labios, el pensamiento interno habla más fuerte, y muchas veces tiene más peso la palabra que no se habla que la que se pronuncia.

SINTONIZACION CON EL PENSAMIENTO

La transmisión del pensamiento, o sea la telepatía, es un hecho tan común que sólo lo discutiremos brevemente. Sin embargo, es necesario prestar atención a ciertas cosas en particular. Lo principal que tenemos que enfatizar es que la telepatía mental no sería posible *si no hubiese un medio a través del cual pudiera obrar.* Este medio es la Mente Universal, y es por este medio, o esta avenida, que ocurren todas las transmisiones de pensamientos o telepatía mental.

La telepatía es el acto de leer el pensamiento subjetivo, o de recibir pensamientos concientes de otra persona sin palabras audibles. Pero tiene que haber una *sintonización* mental, por así decirlo, al igual que se sintoniza el radio. Estamos rodeados de muchas clases de vibraciones, y si deseamos captar algunas claramente, tenemos que sintonizarnos con ellas. Aún así, hay mucha interferencia, y no siempre recibimos los mensajes claramente. A veces recibimos los mensajes equivocados, y a veces también, se unen muchas de las

vibraciones y parecen ser nada solamente muchos ruidos sin razón
de ser. Solamente podemos recibir un mensaje claro cuando el
instrumento está afinado apropiadamente para recibir alguna
vibración individual.

Esta es la verdad de la telepatía mental, o sea la transmisión del
pensamiento; el receptor tiene que sintonizarse. *No es necesario que el
que envía el mensaje sepa lo que está ocurriendo,* al igual que el que habla
por el radio no sabe cuantos le escuchan. Es decir, uno puede captar
pensamientos de la misma manera que se captan mensajes por radio.
Unos tienen la habilidad de sintonizarse con el pensamiento de
otros y leerlo, más o menos, exacto. A estos les llamamos *psíquicos,*
pero todos somos psíquicos porque todos tenemos alma, o mente
subjetiva. Lo que queremos decir es que un psíquico, o un médium,
tiene la habilidad de objetivar lo que es subjetivo—de traer a la
superficie de la mente conciente lo que existe bajo el umbral de la
mente exterior. El *médium* lee el libro de los recuerdos, y es maravilloso el gran alcance que puede tener este libro. Cualquier cosa que
haya pasado en cualquier tiempo en este plano permanece dentro de
la atmósfera subjetiva como un cuadro en la memoria de las experiencias de los que han vivido en este plano. Estos cuadros, o estas
vibraciones, pueden ser discernidos claramente por los que tienen la
habilidad de leerlos.

Debido a que la Subjetividad Universal es una Unidad, estos
cuadros existen en una y en todas las partes dentro de Ella. Por consiguiente, podemos hacer contacto con cualquier incidente que ha
acontecido en este planeta por medio de nuestra mente subjetiva
(que es un punto en la Mente Subjetiva Universal). Quizá sea posible que veamos una escena de lo que pasó hace dos mil años en una
arena romana, porque la atmósfera contiene tales escenas.

Cada persona en su estado *objetivo,* es un centro distinto e individual de la Mente Universal, pero en su estado *subjetivo* (en la corriente de su conciencia o a su grado de vibración) cada persona es
Universal, porque la Mente es Indivisible. Donde quiera y cuando
quiera que un individuo hace contacto con otro en el aspecto *subjetivo* de la vida, si es un psíquico (si objetiva la subjetividad) podría
ver una forma de pensamiento de esa persona, *pero no necesariamente*

quiere decir que en realidad estaría viendo a la persona.

No debemos asombrarnos cuando un psíquico nos da la historia de nuestra familia, hasta el punto de recitar lo que hacían nuestros antepasados cuando vivieron en la tierra. El psíquico solamente lee del recuerdo subjetivo.

CORRIENTES DE CONCIENCIA

Cada persona es una entidad individual en la Mente y se conoce por el nombre que lleva y por la vibración que emana; porque aún cuando todos existimos en la Mente Unica o Espíritu, cada uno tiene su personalidad separada e individualizada.

De acuerdo con la Unidad de la Mente, el pensamiento está presente dondequiera, y mientras persiste, persiste dondequiera. Lo que se sabe en un lugar se puede saber en todo lugar. El tiempo, el espacio y las obstrucciones son desconocidas para la Mente y para el pensamiento. Por lo tanto, cualquiera que sintonice con nuestro pensamiento, entrará en la corriente de nuestra conciencia, no importa donde esté o donde estemos nosotros. Aún si seguimos persistiendo después de que el cuerpo sufra la muerte física (y si estamos convencidos de que lo haremos), esta ley tiene que ser la misma, porque el pasado y el presente son uno y el mismo en la Mente. El tiempo es solamente la medida de una experiencia; y el espacio no es algo separado, sino que está *en* la Mente.

Un psíquico puede entrar en la corriente del pensamiento de cualquier persona con quien pueda hacer contacto mental, ya sea que esté en este cuerpo físico o no; y como todos somos psíquicos—todos tenemos el elemento del alma—indudablemente, todos nos comunicamos unos con otros hasta el grado que vibramos en armonía unos con otros. No todos tenemos la habilidad de *objetivar* impresiones psíquicas, y generalmente, esas impresiones no llegan a la superficie, pero sin embargo, ahí están. Esta es la razón por qué a veces nos sentimos a disgusto con ciertas personas y por qué algunas condiciones nos perturban internamente sin razón aparente.

Hay muchos psíquicos normales que, estando en un estado perfectamente objetivo, pueden leer el pensamiento de otras personas y

hacer cosas maravillosas con la mente. Esto es normal y no puede
hacerle mal a nadie. Es verdaderamente una de las maneras en que
trabaja la Naturaleza y es muy interesante. Cualquier poder psíquico
que puede usarse en un estado normal de la mente es inofensivo y
útil; es decir, un poder que puede usarse mientras uno está en un
estado conciente.

EL ESPIRITU DE LA PROFECIA

Hemos explicado por qué la visión psíquica puede ver hacia el
pasado y ver lo que ha ocurrido—por la razón de que trata con
algo donde no existe pasado, presente o futuro, sino sólo existe una
continuación del ser. Y por ser así, cualquier incidente que aconteció en el pasado, es algo activo en el presente, a menos que la
vibración sea neutralizada; y cuando es neutralizada, no existe más
en ninguna parte.

Cualquier persona que hace contacto por clarividencia con un
incidente previo, lo verá como si estuviera aconteciendo en ese
momento…no como algo pasado. La razón es que los incidentes del
pasado se proyectan continuamente, de la misma manera que un
cuadro colgado en la pared se verá en diez mil años lo mismo que
ahora (a menos que algo le suceda). Esta es la forma en que opera la
visión clarividente. La continuación del pasado, a través del presente,
y dentro del futuro, es el movimiento de la causalidad pasando de
causa a efecto; y ya que el movimiento es puesto en marcha en el
campo de la Mente, que es completamente subjetivo, *ambos causa y
efecto existirán en todo lugar durante la secuencia de este movimiento.* La
visión clarividente, al hacer contacto en cualquier lugar—aún antes
del resultado final—puede ver el resultado final.

Esto no es fatalista. Parece ser, pero no lo es. Debemos entender
esto porque la mente humana, en su ignorancia, por sí misma ha
creado grandes leyes psíquicas. Por lo tanto, si a una persona se le
hace una profecía negativa, debe refutarla directamente, porque esa
negación existe solamente en el reino de la causalidad subjetiva, no
como causalidad espiritual.

Para repetir esto más claramente, la Mente Subjetiva solamente puede deducir; no puede iniciar ni puede escoger, y está obligada por su naturaleza a retener cualquier sugestión que recibe. La mejor ilustración de esto es la tierra creativa en la cual el jardinero siembra sus semillas. La tierra ni argumenta ni se niega; trabaja con la semilla y empieza a crear la planta que representará el tipo de manifestación inherente, como idea, en la semilla; de la semilla de pepinos obtenemos pepinos, y de la de repollos obtenemos repollos. La ley siempre mantiene la individualidad de la semilla mientras crea la planta; nunca contradice el derecho de la semilla de ser lo que verdaderamente es. Dentro de la semilla está la idea de la planta y también las ideas menores que obran como medios entre la semilla y la planta. Dentro de la semilla están ambos, la causa y el efecto, pero tenemos que plantar la semilla en la tierra creativa si deseamos ver la planta. En la tierra creativa (o en la semilla) *debe existir ya la idea completa y perfecta de la planta entera, de otra manera, nunca podría manifestarse.* La idea de la planta madura tiene que existir en la semilla y en la tierra para que pueda materializarse.

Esto nos enseña una lección de subjetividad. Los pensamientos que entran en el subjetivo son como semillas; obran a través del medio creativo que es la Mente, y tienen que tener dentro de ellos mismos el poder completo para desarrollarse y expresarse. Pero, ¿cómo podrían expresarse si no los conociera ya la Mente? NO PODRIAN HACERLO, y por eso la Mente tiene que ver el pensamiento como la cosa completa, *y la Mente también tiene que contener la avenida por medio de la cual se exprese la idea.* CADA PENSAMIENTO PONE EL CUMPLIMIENTO DE SU DESEO EN MOVIMIENTO DENTRO DE LA MENTE, Y LA MENTE VE LA COSA COMO ALGO YA MANIFESTADO.

Las *tendencias* mentales que ponemos en movimiento proyectan primero una sombra, y un psíquico a veces ve la manifestación completa de una idea antes de que se haya materializado en el mundo objetivo. Por lo general, esto es lo que constituye el espíritu de profecía; porque profetizar es leer las tendencias subjetivas y verlas como hechos ya realizados. La mente subjetiva solamente puede deducir, pero parece tener un poder perfecto de lógica y secuencia.

Como ilustración, supongamos que hay una ventana a una milla de distancia; yo tiro una pelota hacia la ventana, a la velocidad de una milla por minuto. A la mitad de la distancia, tú ves la pelota, mides la distancia, calculas la velocidad a la que la pelota está avanzando por el aire y dices: "La pelota está a la mitad de la distancia de la ventana, está viajando a la velocidad de una milla por minuto y dentro de medio minuto la ventana se va a romper al pegarle la pelota." Supongamos que tú eres el único que ves la pelota porque todos los demás lo que están viendo es la ventana, y en medio minuto, la ventana se rompe. ¿Cómo pudiste profetizar que se rompería la ventana? *Haciendo una conclusión lógica de una premisa ya establecida.*

Algo así ocurre cuando un psíquico ejercita el espíritu de profecía, porque está poniendo su subjetivo en contacto con la condición y está interpretando lo que ve; pero esto es poder lógico, deductivo y concluyente de su pensamiento subjetivo—es ver una cosa ya hecha viendo primero la tendencia que se ha puesto en movimiento y calculando el tiempo que le tomará completarse. Sin embargo, son pocos los que poseen un espíritu de profecía digno de confianza.

CAPITULO VEINTIDOS

ENCONTRANDO AL CRISTO

¿Quién Es Cristo?—Dios, Personalidad Infinita—El Todo Indivisible—El Cristo Triunfante.

✳

¿QUIEN ES CRISTO?

¿Quién es Cristo? El Hijo engendrado del único Padre—y *no* el "único Hijo engendrado del Padre." La concepción mística de Cristo significa la Universalidad de la Hermandad, el único Padre *encarnado en cualquier individuo que reconoce que es Hijo de Dios.*

Eckhart, uno de los místicos más grandes de la Edad Media, dijo: "Dios nunca engendró *un* solo Hijo, sino que lo Eterno siempre está engendrando lo único engendrado." Esto es lo mismo que dice el Nuevo Testamento, "mundo sin fin." Este mundo se forma y se desintegra como lo hace el cuerpo, pero la creación continúa para siempre. Por lo tanto, lo Eterno siempre está engendrando la realización de Su propia perfección. Es un proceso eterno; es el Hijo de Dios, y el Hijo de Dios es Cristo.

Cristo quiere decir la Idea Universal de Ser Hijos de Dios, de la cual cada uno es miembro. Por eso decimos que somos miembros de este Unico Cuerpo; y decimos también que debemos tener esa Mente "que estaba también en Cristo Jesús." Cada uno participa de la naturaleza de Cristo al grado en que el Cristo se revela por medio de él, y hasta ese grado viene a ser el Cristo. Debemos tornar hacia la Presencia Divina que está en nuestro interior, la cual es el Padre en el cielo, reconocerle como el Unico y Solo Poder en el Universo, y unirnos con El; declarar que nuestra palabra es la presencia, el poder y la actividad de este Uno. Debemos hablar la palabra creyendo en su poder, porque la Ley es sierva del Espíritu.

Si pudiésemos hacernos a un lado y permitir que esta Vida Perfecta fluyese a través de nosotros, *¡no podríamos evitar sanar a los enfermos!* Ésta es la forma más elevada de sanar. Hemos explicado muchos procesos abstractos de razonar y hemos encontrado lo que es la Ley y cómo trabaja. Ahora podemos olvidar todo lo que sabemos acerca de la Ley y saber que solamente existe la Palabra—la Ley obra automáticamente. Debemos olvidar todo lo demás y hablar nuestra palabra con una profunda realización interna de amor, belleza, paz, serenidad, poder, y de la gran Presencia de la Vida al nivel de nuestra propia conciencia.

Hay un lugar en la mentalidad—en las alturas de sus más grandes realizaciones—donde se tira con total abandono al centro mismo del Universo. Y existe un punto en el momento supremo de realización, donde el individuo se funde con el Universo, pero sin perder su individualidad; donde el sentido de la Unidad de toda la Vida penetra su ser de tal manera, que ya no se siente ninguna separación. Es aquí donde la mentalidad hace lo que parecen ser milagros *porque ya no hay nada que impida que el Todo se manifieste.* Solamente podemos hacer esto al proveer equivalentes mentales de la Vida, al morar y meditar en la inmensidad de la Vida y en el hecho que aunque la Vida es inmensa e ilimitada, llega en su totalidad, al centro de nuestro propio conocimiento.

Comprendemos lo Infinito hasta el grado que se expresa a través de nosotros y es para nosotros lo que creemos que es. Por eso diariamente practicamos en nuestras meditaciones la realización de la Vida: "Espíritu Infinito interno, *que moras en mí,* Dios Todopoderoso *dentro de mí,* Substancia Verdadera *dentro de mí,* lo que es Verdad *dentro de mí.*" Jesús dijo: "Yo soy el camino, la verdad y la vida; nadie viene al Padre sino por mí."

¡Qué verdadero es esto! No podemos venir al Padre que está en el cielo a menos que lo hagamos por medio de nuestra propia naturaleza. Aquí mismo, en nuestra propia naturaleza, están la entrada y el camino que nos conducen a la iluminación, la realización, la inspiración y la percepción intuitiva de todo. La facultad más elevada en el hombre es su intuición, y a veces llega a cierto lugar donde, sin ningún proceso de razonar, él inmediatamente sabe.

Cristo es la encarnación de la hermandad divina que ha venido, con diferentes grados de poder, a toda la gente—en todas las épocas. Cristo es una Presencia Universal.

Sí creemos que en la persona de Jesús se culminó el Cristo más que en ninguna otra persona de quien sepamos. Sí creemos que en la persona de Jesús se manifestó más lo que Dios es. Asimismo, creemos que el Cristo viene por igual a todos y cada uno. No hay nadie predestinado a ser el Cristo. Debemos entender que el Cristo no es una persona, sino un Principio. Hubiera sido imposible que Jesús no fuera el Cristo—cuando lo humano se entregó a lo Divino, cuando el hombre se entregó a Dios, cuando la carne se entregó al Espíritu, cuando la voluntad de división se entregó a la voluntad de Unidad—Jesús el hombre, vino a ser una encarnación viviente del Cristo.

Si vemos a Jesús desde este punto de vista, podremos estudiar su vida como un ejemplo viviente. ¿Qué puede inspirarnos más que contemplar la conciencia de un hombre que tiene la fe para pararse frente a un paralítico y decirle que se levante y camine, y saber bien que el paralítico se va a levantar y va a caminar? ¿O de pararse frente a la tumba de un muerto y decirle que salga? Un ejemplo como éste es valioso, pero si toda esta actuación fuera efectuada en la mente de un hombre *completamente singular y diferente a nosotros*, no significaría para nosotros más que una biografía como la de muchos otros hombres. Pero afortunadamente, no tenemos que contemplar a Jesús como una persona "singular y diferente" a nosotros, porque la Biblia nos dice muy claro que era un hombre como nosotros.

En la medida en que toda persona cede lo humano a lo Divino, todos pasan a convertirse en el Cristo. En el caso de Jesús, hubo tal rendición de una voluntad aislada, que aconteció una encarnación de lo Divino más grandiosa. El Cristo místico viene del seno del Padre Invisible, proclamando el amor de Dios a través de su propio amor por la humanidad.

Dormido en el corazón del amor cósmico,
Sin nacer...Universal...Potencial,

Yacía el niño cristo.
Y la gran madre alma,
Meditando sobre su niño sin nacer,
Lo concibió en la quietud
De su naturaleza universal,
Impartiéndole su propio ser.

Nacido en el tiempo y la experiencia,
Inadvertido, oculto, y sin embargo, vivo y conciente,
El niño cristo encarnó en forma humana,
Tomando la semejanza de hombres y mujeres,
Pero sin dar señal de su presencia,
Esperando con inmensa paciencia y amor
La revelación que le descubriría
Y proclamaría el reino de la paz.

Muchas eras pasaron y se desvanecieron
En los largos ayeres del tiempo,
Y aún el niño cristo esperaba.
Naciones aparecieron y desaparecieron;
Fatiga, escasez, pestilencia y necesidad,
Hambre, frío, calor y sed,
Guerra, odio, sangre y ruina,
Y todavía la semilla de perfección—sin revelarse.

Pero el todo universal
No puede permanecer sujeto para siempre,
Ni puede impedírsele al amor cósmico
Tomar forma humana,
Lo que se dio debe ser revelado.
La semilla de la perfección debe brotar.
Los tallos del sembrar celestial
Tienen que romper las cuerdas que atan,
Avivando al humano en un fuego divino.

Y así llegó el día designado,

Una voz desde la quietud
Habló: "Este es mi hijo amado—
Que la tierra calle en su presencia.
Que las bestias del campo…los pájaros del aire
Y toda criatura viviente calle.
Que los huéspedes del cielo canten alabanzas,
Y que lo profundo llame a lo profundo."

Entonces habló el niño:
"Yo vengo a traer paz.
Yo soy el hijo del gozo, y
A todo el que desee, le doy vida.
Yo estoy hecho de felicidad,
Yo vengo de la eterna quietud.
Son mías la quietud y la confianza.
En el corazón del padre he vivido siempre.

"¡Oh! Naciones y pueblos todos,
Vedme a mí y seréis salvos.
Ved mi cara, resplandeciente como el sol,
Y mis pies, cubiertos de rectitud.
En mi mano izquierda hay riquezas y honor
Y en mi derecha, eterna paz,
Todo lo que yo soy—todo lo que yo tengo—yo lo doy."

Cristo…la Idea del Hijo de Dios Universal…la creación entera, visible e invisible. Hay un sólo Padre de todo. Este Único Padre, concibiendo dentro de Sí, da luz a todas las Ideas Divinas. La suma total de estas ideas es lo que constituye el Cristo Místico. Jesús comprendió su propia naturaleza. El sabía que a medida que lo humano encarna lo divino, manifiesta la Naturaleza de Cristo. Jesús nunca pensó que él era diferente a otros. Siempre nos enseñó que lo que él hacía, otros podían hacer. Localizó a Dios y el Reino del cielo dentro de El mismo. Había buscado detrás de la superficie material de la creación, y había encontrado la Causa Espiritual. A esta Causa le llamó Dios, o Padre.

Hace casi dos mil años que este hombre maravilloso laboró en la viña del esfuerzo humano y señaló el camino hacia la Realidad Eterna. Han pasado siglos; naciones han subido solamente para bajar y caer. La ciencia ha resuelto muchos problemas. Las invenciones han captado fuerzas sutiles, nuestra tierra está llena de instituciones educativas—pero el mundo busca otro gran maestro, uno que enseñe de nuevo el camino. Nunca jamás se ha investigado tanto el significado secreto de las cosas. Nunca jamás se ha buscado tanto a Dios y a la Realidad. Parece que todos se ocupan de esto, y que nadie queda satisfecho hasta que hace el gran descubrimiento por sí mismo; ¡pero pocos han llegado a la Verdad real, al reconocimiento de que Dios vive dentro, en el alma y en el espíritu del hombre! Y así, este descubrimiento fue lo que dio a Jesús su poder maravilloso—ésto, y un conocimiento correcto de la Ley espiritual en el mundo mental.

DIOS, PERSONALIDAD INFINITA

Dios, o Espíritu, es Supremo, Infinito, Personalidad Ilimitada. Debemos pensar en el Ser Divino de esta manera—respondiendo totalmente a todo lo que hacemos. Debemos tener un sentido de comunión, un sentido espontáneo de una Unión irresistible. ¡Si lo tuviéramos, lograríamos demostraciones instantáneamente!

Un alma evolucionada siempre es un alma que alaba a Dios. Alaba a Dios en todo; porque Dios es todo. ¡Dios no sólo *está en todo, sino es más que todo en lo que está!* "Vosotros sois la luz del mundo." Eso es Dios en nosotros. Mientras más cerca llegue nuestro conocimiento a esta Verdad, más se extenderá y más poder tendrá.

La comprensión que Dios es personal para todos los que son receptivos a su Divino influjo, le permite a la persona comunicarse con el Espíritu, y recibir contestación directa del Espíritu. Jesús podía hacer esto. Podía equilibrar los atributos personales e impersonales del ser, porque la Ley es solamente una fuerza natural, pero el Espíritu se conoce a Sí Mismo. Al estudiar la vida y las enseñanzas de Jesús, el personaje más singular de la historia, descubrimos unas cuantas ideas sencillas que apoyaban su filosofía, y que al incorporarlas en su vida, le permitieron convertirse en el Cristo.

Fundamental en su concepto de la vida estaba su creencia en un Espíritu Universal al cual llamaba Dios, o Padre Celestial. Este Padre era una Inteligencia, con la cual hablaba concientemente, y de la cual, indudablemente, recibía contestación definida. Jesús localizó a Dios en su propia alma. Realizaba esto tan completamente que no podía encontrar el lugar donde su propio ser principiaba y el Ser de Dios terminaba, o donde el Ser de Dios principiaba y el de él mismo terminaba.

Jesús descubrió y enseñó que: lo que es Verdad del hombre, de la *realidad* de su naturaleza, es la Presencia Divina dentro de él. Junto con este reconocimiento dinámico, con este concepto iluminado de la Deidad—de poner a Dios al centro de su propio ser—estaba la realización de la Ley absoluta, que obedecía su voluntad *cuando su voluntad estaba en armonía con el Espíritu de Verdad*. Este concepto de Dios y del hombre, y de la relación entre ambos, pone la filosofía de Jesús en una categoría diferente a la de otros maestros. Cristo es la imagen de Dios, la semejanza del Padre, el Hijo del Universo, el Hombre que concibe el Espíritu. Cristo no se limita a ninguna persona ni aparece solamente en una época. Cristo es tan eterno como Dios. Es la Idea de Dios de Sí Mismo, Su propio conocimiento de Sí Mismo. Para encontrar al Cristo en nosotros, tenemos que eliminar al hombre del pasado, con todos sus errores y dudas, y aceptar al hombre nuevo, que está siempre seguro que el Padre le ama. El Cristo siempre viene con poder y con fuerza, despertado por la voz pequeña y quieta de la Verdad.

EL TODO INDIVISIBLE

Nuestra inteligencia conciente es tanto de la Vida como podemos comprender. Hemos dejado de buscar el Espíritu porque ya lo hemos encontrado. Es lo que tú eres, y es lo que yo soy; no podríamos ser otra cosa aunque lo deseáramos. La cosa *con que* buscamos, es precisamente la misma cosa que buscamos. Por eso está escrito: "Yo he dicho: sois Dioses; y todos sois hijos del Altísimo." (Salmos 82:6) Ya no necesitamos buscar la Ley. Ya la encontramos.

En el Universo le llamamos Subjetividad Universal o Alma. En nuestra propia experiencia le llamamos el estado subjetivo de nuestro pensamiento, que es el uso individual que hacemos de la Ley Universal. Hemos encontrado la Ley y la hemos demostrado. Encontramos que ambos, la Ley y el Espíritu, son Ilimitados. ¿Qué más necesitamos para tener más libertad? Solamente necesitamos una comprensión más amplia de lo que ya sabemos.

Nunca debemos vacilar en decir que sabemos la Verdad, porque sí la sabemos; porque la realización de la Unidad de Dios con el hombre es la Verdad. Simplemente necesitamos una comprensión más grande de esto. ¿Cómo podemos alcanzarla? Penetrando más y más profundamente dentro de nuestra propia Naturaleza Divina—empujando más y más hacia lo Infinito. ¿*Dónde* debemos hacer esto? ¡NO HAY LUGAR DONDE PODAMOS HACERLO MAS QUE DENTRO DE NOSOTROS MISMOS! ¿Quién tiene que hacerlo por nosotros? NADIE. Nadie puede. Otros pueden dar tratamientos por nosotros, pueden poner la Ley en movimiento por nosotros y ayudarnos para que prosperemos. Esto es bueno y nos ayuda, pero la evolución del individuo—el desarrollo de la personalidad, la iluminación del alma y del espíritu—sólo puede realizarse hasta el grado en que el individuo mismo se propone permitir que la Vida obre a través de él. "Deja que esta mente este en ti la cual esta tambien en Cristo Jesús." (Fil.2:5) Esta es la mente de Dios—la única Mente—la Inteligencia Suprema del Universo.

¡La contestación a cada pregunta está dentro del hombre, porque el hombre está dentro del Espíritu, y el Espíritu es un Todo Indivisible! La solución de todo problema está en el hombre; el sanar de toda enfermedad está en el hombre; el perdón de todo pecado está en el hombre; el resucitar a los muertos está en el hombre; el Cielo está dentro del hombre. Por eso Jesús oró a este "Yo" interno, y dijo: "Padre Nuestro que estás en el Cielo," y otra vez dijo: "El Reino del Cielo está *dentro de vosotros mismos*." Cada uno de nosotros representa el Todo. ¿Cómo debemos sentirnos hacia el Todo? Antiguamente se pensaba en el Todo como un poder obligatorio, un gobierno autocrático, un dios arbitrario que mandaba unos al cielo y otros al infierno, y todo "para su gloria." Ahora estamos más iluminados y vemos que no *podría existir* tal *Ser Divino*. Hemos meditado en la inmensidad del Universo como Ley, y hemos dicho, "Dios es Ley. Existe un Principio Divino que es Dios."

En la nueva forma de pensar, podemos hacer un error tan grande como se hizo en la antigüedad, si pensamos en Dios sólo como Principio. DIOS ES MAS QUE LEY O PRINCIPIO. Dios es el Espíritu Infinito, la Vida Conciente Ilimitada del Universo; la Persona Unica, Infinita, dentro de la cual vive toda la gente...el Todo Indivisible.

SANTO, SANTO, SANTO
  Presencia interna, grande y poderosa,
  Luz interna que brilla divinamente,
  Vida interna que vive completamente,
  Gozo interno que sonríe serenamente,
  Paz interna que fluye profundamente,
  Calma interna, pacífica y feliz,
  Amor interno, que da libremente,
  Verdad interna, que nunca me falla,
  Poder interno, que sostiene con seguridad,
  Ojo interno, que mira claramente,
  Oído interno, que oye siempre,
  Voz interna, que habla soberanamente,
  Bondad interna, que me ata consigo,

SANTO, SANTO, SANTO—
  Señor, dios dentro de mí.

No tenemos que mirar lejos para ver el Cristo porque siempre está cerca, está a la mano. Siempre está dentro de nosotros. Pero el individuo nunca tendrá poder, verdad o vida a menos que se de cuenta y reconozca al Cristo. Jesús es el único que siendo hombre, se conocía a sí mismo y reconocía su relación con el Todo Perfecto. En el éxtasis de su realización propia, proclamó la Verdad que obraba a través de Él.

Tú eres el centro y la circunferencia de mi vida,
La parte de mí que no tiene principio ni fin,
La realidad eterna de mí;
El poder perdurable dentro de mí;
La bondad eterna obrando por medio de mí;
El amor infinito que me impulsa;
La paz y calma ilimitada dentro de mí;
La vida perfecta que vive en mí y a través de mí;
El gozo del alma y la luz del espíritu, que me ilumina.
¡Oh, señor dios, eterno y bendito, tú eres todo mi ser!

Jesús pasó mucho tiempo en comunión con su propia alma, porque el contacto con Dios se hace por medio de nuestro pensamiento íntimo. Este hombre extraordinario, en el silencio de su propia alma, tuvo revelación directa de su Unidad con Dios. Detrás del conflicto de ideas, detrás del ruido y acciones de la vida externa; en lo más recóndito del pensamiento elevado y la contemplación silenciosa, existe una Voz, proclamando siempre: "Este es mi Hijo Amado." Pocas veces penetra esta voz el mundo externo de la experiencia humana, y pocas veces alguien permite que esta voz se exprese perfectamente a través de él. Tenemos que aprender a escuchar esta voz. Ya sea que le llamemos conciencia, intuición, o lo que deseemos, siempre está allí. ¡Nadie necesita caminar por la vida sin guía, porque todos somos divinos en el centro, y todos somos Imágenes del Altísimo!

¡Dulce canción del silencio, cantando siempre en mi corazón!
No hay palabras que expresen, ni lengua que pueda decirlo;
Sólo el corazón sabe los cantos que nunca se cantaron, la música
    que nunca se escribió.
He oído la gran armonía y he sentido esa gran presencia.
He escuchado en el silencio; y en las profundidades de la vida, he
    estado desnudo y receptivo a vuestros cantos, y han penetra-
    do en mi alma.
Estoy perdido en la inmensidad de tu calma y paz interna.

Cuando el Jesús externo se entregó a lo Divino, el Jesús humano se posesionó del Espíritu de Cristo y vino a ser la Voz de Dios para la humanidad. Esto lo hizo tan maravillosamente que constituye la historia de la Cristiandad y gran parte de la iluminación de la civilización moderna. Y aún así, sería un error muy grave suponer que Jesús era diferente a otros hombres. Era un hombre que se conocía a sí mismo y sabía su relación directa con el Todo. Este fue el secreto de su éxito.

Pensar que Jesús era diferente a otros hombres es no entender la misión y propósito de su vida. ¡Jesús fue un hombre que enseñaba el camino, y *comprobó que su manera era correcta!* Su método era directo, dinámico y poderoso, y aún, muy fácil y simple de comprender. Creía en Dios dentro de él mismo, como Poder y Realidad. El creer en el Dios interno, le obligó a creer en sí mismo.

Los iluminados siempre han llegado a su propia realización del YO SOY. ¿Quién podría haber proclamado ser la luz, la verdad y la vida, a menos que entendiera que Dios vivía en su propia alma? El Espíritu de Cristo, proclamándose como el Hijo de Dios, viene a todos por igual, aun hasta los pobres de *espíritu.* Orgulloso de su divinidad, y no obstante, humilde ante la grandeza del Todo, Jesús habló desde la altura de su percepción espiritual proclamando la realidad inmortal de la vida del individuo, la continuación del alma individual, la unidad del Espíritu Universal dentro de todos los hombres. Este era el Cristo hablando, el Hijo engendrado del Unico Padre—el Hijo de Dios. Humilde en su humanidad, con compasión en su ternura, entendiendo las debilidades de la mente humana, permitió que el Gran Espíritu hablara por medio de él en palabras de amor y compasión. Proclamó su divinidad por medio de su humanidad, y enseñó que todos los hombres somos hermanos. Nunca ha vivido un hombre que valorizara más el alma que Jesús, porque sabía que el alma era la personificación de Dios.

YO SOY, ¿Qué más puedo decir? ¡Yo soy, es
Suficiente!
¡Porque tú eres, yo soy!
¡Desde lo más profundo de mi ser, YO SOY!

¡Dentro y alrededor de mi, yo soy!
¡Sobre mi, y por mi, yo soy!
¡Oh, ser interno, eterno y bendito,
Integro y perfecto!
¡Sin nacer, sin cambiar, y sin morir,
YO SOY! ¡YO SOY!
Y por siempre seré.

El Cristo Místico viene del seno del Padre Invisible, proclamando el Amor de Dios por medio de su propio amor a la humanidad. Conocer a Dios es amar, porque sin amor no hay conocimiento de Dios. Cuando se despierta el Cristo, la chispa divina—disparada del centro de la Llama Universal—puede avivar otras almas por la luz de su propia expansión.

Se puede dar sólo lo que se tiene. Lo único que proyectamos es lo que somos, y nuestra sombra se extiende a medida que realizamos la Gran Presencia en la cual vivimos, nos movemos y tenemos nuestro ser. ¡El que desee recibir al Cristo, *tiene que invitarle!* No viene si no es invitado, ni se sienta a ninguna mesa como huésped inoportuno; ni impone por fuerza la Presencia Divina en nadie. Se detiene a la puerta y llama, TENEMOS QUE ABRIR LA PUERTA SI DESEAMOS RECIBIRLE. Pero, ¿cómo podremos recibir si no hemos creído primeramente? Tenemos que creer que Cristo vive en nuestras propias vidas, y que estimula todas nuestras acciones, porque sin El no podríamos hacer nada. Reconocer dentro de uno mismo la Presencia Divina, la Persona Perfecta, es reconocer el Cristo. Ningún hombre camina por la vida solo; siempre hay otro que camina con él; este es su Ser interno, la Realidad que no muere, lo que su personalidad emula pobremente. Aprendamos a callar y permitir que la Verdad hable a través de nosotros, a estar silenciosos y saber que la luz interna brilla.

Cálmate, Alma Mía, y *sabe.* Mira al Único e ilumínate.
Regocíjate y sé feliz, porque el Espíritu alumbra el camino.
Levanta los ojos y contemplale, porque es hermoso a la vista.
Escucha Su voz porque Él te hablará de cosas maravillosas.

Recíbele porque en Su presencia encuentras paz.
Permítele que esté contigo para que no te sientas solo.
Toma Su consejo porque Él es sabio.
Aprende de El, porque El sabe.
Guarda silencio en Su presencia y alégrate en Su Amor para siempre.

EL CRISTO TRIUNFANTE

El Cristo sabe que Su individualidad es indestructible; que Él es un Ser eterno, viviendo siempre en el seno del Padre. El Cristo triunfa sobre la muerte y la tumba, rompiendo la tumba de limitación humana al amanecer de la expansión eterna. El Cristo sube de las cenizas de la esperanza humana, dirigiendo el camino hacia una realización más grande de la vida. ¡El Cristo SIEMPRE TRIUNFA, SIEMPRE ES VICTORIOSO, NUNCA ES DERROTADO, NO NECESITA DEFENSOR! El Cristo pone su mano en la mano extendida del Universo y camina por la vida sin temor.

Por la larga vigilia de la noche, su mano sostiene la mía.
Al amanecer del día, su mano sostiene la mía.
Durante el día, en el trabajo y el esfuerzo,
De eternidad a eternidad, su mano sostiene la mía.
Cuando el tiempo ya haya pasado,
Cuando las eternidades se esparzan como pétalos caídos,
Y el espacio y los mundos desaparezcan en bendición eterna,
¡Su mano sostendrá la mía!

Nunca se nos deja sin un testigo de lo Eterno, y en nuestros momentos más grandes—en esas visiones instantáneas de grandeza mística—sabemos que estamos hechos de algo eterno, modelados de acuerdo a un Patrón Divino.

CAPITULO VEINTITRES

INMORTALIDAD

Lo Que Significa La Inmortalidad—¿De Dónde Vino El Hombre, Y Por Qué?—¿Qué Es El Cuerpo?—¿Tendremos Cuerpo En El Más Allá?—El Eter De La Ciencia—¿Hay Comunicación Con El Espíritu?—¿Qué Hay Acerca De La Recompensa Y El Castigo?—¿Descansaremos En El Más Allá?—Convicciones Personales Sobre La Vida Eterna.

LO QUE SIGNIFICA LA INMORTALIDAD

Para la mayoría de nosotros, *inmortalidad* quiere decir que perduraremos después de la experiencia de la muerte física con reconocimiento completo de nosotros mismos, y teniendo la habilidad de reconocer a otros. Si retenemos nuestras capacidades completas más allá de la tumba, entonces podremos pensar concientemente, tendremos voluntad, conoceremos y seremos conocidos, y nos comunicaremos con otros y recibiremos comunicaciones de otros. Tenemos que poder ver y ser vistos, entender y ser entendidos. De hecho, si uno ha de continuar como personalidad conciente de sí mismo más allá de esta vida, sólo lo puede hacer si mantiene una corriente continua de su misma conciencia que posee ahora.

Por supuesto, la identidad personal supone una memoria, que ata en secuencia la vida anterior y la nueva. Esto quiere decir que el hombre ha de llevar consigo—después de la experiencia de la muerte física—un recuerdo completo porque esto es lo único que podemos ver como eslabón en la cadena que une un acontecimiento con otro, haciendo de la vida una corriente continua de expresión conciente de sí misma. Suponer que el hombre puede olvidar y aún mantener una identidad conciente de sí, es suponer que puede romper con su pasado enteramente sin destruir la sucesión lógica de la personalidad. La memoria sola garantiza la personalidad. ¿Dónde está esta facultad? Aún si cortamos un hombre en pedazos pequeños, analizamos y disecamos cada átomo de su ser físico, nunca encontraremos la memoria. Existe un aspecto de la personalidad que no sólo ejecuta sus funciones sino también recuerda lo que ha hecho, y puede anticipar lo que acontecerá en el futuro. ¿Qué es esto? Es de lo que estamos hablando, una facultad de percepción que no es física, que sabe…Lo que Sabe. La *individualidad* puede permanecer sin el recuerdo pero no la *personalidad*, porque lo que somos es resultado de lo que hemos sido, resultado de lo que ha pasado anteriormente.

No nos satisface pensar que la inmortalidad solamente es el resultado de la vida y el trabajo que dejamos atrás; por ejemplo, el hombre se inmortaliza en sus hijos—y aún seguimos preguntando, "¿Y el hombre?" Por lo tanto, si el hombre ha de tener una inmortalidad digna del nombre, tiene que continuar como es ahora hasta más allá de la tumba. ¡LA MUERTE NO PUEDE ROBARLE NADA SI VERDADERAMENTE ES INMORTAL!

¿DE DONDE VINO EL HOMBRE, Y POR QUE?

Es inútil preguntar *por qué* la Vida es, pues la Vida existe de por sí, y toda la ciencia, la inteligencia y el arte del hombre nunca podrán sondear aquello que existe por sí mismo. "Yo soy el que soy." Debido a que somos, tenemos que haber evolucionado de lo que es, o habernos manifestado en lo que es. Nuestras reacciones fisiológicas o psicológicas, son reacciones a algo que tiene existencia verdadera, inteligencia y conocimiento. Nuestras acciones y reacciones pueden ser analizadas. El Principio invisible de Vida encarnado en nosotros *no puede ser analizado.* Cualquier esfuerzo que hagamos de analizarlo es inútil.

Los hechos admiten comprobación, la Vida se anuncia a Sí Misma. Nosotros sabemos que somos; hasta una negación firme de nuestra existencia constituye una afirmación audaz de su realidad.

Aún si retrocediéramos en nuestra historia a algún *principio*, estaríamos obligados a hacer la simple declaración que el hombre es. Si la vida del hombre es de Dios, entonces viene de una fuente que no tuvo principio, y por eso la pregunta POR QUE el hombre es, nunca podrá ser contestada. ¡Dios no podría decir *por qué* Dios es! Suponer que la Vida podría dar una excusa o razón de ser, sería absurdo. La Vida ES, y desde este mismo punto toda pregunta acerca de la Verdad principia, y de este mismo punto debe continuar.

Sin embargo, no estamos tan interesados en el *por qué* somos, sino en el *qué* somos. Que somos parte de la Vida, nadie puede negarlo y ser fiel a la razón.

¿QUE ES EL CUERPO?

Cuando el hombre se dio cuenta que tenía conciencia propia, tenía un cuerpo con forma definida, demostrando que la Vida Instintiva— que es Dios, se había vestido de carne. El cuerpo, o la forma, es resultado necesario del conocimiento propio. Para poder saber, tiene que haber algo que lo sepa. Siempre ha habido alguna clase de cuerpo (o expresión) y siempre la habrá, para que la conciencia permanezca fiel a su naturaleza.

El cuerpo es una manifestación concreta, que existe en el tiempo y el espacio con el propósito de proveer un vehículo a través del cual la Vida se exprese. El Universo físico es el cuerpo de Dios; es manifestación con forma de la Mente de Dios. Es esa creación que—aunque puede tener principio y fin—ni principia ni termina por sí misma. La manifestación del Espíritu es necesaria para que el Espíritu venga a realizarse a Sí Mismo—por lo tanto existe el Cuerpo.

Se dice que el cuerpo está compuesto de materia, pero, ¿qué es la materia? La ciencia nos dice que la materia es un conjunto de pequeñas partículas arregladas en cierta forma. También nos dice que la materia está en un estado continuo de flujo. Aunque nos parezca extraño, no tenemos los mismos cuerpos físicos que teníamos hace varios meses, han cambiado completamente. Partículas nuevas han tomado la misma forma que las viejas, y la

única razón por la que lo han hecho es que algo adentro ha proveído el mismo molde. Nuestros cuerpos son como un río que corre
siempre. Sólo el Espíritu Interno mantiene su identidad.

¿TENDREMOS CUERPO EN EL MAS ALLA?

Por introspección, Yo sé que Yo soy; y por observación noto que
cuando viene la muerte, parece que esto que soy ya no es. El cuerpo
se extiende frío, inerte, sin vida; su calor, su color y su capacidad de
responder han desaparecido. ¿Es posible que alguno que mire este
proceso, pueda dudar que una cosa tangible y real ha partido de este
plano? Cuando el cuerpo se entrega de nuevo a los elementos origi-
nales de donde brotó, los factores del saber, desear y pensar, que
constituyen la personalidad humana y la corriente de conocimiento
individualizado, ya se han ido.

La mesa tiene cuatro patas, y sin embargo no camina; el oído no
oye; ni se mueve la lengua a *menos que haya alguien que la mueva*. El
cerebro no piensa; si el cerebro fuese dotado con poder de lo alto,
pensaría para siempre; pero si se le aisla, no piensa. El pensador,
usando el cerebro, es quien piensa. También hay alguien que ve,
usando el poder de la vista, mirando por las ventanas de los ojos del
que ve.

El alma necesita un cuerpo físico aquí o no lo hubiera desarrollado. Pero cuando por causa de enfermedad, deterioro, o accidente, el
cuerpo físico deja de ser instrumento adecuado para que el alma
funcione por medio de él, lo hace a un lado y continúa funcionando
a través de un cuerpo más sutil.

Cuando pasemos de este plano, ¿iremos a ser *espíritus* o tendremos cuerpos tangibles? La forma es necesaria para la propia
expresión. Reiteramos, no puede haber conciencia sin algo de que
este conciente. Una de las primeras leyes de la conciencia es la
necesidad de tomar forma. El alma toma forma aquí, y si sigue
viviendo después que se acabe este cuerpo físico, es razonable concluir que entonces necesitará y tendrá cuerpo. *¡Si el alma puede crear*
y mantener un cuerpo aquí, no tenemos razón para negar su habilidad de
crear y mantener otro cuerpo en una vida futura! Tan espíritu somos

ahora como lo seremos siempre. Las leyes de la Mente y Espíritu no cambian al acabarse el cuerpo físico. Pero, podemos preguntar, ¿de qué substancia crearía el alma un cuerpo nuevo? La nueva idea del éter ofrece una teoría que satisface esta necesidad.

EL ETER DE LA CIENCIA

La ciencia está comprobando rápidamente que hay mucho más en el Universo de lo que podemos ver con los ojos físicos. Ahora se nos está enseñando que el éter es más sólido que la materia. Sabemos que el éter penetra todo; está en nuestros cuerpos, en el centro de la tierra, y por todo el espacio. Esto quiere decir que dentro de nuestros cuerpos presentes hay una substancia más sólida que el cuerpo que vemos. Esta idea es profunda porque demuestra que podríamos tener un cuerpo dentro del cuerpo físico, que pudiese ser tan verdadero como lo es el que estamos acostumbrados a pensar que tenemos. Si el Hombre Instintivo ha modelado el cuerpo exterior, ¿por qué no podrá modelar un cuerpo interior en una forma definida? Tenemos razón en suponer que lo hace, y no hay razón para suponer lo contrario. Es muy probable que exista un cuerpo dentro de otro hasta la infinidad.

No estamos equivocados cuando asumimos esto porque aunque decimos que dos cuerpos no pueden ocupar el mismo espacio al mismo tiempo, tenemos que recordar que hablamos solamente de un plano de expresión; y el plano en que ahora vivimos con su forma y materia, es probablemente, sólo uno de innumerables planos, y cada uno ha de tener su propia materia con su forma correspondiente. La nueva idea del éter y la materia ha comprobado que puede haber una forma dentro de otra sin interferencia, porque ha sido demostrado concluyentemente que existe una substancia que puede ocupar el mismo espacio que ocupa nuestro cuerpo. Al aceptar esta teoría, entenderemos mejor el refrán: "Hay cuerpos celestiales y cuerpos terrenales."… "Hay un cuerpo natural y después hay un cuerpo espiritual." Indudablemente, con el paso del tiempo se comprobará que existe algo que es más fino que el éter. Esto puede seguir hasta la infinidad. Tenemos toda la razón de creer que tenemos un cuerpo dentro de otro hasta la infinidad, y así lo creemos.

Por lo tanto, el "cuerpo de la resurrección" no será sacado de algún armario cósmico, al remontarse el alma a las alturas. Ya está *adentro* y podemos estar seguros que será un instrumento apropiado para que continúe el desarrollo del alma. Si es verdad esto, y si el recuerdo encadena los acontecimientos en una corriente continua de conocimiento y forma, entonces *el cuerpo futuro será similar a este,* excepto que estará libre de enfermedades, de vejez, y de cualquier cosa que estorbe el fluir más completo del Espíritu.

Por lo tanto, parece ser ver que ya tenemos un cuerpo espiritual, y no necesitamos morir para recibirlo. Ahora recordamos el pasado, y hemos sobrevivido muchos cuerpos físicos durante esta vida. También parece ser que somos ya inmortales, y no tenemos que morir para ser inmortales. Si existen muchos planos de vida y de conocimiento, y creemos firmemente que así es, entonces tal vez sólo morimos de un plano a otro. Esta idea es muy atractiva y parece razonable.

Algunas personas creen que la muerte nos roba las facultades objetivas y que pasamos a un estado completamente subjetivo, pero personalmente, no podemos entender la lógica de esta creencia. Suponer que las facultades objetivas mueren con el cerebro, es suponer que el cerebro piensa y razona por sí mismo. La muerte misma prueba que esto es falso porque si el cerebro pudiera pensar, seguiría pensando para siempre. No, el cerebro no piensa; es el pensador el que piensa por medio del cerebro; el cerebro físico no tiene poder ni para pensar ni para sentir. Si separamos el cerebro, éste no formula ideas ni ejecuta planes. ¡SOLAMENTE EL PENSADOR PUEDE PENSAR!

No solamente nos agrada, sino también nos satisface suponer que pasamos de esta vida a la siguiente reteniendo completamente nuestras facultades. También vemos que es lógico. Jesús se reveló a sus seguidores después de su resurrección *para enseñarles que la muerte es solamente pasar a una esfera más elevada de vida y acción.* EL SABER QUE MANTENEMOS UNA IDENTIDAD INDEPENDIENTE DEL CUERPO FISICO ES PRUEBA SUFICIENTE DE LA

INMORTALIDAD. Esto, junto con los hechos de que la memoria mantiene una corriente constante de rememoración; y de que el reconocimiento que la mentalidad puede obrar independientemente del cuerpo, haciendo todas las funciones normales sin la ayuda del cuerpo; y de que la teoría nueva del éter y la materia proporcionan prueba de la posibilidad de un cuerpo dentro de otro hasta la infinidad; y de que el hombre interno siempre está formado de materia en forma de cuerpo, ¡todas estas evidencias deben comprobar que *no vamos a alcanzar la inmortalidad* sino que ¡AHORA SOMOS INMORTALES! Nuestro argumento no es que los muertos vuelven a vivir, *sino que el hombre viviente no muere nunca.*

¿HAY COMUNICACION CON EL ESPIRITU?

Sería interesante saber si los espíritus de los que se supone que han muerto causan ciertas manifestaciones físicas que muchos experimentan. Podemos estar seguros de una cosa: estas manifestaciones son causadas por los que se supone ya han muerto o por los que ahora mismo están vivos. Esto es evidente. Como acontecen, *algo* debe producirlas. Sin importar que sean causadas por los que llamamos muertos, o por los vivos, *el medio que se usa es un cuerpo mental, o el poder directo del pensamiento obrando sobre objetos.*

Hace más de cuarenta años (y desde entonces poco se ha descubierto en este campo) Hudson, en su "Ley de los Fenómenos Psíquicos," cuidadosamente sigue un proceso elaborado de razonamiento—el resultado de años de investigación detallada—y comprueba que *todas las manifestaciones verdaderamente acontecen.* Después continúa con un argumento extensivo y para él, concluyente; que esas manifestaciones NO SON CAUSADAS POR ESPIRITUS, declarando que no hay razón para suponer la presencia de algún medio DESCONOCIDO cuando sabemos que hay alguien presente que podría producir el fenómeno.

La investigación científica acerca del psique (la vida subjetiva del alma) nos ha enseñado muchas lecciones valiosas; y ha demostrado sin lugar a duda, que hay personas que al estar en cierto estado de conciencia pueden ver sin usar el ojo físico, oír sin usar el oído físico, y comunicarse sin la lengua. Verdaderamente, la facultad de cada uno de los sentidos ha sido duplicada solamente en la mente. Nos tomaría volúmenes enumerar los datos que han sido recopilados por mentes capaces y científicas como evidencia de estos hechos, y que pueden aceptarse como auténticos. Esta evidencia nos conduce a suponer que el alma puede obrar independientemente del instrumento físico. Un examen cuidadoso de estos hechos, junto con años de experiencia personal e inmediata, eliminan toda duda. Los que han investigado cuidadosamente, aceptan la evidencia sin dudar.

¿Por qué razón nos habría proveído la Naturaleza de estos poderes sutiles a menos que supiera con anterioridad que los necesitaríamos alguna vez, en algún lugar? La Naturaleza no es ridícula; nunca hace nada sin amplia razón; no deja espacios vacíos, y siempre provee para toda emergencia. En el vivir diario, las cualidades etéricas y sutiles del alma no se necesitan. Parece lógico inferir que al proveer para la continuación de la vida y el progreso triunfante del alma, la Naturaleza nos ha dotado con sentidos duplicados para que podamos reproducir nuestra vida entera, con toda su acción y reacción, en otro plano.

Ahora, si nuestro poder de razonamiento es correcto, y se comprueba que las manifestaciones físicas suceden *por medio de algún poder mental,* y que los que ya se han ido *pueden* estar cerca de nosotros, no podemos comprender cómo puede considerarse perfecto el argumento en contra de la mediación del espíritu. Nos inclinamos a creer que los hechos mismos en el caso *prueban que por lo menos algunas de estas manifestaciones pueden ser producidas ya sea por los vivos o por los que llamamos muertos;* y así lo creemos.

Hay miles de casos registrados donde personas han penetrado el velo de la carne y han visto en el más allá. Si no podemos creer lo que tantos han experimentado, no podemos creer nada. Por supuesto, este es un campo fértil para el engaño, y es probable que no todas las comunicaciones sean verdaderas; pero decir positivamente que todas esas experiencias son ilusiones es decir que la humanidad miente y que *nunca* ve claramente. En realidad son más los argumentos a favor que en contra de la teoría de la comunicación con espíritus, y por lo que a nosotros toca, estamos convencidos completamente de la verdad de esta evidencia.

Si verdaderamente existen los espíritus, y si todos vivimos en Una Mente, y si la mentalidad puede comunicarse con la mentalidad sin usar el instrumento físico, entonces, *¡la comunicación de espíritus tiene que ser posible!* Ya que sabemos que los hechos citados son verdad, no tenemos otra alternativa que aceptar la evidencia concluyente y darnos cuenta de que, *aunque pueda ser difícil comunicarse con los que se han ido de este plano, sin embargo, se ha hecho.*

Es evidente que cualquier comunicación de esta clase TIENE QUE SER COMUNICACION MENTAL. Podría ser transferencia de pensamientos o telepatía mental, cuando más. Ahora, si la supuesta entidad sabe que deseamos comunicarnos con ella, y si está presente concientemente tratando de comunicarse con nosotros, entonces—por medio del poder de su pensamiento—tiene que hacer que su mensaje llegue a través de nuestra subjetividad a un estado de reconocimiento objetivo. ¡Por consiguiente, es muy difícil recibir un mensaje coherente! Por ejemplo, supongamos que alguien trata de *pensar* una conferencia para una audiencia. ¿Qué tanto de la conferencia podría la audiencia recibir? ¡Y esto es exactamente lo que pasaría BAJO LAS MEJORES CONDICIONES, si el que ha partido estuviera tratando de impresionar nuestro pensamiento y nosotros supiéramos que podría hacerlo y tratáramos de recibir su mensaje! Yo creo que ellos sí buscan comunicarse con nosotros, y a veces tienen éxito—tal vez más seguido de lo que nos damos cuenta—pero, repito, "¡debe ser muy difícil hacerlo!"

No estamos seguros si los espíritus están o no están presentes. Nada más porque un psíquico ve la imagen de cierta persona alrededor o cerca de nosotros, no quiere decir que la persona en verdad está allí; porque las imágenes de nuestros amigos siempre están en nuestra atmósfera mental. Es imperativo hacer esta distinción, porque a veces algunas personas pierden el balance pues aceptan *como verdadero* lo que es solamente una imagen…sólo una impresión mental. Es absurdo pensar que *en cualquier momento que lo deseemos,* podemos llamar a cualquier persona que hayamos conocido alguna vez y que su espíritu hablará con nosotros. No podemos hacerlo aquí, y las leyes metafísicas y psicológicas son iguales en

todos los planos. SUPONER QUE PODEMOS FORZAR LA
ATENCION DE ALGUIEN QUE YA NO ESTA EN ESTE
PLANO MAS QUE LA ATENCION DE CUALQUIERA QUE
ESTA AQUI, ES SUPONER UN ABSURDO, y si pudiéramos
hacerlo, ¿qué ganaríamos? *Los que están fuera del cuerpo no saben más
que lo que sabían cuando estaban en él.*

Sin embargo, yo creo que sí nos comunicamos con frecuencia
con la subjetividad de aquellos que se han ido, ya sea que ellos sepan
o no que lo estamos haciendo; pero los mensajes que recibimos en
nuestro actual estado de evolución son muy incoherentes. Yo creo
que una comunicación inconciente continúa, más o menos, todo el
tiempo, y que aquellos a quienes hemos amado mucho, todavía están
concientes de nosotros. Tal vez sentimos vagamente su presencia, así
como lo hacía la sobrina en "El Regreso de Peter Grimm."
Recordarán que ella tenía un vago sentido de su tío; que él trataba
de impresionarla con su pensamiento y su deseo; ella sentía algo
como tentar a ciegas; y tal vez, eso es lo más claro que podríamos
recibir los mensajes por lo general.

Todos tenemos capacidades psíquicas pero nunca debemos
forzarlas, porque solamente cuando el subjetivo (subconciente)
viene a la superficie mientras estamos en un estado perfectamente
normal, podemos producir un poder psíquico normal. No es bueno
perder nuestra auto-conciencia para permitir que surja lo subjetivo,
y además ésto puede ser destructivo. La capacidad psíquica es normal sólo en la medida que puede usarse mientras se está en un estado conciente. A mucha gente les disgustan sus poderes psíquicos—
porque ven cosas que otros no ven y reciben impresiones constantemente. Viven muy cerca de la subjetividad y esto les molesta.
Fácilmente pueden sanar de esto, y deben hacerlo.

Sin embargo, existe cierta capacidad psíquica normal y algunos
pueden discernir causas mentales con gran facilidad. Jesús era uno
de ellos. Pudo descubrir que la mujer había sido casada cinco veces,
y que el hombre con quien vivía no era su marido. Leyó eso en su
pensamiento, pero lo hizo estando en un estado objetivo, porque
podía ejercitar sus facultades subjetivas conciente y objetivamente.
Esto es perfectamente normal, pero rechazar las facultades de volun-

tad propia y elección—las únicas facultades que constituyen la individualidad—y dejarse sumergir en la subjetividad es muy peligroso.

Es un crimen contra la individualidad permitir que las facultades
concientes queden sumergidas. Debemos controlar el subjetivo y no
permitir que este nos controle. Las enseñanzas acerca de las *ilusiones
de la mente* nacieron porque hombres sabios percibieron que algunos
podrían equivocar la sombra por la realidad; la forma por la substancia verdadera; la voz hueca por la revelación; y debido a eso
extraviarse. Por eso nos advirtieron en contra de estas cosas, y en
contra de tener *espíritus familiares*, y tenían razón. Nunca permitas
que ninguna voz te hable a menos que estés en control de la
situación. NUNCA ADMITAS NINGUNA IMPRESION MEN-
TAL, O NINGUNA IMAGEN QUE NO DESEES RECIBIR O
QUE NO PUEDAS RECIBIR CONCIENTEMENTE. Debes
decir: "No existe poder en la carne ni fuera de ella, excepto el Poder
Único, que pueda entrar en mi conciencia. Cualquier cosa que obedece al Poder Único, que es conforme a Él, que cree sólo en Él, y
que viene solamente a través la conciencia de Él, es perfectamente
bienvenida. NINGUNA OTRA COSA ES ACEPTADA."

El único valor que puede tener el entendimiento de los fenómenos psíquicos—y la única razón por la cual se discuten en este
libro—es que, sin comprenderlos, no podemos entender completamente la forma en que la mente trabaja; ni podemos entender las
experiencias de algunas personas. ¡Y en una filosofía consistente que
trata de la Mente, *sería imperdonable no comprender los fenómenos
psíquicos!* En la actualidad, el que diga que los poderes de clarividencia, telepatía, etc., no son ejercitados, está admitiendo su propia
ignorancia.

Estas cosas ocurren, y están continuamente sucediendo más y
más. Lo que hay que hacer es no negar lo que sucede, sino encon-
trarle una explicación lógica y científica. Nuestro propósito es
explicar toda acción mental—lo mejor que sea posible ahora—y
encontrar la forma de explicar la ley de los fenómenos psíquicos. La
MENTE, con todas las leyes que la gobiernan, es la respuesta total,
porque cada plano reproduce el que le sigue; y los fenómenos
psíquicos no son más que reproducciones de las capacidades físicas

del hombre en el plano mental. "Lo que es verdad en un plano, es verdad en todos."

¿QUE HAY ACERCA DE LA RECOMPENSA Y EL CASTIGO?

¿Qué hay acerca de la recompensa y el castigo? ¿Seremos premiados por nuestras virtudes y castigados por nuestras faltas? ¿Es posible que pensemos en recompensa y castigo desde otro punto de vista que el pecado es un error y el castigo su consecuencia, y la virtud y la rectitud tienen que encontrar efectos correspondientes en nuestra experiencia? Dios ni recompensa ni castiga. Ese concepto de Dios crearía un dualismo antropomórfico, una casa dividida dentro de sí misma. Una casa dividida no puede durar. La vida es bendición o maldición, según la usemos. A la larga, nadie nos juzga más que nosotros mismos, y nadie nos condena más que nosotros mismos. Creemos en una ley que gobierna toda cosa y toda persona. Si cometemos errores, sufrimos. Somos nuestra propia recompensa y nuestro propio castigo.

Unos sufren, otros son felices, otros infelices, según la forma en que conducen su vida. Nadie nos juzga, sólo nosotros mismos. Nadie nos da, sólo nosotros mismos. Y nadie puede robarnos, sólo nosotros mismos. No necesitamos temer ni a Dios ni al diablo. No existe el diablo, y Dios es Amor. El problema del bien y el mal nunca entra en la mente del que está en paz consigo mismo. Cuando cometemos errores, sufrimos las consecuencias. Cuando, a causa de iluminación y entendimiento, corregimos los errores, dejamos de sufrir sus consecuencias. Solamente el entendimiento constituye salvación verdadera, ya sea aquí o en el más allá.

No hay nada qué temer en el Universo. No tenemos que temer a Dios. Nosotros podemos estar seguros que todos llegaremos a la meta final, ninguno faltará. Cada hombre es encarnación de Dios. El alma no puede perderse porque Dios no puede perderse. No debemos perturbarnos ni por los gemidos de los profetas, ni por las anatemas de la teología. Nosotros no debemos de creer que porque apoyamos a cierto credo, hemos así comprado un lugar en el cielo; ni tampoco podemos creer que existe un poder vengativo y malicioso en el universo que nos condena porque nos equivocamos a causa de nuestra ignorancia humana. Creemos en Dios, y creemos que es Bueno. ¿Que más puede exigir la vida de nosotros sino que hagamos lo mejor que podamos y tratemos de mejorar? Si hacemos esto, obramos bien, y todo estará bien en nuestra alma, aquí y en el más allá. Este conocimiento nos libera para desarrollar nuestra propia salvación—no con temor ni temblorosos—sino con paz y confianza.

¿DESCANSAREMOS EN EL MAS ALLA?

Esta pregunta puede surgir en nuestra mente. "¿Adónde iremos cuando muramos? ¿Estaremos ocupados en alguna actividad, o estaremos inactivos?" Estas son preguntas naturales. ¿Adónde llevaremos esta mente maravillosa y este cuerpo sutil? Si hoy es la continuación lógica de ayer, entonces, todos los mañanas que se extienden hacia la eternidad, serán continuación de experiencias y recuerdos. Seguiremos continuando. Seguiremos en nuestra propia corriente de conocimiento individual, pero siempre seguiremos expandiéndonos. No menos, sino más, siempre más, más y aún más de lo que somos.

Nuestro lugar en el más allá será lo que lo hayamos hecho. Ciertamente, no podemos llevar más con nosotros que nuestro carácter. Si hemos vivido de acuerdo con la ley de la armonía, seguiremos viviendo de acuerdo con esta Ley Divina. Si hemos vivido de alguna otra manera, seguiremos viviendo de esta manera hasta que despertemos al hecho del Ser.

Cuando vinimos a esta vida, fuimos recibidos por amigos cariñosos que nos cuidaron hasta que pudimos cuidarnos nosotros mismos. Juzgando el futuro por el pasado, podemos creer que cuando entremos a la vida más grande, habrá allí brazos cariñosos para recibirnos, y amigos cariñosos que nos cuiden hasta que nos acostumbremos a los nuevos alrededores. La naturaleza provee por sí misma en el más allá lo mismo que aquí. Con confianza esperamos encontrar amigos que han pasado al más allá, y esperamos reconocerlos y ser reconocidos; no podemos creer otra cosa. No debemos anticipar un más allá sin actividad, sino un lugar donde haremos nuestras obras con más armonía con la Ley Divina porque tendremos más entendimiento. Un lugar donde no hubiera nada que hacer sería un aburrimiento eterno.

Con este entendimiento de la eternidad, ¿no es posible ver el pasar a otra vida bajo una luz diferente? La experiencia pierde su aguijón, la tumba su victoria, cuando nos damos cuenta de la eternidad de nuestro propio ser. La naturaleza no nos permite estar en un solo lugar por mucho tiempo. Nos permite sólo el tiempo que necesitamos para recoger las experiencias que necesitamos para el desarrollo y adelanto del alma. Esta es una provisión sabia, porque si permaneciésemos aquí por mucho tiempo, llegaríamos a ser fijos, rígidos e inflexibles. La naturaleza exige el cambio para que podamos avanzar. Cuando llega el cambio, debemos recibirlo con una sonrisa en los labios y un canto en el corazón.

CONVICCIONES PERSONALES SOBRE LA VIDA ETERNA

Yo creo en la continuación de la vida personal más allá de la tumba, y en la continuidad de la corriente individual de conciencia con total memoria de sí mismo, y con habilidad de conocer y de hacerse conocido. Yo deseo creer, cuando me ocurra la experiencia de la muerte física, que eso que verdaderamente soy, continuará viviendo más allá de la tumba. Yo deseo creer que encontraré otra vez aquellos amigos cuyas vidas e influencias me hicieron feliz mientras estuvimos en la tierra. Si yo no pudiera creer esto, no creería nada en la vida; la vida no tendría significado y la muerte no podría venir en mal tiempo, a menos que se demorara. Si la personalidad no perdurase más allá de la tumba, la muerte sería un evento que se buscaría y se anhelaría con devoción.

Yo creo que ciertas experiencias nos han dado evidencia amplia para substanciar la afirmación de la inmortalidad. Yo sé que mi propia experiencia justifica en mi mente una aceptación de mi propia inmortalidad y la inmortalidad de otros. ¿Es posible que alguien, al pararse ante el ataúd de un ser amado, sienta que el verdadero fin ha llegado? Es inútil decir que su influencia vive después de ellos. Eso es verdad, por supuesto, pero deseamos más que eso. ¡DESEAMOS SENTIR QUE ELLOS TODAVIA VIVEN! Es increíble que alguien pueda sentirse de otra manera. Yo quiero vivir y seguir viviendo, y quiero saber que soy yo; y a menos que la inmortalidad signifique esto, la muerte significa romper la vida conciente de contacto y reconocimiento, y entonces, verdaderamente podría decirse que la personalidad muere con la tumba.

Los poetas han cantado a la eternidad del alma, mientras los santos y los sabios de todos los tiempos, nos han asegurado que el hombre es un ser inmortal. Quedó escrito que Jesús resucitó de entre los muertos y se dio a conocer a sus seguidores inmediatos. La fe de millones de personas de la religión cristiana está basada en gran parte en sus enseñanzas de la inmortalidad. La filosofía de la cristiandad tiene sus orígenes en gran parte en el pensamiento e ideales de los griegos, pero la religión cristiana por sí misma encuentra mayor apoyo en la seguridad de que un hombre resucitó de entre los muertos y pasó de este plano al siguiente, reteniendo y llevando consigo al más allá esas cualidades y atributos que constituyen esa corriente de conocimiento que hace al individuo.

No obstante, yo no puedo basar mis esperanzas de inmortalidad en revelaciones de nadie más que las mías. Según mi conocimiento, nada existe para mi a menos que yo tenga conciencia de ello. Mientras que creo en las revelaciones de otros hombres, yo estoy seguro solamente de las mías. Veo la creencia en la inmortalidad no como un sueño vago ni como centinela perdido, sino como *un hecho comprobado.* Uno no puede dudar lo que sabe, ¿y por qué ha de negar la evidencia de sus sentidos, su razón, y sus experiencias personales en un campo más que en otro? La inmortalidad, o sea la continuación de la existencia personal más allá de esta vida, *ha sido demostrada tan completamente para mí,* que me es inconcebible asumir una posición contraria, ni aunque fuera sólo con propósito de debate. Aquí, dentro de mí, existe algo que sabe. Existe algo que sabe que ES, y que sabe que la vida misma se mueve con una corriente tan irresistible como las estaciones que se repiten periódicamente.

No creo que el alma retorne a otra vida en este plano. La espiral de la vida es hacia arriba. La evolución nos lleva hacia adelante, no hacia atrás. La expansión eterna y progresiva es su ley, no hay interrupción en su continuidad. Me parece que nuestra evolución es resultado de un conocimiento que va desarrollando lo que ya es, y solamente necesita que se realice para ser un hecho de la vida diaria. Puedo creer en un sinnúmero de planos en el más allá, en un progreso eterno. En lo que no puedo creer es que la naturaleza está limitada a una esfera de acción.

El hombre común *desea* vivir más allá de la tumba. Por lo general, cuando falta este deseo, encontramos aquellos cuyas experiencias en este mundo han sido tan negativas que su mayor esperanza es el olvido absoluto, una nada total. El hombre común desea un progreso eterno, una expansión perpetua, una reconciliación completa entre esta vida, la tumba y la existencia perpetua. Aún los hombres más buenos sienten que sus vidas han sido dañadas porque no han sido completas. De cada diez personas, nueve creen en la inmortalidad en cierto modo, y esto demuestra que no solamente *desean* creer, sino—en presencia de todas las dificultades, decepciones y desilusiones—que ¡ELLOS VERDADERAMENTE LO CREEN!

Es humano apenarse por la pérdida de nuestros seres queridos. Los amamos y no podemos evitar extrañarlos, pero un reconocimiento verdadero de la inmortalidad y de la continuación del alma, le quita a nuestra pena la desesperanza. Llegamos a comprender que los que se han ido están en la custodia de Dios y están seguros. Sabemos que han sido recibidos por amigos cariñosos y que sus vidas siguen fluyendo en las corrientes de la eternidad. Sentimos que no los hemos perdido, sino que han partido primero. De esta manera vemos la eternidad desde un punto de vista más elevado, como una continuación del tiempo, extendiéndose siempre, hasta que el tiempo, como lo experimentamos ahora, dejará de ser. Comprendiendo esto, podremos ver en cada persona un genio en capullo, alguien volviéndose Dios, un alma en desarrollo, un destino eterno.

El tiempo sana todas las heridas, ajusta las condiciones, y explica los hechos; y solamente el tiempo satisface la expresión del alma, reconciliando lo visible con lo invisible. Nacimos del día eterno, y el Sol Espiritual nunca se pondrá sobre la gloria del alma, porque el Alma es Dios expresándose a sí mismo. Tenemos que darnos tiempo suficiente para resolver todos nuestros problemas. Si no los resolvemos aquí, los resolveremos en el más allá. Habrá tiempo suficiente en la eternidad para comprobar todo. Cada hombre es encarnación de la eternidad, es manifestación en lo finito de aquello Infinito el cual, nos dice Emerson, "se extiende en reposo sonriente."

Con estos hechos que nos confrontan, debemos aprender a confiar en la vida. No existe ningún poder en el universo que le desee mal a nadie. La Vida es Buena, y Dios es Bueno. ¿Por qué no aceptar esto y empezar a vivir? Nadie tiene que prepararse para encontrar a su Dios; lo encuentra cada día, y cada momento de cada día. Lo encuentra en el sol saliente, en el arroyo que corre, en la rosa en botón, en el gozo de la amistad y el amor, y en el silencio de su propia alma.

Cuando nos encontramos unos con otros, ¿acaso no sentimos esa Presencia sutil que corre por todas las cosas y da luz y color a nuestras experiencias diarias? En nuestras propias almas, en los procesos silenciosos del pensamiento y del entendimiento, ¿acaso no sentimos otra Presencia? Existe algo Divino dentro de nosotros a lo cual no hemos prestado atención. Existe más de nosotros de lo que nos damos cuenta. El hombre es un destino eterno, un principio de inteligencia conciente siempre en expansión…el océano en la gota de agua, el sol en cada uno de sus rayos. El hombre, el hombre verdadero, ni nace, ni muere, ni cambia; ¡y Dios, como el hombre, en el hombre, Es el hombre! El Dios Altísimo y el Dios más Intimo es Uno, y es el mismo Dios.

Y así nos preparamos, no para morir, sino para vivir. La idea de morir debe alejarse de nuestra conciencia completamente, y cuando acontezca este gran evento del alma, debe ser bello, sublime…una experiencia gloriosa. Como el águila, libre de su jaula, sube a su altura original, así el alma, libre del hogar de carne pesada, subirá y volverá a la casa de su Padre, desnuda y sin temor.

> Cuando venga la muerte
> Y el espíritu, libre, se remonte en los aires,
> Y recorra lejanías en el gran sinfín, irá como vino,
> Libre de pesar, de pecado y de vergüenza;
> Y desnudo y descubierto a través del espacio,

Irá solo a ese gran sinfín.
No estorbes su avance, ni llores por su forma de barro,
Porque el espíritu, libre ahora de la tierra,
Irá solo a encontrar a su Dios.

CAPITULO VEINTICUATRO

RESUMEN GENERAL

La Mente del hombre es parte de la Mente de Dios, por lo tanto, contiene dentro de sí, posibilidades ilimitadas de expansión y de expresión propia.

La mente conciente del hombre se conoce a sí misma, se afirma, tiene voluntad, volición, elección y puede aceptar o rechazar. Es la única parte del hombre que puede pensar independientemente de las condiciones.

La mente subconciente del hombre es simplemente la Ley de la Mente en acción. No es una cosa por sí misma, sino es el medio de toda acción del pensamiento. Es el medio por el cual el hombre puede darle existencia temporal a todo lo que necesita o desea a través de su experiencia.

La Mente de Dios es Infinita. La mente del hombre es parte de esta Mente Infinita y Creativa de Dios. Por lo tanto, la mente del hombre es tan infinita como su capacidad de entender su relación verdadera con Dios o el Espíritu. La mente del hombre está desarrollándose continuamente para reconocer más claramente su verdadero plan en el orden creativo del Universo. Todavía no comprende su propio poder o alcance, pero sí sabe, hasta cierto punto, cómo cooperar concientemente con lo Infinito.

El Espíritu es verdaderamente la única Mente que existe. Es Eterno. Nunca principió y nunca dejará de ser. Es completo y perfecto, feliz y entero, satisfecho y en paz consigo mismo. El Espíritu es la única Inteligencia Conciente en el Universo. Por lo tanto, es la única inteligencia Directiva en el Universo.

Ya que la mente del hombre es la Mente de Dios en el hombre, ésta es conciente y directiva. Es para el hombre lo que Dios es para el Universo.

Dios es Espíritu, es decir, no tiene partes. Es Una Unidad

Universal y un Todo. Dios es Mente. La Mente Auto-Conocedora de Dios, es el Espíritu de Dios, y al mismo tiempo, es el Espíritu del hombre. La Mente de Dios y la mente del hombre es la misma Mente. La mente conciente del hombre es parte del Auto-Conocimiento de la Mente de Dios. La mente conciente del hombre es el Auto-Conocimiento del Espíritu obrando a través del pensamiento del hombre. A esto se debe su creatividad.

La mente conciente del hombre es esa parte de, o unidad con, el Espíritu Supremo que capacita al hombre a ser una unidad individual, con identidad aparte pero sin estar separada del Espíritu de Dios, de la Mente de Dios. Sin esta mente conciente en el hombre, en un estado individualizado, Dios (o el Espíritu) no tendría descendencia independiente, por lo tanto, Dios no podría expresarse completamente. Lo Eterno se ha ubicado a Sí Mismo en el centro del ser del hombre para que el hombre funcione individualmente. El descubrimiento de esto, la verdad más grande del hombre, es lo más importante que se ha descubierto en todos los tiempos.

Dentro del hombre lo que le distingue de todo el resto de la creación. Le pertenece solamente al hombre y aparece solamente en el hombre. Sólo el hombre puede concientemente desarrollar su propio destino y determinar qué clase de vida llevará. Está escrito que Dios creó al hombre sólo un poco menor que los ángeles, y lo coronó de gloria y honor.

La mente subjetiva del hombre es parte de la Mente Subjetiva Universal de Dios. Es el lugar donde cada hombre se individualiza a sí mismo en el aspecto subjetivo de la vida. Es el uso que hace de la Ley de Causa y Efecto. Es su uso de la Ley del Karma. Es la Ley del Todo individualizada como ley de lo que parece sólo una parte. Puede producir libertad o esclavitud, según como se use. El uso que el hombre hace de la Ley Universal hace aparecer su mente subjetiva como una entidad por sí misma. Sin embargo, nunca lo es, y este es el punto principal que debemos recordar. No está separada de la Ley Universal, pero en cierto sentido, es propiedad del individuo en la Ley Universal. Dios y el hombre son Uno, pero Dios es más grande que el hombre. El Todo es más grande que Sus partes.

La Subjetividad Universal es la Mente en un estado abstracto y sin forma. Es decir, es una energía potencial y un poder latente, que no tiene forma, pero está siempre lista para tomar forma. Es la Mente y la Substancia en un estado de ser sin forma, o no creado. Está dispuesta a ser amoldada en cualquier forma. Es un Poder no expresado, es Substancia y Creatividad. Es Mente no expresada. Espera que se le llame para tomar forma o expresión. Existe en un estado original, invisible pero potencial con todas las formas posibles. Es energía creativa, universal, esperando que se use, que se obre sobre ella. Dispuesta, pero sin voluntad por Sí Misma. Preparada, pero sin iniciativa. Sin forma, pero dispuesta a tomar forma.

La Mente en Su estado Subjetivo es Universal. La Mente en Su estado subjetivo no puede obrar hasta que la mente conciente la ponga en movimiento. Por lo tanto, la Mente Universal Subjetiva es un hacedor y no un conocedor conciente de Sí. Sabe cómo hacer, pero no tiene conciencia alguna conocimiento de lo que está haciendo. El hombre le da expresión.

La Mente Universal contiene la esencia de todo lo que ha sido, lo que es, y lo que será. Lo que se ve y lo que no se ve están en Ella, y son gobernados por Ella. Es la sola y única Creativa en el universo, y cualquier otro aparente instrumento creativo, es Ella Misma obrando de diferentes maneras. Las cosas existen en la Mente Universal como ideas. Las ideas toman forma y vienen a ser cosas en lo concreto o en el mundo visible. El pensamiento trae las cosas de lo universal a la expresión.

La comprensión correcta de que la Mente en Su estado informe puede usarse individualmente es la clave para todo trabajo mental y espiritual desde el punto de vista práctico. Saber que estamos rodeados por esta creatividad no es suficiente, tenemos que usar este conocimiento con propósitos definidos si esperamos usarla concientemente en nuestra expresión personal. En este medio ilimitado, el potencial de todos nuestros deseos está en un estado sin forma. Lo que no tiene forma está preparado para tomar forma, pero como no tiene intención por sí mismo, porque no tiene conocimiento propio, tiene que esperar que se le imponga la forma. La forma se la impone la mente de Dios y la del hombre que se reconoce a sí mismo. El hombre en el mundo pequeño y Dios en el Mundo Grande.

La esencia invisible de la Mente es Substancia. Es decir, una cosa sin forma, una energía. Es energía, y además es inteligencia. La inteligencia es energía conciente obrando sobre la substancia sin forma de acuerdo con la ley. Cuando el hombre hace una demanda de sí mismo o del Universo que fluye a través de él, está haciendo una demanda sobre la Mente Original y la Energía Original. De esta manera su demanda es la causa de que la Mente y Energía Original produzcan ciertas cosas específicas para él. Así produce la nueva creación por la misma Fuerza Creativa o Energía por la cual produce todas las cosas. La Mente que el hombre usa para concebir ideas nuevas es la Mente Original de Dios. No existen dos mentes sino Una Sola. La Universal y la individual son Una en Esencia. Toda aparente diferencia es solamente cuestión de grado.

Ninguna forma es permanente. Todas las formas retornan a lo Informe. Lo Informe es Eterno. Toda forma es temporal. Es un juego eterno de la Vida sobre Sí Misma. Esto es necesario para que la Mente se exprese. El hombre es expresión de la Mente Original y puede traer a expresión las formas temporales que desee. En verdad, no puede dejar de hacerlo; de ahí proviene la historia del bien y el mal.

A través de nuestra mente subjetiva individualizada, hacemos contacto con la Ley del Universo y usamos la Mente de Dios. Nuestra mente conciente tiene límite, pero la parte Subjetiva de nosotros, siendo Universal, no tiene límite. Podemos usar este Medio Ilimitado para cualquier propósito que deseemos. Si lo usamos con propósitos destructivos, traeremos destrucción sobre nosotros mismos. Al Universo no lo engañamos. Pero no existe riesgo en usar cualquier poder creativo si lo usamos constructivamente.

Podemos hacer conexión con los depósitos de la Mente Universal por medio del uso de nuestro propio pensamiento. Podemos usar este poder para sanar el cuerpo físico o para cambiar y controlar las condiciones que nos rodean por razón de que ambos el cuerpo y las condiciones son fluidos. Son la Mente que está retenida en la forma.

La mente del hombre es la Mente de Dios funcionando al nivel de entendimiento del hombre acerca de su lugar en el Universo. El hombre hace contacto con la mente de Dios en el centro de su propio ser. Es inútil buscar a Dios en otro lugar. "Dios, El Altísimo y El más Intimo, es el mismo Dios." A través de la mente, el hombre se une con el Universo y hace contacto con un Poder que puede hacer por él todo lo que él puede concebir que haga. Por supuesto, este Poder nunca negará su propia Naturaleza.

Esta Ley de la Mente es el acceso del hombre al Genio Creativo Original del Universo, y no tiene más intención para nosotros que la intención que le demos. La Voluntad del Espíritu ya está impresa sobre esta Ley para que haga todas esas cosas que nosotros llamamos procesos automáticos de la naturaleza, ya sea en nuestros cuerpos físicos o en el cuerpo físico del Universo.

El Espíritu ya ha ordenado que la naturaleza tiene que ser perfecta. Sería imposible que el Espíritu ordenara otra cosa porque, para poder existir, tiene que ser perfecto en su Naturaleza. Dios es Voluntad y Representación. Una causa perfecta tiene que producir un resultado perfecto. Las funciones normales de la vida son armoniosas, pero nosotros interferimos con ellas por nuestra ignorancia, y así traemos discordia temporal a nuestras vidas. En el proceso de vida que funciona automáticamente, tanto en nuestros cuerpos físicos como en el universo entero, las leyes del ser son fijas e inmutables. Pero en el uso que hacemos de la Ley de Causa y Efecto en nuestra experiencia individual, tenemos responsabilidad. Se nos ha dado, o tenemos debido a nuestra naturaleza, el poder y la necesidad de usar la Ley como si existiera solamente para nosotros. Toma la dirección que le demos en nuestros asuntos mentales. No puede tener otra dirección, ni conocer otra, más que la que le demos. Pero, por supuesto, en el Gran Todo, el Universo no fluye al nivel de la ignorancia del hombre. Sólo el conocimiento puede liberar al hombre de una esclavitud ignorante e impuesta por él mismo.

No obstante, por lo que toca al hombre, fuera de las funciones automáticas y necesarias de la Mente Universal, el hombre es libre para hacer lo que desee, y la Mente Universal como Ley, no puede saber del individuo más que lo que el individuo sabe de sí mismo. La máquina cósmica está en movimiento, pero el hombre la dirige en su propia vida. Toma la dirección por la cual es conducida. Y tampoco es dirigida por fuerza, sino por acuerdo, por unificación y por consentimiento. Tenemos que creer. En esto se apoya toda la ley y los profetas. El cielo y el infierno están atados en las creencias del hombre. Es la ley de su vida.

La máquina de la Mente Subjetiva tiene que ser guiada. No es ni persona, ni lugar, ni cosa por sí misma. Es Subjetiva al deseo del hombre, y por lo tanto, tiene para él solamente el poder que él le decrete.

Porque el pensamiento está hecho de aquello que forma el universo en creaciones definidas, la Ley utiliza el poder que nosotros le damos. Ni más ni menos. Responde al corresponder. Es un espejo, y un espejo perfecto. Amolda nuestras ideas y nuestras creencias en una forma visible, y las devuelve multiplicadas. No sabe lo que está haciendo, pero sí lo sabe hacer. Este es uno de los grandes enigmas del Universo.

La naturaleza de la Realidad es tal que la Mente Universal tiene poder ilimitado, pero por lo que se refiere al hombre, solamente tiene el poder que el hombre le de. Le da poder cuando dice, "Soy débil, estoy enfermo, o soy infeliz." Repite para él lo que él afirma primero acerca de sí mismo. Y porque el hombre ha creído lo que no es siempre la verdad de Dios, su cuerpo y su ambiente reflejan este concepto limitado del Universo. Esta Ley es una fuerza en la naturaleza que tiene que usarse y traerse bajo el control conciente del espíritu del hombre, que es su mente conciente. La mente conciente del hombre es el conocimiento de Dios en el hombre.

La Mente como Ley no puede hacer nada sin dirección. No tiene a dónde ir, ni que hacer por Sí Misma. TIENE QUE SER DIRIGIDA O NO HARA NADA QUE TENGA VALOR PERMANENTE PARA EL HOMBRE. La Mente como Ley es solamente una abstracción, sólo una posibilidad. El hombre es un conocedor concreto; es la conciencia individualizada del Espíritu, la personalidad de Dios multiplicada. El hombre espiritual es Uno con el Dios Espiritual. El Espíritu obra a través del hombre en forma de autoconocimiento y esto hace al hombre diferente y distinto de todas las otras creaciones por lo que se refiere a su mentalidad. La Mente como Ley es Inteligencia inconciente y solamente vive a través del hombre. Es suya para que le ordene, es su siervo. No tiene ningún deseo por sí Misma. El hombre es Su deseo, Su voluntad, y Su propósito.

Aunque la Mente como Ley está siempre sujeta al deseo del hombre, no debemos olvidar que tiene dentro de Sí, Inteligencia Infinita. Es Mente en lo abstracto y en lo que no tiene forma. Podemos decir que es la Mente en un estado sin pensamientos. Toma forma concreta de deseos e imágenes mentales que se le imprimen. Vive dentro de nosotros con el propósito de ser utilizada, y debemos usarla definitivamente, sabiendo concientemente que estamos usándola para propósitos específicos. Hará para nosotros lo que deseemos que haga, con la condición que primero produzcamos el molde con el pensamiento.

Dios como Mente Conciente es Espíritu. Dios como Mente Subjetiva es Ley. Dios como Mente Conciente se conoce a Sí

Mismo, pero la Ley de la Mente de Dios, como todas las otras leyes de la naturaleza, se nos da para que la usemos.

La Ley de la Mente obedece las órdenes que se le den, ya sea que estemos concientes o inconcientes de que las estamos dando. Ya que es completamente susceptible a nuestro pensamiento, y por su propia naturaleza absolutamente receptiva, inteligente y sensible—y también creativa—es fácil comprender que tenemos un poder tremendo a nuestro alcance conciente.

Al decir la Ley de la Mente, queremos decir la Mente Universal en Su estado subjetivo. El Medio subjetivo es ilimitado y puede hacer cualquier cosa que deseemos que haga. Tiene que obedecer al pensamiento conciente porque no tiene poder para razonar más que deductivamente. Por eso es que el pensamiento conciente tiene poder. El Poder y la energía son fases de la Mente obrando como Ley. La Mente en todas sus fases es una parte de Dios. El hombre es parte de Dios, y como Dios o Espíritu es una Unidad completa y perfecta, podemos ver que la mente del hombre es simplemente un lugar donde el hombre individualiza a Dios.

La única concentración que se necesita para el mejor uso de la Mente es una atención mental específica y una aceptación mental completa. Siempre debemos recordar que no estamos tratando con una Fuerza renuente, sino con una fuerza completamente receptiva, la cual, por su propia naturaleza, está obligada a recibir las imágenes de nuestro pensamiento. No puede elegir otra cosa o concebir algo diferente. Nosotros decidimos por Ella.

Aceptación y realización. Estas palabras están llenas de gran significado para el que desea concientemente usar el poder creativo del pensamiento con propósitos definidos. Aceptación y realización son cualidades mentales que pueden producirse concientemente.

Cuando damos un tratamiento debemos ser específicos. "Cualquier cosa que deseemos," cuando oramos, debemos "creer que ya la tenemos." Si deseamos dinero, debemos pedir dinero o aceptarlo mentalmente. Si deseamos una casa, debemos pedir, o aceptar mentalmente una casa. Podemos poner tanto detalle en nuestro trabajo mental como deseemos. Algunas veces esto nos ayuda a aceptar mentalmente nuestro deseo. Este es todo el secreto, una aceptación mental completa de nuestros deseos, y una encarnación de los mismos.

Nuestras aceptaciones mentales deben estar llenas de convicción, de calor, de color, y de imaginación. El poder creativo responde más rápidamente a la emoción que a ninguna otra actitud mental. Por lo tanto, debemos tratar de sentir la realidad de lo que estamos haciendo cuando damos un tratamiento. Sentimos esta realidad a medida que nos convencemos más y más que el Espíritu nos responde.

Nosotros debemos crecer en el entendimiento que el Espíritu nos responde y cada ves más está conciente de Su Presencia dentro de nosotros. Es el aliento de nuestro aliento…la imaginación detrás de nuestra palabra. Es el poder creativo en nuestro pensamiento y la ley y energía que ejecutan nuestro pensamiento. "Dios es todo en todo, sobre todo, y por todo." No puede haber un Todo más grande o más completo. Este Todo está dentro de nosotros, o podemos decir, que dentro de nosotros es el único lugar donde podemos hacer contacto con El. Es necesario que entendamos esto, de otra manera trataremos a veces de encontrarlo fuera de nosotros mismos y esto es imposible.

Si alguien hiciera un cuadro mental de sí mismo de cómo desearía ser, llenando todos los detalles de su deseo y tratando de aceptar el cuadro entero como su realidad presente, pronto demostraría que el control de sus asuntos procede de adentro para fuera, y no lo contrario. La causa de esto es que lo que existe como imagen mental en la Mente, tiende a tomar forma, y al fin tomará forma si verdaderamente se cree y se personifica.

Debemos distinguir el soñar despiertos y desear anhelosamente, del verdadero tratamiento dinámico y creativo. Cuando damos un tratamiento, no deseamos, SABEMOS. No soñamos, DECLAR-AMOS. No esperamos, ACEPTAMOS. No oramos, ANUNCI-AMOS. No esperamos que algo vaya a acontecer, CREEMOS QUE YA HA ACONTECIDO.

Debemos pensar claramente y permitir que la imagen de nuestros pensamientos penetre el estado subjetivo. No los forzamos en el subconciente, les permitimos sumergirse dentro de esa receptividad interna con poder y convicción. Nuestra mente subjetiva individual es nuestro lugar en la Ley Creativa Universal, y nos conecta inmediatamente a un poder y energía ilimitados.

Hay una gran diferencia entre "sostener pensamientos" y sostener algo en el pensamiento. Uno es el intento a una coerción imposible; y el otro es una aceptación mental. Sostener los pensamientos, es como si estuviéramos forzando la solución, lo cual no produce ningún bien y sólo utiliza una fracción del poder creativo que tenemos a nuestro alcance. Sostener algo en el pensamiento, como si estuviéramos PERMITIENDO que algo suceda, es usar el poder mayor…el poder más grande de todos los poderes.

El pensamiento conciente es el lugar donde principia toda creación nueva. El pensamiento entrenado es mucho más poderoso que el que no está entrenado, porque cuando admitimos que el pensamiento es poder, le damos más poder. Este es uno de los grandes secretos de la Ciencia Mental. El pensamiento conciente es donde principiamos. La Ley Subjetiva solamente sabe obedecer. No puede hacer más. No tiene voluntad por Sí Misma. Imprimimos nuestra voluntad sobre Ella. No la usamos como si estuviésemos tratando con una fuerza arbitraria, la imprimimos. Debemos tener cuidado de distinguir entre estas dos actitudes de la mente.

La idea de una vida triunfante creará éxito. Esta idea encuentra forma objetiva en el mundo externo de la persona que la sostiene con convicción. Primeramente tiene que establecerse la idea en la mente conciente. Después, se transmite en una encarnación subjetiva, y cuando esto acontece, el éxito se hace un hábito.

Si alguno no sabe exactamente lo que desea hacer, debe tratarse a sí mismo para tener éxito en general en todo lo que se empeñe en hacer. Debe tratarse a sí mismo para tomar dirección y saber lo que debe hacer, recordando que la Mente Interna sabe mucho más que el intelecto. Sabe tomar ideas y formar circunstancias objetivas alrededor de ellas. Naturalmente, cuanto más pronto sepamos lo que deseamos hacer, más pronto crearemos imágenes mentales definidas, y la Mente Creativa más pronto se pondrá en acción para ejecutar nuestros planes.

Sólo la mente objetiva puede decidir concientemente lo que ha de acontecer. Todas las decisiones subjetivas son conclusiones basadas en premisas que ya han sido aceptadas, o en ideas o moldes del pensamiento. La mente conciente puede cambiar estos moldes de pensar y así hacer que fluya una energía e inteligencia diferente hacia el objetivo de sus deseos. Sólo el Espíritu tiene poder para expresarse y tiene volición verdadera. Por esto llamamos el Espíritu del hombre a la parte conciente de la mente; y a la Mente conciente del Universo, el Espíritu de Dios.

Recuerda que cuando usas tu mente subjetiva estás usando el Poder Creativo del Universo, porque los dos son verdaderamente Uno. Existe sólo Una Mente, ya sea individual o universal. Recuerda también que la Mente en su estado conciente es Espíritu, ya sea que pensemos en Ella en el hombre o en Dios, es decir, aunque pensemos en Ella como individual o Universal. La Mente en su estado inconciente o subjetivo es la Ley de Causa y Efecto. La Ley de Causa y Efecto de por sí no es una entidad, sino es la manera en que usamos la gran Ley de toda la vida. Desde este punto de vista, cualquier efecto en particular puede cambiarse al cambiar la relación de nuestro pensamiento con la Ley fundamental que da origen a causas y efectos menores. No podemos hacer esto mientras veamos solamente limitación o lo que tiene forma. TRATAMOS CON LO QUE NO TIENE FORMA.

Tenemos que saber concientemente que podemos usar el poder creativo. Mientras más completamente aceptemos esto, más completo será el uso que podamos hacer de este poder para propósitos definidos. Tenemos que desarrollar una convicción conciente en nuestra habilidad de saber y comprender la manera en que la mente trabaja. No podremos hacer esto mientras escuchemos aquellos que nos niegan, y se niegan a ellos mismos, los privilegios que deseamos gozar. Nadie ha encontrado nunca alma viva en cuerpo muerto, o ha aprendido que las afirmaciones de vida y salud son beneficiosas al negárseles todo poder.

Si a veces dudamos de nuestra habilidad para usar la ley, debemos recordar que *no soy yo, sino el Espíritu del Padre dentro de mí El que ejecuta las obras*. Esto corregirá nuestro pensamiento y nos pondrá en el camino de la fe y el entendimiento. TENEMOS QUE CREER. TENEMOS QUE APRENDER A CREER. DEBEMOS DAR TRATAMIENTOS PARA NOSOTROS MISMOS HASTA QUE CREAMOS. Ninguna persona ha principiado en la cúspide. Debemos estar contentos de principiar exactamente donde nos encontramos y de allí crecer.

Atraemos a nosotros las formas objetivas de nuestras encarnaciones subjetivas. La Ley sabe convertir las ideas en cosas. Concientemente no sabemos como lo hace; ni sabemos como el arroz con pollo se convierte en nuestra carne y hueso, pero sí lo hace, y estamos tan acostumbrados a esta idea, que tenemos fe absoluta que lo seguirá haciendo. Si dudáramos este fenómeno, pareceríamos ridículos. Cuando lleguemos a creer en la Ley de la Mente de la misma manera, nos sorprenderemos con los resultados que obtendremos.

Pensamientos de escasez, pobreza y limitación contienen dentro de sí, las condiciones necesarias para producir escasez, pobreza y limitación. Recordemos que no estamos tratando con dos poderes, sino con un solo poder que está siempre presente en diferentes aspectos. "Al que es puro de corazón se le presentará puro; y al impío, se le presentará impío." El Poder será para nosotros lo que nosotros seamos para El. Nosotros tomamos decisiones por este Poder porque Este es subjetivo. El Espíritu gobierna la Ley. Este es el gran misterio, la inmensa maravilla del universo—aquello que de la nada puede hacer algo. Pero Su nada es en verdad, la Substancia de todas las cosas.

Debido a que toda la humanidad ha creído en escasez, se ha establecido una ley del pensamiento que sujeta a la humanidad. La limitación es resultado del uso ignorante de la Ley. Todo adelanto en cualquier ciencia comprueba esto. La Ley verdadera es ley de libertad. Con esta libertad nos atamos a nosotros mismos hasta que aprendemos a cambiar nuestro pensamiento y al cambiarlo, cambiamos la limitación y la convertimos en libertad. Ambas son la Misma Ley usada de diferentes maneras.

La limitación es la condensación de la idea de escasez. La mente acepta esta idea como si fuera verdad y la hace verdadera en nuestra experiencia. No siempre es fácil comprender esto ni superarlo, pero sí podemos hacerlo, y debemos principiar inmediatamente a controlar nuestros moldes de pensar de tal manera que produzcan plenitud en lugar de escasez.

La Ley de la Mente no es una ley selectiva. Es decir, es receptiva sin importarle lo que recibe. Es creativa sin importarle lo que crea. Sabe hacer, sin saber concientemente que está haciendo algo, ni qué está haciendo. Parece extraño que lo primero que debemos comprender es que verdaderamente existe esta Ley en el universo. Pero al seguir pensando encontramos que todas las leyes naturales son de carácter semejante, ninguna es selectiva por sí misma. Por eso tenemos que darnos cuenta que el Espíritu Mismo es más que ninguna ley, o que todas las leyes, según las entendemos. La mente conciente controla la Ley de la Mente. La Ley de la Mente es sensible, pero no está conciente desde el punto de vista de tener calidad selectiva. La selectividad es oficio de la mente conciente mientras la creatividad es función de la Mente Interna.

Los pensamientos de escasez se manifiestan como limitación. Los pensamientos de abundancia se manifiestan como éxito y felicidad. El fracaso y el éxito son dos extremos de una misma cosa. Todas las condiciones y circunstancias tienen naturaleza de efecto, y no pueden limitar la Mente de ninguna manera, a menos que las tomemos como un punto nuevo para principiar un molde creativo. La idea que una condición es una cosa por sí misma, tiende a parecer que lo es. Al invertir la idea, la condición también tiende a invertirse.

La Ley no puede conocer ninguna condición como condición. Conoce forma pero no tamaño. El diseño es real, pero la limitación no es real para la Mente. En el Absoluto nada depende de ninguna cosa más que de ideas. Las ideas son forma, condición, circunstancias, causa y efecto, y todo lo que pasa entre la causa y el efecto. Esto es lo que es un tratamiento. Es una cosa por sí misma, si sabemos que lo es. Es precisamente lo que sabemos que es.

"No temáis, pequeño rebaño, porque es el placer del Padre es daros el reino." El miedo es el enemigo más grande del hombre. No obstante, el miedo es una actitud mental, y siendo así, puede convertirse en una actitud diferente. El miedo es la actitud mental contraria a la fe, y es el resultado de la falta de fe. El miedo trae limitación y escasez en su camino, y destruye la felicidad y la posibilidad de vivir más abundantemente a los que padecen de temor.

El miedo bloquea la generosidad del Espíritu a Su más completa forma, la forma suprema de Su manifestación en este plano, o sea la humanidad. El temor viene de esa actitud mental que limita la posibilidad y la disponibilidad del Espíritu de darnos el bien que tanto deseamos. El deseo propio del hombre de expresarse a sí mismo no es una cosa mala. Dios se expresa más completamente a través del hombre que vive en la grandeza que del que vive en la escasez.

El miedo es una creencia en limitación, es negar que lo Divino es el Centro y la Fuente de todo bien. Tenemos que hacer todo lo que podamos para vencer el miedo. "El amor perfecto echa fuera el temor," o sea, la confianza triunfa sobre la depresión de la duda. La depresión mental puede producir depresión física y financiera. La psicología de los ciclos económicos prueba esto. En medio de la plenitud, la humanidad vive en escasez a causa del miedo. Vencer el miedo es la aventura más grande en la mente del hombre.

Debemos hacer contacto con un campo de fe más grande; y lo hacemos cuando entendemos que Dios es lo que sostiene y da la vida y la expresión humana. Dios es todo lo que hay. Es Substancia y Provisión. Tenemos que aprender a aceptar esto. Si es el placer de Dios darnos el Reino, es nuestro privilegio aceptarlo.

El Espíritu no nos niega ningún bien, pero la ignorancia de la verdadera ley de provisión ha causado que temamos. "No pudieron entrar porque no creyeron, y porque limitaron al Santo de Israel." Debemos esforzarnos por no limitar a Dios. Nos lo da todo, pero tenemos que aceptarlo. Dios da en lo abstracto, y nosotros recibimos en lo concreto. El regalo del Cielo siempre está dado. El recibir este regalo es un proceso sin fin de expander lo finito eternamente.

Debido a que no podemos contraer lo Absoluto, tenemos que expander lo relativo. Lo Infinito ni es, ni nunca será menos de lo que es. Nosotros somos Su naturaleza. Nosotros no hicimos nuestro propio ser. Lo único que podemos hacer es aceptar que el ser que somos es una parte de lo Divino. Saber esto es vencer el miedo. No importa que sea miedo a la escasez, al dolor, a la enfermedad o la muerte, el miedo es siempre una creencia de que existe algo diferente a la Vida, o que la Vida nos niega el bien que deseamos, ya sea el placer, la paz, el éxito o el cielo.

Solamente el amor puede vencer el temor, porque el amor se rinde al objeto de su adoración. El alma debe rendirse completamente al Espíritu. Es decir, la Ley tiene que estar sujeta al Espíritu. La voluntad del Espíritu es paz, claridad y felicidad; no podría desear otra cosa.

Si aprendiésemos a contemplar las cosas que deseamos y a olvidar lo demás, pronto venceríamos el miedo por medio de nuestra fe. Ambas son actitudes mentales. Debemos aprender a invertir los pensamientos de miedo y a transmutarlos en pensamientos de fe.

Ya que el Espíritu en su totalidad está presente en todo tiempo y en todo lugar, se deduce que todo el Espíritu está donde enfocamos nuestra atención. Y ya que el Espíritu es a la vez receptividad y reacción creativa, se deduce que dondequiera que centremos nuestra atención, la imagen que ésta lleve debe concentrar la substancia para tomar tal forma. Esto es fundamental a nuestro concepto del tratamiento mental y espiritual. Porque no hacemos nuestro trabajo por medio de ningún poder externo ni por fuerza objetiva, sino por medio del Espíritu y la Ley. El Espíritu guía y la Ley ejecuta. Nos da lo que podemos aceptar.

El Espíritu Puro existe en el centro de todas las formas. No tiene forma por sí mismo, pero siempre esta dando luz a formas nuevas. Las formas vienen y van pero el Espíritu continúa existiendo siempre. Nosotros somos parte de Él. Si el Espíritu Puro está en el centro de todo, y responde siempre a nuestro pensamiento, su manifestación no tiene más límite que el que nosotros le impongamos.

Si es difícil entender esto, date cuenta que nuestro propio subjetivo es la conexión inmediata entre lo Absoluto y lo relativo. Es nuestra porción de la Ley e inmediatamente nos conecta con la Creatividad del Todo. Lo Absoluto solamente tiene relación Consigo Mismo. No está circunscrito por ninguna forma, sino que permanece independiente de todas las formas. Tan fácilmente puede hacer para nosotros una nueva forma como puede perpetuar una que ya tenemos.

La Mente es el reino de causas. Las condiciones están en el reino de los efectos. Los efectos fluyen de sus causas, y no de sí mismos. El pensamiento es el instrumento de la Mente. Los pensamientos nuevos crean nuevas condiciones. Tenemos que aprender a pensar en Lo Absoluto. Es decir, pensar independientemente de ningún efecto o experiencia. "No juzguéis por las apariencias." Esta idea rompe las cadenas de la esclavitud, y encuentra una causa nueva en acción.

Así como podemos concebir una idea definida y luego proseguir a concebir otra, asimismo podemos tratar tantas condiciones como nos sea posible concebir claramente.

No podemos explicar lo que podemos ver sin tener fe en lo que no podemos ver. Todo adelanto en la ciencia o en cualquier otro campo de entendimiento tiene que seguir esta regla para llevarse a cabo. Creer en la Vida es creer en lo invisible. Así como la ciencia admite que existe un movimiento etérico al centro de toda forma objetiva, nosotros principiamos con la premisa que este movimiento inicial es Inteligencia Pura, independiente de toda forma pero dispuesta a tomar forma. Todas las formas son temporales, aún cuando duren millones de años. Es decir, todas las formas vienen y van en el proceso del tiempo, porque el tiempo es temporal.

Hemos llegado a la conclusión que el Espíritu de Dios, o la Mente de Dios, es la única Causa. También, que el Espíritu o la Mente es todo efecto. La causa y el efecto son solamente dos extremos de una Unidad. Lo físico es visible y lo espiritual es invisible, pero puede percibirse interiormente y experimentarse en el exterior.

El Espíritu es, entonces, todo lo que existe en este preciso momento, y toda la creación es espiritual. El Universo es un Sistema Espiritual impregnado de Ideas Divinas y poblado con Formas Espirituales. Las ideas de Dios son leyes perfectas que van en camino a producir efectos completos y perfectos. El Universo está vivo, conciente, despierto y alerta. Es amor y es vida. Es ley y es orden. Es un Cosmos.

La Mente siempre está conciente de Sí Misma y de lo que hace. Su conciencia es Su ley. Su conciencia es perfecta y su Ley es perfecta. La Mente no puede estar conciente de otra cosa más que de Sí

Misma, porque lo es todo. El Espíritu está conciente del hombre porque el hombre existe, y Dios tiene que estar conciente de todo lo que es. Por lo tanto el hombre es, porque Dios está conciente de él. Y Su conciencia del hombre tiene que ser completa y perfecta. El hombre genérico tiene que mantenerse en la Mente de Dios como una manifestación completa y perfecta de lo Divino.

La Mente lo incluye todo y lo llena todo. La Mente también se gobierna y se impulsa a Sí Misma. El Espíritu está conciente del amor, como está conciente de la vida. Es inspirado por el amor y Su gobierno es por amor. Por lo tanto el amor es el cumplimiento de la Ley perfecta. La Ley es resultado del amor, y el amor procede por medio de la Ley. El amor y la ley van de la mano para producir una manifestación completa y perfecta.

La conciencia que el hombre tiene de Dios constituye la realidad y la inmortalidad de su propio ser. Desde el sentido Universal, existe solamente un hombre, pero en este uno, o el "gran hombre," como se le ha llamado, existen innumerables personas. Cada una está en relación directa con el Todo. Cada una es imagen de Dios pero Dios no se disminuye al ser representado en formas innumerables y por medio de mentalidades ilimitadas—al igual que el número cinco no se disminuye porque lo usen muchos matemáticos.

Nuestra conciencia de Dios es nuestro ser verdadero, y al mismo tiempo, es ambos personal e impersonal. Es personal porque se personifica a través de nosotros, y es impersonal porque todos estamos usando un poder universal. Cuando sepamos que estamos usando tal poder, toda duda acerca de nuestra habilidad de usarlo se desvanecerá y nuestras palabras serán dichas con espontánea confianza en la Verdad.

En el sanar espiritual, el practicante trata solamente con el pensamiento. No trata con un cuerpo enfermo o con un hombre enfermo. En la Verdad, no existe nadie que necesite sanar, y tenemos que pensar en la Verdad si esperamos sanar. No hay cuerpo material que necesite ser sanado, ni hombre material que sufra dolor y angustia. La enfermedad no es persona, lugar, ni cosa para el que desea sanar. El practicante tiene que tratar de estar conciente solamente de la perfección y nada más. ¿En qué mente debe estar conciente de la perfección? En la única mente en la que puede estar conciente de cualquier cosa, en su propia mente. El primero que hay que sanar es el practicante mismo.

Aquí, en su propia mente, encara la creencia en la enfermedad o la discordia. Repudia esta creencia y se explica a sí mismo qué es realmente la verdad. Está conciente que está encarando y neutralizando las falsas ideas que se han creído ser verdaderas acerca de su paciente. Sabiendo que son falsas, las transforma en pensamientos y sana el pensamiento. La totalidad del proceso es de pensamientos y de realización, y no podría ser otra cosa.

El practicante trabaja dentro de su propia mente hasta que está satisfecho mentalmente, hasta que toda reacción dentro de su pensamiento le hace entender que su paciente ya está sano. Este sanar es en verdad la acción del Espíritu sobre la mente del practicante, el Principio activo de verdad, de bienestar y de armonía.

Como lo Divino tiene que sostenernos como parte de Su perfección eterna, estamos culminando nuestro destino cuando pensamos en nosotros mismos ya como Divinos y perfectos. Contemplar esa Vida Divina que está centro de la vida de cada hombre es la esencia del sanar mental.

Esto es lo que significa la realización. Las palabras llevan a la mente al lugar en el pensamiento donde principia la realización. En este punto se hace el trabajo más efectivo. Es una sensación interna, un sentir silencioso de la Realidad Divina. Troward nos dice que el Espíritu Divino es el potencial ilimitado de la vida humana. Es decir, lo humano es verdaderamente Divino, pero siempre seguirá evolucionando hacia nuevos y mejores grados de conciencia.

En la práctica mental afirmamos claramente en palabras lo que estas ideas significan para nosotros, luego las relacionamos con alguna experiencia que necesitamos o con el bien que deseamos en nuestra experiencia. Después de usar las palabras que convenzan al pensamiento, nos detenemos y tratamos de realizar la presencia del Todo Poder del cual proviene todo bien. Esto es agregar el Espíritu a la letra de la Ley. Sin embargo, no debemos olvidar que ambos la palabra y el Espíritu son necesarios en nuestro trabajo. La palabra hace el molde y el Espíritu crea. El pensamiento es un molde, la convicción es la substancia derretida vaciada en este molde. No está completo uno sin el otro, y muchos cometen el error de usar solamente uno de estos dos estados de conocimiento, pero ambos son esenciales.

Cuando vivamos obedeciendo al Poder que es superior a nosotros, podremos dirigir concientemente las condiciones que nos rodean. A Adán se le permitió nombrar toda la creación, y al hombre se le dio autoridad sobre todo lo que está bajo él. Esto, por supuesto, significa su ambiente físico. Pero se abusó de este poder, y la experiencia de escasez, enfermedad y limitación cayó sobre la humanidad. Adán simboliza la experiencia de cada hombre. La alegoría del Edén es la historia de la evolución humana.

Dondequiera que la imagen del pensamiento se fija, allí radica el Poder para crear. "Si ves a Dios, es Dios, y si ves polvo, es polvo." ¿Podemos ver el bien donde parece haber maldad? Si podemos hacerlo, podremos eliminar la maldad. Cuando traemos una lámpara a un cuarto obscuro, ¿a dónde huye la obscuridad? La obscuridad ni va ni viene. Nunca era una cosa por sí misma, era solamente una condición. Y nosotros tenemos poder sobre las condiciones.

La luz tiene más poder que la obscuridad, y la obscuridad no tiene ningún poder sobre la luz. La obscuridad es la gran negación de la luz, pero en realidad, la obscuridad no puede negar la luz, porque donde hay luz no puede existir la obscuridad. Con sólo traer luz, la obscuridad se desvanece en la nada. Éste es el poder de la Realidad sobre lo que parece ser oposición o separación.

La relación entre la Mente individual y la Universal es de reflexión. Es decir, lo que nos imaginamos para nosotros mismos, Ella nos lo refleja. Por lo tanto, la misma ley que crea esclavitud puede con igual facilidad crear libertad. Lo Divino propone libertad para nosotros, pero por el hecho que tenemos pensamiento creativo y que verdaderamente somos individuos, se supone que usaremos nuestra creatividad de diferentes maneras.

Podemos sentarnos a la sombra o cambiarnos al sol. Y es probable que al estar en la sombra pensemos que no hay sol. Pero el sol estará allí, y de igual manera, durante el tiempo que estamos en esclavitud, la verdadera libertad existe. Está allí, pero tenemos que despertar y reconocerla. La Ley de la Mente tan fácilmente nos crea una forma como otra, y debemos permitir que los moldes de nuestros pensamientos tomen su forma de la Realidad, desde el punto más elevado que podamos.

Cuando damos nuestra atención completa a cualquier idea, la personificamos automáticamente. Atraemos hacia nosotros la semejanza objetiva de esta personificación. El pensamiento se convierte en cosa. El estado mental toma forma, color y realidad temporal. Experimentamos nuestros estados de conciencia exteriormente. Pero como el exterior que aparece es solamente reflejo de lo que hay en el interior, que es la causa, lo que más necesitamos hacer es principiar con la simple proposición de que el pensamiento tiene poder creativo y que da forma a las circunstancias y las mantiene en su lugar.

Si creemos en el sufrimiento, sufriremos. La Vida responde de la manera que la interpretemos. Debemos escoger lo que deseamos personificar, y por medio de atención constante, tomar todas sus características. Escojamos identificarnos con poder, con amor y con belleza, con paz y felicidad. Identifiquémonos con abundancia y con éxito.

La forma objetiva a la cual damos nuestra atención, es creada por la misma atención que le damos. Lo objetivo es solamente reflejo del estado subjetivo del pensamiento. La vida es una pizarra donde conciente o inconcientemente escribimos los mensajes que nos gobiernan. Tenemos el gis y el borrador en la mano, pero lo ignoramos. Lo que experimentamos ahora no es necesario que lo sigamos experimentando, pero la mano que sostiene el borrador, tiene que hacer su trabajo de borrar o neutralizar. "Borraré sus transgresiones y jamás las guardaré contra ellos," fue escrito por uno que vio la pizarra, el gis, y el borrador. La vida es una película de causas subjetivas. ¿Cuál es la pantalla; y las figuras son reales? Sí, y no. Son reales como figuras, pero no se crean ni se perpetúan solas. Feliz es el hombre que tiene en su pensamiento conciente el proyector y que sabe usarlo concientemente.

La voluntad de Dios siempre se inclina hacia lo que expresa vida y felicidad. Suponer que la voluntad de Dios podría estar opuesta al adelanto de nuestras vidas sería pensar que el Espíritu se destruye a sí mismo. El Espíritu siempre busca expresión por medio de nosotros, y nunca nos niega nada. La Ley dice que si nuestros deseos son destructivos, sufriremos por ellos hasta que aprendamos la lección. ¿Y cuál es esta lección? Es simplemente que el Universo es Uno, nunca es dos. Se rehúsa a obrar en contra de Sí Mismo. Nunca se engaña.

El Espíritu no puede ser, o llegar a ser, antagonista hacia nosotros. Siempre está fluyendo y expresándose por medio de nosotros. Esta expresión propia de Dios también es expresión propia del hombre porque los dos son Uno. El "YO SOY" es tanto individual como universal. Toda individualidad se funde en la universalidad. Todas las formas tienen raíz en la Mente común creativa y el Espíritu de Dios es el Espíritu del hombre.

Practicar la Presencia de Dios es despertar dentro de nosotros la Conciencia Cristica. El Cristo es Dios en el alma del hombre. La resurrección es la muerte de la creencia que estamos separados de Dios. Porque la muerte es sólo ilusión, no Realidad. Dios no murió. Lo que pasó es que el hombre despertó a la Vida. El despertar tiene que ser de parte del hombre pues Dios ya es Vida.

El practicar la Presencia de lo Divino en otras personas es practicar el sanar mental, porque es el reconocimiento de esta Presencia Divina que sana. Todas las palabras que se usan en el proceso de sanar se usan con el propósito de llegar al reconocimiento que "Yo Soy está en medio de vosotros."

En el tratamiento mental debemos sentirnos como si todo el poder del Universo estuviera fluyendo a través de las palabras que pronunciamos. Las palabras tienen que ser "Espíritu y Vida" para poder vencer los pensamientos y las acciones que han causado la condición discordante. Podemos usar tanta convicción como tengamos.

La convicción que sana es la convicción de que Dios es todo y está en todo y que no hay causa o efecto material. El practicante no trata al paciente ni a la enfermedad; él busca sanar su pensamiento de la idea equívoca de que la causalidad es algo independiente del bien. Para hacer esto tiene que contradecir las apariencias. El que juzgase las posibilidades de su trabajo por la observación de las apariencias exteriores, sería un trabajador inefectivo en este campo.

El tratamiento efectivo debe ser independiente de toda circunstancia existente, de otra manera no podrá penetrar el reino de Causalidad Absoluta. Caerá al nivel de causas secundarias que se perpetúan en la experiencia humana. Elevarse sobre la contemplación de condiciones es penetrar al campo de Causalidad que renueva todo en nuestra experiencia. Desde este punto, no existe caso fácil o difícil. Todos los casos sólo representan diferentes fases de creencias humanas, y uno se rendiría a la Verdad tan pronto como otro si estuviéramos seguros de nuestra posición espiritual.

Los pensamientos son más que cosas, son la causa de las cosas. Las cosas no tienen existencia independiente porque no puede haber nada externo a una mente que lo comprenda. Nuestro trabajo se hace solamente en la Mente, y nuestro único equipo es el pensamiento y el conocimiento del Poder que utiliza. Este poder es superior al intelecto en Su creatividad.

Solamente estaremos satisfechos cuando hagamos lo mejor que podamos en nuestra obra espiritual. Un poder espiritual es liberado por medio del pensamiento de verdad que es tanta ley como afinidad química. No hay liberación del ser verdadero sin convicción mental. Tener fe en Dios es cumplir esta fe, teniendo fe en uno mismo. El Ser verdadero es Dios, y porque es Dios, tenemos que confiar en El implícitamente. La chispa que arde al centro de nuestra propia alma proviene de la llama viviente y eterna del Espíritu.

Pero la palabra sin el Espíritu no estimula la carne a una nueva acción. Es fría y no responde. La palabra tiene que sentirse porque el sentimiento está en el centro del Universo y reflejándose a través la conciencia del hombre vierte su resplandor dondequiera que el pensamiento va. La ley gobierna su acción, y Dios Mismo cumple sus promesas.

Llegará el día en nuestra vida en que proclamaremos la convicción que hay dentro de nosotros. Esta convicción del Universo espiritual en que vivimos es real y poderosa. No podemos pedir que otro nos preste la luz. A cada uno se le da una antorcha divina cuya mecha arde del aceite de la substancia eterna y se renueva siempre por la fe en uno mismo y en los demás.

No puede llegarnos ningún bien a menos que hagan su llegada a través del centro de Conciencia de Dios que somos. La esperanza del destino se encuentra latente en la idea durmiente; y el genio está oculto hasta que la atención, con amor y razón, le de alas. Ayudar a los que necesitan ayuda es un gran privilegio. Pero los ciegos no pueden guiar a los ciegos. Tenemos que despertar a la comprensión que una Asociación Divina ya ha sido formada entre lo visible y lo invisible.

Si no hubiera un Principio unificante de la Vida, existiendo como Una Mente que lo abarca todo y en la cual todos vivimos y todo existe, no podríamos reconocernos unos a otros. En verdad, no podríamos estar concientes que vivimos en el mismo mundo. Esta Mente en que vivimos está siempre independiente de cualquier acción individual de nuestra parte. Estamos en Ella, y fluye a través de nosotros, pero siempre es más que lo que somos.

Nuestra propia presencia, y nuestra conciencia de la presencia del mundo físico que nos rodea, implica la necesidad de una Inteligencia Universal que coordina todo en una Unidad completa. Esto quiere decir que debe haber una norma universal de la Verdad que no hemos establecido nosotros pero que podemos descubrir. Uno de los primeros descubrimientos que hacemos es que aunque vivimos en un mundo mecánico, somos individualidades espontáneas.

El Universo físico siempre es mecánico. El Espíritu siempre es espontáneo, pero como el Espíritu es Unidad, nunca puede hacer nada que contradiga su propia naturaleza.

Dentro de este mundo proyectamos una idea de nosotros mismos como personalidad. Como esta acción es espontánea, pero al mismo tiempo está sujeta a la reacción del mecanismo del Universo, podemos estar o no estar reflejando libertad, felicidad, y totalidad dentro de la Ley. La personalidad está atada a las leyes mecánicas sólo en su forma objetiva. Esto es necesario, de otra manera no hubiera expresión de uno mismo. La manera en que la personalidad usa estas leyes mecánicas, ya sea conciente o inconcientemente, depende de la realización de su relación correcta con Dios, con el hombre, y con el Universo.

Las características principales de la Ley subjetiva son las siguientes: es sensible, creativa, y razona desde el punto de vista deductivo. Siendo la esencia misma de la sensibilidad, está obligada a recibir la más mínima impresión del pensamiento; está obligada a obrar sobre este pensamiento porque es creativa; y siendo deductiva, no puede debatir ni negar ningún uso que se haga de ella.

Si alguno preguntase si Dios tiene alguna intención para él, la contestación sería que la única intención que Dios puede tener, si el hombre es individual, es dejarle solo para que se descubra a sí mismo. En este descubrimiento de sí mismo, el hombre imprime la Ley (que es sensible, creativa y deductiva) con las imágenes de su propia creencia de sí mismo, y la Ley crea una forma basada en estas imágenes.

Aparte de las acciones instintivas y automáticas de nuestro cuerpo físico, la Ley sólo sabe de nosotros lo que nosotros sabemos de nosotros mismos. Por lo tanto, es muy importante lo que imprimimos sobre la ley como verdad de lo que somos. Porque si pensamos en pobreza y escasez, ciertamente las crearemos, y causaremos que sean proyectadas en nuestra experiencia. Y por el contrario, si pensamos en abundancia, la Ley con igual facilidad y determinación, creará abundancia para nosotros. Es tan sencillo que parece increíble. Pero por lo común, los que no saben de esta Ley, solamente la usan para reflejar lo que la opinión humana crea que deba suceder en la vida de la mayoría de las personas que existen en esa época. El salvaje piensa al modo de su tribu y el más civilizado piensa según el modelo de la creencia racial.

Afirmar nuestra individualidad es elevarnos sobre la ley de promedios a un uso más especializado de la Ley que trae libertad en vez de esclavitud, gozo en vez de pena, y salud en vez de enfermedad. No podemos hacer esto a menos que estemos dispuestos a no juzgar "según las apariencias." De esta manera de juzgar "no según las apariencias," estamos imprimiendo la Ley con una idea nueva de nosotros mismos…una idea menos limitada y estamos aprendiendo a pensar independientemente de las circunstancias que existen. Esto es lo que significa entrar en lo Absoluto.

Podemos estar seguros que toda la meta de la evolución es producir innumerables seres que estén todos centrados concientemente en el Ser Universal. El "Yo" individual es complemento del "YO SOY" universal. Y cualquier método que se empeña en obliterar este "Yo" individual, tiene que estar basado en una filosofía falsa. Pero, "el Padre es más grande que yo." No debemos olvidar esto, porque toda evolución superior del individuo dependerá de su cooperación conciente con la Ley y con el Espíritu; el Espíritu es más grande que ningún uso particular de la Ley de Causa y Efecto.

Si creemos que como personalidades aisladas podemos sanar por métodos mentales y espirituales, podemos caer en el error de pensar que es la voluntad humana la que alcanza el bien deseado. Y tal vez, algún día nuestra fuerza de voluntad humana nos dirá que ya no tiene fuerza para seguir trabajando, que está cansada, o que ya no tiene inspiración para continuar. Es evidente que no debemos permitirnos pensar de esta manera si queremos llevar a cabo algo que es valioso.

Si nos dejamos influir por las opiniones de otros o por la creencia que todavía no estamos preparados para ayudar a otros, estamos obrando bajo la ilusión que estamos usando un poder aislado, y no entendemos que lo que verdaderamente sana es el saber que el hombre espiritual ya está completo, y es perfecto.

El practicante sabe que el hombre espiritual no necesita ser sanado pero que todavía no se le ha revelado esto en su mente. Lo que él hace es descubrir mentalmente, y revelar la Verdad del Ser, cuya Verdad es que Dios está dentro y a través de todo hombre, y que esta Presencia Interna ya es Perfecta. Separamos la creencia del creyente y revelamos lo que no necesita curación. El pensamiento es escudriñado y lo que no le pertenece al hombre verdadero tiene que descartarse. Cualquier cosa que sea de naturaleza discordante no pertenece a la Verdad de nuestro Ser. Lo que verdaderamente sanamos es el pensamiento, la idea. El Espíritu del hombre no necesita sanar, porque el Espíritu del hombre es Dios.

La ignorancia permanece con nosotros hasta el día de la iluminación, hasta que nuestra visión del Espíritu se agrande y eche fuera la imagen de una pequeñez inútil. Lo que experimentamos ahora en nuestra vida puede cesar si tenemos la voluntad y la imaginación de tomar una dirección opuesta y la mantenemos allí. La función de la imaginación es fijar la visión. La voluntad tiene que sostenerla hasta que el genio creativo de la vida interna transforme la imagen de limitación en libertad bajo ley.

"Con mirada recta y palabras correctas, el hombre supervisa lo animado y lo inanimado," dijo el sabio antiguo cuyo saber del Principio invisible le dio poder sobre su mundo objetivo. Pero esto es más que un refrán. Es una verdad, y debe ser parte de nuestra práctica diaria. Es decir, diariamente debemos practicar pensar correctamente. Debemos decidir qué deseamos que acontezca en nuestras vidas. Debemos asegurarnos que no implica daño a nadie, y entonces estaremos seguros que tendremos nuestro deseo, no importa que sea.

Un místico es alguien que percibe la Verdad a través de su intuición, y que sin ningún proceso mental conciente, llega a una Realización Espiritual. Los místicos incluyen a los grandes profetas, los escritores inspirados, las almas iluminadas de todas las épocas. Lo que hemos recibido de ellos constituye la mayor herencia intelectual y espiritual de todos los tiempos.

Todos los místicos han reconocido la unidad absoluta de Dios y el hombre. Dentro de la Mente Infinita existe cada individuo, no como algo separado sino como una entidad distinta. Somos un punto en la Conciencia Universal, que es Dios. No estamos separados de la Vida, ni está la Vida separada de nosotros, pero somos entidades distintas en Ella, centros individualizados de la Conciencia de Dios.

Los místicos verdaderos no han negado la verdad de la individualidad. Todos están de acuerdo que el alma está en el camino de la experiencia, del descubrimiento propio; en el camino hacia la casa del Padre. Nos han hablado de la relación maravillosa que existe entre Dios y el hombre...una Unión tan cercana que no puede romperse.

Ya que podemos ver que la personalidad es lo que la persona hace con su individualidad, debemos ver hacia el interior de nosotros mismos como lo han hecho todos los grandes místicos que han bendecido al mundo con su presencia—debemos mirar hacia adentro y ENCONTRAR A DIOS; y debemos percibir una Presencia Verdadera cuando miramos hacia la Unica Presencia en el Universo entero.

Una de las verdades más iluminadoras que ha revelado el misticismo es que no existe una realidad verdadera en la maldad. NI DEMONIO, NI CONDENACION, APARTE DEL PROPIO ESTADO DEL PENSAMIENTO, NI CASTIGO FUERA DEL QUE UNO MISMO SE INFLIGE POR SU IGNORANCIA, ni salvación aparte de la cooperación conciente con lo Infinito. Por consiguiente han enseñado que la respuesta a todo problema se encuentra en la propia conciencia del hombre.

Una cosa es decir que Dios se desenvuelve por medio de Su idea de Sí mismo, y otra cosa muy diferente es decir que gradualmente Dios está volviéndose conciente de Sí Mismo. Un Dios "desenvolviéndose" implica un Espíritu siempre volcándose y una Deidad siempre manifestándose. La evolución es el tiempo y el proceso en que se desarrolla una idea a su estado más elevado de manifestación; y como las ideas son Realidades Divinas, la evolución continuará para siempre. Pero la evolución es *efecto* de la Inteligencia, y no *causa*. La evolución sigue a la involución.

Todo surge del Uno, ese Uno cuyo Ser está siempre presente y cuya Vida, vestida de innumerables formas, se manifiesta por toda la Creación. La Creación es el resultado lógico del impulso de la Vida de expresarse. Es la manifestación del Espíritu. El Uno abarca y fluye por todo, derramándose en formas y personalidades innumerables. Estas formas y personalidades, propulsadas por el urgir Cósmico que las hace brotar, tienen dentro de sí, un impulso sembrado por lo Divino; y ya que lo Divino es Ilimitado y Perfecto, al final tiene que traer toda la creación a un estado de manifestación Perfecta.

Al decir Conciencia Cósmica queremos decir, "la conciencia de la persona de su unidad con el Todo." Sin embargo, esto no es un misterio, es Dios conociéndose a Sí Mismo a través del hombre. La iluminación vendrá más y más a medida que el hombre se da cuenta de su Unidad con el Todo y se empeña constantemente en dejar que la Verdad obre a través de él.

Los grandes místicos como Jesús han enseñado que así como penetramos el Uno concientemente, el Uno nos penetra a nosotros y viene a ser lo que somos.

En relámpagos de iluminación, los inspirados han visto el centro mismo de la Realidad. Han sido convencidos de la inmortalidad del ahora mismo; de Dios como algo personal para el individuo; del fin inevitable del bien que vence toda maldad. Al grado en que somos concientes de Dios, la maldad desaparece.

El hombre es Universal en el aspecto subjetivo de la vida, y de esta manera está conectado con la subjetividad de todos aquellos con quienes está en vibración armoniosa. La sugestión mental obra a través de la mente subjetiva, y por esta avenida una influencia silenciosa está pasando siempre en forma de sugestión colectiva de la humanidad. Entre amigos siempre ocurre una comunicación silenciosa en lo subjetivo de la vida; cuando esta comunicación viene a la superficie, cuando uno recibe una impresión clara del pensamiento de otra persona sin usar palabras, se le llama telepatía.

La telepatía, que es el hecho de leer el pensamiento subjetivo, ocurre a través de la Subjetividad Universal. Para recibir un mensaje mentalmente, uno tiene que sintonizar con las vibraciones de ese mensaje. Debido a que el campo de subjetividad es Universal, todo lo que se ha pensado, se ha dicho o se ha hecho en todo tiempo, es retenido en el pensamiento colectivo de la humanidad; y como este campo es una unidad, todas las vibraciones están siempre presentes y pueden ser tocadas por la mentalidad de cualquier persona. En su estado objetivo, el hombre es distinto y está aparte, pero en el lado subjetivo de la vida, el hombre es Universal.

Cada persona mantiene una corriente de conciencia en la Unica Mente, y cualquiera que toque esta corriente puede objetivarla. Como el Medio es Universal, la corriente individual de la conciencia siempre es omnipresente, no importa que la persona de quien emana tenga forma corporal o no. Cada persona que ha vivido ha dejado una escena mental de sí misma. Estas escenas se ven a menudo cuando uno está en un estado subjetivo. Esto no quiere decir que en realidad vemos a la persona, lo que vemos generalmente es la imagen de la persona.

La concepción mística de Cristo es la idea de que la Universalidad de Ser Hijos de Dios, es encarnada en cualquier persona que reconoce que es Hijo de Dios. Comprendemos lo Infinito solamente hasta el grado en que se expresa a través de nosotros, y es para nosotros lo que nosotros creemos que es. No podemos venir hacia el "Padre que está en el Cielo" excepto a través de nuestra naturaleza espiritual. Así como lo humano cede a lo Divino en la persona, así la persona viene a ser el Cristo. Hay Un Padre de Todo. Este Único Padre, concibiendo dentro de Sí Mismo, da nacimiento a todas las ideas Divinas. La suma total de todas estas ideas es lo que constituye el Cristo Místico. Jesús descubrió esta verdad profunda y la enseñó: que lo que es verdadero del hombre, de la realidad de su naturaleza, es la Presencia Divina dentro de él. La respuesta a toda pregunta está dentro del hombre, porque el hombre está dentro del Espíritu, y el Espíritu es un Todo Indivisible. Reconocemos a Jesús como el único hombre que se conocía a sí mismo y realizaba su relación con el Todo Perfecto. Así como el Jesús externo cedió a lo Divino, el Jesús humano se posesionó del Espíritu de Cristo y vino a ser la Voz de Dios para la humanidad. El Cristo es siempre triunfante, siempre es victorioso; nunca es derrotado, ni necesita defensor.

CONCLUSION FINAL

Para concluír, lo que el mundo necesita es convicción espiritual seguida por experiencia espiritual. Yo prefiero ver un estudiante de esta Ciencia que compruebe su Principio y no uno que pueda repetir todas las sabias palabras que hasta ahora se han pronunciado. Es mucho más fácil enseñar la Verdad que practicarla.

Pero el practicar la Verdad es personal para cada uno, y a la larga, nadie puede vivir nuestra vida por nosotros. A cada uno se le da lo que necesita, y los regalos del cielo vienen por igual a unos que a otros. ¡Lo que importa es la manera en que usamos estos regalos! No es fácil mantener el pensamiento constantemente en lo contructivo, lo perdurable, lo Verdadero en un mundo que está cambiando rápidamente, pero al que hace el esfuerzo mucho se le garantiza.

La esencia del sanar mental-espiritual—y la de toda filosofía religiosa verdadera—es una realización interna de la Presencia de Perfección dentro y alrededor de nosotros. Es la esperanza del cielo, la Voz de Dios proclamando: "YO SOY eso que vos sois; vos sois eso que YO SOY."

QUINTA PARTE

ENSEÑANZAS

Del Nuevo Testamento

(Citas de la Edición de Referencias de Scofield)

DE LAS ENSEÑANZAS DE JESUS

(El pronombre que se refiere al hombre Jesús en este libro no se ha escrito con mayúscula intencionalmente.)

POR QUE JESUS TENIA TANTO PODER

En este libro tratamos de discutir *todas* las enseñanzas de Jesús. Jesús vivió en un mundo de realización espiritual mucho más avanzado de lo que el hombre común puede comprender. Así como las cosas espirituales tienen que ser discernidas espiritualmente, así también el significado total de sus relatos no nos va a ser claro hasta que hayamos alcanzado una conciencia igual a la de Jesús. No obstante, en la constancia de sus relatos muchas cosas atestiguan lo que nosotros mismos creemos, e indudablemente si pudiésemos penetrar el significado de su enseñanza, tendríamos una perfecta explicación de nuestra filosofía.

Jesús discernió la verdad espiritual. Por qué o cómo, no lo sabemos, pero no importa. El mundo no ha producido otro como él, y hasta que haya otro, Jesús recibirá un lugar único en la historia del carácter humano.

NO SOLO DE PAN VIVE EL HOMBRE (Mat. 4:4)

¿Qué enseñó Jesús? "Escrito está: No sólo de pan vive el hombre, sino de toda palabra que sale de la boca de Dios."

El que solamente come pan, siempre tendrá hambre. A los beneficios físicos de la comida humana tenemos que agregar la fuerza espiritual de la sabiduría divina.

LOS MANSOS HEREDARAN LA TIERRA (Mat. 5:5)

"Los mansos heredarán la tierra." Esta es una lección de no-resistencia. Jefes militares y saqueadores han ido y venido. Han surgido reinos sólo para desmoronarse y convertirse en eventos pasados. La pasión y la codicia por el poder han creado destrucción sobre la tierra. Parecería que *los mansos* han perdido en la lucha gigantesca por obtener la supremacía temporal.

En medio de este drama de la existencia humana, Jesús declaró que los mansos heredarían la tierra. Preguntémonos si su enseñanza es verdadera. ¿Les enseñamos a nuestros hijos que sigan los pasos de un César o un Napoleón? ¿O les relatamos historias de Jesús y de Buda? ¡La cruz es más poderosa que la corona, y les enseñamos a nuestros hijos que el AMOR LO DOMINA TODO! Los mansos heredarán la tierra. ¿A quién recurren nuestros artistas para inspiración y para ese poder que les permite pintar el ideal? No recurren a los jefes guerreros, ni siquiera a los líderes de la industria, sino a *los mansos*.

¿Cuáles son las características que aprendemos a valorar? ¿No son la fe y la creencia en el Bien Divino el tema de los más grandes cantantes? ¿Quién podría escribir una historia hermosa del infierno? Pero, el *cielo* y el *amor* han inspirado a muchos y han elevado la humanidad. Jesús decía bien cuando dijo que los mansos heredarían la tierra. *¡Lo han hecho, y lo seguirán haciendo!*

LOS QUE TIENEN HAMBRE SERAN SACIADOS (Mat. 5:6)

Los que tienen hambre y sed de justicia serán saciados. ¿Hay alguien que no tenga hambre en el alma? ¿El espíritu del hombre no tiene sed de saber y entender? ¿No anhela la Verdad y la Realidad como anhela un ciego la luz? Y su hambre solamente puede satisfacerse con comida espiritual, como maná del cielo.

Preguntémonos si esta enseñanza es una ilusión. Se contesta esta pregunta cuando vemos la historia de aquellos que han tenido una mente espiritual. Cuando han pedido pan no han recibido piedras. Todos los que han tenido hambre han sido saciados; su hambre ha sido bendita porque los ha dirigido a la única comida—ese maná celestial—que los ha sostenido, fortificado y apoyado mientras el resto del mundo (sediento y hambriento) les pregunta con ansiedad dónde consiguieron sus bienes. Los que tienen hambre y sed de la

Realidad siempre son saciados, y son saciados directamente por la mano de Dios.

LOS MISERICORDIOSOS ALCANZARÁN MISERICORDIA
(Mat. 5:7)

"Bienaventurados los misericordiosos porque ellos alcanzarán misericordia." Otra vez confrontamos lo que parece ser una contradicción. ¿Siempre alcanzan misericordia los misericordiosos? Observándolo superficialmente, no parece ser así. Pero, ¿no están basadas muchas de nuestras observaciones en una perspectiva finita, en un concepto limitado? ¿Podemos estimar lo que vale la vida midiéndola por *una* experiencia humana? Si la vida principia en la cuna y termina en la tumba, todas nuestras esperanzas no solamente están perdidas sino son inútiles. Solamente cuando el "ojo mira al mundo como una planicie infinita, como un cielo infinito," verdaderamente ve.

La perspectiva de la realidad se pierde cuando vemos la vida desde el transcurso de una corta experiencia. Jesús miró más allá del velo y estimó la vida desde una gran perspectiva—desde el largo camino de la aventura del alma. Sabía que la Ley de Causa y Efecto se encarga de todo, y sabía que los "Molinos de Dios" eliminarán el tamo de falsedad del trigo del Espíritu. ¡Qué importa si estos molinos no muelen todo mientras estamos vestidos de carne! ¿No conocía Jesús otra vida que para él era tan real como ésta? ¿Podemos esperar recibir en este mundo compensación completa por todo nuestro trabajo? Por supuesto que no. Estamos construyendo sobre un cimiento eterno que el tiempo no puede cambiar ni la experiencia destruir.

Una estimación real de los valores verdaderos no se puede basar sólo en las cambiantes arenas del tiempo. A la larga, *los misericordiosos alcanzarán misericordia.* A la larga, cosecharemos lo que sembramos.

LOS LIMPIOS DE CORAZON VERAN A DIOS (Mat. 5:8)

"Los limpios de corazón verán a Dios." ¿Podemos ver a Dios? ¿Nos llegan algunas noticias del cielo que no vengan a través de nuestro propio pensamiento o del pensamiento de otro? *El que piensa en pureza, la mira,* y está mirando a Dios. La cara del Eterno mira la eternidad, y el que eleva su mirada ve esta realidad en todas las cosas. Los puros de corazón no sólo *verán* a Dios, sino que *lo ven* ahora mismo.

Los pacificadores son llamados hijos de Dios. Nunca asociamos a los guerreros con el Reino Divino. La lucha y la contienda están fuera del Reino; no pueden entrar por causa de su confusión. Sólo la Paz puede entrar por las puertas de la Verdad y sentarse a la mesa del amor. El Anfitrión Divino no sirve de su abundancia a los que están confusos, sino distribuye sus regalos a los que entran por Su puerta con paz en la mente y amor en el corazón.

"Vosotros sois la luz del mundo." El hombre es el cirio del Señor. Es muy importante que esta luz se mantenga firme y ardiente con aceite del Espíritu puro, por medio de la mecha de paz y gozo. De esta manera glorificamos al Dios Interno que es el Padre Celestial y la Madre Cósmica de todo.

EL ALTAR DE LA FE (Mat. 5:23)

Otra vez nos dice Jesús que los regalos que traemos al altar de la vida no serán aceptados mientras estemos en contienda con nuestro prójimo. Esta es una enseñanza difícil. No siempre podemos agradarle a nuestro prójimo. La experiencia humana nos enseña que esto es imposible. Entonces, ¿qué actitud debemos asumir? Ésta: Ya sea que le agrademos o desagrademos, no debemos tener animosidad personal contra nadie. Nos aproximamos al altar de la fe por medio de nuestra paz y buena voluntad para con todos. El Oído Divino está afinado a la armonía y no puede reconocer la discordia.

Tan pronto como nos ponemos de acuerdo con nuestros adversarios, estos desaparecen porque no puede haber realidad para nosotros a menos que la reconozcamos. Pero si reconocemos lo que es falso, por aceptarlo así, seremos juzgados como hemos juzgado. Y pagaremos hasta el último centavo mientras no abandonemos por completo la maldad.

Jesús nos dice que no resistamos la maldad, que amemos a nuestros enemigos y les hagamos el bien, porque de esta manera manifestamos el espíritu de amor que es Dios. Dios ama a todos por igual, y permite que la lluvia caiga y el sol brille sobre todos por igual. En Sus brazos que todo lo envuelven, el Amor Divino lo abarca todo.

EL PADRE QUE VE EN LO SECRETO (Mat. 6:4)

No debemos hacer caridades frente a los hombres para que nos admiren, sino que debemos hacer el bien por amor al bien. En esta lección Jesús enseña la sinceridad. Los hombres vienen y van, amigos y enemigos pasarán igualmente, *pero el alma siempre vuelve a reconocerse a sí misma.* El Espíritu Interior que mora en un lugar secreto en nuestras vidas, siempre estará con nosotros. Y el Padre que ve en lo secreto, nos premiará abiertamente. También aquí Jesús sugiere la Ley de Causa y Efecto, a la cual con frecuencia se refirió.

Debemos orar a Dios en el lugar secreto en nuestro propio ser, y no hablar fuerte para que los hombres nos oigan. El alma entra en este lugar secreto sola y desnuda. Así es como el Uno vuelve al Uno.

EL SECRETO DE LA ORACION (Mat. 6:6)

El secreto de la oración y de su poder en la vida exterior depende de una fe, de una confianza total en esta Presencia interior. Debemos entrar en nuestra habitación. Es decir, debemos retirarnos de todo y entrar en la Presencia del Espíritu en silencio y confiados—creyendo. La oración tiene poder, no por medio de la repetición, sino por nuestra creencia y aceptación. La oración debe ser sencilla, directa y receptiva. Tenemos que creer que Dios vive en nuestras propias vidas y que su Presencia Divina es suficiente para satisfacer todas nuestras necesidades. Tenemos que creer que Dios proveerá, y nos bendecirá abundantemente. Y cuando entremos en este lugar secreto, tenemos que dejar todo lo demás atrás; todo odio, animosidad, venganza, porque sólo de esta manera *podremos* entrar.

COMO PERDONA DIOS (Mat: 6:14, 15)

Se nos dice que Dios nos perdonará *después* que nosotros perdonemos a los demás. Esta es una declaración directa y debemos considerarla profundamente. ¿Puede Dios perdonarnos mientras nosotros no perdonemos a otros? Si Dios puede obrar para nosotros solamente al obrar por medio de nosotros, esta declaración de Jesús es verdad, y es declaración de la Ley de Causa y Efecto. No podemos permitirnos tener animosidad o enemistad contra el mundo ni contra nadie. Todos estos pensamientos están fuera de la ley y no pueden llevarse a la conciencia celestial. Sólo el amor engendra amor, y no cosechamos rosas de los cardos.

El Padre que ve en lo secreto nos premiará abiertamente. ¿No sería bueno aprender a entrar con alegría al "lugar secreto del Altísimo," dentro de nuestra propia alma? Debemos ayunar en secreto, pero con la mente interior abierta y receptiva solamente a Dios. Nuestro tesoro ya está en el cielo, y nuestro pensamiento sólo puede llevarnos hacia él cuando está de acuerdo con la armonía divina y el amor perfecto.

EL OJO SINCERO (Mat. 6:22)

Si nuestro ojo es sincero, nos llenaremos de luz. Es decir, cuando percibimos la Unidad del Bien, la percibimos enteramente, como un todo indivisible. Pero si nuestro ojo está lleno de maldad, permaneceremos en la obscuridad. Debemos ser fieles a lo bueno y confiar absolutamente en que la Ley de Dios nos proveerá con el resultado que deseamos. El Espíritu dará forma a nuestros propósitos si lo permitimos. Al aprender a depender más y más de la Ley perfecta, encontraremos que las cosas externas que necesitamos para nuestro bien serán provistas. Seremos provistos como los lirios del campo que viven directamente de la abundancia Divina, y sin embargo, no se fatigan ni se afanan.

LA DADIVOSIDAD DIVINA (Mat. 6:26)

De la misma manera que Dios cuida de las aves que no almacenan en graneros, así cuidará de nosotros si confiamos y no dudamos. Pero primero tenemos que *buscar* el Reino. Jesús nos aconsejó que confiáramos en Dios completamente por todo y para todo. El confiaba totalmente en Dios. ¿Nos atreveríamos a decir que tal confianza quedará defraudada? ¿Acaso lo hemos tratado? Hasta que no lo intentemos y fracasemos no estaremos en posición de contradecir esta teoría. Los que han confiado implícitamente en esta teoría han comprobado que el principio es definido, que podemos confiar en él absolutamente.

No temas al mañana, goza ahora. Rehúsate a cargar el cadáver de los equívocos de ayer. ¡Cuánta miseria sufrimos por las cargas de los ayeres y la perspectiva amarga de los mañanas! A veces se pierde el bien del día presente entre estas dos situaciones imposibles. El día en que vivimos es suficiente. Debemos vivirlo como si Dios estuviese en Su Cielo, mientras que todo está bien en nuestra alma. De todos los hombres que han vivido, Jesús fue el que más afirmó a Dios. Exigía una confianza completa y sin reservas en la bondad y el amor del Creador. Y en todas las épocas—desde que Jesús vivió y enseñó su maravillosa filosofía a la humanidad—los que han seguido sus enseñanzas han sido justificados en su fe.

NO JUZGUEIS PARA QUE NO SEAIS JUZGADOS (Mat.7:1)

"No juzguéis para que no seáis juzgados, porque con el juicio que juzgáis seréis juzgados, y con la vara que midáis, seréis medidos." Esta declaración sólo podía hacerla alguien que entendía profundamente la Ley universal de Causa y Efecto que nivela todo y que sabe que, a la larga, cada uno recibe lo que merece. Emerson le llamó a esta ley, "El Canciller de Dios." La Ley de Causa y Efecto es ley de nivel perfecto, de sucesión lógica y de consecuencias inevitables. Lo que el hombre siembra, esto cosecha.

La Ley de Causa y Efecto es Inmutable y cada acción del hombre produce un efecto en su vida que finalmente tiene que experimentar, a menos que transcienda la ley que ya ha puesto en movimiento. Este concepto supone que estamos rodeados de una Ley Universal que es completamente imparcial y que devuelve al pensador el efecto lógico de sus acciones. El hombre, siendo un ser libre dentro de esta ley, continuamente la está activando con algún fin definido— concientemente o en ignorancia. Por lo tanto, ¡la verdad inevitable es que *cosechará lo que ha sembrado!*

Esto quiere decir que la vida nos devolverá la manifestación de nuestros motivos, pensamientos y deseos—no importa que la intención de estos motivos, pensamientos o deseos, fuese para nosotros mismos o para otros. ¡Quiere decir que el juzgar, criticar y condenar, a su debido tiempo, obra en contra del que juzga, critica y condena, porque él ha puesto la ley en acción! Indudablemente es necesario para el bienestar de la sociedad imponer por fuerza las leyes civiles, de otra manera no tuviéramos protección en nuestro estado actual de evolución de los que desean destruir la sociedad; pero sí podemos borrar completamente la condenación personal.

Finalmente veremos que el Universo descansa en los hombros del Amor, que Dios es Amor, y que todos los errores del hombre son resultado de ignorar su propia naturaleza. Una perspectiva feliz de la vida es siempre constructiva; el corazón que entiende siempre está lleno de simpatía y ayuda para todos. Un alma evolucionada no juzga a nadie, no condena a nadie, sino comprende que todos estamos en el camino de la experiencia, buscando la misma meta, y que cada uno al fin encontrará su hogar en el cielo.

A la larga, nada nos juzga más que la Ley inmutable de Causa y Efecto. El que merece castigo lo recibirá; y el que merece recompensa la recibirá de la mano del Todopoderoso. Hay una ley que responde directamente a la condenación, al elogio y al aprecio. Y, por supuesto, es la misma Ley que se usa de diferentes maneras.

Hay una ley común para todos que responde a cada hombre según su creencia de la vida, y responde al nivel de su creencia. Nadie puede ser feliz si vive en un estado continuo de condenación de otros, de condiciones y de cosas. Debemos aprender a alabar y no a condenar.

MORBOSIDADES RELIGIOSAS

Los que han hecho un estudio del análisis del alma saben que a veces el cuerpo secreta venenos a causa de morbosidades religiosas. Ya es tiempo de romper la esclavitud de estas impresiones falsas. Somos almas libres, espíritus libres, y porque esta es la verdad y porque nuestro pensamiento tiene poder creativo, tenemos que escoger cuidadosamente lo que deseamos pensar, porque todo se mueve en círculos.

No negamos que haya malas experiencias. Lo que afirmamos es que la maldad no es una entidad sino el mal uso del poder que por sí mismo es bueno. Nunca descubriremos la naturaleza del bien si nos ocupamos en analizar minuciosamente la naturaleza de la maldad.

EL PENSAMIENTO RETRASA O ACTIVA

Cualquier cosa que pensamos se retrasa o se apresura por el poder del mismo pensamiento. Cada persona es su propia ley, de acuerdo con la gran Ley de Causa y Efecto que lo gobierna todo.

Cuando alabamos constructivamente y bendecimos creativamente, la vida nos da abundancia de amor, paz y gozo. Permitamos que el bien se manifieste. Aprendamos que cada persona es un Cristo en evolución. Vivamos y pensemos de tal manera que cada noche nos acostemos en paz, sabiendo que nada puede dañar nuestra alma; que nos levantaremos en la mañana renovados de cuerpo y de mente, más alegres, con una expectación más feliz y un gozo más claro, mirando a todos con amor, sin condenar a nadie, y bendiciendo a todos, hasta a los que desean hacernos daño. Aprendamos a ser perfectos como lo es el Ser Divino que vive en el corazón de todos, que es perfecto por toda la eternidad.

PRIMERO DEBEMOS SANARNOS A NOSOTROS MISMOS

Si creemos que podemos guiar a un hermano por el camino recto mientras caminamos en la obscuridad, estamos equivocados.

Primero tenemos que aclarar nuestra propia vista y entonces seremos como luceros, iluminando el camino de los demás. Pero, ¿podemos enseñar una lección que no hemos aprendido? ¿Podemos dar lo que no poseemos? Suponer esto es una hipocresía y es algo que debemos evitar. Jesús rompió el velo de la hipocresía, entresacando del alma lo fingido y lo superficial, y hasta la última gota de ilusión. No podemos ver la Realidad hasta que abramos los ojos; hasta que la luz de la Verdad eterna penetre profundamente en nuestras almas.

LA ORACION CIENTIFICA (Mat. 7:7)

Ahora llegamos a una enseñanza definida acerca de la oración. Recibiremos lo que pidamos. Cuando toquemos la puerta, ésta se abrirá y encontraremos lo que buscamos. Esta lección implica que el trabajo mental y espiritual es definido. Dios es Mente y Espíritu Inteligente, y la Inteligencia Universal responde directamente a nuestra inteligencia. Si pedimos pan no recibiremos una piedra. Pero sabemos que para recibir, tenemos que pedir *creyendo*.

También aquí encontramos la Ley de Causa y Efecto en las enseñanzas de Jesús. La oración es función de la inteligencia mental al igual que espiritual. Es una manera de acercarnos al Espíritu, un acto conciente de la mente, una experiencia concreta de la facultad de saber. La oración debe ser directa, específica, y debe ser acompañada por una receptividad positiva. Dios no puede contestar las oraciones que no tienen ningún significado. La respuesta a la oración se encuentra dentro de la oración misma cuando se dice o se piensa. No oramos "correctamente" cuando estamos en oposición a la armonía fundamental. Todas las enseñanzas de Jesús nos dicen que Dios contestará nuestras oraciones cuando oremos correctamente. Jesús dice que si nosotros, siendo humanos y por consecuencia limitados, sabemos dar buenos regalos a nuestros hijos, cuanto más nos dará Dios si le pedimos; y también nos dice que pidamos explícitamente lo que deseamos.

DIOS Y LA CREACION

Conoceremos la Verdad por sus frutos. Tenemos evidencia de su valor en el diario vivir. No debemos separar la vida del vivir ni separar a Dios de Su creación. Uno es la Causa y lo otro el efecto. Las cosas invisibles de Dios se manifiestan a través de lo visible, y a menos que el deseo invisible y el pensamiento del hombre estén de acuerdo con la Verdad, sus acciones caerán en el error. Mientras se nos dice que no debemos juzgar, se nos advierte claramente que no debemos aceptar la ilusión de lo falso como verdadero.

ENTRANDO EN EL REINO DE LA REALIDAD (Mat. 7:21)

No todos los que dicen, "Señor, Señor," entrarán en el reino de la armonía; *solamente los que hacen la voluntad del amor podrán entrar.* Los limpios de corazón se aproximan al templo de la Verdad y solamente los que sirven a un solo amo, La Verdad, podrán entrar.

Este pasaje no puede mal interpretarse para que signifique, o ni siquiera que sugiera, el infierno del que habla la teología. Jesús nunca enseñó el concepto popular del infierno. El estableció una filosofía para la vida temporal lo mismo que para la eternidad. El sabía que la eternidad debe constar de etapas diferentes. Suponer una eternidad sin el elemento del tiempo sería suponer algo imposible, es decir, una existencia carente de expresión.

El sabio edifica su casa en la roca firme de la Verdad, y no en las arenas cambiantes de la inestabilidad. Mide las causas a través de los efectos, y evalúa la Realidad por lo que es verdadero y perdurable. El necio que sólo percibe por sus sentidos, no aprecia la Realidad y edifica su hogar sobre opiniones falsas y conceptos equivocados; las vicisitudes de la fortuna trastornan su edificio débil, las tempestades de sus experiencias rompen sus paredes, y su edificio se derrumba. Solamente la Verdad perdura eternamente.

SANANDO AL SIRVIENTE DEL CENTURION (Mat. 8:5, 14)

En el capítulo 8 de Mateo encontramos una bella historia en la vida de Jesús que demuestra su gran compasión y amor por la humanidad: la curación del criado del sirviente. Notemos que el centurión no le pidió a Jesús que fuera a su casa, sino solamente que pronunciara su palabra.

El centurión, siendo hombre de autoridad en el plano físico, reconoció que Jesús ejercitaba una autoridad igual en el plano mental y espiritual. Sin reconocer esto, no hubiera sabido que Jesús podía sanar a su sirviente por medio del poder de su palabra. "Sólo pronuncia tu palabra y mi sirviente sanará." Con razón Jesús se maravilló de su fe. Y qué pronto fue correspondida esa fe con la respuesta afirmativa de un corazón lleno de amor y una mente llena de entendimiento. "Anda, y que se haga así como haz creído."

¡Qué palabras tan sencillas, y aún, tan llenas de significado! ¡Qué majestad, y qué poder! ¿De dónde vino el poder de esta palabra? ¿No es necesario suponer que la palabra del hombre, cuando se habla conforme a la Verdad, también tiene todo poder? No podemos creer que Jesús tenía un poder oculto que otros hombres no tienen. Creer esto sería una superstición. No podemos creer que Jesús fue dotado especialmente con un poder de lo alto, porque eso sería creer en un Dios parcial. Solamente hay una explicación del poder de Jesús: *Jesús creía lo que enseñaba, y tan completamente vivía sus enseñanzas, que podía demostrarlas.* Pero debemos recordar que su voluntad siempre estaba de acuerdo con la Mente Divina.

JESUS PERDONA A UN HOMBRE Y LO SANA 9:5, 6)

Algunos de los escribas que oyeron a Jesús decirle a un hombre enfermo que sus pecados le eran perdonados, dijeron que blasfemaba contra Dios al decir que él podía perdonar pecados. Pero Jesús—leyendo sus pensamientos y sabiendo lo que había en sus mentes—les preguntó si era más fácil perdonar que sanar. "Porque, ¿qué es más fácil decir, 'Tus pecados te son perdonados,' o decir, 'Levántate y anda'?" Como prueba de su convicción, sanó al hombre diciéndole: "Levántate, toma tu camilla, y vete a tu casa."

Este incidente tiene que ver con una gran ley psicológica. Si una persona arrastra una gran carga de errores pasados, esto debilita su cuerpo, y si la condenación es muy grande—puede aún paralizar su cuerpo. Jesús, viendo que el hombre enfermo llevaba una gran carga de condenación, le dijo que sus pecados le eran perdonados. Esto eliminó la carga de su conciencia, haciéndole posible recibir la palabra de salud.

¿Podría Jesús haber perdonado al hombre si hubiera creído que Dios tenía algo contra él? Por supuesto que no. El sabía que el Corazón Eterno es corazón de amor, y que Dios perdona desde el principio del Universo. Verdaderamente sabía que la Mente Divina es tan pura que no puede ver la maldad ni sabe de pecados.

DIOS NO CONOCE LA MALDAD

¿Por qué algunos se sienten perturbados cuando se les dice que Dios no sabe nada de sus pecados, de sus carencias o necesidades de cualquier clase? *¡Sería una tragedia si Dios supiera!* ¡Si Dios conociera el pecado, sería pecador, porque lo que la Mente Infinita sabe, tiene que SER! Los pecados o los errores están fuera del campo de la Realidad. Jesús sabía esto. También sabía que mientras el hombre se fatiga bajo una carga de condenación, esta carga le dobla bajo su peso. Pudiendo leer el pensamiento, Jesús sabía qué pasos debía tomar para eliminar la carga de la mente del hombre antes de decirle que se levantara y caminara.

Sería bueno recordar esta lección. ¡Cuántas veces condenamos cuando deberíamos perdonar, o censuramos cuando deberíamos alabar! Cuánto pesar sería aliviado con palabras de alegría y de perdón. Debemos recordar esta lección especialmente en lo que concierne a la instrucción de los niños, porque ellos fácilmente responden al pensamiento de otros. Recordando que el Espíritu no puede desearle mal al hombre, y que Dios es Amor, debemos emular esta lección divina y perdonarlo todo para que nuestros corazones estén libres de la carga de nuestra propia condenación.

REMIENDOS NUEVOS EN ROPAS VIEJAS (Mat. 9:16, 17)

Al decir que "nadie usa género nuevo en ropa vieja, o vino nuevo en odres viejos," Jesús enseñaba una lección acerca del desarrollo concienzudo. Continuamente vivimos la vida nueva, y cuando la vida antigua y la nueva no se ajustan bien, la vida antigua tiene que abandonarse. Esperamos continuamente revelaciones nuevas de verdades antiguas. No debemos olvidar nunca que el alma está siempre en la senda de experiencias sin fin y siempre se está expandiendo, y sólo puede desarrollarse al expanderse. Esto no quiere decir que tenemos que olvidar lo bueno que el pasado nos ha ofrecido, pero sí debemos convertirlo en algo aún mejor. Aceptando las lecciones y experiencias del pasado y tomando lo mejor de todo, debemos seguir adelante buscando siempre la Verdad, ascendiendo siempre hacia el cielo de la realidad.

El hombre no tiene límite en su posibilidad inherente. El alma tímida debe poner su confianza completa en el bien y seguir adelante con valor.

TU FE TE HA SANADO (Mat. 9:20, 21)

"Y he aquí, una mujer que por doce años había padecido flujo de sangre, llegando por detrás de él, tocó el borde de su manto; porque se decía así misma, 'Si yo pudiera tan solo tocar su manto, sanaré.'"

Se dice que Jesús reconoció su presencia y tornó hacia ella con estas palabras, "Tu fe te ha sanado." Esta es una lección acerca del sanar impersonal y nos enseña que los que piensan espiritualmente, están rodeados de una atmósfera de la Realidad, cuya presencia sana. Otra vez encontramos a Jesús enfatizando la lección—según nuestra creencia, así se nos concede. "Y la mujer sanó desde ese momento."

Cuando sanó a los ciegos, les preguntó si creían que él podía restaurar la vista, y al aceptar ellos que sí lo creían, les dijo: "Que conforme a vuestra fe, asi sea." Nuevamente enseñaba la necesidad de la fe y la creencia como requisitos supremos para demostrar el poder espiritual.

LA LEY DE LA CIRCULACION (Mat. 10:8)

"Den libremente puesto que han recibido libremente." Cuando la ley de circulación se retarda, se produce el estancamiento. Sólo cuando permitimos que la corriente Divina de la vida fluya a través de nosotros y salga de nosotros, expresamos verdaderamente la vida. La ley de dar y recibir es definitiva. Emerson dice que debemos evitar retener demasiados bienes en nuestras manos.

Debido a la unidad en que la vida se basa, nadie vive enteramente para sí mismo, sino que a través de sí mismo, vive para el todo, el cual incorpora todo lo que vive. Por lo tanto, "el que encontrare su vida la perderá; y el que perdiere su vida, la encontrará."

Cuando un hombre piensa solamente en sí mismo, es anormal e infeliz, pero cuando se da con entusiasmo a cualquier propósito legítimo, perdiéndose a sí mismo en lo que está haciendo, es normal y feliz. Sólo podemos incorporar tanta vida como podamos concebir, y solamente concebimos lo que es la vida—en un sentido más amplio—cuando abandonamos lo personal completamente. El que se encuentra triste, desanimado o infeliz, debe buscar algún propósito altruista en el cual volcar todo su ser, y encontrará nueva vida fluyendo por él como jamás ha soñado que fuera posible.

¿A QUIEN TRATAREMOS DE AYUDAR? (Mat. 10:12, 13)

Pero Jesús conocía las maneras del mundo, lo mismo que conocía la sabiduría celestial, y les aconsejó a sus seguidores que no ayudasen a los que no desearan ayuda. Les dijo, "Al entrar en la casa, saludadlos así: 'Paz a esta casa.' Y si esa casa es digna, que nuestra paz le llegue. Si no es digna, que vuestra paz se vuelva a vosotros."

Esta es una lección que a veces los estudiantes sinceros de la Verdad descubren con pesadumbre. Algunas personas no desean recibir su mensaje, y cuando esto sucede, no debe haber controversia ni argumentos, ni perturbación alguna; pero, teniendo la convicción que al final todos aceptarán la verdad, deben dejar que su paz vuelva a ellos, y proseguir con calma su camino, sin perturbación, sin prejuicio ni combate, sino seguros de sí mismos...seguros de la Verdad que han creído. Si es necesario que defiendan su fe, deben recordar que el Espíritu que vive en sus vidas pondrá en su boca las palabras que han de hablar; el gran maestro dijo, "Porque no seréis vosotros los que habléis, sino el Espíritu de vuestro Padre, el cual hablará por vuestra boca." (Mat. 10:20) Nunca olvides que hay un Espíritu interno que *sabe*.

NADA PUEDE ESCONDERSE (Lucas 12:2)

Al decir, "Porque no hay nada oculto que no se descubra, ni secreto que no se divulgue," Jesús se refería a la Mente que sabe; al ojo que mira todo, del cual nada se esconde. El Oído Cósmico oye todo, la Mente Eterna sabe todo, y la Ley de Causa y Efecto produce todo acontecimiento a su debido tiempo.

LOS ENEMIGOS DEL HOMBRE (Mat. 10:36)

"Y los enemigos del hombre serán los de su propia casa." No hay enemigo fuera de nuestra propia mente. Este es uno de los problemas más difíciles de comprender, y—aunque parece sencillo—penetra el fondo de la causalidad creativa. *Nada puede acontecernos a menos que acontezca a través de nosotros mismos.* Lo que nos rehusamos a aceptar no puede ser *para nosotros,* y lo que es para nosotros no puede más que ser una realidad en nuestras vidas. Pero alguien dirá: "Yo no concebí lo malo que me ha pasado; no estaba en mi mente." Preguntémonos entonces, "¿Puede algo malo en particular ser real para una persona si se rehusa a aceptarlo en su mente?" La respuesta tiene que ser siempre que *no puede.* Esto es algo difícil de comprender, pero el principio en juego es evidente.

Si podemos separar nuestra vida de la idea de maldad—de ser receptivos a la maldad—si podemos traer nuestra mentalidad a un punto donde no concibe la maldad, entonces la maldad no puede existir para nosotros. La *prueba* de esta doctrina queda en nuestra convicción individual, por medio de la experiencia; y vale la pena hacer el esfuerzo de probarla.

LA RECOMPENSA DE VER LA VERDAD (Mat. 10:41)

"El que reciba a un profeta por ser profeta, recibirá recompensa de profeta; y el que reciba a un justo, por ser justo, recibirá recompensa de justo." Cada uno recibe el resultado lógico y exacto de su propia receptividad. A cada uno la vida le concede el premio de su propia visión; para el que es puro, todo es puro. Para el que es justo; todo es justo; para el bueno, todo es bueno. La recompensa del mérito es el resultado objetivo del mérito mismo, y no es una cosa sobrepuesta por Mandato Divino. Cada hombre es premiado no por su virtud, sino a *través* de la virtud misma.

LA SABIDURIA ES JUSTIFICADA POR SUS OBRAS
(Mat. 11:18, 19)

"La sabiduría es justificada por sus obras." Jesús preguntó a sus seguidores acerca de Juan Bautista. "Pero vino Juan que ni come ni bebe, y dicen: ¿tiene el demonio? Vino el Hijo del Hombre, que sí come y bebe, y dicen: Ése es un glotón y bebedor de vino, amigo de publicanos y pecadores. Y la Sabiduría quedó justificada por sus obras."

Esto enseña que el mundo siempre encuentra algún defecto en el carácter humano. Si un hombre ayuna, es porque está poseído de ideas peculiares; si se harta, es materialista y glotón. Pero Jesús nos enseña que la virtud no consiste ni en comer ni en beber, ni en abstenerse de comer y beber. "La sabiduría es justificada por sus obras." Un hombre puede desear ayunar y ser sabio, o puede desear comer opíparamente y a la vez ser sabio. LA VIRTUD ES INDEPENDIENTE DE CUALQUIER FORMA MATERIAL QUE TOME. Los hijos de la sabiduría buscan la justificación en el interior y no en el exterior. La sabiduría no conoce gentuza ni pecador, sino que está sólo conciente de sí misma, aunque se manifiesta de diferentes maneras.

Si uno cree que la virtud consiste en ayunar, la virtud le parece ser el ayunar; pero al que no encuentra ninguna virtud en ayunar, el comer opíparamente le puede parecer una mayor virtud. Nos preocupamos en exceso con lo que no es esencial, dedicando grandes esfuerzos a nimiedades, mientras devoramos montañas de superstición.

LA FE SEMEJANTE A LA DE UN NIÑO (Mat. 18:3, 4, 5)

Jesús nos dice que la mente semejante a la de un niño es más receptiva a la Verdad que la del intelectual que exige una explicación demasiado racional de esas verdades que deben aceptarse sólo por la fe. ¿Quién puede explicar por qué vive? El hecho del vivir que es de por sí evidente es la única explicación posible o necesaria. En toda su vida, y a través de todas las enseñanzas de este maravilloso hombre, encontramos una fe en el universo semejante a la de un niño y una confianza implícita en la bondad de Dios. Juzgando sus obras por los resultados, y su influencia en las generaciones posteriores, tenemos que aceptar el hecho de que "la Sabiduría se reconoce por sus obras."

EL VERDADERO PADRE E HIJO (Mat. 11:27)

"Y nadie conocio al Hijo, sino el Padre; ni al Padre conocio alguno sino el Hijo y aquél quien el Hijo lo quisiere revelar."

¿Qué explicación razonable podemos encontrar en este pasaje, a menos que busquemos el significado oculto detrás de estas palabras del gran maestro? Sólo Dios conoce al Hijo real, oculto para siempre en el seno del Padre. Para Dios, este concepto del Hijo tiene que ser un Hijo puro, completo y perfecto; divino, santo e indestructible. Por causa de nuestra visión limitada, no vemos ni conocemos al *verdadero* Hijo, pero el Padre interno sí conoce y comprende. "Tampoco conoce ningún hombre al Padre, sino el Hijo, y aquel a quien el Hijo se lo revelare." Dios es revelado por el Hijo, y el Hijo se revela a sí mismo a otros hijos cuando se enteran que Dios es su vida. Esto implica una revelación directa entre Dios y el hombre.

Si alguien desea conocer a Dios, debe penetrar al fondo de su propia naturaleza porque solamente allí podrá encontrarlo. Si desea revelar a Dios a su prójimo, tiene que hacerlo viviendo como Dios para que la Esencia Divina fluya por medio de El. La única manera de conocer a Dios es ser como El es; y mientras esto parece difícil a nuestro nivel actual de evolución, no debemos olvidar que sólo hemos principiado una ascensión en espiral eterna.

¿Cuando Jesús dijo que vinieran a él y encontrarían reposo ("Venid a mi todos los que estáis cansados y abrumados de la carga, y yo os haré descansar...") quería decir que deberíamos o que podíamos venir hacia él como personalidad? Por supuesto que no. Jesús sabía que su personalidad humana pronto se disolvería en su individualidad divina. Sabía que pronto dejaría este mundo e iría a una realización más profunda de vida, de verdad y de belleza.

Por lo tanto, es evidente que se refería a su entendimiento de la vida cuando les dijo a los que estaban cansados que vinieran a él, y él les daría descanso. ¿No les había explicado antes que Dios moraba dentro de cada alma? Los invitaba a que penetraran aún más su propia naturaleza si deseaban encontrar paz y descanso. Esta siempre ha sido la lección que los iluminados nos han enseñado, que encontraremos a Dios solamente dentro de nosotros mismos, y que Dios obra para nosotros solamente obrando *por medio* de nosotros. Dios se revela a Sí Mismo directamente a través del hijo. El hijo revela a Dios cuando verifica que Dios ya está dentro de él. Este entendimiento no produce un orgullo indebido, ni pone al hombre en el templo de Dios *como* Dios; pero sí da verdadero valor a la vida del hombre.

EL PODER EN EL CORAZON DE DIOS

La paz es el poder en el corazón de Dios. Es por medio de la revelación del yo a sí mismo que venimos a entender la vida; y así nos acercamos al poder que está en el corazón de Dios. Esto sucede porque hemos reconocido la unidad del individuo con el Espíritu que está *detrás* de todo, *en* todo y *a través* de todo.

El problema de la filosofía es unir lo Infinito con lo finito; juntar lo abstracto con lo concreto, encontrar el lugar donde puedan encontrarse lo Absoluto y lo relativo; unificarse con la Primera Causa. Es el mismo problema que confronta la religión, y es verdaderamente su único propósito: unir al hombre con Dios. Esto también es verdad acerca de la ciencia, pero desde un ángulo diferente. La ciencia busca unir las causas con sus efectos, y de esa manera, hacer uso práctico de su conocimiento. La ciencia es verdaderamente espiritual, mientras que la filosofía conduce a la verdadera religión. La ciencia es sirviente de la religión y la filosofía.

LA GRAN BUSQUEDA

El mundo busca la solución al enigma más grande—la separación aparente de Dios y el hombre; de la vida y lo que la vida hace; de lo visible y lo invisible; del Padre y el Hijo—y hasta que no se resuelva este enigma, no puede haber paz.

La paz es una calma interna obtenida por medio del conocimiento humano de lo que cree y por qué lo cree. Sin saber esto, no puede tener paz duradera. Nada puede traer paz, excepto la revelación del individuo a sí mismo, y el reconocimiento de su relación directa con el Universo. Tiene que saber que él es un ser eterno en el camino de la vida, con una certidumbre detrás y ante él; una certidumbre que le acompaña por todo camino.

La paz se encuentra en la unión conciente del hombre personal con el principio interno de su vida—esa corriente interna que fluye desde un centro divino, avanzando siempre para exteriorizar su expresión. Pero nadie puede alcanzar esto por medio de un apoderado. Podemos contratar a otros para que hagan nuestro trabajo, para que atiendan a nuestras necesidades físicas, pero *nadie puede vivir por nosotros. Eso tenemos que hacerlo por nosotros mismos.*

LA EXPERIENCIA ESPIRITUAL ES NECESARIA

Necesitamos experiencia espiritual, un conocimiento personal de la vida y la Realidad. No hay más intermediario entre Dios y el hombre, entre la vida y el vivir, entre el cielo y el infierno, que una idea. Pero una idea no tiene valor real mientras no se convierta en experiencia.

Cuando conversamos, suponemos que sabemos mucho acerca de

la religión y la filosofía, pero en realidad, ¿cuánto practicamos? Sólo podemos *conocer* lo que experimentamos. Todas las grandes religiones han enseñado la verdad, pero no pueden tener significado para nosotros a menos que sea verdad para nosotros.

Necesitamos la experiencia espiritual. No conoceremos la paz si no la absorbemos; no sabremos lo que es la Verdad hasta que seamos la Verdad, y no podremos conocer a Dios hasta que lo sintamos dentro de nuestro propio ser. El Espíritu siempre está dando, pero nosotros tenemos que aceptar. Lo que la vida haga a nosotros tiene que hacerlo a través de nosotros.

La experiencia espiritual es profunda, tranquila, se afirma a sí misma; es el resultado de realizar verdaderamente la Presencia que une Todo en Una Totalidad. Esta experiencia se encuentra en el silencio del alma, cuando la voz exterior calla, cuando la tempestad de los afanes humanos disminuye; es la urgencia del hombre interno hacia una realidad eterna.

La experiencia espiritual es un hecho. La espiritualidad puede definirse como la atmósfera del bien, la realización de Dios. No puede (y no lo hace) pedirle a nadie que le preste su luz, no importa que tan grande o noble sea. Tiene que brotar del interior, de esa fuente de vida eterna que apaga la sed, y cuyo Origen está en la eternidad, la fuente del existir mismo. Es una revelación del yo a sí mismo, que lo vuelve a colocar en la senda de su dependencia en el Espíritu, de su unidad con la Realidad.

LA CAUSA DE LOS PROBLEMAS HUMANOS

No podemos tener preguntas o dudas acerca de la integridad del universo. El Espíritu *tiene que ser, y es, perfecto.* Eso que lo respalda todo tiene *que ser bueno,* completo, tiene que ser amor y armonía. Cuando no estamos en armonía con un bien en especial es porque nos hemos desviado del Espíritu en esta actividad particular.

¿Pero, cómo vamos a recobrar el Paraíso perdido? Solamente cultivando el alma, y analizándose uno mismo cuidadosamente. ¿Desde qué punto de vista veo yo la vida? Cada uno debe hacerse esta pregunta. ¿Qué creo yo acerca de mi relación con el Todo? ¿Qué creo yo acerca de la Causa que existe detrás de todo? ¿De dónde viene el desaliento, el temor, la duda y la calamidad? *No pueden* venir de la inagotable Fuente Eterna—de la fuente perfecta de vida. Entonces tienen que venir de mi propia conciencia. No pueden nacer de la Verdad. La Verdad es Dios, y Dios es libre, feliz, pacífico y siempre sereno en Su propio Ser. Tengo que alinearme con el universo. Tengo que encontrar el camino para volver a la llama central, para calentarme. Tengo que encontrar la Fuente para ser saciado. *¡Tengo que ser como Dios si deseo realizar Su Espíritu en mi vida!*

Un cambio de conciencia no llega sólo con desearlo. No es fácil mantener la mente en un ideal mientras la experiencia humana es discordante—pero sí es posible. Saber la Verdad no es un proceso de hipnotizarse uno mismo, sino es el desarrollo gradual del ser interno.

COMO DIRIGIRSE AL ESPIRITU

Si deseamos venir al Espíritu para sanar nuestras heridas, tenemos que venir en paz, con gozo espontáneo, porque el Espíritu es gozo; vengamos también con gratitud porque el corazón agradecido está en armonía con la vida. Pero tenemos que hacerlo con una confianza serena, con la mente abierta y receptiva, con el corazón creyente, y por supuesto, sanamente y con expectación. De esta manera entramos en los portales de la Realidad vestidos con ropas de virtud.

Nosotros a veces creemos que lo que necesitamos es dinero, o amigos, o salud física. *Estas mismas cosas* buscan los que no conocen la Ley; y hacen bien, porque todos las necesitamos. Pero estas cosas *son efectos de la relación correcta con la vida.* Toda la gente necesita sanar algo. La mayor parte del mundo vive infeliz, y pocos realizan una paz permanente. Buscamos fragmentos cuando todo está a la mano. Qué ilógico es pensar que cualquier cosa puede elevarse más alto que su origen. El Universo es un todo perfecto e indivisible, y solamente podemos sanar cuando nos unimos con el Universo. ¿Cómo puede alguien, entonces, sanar en parte? Busquemos el todo correcto antes que nada.

Si deseamos venir al Todo Universal, tenemos que acercarnos a través de la ley de Su naturaleza. Esto quiere decir que tenemos que dar toda nuestra atención a la unidad espiritual que está detrás de todas las cosas. Como todo está incluido en esta unidad, encontraremos nuestro bien particular al unirnos con la vida. Esta unidad conciente nos hace receptivos a todo, porque la Vida Misma es todo. Esta percepción siempre es una luz interna, porque solamente podemos usar el conocimiento que tenemos en el interior. En realidad conocemos a Dios solamente hasta el grado que podemos encarnarlo. Y COMO ES IMPOSIBLE ENCARNAR ALGO FUERA DE NOSOTROS MISMOS, ESTE CONOCIMIENTO TIENE QUE SER UNA LUZ INTERNA. La Verdad Misma es Infinita, pero encarnamos lo Infinito en grados. Hasta el grado que podamos encarnar la Realidad, hasta ese grado tenemos serenidad y poder.

EL PROPOSITO DE LA CIENCIA DE LA MENTE

El único propósito de la Ciencia de la Mente es reconciliar la separación aparente del mundo espiritual, *que tiene que ser perfecto,* y el mundo material, que parece ser imperfecto. El mundo Espiritual es la CAUSA del mundo material; somos seres espirituales gobernados por una ley mental. EL UNICO MUNDO QUE PARECE SER NUESTRO MUNDO, ES EL QUE PODEMOS PERCIBIR MENTALMENTE. La experiencia del hombre es el resultado lógico de su visión interna; su horizonte está limitado a los confines de su propia conciencia. Cada vez que a esta conciencia le falta perspectira verdadera, su expresión externa carecerá de la propia armoniá. Por eso enseñamos que debemos ser transformados por medio de la renovación de nuestras mentes. Debido a que cada uno vive por sí mismo, y nadie puede vivir por otro, cada uno tiene que hacer la prueba en su propia alma.

Y JESUS CONOCIA SUS PENSAMIENTOS (Mat. 12:25)

"Y Jesús conocía sus pensamientos…" Es decir, Jesús tenía una amplia visión y sabía lo que otros pensaban. Había sanado a un hombre poseído de pensamientos impíos, y los sacerdotes razonaban entre ellos mismos que este poder tenía que venir de "satanás."

Jesús sabía lo que estaban pensando, y les dijo que una casa dividida dentro de sí no podía durar; y que si él echara fuera a los demonios por el poder de "satanás," entonces la maldad sería una casa dividida en contra de sí misma. Mas dijo: "Si yo echo fuera a los demonios en virtud del Espíritu de Dios, en ese caso, el Espíritu de Dios ya llegó a vuestra tierra."

No podemos hacer el bien si continuamos haciendo el mal, ni podemos sanar la maldad a menos que sea por el poder del bien. Para todos los estudiantes que sinceramente estudian la Ciencia Espiritual, esta lección debe ser una guía; los buenos pensamientos siempre vencen a los pensamientos malos. La presencia del bien arroja el mal, al igual que cuando aparece la luz, la obscuridad desaparece.

LOS BUENOS PENSAMIENTOS Y LA BUENA COSECHA
(Mat. 7:17, 18)

Un buen árbol produce buena fruta, así los buenos pensamientos dan su cosecha, que son las buenas obras; pero el mal se consume a sí mismo en la llama de su propio fuego. Si en su vida un hombre hace buenas obras, es bueno, y no importa cual sea su religión.

La boca dice lo que está en el corazón. Es imposible que un hombre encubra lo que es. Sus hechos, sus palabras y sus ademanes revelan lo que es y no lo que desearía que otros creyeran de él. El Universo nada oculta, ni nada puede ocultar; las paredes tienen oídos, y el espejo de la vida nos refleja lo que verdaderamente somos.

Jesús nos dice claramente que tendremos que dar cuenta de las palabras que decimos. Jamás ha vivido un hombre que valorizara más que él la palabra. Por nuestras palabras somos justificados o somos condenados. Podemos considerar que la palabra es el pensamiento y el hecho del hombre. Antes de que haya un hecho, tiene que haber un pensamiento, y antes que haya un pensamiento, tiene que haber un pensador. El pensador se condena o se justifica a sí mismo por su pensamiento.

PADRE-MADRE DIOS (Mat. 12: 47, 48)

Se dice que mientras Jesús conversaba, vinieron a decirle que su madre y sus hermanos estaban esperándolo para hablar con él. "Pero él contestó al que se lo dijo, '¿Quién es mi madre? ¿Y quienes son mis hermanos?'" Luego les dijo que cualquiera que hiciese la voluntad de Dios era su madre, su hermano y su hermana. No debemos suponer que Jesús no amaba a sus padres humanos o a sus amigos. Les explicaba que el que vive en armonía con la Verdad automáticamente es el hermano, la hermana, o la madre de todos.

Esta es una lección de la hermandad del hombre. Dios es el Principio Andrógino, el Padre y Madre de todo. Nuestros padres humanos simbolizan el padre y la madre celestial. Jesús era un alma cósmica que reconocía su unidad con el todo. Sabía que el amor tiene que ser universal para llegar a su madurez. Por eso dijo que todos los que viven en armonía con la Verdad son hermanos en Ella.

AL QUE TIENE, SE LE DARA MAS (Mat. 13:12)

"Al que tenga se le dará mas, y tendrá más abundancia; pero al que no tenga, aún lo poquito que tenga se le quitará."

Esta es una declaración dura y puede desalentar al que no comprenda a fondo lo que significa. Nos parece poco lo que tenemos, y no podríamos soportar que nos lo quitasen. Y no nos parece justo que *los que tienen* recibirán más.

Examinemos esta declaración a la luz del entendimiento de la Ley de Causa y Efecto, de esa sutil realidad que está oculta en el poder creativo de la mente del hombre. Si no concebimos que podemos tener cosas buenas, nunca las tendremos; y en el mundo objetivo, perderemos hasta lo que tenemos. Esta es otra manera de explicar la Ley de Causa y Efecto, y el principio inmutable que gobierna todas las cosas.

EL CONCEPTO DEL HOMBRE PRÓSPERO

Si pudiésemos ver la mentalidad del hombre próspero, veríamos prosperidad imprimida en grandes letras en la puerta de su conciencia. El hombre próspero está seguro de sí mismo, seguro de lo que está haciendo, seguro del resultado de sus esfuerzos. Como lo mucho atrae más, y lo semejante atrae lo semejante, así la prosperidad crea más prosperidad, y a la certidumbre la acompaña la convicción. Jesús nos enseña en todas sus lecciones que tengamos fe y que creamos. Jesús le dio más valor a la fe y a la creencia que ninguna otra persona que haya enseñado las verdades espirituales. Debemos creer en nosotros mismos porque hemos penetrado la Causa Invisible detrás del ser verdadero. Debemos tener fe absoluta en nuestro trabajo, porque tenemos una convicción positiva del poder interno que nos capacita para hacerlo.

Pero para los que sólo creen en el fracaso, la ley les da la medida correspondiente, les retorna el resultado lógico de sus creencias. El fracasado habitual lleva al umbral de su pensamiento una imagen de su incapacidad de prosperar. Dice la ley antigua que al que poco tiene, aún eso se le ha de quitar hasta que aprenda la lección de vida y acción.

Cada uno debe entrenarse—concientemente—a concebirse a sí mismo como hombre próspero. Navegando en el ancho mar de la vida en el cual todos navegamos, debemos pasar de un éxito a otro mayor. Todos los pensamientos de fracaso o depresión deben borrarse de la mente y sustituirse con pensamientos positivos de prosperidad. Debes tener fe en Dios, en la vida, y en tu prójimo. SABE QUE LA RECTITUD ES PODER. Logra cierto grado de plena convicción y mantenlo. La Mente Cósmica no es ni vacilante ni floja. Es positiva, segura de Sí, y segura del resultado.

EL OJO QUE VE (Mat. 13:16)

"Bienaventurados vuestros ojos porque ven; y vuestros oídos porque oyen." ¿Qué debe mirar el ojo, y que debe oír el oído? ¿No miran y no oyen todos? No. En verdad son pocos los que al ver, miran, y al oír escuchan.

Tenemos que ver que el Espíritu crea todo por el poder de Su propia palabra, y que nosotros somos seres espirituales. Debemos escuchar esa voz interna de la Verdad que siempre proclama la libertad de toda la vida y la unidad eterna de Dios y el hombre. Es inútil que los que no han experimentado este mirar y este oír nieguen su realidad. Lo mismo dirá alguno que la pradera no existe porque él no la ha visto. El mundo necesita la experiencia espiritual como necesita el pan y el agua. El hombre necesita convicción espiritual como necesita comer y beber. Y con la convicción espiritual viene todo lo demás. Al que tiene, se le dará.

EL REINO Y LA SEMILLA DE MOSTAZA (Mat. 13:31, 32)

"El reino de los cielos es como una semilla de mostaza." Cuando entendemos la acción mental sabemos que una idea constructiva, sembrada en la mente subjetiva, tiende a producir una condición verdadera. Jesús no podía haber escogido una manera más comprensiva de ilustrar este punto.

EL REINO ES COMO LEVADURA (Mat. 13:33)

"El Reino del cielo es como levadura." Sabemos que los pensamientos sembrados en la mente tienen el poder de afectar químicamente las ideas opuestas, y de fermentar toda la masa de la subjetividad. De esta forma, las ideas penetran la mente gradualmente y tienen influencia sobre todos los pensamientos y toda acción. Si la idea es idea del cielo, producirá verdaderamente un estado celestial.

LA PERLA DE GRAN VALOR (Mat. 13:45, 46)

El reino del cielo es comparado a una perla de gran valor por la cual un hombre vende todo lo que tiene para poseerla. Esto probablemente explica lo que han hecho los iluminados. Para ellos, el reino del cielo significa todo, y ha estado por sobre todo. Los vemos alejarse solos para gozar más completamente de esta relación con el Todo. Un compañerismo divino siempre los ha asistido en el camino de la experiencia humana. Sus descripciones de lo que han visto, sentido y oído, son las lecciones más valiosas que el mundo ha recibido.

Todo lo que sabemos del Cielo ha venido a través de la conciencia del hombre, y a los pocos que han penetrado el velo de la ilusión y han conocido una realidad más profunda, les tenemos una deuda que no puede ser pagada más que con apreciación y agradecimiento.

Es verdad que los iluminados han tenido experiencias que el hombre común no puede concebir, y además es evidente para aquel que hace el esfuerzo por conocer la Verdad puede hacerlo. Pero no olvidemos que la experiencia espiritual es algo normal, natural y racional. Los iluminados siempre han tenido intelectos racionales y mentalidades equilibradas.

Ninguna experiencia puede ser saludable a menos que se experimente en un estado mental normal. Enfáticamente se advierte no hacer el menor intento de romper el velo cuando no se está en un estado perfectamente normal.

Jesús vivió en un mundo espiritual tan normalmente como nosotros vivimos en el mundo material, y tan concientemente como nosotros. ¿Y qué es este mundo espiritual? ¿Y dónde está? Está aquí, si tan sólo pudiésemos verlo. Detrás de todo lo material está lo espiritual, apoyándolo, y sin lo cual no podría existir lo material.

AQUELLO QUE CONTAMINA (Mat. 15:18, 19, 20)

No es lo que comemos o lo que bebemos lo que nos contamina, sino lo que pensamos. Las cosas de la vida son cosas internas. Si un hombre tiene la mente limpia, verdaderamente es limpio. Debemos mantener nuestra casa mental libre de pensamientos que contradicen la verdad de nuestro ser.

La vida es lo que nuestra conciencia hace de ella. Comprender esto es grandioso. A veces parece que la experiencia niega todo esto, pero el principio es inmutable y no puede ser violado, lo mismo que la integridad del universo no puede ser violada.

Cada uno debe decidir ser fiel consigo mismo, fiel a su propia luz interna, y fiel a la Verdad según la entiende. Cuando todos los hombres hablen la Verdad, la salvación total vendrá al mundo. Si uno piensa en impurezas, sus hechos son impuros. Si su pensamiento mora en la pureza y en la Verdad, sus hechos—reflejando su mente—lo harán puro y verdadero.

Cualquier planta que no es sembrada por Dios será arrancada. A la larga, todo lo que no pertenece al Reino Celestial será destruido. Solamente la Verdad perdurará.

CUANDO EL CIEGO GUIA AL CIEGO (Mat. 15:14)

"Y si el ciego guiare al ciego, ambos caeran en la zanja." Debemos elegir con cuidado las ideas que deseamos seguir. Debemos probar todas las ideas para discernir si son Verdad. Es un error aceptar cualquier filosofia simplemente porque parezca creíble. Debemos cuidar de no aceptar lo que no es verdad; y recordar que la Verdad es sencilla, directa, y siempre evidente por sí misma.

Las ideas falsas acumuladas sobre otras ideas falsas, empeoran la situación. La confusión en el mundo es el resultado de errores fundamentales de pensar. El principal de estos errores—y origen de muchos otros—es la creencia en dualidad. Esta creencia supone que el mal es equivalente al bien; que un supuesto demonio comparte el Reino de la Verdad con Dios. Esto no puede ser. Recordemos las enseñanzas de Moisés, "Dios es Uno." Si aceptamos que el mal tiene tanto poder como el bien, caemos en la zanja de nuestra confusión.

Para muchas personas, creer solamente en el bien parecerá absurdo, pero el que así lo cree, encuentra su camino alumbrado por una antorcha que ni parpadea ni se extingue.

EL QUE SALVARE SU VIDA LA PERDERA
(Basada en Mat. 16:24, 27)

Este es otro refrán místico de Jesús que debemos considerar cuidadosamente antes de aceptarlo. ¿Exige Dios que abandonemos todo para poder entrar en el Reino de los Cielos? ¡Por supuesto que no! Suponer que Dios desea que vivamos limitados es contradecir la Naturaleza Divina. La voluntad de Dios es solamente Ser, y que todo Sea, porque Dios puede concebir al hombre sólo como parte de Sí Mismo.

Entonces, lo que debemos perder es el sentir que vivimos separados de la Vida. Nos encontramos en la Idea Divina, sumergidos en la Fuente Infinita, siendo uno con el Todo Perfecto. Pero si pensamos que nosotros, por nosotros mismos, podemos ser o podemos expresarnos sin esta relación con Dios bien establecida, *rompemos la cuerda que nos ata a la línea principal del poder, y así perdemos el poco poder que tenemos.*

Solamente somos poderosos cuando estamos unidos con el Poder. Somos débiles cuando abandonamos este Poder, no porque Dios sea celoso, sino porque así funcionan las cosas. La idea de una falsa renunciación—de renunciar a todos los placeres y los beneficios de esta vida—ni siquiera se sugiere en las enseñanzas de Jesús. El desprecio de uno mismo, el descuidar del cuerpo, la idea que tenemos que ser infelices y pobres aquí para servir a la Verdad, todas estas son ideas inmaduras que niegan el derecho inherente del alma cuando nacemos; niegan el Espíritu del Altísimo encarnado en nosotros.

Cuando estamos dispuestos a perder el sentido de responsabilidad personal, cuando abandonamos la idea que vivimos aislados y reclamamos nuestra unidad verdadera con Dios, perdemos lo personal y encontramos lo Universal. Pero debemos recordar que así como lo mayor siempre incluye lo menor, así también lo Universal siempre incluye lo personal, porque es personificación de Sí Mismo.

El hombre tiene que abandonar la idea de que es pequeño, de que es una persona aislada, y tiene que encontrar una verdad más grande, el Yo encarnado y verdadero. La imagen del Padre no puede ser deformada, ni puede borrarla el ingenio o el fingir del hombre. La Luz Eterna es Dios, y esta Luz ilumina la vereda personal cuando no tiene obstrucción.

El que depende de la Verdad y pone todo—con atención total—en la balanza de la Realidad, la encontrará perfectamente balanceada por medio de la gran ley de compensación, la cual mide y valoriza todo exactamente como es.

EL AYUNO Y LA ORACION (Mat. 17:21)

No debemos suponer que el hecho físico de ayunar, o el hecho metafísico de orar puede mover el trono de gracia hacia una bondad que de otra manera sería negada. Dios no tiene favoritos y la Ley del Universo no puede invertir su propia naturaleza. El ayuno y la oración nos permiten acercarnos más a la Realidad, pero no por ayunar ni por orar, sino porque abren una mayor receptividad en nuestras mentes.

¡Si alguno desea personificar su ideal y está dispuesto a abandonar todo para alcanzarlo, entonces *está ayunando y está orando!* Está purificando la idea pasada con una idea nueva y mejor. Si está dispuesto a abstenerse de lo pasado y adherirse a lo nuevo, está dando más realidad a lo nuevo, y de esta manera hace contacto con la Ley desde un punto de vista más afirmativo.

Una determinación firme de alcanzar un propósito, abandonando todo lo que se le opone, y una confianza absoluta en la Ley del Bien y en el Espíritu—estos son el verdadero ayuno y la verdadera oración.

El científico, en profundo pensamiento y meditación ante su problema—ignorándolo todo para encontrar una solución—está haciendo una verdadera oración a su principio científico. El poeta, esperando la inspiración en el silencio de su propia alma, invoca al espíritu de la poesía para que le hable al oído. El escultor, cincelando su mármol, contemplando la belleza que producirá, ora al dios de su arte; y el labrador, arrodillado junto a su parcela de verduras, confía en que la Ley natural del Bien hará que sus semillas produzcan una cosecha.

Vivimos en un mundo de ayuno y de oración, pero a veces no podemos leer las señales. Estamos tan acostumbrados a las señales exteriores que no nos damos cuenta de su significado interno. El mundo es mucho mejor de lo que se piensa o de lo que se siente que es.

SANANDO AL EPILEPTICO (Mat. 17:14, 19)

Qué majestad tan grande y qué poder vemos en las palabras de Jesús: "Traédmelo aca." En esto no encontramos duda, temor de fracasar, o falta de confianza en la Ley perfecta que todo lo gobierna. "Y Jesús reprendió al demonio y quien salió de él."

Seguramente, esta lección debe enseñarnos que el mal es sólo una obsesión, y—desde el punto de vista de la Realidad eterna—una ilusión completamente. ¿Podríamos echar el mal fuera de nuestro pensamiento si el mal fuera una entidad verdadera, o si tuviera verdadero valor? No podríamos hacerlo, esto es evidente por sí mismo. El mal huye de la Realidad, y para la mente que sabe, el mal no existe.

COMO NIÑOS PEQUEÑOS (Mat. 18:3)

Tenemos que volver a ser como niños pequeños. Cómo anhelamos volver a tener esa sencilla confianza en la vida que tienen los niños; en sus mentes no existe la duda—todavía no se les ha dicho que son pecadores, y que están desprovistos de guía divina y vida espiritual. El niño vive su vida en una bondad natural. Las experiencias falsas pronto se hacen paredes de prisión, y son barreras que impiden la entrada de la luz, y el niño se vuelve hombre y a veces pierde el sentido de ese Guía interno que dirige sus pasos por el camino del bien.

Tenemos que regresar de la misma forma que vinimos. Como niños que saben que la vida es buena, y que pueden confiar en ella, debemos enfrentarnos a nuestros problemas *como si no lo fueran.* Enfrentándolos de esta manera desaparecerán.

No permitamos que el materialista nos niegue este derecho, ni que el incrédulo proyecte reflexión alguna de su ceguera ante nuestros ojos. Hay una sabiduría y un poder que no son de la carne, y que brotan eternamente de la vida interna—la cual tiene todo poder y toda sabiduría.

TODO LO QUE ATAREIS SOBRE LA TIERRA (Mat. 18:18)

El siguiente es un pasaje difícil de comprender, y que ha confundido a muchos. "Todo lo que atareis sobre la tierra, será atado en el cielo; y todo lo que desatareis sobre la tierra, será desatado en el cielo."

Al leer superficialmente este pasaje, puede uno suponer que este mundo provee la última oportunidad para la salvación del alma. Pero ese no es el significado del texto el cual implica que la muerte no puede cambiarlo todo. Así como el hombre ha vivido en la tierra, seguirá viviendo después de la muerte. Si ha sido puro seguirá siendo puro; y si ha sido de otra manera, así seguirá siendo.

La experiencia falsa continuará hasta que se aprenda la lección, hasta que el alma se vuelva de lo que daña hacia el bien. El espíritu del hombre es de igual naturaleza que el Espíritu de Dios, y es imposible que el Espíritu de Dios permanezca en la obscuridad. La próxima vida es continuación lógica de esta, y no podría ser de otra manera.

EL PERDON DIVINO (Mat. 18:21, 22)

En el siguiente pasaje, Jesús explica claramente lo que significa el *perdón divino*. Dice que debemos perdonar hasta setenta veces siete. Esta es otra manera de decir que el perdón es eterno y siempre está al alcance. ¡Qué gran carga de responsabilidad personal desaparece de los hombre cuando comprendemos que la Mente Eterna no guarda nada en contra de nadie! Pero para los que creen que esto no es justo, es un refrán duro. Alguien dirá, "¿No recibiré recompensa por mis virtudes más que los que no las tienen? Hombre necio y ciego, ¿qué sabes tú de virtud? ¿Has vivido siempre irreprochablemente? ¿Jamás has faltado al llamamiento divino? ¿Quién eres tú que señalas con desprecio a tu hermano? El hombre que se cree y se siente justificado por sus virtudes pequeñas, se engaña solo.

Debes saber esto: La virtud no sabe que es virtuosa, y si lo supiera, sería viciosa inmediatamente. La virtud es dulce como el rocío de la mañana, suave como la estrella del anochecer, y brillante como el sol del medio día. ¿Podría el rocío decir por qué es dulce, o la estrella decir por qué es suave su luz, o el sol decir por qué brilla? Cuando aprendamos a descartar nuestras virtudes insignificantes junto con nuestros vicios insignificantes, entonces veremos claramente—no lo que es la virtud o el vicio—sino lo que es la Verdad.

La mente que condena no comprende la verdad de ser, y el corazón que cierra su puerta al que se equivoca ahoga su propia vida, cerrando sus ojos a la visión más grande. La vida más grande es la que incluye más.

No es que promovamos el vicio o premiemos la maldad, sino que comprendemos las debilidades de la naturaleza humana y aprendemos a pasar muchas cosas por alto. Al que mucho ama, mucho se le perdona.

UNA FORMULA PARA LA ORACION EFECTIVA
(Mat. 21:21, 22)

¡DEBEMOS PEDIR LO QUE NECESITAMOS—Y CREER QUE YA LO HEMOS RECIBIDO! Esta declaración penetra las profundidades mismas de la ley metafísica y psicológica de nuestro ser, y explica la posibilidad de la respuesta a nuestras oraciones.

Cuando oramos, tenemos que creer que tenemos. Estamos rodeados por una ley universal que es creativa. Se mueve del pensamiento hacia la cosa. A menos que primero haya una imagen, no puede moverse, porque no tiene a donde moverse. La oración, que es acción mental, tiene que aceptar su respuesta como imagen en la mente antes que las energías divinas puedan obrar sobre ella y hacerla productiva.

Así como tenemos que sembrar la semilla antes de recoger la cosecha, así también tenemos que creer antes que pueda ser contestada nuestra oración. La oración debe llegar al punto de aceptación, a un lugar incuestionable de absoluto acuerdo. Llevemos las imágenes mentales de nuestros deseos al seno de la Vida Creativa y aquí manifestémoslas imprimiéndoselas con nuestra creencia positiva. Si hacemos esto, nuestras oraciones serán contestadas.

Pero debemos recordar que la oración verdadera es siempre universal. No puede haber bien para nosotros que no sea bueno para todos. Esto no quiere decir que no debemos pedir lo que deseamos, sino que debemos desear solamente lo que es bueno. Por ejemplo, es bueno tener un hogar; es bueno que todos tengan un hogar mientras viven en este mundo; es bueno pedir un hogar, pero no sería bueno pedir el hogar que pertenece a otro.

Si deseamos orar por un hogar, debemos llevar esta idea con nosotros al silencio y allí meditar sobre su realización. Debemos creer que tenemos un hogar y que ya somos dueños de un hogar, pero debemos dejar la idea libre para que se cumpla sola, sin escoger definitivamente donde, como, cuando o por qué. De esta manera oramos bien, y cuando oramos así, oramos con efectividad.

Es la voluntad de Dios que tengamos todo. Al dar expresión a la vida, cumplimos la ley de la abundancia de Dios, pero sólo lo podemos hacer cuando comprendemos que hay suficiente bien para todos—cuando sabemos que Dios da todos sus regalos tan fácilmente como da el aire y el sol...a todos por igual.

LOS DOS GRANDES MANDAMIENTOS (Mat. 22:36, 41)

Los dos grandes mandamientos son amar a Dios y amar a nuestro prójimo. En éstos penden toda la ley y los profetas. Amor es unidad total con la vida, y no podemos entrar en este estado a menos que estemos en unión con todo lo que vive, porque toda la vida es Una. No es suficiente amar sólo a Dios porque eso excluiría al prójimo. Tampoco es suficiente amar solamente al prójimo, porque esto sería un concepto demasiado limitado de Dios.

Cuando nos demos cuenta que Dios y el hombre son Uno y no dos, entonces amaremos a los dos. Amaremos al hombre como expresión de Dios y a Dios como el Principio de la Vida en todo.

No debemos suponer que esta lección nos enseña que amemos en el prójimo, o en nosotros mismos, aquello que no es bueno; debemos amar únicamente lo bueno. Debemos ver a Dios en cada persona, y amar este Dios, olvidando todo lo demás. ¿Pero nos obliga esto a tomar de otros lo que no es bueno? ¡Por supuesto que no! No es necesario que ninguno se deje pisotear por los demás para probar que Dios es amor, porque esto sería sufrir por causa de la rectitud y esto siempre es un error.

Debemos tener la sabiduría del mundo lo mismo que la sabiduría Divina. No debemos equivocar lo falso por lo verdadero, ni aceptar doctrina cualquiera sólo para evitar un disgusto. La verdad es positiva pero no es combativa; está segura de sí pero no argumenta. Ama la sinceridad y aborrece el engaño. Sobre todo, la Verdad es sabiduría, representa el Ojo que Todo lo mira, del cual nada se esconde. El estudiante de la Verdad recibirá todo lo que viene en el nombre del Señor, es decir, todo lo que es de la Verdad; todo lo demás, caerá por su propio peso.

LA HISTORIA COMPRUEBA LA REALIDAD DE LA VERDAD
(Mat. 26:52)

Cuando damos una mirada a las páginas de la historia, este refrán de Jesús permanece firme y verdadero: "Todos aquellos que usan la espada, perecerán por la espada." Las naciones que se han elevado por medio de la espada, han caído en la ruina de sus propias esperanzas falsas. La historia comprueba que la lucha engendra lucha, y que el camino del transgresor es camino difícil.

En la lucha internacional, todas las naciones son derrotadas a medida que han tomado la espada por odio, avaricia y codicia. No reconocemos ese aparente poder que dura un día, porque no es sino un falso gesto que derrota su propio propósito como lo hace siempre todo lo que es falso.

Jesús, hablando la Verdad Eterna, dijo que todos los que toman la espada perecerán por ella. EL MUNDO RECUERDA MEJOR AQUELLOS QUE LE HAN DADO LO MEJOR, Y HAN SIDO LOS MAS AMADOS DE TODOS LOS TIEMPOS. Si intentáramos medir la existencia desde esta duración de vida tan corta no habría explicación y no encontraríamos respuesta a la vida misma. El odio engendra odio, y la lucha produce lucha. Solamente el amor vence todo y justifica la eternidad de su dominio.

DIOS SE VUELVE HACIA NOSOTROS
AL VOLVERNOS NOSOTROS A EL (Lucas 15)

La parábola del Hijo Pródigo es una de las lecciones espirituales más grandes en la historia de la educación religiosa. El Gran Maestro se empeña en enseñarnos que Dios se vuelve hacia nosotros a medida que nosotros nos volvemos hacia El; que existe una acción recíproca entre la mente Universal y la mente individual; que el Espíritu siempre está preparado para ayudarnos cuando tornamos hacia El.

La lección más grandiosa que tenemos que aprender es la de la unidad del Amor y la Ley; la necesidad de la ley de formar una individualidad divina, y la necesidad de la experiencia de despertar a esta individualidad divina.

Dios es Amor y Dios es Ley; el Amor de Dios es omnipresente y la Ley de Dios es omnipresente. El Amor de Dios es la Dádiva Divina: el eterno torrente del Espíritu sobre su creación. La Ley de Dios es la Ley de Causa y Efecto, la cual dice que solamente podemos tener lo que podamos aceptar. Porque el acto de aceptar es mental y espiritual (lo mismo que físico), *sólo podemos aceptar lo que podemos recibir.* Jesús enseña que se nos concede según nuestra creencia. "La idea siempre origina el hecho."

LOS DOS HIJOS

Al presentar la parábola del Hijo Pródigo a los que lo escuchaban, Jesús principió diciéndoles que el Padre (que es el Espíritu Universal) tenía dos hijos; es decir, que el hombre, porque es Hijo de Dios, tiene libre albedrío. Y por eso, tiene la posibilidad de una dualidad aparente (no verdadera) y de experimentar el bien y el mal. Moisés se refirió a lo mismo cuando dijo que había puesto una bendición y una maldición ante los Hijos de Israel, y que ellos tenían que *escoger* a quien habrían de servir. Los dos hijos a quien alegóricamente se refiere esta historia, denotan dos estados de conciencia que son necesarios para la individualidad verdadera. El hombre es una mente conciente, con conocimiento propio, y con libre albedrío; el es un individuo y puede hacer lo que desee.

DIOS NO DISCUTE (Lucas 15:11, 32)

"Cierto hombre tenía dos hijos, y el menor le dijo a su padre, Padre, dame la herencia que me corresponde. Y él les repartió sus bienes."

Cuando el hijo menor pidió su parte de los bienes, el Padre no discutió con él, no trató de disuadirlo; no le dijo que usaba mal juicio. Dios nunca discute o debate. El discutir es suponer oposición, y Dios no tiene ninguna oposición. Discutimos para llegar a una conclusión correcta. Dios ya es la conclusión correcta de todas las cosas, por lo tanto, no necesita argumentar. Plotino nos dice que la Naturaleza nunca debate, que se contempla a Sí Misma; que Su contemplación crea *forma* por medio de la cual puede expresarse. Indudablemente, éste es el significado y el proceso de la Creación.

"Y él les repartió los bienes." No hubo ninguna discusión. Dios no le dijo al hijo que sería mejor que se quedara en casa. No le dijo que podría llegar el día que tuviera necesidad, que podría sufrir, y tal vez pasar hambre. No le dijo nada: "les repartió los bienes." No podemos inferir una declaración más clara de la individualidad. El hijo recibió exactamente lo que pidió, ni más ni menos. Su copa de aceptación fue llenada por el cuerno de la abundancia; podía hacer con su parte lo que deseara.

EL PAIS LEJANO

"Y no muchos dias despues, el hijo menor recogio todo lo que le pertenecia y se fue a un pais lejano, donde despilfarro sus bienes, viviendo disolutamente."

Cuando el hijo recibio su parte de los bienes se fue hacia un "pais lejano," que simsboliza el descenso del alma, o sea, el borde exterior de nuestra existencia espiritual. No es un lugar sino un estado de conciencia. Si Dios es omnipresente, no podemos escapar de la Presencia Divina, por lo tanto, este "país lejano" es un estado de conciencia que se ha separado del bien eterno. Yo creo que el "verdadero significado" del "país lejano" sería una separación *conciente* de Dios, un estado aislado, un estado en el cual no parece haber recuerdo de Dios como Realidad verdadera, viviente, y siempre presente; un estado en que el hombre se siente completamente separado del Bien Eterno.

Este "país lejano" tiene el mismo significado hoy que tenía en las colinas de Galilea hace dos mil años, porque todos hemos venido del cielo, y casi todos sentimos ese aislamiento por nuestra separación aparente del Bien Eterno. En verdad, todos los esfuerzos de la humanidad son de volver a la Casa del Padre.

POR QUE EXPERIMENTAMOS CARENCIA

"...donde despilfarró su haber viviendo disolutamente. Y cuando hubo gastado todo, sucedió una gran hambre en aquel país, por la cual comenzó el padecer necesidad."

Cuando uno se separa del Fuego Divino, se convierte en una chispa aislada. Sólo somos fuertes cuando estamos unidos con la Vida. Tan pronto como nuestra conciencia se desprende de la integridad espiritual, no podemos tomar de esa reserva inagotable de la existencia eterna, y nos agotamos—no hay nada que nos apoye.

La Vida es una Unidad perfecta. El Universo es una Unidad. Dios es Uno. ES IMPOSIBLE QUE EL HOMBRE SE SIENTA SEPARADO DEL ESPIRITU SIN SENTIRSE PERDIDO Y NECESITADO. Por eso dijo Jesús que él, por sí mismo, no podía hacer nada, sino solamente podía obrar al fluir las corrientes de divinidad por su mentalidad personal. Ese algo sutil que fluye por todas las cosas y que llamamos *"la Cosa Misma,"* esa *energía* sin la cual nada puede activarse, ese Poder sin el cual nada puede moverse, y ese *Espíritu* sin el cual nada puede ser—ES DIOS. Solamente cuando vivimos en unión conciente con el Espíritu, y le permitimos concientemente obrar a través de nosotros, solamente entonces vivimos verdaderamente.

EL HOMBRE CAIDO

Entonces el hijo pródigo "comenzando a padecer necesidad, fue a servir a un ciudadano de ese lugar quien le mandó a sus campos a alimentar a los cerdos."

El simbolismo aquí es interesantísimo porque presenta perfectamente el estado de la humanidad en el "país lejano." El "ciudadano" al que se refiere significa el esfuerzo que la humanidad hace, de encontrar otra causa que no sea el Espíritu. El hombre busca solamente ligarse con fuerzas materiales, sin darse cuenta que no puede existir nada fuera de la Unidad. La mayoría de nosotros buscamos la causa en el efecto y sin saberlo, ponemos la carreta frente al caballo; no comprendemos que la flor ya está dentro de la semilla, y que los efectos son siempre los resultados de sus causas. No puede haber una alianza verdadera fuera de la vida, ni puede haber bien que esté aparte de la Unidad con el Todo. "Y le enviaba a los campos a alimentar a los cerdos." Jesús era Judío. Para los Judíos no era legal comer carne de cerdo; por lo tanto Jesús usó este término para demostrar que el hijo pródigo había caído completamente de su puesto elevado—estaba obligado a dar de comer a los cerdos detestables. Era tan bajo su estado que no podía bajar más. Había llegado al borde externo de la realidad.

NADIE PUEDE DARNOS NADA SINO NOSOTROS MISMOS

"Habría deseado llenar su estómago de las algarrobas que comían los cerdos pero nadie se las daba."

Qué verdadero es esto; nadie puede darnos nada, sino nosotros mismos, y nadie puede robarnos nada, sino nosotros mismos. "No hay dioses que nos nieguen nada, porque nosotros mismos somos la vida que vivimos." En la más extremada situación, en el momento más difícil de necesidad y pena, ¿quién puede ayudarnos o servirnos? Todos nuestros problemas vienen porque nos sentimos aislados; *solamente nosotros mismos* podemos regresar a la "Casa del Padre."

Alguien preguntará, "Dónde estaba Dios, y por qué no vino a rescatar a su hijo amado? ¿Qué no le importaba el bienestar de su hijo? ¿Por qué permitió Dios que sucediera eso?" Sólo hay una respuesta esta clase de preguntas: Dios siempre es Dios; y el hombre siempre puede hacer lo que él desee. Si esto no fuera posible, el hombre no sería un individuo. El Padre no está conciente de lo incompleto. La Casa del Padre siempre está abierta, la aldaba suelta, la puerta siempre entreabierta, pero el hombre tiene que entrar si desea morar en el interior.

La armonía no puede nunca convertirse en discordia. La verdad no puede producir una mentira. Dios nunca puede ser menos que Dios. Si Dios luchara, no sería Dios. Dios no puede entrar en el corral de los puercos. No podemos contraer lo Infinito pero sí podemos expander lo finito. "Y nadie le daba nada." Así es siempre.

EL GRAN DESPERTAR

"Por lo que, habiéndolo pensado bien, volvió en sí, y exclamó: '¡Cuántos jornaleros de mi padre tienen sobreabundancia de pan, y yo aquí peresco de hambre!'"

"…habiendolo pensado bien, volvió en sí…." ¡Este es el gran despertar, el momento en que vivimos, el momento en que nos hacemos esta pregunta! En este despertar divino parece haber un testigo interno que recuerda que provinimos de un estado celestial. Parece ser la respuesta de la voz interna que nos dice que la Casa del Padre está llena de paz, poder y abundancia. Que el Universo no está limitado. Que es abundante, pródigo y extravagante. Nada se le puede quitar o agregar. La Creación es el juego que la Vida juega con Sí Misma.

Sabemos por medio de nuestra intuición que hay algo más allá de lo que ya hemos experimentado en este mundo. Los poetas lo han cantado siempre, y hay momentos en la vida de todos cuando el velo parece atenuarse y casi entramos en el estado celestial. Esto es lo que significa recobrar el sentido de sí mismo. Todavía estamos despertando, aún no entramos concientemente al estado de totalidad perfecta. Sabemos que este estado es real y que lo llegaremos a realizar. Nada puede desalojar esta percepción intuitiva de nuestra mente; lo sabemos tan ciertamente como sabemos que vivimos. Este es Dios en nosotros, conociéndose a Sí Mismo. Estamos despertando al reconocimiento que el Universo es completo y perfecto. Es dádiva Es amor. Es bueno, y *desea el bien* de todos por igual.

LA AUTOCONDENACION

El hijo pródigo dijo, "Me levantaré e iré a mi padre, y le diré, 'Padre, he pecado contra el cielo y contra ti, ya no soy digno de ser llamado tu hijo; hazme uno de tus jornaleros.'"

Esto representa un estado mental teológico común, de condenación propia y desconfianza en uno mismo; un estado morboso y dañino para nuestro bienestar; un estado teológico de morbosidad introspectiva, podemos decir que es una de las peores enfermedades de la mente. La auto-condenación siempre es destructiva, y nadie debería entregarse a ella, es siempre un error. Indudablemente todos hemos hecho algo que no estaba bien. Desde este punto de vista, todos hemos sido pecadores, porque no hemos respondido siempre al Llamado Divino. Si hemos pecado, ha sido porque hemos ignorado nuestra naturaleza verdadera, y necesitábamos la experiencia para recobrar nuestro propio sentido.

Y EL PADRE LE VIO DESDE LEJOS

"Y se levantó y fue a su padre. Y estando todavía lejos, el padre le vio, y tuvo compasión, y corrió hacia él y le echó los brazos al cuello, y le besó."

Esta es la lección más perfecta jamás enseñada por el Gran Maestro. "Y estando todavía lejos, el padre le vio, y tuvo compasión, y corrió hacia él y le echó los brazos al cuello, y le besó." Esto quiere decir que Dios se vuelve hacia nosotros en el momento en que tornamos hacia El. No puede haber una idea más bella que esta. Siempre hay una acción recíproca entre la mente Universal y la mente individual. A medida que tornamos hacia Dios, Dios torna hacia nosotros. ¿No es verdad que cuando vemos a Dios, Dios está viéndose a Sí Mismo a través de nosotros? Dios viene a nosotros al venir nosotros a El. "Se nos concede según nuestra creencia." "Obra como si ya fuere y lo seré."

DIOS NO CONDENA

"Y el hijo le dijo: Padre, he pecado contra el cielo y contra ti, ya no soy digno de ser llamado hijo tuyo.

"Pero el padre dijo a sus sirvientes: traed la vestidura más preciosa, y vestidle con ella; y poned un anillo en su mano, y calzado en sus pies.

"Y traed el ternero cebado, y matadle, y festejemos alegremente; porque este mi hijo estaba muerto, y ha vuelto a vivir; habíase perdido y ha sido hallado. Y se pusieron a festejarle."

La gran lección que aprendemos aquí es que Dios nunca reprocha ni condena. Dios no le dijo al hijo que volvía a casa, "Miserable pecador, ya no mereces que te llame hijo." No le dijo, "Voy a ver que puedo hacer para salvar tu alma perdida. Derramaré la sangre de mi hijo muy amado con la esperanza de que por su expiación tu vida sea eterna." No le dijo, "Eres un gusano del polvo y te pisaré para que sepas que yo soy Dios, el poder supremo del universo." ¡No, DIOS NO DIJO NINGUNA DE ESTAS ATROCIDADES! Lo que sí dijo fue, "Traed la vestidura más preciosa y vestidle con ella; y poned un anillo en su mano y calzado en sus pies." De esta manera nos enseña Jesús que Dios es Amor y no sabe nada de odio.

DIOS NO CONOCE EL PECADO

Quizá lo más significativo en este párrafo es que *Dios no le contestó al hijo cuando él le dijo que era pecador.* Esta es una de las lecciones más maravillosas de este relato. Dios no sabe de maldad, y por lo tanto, no puede hablar de maldad o concebirla de ninguna forma. Dios no oye ni puede oírnos cuando hablamos de pecado o de maldad. Si pudiera oír acerca de eso, estaría conciente del pecado y la maldad, y

no sería totalmente bueno. Si Dios conociese la maldad, ésta sería
una verdad eterna. Pero Dios es perfecto y sin pecados, *y nada puede
reflejarse en lo Divino, excepto una imagen perfecta.* Si Dios supiera de
pecar, sería pecador. Sabemos que eso no puede ser.

LA VESTIDURA MAS PRECIOSA

La "vestidura más preciosa" era una prenda sin costura, lo cual simboliza un estado de unidad completa, al igual que el anillo. La vestimenta sin costura y el anillo no tienen principio ni fin. El anillo
principia en todo lugar y no termina en ninguna parte. Es como la
Eternidad y como la Realidad Eterna. Describe perfectamente la
Naturaleza Divina. El "ternero cebado" representa la abundancia y
providencia del amor de Dios.

LA CASA DEL PADRE SIEMPRE ESTA ABIERTA

Y de esta manera el hijo encontró todo en la Casa del Padre tal como
lo había dejado. No había cambiado nada; y fue bien recibido en el
almacén divino. Pero *tenía que volver* para encontrar gozo y paz para
siempre. ¡Qué maravillosa es la Realidad Aunque parezca que nos
hemos alejado de ella, siempre permanece igual y esta siempre lista a
revelársenos! Sólo tenemos que recorrer la mitad del camino, porque
al tornar a la Realidad, Ella retorna a nosotros. La Verdad, al saberse, se
demuestra inmediatamente; *porque la Verdad es una Realidad inmutable y
no puede ir y venir.* No importa cuanto tiempo nuestra mente se haya
apartado de la Realidad, ella siempre está aquí, esperando expresarse.
No importa cuanto tiempo haya estado un cuarto obscuro, al entrar
luz, se ilumina instantáneamente. ¿Qué le sucede a la obscuridad
cuando entra la luz? ¿De dónde vino y a dónde va?

Es difícil comprender una posibilidad tan infinita como lo es la
reconciliación instantánea con el universo; sólo demostramos esto
en grados porque nuestro conocimiento todavía no puede percibir
la totalidad de una perfección completa.

EL HIJO QUE SE QUEDO EN CASA

"Pero el hijo mayor estaba en el campo; y cuando regresó y se acercó a la casa, oyó la música y las danzas.

"Y llamando a uno de los criados, le preguntó qué era aquello. Y él le dijo, 'tu hermano ha vuelto y tu padre ha matado el ternero cebado por haberle recibido sano y salvo.'

"Mas él se enfadó, y no quiso entrar, por lo tanto el padre salió a persuadirle.

"Pero él, respondiendo, dijo a su padre, He aquí, hace tantos años que te sirvo...y jamás me has dado un cabrito para regocijarme con mis amigos...

"El entonces le dijo, 'Hijo, tú siempre estás conmigo, y todo lo que tengo es tuyo.'"

¡Qué humano era el hijo que se quedó en casa, y qué actitud tan teológica adoptó acerca de su hermano menor! El mismo no había entrado y no quería que nadie entrara. Su verdadera actitud era que Dios tenía que condenar lo que él no creía o lo que a él no le gustara. Estaba evanecido por su propia virtud y fatuidad personal, y airado por causa de la bienvenida a su hermano. Estoy seguro encontramos al hermano mayor en nosotros mismos casi todos los días—en nuestras experiencias personales con otros—en nuestra actitud intolerante y falta de caridad hacia otros que no piensan como nosotros. Pero Dios no sabe ni de amor propio ni de maldad; porque ambos son falsos; por lo tanto le dijo al hijo mayor, "Tú siempre estás conmigo, y todo lo que tengo es tuyo." Esto implica que el hijo mayor se había equivocado al igual que el hijo menor, porque había estado viviendo en medio de la plenitud y no se había dado cuenta. Sólo tenía que pedir y hubiera recibido todo lo que el padre tenía. Los dos hijos fueron tontos, pero es cuestionable cual de los dos estaba más equivocado.

LA APLICACION DE LA HISTORIA

El significado de esta historia en nuestra experiencia—porque es una lección eterna para todos—es que vivimos en medio del bien eterno, pero solamente puede ser para nosotros lo que nosotros creamos que es. Estamos a la orilla del río, pero tenemos que bajar nuestras cubetas al agua si deseamos llenarlas con las aguas puras de la Realidad.

Nos rodea el Espíritu de Inteligencia viviente, de bondad eterna, de amor, generosidad y poder, que desea expresarse a través de nosotros. El urgir Divino nos empuja siempre hacia la meta. Estamos tambien rodeados de una Ley inmutable de Causa y Efecto, y debido a nuestra individualidad divina y a la necesidad que tenemos de experimentar para comprender qué somos y quienes somos, estamos sujetos a las causas que ponemos en acción. Todo es amor pero también todo es ley. Ambos el amor y la ley son perfectos, y nosotros, por ser individuos, podemos experimentar solamente lo que verdaderamente creemos y en lo que actuamos.

DIOS SOLAMENTE PUEDE DARNOS LO QUE TOMEMOS

Dios no puede darnos nada a menos que estemos en una condición mental de recibir el regalo. La Ley no puede hacer nada *por* nosotros a menos que lo haga *por medio* de nosotros. Para demostrar correctamente, es absolutamente necesario que creamos.

Estamos en la senda de la experiencia, despertando apenas a la verdad de nuestro ser; al despertar, nos vemos rodeados de condiciones falsas, pero hay algo dentro de nosotros que recuerda el estado *real*. Si alguien visualiza calladamente un bien como una experiencia interna, experimentará ese bien. Sólo se puede hacer esto si se abandona todo lo malo y se contempla lo bueno solamente. El Universo no puede ser dividido.

EL UNIVERSO NO TIENE
NADA EN CONTRA DE NOSOTROS

El universo no tiene nada en contra de nosotros. No importa cuanto nos hayamos equivocado, somos seres perfectos en el interior, y lo interior puede convertirse en lo exterior si nos entrenamos a escuchar la voz interna de la verdad que nos habla en nuestros momentos de quietud y soledad.

No hay nada en el Universo que le desee mal a nadie. En verdad, es solamente cuando experimentamos el bien que Dios puede expresarse a través de nosotros. Entre más completamente realizamos lo bueno, lo feliz, lo exitoso, más perfectamente expresamos a Dios y más somos como Dios, es decir, más se personifica Dios a través de nosotros.

Así como el hijo pródigo vuelve a la casa del padre, así nosotros tenemos que volver, no con una mente morbosa, sino conciente y definitivamente, con intención específica, y concentrándonos plenamente en nuestro propósito. El viaje de regreso debe estar lleno de felicidad y jubilosa expectación porque esperamos que el Universo nos reciba con sonrisas y el amor nos abrace para siempre.

EL CUMPLIMIENTO ETERNO

La substancia y provisión existen eternamente en la Casa del Padre; la salud, felicidad y éxito son nativos del Hogar Celestial, y Dios Mismo será nuestro Anfitrión. No podemos pedir más, ni puede dársenos más de lo que se nos dió desde la fundación del Universo.

La discordia, la miseria y la infelicidad son resultados del mal uso que hemos hecho de nuestra verdadera naturaleza, por nuestra ignorancia. La ignorancia de la Ley no excusa a nadie de sus efectos; pero el conocimiento de Ella nos viste con la "vestidura más preciosa." La sabiduría nos pone el anillo de cumplimiento en nuestro dedo y el entendimiento nos alimenta con la riqueza de la tierra.

Ninguna persona que haya probado esto ha fracasado; sería imposible. Si alguien cree que ha fracasado, debe darse cuenta que de alguna manera no ha cumplido con el llamado divino. La Verdad no puede fracasar porque es Dios, el Unico, Incondicional Absoluto, que es la Verdad.

No luchemos más con lo pasado; no recordemos que hubo un tiempo en que tambien nosotros estuvimos fuera; olvidemos el pasado y vivamos en el presente eterno de la sonrisa de Dios. Hoy es un buen día; mañana será aún mejor, y el panorama de mañanas que se extiende por las eternidades brillantes del futuro infinito será bueno totalmente porque la naturaleza de la Realidad no puede cambiar.

NACER DE NUEVO (Juan 3:3, 9)

"En verdad, en verdad te digo: El que no nace de nuevo no puede ver el reino de Dios." Jesús se refiere al nacimiento celestial, es decir, el nacer al conocimiento de la Verdad. Jesús se refiere a esto como nacer de agua y de Espíritu.

El símbolo del agua se usa para expresar la idea de inmersión completa en el Espíritu. Asi como el agua adentro y alrededor de todo, así tambien nosotros estamos sumergidos en un Espíritu eterno que fluye alrededor, adentro y a través de nosotros. La inmersión en agua simboliza que reconocemos que estamos rodeados del Espíritu puro. Es un signo externo de una convicción interna. Pero el agua sola no puede limpiarnos o purificarnos. Tenemos que nacer del Espíritu, porque lo que es nacido del Espíritu, es Espíritu.

El hombre participa de la naturaleza Divina y la naturaleza Divina es el hombre. Reconocer esto es nacer del Espíritu. Pero no podemos ser nacidos del Espíritu a menos que hagamos la voluntad del Espíritu, y la voluntad del Espíritu es bondad, paz, misericordia, justicia y verdad. Es unión conciente con Dios.

El nacer nuevamente no acontece por observación o ruidosa proclamación, sino por un sentido interno de la realidad. No sabemos de donde viene si miramos al exterior porque procede de lo más interno de nuestro propio ser.

EL CIELO (Juan 3:13)

"Nadie ha subido al cielo, sino el que bajó del cielo, el Hijo del hombre que está en el cielo." Este es otro de esos significados ocultos que establece a Jesús entre los grandes místicos. ¡La cual significa que ningún hombre puede ir al cielo a menos que haya venido del cielo, y no puede ir ni venir de allí *a no ser que ya esté allí!*

Esto va de acuerdo con la idea que la Verdad no conoce ni ayer, ni hoy, ni mañana. Sabe de secuencia pero no de tiempo. Sólo puede volver al cielo lo que ha nacido del cielo, y como el cielo no es un lugar sino un estado de conciencia, el volver tiene que ser el reconocimiento que el reino ya está dentro de uno mismo. El hijo del hombre, que es también el Hijo de Dios, ya está en el cielo y no lo sabe.

EL HIJO DEL HOMBRE (Juan 3:14)

Como Moisés levantó la serpiente en el desierto, así dice Jesús que el Hijo del hombre será levantado. Por ver y creer en este hijo, seremos salvos. Jesús no podía haberse referido a su propia personalidad, porque sabía que la humanidad pronto no le vería más. Tenemos pues que buscar un significado más profundo.

Seremos levantados, es decir, tenemos que realizar nuestra naturaleza Divina y nuestra relación con la Verdad de Dios. Esta es una relación de unidad total. La cruz representa el árbol de la vida, y también puede ser considerado el árbol de unidad.

Cuando Moisés levantó la serpiente, los que la miraron fueron sanados. Este entendimiento produjo un conocimiento de Unidad que tuvo el poder de sanar. Podemos ver el Principio de la Vida en lo material o en lo espiritual. Cuando lo vemos como algo material, somos arrojados del Jardín del Edén—el jardín del alma. El Principio de Vida como *materia*, es muerte, pero al mirarlo como vida y unidad, viene a ser Vida Eterna. Moisés elevó el Principio de Vida y Jesús hizo lo mismo. El hijo del hombre tiene que ser *elevado* aún así como Moisés elevó el Principio de la Vida simbolizado por la serpiente.

Se nos recuerda aquí otro símbolo que se usa en el Antiguo Testamento, la serpiente que arrojó a Adán y a Eva del Jardín del Edén. La serpiente quiere decir el borde exterior de la existencia espiritual—el Principio de la Vida desde el punto de vista aislado y materialista. La adoración de la existencia material separada de Dios arrojó a Adán y a Eva del Jardín de Perfección. Esto siempre acontece cuando tratamos de vivir en los efectos, separados de la Causa verdadera.

Si aceptamos la historia de la Caída literalmente, es una cosa ridícula, hasta absurda; por lo tanto, tenemos que buscar un significado más profundo. El escritor trataba de enseñar una lección Cósmica…la lección del bien y el mal. El Jardín del Edén simboliza la vida en su esencia pura. Adán significa el hombre en general, el hombre genérico. El hombre existe en la Vida pura y tiene a sus órdenes todos Sus medios. Esto es lo que significa que Dios le dijo que labrara la tierra y gozara de los frutos de sus esfuerzos.

El Arbol de la Vida es *nuestro verdadero* ser, y el árbol del conocimiento del bien y del mal significa la posibilidad de elección dual—o sea que podemos escoger hasta lo que no sea para nuestro bien. Se le advierte al hombre que no coma la fruta de este árbol porque es destructiva.

Eva, la mujer, en este caso, fue hecha de una costilla de Adán. Esta historia sugiere la naturaleza dual del hombre como un ser psicológico. La mujer fue hecha del hombre. Tiene que haber estado dentro del hombre, o no hubiera podido ser hecha de él, y la historia indica que ella fue tomada de su ser.

Adán y Eva son el potencial en todos nosotros. La serpiente representa el Principio de la Vida de un punto de vista material, que nos engaña de esta manera; nos dice que el mal es tan verdadero como el bien, y que el diablo tiene poder igual al de Dios; que la negación equivale a la bondad positiva, y que el Universo es de naturaleza dual. Si aceptamos este argumento, experimentamos el bien y el mal. Y si apreciamos nuestra individualidad pero no hemos aprendido la lección de unidad, viviremos siempre en un estado de esclavitud. Esto es significado de lo que Dios dijo, "El será como uno de nosotros y vivirá para siempre." La Mente Eterna no desea que vivamos en esclavitud eterna, pero sí puede acontecer a menos que primero aprendamos la lección del bien y el mal.

De esta manera, la parte de nosotros que puede ser engañada come de la fruta de la experiencia dual, y al hacerlo revela su propia desnudez. El estado original del hombre es un estado de pureza, paz y perfección, y solamente cuando lo comparamos con impureza, pena e imperfección revelamos nuestra desnudez. Emerson dice que la virtud no sabe que es virtuosa. Solamente cuando la virtud prueba las impurezas se encuentra desnuda y se esconde de sí misma.

La Voz de Dios "caminando en el jardín en la frescura de la tarde," quiere decir la parte introspectiva y meditabunda dentro de nosotros, que en sus momentos de intuición y de razón pura, puede ver la ilusión de una vida separada de Dios y del Bien. El error es siempre cobarde ante la Verdad, y no puede esconderse de la Realidad, pues ésta mira a través de todo, abarca todo, y penetra las paredes de la mente con su claro resplandor.

La conversación entre Dios y Adán y Eva en el Jardín del Edén representa los argumentos dentro de nuestras mentes cuando tratamos de comprender la verdad. Todos conocemos estos argumentos. La expulsión del Jardín es el resultado lógico y necesario de probar la experiencia dual. *Si creemos en ambos, bien y mal, tenemos que experimentar las dos cosas.*

Pero debemos recordar, para no desalentarnos, que Moisés levantó la serpiente en el desierto y que los que la miraron, fueron sanados. La serpiente significa el Principio de la Vida. Si la vemos desde un punto de vista material, nos arroja del estado perfecto. Si la elevamos, o sea, si la miramos desde el punto de vista de su verdadero significado de la Unidad de Dios, puede sanarnos. Aquí está de nuevo la cuestión del libre albedrío, esta vez expresada en palabras diferentes. La diferencia no está en la cosa misma, sino en la manera en que la miramos.

El hijo del hombre es todo hombre que ha vivido o que habrá de vivir. Nuestra vida proviene del Espíritu y no de la materia. Este punto de vista es la verdad y sólo la verdad libera. A medida que elevamos este principio interno a un sentido de la unidad de Dios y el hombre, conocemos la vida perdurable. Cada uno tiene que elevarse por sí mismo a la cruz del Arbol de la Vida, y así unirse con la Realidad. El concepto es glorioso y la recompensa segura. La revelación del propio ser a sí mismo—esta es la gran lección de lecciones.

CUANDO SOMOS FUERTES (Juan 5:19)

"El hijo por sí mismo no puede hacer nada." Solamente somos fuertes cuando nos unimos con el Bien, que es Dios. Pero el Padre muestra al Hijo, es decir, se nos revela a través de lo más íntimo de nuestro ser, que existe una unidad completa, una totalidad perfecta. A medida que ocurre este concepto de unidad, trae consigo gran autoridad. El Padre aviva al Hijo, y el Hijo aviva a quien desee.

Esta es una lección en la aplicación práctica de la Ciencia de la Mente. A medida que el estado subjetivo del pensamiento se une con la bondad y el amor, automáticamente los refleja en cualquier dirección que vaya. *La tendencia de este pensamiento interno establece la tendencia de la vida exterior.*

Aclaremos esto. SI ALGUIEN NO ESTA ATRAYENDO EL BIEN EN SU VIDA, HAY ALGO ERRONEO EN SU PENSAMIENTO INCONCIENTE. El estado subjetivo de su pensamiento está equivocado. Como el estado subjetivo de su pensamiento constituye la suma total de sus creencias, es su *actitud* habitual hacia la vida y el vivir. El contenido de este pensamiento interno es el único medio entre lo Absoluto y lo relativo, entre las causas y las condiciones.

Cuando este pensamiento interno es aclarado, o sea, cuando conoce la verdad, reintegra al hombre externo a la paz, serenidad, salud y felicidad. Este pensamiento interno se aclara a medida que nos unimos con el bien; *éste* es el avivar interno. Después de esto, sigue el avivar externo—el signo exterior de la creencia interna.

LA PALABRA DE PODER (Juan 5:26)

Así como el Padre tiene vida, así también el hijo tiene vida. Otra vez tenemos la lección que hay sólo Una Vida, Una Mente o Un

Espíritu. Esta Vida es nuestra vida ahora mismo y se manifiesta a través de nosotros según creemos en Ella. Cuando hablamos nuestra palabra con esta conciencia de vida, de poder y de acción, nuestra palabra ES vida, es poder y es acción.

LA PALABRA TIENE PODER SOLO CUANDO SE UNE CON EL PODER. La palabra es el molde que decide que forma tomará la idea al venir a ser parte de nuestras condiciones. El tratamiento mental tiene el propósito de dar forma a la palabra en las figuras y diseños que deseamos experimentar.

La palabra le da forma a lo que no tiene forma. Mientras más grande sea la conciencia detrás de la palabra, más poder tendrá la palabra. Las palabras sin convicción no tienen poder, y la convicción sin palabras no puede dar vida a la energía latente. Necesitamos ambas para completar algo.

Estamos rodeados de un conocimiento espiritual y una ley mental. Todo se hace al combinar estas dos cosas. Nos unimos con la conciencia espiritual a medida que la reconocemos, y le damos forma por medio de la palabra según nuestra creencia en el poder de nuestra propia palabra. En el tratamiento primero tenemos que reconocer el poder y luego hablar la palabra. Una genera y la otra distribuye.

LA CARNE QUE PERECE (Juan 6:27)

"No trabajeis por la carne que perece." Jesús sabía que necesitamos comida mientras estemos en un cuerpo humano, por lo tanto no podía haberse referido literalmente a la comida, sino a esa substancia interna que es espiritual.

El hambre ocurre en varios planos. Hay más personas hambrientas intelectual y espiritualmente que fisicamente. Un estómago lleno nunca satisfará el apetito de saber, ni puede un pedazo de pan satisfacer el anhelo interno por lo que es verdadero. El *ser entero* necesita ser alimentado—pan y carne para el cuerpo, entendimiento y sabiduría para el alma, y atmósfera y conciencia para el Espíritu.

Vivimos en tres planos al mismo tiempo. Es anormal abandonar uno a expensas de los otros. Vivir solamente en el plano físico es volverse un bruto. Vivir en el plano intelectual solamente produciría un hombre ilustrado y científico, pero con falta de percepción verdadera. Vivir solamente en el plano espiritual hace de uno un soñador sin ninguna forma práctica de realizar sus sueños.

LOS TRES PLANOS DE VIDA

El hombre es un principio triple de vida y acción; es espíritu, alma y cuerpo. Recibe inspiración y guía del Espíritu; en el alma encuentra la Ley perfecta de la vida; y a través del cuerpo prueba que es una individualización verdadera del Principio Invisible.

La mente del hombre debe pasar de la inspiración a la acción, de la contemplación a la realización, y de la oración a la actuación. Esto sería una existencia bien equilibrada. El Espíritu enciende el alma con energía y entendimiento; el alma, que es la mentalidad subjetiva, vitaliza el cuerpo y anima todo lo que hacemos.

No podemos cometer error más grande que pensar que tenemos que separar la vida de lo que la vida hace. Debemos unir y no dividir. El Espíritu tiene que proseguir con la creación por medio de la ley y la acción. La vida tiene que vivirse, y Dios tiene que fluir a través del hombre si lo humano ha de ser representación verdadera de lo Divino.

Permitamos que nuestros propósitos sean animados e inspirados de lo alto, y prosigamos a realizar nuestros sueños en la experiencia humana. Con una Inteligencia invisible guiándonos, y una Ley inmutable dirigiéndonos, tomemos nuestro lugar en cualquier actividad legítima, y así nuestros sueños darán su fruto.

LA LUZ DEL MUNDO (Juan 8:12)

"Yo soy la luz del mundo." Jesús no se refería a su personalidad humana sino al Principio inherente en el hombre genérico. Los que siguen este Principio interno tendrán la luz de la vida; porque este Principio es vida.

El "Yo Soy" tiene un doble significado. Es tanto individual

como universal. Dios se reveló a Moisés como el gran "YO SOY," la Causa Universal, el que no tiene Causa, Existente por Sí Mismo. Moisés enseñó que "YO SOY" es el Primer Principio de toda vida, y la Ley de Causa y Efecto que fluye a través de todo. Todas las enseñanzas de Moisés están basadas en la percepción de este "Primer Principio."

Jesús dijo que él venía, no a destruir la ley de Moisés, sino a cumplirla. ¿Cómo podía cumplirla a menos que enseñara la relación del "Yo Soy" universal y del "yo" individual? En todo lo que Jesús dijo encontramos esta idea expresada: Dios es Espíritu Universal y el hombre es Su imagen y semejanza…una individualización de Su eternidad. Por lo tanto, cuando comprendamos nuestro propio "Yo" podremos caminar en esa luz que ilumina al mundo y lo conduce al "YO SOY" perfecto.

Podemos considerar esto desde otro punto de vista. El hombre es el único que tiene mente conciente de sí misma, según sabemos. Una mente que es conciente de sí mismo, es conciente de lo que sabe. El hombre, el único ser conciente de sí mismo en este mundo, tiene que ser la luz del mundo. El saber esto, y el entender por qué es, es saber *esa* Verdad única que libera. La Verdad es eterna y la eternidad no tiene fin, por lo tanto, si uno conoce la Verdad, nunca morirá. La muerte no tiene nada que ver con la vida eterna, es solamente un gesto impaciente del alma que se deshace de un cuerpo que ya no le sirve.

EL AMOR (Juan 13:34, 35)

El Amor es la llama central del universo, aún el fuego mismo. Está escrito que Dios es Amor y que nosotros somos su semejanza en expresión, imágenes del Ser Eterno. El Amor se da a sí mismo a través de la creación, el impartir de lo Divino a través de lo humano.

El Amor es una esencia, una atmósfera que desafía el análisis, lo mismo que la Vida. Es que ES y que no puede explicarse; es algo común a toda la humanidad, a todos los animales, y es evidente en la respuesta de las plantas a los que las aman. El Amor reina soberanamente sobre todo.

La esencia del amor, aunque elusiva, penetra todo, enciende el corazón, estimula las emociones, renueva el alma, y proclama el Espíritu. Solamente el amor conoce el amor, y el amor sólo sabe de amor. No se puede expresar en palabras la profundidad de lo que ésto significa. Solamente un sentido universal atestigua el hecho divino: Dios es Amor, y el Amor es Dios.

QUE NO SE TURBE VUESTRO CORAZON (Juan 14:1)

"Que no se turbe vuestro corazón, creéis en Dios, creed también en mi." Los discípulos estaban deprimidos, sentían instintivamente que Jesús se alejaría de ellos. Estaban llenos de tristeza. Era la tarde antes del día que fue traicionado cuando Jesús dijo estas palabras, "Que no se turbe vuestro corazón," con esa certidumbre serena que siempre han tenido los creyentes. No temía. Había sondeado a fondo la existencia humana y había penetrado el más allá. Sabía que él era un ser inmortal.

Nuestros corazones se turban por muchas cosas, y a veces nuestras cargas mentales parecen insoportables. A veces parece como si alguien pusiera una copa de amargura a nuestros labios exigiéndonos beberla. Jesús, encontrándose al umbral de su más grande experiencia, sabía que la derrota aparente sería convertida en una victoria gloriosa. Desde las calmadas profundidades de su alma serena, pronunció sus palabras de consuelo para aquellos de escaso entendimiento.

Les dijo que creyeran en Dios, y por su creencia en Dios, que creyeran también en él. Otra vez se refiere al "Yo" individual como manifestación externa del "YO SOY" Universal. *Debemos creer en nosotros mismos porque creemos en Dios. Los dos son UNO.* Debemos saber que los eventos pasajeros no estorban la marcha del alma. La imperfección temporal de lo humano no puede disminuir la integridad eterna de lo Divino.

EN LA CASA DE MI PADRE HAY MUCHAS MANSIONES
(Juan 14:2)

"En la casa de mi padre hay muchas mansiones." Este mundo con todas sus maravillas, no es el único que habitaremos. Hay muchos otros y los habitaremos a su debido tiempo. Si esta vida fuese la única, Jesús les habría dicho esto a sus seguidores. No les hizo promesas falsas, nunca los engañó. Habló solamente la Verdad.

"Voy a preparar un lugar para vosotros." ¡Qué puede ser más hermoso que pensar que los que se van primero estarán allí cuando lleguemos! No hay duda, sólo una expansión del alma, una amplificación de la experiencia. Pero Tomás, que era uno de los discípulos, dijo que él no sabía a donde iba Jesús, y que tampoco conocía el camino. Jesús le contestó, "Yo soy el camino, la verdad y la vida." Otra vez se refiere al "Yo" individual, el hijo del "YO SOY" eterno. Este hijo es el camino al Padre. Uno llega a la Realidad a través de nuestra propia naturaleza, y por ningún otro medio. "Nadie viene al Padre sino por mi." Dios se encuentra dentro de nosotros, y es allí donde lo encontramos. Solamente al ver hacia el interior podremos ver al Padre.

EL QUE VE AL HIJO VE AL PADRE (Juan 14:9)

"El que me ha visto a mi ha visto al Padre." Muchos creen que Jesús decía en esta declaración que él era Dios, pero no es así. Dios es la Esencia invisible de Vida en todo lo que es, la Energía Inteligente que fluye a través de todo. *Sentimos* esta vida pero no la vemos. Solamente podemos ver lo que hace, pero no la Cosa Misma.

La Vida se manifiesta a través del individuo. Por lo tanto, cuando el individuo manifiesta bondad y pureza, está revelando al Padre. Esto quería decir Jesús cuando dijo: "El que me ha visto a mi ha visto al Padre."

El dijo que sus palabras eran palabras de Dios. Así como todas las formas de energía vuelven otra vez a su fuente, así la palabra de Verdad es la palabra de Dios, no importa por quien o cuando sea pronunciada. El hombre revela; pero no absorbe la Naturaleza Divina.

"El que creyere en mi, las obras que yo hago también las hará."
No podría ser de otra manera. La naturaleza de la Realidad no se
agotó en el hombre Jesús, sino que se manifestó a través de su vida y
sus obras. Debemos hacer lo que él hizo, y lo que pidamos en el
nombre (nuestro propio nombre) creyendo en el Padre que es Dios,
y en el hijo, que somos nosotros mismos, recibiremos. De esta manera el Padre se glorifica en el Hijo.

EL SANTO CONFORTADOR (Juan 14:16)

Se dice que el Santo Confortador, el Espíritu de Verdad, nos hará
saber todo, porque está en nosotros y con nosotros. No puede haber
declaración más amplia que esta. El Espíritu de Verdad está en cada
persona—no solamente en Jesús—sino en todos por igual...otra vez
la revelación del propio ser a sí mismo; un despertar divino a la
Realidad eterna que habita en la eternidad, y que encuentra morada
en el tiempo a través de nuestra naturaleza.

A medida que viene el Confortador Sagrado, El nos hace saber
todas las cosas. La intuición es el idioma de este Confortador. "Yo
estoy en mi Padre, y vosotros en mi, y yo en vosotros." El Padre
eterno engendra al Hijo eterno. Este Hijo es genérico; todos son
miembros de este Hijo Universal, todos son miembros de este único
Arbol de Vida, del que emana todo brote individual. La Trinidad es
una Unidad.

Y se nos deja esa paz que viene de las más recónditas profundidades del Espíritu: una paz que el mundo no puede quitarnos
porque brota del seno del Padre de luz, de amor, de vida y de
sabiduría.

MORANDO EN EL UNO (Juan 15:7)

"Si moráis en mi, y mis palabras moran en vosotros, pedid todo lo
que queráis y se os concederá."

Es imposible que la humanidad more *literalmente* en el hombre
Jesús, por eso tenemos que buscar un significado figurativo a estas
palabras. Está hablando del espíritu de sus enseñanzas; y todo el

espíritu de sus enseñanzas es que el hombre es un centro individualizado del Conocimiento de Dios. El espíritu del hombre es el
Espíritu de Dios, porque Dios es Uno.

Cuando moramos en el Uno, no equivocarnos en nuestros pedi-
dos; siempre pedimos lo que es recto y bueno. Por consiguiente,
nuestras oraciones al Uno serán contestadas. Pero recordemos que
tenemos respuesta a nuestra oración de acuerdo con la Ley, y esta ley
es ley de libertad, pero no de libertinaje. La verdadera libertad viene
solamente por medio de la armonía, y la armonía verdadera viene
solamente a través de la unidad; y la unidad verdadera solamente
viene por la realización conciente que somos uno con Dios, o con
el Bien.

Jesús implica que hay un poder que puede obrar, y que obra,
para bien de los que se armonizan con él y creen en él. Pero
primero tenemos que *morar* en el Espíritu de Verdad. ¿Y cuál es
este Espíritu de Verdad más que vivir en unidad conciente con el
bien, y no hacerle mal a nadie? La bondad es natural pero la maldad es anormal.

Confiar en la ley del bien es creer constantemente que estamos
rodeados por un Poder que puede desechar, y que desecha, todo
temor de nuestra mente, que nos libra de toda esclavitud y nos
establece en una vida nueva, salvos y satisfechos.

QUE DEIS MUCHO FRUTO (Juan 15:8)

"Mi Padre es glorificado en que déis mucho fruto." Cuando vivimos
intensamente, la Vida se expresa más completamente a través de
nosotros. Un árbol estéril no expresa el principio de abundancia y
producción, así que una vida carente de bondad, no expresa completamente el ideal divino.

La evolución ha traído al hombre al punto de auto-expresión, no
puede hacer más por él a menos que el hombre mismo coopere
concientemente con ella. Su ley es ley de crecimiento y desarrollo.
Dios crea de nuevo cada vez que cualquier persona descubre alguna
nueva verdad o aumenta el conocimiento de una verdad ya conocida. Cada persona es un centro del Todo, y cada uno tiene acceso al

Todo, a través de su propia naturaleza.

Jesús se refiere a su gozo en la víspera de la lección más importante que dio al mundo. Ese gozo que es total y completo. El gozo que nadie puede arrebatar: el gozo de sentir que ha cumplido. Estaba a punto de dar su vida en este plano, la lección más importante jamás impartida. ¿Y qué lección era esta? Que el AMOR no conoce límites, y que la Bondad Eterna se da a todos por Sí Misma. Dios como hombre, dentro del hombre, es el hombre.

OTRAS ENSEÑANZAS DEL NUEVO TESTAMENTO

✳

LA LEY DE LOS CORRESPONDIENTES (Romanos 1:20)

Estas enseñanzas incorporan la gran ley de los correspondientes. El mundo espiritual contiene una imagen del mundo físico; lo físico es contraparte de lo espiritual. Una apreciación verdadera del símbolo externo señala la realidad espiritual detrás de lo externo.

Podemos entender lo que no vemos cuando vemos correctamente lo que podemos ver. El efecto externo tiene que ser parte de su naturaleza innata. El universo físico es el resultado de una Inteligencia interna, obrando por medio de la Ley. Detrás de la forma está la idea. "Lo Informe" crea forma por medio del poder creativo de Su propia Mente y Espíritu.

Detrás de cada efecto existe una causa, y si esta causa es una idea espiritual—que es lo que tiene que ser—y si la idea espiritual fuera percibida, *el efecto físico sería como la idea.* La posibilidad de demostrar la Ley del Bien depende de esta proposición. La idea engendra el hecho. Las ideas son reales, teniendo dentro de sí mismas el poder de manifestarse.

Toda la enseñanza de la Biblia está basada en que Dios es Espíritu Universal y Creación Universal. Dios crea con el poder de Su Palabra. Su Palabra es la ley de Su Ser. El hombre reproduce la Naturaleza Divina en la escala del individuo. También usa el poder creativo que obra a través de la ley de su palabra. No puede escapar de esto, lo que sí necesita es usar este poder constructivamente y todo estará bien. Si usa el poder creativo de su pensamiento destructivamente, entonces éste destruirá.

En la Ciencia de la Mente aprendemos que el pensamiento persistente y constructivo es el poder más grande que se conoce y el más efectivo. Si el efecto visible en nuestras vidas no es lo que quisiéramos que fuese, si estamos enfermos, infelices o pobres, ya sabemos el remedio. La Verdad es siempre el remedio, y la Verdad es que la ley de libertad es la única ley verdadera. Cuando invertimos el proceso del pensamiento, invertimos el efecto.

NO HAY CONDENACION (Romanos 8:1)

"Por lo tanto, no hay condenación para aquellos...que caminan...tras el Espíritu." Ya que es imposible que nosotros estemos dentro de otra persona, y porque es necesario que cada uno viva su propia vida dentro de la única Vida, no puede el escritor haberse referido a una personalidad sino a un Principio universal.

Estamos en Cristo cuando estamos en la Verdad; estamos en la Verdad cuando vivimos en armonía con Ella. No hay misterio en esto. Es sentido común. La Ley del Espíritu nos libra de pecado y de muerte. La ley del Espíritu es libertad y no conoce esclavitud. Cuando entramos en el Espíritu, entramos en Su ley de libertad.

"Ser de mente espiritualizada es vida y es paz." ¿Quién no quiere vida y paz? Esto es lo que contiene el Espíritu que es el centro y la circunferencia de todo. La mente carnal no está sujeta a la ley de Dios porque es un concepto limitado de la Verdad. La mente carnal simboliza cualquier cosa que no cree en la supremacía del Bien; es la creencia en el aislamiento, un sentido de separación del bien.

EL ESPIRITU QUE RESUCITO A JESUS (Romanos 8:11)

El Espíritu que resució a Jesús mora en todos. Este Espíritu vivifica nuestros cuerpos mortales cuando Le permitimos que lo haga. Esta es una lección en el sanar mental-espiritual. Cuando la Verdad empieza a despertar en el subjetivo de nuestro pensamiento, estimula acción nueva. Todo procede de adentro hacia afuera. El cuerpo es reflejo del alma, y cuando el alma (que es el estado subjetivo del pensamiento) es iluminada por el Espíritu, vivifica la parte mortal en nosotros y sana nuestros cuerpos. Lo que es mortal siempre es efecto, es una criatura del tiempo, pero una criatura necesaria porque sin ella, no podríamos funcionar como individuos objetivos.

EL ESPIRITU DE ADOPCION (Romanos 8:15)

No hemos recibido un espíritu de esclavitud sino espíritu de adopción. Este es un refrán místico y hermoso. Implica que nos adopta el Espíritu Supremo como sus propios hijos. ¿Cómo podría ser de otra manera si somos hechos de la misma materia que la llama central? No hay ningún temor en el Espíritu, ni lo habrá en nosotros cuando comprendamos quien y qué somos. Dios desea el bien para nosotros, y sólo sabe que somos libres y perfectos. Este es el espíritu de libertad por medio del cual todos nacemos libres.

HEREDEROS COMO CRISTO (Romanos 8:16, 17)

El Espíritu interior que es Dios, da testimonio al hecho divino que somos hijos de Dios, los hijos del Altísimo. Como hijos de Dios, somos herederos del cielo de la realidad, herederos junto con Cristo. Esto quiere decir que somos uno en Cristo como somos uno en Dios. El Cristo tipifica al Hijo Universal, del cual cada uno es miembro individual.

Esperamos con expectación manifestar más completamente nuestra divinidad interna. La evolución traerá esto así como trae todas las cosas. Somos un Principio de Vida en constante desarrollo, Verdad, ley perfecta en acción. Esperamos un desarrollo más completo de nuestra vida interna. Ya existen dentro de nosotros el camino perfecto y la verdad eterna. Este desarrollo será efectuado por medio de la ley inherente en nuestra verdadera naturaleza.

LA LUZ INTERIOR (Romanos 8:21)

La criatura será liberada de la esclavitud. El amanecer de la luz interior libera la vida exterior de su esclavitud. Esto va de acuerdo con la enseñanza que dice que todo procede de adentro hacia afuera. Cuando el *alma* conozca la libertad, la *ley* liberará al cuerpo, y la vida exterior expresará salud, felicidad y éxito.

Todo opera para nuestro bien. Hasta lo que llamamos malo es saludable y nos dirige hacia el Camino, la Verdad y la Vida. El sufrimiento debería enseñarnos una lección que nos hiciera abstener de hacer más errores; nos trae una bendición *si aprendemos a obtener entendimiento de la experiencia.*

PREDESTINACION (Romanos 8:29)

"Porque a los de antemano distinguió, los predestinó a reproducir la imagen del hijo." Dios sabe con anticipación Su propia perfección y la perfección de Su creación entera, por eso se sabe desde antes, y ha sido determinado anteriormente por la Mente Divina, que todos serán hijos de Dios. El hombre no puede permanecer alejado para siempre de su primogenitura; y con el tiempo se salvará de sí mismo—porque no puede haber condenación eterna. Creer en una doctrina tan absurda como esa es peor que ignorancia. Emerson dice que no hay pecado sino ignorancia Dios sólo conoce la perfección; cuando nosotros lleguemos a saber como Dios sabe, nuestros problemas serán enrollados como pergaminos y enumerados con las ilusiones pasadas.

LA VOLUNTAD DE DIOS PARA SU CREACION
(Romanos 8:31)

"¿Si Dios está a nuestro favor, quién puede estar contra nosotros?" ¡Si Dios es todo lo que existe, y el universo es Uno, *no puede haber ningún poder, presencia o ley en contra de la Verdad!* Uno con la Verdad es una totalidad. Si nuestro empeño es ser y hacer lo que es constructivo, entonces estamos con Dios y El está con nosotros. Dios no conoce nada de afuera; *siempre está adentro. El borde exterior de la Realidad está precisamente en el centro de la Realidad Misma.*

NADA puede separarnos del amor de Dios. ¡Qué consuelo! ¡Qué gozo saber que todo está bien con el alma! ¡Cuánto hemos sufrido a causa de nuestras dudas y temores! Y nos han dicho que no temamos porque es el placer del Padre darnos el Reino. Solamente el hombre ha tratado de robar nuestra herencia—la gloriosa libertad de los Hijos del Altísimo.

Honremos a Dios más y al hombre menos. Busquemos dentro de

nosotros mismos la causa; no la encontraremos en otra parte. Nada puede impedir nuestra visión interna de la Realidad Eterna.

LA RENOVACION DE VUESTRA MENTE (Romanos 12:2)

"Transformaos con la renovación de vuestras mentes." Ahora sabemos lo que significa esto. La renovación de la mente es un hecho científico. Mientras el pensamiento conciente vierte la verdad en los canales subjetivos de energía creativa, el cuerpo se renueva automáticamente; esto es sanar mentalmente. El sanar mental es tanto un hecho conciente, como que un hecho establecido, según la experiencia de mucha gente. En lugar de viejos conceptos de enfermedad y fracasos, debemos inyectar conceptos de libertad, salud, armonía y éxito.

El sanar mental está sujeto a las leyes exactas de la Mente y del Espíritu, y se logra con un correcto conocimiento. Este conocimento es una actitud mental hacia la Verdad. Es la Verdad lo que libera, y es la mente lo que conoce la Verdad.

El cuerpo sana a medida que la mente interior se transforma a medida que las imágenes falsas del pensamiento son reemplazadas por imágenes de Verdad y de Vida. El proceso por el cual esta renovación acontece es conciente, y cualquier persona que entiende el principio puede practicarlo.

BENDECID Y NO MALDIGAIS (Romanos 12:14)

"Bendecid y no maldigais." En esto consiste la ley y los profetas. Debemos vencer el mal con el bien. El mal dura sólo un día, mientras que la bondad brilla eternamente y el amor es la propia naturaleza de la Deidad. Así como la obscuridad no tiene poder sobre la luz, así el bien domina al mal.

"La venganza es mía, yo recompensaré, dice el Señor." Esta es una declaración de la Ley de Causa y Efecto. Dios no toma venganza, pero la Ley de Causa y Efecto es exacta hasta en lo más mínimo. No tenemos que preocuparnos acerca de como resultarán las cosas; la ley se encarga de todo y devuelve a cada uno exactamente lo que le corresponde.

EL GRAN DESPERTAR (Romanos 13:11)

"Ya es hora de que despertéis del sueño." El creer que hay vida aparte de Dios es un sueño del cual tenemos que despertar si deseamos saborear el agua de la Realidad que corre de la Fuente de Vida.

Así como uno despierta de una pesadilla, asimismo la mentalidad despierta de un sueño de muerte viviente a la realización de vida eterna. Abandonamos las obras de la obscuridad cuando nos damos cuenta que el mal no es una entidad sino un fraude. La armadura de luz es la Verdad, la cual nos libera al saberla.

Este despertar es un proceso de evolución, poco a poco nuestros ojos se van abriendo, hasta que llega el dia en que estan abiertos por completo, vemos que la vida no está separada de Dios ni es algo diferente a Dios. La Vida es Dios, y el Bien es el único poder que existe, o que puede existir.

El despertarse uno mismo es sanar, es prosperar, ser feliz y estar satisfecho; es ser y vivir plenamente como Dios intenta. Dios es Dios de los vivos y no de los muertos. Sabe y mira sólo perfección, cumplimiento, felicidad y satisfacción. Cuando nos conozcamos nosotros mismos como Dios nos conoce, entonces la salvación completa será nuestra.

LA LEY DE DIOS ES LEY DE LIBERTAD (II Cor. 3:17)

La Ley de Dios es ley de libertad y no de esclavitud. El Espíritu del Señor está en todas partes. La libertad está dondequiera si tan sólo pudiésemos verla. La libertad, lo mismo que la Verdad, existe por sí misma y se impulsa por sí misma. El Espíritu, la Verdad y la Libertad existen simultáneamente.

Cuando estamos concientes de Dios, o Espíritu puro, somos liberados. El sanar mental-espiritual comprueba ésto; cuando estamos concientes de la *vida perfecta*, el cuerpo sana. Debemos llegar a ser inconcientes de lo imperfecto, y concientes de lo perfecto. Debido a que nuestras ideas actuales de perfección están limitadas por nuestro entendimiento, no manifestamos todavía la perfección. Mientras más desarrollemos la Realidad a través de nuestro conocimiento, más demostraremos la perfección del cuerpo.

Al demostrar abundancia buscamos reconocer la libertad de los Hijos de Dios—la libertad por medio de la cual Dios prueba que es absoluto. Esto no se alcanza meditando sobre limitación, sino contemplando plenitud, abundancia, éxito, prosperidad y felicidad.

Concentrarse en limitación y carencia no es científico porque creará la condición que no deseamos experimentar. ¡Lo que sí es científico es meditar en la plenitud para conducir la mente a un punto de concebir una eterna corriente de vida, de verdad y de energía a través de nosotros... *y a través de todo lo que hacemos, lo que decimos, y lo que pensamos!*

COMO DEMOSTRAR LIBERTAD

Para demostrar libertad tenemos que borrar todo pensamiento negativo de la mente. No debemos entretener pensamientos de adversidad sino en plenitud en todo, porque el pensamiento tiene poder. Medita sobre lo que estás haciendo como si ya estuviera hecho—completo y perfecto.

Trata de sentir la Vida Infinita alrededor y dentro de ti. La Vida ya se expresa total y completamente. Esta Vida es tu Vida ahora mismo, y es la vida de todo lo que haces, dices y piensas. Medita sobre esta Vida hasta que tu ser entero fluya en Ella y se una con Ella.

Así ya estás preparado para comprobar el principio y permitir que esta vida fluya por medio de ti y de lo que haces. No desees, ni trates de forzar que algo acontezca. Las cosas suceden por causa de una ley Inmutable, y *tú no necesitas darle energía a la Esencia del Ser; Su poder ya es grande.* Lo único que necesitas hacer es reconocer este hecho, y permitir que así sea para ti o para la obra que estás haciendo. P-E-R-M-I-T-I-R es una palabra muy grande y muy importante. Al mantener un pensamiento, no agregas ni un codo a la Realidad, pero sí *permites* que la Realidad se manifieste en lo que haces.

Al centrar el poder de tu meditación en lo que estás haciendo, la vida fluye en tu obra, animándola con acción y con poder real, lo cual culmina con el resultado deseado. El Espíritu de Dios queda libre en tu trabajo. Donde está el Espíritu, allí existe la libertad.

EXPANSION MENTAL (II Corintios 3:18)

"Por eso todos nosotros andamos con el rostro descubierto, reflejando como un espejo la gloria del Señor, y nos vamos transformando en imagen suya más y más resplandeciente, por la acción del Señor que es Espíritu."

A medida que se abre nuestro pensamiento y contemplamos la imagen de la eternidad dentro de nosotros, somos cambiados por esta imagen a una Vida nueva. Esto lo hace el Espíritu de Dios.

El estado subjetivo del pensamiento es el medio creativo dentro de nosotros. La psicología ha probado esto sin ninguna duda. Emerson dice que somos caudales de entradas, y que también podemos convertirnos en caudales de salidas, de la Naturaleza Divina. Ya somos caudal de *entradas*, pero tenemos que convertirnos en caudal de *salidas concientemente*. Un gran místico ha dicho que la parte superior del alma está fusionada con Dios, y la parte inferior con el tiempo y las condiciones. Plotino dice que cuando el alma mira sólo hacia Dios como su inspiración, tiene más éxito en su trabajo—aunque esté de espalda al trabajo. Jesús dice que primero busquemos el Reino de Dios y Su Justicia, y que todo lo demás será añadido.

La imagen de Dios está impresa en cada uno de nosotros y todos la reflejamos hasta cierto grado. Somos verdaderamente parte de la Gloria Divina. Cuando abandonamos los pensamientos de limitación y pensamos en la gloria, reflejamos esa gloria.

Cuando el estado subjetivo de nuestro pensamiento recibe sus imágenes de la Realidad, refleja esta Realidad en todo lo que hacemos. Gradualmente, al avanzar este proceso, el hombre externo va cambiando, sus conceptos se van agrandando, y sus circunstancias y su físico toman una nueva calidad de vida.

Y este cambio en el exterior acontece por causa del Espíritu de Dios. El Espíritu de Dios—siendo la Una y la Única Presencia en el universo—produce acontecimientos y remodela las condiciones a Su propia semejanza.

LA ESCALA ASCENDENTE DE LA VIDA (II Corintios 3:7, 12)

Vamos cambiando de gloria en gloria. Esto implica que la escala divina siempre es ascendente. La Naturaleza Divina no tiene fin, por lo tanto, la posibilidad de expresarla tampoco tiene fin. PERO DEBEMOS CONTEMPLARLA, tenemos que ver firmemente dentro de esta Realidad si deseamos reflejar Su imagen en nuestra mente.

¡Este no es un punto de vista triste o un concepto limitado! Todo lo que Dios tiene, o lo que Dios ES, nos pertenece, y está para que lo usemos. No debemos separar la Vida del vivir, sino unir los dos en Una perfección…La Cosa y la manera en que trabaja; la gloria y la imagen de la gloria en los asuntos cotidianos. Ningún ojo ha visto, ni ninguna lengua ha dicho las grandes posibilidades del alma. Sólo Dios ha revelado esto por medio de Su Hijo, y este Hijo es cada uno de nosotros, desde el aparentemente más insignificante hasta el aparentemente más grande.

El mundo está saturado de Divinidad, sumergido en Realidad, y lleno de posibilidad. Tenemos que tomar esta posibilidad divina y amoldarla como actualidad presente en nuestra experiencia diaria. Este es el camino a la libertad, la senda hacia la paz y la felicidad.

LAS IDEAS DIVINAS (II Corintios 4:8, 9)

Aún cuando tenemos problemas, no nos sentimos angustiados, y aunque parece que hemos sido abandonados, no somos destruidos. Todas nuestras experiencias obran con el fin de que aprendamos la lección de la vida y regresemos a la Casa del Padre como almas liberadas.

No debemos menospreciar nuestros fracasos—los disgustos temporales de la vida—porque estos pueden ser con frecuencia aparentes saludables y conducen el alma hacia el Cristo interior, que es el Camino, la Verdad y la Vida. Cuando termine la experiencia, la lección se aprenderá y entraremos al paraíso de la satisfacción.

No vemos las cosas visibles como si fuesen eternas. Detrás de lo visible y lo inconstante, está la Realidad que no cambia, el Uno

Eterno, obrando en el tiempo y el espacio para expresarse a Sí mismo. Las Ideas Divinas están detrás de todo pensamiento humano buscando entrada por la puerta de la mente.

Si contemplamos el amor un buen tiempo, nos volveremos amorosos, porque así es el amor. Dios es amor. Si miramos con anhelo el gozo, éste vendrá a anidar en nosotros, entraremos en sus portales y seremos felices. Si buscamos lo Divino en los hombres, lo encontraremos, y estaremos en compañía de ángeles sin saberlo.

Las ideas y los atributos de Dios son eternos y no pueden cambiar. En el cambio está lo que es Inalterable. En el tiempo está lo Eterno y Sin Tiempo. En las *cosas*, el Creador manifiesta Su poder y su gloria eternamente.

LA VESTIDURA INMORTAL (II Corintios 5:1, 10)

Este cuerpo, en que parece que vivimos, no es el cuerpo eterno. Tenemos un cuerpo eterno en el cielo que no está hecho con las manos. Al elevar más nuestro pensamiento hacia la gran verdad, nos vestimos del cielo. Es decir, seguimos perfectamente el molde de lo Divino, y por consiguiente, manifestamos lo Eterno más completamente.

No deseamos estar sin vestido, sino que deseamos ser vestidos. Este es un concepto interesante porque implica que la inmortalidad se viste de formas definidas, más bellas que las que ahora vemos.

No debemos reconocer al hombre como ser físico sino como obra del Espíritu, como Cristo. De esta manera quedamos impregnados de vida. La muerte queda vencida, no profundizando en ella, sino contemplando la vida eterna. El escritor cree que si alguien fuera inconciente de la muerte completamente y no le temiera, nunca sabría que había muerto, aunque pasara por la experiencia de dejar esta vida y entrar en la otra. La muerte sería absorta por la vida.

Me parece probable que cuando venzamos al enemigo final, pasaremos de una experiencia a otra por voluntad propia, y que el alma tomará un cuerpo en cualquier plano en que se encuentre—

un cuerpo que expresará el alma en ese plano. No debemos conocer a ningún hombre por la carne, sino por el Espíritu.

EL HOMBRE INTERIOR (Efesios 3:16)

"Ser fortalecido con poder por el Espíritu en el hombre interior." El hombre interior es Cristo, y Cristo es el Hijo de Dios. El hombre interior se revela por lo que hace. Así como no vemos a Dios, tampoco vemos al hombre verdadero. Nunca vemos las causas sólo los efectos; pero los efectos son una fuerta indicación de la naturaleza de la causa.

El Espíritu de Dios mora en el hombre interior con poder y fuerza. El hombre exterior refleja este Espíritu hasta el punto que el intelecto le permite expresarse.

Cuando Cristo mora en nosotros en el amor, que es unidad, podemos entender las cosas que los santos han entendido. *Santo* simplemente quiere decir una persona sabia y buena a un grado extraordinario—todos los santos han sido seres humanos igual que nosotros, porque Dios nos ha hecho a todos iguales. El universo no tiene favoritos.

Estar llenos de la plenitud de Dios es manifestar nuestra verdadera naturaleza que es Cristo, el Hijo de Dios—"el poder que obra en nosotros." Este poder es el poder de Dios, y si nunca admitiéramos ningún otro dios, siempre estaríamos satisfechos, felices, prósperos, saludables e íntegros.

LA CREACION SIN FIN (Efesios 3:20, 21)

"Mundo sin fin." Esto se refiere a la creación sin fin del Todopoderoso. Ciertos mundos siempre principiarán y terminarán, como lo hacen los repollos y los reyes; pero la creación en sí—la necesidad de Dios de manifestarse en el tiempo y el espacio—nunca tendrá fin. Si la creación pudiera terminar, entonces Dios tendría fin. Como esto no puede ni pensarse, entonces se deduce que el "mundo sin fin," o los mundos sin fin, son necesarios para la expresión del Espíritu.

LA UNIDAD DE LA VIDA (Efesios 4:1, 7)

La unidad del Espíritu está siempre mantenida por lazos de paz. Cualquier otra cosa sugiere confusión y separación. El Espíritu es una unidad perfecta, y nos armonizamos con esta unidad cuando mantenemos un estado de paz en nuestra mente.

"Existe un cuerpo y un Espíritu." La creación entera es este cuerpo—el Cuerpo de Dios, que es Espíritu. Dentro de este Cuerpo están todos los cuerpos; es decir, dentro de la creación única—que es el producto del Único Espíritu—están todos los cuerpos.

Hemos aprendido que todas las formas materiales surgen de una substancia primordial. Cualquier cuerpo en particular es una manifestación de esta substancia original. La substancia original toma muchas formas; multiplicidad dentro del Uno; muchos en unidad.

"Un Señor, una fe, un bautismo." Un Señor, que es el Cristo interno, el hombre genérico o el Hijo universal. Existe sólo una fe, porque la fe es una actitud mental afirmativa hacia el universo; y un bautismo, que es el reconocimiento de que estamos en un Espíritu.

"Un Dios y Padre de todos, que está encima de todo, a través de todo, y en todos vosotros." Sería imposible declarar la Verdad más claramente. ¡Una Vida detrás de todo lo que vive! Uno, Uno, Uno…nunca dos. La unidad de toda vida. Aprender esto es saber uno de los secretos de todos los tiempos.

Aquí está un refrán místico: Dios está en todo, a través de todo, y arriba de todo, lo que quiere decir que *participamos* de Una Sola Vida…*Es todo lo que nosotros somos*…pero nosotros no somos todo lo que esa Vida es. Ningún hombre puede agotar la Naturaleza Divina, pero todos viven por Ella, en Ella, y por medio de Ella. ¡Está en nosotros, pero también está sobre nosotros; está en nosotros pero también está abajo de nosotros; está en nosotros pero también está alrededor de nosotros—es lo que somos, pero es infinitamente más que nosotros! Siempre ascenderemos a una expresión más amplia de esta Naturaleza Unica, pero nunca podremos abarcarla completamente. Este es un concepto glorioso que nos llena de maravilla por la majestad de nuestro propio ser—por siempre unido dentro del Cristo en Dios.

LA RENOVACION DE LA MENTE (Efesios 4:23, 24)

Se nos dice que renovemos la mente por medio del Espíritu, y que nos vistamos con el hombre nuevo, que es creado en verdadera santidad. La Ciencia de la Mente nos enseña como hacer esto. La mente es el factor creativo dentro de nosotros, y cuando la mente Toma el diseño del Espíritu, automáticamente renueva al hombre exterior con verdadera santidad o integridad.

Cualquier cosa que la mente retiene y cree firmemente forma un patrón nuevo dentro del medio molde; asimismo cualquier pensamiento que la mente retiene, tiende a tomar forma en una creación nueva. Este es el secreto—todo el secreto—de la ley creativa de la mente.

SED FUERTES EN EL SEÑOR (Efesios 6:10)

"Sed fuertes en el Señor y en el poder de su fortaleza." Estar fuertes en el Señor es estar seguros de nosotros mismos, *porque estamos seguros del Principio de Vida que se manifiesta a través de nosotros.*

Luchamos, no en contra de cosas externas, sino en contra de ideas y creencias internas. El poder de la obscuridad es el poder de las creencias falsas y supersticiones. Si un hombre puede cambiar su concepto interior, su vida entera cambiará. Toda causa es siempre interna; todo efecto externo.

LA INIQUIDAD EN POSICIONES ELEVADAS (Efesios 6:12)

La iniquidad en posiciones elevadas quiere decir el uso invertido de la ley de justicia, el mal uso de los poderes de la mente. La ley mental es neutral, plástica, receptiva y creativa. Se puede usar para el bien o para el mal, lo mismo que cualquier otra ley.

LA ARMADURA DE DIOS (Efesios 6:13, 18)

La armadura de Dios es la fe en el bien, en lo duradero y lo verdadero. Contra esto no existe ninguna ley. Es decir, contra la verdad, nada puede perdurar. La armadura de Dios sugiere protección a los que creen y confían en la Ley del Bien. Con esta armadura—tejida con ese hilo de unidad que corre por todo, fortalecida con el poder del Todopoderoso, bruñido con visión clara y estimación verdadera de la vida y de la Realidad—estamos sanos y salvos. Moramos bajo la sombra de la Verdad eterna. Con Moisés podemos decir, "Bajo nosotros están los brazos eternos."

La armadura de justicia cubre y da santuario al corazón de corazones, al alma más profunda en el hombre. Los pies, calzados con el evangelio de paz, pueden caminar sin cansarse. Nos regocijamos con Salomón cuando encontramos la Sabiduría porque "Sus maneras son agradables, y todas sus sendas son sendas de paz."

Y tomamos también "el escudo de la fe, con el cual podréis apagar todos los dardos encendidos por el malvado." El pensamiento positivo de la Verdad es un escudo en contra del cual nada puede subsistir. En la Ciencia de la Mente aprendemos que ningún pensamiento negativo puede entrar en la mente que está llena de paz y de fe. La sugestión de limitación, de temor y de duda no encuentra entrada en el hogar mental donde Dios reina como Huésped Supremo.

Y la espada del Espíritu es la palabra de la Verdad. También se le ha llamado la espada de dos filos, separando lo falso de lo verdadero, abriéndose paso en el camino de la confusión, desarraigando las espinas y los cardos, y limpiando el camino para que la Verdad y la belleza florezcan en el hogar del alma.

La Palabra de Dios no es un himno de batalla por la justicia sino un himno de adoración, un salmo de belleza, un canto de alegría. "¿Si Dios está con nosotros, quién puede estar en nuestra contra?"

LA MENTE QUE USO JESUS (Fil. 2:5, 6, 13)

Nuestra mente debe ser la mente que estaba en Cristo Jesús. Observen con cuidado como se usa la expresión. *La mente que estaba en Cristo Jesús.* Esto quiere decir, la Mente de Dios; no nuestra mente personal—aunque nuestra mente personal es maravillosa con sus muchas ramificaciones—sino la mente que usó Jesús; la Mente Divina del Creador y Rey del Universo.

Tener la mente que usó Jesús implica un poder que está al alcance de todos, y que puede ser usado por todos. La mente que estaba en Cristo Jesús era la Mente de Verdad; por lo tanto, él vino a ser el *camino.* Pero nosotros también debemos ser el *camino,* y sólo podemos lograrlo cuando usamos la misma mente que él usó, que es la Mente de Dios.

Tenemos la Mente de Cristo hasta el grado en que confiamos implícitamente en el Universo, y dejamos de hacer las cosas que contradicen la bondad fundamental. De esta Mente procede la Ley perfecta, que es Ley de Libertad.

Esta Mente es Dios trabajando dentro y a través de nosotros. Dios puede obrar para nosotros sólo al obrar a través de nosotros. Por consiguiente, no hay otro nombre bajo el cielo por el cual el hombre pueda salvarse—no el *nombre* de Jesús, sino la *Mente de Cristo.* El individuo tiene que aceptar esto de sí mismo y del Universo. Cada hombre tiene la Mente de Cristo, si desea admitirlo, *¡pero sólo puede usar esta Mente cuando esta en armonía con la Vida!* La Naturaleza siempre se protege contra todo método indebido, y sólo los justos pueden entrar en los portales de la Verdad.

UN DISEÑO PARA EL PESAMIENTO (Fil. 4:8, 13)

Debemos pensar en *esas cosa que son de buen nombre.* Es decir, debemos pensar en esas cosas que pertenecen a la Verdad. Si hacemos esto, podemos lograr todo debido a nuestra propia mente interior que es Cristo. Esta Mente es la Creadora del cielo y de la tierra y de todo lo que en ellos mora.

Y Dios proveerá todo lo que necesitemos. Esta es una idea her-

mosa: somos alimentados de la mesa del Universo, Cuyo alimento
está siempre a nuestra disposición y lleno de bendiciones y paz; Cuya
bondad no podemos ni imaginar; Cuya gracia y Verdad son las
primeras piedras fundamentales de la Realidad. VAMOS A SER ALI-
MENTADOS, VESTIDOS, Y PROVEIDOS EN CADA NECESI-
DAD, DIRECTAMENTE DEL CENTRO Y FUENTE DE
TODO. No podemos pedir más. Y nada más grande puede dársenos.
Lowell dice: "Solamente el cielo se regala," y todo es nuestro, si lo
pedimos. ¿No debe incluir esta petición toda justicia y verdad?

ESTAD SIEMPRE GOZOSOS (I Tes. 5:15, 23)

Debemos estar siempre gozosos. En el Espíritu no hay tristeza. El
Espíritu es feliz y libre porque no conoce ni la depresión ni la con-
fusión, y nosotros pertenecemos, estamos en Él y somos de Él.
Siempre debemos estar gozosos.

LA ORACION CONSTANTE

"Orad sin cesar." Esto quiere decir que permanezcamos siempre en
el lado positivo de la vida. Orar constantemente es no dudar nunca,
es confiar siempre en la Ley del Bien. Esta comunión interna es
esencial para el alma y es natural para la mente. Es el reconocer constantemente nuestra relación con esa Presencia en la cual vivimos,
nos movemos y tenemos nuestro ser.

"En todo, dad gracias." Una actitud de gratitud es muy saludable
e indica que comprendemos que *ya estamos* en el cielo. ¡Cómo nos
gusta ayudar a los que cooperan con nosotros y agradecen nuestros
pequeños esfuerzos! La gratitud es una de las gracias principales de
la existencia humana, y es coronada en el cielo con la conciencia de
la unidad.

NO APAGUEIS EL ESPIRITU

"No apaguéis el Espíritu." No debemos avergonzarnos de nuestra
confianza en Dios, ni debemos negar la Luz Interior que ilumina el

razonamiento de todo hombre hacia la razón fundamental de todo. La emoción espiritual es común en toda persona, y es una de las maneras en que el Espíritu obra. Cuando no se permite que esta emoción fluya, estorba la corriente de vida y por resultado produce el estancamiento. En la psicología aprendemos que las emociones congestionadas dañan al cuerpo. Si esto es cierto respecto a las emociones físicas, ¡cuán más cierto será respecto a las más elevadas emociones espirituales!

Lo que es verdad en un plano es verdad en todos los planos. Hay escalas ascendentes del ser, y cada una se reproduce, desde la más baja hasta la más alta; cada plano—participando de la naturaleza del Todo, porque todos están y son de El. Las emociones físicas que no se expresan, pueden congestionar el pensamiento subjetivo y producir confusión mental y confusión física—lo mismo pueden hacerlo las emociones espirituales que no se expresan—pueden congestionar el alma y bloquear una corriente más completa de vida en el individuo. Esto es de acuerdo con la ley.

Si el artista suprimiera toda su emoción espiritual, nunca sería un gran artista. En el arte, a esta emoción le llamamos temperamento; en la oratoria le llamamos inspiración; y en cosas puramente espirituales le llamamos Iluminación. En algún momento, el alma tiene que presentarse desnuda ante la Verdad si ha de recibir la Verdad en toda su plenitud. También tiene que haber salida al igual que entrada para que haya corriente continua. "No ahoguéis el Espíritu," pero permite que el intelecto decida a qué deben responder las emociones. Este es el secreto de la vida que se mantiene en equilibrio.

"Examinad todo y retened lo que es bueno." No debemos temer ideas o doctrinas extrañas, sino debemos examinarlas y retener sólo lo que es verdadero. Debemos analizar, disectar e investigar hasta que sepamos la Verdad, y entonces, debemos retenerla. Todo avance se alcanzará de esta manera, ya sea en la ciencia, la filosofía, la religión o en cualquier otra cosa.

PEDID CON FE, CREYENDO (Santiago 1:5, 18)

Si nos falta sabiduría, debemos venir a la Fuente de todo saber y la recibiremos. ¿Pero cómo debemos pedir? Con fe, creyendo. El hombre de doble mentalidad no llega a ninguna parte. ¡Qué verdadero es esto! ¡DIOS SOLO PUEDE DARNOS LO QUE TOMEMOS, y como el tomar es una acción mental, PODREMOS TOMAR SOLO LO QUE CREEMOS QUE YA TENEMOS! Esto va de acuerdo con las enseñanzas de Jesús: cuando oremos, tenemos que creer que nuestra oración ya ha sido contestada.

Cualquier cosa que no es de fe, es de pecado o error, como dice otro pasaje de este libro de la sabiduría. La fe en Dios y en nosotros mismos debe ser generada concientemente. Todo problema proviene de la falta de fe en el Universo, seguido de actos erróneos como resultado de la falta de fe y la ignorancia de la Ley del Bien, que es la Ley de Libertad.

La lección es bastante sencilla. Cuando pidamos cualquier cosa, debemos creer que ya la tenemos, pero *tenemos que pedir aquello que está en unidad con la vida.* Esta unidad incluye salud, felicidad y éxito. Estas cosas son innatas a la atmósfera de Dios y a la atmósfera del hombre interior, que es Cristo. Eliminemos la duda, el temor y la incredulidad y confiemos completamente en Dios.

LA MALDAD ES CREADA POR EL HOMBRE (Santiago 1:13)

El escritor nos dice con énfasis que Dios nunca tienta a nadie. Dice que Dios ni puede ser tentado, ni tienta a nadíe, y que toda tentación viene de nuestra propia mente. No puede decirse más claramente. La maldad es *creada por el hombre,* mientras Dios— Bondad Eterna—no sabe nada de ella. Dios en su pureza, no puede contemplar la maldad ni mirarla. La maldad es suposición directa y contraria al bien, y no tiene ninguna realidad que la apoye ni ley que la respalde. DIOS NO TIENTA A NADIE. Es un error decir que Dios nos tienta para ver si somos dignos de entrar en el reino de los cielos. Dios no pone a prueba a nadie.

Hacemos nuestros propios errores, sufrimos por nuestras propias tonterías, y también tenemos que hacer nuestro propio viaje de regreso a la rectitud. Dios era, es y continuará siendo la Esencia de la Vida, la Verdad y la Pureza. Entremos en esta Esencia con fe y seremos liberados de nuestra incredulidad y de nuestros errores mundanos.

Toda bondad y toda buena dádiva viene del Padre de Luz. La obscuridad no tiene padre, es hija ilegítima de la superstición y la incredulidad, no tiene linaje en la Realidad. El Universo no está dividido en contra de Sí Mismo. El buen maestro dijo: "Una casa divida contra sí misma no puede sostenerse."

No existe ni sombra ni obscuridad en la Verdad. Es lo que es, y nada puede añadírsele ni quitársele. Siempre es Una, nunca dos. Llegamos a la Verdad por medio del conocimiento de nuestra unidad con Ella.

CUMPLID LA PALABRA (Santiago 1:22, 27)

"Cumplid la palabra, no os contentéis sólo con oirla engañándoos a vosotros mismos." Esto debe enseñarnos que no debemos menospreciar nuestro entendimiento. Lo que *sabemos*, podemos *hacer*. Lo que no podemos *hacer*, sólo *suponemos*…sólo pensamos que podemos. El saber que no se usa es sólo suposición, y no es saber verdadero; es conjetura, y nunca ha producido nada. No entrará todo el que dice Señor, Señor, sino el que *hace* la voluntad de la Verdad.

No obstante, ¡nos engañamos solos cuando nos jactamos de nuestro entendimiento, y no podemos probar que lo poseemos! Una *convicción* silenciosa vale más que todas las declaraciones ruidosas de los que en voz alta afirman la gran nada. Una sola onza de convicción tiene más valor que muchas libras de afirmaciones.

La religión pura se manifiesta con hechos de caridad y de misericordia. No es arrogante—reclamando un lugar especial en el cielo—sino humilde ante el gran Todo. Se une con toda la humanidad y encuentra que no es grande la diferencia entre el santo y el pecador. El mundo necesita una religión como ésta porque está enfermo de pretender y quisiera una demostración práctica de una creencia en Dios, que se manifieste por buenas obras.

LA LEY NO HACE EXCEPCION DE PERSONAS
(Santiago 2:1-11)

Santiago dice que la ley *está convencida que somos transgresores*. No dice que Dios está convencido que somos transgresores, sino que la ley está convencida. Este pasaje está lleno de significado. Dios es Bondad natural, Libertad Eterna y Amor Puro. Pero la Ley es fría y factual; devuelve a cada uno el resultado de sus propios hechos, ya sean falsos o verdaderos. La Ley es una fuerza neutral, pero inteligente—es el hacedor pero no conoce lo que hace. Toda ley es de la misma naturaleza.

Cuando hacemos el mal, la ley castiga. Cuando hacemos el bien, la ley premia. Todo va de acuerdo con la ley y el orden; esta es la única manera en que el universo puede funcionar. Si nuestro pensamiento es de Dios, o del Bien, estamos usando la Ley de manera correcta. Cuando nuestros pensamientos y nuestros hechos son opuestos a Dios, o al Bien, transgredimos la ley y somos castigados. "No hay pecado sino error, ni castigo sino consecuencia." De igual manera Emerson nos dice, "No hay pecado, sólo ignorancia," y esto es verdad, porque si supiéramos la Verdad, no haríamos mal uso de la Ley.

La ley no hace excepción de personas, y trae bien o mal a cualquiera, de acuerdo con la manera en que la use. Será la ley de libertad para el justo y ley de esclavitud para el impío. *No podemos escapar al poder creativo de nuestro pensamiento y de nada nos sirve tratar de escapar.* Todo lo que necesitamos hacer es usar la ley correctamente y seremos liberados.

LA ORACION DE LA FE (Santiago 5:15)

La oración de la fe es una creencia incondicional tanto en la habilidad como en el deseo del Espíritu de oír y contestar. La oración hecha con fe sana al enfermo por medio de la ley que dice que cualquier imagen del pensamiento que se sostiene en la mente subjetiva, tiende a manifestarse en el cuerpo o en los asuntos del que lo piensa.

Cuando la oración de la fe penetra el pensamiento subjetivo y neutraliza las imágenes falsas, los enfermos recobran la salud. Ni aún Dios mismo puede sanar a un enfermo mientras este cambio psicológico no ocurra en el pensamiento creativo interior. Todo es amor, pero todo es ley; uno nivela al otro. La ley no puede apartarse de su naturaleza, ni se apartará.

Cuando oramos creyendo, borramos las ideas falsas de nuestro pensamiento interior y el Espíritu puede darnos el regalo de la Salud. Cuando admitimos la luz, la luz penetra pues no puede entrar de otra manera más que por medio de una mente receptiva.

Si pudiésemos abandonar nuestras enfermedades—ofrecerlas en el altar de la fe al Dador de la vida—quedaríamos sanados. No es fácil dejar ir nuestros problemas; estamos propensos a quedarnos con ellos. Pero, por medio de la oración ferviente y efectiva, gradualmente dejamos que el pensamiento falso regrese a la nada. Dios es vida perfecta, y cuando entramos en Su luz, quedamos sanados.

LA CONFESION DE LOS PECADOS (Santiago 5:16)

Santiago nos dice que confesemos nuestras faltas. Esta idea sugiere una de las verdades más grandes de la psicología de nuestra naturaleza interior. El psicoanálisis—que es el análisis del alma o de la mente subjetiva—es un método científico para borrar creencias falsas. A veces es el perdón de los pecados, hecho de una manera científica.

Nuestras mentes están agobiadas por muchas cosas. Con frecuencia nuestras religiones suprimen nuestras mentalidades—aunque automáticamente deberían armonizarlas—y crean morbosidades en el aspecto subjetivo del pensamiento. Esto pasa cuando nos sentimos condenados por nuestros pecados. La Biblia nos dice que Dios borrará estos errores y nunca jamás los recordará en contra nuestra. Es decir, removerá y borrará todo pecado completamente. ¿Cómo podría esto ser diferente? Dios es de ojo puro y mente perfecta; es Espíritu perfecto. Cuando entramos en este Espíritu y exponemos nuestra alma ante Su gran luz, abandonamos nuestros problemas y somos sanados.

La confesión de los pecados, o errores, nos ayuda a abandonar los problemas y a sentir que el universo no tiene nada en contra de nosotros. Pecar quiere decir, equivocarse; y mientras seguimos pecando, continuamos perpetuando sus horribles resultados. Deberíamos acudir diariamente al Espíritu de Bondad para lavar todos los errores, temores y problemas.

El hombre que siente que sus pecados pueden ser borrados, está en mejor posición psicológicamente que el que piensa que Dios no le perdonará. Debemos aprender a olvidar nuestros errores y no recordarlos jamás contra nosotros mismos. Nada ganamos con retenerlos. Lo mejor que podemos hacer es olvidarlos completamente.

Dejar ir nuestros pecados concientemente es algo científico. Retenerlos es insensato. Algunas personas dirán que es bueno sufrir por los errores del pasado. Es cierto que sí sufrimos, hemos sufrido y seguiremos sufriendo hasta que paguemos hasta el último centavo. PERO EL ULTIMO CENTAVO QUEDA PAGADO CUANDO ABANDONAMOS NUESTROS ERRORES Y CONFIAMOS EN LA LEY DEL BIEN.

Es imposible que una persona sensata crea que Dios se deleita en castigar y condenar a alguien. Dios es Bondad natural y Amor eterno, y no tiene nada en contra de nadie.

Mientras sigamos cometiendo errores, seguiremos sufriendo. Sanamos cuando venimos al Espíritu para obtener la limpieza que borra los errores del mundo y los convierte en lecciones que señalan siempre el camino a la Verdad y la belleza; a la vida, la salud, la felicidad y el éxito.

El que uno abandone concientemente sus problemas y sus errores, sintiendo que ya no le afectan, es científico. Ya aprendió la lección que sus ideas falsas no le sirven, y está dichoso y dispuesto a dar la espalda a todo lo que le ha lastimado y volver hacia la Gran Luz. Y el Espíritu, debido a Su naturaleza de Totalidad, siempre está preparado para tomarlo en sus brazos y renovarlo completamente.

AHORA SOMOS HIJOS DE DIOS (I Juan 3:1, 4)

El mundo no conoce al hijo de Dios. El sentido material no puede reconocer lo espiritual. Las cosas espirituales tienen que entenderse espiritualmente. El amor de Dios está completo en nosotros, porque somos sus hijos—hijos de libertad y no de esclavitud.

"Ahora somos hijos de Dios." No en el más allá, sino en la Ahora; ya somos lo que somos, y lo que debemos ser—debido a nuestra naturaleza verdadera. "Ahora somos hijos de Dios." Cuando despierta el Alma a la luz del Espíritu, nacemos a la realización que Dios ha estado con nosotros siempre. "Ahora somos hijos de Dios." Hoy es el día de salvación completa, no mañana ni al día siguiente, sino AHORA.

Ahora no vemos del todo lo que verdaderamente somos, porque ahora vemos sólo en parte, pero cuando El aparezca, Le reconoceremos, porque Le veremos en Su luz verdadera. Este "El" es nosotros mismos—*el Cristo en nosotros,* nuestra esperanza y seguridad de gloria eterna. Seremos como El. Siempre hemos sido como El en lo interior, pero cuando aparezca, Le veremos como El es; es decir, conoceremos, así como somos conocidos—nos conoceremos a nosotros mismos.

"Le veremos como es." No como el aparenta ahora, porque está escondido en las profundidades más hondas de nuestra naturaleza. Lo veremos con el ojo espiritual que no obscurece; con vista clara que penetra toda oposición supuesta y que anuncia la Realidad siempre presente. Nos veremos a nosotros mismos como verdaderamente somos, por siempre protegidos en el seno del Universo— Hijos de Dios.

El que hace el bien, es el bien mismo, lo mismo que Dios es el bien. Esto de nuevo nos revela a nosotros mismos. Esta es la gran revelación: la revelación del mismo. Pero antes que esto acontezca, tenemos que reconocer nuestro derecho de nacimiento y regresar a la Casa del Padre. Este regreso es un hecho conciente de nuestra parte.

Cuando hacemos el bien, estamos bien, y cuando estamos bien, somos como El, porque entonces Le veremos. Esto se refiere al

Cristo que mora en cada alma. El Hijo de Dios en toda Su hermosura y Su fuerza.

Aún cuando nuestro propio corazón nos condena, sabemos que el Espíritu, que nos dio el corazón, es más grande que Su regalo. Dios siempre es más grande que todos los errores humanos, y sólo en Dios existe la paz y la felicidad. Dios es Bondad natural y Amor eterno.

"El que nace del amor nace de Dios, porque Dios es Amor." Sin amor nada puede lograrse. Con amor todo es posible. Y cuando amamos, nuestras oraciones son contestadas y el cielo nos da su regalo. El regalo del cielo es Vida no muerte; es Amor, no odio; y es Paz, no confusión.

Y entramos en este paraíso por la puerta del Amor a Dios y a nuestros semejantes. Dios es más grande que todo y borra una multitud de errores. El amor supera todo y neutraliza todo lo que no es como El. El Amor es Dios.

SEXTA PARTE

MEDITACIONES

MEDITACIONES DIARIAS PARA AYUDA PROPIA Y PARA SANAR

En estas breves meditaciones presento algunas ideas que he obtenido a través de mis experiencias en el sanar mental. He encontrado que unas cuantas declaraciones, afirmadas mentalmente y seguidas por una meditación silenciosa han sido muy efectivas en el trabajo de sanar.

La mayoría de estas meditaciones están escritas en la primera persona del singular, para que la persona que las utilise las use tal como están escritas.

No estamos diciendo que haya ningún poder oculto en estas palabras, sino que palabras similares a estas han sido efectivas para inducir una realización más grande de la vida.

Primero decide que meditación deseas usar. En seguida calma y tranquiliza tu espíritu. Lee la meditación cuidadosamente varias veces, frase por frase, empeñándote en realizar el significado de las palabras y tratando de entrar en la atmósfera del pensamiento. Después de esto, medita sobre las palabras continuando la meditación hasta que sientas una sensación de su realización.

VEN, DEJAME SANARTE

Ven y te sanaré.
El poder interno de Vida dentro de mí es Dios,
Y Dios tiene todo poder.
Yo sanaré y ayudaré a todo el que venga a mi.
Yo se que la realización de Vida y Amor dentro de mí
Sana a todos los que vienen a Su presencia.
Silenciosamente bendigo a todo el que entra en mi atmósfera.
No soy yo, sino el Padre quien mora en mi, Él que hace las obras.
Yo sano a todo el que se acerca a mí.

DIOS DENTRO DE MI TIENE EL PODER DE SANAR

Dios dentro de mí tiene el poder de sanar.

El sana todas mis enfermedades y elimina todos mis temores.

Mi Dios interno me sana ahora de toda enfermedad, de todo dolor y trae consuelo a mi alma.

Dios es mi vida; no puedo estar enfermo.

Escucho la voz de Verdad que me dice levántate y anda porque he sido sanado.

Yo soy sano.

NO HEREDO ENFERMEDAD

No hay tendencia heredada ni a la enfermedad ni a la mala salud. He nacido del Espíritu Puro.

Las ideas falsas no pueden ser transmitidas de una persona a otra, estoy libre de las sugestiones de la humanidad.

Mi vida proviene de lo Alto, y recuerdo que siempre he sido Perfecto e Integro.

Una Luz Interior brilla dentro de mí, y me libera

Del yugo de las falsas creencias.

Yo soy nacido del Espíritu.

NO HAY CONGESTION

No hay congestión ni obstrucción para la acción.

La vida que fluye a través de mi es Perfecta y Limpia;

Nada puede detenerla, retrasarla ni obstaculizarla.

Siento ahora la Vida fluyendo a través de mí.

Elimina todas las secreciones impuras y limpia mi pensamiento de toda sugestión de depósitos falsos en mi carne.

Yo soy Limpio, Puro y Perfecto, y mi Palabra elimina todo lo que no es así.

No hay congestión.

NO CRECE LO FALSO

"Cada planta que no ha sido plantada por mi Padre Celestial será arrancada."

No crece nada falso.

Ni nada de que se alimente. Yo Soy libre de todo falso pensamiento o creencia, y de cualquier cosa falsa o temor alguno.

Arrojo todo temor y toda manifestación de miedo.

Una idea falsa no es ni persona, ni lugar, ni cosa, y no hay quien la crea o la experimente.

Yo soy Uno con la Vida Perfecta y Completa de Dios.

Mi Palabra destruye todo temor.

NO HAY CANSANCIO

No existe el cansancio.

La Mente y el Espíritu no se cansan ni se fatigan, yo soy Mente y Espíritu.

Mi cuerpo no puede cansarse porque no tiene voluntad propia.

Yo soy libre de toda ilusión de cansancio.

Mi ser entero responde al pensamiento de la Vida.

Vivo con la Gran Vitalidad del Espíritu.

Yo estoy vivo con el Espíritu.

AUDICION PERFECTA

Mi facultad de oír es perfecta.

Es Dios en mi escuchando Su propia voz.

Yo escucho esa Voz y ninguna creencia me puede impedir oirla.

No hay órganos dañados.

Toda idea acerca de mi cuerpo es completa y perfecta ahora mismo y funciona de acuerdo con la Ley Divina.

Abro mis oídos para oír.

Recibo la Verdad y la entiendo.

Abre mis oídos para que yo pueda oir.

VISION PERFECTA

Existe Una Visión y Un ver perfecto.

Mis ojos están abiertos y yo veo la Vida Perfecta.

Ninguna sugestión de visión imperfecta puede penetrar en mi pensamiento.

Percibo que toda la gente puede ver y que el Único Dios, mirando a través de todo, ve y su visión no está limitada.

Soy uno con el entendimiento completo de la Verdad.

Abro mis ojos y veo.

Esta Palabra obra a través de mi y se manifiesta por medio de mis ojos AHORA.

Abre mis ojos para que yo pueda ver.

EL OJO QUE TODO LO VE

El ojo del Espíritu no puede obscurecerse, y Su habilidad de ver no puede ser limitada.

Mis ojos son la Vista del Señor que mora dentro de mí; son las Ventanas de mi Alma y siempre están abiertas a la Visión de la Verdad.

Yo veo con la Visión del Espíritu, y esta vista no puede debilitarse ni perderse; es por siempre efectiva.

Mi palabra que hablo ahora es la Ley de Visión Perfecta. Mis ojos se abren y yo veo.

El Espíritu ve a través de mi.

EL SANAR DE LA CARNE

Mi cuerpo es Manifestación del Espíritu en mí.

Se mantiene perfecto por medio de la Ley de Dios.

"En mi carne veré a Dios."

La carne de mi cuerpo es perfecta y completa aquí y ahora.

Es Una con el Cuerpo de Dios, y no puede estar enferma ni puede sufrir.

Mi carne es perfecta.

NO HAY DOLOR

No hay dolor ni inflamación.

Todo temor se disipa en la realización de la Verdad.

Soy libre de toda creencia en el dolor.

El Espíritu no puede sufrir dolor y yo soy Espíritu Puro.

Yo estoy libre de todo dolor.

FELICIDAD Y REALIZACION

Yo soy feliz y estoy completo ahora y siempre.

Dentro de mi existe lo que es Perfecto y Completo.

Es el Espíritu de Vida, Verdad y Acción.

Yo soy feliz en el conocimiento cierto de esta Luz interior.

No puedo estar triste ni apesadumbrado, estoy radiante de Gozo y Vida,

Porque la Vida está dentro de mi ahora mismo.

Yo soy feliz y completo.

AQUI Y AHORA

Ya se ha alcanzado la Perfección.

Yo soy esta Vida Perfecta aquí y ahora mismo.

Hoy expreso la Vida Ilimitada de Todo Bien.

Hoy manifiesto la Perfección en todo mi ser.

Hoy estoy salvo.

Aquí y ahora soy sano.

MAJESTUOSA CALMA

La Mente interior está tranquila.
Mi Alma refleja al Altísimo.
El Espíritu del hombre es Dios.
En la gran calma de la Bondad Total Descanso en paz y seguridad.
Mi vida refleja ahora la Perfección Total.
Yo soy Paz; yo soy calma.
Yo soy seguridad y satisfacción completa.
Yo soy Uno con Dios.

Yo estoy lleno de paz.

NO HAY PERDIDA

No hay pérdida.
Nada puede perderse, extraviarse ni olvidarse.
Nunca ha habido pérdida o confusión.
La creación es Perfecta y Completa y dentro de Ella están todas las cosas y Ella conoce todas las cosas.
Yo estoy en armonía completa con el Todo y no puedo perder ni extraviar nada.
Constantemente encuentro más y más Bien.

Yo se que no hay nada perdido.

OH, QUIEN TUVIERA UNA LENGUA PARA EXPRESAR

¡Oh, quién tuviera una lengua para expresar las Maravillas que el Pensamiento revela!
¡Oh, quién tuviera una Palabra para comprender la idea infinita!
Que esa Voz tan dulce pudiera entonar la armonía de la Vida.
Pero Dentro, en ese vasto reino del pensamiento donde el Alma encuentra a Dios, el Espíritu sabe.
Escucharé esa Voz y me hablará de la Vida, del Amor y de la Unidad.

Háblame, Espíritu.

OH, ALMA MIA, ASOMATE Y VE

Oh, Alma mía, asómate y mira; levanta la vista y reconoce Tu libertad.

No te desalientes ni desmayes; elévate dentro de mí y regocíjate porque tu salvación ha llegado.

¡He aquí los prodigios del Gran Todo y las maravillas del Universo!

Asómate y ve tu bien. No está lejos, sino a la mano.

Prepárate para aceptar y creer, para saber y para vivir.

Deja que la Vida entre y viva por medio de tí, Alma mía y regocíjate porque tu visión es bella y completa.

Regocíjate porque el Todo Perfecto se refleja completamente a través de tí.

Mi luz ha llegado.

VIENDO LO PERFECTO

Mis ojos miran y contemplan lo que es completo y perfecto en toda la creación, "en todo, sobre todo y a través de todo."

Yo veo lo perfecto; no hay nada más que ver y ninguna sugestión de separación puede entrar en mi pensamiento.

Yo sólo reconozco lo perfecto y lo completo.

Yo soy perfecto y completo ahora.

Yo veo lo Bueno.

EL CIRCULO ESTA COMPLETO

El círculo de Amor está completo.

Comprende todo, incluye todo, y ata todo con cuerdas de Sempiterna Unidad.

No puedo separarme de Su Presencia ni apartarme de su cuidado.

Mi Amor está completo dentro de mí.

El Amor de Dios me une con El Mismo y no me soltará.

Haré un hogar para ti, oh, mi maravilloso Amor, y viajaremos por la vida de la mano.

Me sentaré en tu Presencia y aprenderé las cosas maravillosas que me dirás;

Porque Tú eres Dios.

El Amor reposa dentro de mí.

LAS COSAS QUE SON

Las cosas que son, han sido y siempre serán.

¡Tiempo, riesgo y cambio, fuera de mi pensamiento!

Lo Inmutable está aquí para quedarse, y lo Infinito no puede dejar de ser.

Las cosas que son, permanecerán, aún cuando el cielo y la tierra se acaben.

Descanso seguro y salvo dentro de una Vida de Perfección y Realizacion interminables.

Mi ser entero responde a la Realización del Todo Completo.

Yo soy eso que Es.

UN CANTO DE ESPERANZA

Mi Vida está en Ti, oh, Presencia interior.

Miro hacia Ti, y mi esperanza se vuelve realización.

Oh, Esperanza dentro de mí, imperecedera evidencia del Bien,

Me sostienes completamente en Tu amoroso abrazo,

Y de esta caricia tierna, nacerán la seguridad, la confianza y el amor.

Mi esperanza está en tí.

QUEDATE QUIETO Y RECONOCE A DIOS

"Quedate quieto, sabes que Yo Soy Dios."

Yo estoy quieto en Tu Presencia.

Estoy tranquilo y lleno de paz, porque he puesto mi confianza en Ti.

Me envuelve una gran quietud, y una gran calma acalla todo mi ser cuando reconozco Tu Presencia.

Mi corazón Te reconoce, oh, Altísimo dentro de mí.

Está sereno en Tu Presencia, y pone toda su confianza sólo en Ti.

En Tu Presencia estoy tranquilo.

HAZ A UN LADO TODA DUDA

Haz a un lado toda duda, oh, Alma mía, y no temas, porque Tu poder viene de Lo Alto.

El que está sentado en los cielos será tu defensor;

No necesitas temer; sal, oh Espíritu que habitas en mí, y exprésate por medio de mí; no dejes que mis dudas impidan Tu proximidad.

Mi fe irá a encontrarte y mi confianza Te abrazará.

Mi pensamiento espera recibirte con alegría en mi casa de Amor.

Y el Gozo nos acompañará por todos los tiempos venideros.

Hago a un lado, toda duda y todo temor.

COMPAÑERISMO DIVINO

Tengo un Amigo Interior que camina conmigo y me habla diariamente.

Nunca está lejos porque está dentro de mí y es mi compañero constante.

Nunca estaré solo porque mi Amigo siempre está cerca.

Sólo tengo que hablar y El me responde.

Aún antes que yo hablase, me dijo de Su Amor.

Oh, mi buen Amigo, cómo amo Tu Presencia.

El Espíritu dentro de mí es mi Amigo.

DIOS CUIDA HASTA LOS GORRIONES

"El ojo de Dios cuida hasta los gorriones y sé que me cuida también."

Este es un pensamiento bendito porque nos dice que no podemos extraviarnos de Su Presencia ni apartarnos de Su Cuidado.

Siempre nos cuidará y nos consolará.

Estaremos en Su casa para siempre, y El nos cuidará sin cesar.

Para el Ojo que Todo lo Ve, nadie puede pasar desapercibido, y todos, todos están bajo Su cuidado.

Todo está bajo Su cuidado.

LA ESPERANZA NO PUEDE MORIR

La esperanza no puede morir. La Esperanza Eterna es siempre reconfortante y fresca, está dentro de mí; no puede morir porque está edificada en la roca de la Sabiduría.

Oh, Esperanza Sublime, Oh, Vida Suprema, he aquí, que vengo a Ti como un niño cansado, y Tu enciendes de nuevo el fuego de la Fe dentro de mí.

Rápida, fuerte y segura mi Fe se alista a la acción, y mi ser entero se levanta a recibir el Alba.

La Esperanza, la Fe y el Amor están en mí.

NO ESTOY SOLO

No estoy solo porque una Presencia va conmigo y me acompaña diariamente en mis viajes.

Siempre encontraré este Compañero Divino conmigo.

No me abandonará ni me permitirá ir solo.

Siempre estará conmigo, estará cerca y proveerá siempre todas mis necesidades.

Mi vida se esconde con Cristo en Dios.

FUI A LA MONTAÑA

Descubrí un Lugar Secreto dentro de mi, donde el pensamiento sube una montaña más alta que el ruido del mundo.

Encontré en esta montaña un Lugar de Paz y descanso,

Un Lugar de gozo y consuelo para el corazón.

Descubrí que el Lugar Secreto de Dios está dentro de mi propia Alma.

Yo escucharé su voz.

LA ALEGRIA DEL ALMA

Mi Alma se regocija ante la realización de la Vida.

Me regocijo al ver mi Luz interior;

No puedo estar triste o deprimido porque Todo el Bien me reclama como Suyo.

Oh, Alma mía, regocíjate y alégrate, porque Tu Luz ha venido y Tu Día de Salvación está cerca.

Calla, y contempla al que está sentado en Lo Alto.

Me regocijo en mí Vida interior.

LIBRE DEL PECADO

Soy libre de la creencia en el pecado; no existe ni pecado ni pecador.

No hay juicio contra ninguno.

Dios no condena y el hombre no puede condenar.

Todo temor de pecar desaparece de mí; toda creencia en castigo se aleja de mí.

Vivo por el Unico Poder y no puede entrar ningún Pensamiento que puede venir a perturbarme.

No hay ni pecado ni pecador.

LIBRE DE SENSIBILIDAD

Mis sentimientos no pueden ofenderse.

Nadie desea hacerme daño, y no existe nada en mí que pueda creer estar separado de todo Bien.

Mi percepción es que soy libre de toda persona, nadie puede Maltratarme ni molestarme.

Yo tengo un sentido de unidad tal que todo en mi círculo está completo y perfecto.

Amo a mis amigos y ellos me aman a mí, y ese amor está en Dios y es de Dios, y no puede ser dañado ni obstaculizado.

Yo estoy lleno de gozo y amor para siempre.

CUMPLO LA PROMESA

Cumpliré la promesa que me he hecho a mi mismo.

Nunca volveré a decirme que soy pobre, que estoy enfermo, débil o infeliz.

Ya no me mentiré a mi mismo, sino diariamente, le diré la verdad a mi Alma. Le diré que es maravillosa; que es Una con la Gran Causa de toda la Vida, Verdad, Poder y Acción.

Susarraré esto a mi Alma hasta que surjan canciones de gozo al conocer Sus Ilimitadas posibilidades.

Se lo aseguraré a mi Alma.

EL AMOR RESPLANDECE A TRAVES DE LA NEBLINA

A través de la neblina del temor humano, el Amor centellea y señala el camino de libertad.

Decreto y declaro que Yo Soy libre de todo sentido de esclavitud.

Yo soy perfecto porque conozco la Verdadera Vida dentro de mi.

Ninguna alucinación puede entrar en mi pensamiento.

Se que existe sólo Un Poder, y que este Poder me protege ahora mismo de todo mal.

Así como el Amor Perfecto arroja todo temor, así el temor huye ante el conocimiento de la Verdad.

Yo no tengo temor.

NO HAY ESCLAVITUD

No existe esclavitud ni limitación.

Cada parte de mi se mueve en perfecta armonía y en libertad.

No puedo estar atado ni ser forzado a la inacción porque soy un Espíritu Libre, y el Poder de mi Vida viene de Lo Alto.

No hay inactividad ni falsa acción.

Ahora yo soy completamente libre.

Yo soy libre.

NO HAY CONDENACION

No hay condenación en mi ni operando por medio de mí.

Soy libre de las creencias y los pensamientos de los hombres.

Voy por mi propio camino, inmune a toda sugestión de condenación.

Sólo pueden entrar en mi mente aquellos pensamientos que yo permito.

No puedo, ni debo aceptar, pensamientos adversos.

Sólo pensamientos que ayuden y den vida encontrarán entrada en mi casa.

No hay condenación.

NO HAY HABITOS FALSOS

No hay hábitos falsos o viciosos.

Cada deseo de mi pensamiento y de mi corazón es satisfecho por la Verdad.

No anhelo nada ni siento que me falta nada.

Estoy completo dentro de mí mismo; soy perfecto dentro de mí mismo; estoy feliz y satisfecho dentro de mí mismo.

Soy Uno con Toda la Vida dentro de mí.

Soy libre.

NO HAY HIPNOTISMO NI FALSA SUGESTION

No hay ni hipnotismo ni sugestión falsa.

Yo represento la Mente Unica que no puede obrar en contra de Sí Misma ni puede obrar en contra de mí.

Yo soy inmune a toda sugestión y no puedo recibir ni abrigar pensamientos falsos.

Estoy rodeado por un círculo de Amor y Protección.

Dormido o despierto, estoy libre de falsos pensamientos.

Veo la insignificancia de toda creencia y temor en una cosa fuera de la Mente "Unica" y yo se que La Mente Unica puede actuar sola.

Sólo el Bien puede llegar.

NINGUN ERROR

No existe el error; nunca se ha cometido un error y nunca se cometerá.

No ha acontecido nada en el pasado que pueda dañar o estorbar.

No existe el pasado, y yo sé y puedo ver, que no hay creencia acerca del pasado que pueda levantarse contra mí.

Vivo en el Presente, libre de los ayeres y los mañanas.

Ahora mismo yo soy Feliz, yo soy Libre y Completo.

No hay errores.

NO HAY RESPONSABILIDADES

El Espíritu no tiene responsabilidades.

El Espíritu no sabe de necesidad o miedo.

Está completo dentro de Sí Mismo, y vive por virtud de Su propio Ser.

Yo soy Espíritu y no puedo aceptar los temores del mundo.

Mis caminos son derechos delante de mí.

El camino de la Vida es camino de Satisfacción Eterna y Gozo Perfecto.

La Vida dentro de mí es Completa y Perfecta, y no tiene inquietudes ni molestias.

Es Espíritu Libre y no puede estar atado.

Me regocijo en esa Libertad.

Me regocijo en la libertad.

EL TIEMPO HA LLEGADO

Ha llegado el tiempo, ya es la hora.

El poder dentro de mí ha salido y se expresa a través de mi palabra.

No tengo que esperar; hoy es el día.

Hoy mismo participo de toda la Verdad; hoy sano completamente.

Hoy mismo recibo mi herencia.

Hoy, la Verdad me ha hecho libre.

DENTRO DE VUESTRA LEY ESTA LA LIBERTAD.

Oh, Alma mía que resides en mí, Grande es Tu Presencia.

Dentro de Tu Ley hay libertad para todos los que creen.

Yo creo en Tu Ley y amo Tus preceptos.

Yo se que Tu Ley es Perfecta y es la delicia de mi alma, porque ésta se ilumina con Tus Palabras de Poder.

Tu Ley es libertad completa para mí, y para todo aquel por quien se hable.

Yo hablo la Palabra de Libertad para todos, y todos la reciben.

Soy libre con Tu Ley.

LA BELLEZA

Contemplo lo Hermoso y lo Placentero.
Mis ojos sólo ven lo que es hermoso.
No veré ni creeré ninguna otra cosa.
Sé que la belleza existe en mi vida, y permanecerá conmigo para siempre.

Veo sólo lo hermoso.

AMISTAD DEL ESPIRITU Y DEL HOMBRE

La amistad del Espíritu y de la humanidad es mía ahora y para siempre.
Ya veo numerosos amigos yendo y viniendo a mi alrededor.
Acepto esta amistad y compañerismo con alegría y con regocijo.

Yo recibo a mis amigos.

YO SIRVO

Yo sirvo al mundo.
Sirvo al Señor que existe en todos los hombres.
Llamo a la Gloria de Dios expresándose por medio de las mentes de todas las personas.
Obedezco la voluntad de Aquel que habita en la Eternidad.
Hago las obras de Aquel que mora en los cielos.
El Señor dentro de mi ordena, y yo obedezco.

Yo hago el bien a todos.

NO DUDARE NI TEMERE

No dudaré ni temeré porque mi salvación viene de Lo Alto, y el día que ha de aparecer está cercano.
No dudaré ni temeré porque todo mi ser responde a la real-

ización de Vida dentro y alrededor de mi.

No temeré porque los Anfitriones del Cielo me atienden, y la Ley del Universo es mi Salvación.

Yo no temeré.

ME DIJO QUE VIVIERA

Una Presencia mística en mí

Me dijo que viviera y amara, y que riera y me alegrara.

Me dijo que callara y supiera del Poder Unico del Altísimo que Existe dentro y a través de todo.

Me dijo que permitiera que ese Poder obrara en mí y por medio de mí.

Yo creí lo que dijo esa voz y recibí mi Bien.

Estoy Sano—La alegría de Vivir.

LA LEY

Medito acerca de la Ley de Dios.

Es una Ley Perfecta y ahora mismo obra para mí, por mí, y en mí.

"La Ley del Señor es perfecta."

Yo hablo mi palabra a la Ley y así se me concede.

Tu Ley está en mi corazón.

EL AMOR

El Amor de Todo Bien está en mi y a través de mí.

Ese Amor sale a encontrar a todos los que entran en mi atmósfera.

Envía su radiación a todos y fluye a través de todos.

El Amor dentro de mí es Perfecto.

Tu Amor dentro de mí es perfecto.

EL AMOR DISUELVE TODO TEMOR

Más grande que el temor es el Amor.

El Amor disuelve todo temor, destruye toda duda, y da libertad al cautivo.

El Amor, como Río de Vida, fluye a través de mí y me refresca con sus bendiciones eternas.

El Amor no puede temer, es intrépido y fuerte, y es poderoso en sus obras.

Puede hacer todo por medio de la Luz de la fe en la Infinita Bondad,

Que llena mi propio ser con una Presencia Poderosa.

El Amor arroja todo temor.

MIS ASUNTOS

Mis asuntos están en manos de Aquél

    Que guía los planetas en su curso,

    Y que hace que brille el Sol.

El Entendimiento Divino me asiste en el Camino,

    Y nada estorbará mi trabajo.

Mis asuntos son gobernados por la Inteligencia Perfecta

    Y nadie les puede impedir expresarse.

Yo sé que todo lo que hago procede del Unico Motivo:

    Expresar la Vida; y la Vida se expresará

    En mí, y por medio de mi. No puedo impedirlo.

    Soy controlado por la Inteligencia.

MIS NEGOCIOS

Mis negocios son dirigidos por la Inteligencia Divina.

La Mente que Sabe Todo, sabe qué hacer y sabe cómo hacerlo.

No la estorbo, sino dejo que Ella opere en mis asuntos.

Ella me hace prosperar, me dirige y gobierna mi vida.

Mis negocios son manejados por el Amor, dirigidos por la

Sabiduría y no pueden más que prosperar y crecer.

Mis asuntos están en Sus manos.

MI PROFESION

Mi profesión es la Actividad de la Gran Mente actuando a través de mí.

Asi es como La Actividad Divina está en constante contacto con la Realidad.

En mi trabajo me inspiran excelentes ideales de Lo Alto.

Mi pensamiento es iluminado por El que Todo lo Sabe.

Estoy inspirado.

NO HAY DEMORAS

No hay demoras en el Plan Divino para mí.

Nada puede impedir que esta Ley opere en mi Vida y en mis Acciones.

Las obstrucciones en mi camino son eliminadas y ahora llego al reconocimiento y manifestación de una satisfacción completa.

No tengo que esperar porque la Ley espera de mi a cada paso en el Camino de la Vida.

Se me concede ahora mismo.

SIN FALSEDADES

Nadie puede dirigirme o guiarme mal.

Estoy libre de la creencia en mentiras y falsedades.

Conozco y hablo sólo la Verdad y todos me hablan solamente de la Verdad.

Conozco lo que es falso y puedo comprender lo Verdadero.

Nadie puede engañarme o dirigirme mal;

Yo soy guiado solamente por la Verdad.

No hay mentira ni mentiroso.

NO HAY OBSTÁCULOS

No hay obstáculos en la Senda de la Vida; nada Impide los esfuerzos del hombre.

Mi Palabra es Ley que elimina todo pensamiento de impedimento o tardanza,

Y permito que la palabra que yo declaro se manifieste de inmediato.

Lo contemplo y se que ahora mismo se manifiesta, completo y perfecto.

Ahora mismo recibo.

NI ACCION EXCESIVA, NI INERCIA

No existe ni acción excesiva ni inercia en la Ley Divina, porque todo se mueve en perfecta armonía.

Todo en mi cuerpo, el cual es idea divina, funciona de acuerdo con esta Ley de Vida Perfecta.

Ahora percibo que la acción dentro de mi es siempre perfecta, completa y armoniosa.

Que haya Paz en todo mi ser, y Vida perfecta en cada miembro de mi cuerpo.

Actúo de acuerdo con la Ley Divina.

Yo soy Vida Perfecta en todo mi Ser.

YO SOY UNO CON LA ACCION PERFECTA

Yo soy uno con la Acción Perfecta. Todo lo que hago, digo o pienso se pone rapidamente en acción por medio del entendimiento y conocimiento correctos.

La acción armoniosa del Gran Todo obra a través de mí ahora y siempre.

Esta Acción Correcta me lleva consigo y me impulsa a hacer lo que es debido a su debido tiempo.

Nada perturba el flujo de esta acción a través de mí.

La acción de Dios es la única acción.

PAZ, SERENIDAD Y PODER

La Paz, la Serenidad y el Poder están dentro de mí porque son los testigos del Espíritu Interior de Verdad, Amor y Sabiduría.

Estoy en paz en mi interior y todo lo que me rodea responde a la Gran Calma de mi Alma que conoce su propio lugar en el Bien Infinito.

El Poder nace dentro de mí y pasa a manifestarse sin esfuerzo y sin afán.

Descanso con Seguridad y Paz porque la Luz Interior brilla e ilumina mi camino.

Descanso en Ti.

TRANQUILIDAD Y RECEPTIVIDAD

Estoy tranquilo y receptivo hacia la Vida.

Permito que la Vida fluya por mí en todo lo que hago, digo y pienso.

Permitiré que mi Vida sea lo que es, y no me preocuparé ni me quejaré.

Ahora mismo entro al Lugar Secreto del Alma donde reina suprema la quietud y en donde Dios habla conmigo.

Yo recibo.

GRATITUD Y ALABANZA

Doy gracias a mi Vida Interior por sus Portentos y sus Obras Maravillosas.

Cantaré y me alegraré, porque estoy cubierto por la Verdad de una Vida Perfecta.

El Gozo Perfecto es mío.

LA LUZ DENTRO DE MI

La luz del Cielo brilla a través de mí e ilumina mi senda.
La Luz Eterna es mi guía y protección.
En esa Luz no hay obscuridad alguna.
Es una Luz Perfecta que brilla desde el altar de un Amor perfecto.
Oh, Luz y Amor dentro de mí, os recibo con gozo.
La Luz brilla a través de mí e ilumina el Camino.

LA NOCHE ESTA LLENA DE PAZ

Envuelto en el manto del Amor, duermo lleno de Paz.
Por la larga noche, la Paz permanece en mí, y al nacer el nuevo día, aún estaré lleno de Vida y Amor.
Avanzaré hacia el nuevo día confiado y feliz.
Descanso en Ti.

EL SELLO DE APROBACION

El Sello de Aprobación está en mí, y no me condena ni el pensamiento ni la acción del hombre.
No temo ningún mal porque sé que el Gran Juez de Todo gobierna cada una de mis acciones.
Permito que todo temor humano se aparte de mí y que el Silencio de mi Alma atestigue la Verdad.
Dios me aprueba.

EL CAMINO SECRETO

Existe un Camino Secreto del Alma que todos pueden llegar a conocer.
Es el Camino de Paz y Amor.

Este Camino Secreto nos lleva por lugares gozosos, y hasta la casa del bien.

Es el Camino del Espíritu y todo el que lo desee puede tomarlo.

Prosigo en el Camino Secreto del bien, la Senda de Paz,

Y llego al "Lugar Secreto del Altísimo."

El Lugar Secreto del Altísimo está dentro de mí.

LA VEREDA BRILLANTE

La Vereda de la Vida brilla delante de mí hacia el Día Perfecto.

Yo camino la senda del Alma hacia la Puerta del Bien.

Acepto el cumplimiento de mis deseos.

Nada puede agregarse y nada puede quitárse al Bien Infinito expresándose por siempre en mi.

Recibiré sus bendiciones cada día, y mi Alma se regocijará para siempre.

Ahora mismo acepto mi bien.

LAS COSAS QUE NECESITO VIENEN A MI

Cualquier cosa que necesito viene a mí del Bien Total.

La Inteligencia Divina, obrando por medio de mí, siempre sabe lo que necesito y lo provee cuando lo necesito.

Esta Ley es segura infalible, y nadie puede romperla.

Recibo mi Bien diariamente en el camino de la Vida y nada puede robarme el derecho innato a la libertad y la felicidad.

Recibo mi Bien.

EL CAMINO SE ACLARA FRENTE A MI

El Camino se aclara frente a mí; no tropiezo ni caigo.

El Camino del Espíritu es mi Camino y estoy impulsado a seguir en él.

Mis pies permanecen en la Senda de la Vida Perfecta.

El Camino es preparado ante mí y es un Camino de Paz, Satisfacción y Gozo.

Brilla el Camino con la luz del Amor y la Bondad.

Mi Camino es agradable y feliz.

Veo el Camino y prosigo en él.

AL LLEGAR EL AMOR, EL TEMOR SE VA

Cuando el Amor llega, el temor se desvanece.

Estoy tan lleno de Amor que ningún temor puede entrar en mi pensamiento.

No temo porque sé que una Inteligencia Perfecta protege y gobierna mis acciones.

El Amor Perfecto destruye todo temor.

Yo no temo, mi fe se fortalece en esa Presencia Interna que me protege de todo lo que daña.

El Amor Perfecto destruye todo temor.

LA VIDA INFINITA DENTRO DE MI

Vida Infinita dentro de mí que eres Dios, cuida Tú mis pies y protege mi camino.

No dejes que me aleje de Ti, sino oblígame a hacer Tu voluntad.

Una Inteligencia Infinita y un Poder Omnipotente me guian y me protegen.

No pueden hacerse errores, y nunca se han hecho.

Un juicio correcto opera a través de mí y soy guiado por el Espíritu de la Verdad hacia todo Bien y hacia la Paz y la Felicidad.

La Vida Infinita está dentro de mí.

NO TROPEZARAN MIS PIES

No tropezarán mis pies porque permanecen en la senda de la Vida a través del Poder del Espíritu Eterno.

Este Espíritu es mi espíritu ahora mismo.

Guía Tú mis pies; fortaléceme en mi camino; dirígeme en mi senda; y guárdame en Tu Presencia.

Mis pies están protegidos y yo soy guiado hacia Todo Lo Bueno.

El guía mis pies.

NADA TE DAÑARA

Nada te dañará, amigo mío, porque una Presencia Divina cuida tu camino y te guía hacia Todo Lo Bueno.

La amorosa bondad te espera a cada vuelta del camino de la Vida.

Guiándote a lo largo del camino en tus experiencias,

Y un Poder Infalible te protege.

Dios Mismo es tu protector.

Proclamo esto por ti.

EL PODER DEL VIVIR

Tengo poder para vivir la vida del bien.

Mi poder viene de Lo Alto, y nadie puede quitármelo.

No me abandonará.

El Poder fluye dentro de mí y está en mí, y

Ahora mismo lo siento.

El Poder de vivir está en mí y no me abandona.

Es mi poder y está siempre presente.

Yo soy el poder de vivir.

EL CIRCULO DE AMOR

Un círculo de Amor me rodea, rodea a los míos, y lo rodea todo.

No puede entrar la maldad en ese Círculo Sagrado porque es el Amor de Dios.

Es protección completa de toda maldad.

"No temeré mal alguno, porque Tú estás conmigo."

No hay ni mal ni daño.

Estoy libre de todo sentimiento de temor.

El Amor me rodea y me protege.

EL CIRCULO DE PROTECCION

Dibujo alrededor de mí un círculo de amor y protección.

Ningún mal puede entrar o encontrar lugar dentro de ese círculo encantado de vida y amor, porque representa el Cuidado y el Amor de Dios y Su Vigilancia Eterna.

Ahora descansaré y consolaré a mi Alma, le hablaré de todas las maravillas de Su Vida, protegido contra el ruido de la lucha y el temor.

Estoy protegido desde Lo Alto.

EL PODER DENTRO DE MI BENDICE TODO

El Poder dentro de mí bendice a toda la humanidad y sana a todos los que tienen contacto conmigo.

El Poder dentro de mí es Dios y tiene que bendecir, ayudar y sanar a todos los que se acercan a El.

Calladamente sigue su obra y silenciosamente todos son ayudados por este Poder que obra a través de mí.

Doy gracias porque este Poder dentro de mí bendice y ayuda a cualquiera que mi pensamiento toca.

La Vida dentro de mí bendice a toda la humanidad.

LA RESPUESTA RAPIDA

Mi respuesta viene rápidamente desde Lo Alto.

Mi respuesta no me fallará porque usa la Ley del Universo que es el Poder por medio del cual viene.

No dudaré, ni temeré, porque la respuesta es rápida y segura.

Mi respuesta llega.

UN CANTO DE GOZO

Hay un Canto en mis labios ahora; habla del corazón contento y de la Vida feliz.

Escucharé mi canto, porque es el cántico de las buenas nuevas: Gran Gozo, Amor y Vida.

Me dice del Viaje Maravilloso del Alma y de la Vida Ilimitada en la que se oculta mi vida.

Estoy lleno de gozo.

NACIDO DEL DIA ETERNO

Hijo del Bien Total, has nacido del Día Eterno.

No hay anochecer del Alma porque vivirá para siempre.

Es Inmortal Perfecta, Completa y Una con lo Perdurable.

Ningún pensamiento del mañana puede perturbar la calma del que sabe que la Vida es un Día Eterno.

Donde reina el Amor, no hay temor, porque la Razón mantiene la fe con la Esperanza.

Los pensamientos de los mañanas y los ayeres se pierden en la gran realización del Aquí Perfecto y del Ahora Completo.

Ahora mismo acepto mi totalidad.

ME LEVANTO Y SIGO ADELANTE

Me levanto y avanzo hacia el Alba del Nuevo Día, lleno de fe y confianza en el Bien Total.

¡Me levanto, me levanto, y canto con gozo!

Proclamo la Unica Vida; "en todos y a través de todo."

Me levanto, me levanto, y grito con la alegría que hay dentro de mí.

Declaro que este día es Completo, Perfecto y Eterno.

Respondo a la Vida.

INSPIRACION

Ven a mi, Mente Grande e Infinita, e inspírame a hacer grandes cosas.

Enséñame Tu Conocimiento y hazme sabio en Tu Sabiduría.

Quiero aprender de Ti, Luz Interna, y ser inspirado por Tu presencia.

Escucharé Tu Voz y me hablará de grandes cosas que hay que hacer.

Caminaré por Tus Sendas y me guiarán al Bien Total.

Seré inspirado de Lo Alto.

Oh, Presencia Maravillosa, que me inundas y me llenas con tu Luz.

¡Tú me inspiras!

Siento la inspiración del Espíritu.

HA LLEGADO LA ALBORADA

Despues de la obscuridad a lo largo de la noche, ha llegado la Alborada.

Me levanto a encontrar al nuevo día, lleno de confianza y de fuerza.

Me levanto y voy hacia el amanecer, inspirado y refrescado por el Espíritu Viviente dentro de mí.

Oh Día, nunca morirás; el sol nunca se ocultará en tu gloria perfecta.

Porque la Lámpara del Alma ha sido encendida de nuevo con el aceite de la Fe,

Y el Amor ha limpiado las ventanas de la Vida con el espíritu de la alegría.

Nunca volverán a obscurecerse con temor, porque el Amor Perfecto destruye todo temor.

Mi fuerza se renueva por medio del conocimiento del Bien.

Mi luz ha llegado.

CONFIANZA TOTAL

Mi confianza en el Bien Total es absoluta.

Mi fe en el Poder del Espíritu es suprema.

No tengo dudas ni incertidumbres.

Sé que mi Bien está a la mano y

Me doy cuenta que ningún temor puede impedir que ese Bien aparezca en mi vida y en mis asuntos.

Yo se que mi Vida y mi Bien son completos.

La maldad no puede tocar o estorbar mi obra.

Descanso en la seguridad, porque LA MENTE UNICA ES MI REFUGIO TOTAL Y MI FUERZA.

Estoy sereno y tengo confianza.

ATRAYENDO EL BIEN

Atraigo mi Bien hacia mí en el Camino de la Vida, y nada puede impedirlo.

Mi Bien me seguirá siempre.

Acepto el Bien, y me alegro de que está conmigo.

Acepto el Bien.

NO TEMO AL MAL

"No temeré ningún mal porque Tú estarás conmigo."

No temeré, porque el Bien Total está siempre conmigo y a la mano para guiarme y consolarme.

No hay maldad en la Verdad, ni poder en la obscuridad

Para obstruír la iluminación de la Luz.

No temeré, porque dentro de mí está El que me protege y me guarda de todo mal.

No temeré mal alguno.

SIEMPRE HE SABIDO

Siempre he conocido la Verdad, y ningún temor podrá alejarme de mi conocimiento Interior.

Mi sabiduría interna se expresa cada día.

Recibo Conocimiento de Lo Alto, y el Espíritu me guiará por siempre.

Conozco la Verdad.

ENCUENTRO MI BIEN

Ahora encuentro mi Bien; me conoce y no me dejará que me aparte de él.

Mi Bien está a la mano, y nadie puede robármelo.

El Bien se expresa siempre para mi y para los míos.

Ahora veo, oigo, y siento Todo El Bien dentro de mí y a mi alrededor.

Se apega a mí y me llena del gran surgir de la Vida.

Mi Bien está a la mano.

MI ATMOSFERA

Mi atmósfera atrae el Bien; está constantemente alerta a reconocer el Bien y a traerlo a mi experiencia.

Existe dentro de mí aquello que atrae la abundancia y la felicidad de la Vida. Estoy rodeado de una atmósfera de Paz, Serenidad y Poder.

Todos los que tienen contacto con esta Gran Calma de mi Vida son fortalecidos, sanados y bendecidos.

"Bendecid al Señor, oh, Alma mía, y todo lo que hay en mí, bendecid Su Santo Nombre."

Reposo con Cristo en Dios.

MI BIEN ESTA COMPLETO

Mi Bien está Completo; está terminado; aquí y ahora está conciente de mí y de los míos.

No tengo que esperar que venga mi Bien; está a la mano y está siempre listo a aparecer y a expresarse a través de mí.

Acepto mi Bien y con gusto lo reconozco como mi compañero diario.

Mi Bien es mío ahora mismo y lo veo, lo siento y lo sé.

Ahora mismo reclamo mi Bien.

LO QUE ES MIO VENDRA A MI

De lejos y de cerca, lo que es mío vendrá a mí. Aún ahora viene hacia mí y lo recibo.

Lo mío se manifiesta ahora para mí, lo veo y reconozco su presencia. Lo mío me conoce y me responde.

Nadie puede evitar que mi Bien llegue a mí, ni yo mismo.

Recibo mi bien AHORA MISMO.

Lo que es mío me encontrará. No importa a donde voy, mi bien me seguirá y me reclamará.

No puedo esconderme de lo mío.

Lo mío vendrá a mí aunque lo niegue; porque no existe nada en mí que le impida que entre y tome posesión de mi Alma.

Lo mío se expresa ahora.

MI ALMA REFLEJA TU VIDA

Mi Alma refleja Tu Vida y se regocija en la idea feliz que mira sólo hacia Ti.

Oh, Alma mía, mira fuera hacia arriba y hacia adelante;

Y refléjame la maravillosa Vida del Todo Bien.

Mira hacia el Unico, y serás salvada.

Contemplad Su Cara por toda la eternidad.

Mi Alma refleja Tu Vida.

LA TRISTEZA SE ALEJA DE MI

Cuando el gran Gozo de la Vida llega a mi Alma, inundádome con su Luz maravillosa, todo pesar y tristeza se alejan de mí.

No penaré mas, porque nada se pierde ni se aleja de mí.

Lo que es mío no puede apartarse de mí.

Lo mío me conoce y me sigue adondequiera que voy.

Estoy lleno del Gozo de vivir y de la Gran Paz que viene a llegar a los creyentes.

Estoy contento siempre.

SUBSTANCIA Y PROVISION

La Substancia del Espíritu es mi Provisón Diaria.

No puedo estar sin mi Bien.

Puedo ver que el constante fluir de la vida, fluyendo atravez de mi, trae a mi experiencia todo lo que necesito para vivir una Vida Feliz y valiosa.

Descanso en la seguridad, porque se que el Bien Infinito siempre está dentro de mi y se expresa a través de mí.

Recibo mi bien.

LO ETERNO Y EL TODO

La Vida siempre fué y siempre será, "Mundo sin fin."

Todo el Poder que existe, es mío ahora mismo.

Toda la Vida, la Verdad y el Amor del Universo fluyen a través de mi Alma ahora y siempre.

El Todo Bien no puede cambiar.

Siempre tendré acceso al Dios Eterno dentro de mí.

Soy la Vida Inmutable dentro de mí.

LA CASA DEL AMOR

Moro en la casa del Amor;

Mi hogar esta lleno de paz y de eterna calma.

El Amor me cuida en el hogar del Alma, y el Gozo me espera en el "Lugar Secreto del Altísimo."

Mi casa está edificada por la mano del Amor, y

Nunca me alejaré de este Hogar del Espíritu, porque siempre está presente.

Habitaré en este hogar para siempre.

Mi casa es una casa de amor.

LEVANTATE, ESPIRITU MIO

Levántate, Espíritu mío, levántate y brilla.

Deja que tu Luz ilumine mi Senda y que Tu sabiduría dirija mi camino.

Impulsa mi voluntad a que obedezca Tus mandatos, y ordena a mi Alma que mire hacia Ti.

Te seguiré, Espíritu mio y aprenderé de Ti.

Reposaré en el Silencio y escucharé y observaré,
Veré Tu luz y escucharé Tu voz.
Te seguiré y no me apartaré de Ti.
Porque sólo en Ti existe la Paz.
Levántate y brilla.

ORDENA A MI ALMA

Espíritu dentro de mí, ordena a mi Alma que haga Tu voluntad;
Oblígame a seguir el camino de la Verdad y la Sabiduría.
Gobierna mis pensamientos internos y mis maneras externas,
Y hazme comprender Tus leyes.
Ordena a mi Espíritu que busque Tu luz y dirección;
Que busque en Ti la sabiduría y conocimiento.
Permite que los senderos de mi Vida sean directos y seguros.
Permite que la Jornada de mi Alma encuentre su perfección en ti.
Ordena a mi Alma que haga Tu voluntad.

LA DESESPERACION CEDE AL GOZO

La desesperación cede al gozo cuando pienso en Ti, mi Bien Interno.
No puedo estar triste cuando pienso en Ti.
Mi tristeza se vuelve alegría, y mi vergüenza regocijo.
Cesa mi llanto y la luz del Espíritu brilla a través de las nubes de la depresión y alumbra el camino al Cielo.
Tu Gozo me alegra.

EL ESPIRITU LIBRE DENTRO DE MI

Espíritu Libre, Ilimitado y Perfecto que estás dentro de mi, enséñame Tus caminos y hazme saber tu Realización.
Oh Espíritu de Vida, gobierna mis pensamientos y mis acciones.

Oblígame a seguir Tu luz para que yo también sea libre y completo.

Seguiré Tus pasos, y aprenderé todos los secretos maravillosos de la Vida.

Seguiré Tu Luz hacia el Día Perfecto.

Espíritu Libre dentro de mí.

ABUNDANCIA DE LUZ

La Luz de la Vida llena mi ser y me rodea.

Brilla y se convierte en el Día perfecto.

Oh, Luz interna, ilumina mi camino hacia la paz.

Te adoro, Te amo, y Te permito iluminar.

Luz interna, ve y bendice a todos los que vienen hacia Ti.

Mi Luz irradia a todos a través de todo.

Mi Luz ha venido.

EL QUE HABITA EN LA ETERNIDAD

El que habita la Eternidad cuida de mi y de los míos.

"El que ni dormita ni duerme" cuida siempre a todos.

Reposaré confiado en Su Amor y Protección.

Oh, Gran Presencia Asombrosa,

Estoy conciente de Tu cuidado; conozco Tu amorosa bondad. Descanso en Ti.

Callad y sabed.

ESCUCHO

Escucharé Tu voz, Presencia Interior,

Me guiará y me introducirá a todo entendimiento.

Tu voz es dulce y tierna, siempre amable y gentil.

¡Oh, Amor de mi Alma, cómo te adoro! ¡Cómo te amo!

Cómo amo tu voz; me estremece de gozo y alegría.
Me llena de paz y tranquilidad; me calma.
Me da quietud y maravilloso reposo.
Te escucho, oh Voz Divina, te escucho sólo a Ti.
Escucho Tu voz.

EL GOZO HA VENIDO A VIVIR CONMIGO

El gozo ha venido a vivir conmigo. ¿Cómo puedo estar triste?
Amo Tu presencia, que es gozo dentro de mí.

Me alegra y canto porque estoy lleno de Tu Espíritu y no puedo estar deprimido ni ser infeliz.

Me llena el gozo del Espíritu, y estoy rebosante de la alegría de la Vida.

Eres el Compañero Feliz que me acompañas en el camino de la Vida;

Gozo maravilloso, eres radiante y esplendoroso.

Es imposible estar triste en Tu presencia.

Me entrego a Ti, y permaneceré contigo; porque Tú eres completo y me satisfaces.

Encuentro satisfacción en Ti, y encuentro gozo para siempre.
Estoy lleno del Espíritu del Gozo.

PIENSO EN TI

Pienso en Ti, Luz Interior,
Mis palabras vienen de Ti, Sabiduría Interior.
Mi entendimiento es de Ti, Dios Interior.
No puedo esconderme de Ti, mi inspiración y mi vida.
Pienso en Ti.

OH, AMOR DIVINO

Oh, Amor Divino dentro de mí, me domina Tu Presencia.

No puedo hablar porque no hay palabras para expresar lo que Tú me has revelado.

¿Por qué me amas tanto? ¿Y por qué me estrechas tan cerca de tu Corazón Eterno?

Oh, Presencia Bendita, sé que me has reclamado como tuyo.

Nunca me apartaré de Ti.

El Amor de Dios está dentro de mí.

LA PAZ PASA FURTIVAMENTE AL ALMA

La Paz pasa furtivamente al Alma que espera, y el consuelo del Espíritu llega al silencio del corazón.

La paz, como un océano de la Vida Infinita, se refleja a través de mi y calma toda sensación turbulenta.

Estoy en paz, y reposo en el conocimiento del Todo Bien que está a la mano.

Reposo en Paz.

LEVANTATE Y HABLA

Levántate y habla, Espíritu dentro de mí.

Proclama Tu presencia, anuncia Tu camino.

Declara a través de mí, Tus obras milagrosas y

Permite que los hijos de los hombres escuchen Tu voz.

He aquí, El hace todo nuevo.

El Espíritu Interno habla palabras de Verdad y de Vida para todos.

El Espíritu en mí es Dios.

Hablo la Verdad.

LA ESENCIA SUTIL DEL ESPIRITU DENTRO DE MI

Oh, esencia sutil del Espíritu en mí, fluye a través de mí;

Elíxir de Vida en mis venas, purifícame con tu Vida maravillosa,

Permito que Tu Espíritu me limpie de todo pensamiento e idea falsos;

Permito que Tu Vida fluya a través de mí en una Perfección Completa.

Siento la presencia del Espíritu dentro de mí.

LOS BRAZOS ETERNOS

Sus Brazos me envuelven, Su Fuerza me apoya,

Su Presencia me llena de Vida y de Gozo.

Nunca más estaré triste o desalentado, porque sé que no voy solo por el sendero de la Vida.

Tengo Un Compañero que va conmigo y me dice todo lo que debo hacer.

Existe una Presencia conmigo que me guía hacia el Camino Perfecto.

Me regocijo al saber que no estoy solo.

EL MANTO DEL AMOR

Como un manto, Su Amor se envuelve alrededor de mí

Como ropaje abrigador, me protege de las tormentas de la vida.

Siento, y se, que un Amor Todopoderoso me envuelve en Su abrazo íntimo.

¡Oh, Amor Divino, Amor mío, qué maravilloso eres! Estoy dispuesto a recibir Tu gran bendición.

El Amor me envuelve.

LA VOZ DE LA VERDAD

La Voz de la Verdad me habla, y habla por medio de mí.

La Voz de la Verdad me guía y me sostiene en la Vereda que va hacia el Día Perfecto.

Escucharé esa Voz Interna, y me dirá qué debo hacer en el momento de necesidad.

Me dirá todo lo que necesito saber cuando llegue el momento de necesidad; y seré guiado correctamente.

La Voz de la Verdad no puede mentir, siempre me habla de Lo Alto.

Nada puede entrar más que Esta Voz, porque es la Voz de Dios.

Dios me habla a mí.

EL TESTIGO DE LA VERDAD

Existe un Testigo dentro de mí que conoce la Verdad y no permite que yo caiga en la falsedad.

Mi Guía Interno me sostiene en la Senda de la Vida, y me dirige siempre hacia lo recto y lo mejor.

Nunca estaré sin este testigo del Espíritu porque yo creo en El, y lo acepto como el Gran Compañero de mi Alma.

El Espíritu dentro de mí es Perfecto ahora mismo.

POR LAS LARGAS VIGILIAS DE LA NOCHE

Por las largas vigilias de la noche, Tú has estado conmigo.

En los lugares obscuros de ignorancia humana, Tu mano me ha guiado.

Tu luz ha alumbrado el camino de desolación hacia una tierra de plenitud.

¡Te he mirado de lejos, y te ha anhelado mi alma, oh, Todopoderoso!

El Espíritu en mí me ha alentado a alcanzar mi meta, y no me ha guiado mal.

He sido guiado y protegido por el largo camino, y me has dado a saber Tu Presencia.

He despertado de mi sueño, y vuelvo a la Casa de mi Señor con túnica de Paz, vestido en colores de luz.

El Espíritu de la Verdad cuida de mí.

TU FUERZA ES SUFICIENTE

Oh, Espíritu del hombre y de Dios dentro de mí, Tu Poder es grande y Tu Conocimiento va más allá de la experiencia humana.

Tu Sabiduría excede todo lo demás y aparte de Ti no hay otro.

En Tu Fuerza camino y vivo diariamente;

En Tu Presencia descanso en paz y en gozo siempre.

Espíritu dentro, y fuera de mí, eres Poderoso y eres Grande;

Tu Fuerza es maravillosa, y Tu Entendimiento es Completo.

Permito que Tu Gran Fuerza fluya a través de mí,

Y salga en todos mis esfuerzos humanos.

La Vida interna se expresa a través de mi.

EN TU SERVICIO

En Tu servicio encuentro satisfacción en la Vida.

En Tu servicio, Señor Interno; escucho Tu voz.

Escucho Tu palabra; hago Tu voluntad; y vuelvo a Tu servicio.

Y al escuchar te oigo decir: "Se perfecto, se completo; vive, ama y se feliz."

Siéntate en silencio y permite que el Señor te hable.

EL QUE TIENE DERECHO A VENIR

Ha venido El que tiene derecho a venir.

Ha hecho Su hogar en mi, y nunca se apartará de mi.

Nunca más caminaré solo, porque El camina conmigo,

El que conoce el camino de la Vida, y cuyos pies nunca tropiezan o caen.

Mi Luz Interna brilla a través de la niebla de las creencias humanas,

Y me libera de la sujeción, temor y a la limitación.

Iré contigo, mi Amigo, y aprenderé de Ti todos los caminos de la Vida y de la Libertad.

Viajaremos juntos desde este día, y nadie podrá separarnos,

Porque estamos unidos en un lazo perfecto de unidad eterna.

Camino contigo.

YO CONTROLO MI CASA MENTAL

Conquisto mi casa mental y me deshago de todo temor y de toda duda.

Permito que mi Palabra se deshaga de todo sentido de temor y duda, y que mis pensamientos se eleven hacia El que vive dentro de mí.

Mi palabra disuelve todo temor dentro de mí, y se deshace de toda duda.

Mi Palabra cuida mis pensamientos, y permite que yo reciba sólo lo que es Bueno y Perfecto.

Yo controlo mi vida.

MI PALABRA VUELVE A MI

Mi palabra vuelve a mí rebosante de los frutos de su contenido.

Mi palabra es la Ley de mi Vida, y es la Ley de todo lo que digo.

Oh, Palabra, sal adelante, bendice y sana a la humanidad.

Diles de su Patrimonio Divino.

Dile al forastero que no está solo, que va con él Uno que lo conoce y lo ama.

Diles a los enfermos que ya están sanados, y a los pobres que no existe la necesidad.

Diles a los infelices del gozo del Alma; rompe los lazos de los prisioneros.

Mi palabra vuelve a mí bendecida de Dios y del hombre.

MI PALABRA DARA FRUTO

La palabra de mi boca dará fruto.

Ha de cumplirse y prosperar, y no volverá a mi vacía.

Mi Palabra es la ley de las cosas por las que fué enviada, y no puede volver vacía.

Mi Palabra es la ley de mi vida.

Mi Palabra es la ley hacia aquello por lo cual la he dicho, y ha de cumplirse en su propio tiempo, de manera correcta.

Mi palabra es completa y perfecta, y es la Presencia y el Poder de la Única Mente que está en todo y a través de todo.

Hablo y sé que mi Palabra ha de cumplirse.

Espero el cumplimiento de la Palabra en mi vida con Perfecta confianza.

Mi Palabra es Ley.

OH, HOMBRE, HABLA TU PALABRA

Oh, hombre, habla tu palabra y no temas.

¿No sabes? ¿No has oído?

Su Divinidad está sembrada dentro de ti, y tu palabra es una con todo el poder.

El Espíritu del Altísimo es tu Espíritu, y la Palabra de Dios es tu palabra.

Tu libertad está escondida dentro de ti, y tu luz interior iluminará tu camino.

¡Habla, hombre, y se libre! ¡Anuncia y proclama tus obras!

Permite que tu palabra salga con poder, y tu Espíritu conquistará todo.

Espíritu dentro mí, habla.

EL PODER DE LA PALABRA

La Palabra es un Gran Poder, y esa Palabra está en mí, y a través de mí ahora mismo.

Mi Palabra es usa con toda la bondad y no puede
Dejar de alcanzar el bien deseado.

Mi Palabra sale de mí con Poder hacia todo lo que hago, lo que digo y lo que pienso.

La Palabra es mi Poder de día y de noche.

Hablaré esa Palabra, y confiaré en que la gran Ley de la Vida la cumplirá.

Hablo la Palabra con toda confianza.

LA PALABRA DE PODER

Mi Palabra es Palabra de Poder, porque yo sé que es la
Palabra del Gran Dios dentro de mí.

Mi Palabra se logrará prosperará, y hará bien a todos los que me llamen.

Mi palabra es una torre de fortaleza, y no puede ser negada.

Es completa y es perfecta aquí y ahora mismo.

Mi Palabra es la Palabra de Dios.

Mi Palabra es la Palabra de Dios.

LA VERDAD INATACABLE Y LA PALABRA IRRESISTIBLE

La Verdad dentro de mí no puede ser atacada, y el Poder de la Palabra es irresistible.

Aun ahora siento que mi Palabra ha salido de mí con Poder y con Verdad, y que ha de lograr el propósito por el cual fue formulada.

Su Poder es ilimitado, y sus obras son maravillosas.

No puede ser nada menos que el Todopoderoso trabajando en mi y a través de mí.

Permitiré que esta Palabra del Espíritu salga de mi boca, y sane y bendiga al mundo.

Será como una fortaleza para aquel que llame a ella.

La Verdad es Completa y es Perfecta, y está dentro de mí ahora.

Mi palabra es completa y perfecta ahora mismo.

CONTEMPLO SU IMAGEN EN TI

Contemplo Su imagen en ti.

En ti, amigo, veo a Dios, y a través de ti siento Su presencia.

En la mano que da, veo Su mano;

En la voz que habla de Amor, Le oigo hablar.

Porque Sus versos han ido a todos los lugares,

Y desde el más elevado hasta el más humilde, todos, todos participan de Su naturaleza.

"Porque El es todo en todo, sobre todo, y a través de todo."

Percibo que Dios está en toda la gente.

NO VEO LA MALDAD

No veo ninguna maldad, sólo veo lo bueno.

He visto al borrachín tirado al lado del camino, y al santo arrodillado en éxtasis ante el altar de su fe; pero no he encontrado diferencia.

He percibido que cada uno, en su propia lengua, desea expresar la Unica Vida.

No separaré ni dividiré; no puedo condenar ni censurar, porque sé que sólo existe Uno en Todo.

Sé que todos provienen del Uno, y todos volverán al Uno.

Se que todos están ahora en el Uno y que desean expresarlo.

Reconozco a todos y los amo.

NUNCA MORIRE

Nunca moriré, porque el Espíritu dentro de mí es Dios y Dios no puede cambiar.

Mi vida se esconde dentro del Universo de Amor y de Luz, y esa Luz vivirá para siempre.

Aléjate de mí, temor a la muerte y al cambio; sal de mí pensamiento, temor a la muerte e incertidumbre.

Aquello que es no puede convertirse en lo que no es; y lo que yo soy, no puede cambiar nunca.

El Espíritu de Eternidad ocupa el trono dentro de mi,

Y la Vida de los Tiempos Sin Fin fluye a través de mi ser.

De Eternidad a Eternidad, mi vida fluye en su camino de paz y de armonía.

El tiempo me trae más gloria para coronarme con sus placeres.

Mi vida es eterna.

AMOR AL MUNDO

Mi Amor sale de mí hacia todos en el mundo;

No excluyo nada, porque amo a la Naturaleza y a todo lo que existe.

Mi Amor revive y alivia todo lo que toca, y va a todos los lugares.

El Amor que fluye a través de mí es un Poder hacia todos los que tienen contacto con él, y todos lo sienten y saben que yo amo.

El Amor dentro de mí es Completo y Perfecto.

El Amor dentro de mi es Completo.

MI VIDA ESTA UNIDA A DIOS

Mi vida está en Dios; su expresión no puede ser dañada ni obstaculizada.

Dios vive y se expresa a través de mí; Su obra está completa y perfecta en mí ahora mismo.

Se que Su Vida es mi vida, y se que mi vida es completa y perfecta.
Mi Vida está en Dios.

NO HAY MALOS ENTENDIMIENTOS

No existe ningún mal entendimiento.
Todo es aclarado entre las ideas de Bien.
No puede haber ningún sentido de separación entre la gente, ni
nada puede estorbar la realización de la Unidad de Toda la Vida.
Percibo que yo soy Uno con todos y que todos son
Uno conmigo.
No hay separación.
No hay separación.

EL PLAN DIVINO PARA MI

El Plan Divino para mí es Perfecto. Dios me mantiene en su
Mente como Expresión Completa y Perfecta de Vida y Verdad.
No hay fuerza que pueda estorbar ni dañar esta Imagen
Interior de Realidad, porque Dios la da y Dios la sostiene.
Dios dio y Dios mantendrá.

LA PERSONALIDAD DE DIOS

La Gran Personalidad de Dios es mi Personalidad; el
Conocimiento Ilimitado del Espíritu es mi
Conocimiento, y la Única Mente es mi mente.
Todos, todos, viven dentro del Unico Ser Infinito, y cada uno
manifiesta al Unico, el cual toma forma en todo y a través de todo.
El hombre es la Personalidad de Dios manifestada, y no puede ser
despojado del Testigo Interno del Espíritu.
Ahora me doy cuenta que la Infinita Impersonalidad del

Espíritu es mi Personalidad, y me regocijo al saber la Verdad acerca de mí mismo.

Dios es mi personalidad.

LA IRRADIACION DE LA VIDA

La Vida de Dios dentro de mí irradia e ilumina a todos con una corriente constante de Luz.

La única Vida que fluye a través de mí, da Vida a todos los que se acercan a mí.

El único Poder obra a través de mí y fluye hacia todo aquello con lo que tengo contacto.

La vida irradia desde mi interior.

LA UNIDAD

Hoy comprendo que soy Uno con Toda La Bondad; mi Dios y yo somos Uno.

No puedo esconderme de Su rostro.

Te contemplo, oh, Altísimo, entronando en mi templo carnal.

Tu lugar secreto está dentro de mí. Siento Tu presencia,

Escucho Tu voz, y me regocijo en Tu Luz.

Hoy, mi cuerpo responde a la Orden Divina: "Se perfecto."

Conozco mi perfección y mi integridad; ahora mismo estoy completo y soy perfecto.

Deja que todo pensamiento de enfermedad se aleje de mí, y que Tu Luz me ilumine.

Oh, Luz Eterna, oh, Luz de mi Vida, estoy en Tu Presencia con gozo y gratitud.

Así es.

DENTRO DE TI ABUNDA LA VIDA

Dentro de Ti, abunda la Vida.

Dentro de Ti, existe el Gozo completo y la Paz perdurable.

Dentro de Ti, existe todo.

Tú existes en mi como yo en Ti, y todos estamos en todos.

Mi Vida es abundante y completa dentro de mí, y
generosamente doy de esa Vida a todos;

Y de todos recibo también lo que he dado.

Porque el Uno está en Todo.

Soy Uno con la Plenitud de Toda la Vida.

SOY COMPLETO EN TI

Dios Todopoderoso, Bien Infinito, Espíritu Eterno,

Hacedor de todas las cosas y Guardián de mi Vida, Tú lo eres
Todo.

Infinita Presencia dentro de mí, en la Cual todos vivimos;

Supremo Gozo, que inundas todo con alegría, yo Te adoro.

Paz Eterna, silenciosa y quieta, siento Tu calma.

Oh, Dios, que habitas en la Eternidad y moras dentro de toda la
Creación, que vives en todas las cosas y en todas las personas,
escucha mi oración.

Quiero entrar gozoso a Tus puertas, y vivir en paz en Tu casa.

Quiero encontrar descanso en Ti, y vivir en Tu presencia.

Oblígame a hacer Tu voluntad y desde esta sabiduria enséñame
los caminos de la verdad

Oblígame a seguirte y no me dejes seguir los senderos de mi
propia determinación.

Oh, Presencia Eterna y Bendita, ilumina mi mente y comanda
mi voluntad para que se refresque mi Alma y se renueve mi vida.

Así como lo profundo llama a la profundidad, así mi pensamiento
Te llama, y Tú me respondes.

Soy renovado y refrescado; todo mi ser responde a Tu amor; soy completo en Ti.

Cuidas mis caminos y me guías, y he de vivir contigo eternamente.

Oh, Amor de mi Alma y Guardia de mi Espíritu, nada puede separarnos, porque somos Uno.

Así Tu Sabiduría me guía, Tu Presencia mora dentro de mí, Tu Amor me protege, y Tu Vida me envuelve ahora y siempre.

Reposo en Ti.

MEDITACIONES,
Conclusión

*Las siguientes meditaciones están
impresas exactamente como se dieron
en clases y en trabajos en grupo.*

MEDITACIONES

✳

TRATAMIENTO PARA EL ALCOHOLISMO
U OTRAS ADICCIONES DE DROGAS

Hay una sola Vida Universal, un Dios o Espíritu. Esta Vida Universal es un principio de armonía perfecta y de acción correcta. Es un principio omnipresente, conciente de sí mismo, y es entero y completo en Sí Mismo. Siempre está calmado y pacífico. Por lo tanto, es un principio de satisfacción completa que no conoce deseos insatisfechos. El único apetito o deseo de la Mente Infinita es manifestar completamente Su propia contemplación constructiva.

Mi vida es parte de esta Vida Universal; Su paz, calma y satisfacción se manifiestan en mí y a través de mí *ahora* mismo en absoluta perfección. Mi Espíritu, siendo uno con el Espíritu Universal, no tiene que desear o anhelar más que la expresión natural de paz, serenidad y satisfacción completa. Esa idea subjetiva de la humanidad que me habla de limitación, o de algún deseo de estimulación anormal, no encuentra respuesta ni voz que la reconozca dentro de mi. Me alejo de todos esos pensamientos discordantes y vuelvo hacia la realidad de mi unidad con la Vida Universal (el Padre) realizando aquí en el Reino de la Realidad sin forma, la satisfacción completa del saber, el sentido del bienestar tranquilo, la sabiduría y el entendimiento. Aquí dentro del Reino de la Realidad (el Reino de Dios), yo siento la Verdad de que tengo dominio sobre todas las *cosas*. Mi cuerpo es ese concepto de la Mente Universal que está compuesto de las ideas perfectas del Creador (el cuerpo de Dios). Dentro de la forma comúnmente llamada cuerpo humano, no existe nada que pueda exigirme cosa alguna. Habito en el Reino de lo Universal y declaro que la calma y la satisfacción completa de Dios, que está Conciente de Sí Mismo, se expresa dentro de mí y a través de mí, sin oposición ni estorbo.

Avanzo con un sentido total de dominio en el reino de las formas (mi experiencia en la tierra), sin temor, feliz y gozoso, expresando todo lo que es constructivo y deseable. Sé que todos los deseos destructivos y los pensamientos discordantes desaparecen y se disuelven en la nada de donde vinieron porque no tienen poder para perpetuarse pues no son ni persona, ni lugar, ni cosa.

Conozco la verdad y soy libre.

TRATAMIENTO PARA SANAR CONFUSION O DISCORDIA

Sé que existe un Espíritu en mí que se despliega ante mí; y sé que este Espíritu—o Sabiduría Infinita, Amor Divino y Ley Perfecta—ilumina mi conocimiento y despierta dentro de mí, dentro de lo personal, el saber de Su significado, el reconocimiento de Su Presencia, y el poder de Su Ley. Estoy conciente que esta COSA Universal es un Ser siempre presente en mí y en todo hombre, porque donde se personifica el Universo, ahí se convierte en personal. Por lo tanto, existe dentro de mí una Presencia inmediata, lo Infinito de mi ser finito que todo lo sabe, todo lo conoce y es siempre perfecto. Es este Yo Verdadero que busco ver en mi pensamiento, que busco incorporar en mi conciencia. Es este YO que no puede estar enfermo, al que no le falta nada, ilimitado, que nunca ha sufrido escasez, y no puede sentir temor.

El Espíritu de Paz Infinita es mi espíritu ahora mismo. La Presencia de Lo que es perfecto está dentro de mi, en cada función, en cada órgano, en cada átomo y en toda característica. En cada célula vibra una Totalidad Divina que es perfecta.

Este entendimiento, esta aplicación, este saber, me revela a mí mismo y sana la aparente confusión y malestar, porque ¡EN DONDE ESA CIRCULACION PERFECTA SE CONOCE, AHI SE ESTABLECE! Donde se conoce esa eficiencia perfecta, allí se demuestra. AL SABERSE LA VERDAD, ESTA SE MANIFIESTA INMEDIATAMENTE, y ahora mismo yo estoy conciente de mi totalidad, de la profundidad de mi ser, del yo espiritual y del Yo Divino.

Y ahora mismo sé que mi Yo Divino no está separado del yo que aparento ser. Yo sé que el Ser Universal se manifiesta porque la Palabra ha encarnado y mora en mi cuerpo físico. La Palabra se convierte en actividad, y me rodea con actividad armoniosa—con acción feliz y reacción perfecta. La Palabra se vuelve Luz y me guía hacia todo bien. La Palabra se vuelve belleza, y la belleza me rodea. La Palabra, que es Substancia, se convierte en el sustento que trae hacia mí todo lo que necesito, porque "la Palabra era con Dios y la Palabra era Dios," y la Palabra es Dios.

Este conocimiento de Totalidad, este reconocimiento del Yo Mismo, borra toda creencia en la confusión y en la discordia en mi vida.

ACEPTO LA PLENITUD
DE MI PROPIO BIENESTAR DIVINO

Dentro de mí está aquello que es perfecto, aquello que está completo, aquello que es divino; aquello que nunca ha nacido y nunca puede morir; aquello que vive, que es Dios—la Realidad Eterna. Dentro de mí hay paz, serenidad, poder, totalidad y felicidad. Todo el poder que existe, toda la presencia que existe, toda la vida que existe, es Dios—el Espíritu Viviente Todopoderoso—y este Espíritu Divino y Viviente está dentro de mí. Es Totalidad. Nunca se cansa. Nunca se fatiga. Es Vida. Es Paz completa. Nunca teme; nunca está confuso. Siempre está sereno y pacífico. Siempre está en un estado de equilibrio perfecto.

Esta es la verdad *acerca de mí;* no existe otro yo. Cualquier imagen de temor se borra de mi pensamiento, cualquier sentimiento de confusión se aleja de mí. Mi mente ahora mismo contempla y refleja lo Divino en todo lo que hago, digo y pienso—en mi cuerpo y en mis asuntos. Eso Divino dentro de mí es Integridad, y mi mente refleja esta Integridad en cada órgano, cada función, cada acción y reacción de mi cuerpo físico, renovándolo según el Modelo Perfecto—el Cristo en mí. La Substancia Universal se refleja en mi mente, en mi sustento diario y me provee de todo lo que necesito cada día. *Antes de la necesidad ya está la cosa, y con ésta, la necesidad se satisface.* Existe Algo dentro de mí que va por delante y me prepara el camino dondequiera que voy—lo endereza, y lo hace perfecto, y hace que cada situación sea inmediata y permanentemente armoniosa. Por consiguiente, mi mente refleja la plenitud de la Substancia Divina que resuelve todo lo que falta en mi vida. Paz, tranquilidad, poder, perfección, el Espíritu Viviente dentro de mí, eso es lo que yo soy.

Acepto la plenitud de mi propio bienestar divino.

LOS REGALOS DE DIOS SON MIOS HOY

Es el placer del Padre darme el Reino de los Cielos, o sea, armonía y abundancia. Hoy el Padre me ofrece las bendiciones de Su tesoro infinito y eterno, invitándome a tomar de él en abundancia. Según creo en mi corazón, así se me concede en todo aspecto. Como pido, así recibo, en la medida exacta de mi fe, prensada y rebosante.

Estas y otras promesas y seguridades Divinas cantan dentro de mi; la Voz Queda y Serena me recuerda que todo lo que tiene el Padre es mío. Este día escucho profundamente a esa Voz Queda y Serena y creo en Sus promesas.

No temo nada—ni a la escasez, limitación, desaliento o angustia de ninguna clase. ¿Por qué acaso no está el Padre siempre conmigo? ¿Qué causó la apariencia de escasez en mi vida? Simplemente mi temor, o mi creencia que el Padre me abandonaría. Ya no creo eso, y ya no me importa cual es la apariencia ni de hoy ni del pasado. Hoy es un nuevo día, y yo me despierto renovado, creyendo con fe intrépida que hoy mi bien viene de Dios a mi, y sin medida.

Ahora mismo creo que verdaderamente es el placer del Padre darme su abundancia. Yo sé que el Padre me da lo que pido, sin limitaciones y sin preguntas; y estoy listo para recibir.

Los regalos de Dios son míos ahora mismo.

LA ABUNDANCIA ES MI HERENCIA

La abundancia es mía. Nadie puede privarme de mi provision. No faltan hojas en los árboles, ni dejan de florecer las flores. ¿Acaso no soy yo tan importante como ellas? "Considera los lirios del campo: ni se afanan ni se fatigan, y sin embargo…Salomón en toda su gloria, no estaba ataviado como uno de ellos."

Veo el derroche pródigo de la Naturaleza y se que la intención de Dios es que yo sea abastecido con igual abundancia, con todo lo que se requiere para vivir una vida de belleza, bienestar, progreso y felicidad. Sólo yo tengo la culpa cuando no aparecen estos "frutos del Espíritu."

Puesto que conozco la Verdad de mi ser, ya no estorbaré ni retrasaré la llegada de mi bien. Esperaré y aceptaré todo lo que necesito para que mi vida sea feliz y valiosa, pues soy hijo del Espíritu, y todo atributo de Él—todo atributo del Bien—es mi herencia.

Solamente la falta de fe puede separarme de mi bien, porque soy Uno con la Esencia Universal de la Vida, o Espíritu, y su Substancia se manifiesta en mi experiencia *de acuerdo con mi creencia*. Ya no iré a recoger mi bien con una pequeña taza. Hoy, al ir al Padre interno, llevaré "todas las vasijas vacías," y sé que todas serán llenadas y que mi abundancia se manifestará.

La abundancia es mi herencia.

MI VIBRACION ATRAE AMIGOS HACIA MI

Nunca estoy sólo o triste porque tengo por compañeros y amigos aquellos que vienen hacia mí por medio de la Ley de Atracción, que siempre está activa y es inmutable. *Deseo* ser amado; por lo tanto, me permito amar en gran medida y sentir una inclinación afectuosa por toda persona; mostrar interés en ellos y ayudarles. Así como deseo recibir, así doy. No es suficiente *profesar* que amo a la humanidad. Verdaderamente tengo que amarlos más que nunca, porque todos son mis hermanos.

No defino quienes serán mis amigos y mis compañeros, porque no tengo deseo de forzar, imponer ni sugerir a nadie. La Ley de Atracción me pone en contacto y en relación con todas aquellas personas en cuya compañía encuentro el mayor beneficio y gozo, y a quienes puedo dar más.

Soy feliz y radiante porque siempre gozo de compañerismo perfecto. Confío implícitamente en la Ley de Atracción para que traiga a mi ambiente y atmósfera, amigos y personas amadas, y para que establezca para mí, una comunidad de interés y apoyo mutuo. Así como yo coopero y amo a mi prójimo, así mi prójimo me ama y coopera conmigo. Soy feliz en todas mis relaciones con todos mis compañeros, y la Ley obra para mí a causa de MI AMOR POR TODOS.

Mis pensamientos afectuosos atraen amigos hacia mí.

LA PAZ ES EL PODER EN EL CORAZON DE DIOS

Mi Paz la encuentro en el corazón de Dios. El corazón de Dios se encuentra en el centro de mi ser. No importa que esté cerca la confusión del mundo externo; la confusión de mi ambiente inmediato ni siquiera me perturba; se que la única manera de contrarrestar la confusión es reconocer la paz. "Mi paz os dejo, mi paz os doy." Estas palabras de seguridad están siempre conmigo, y las oigo resonar en el fondo de mi ser.

Abandono todos mis temores—todos esos temores sin nombre que me han seguido por tanto tiempo, opacando mi placer y nublando con miseria y aprensión todos mis días. He acabado con el temor. Verdaderamente, ¿a qué puede temer un ser divino e inmortal? Realmente, *no a la gente,* porque así como yo soy divino e inmortal, así es toda persona, y cada persona es mi hermano. Yo reconozco que es el Principio Unico de Vida lo que obra dentro y a través de cada persona con quien tengo contacto, e inspira sus motivos.

No temo a la enfermedad ni a la muerte, porque la Vida perfecta anima mi cuerpo y siempre hace su trabajo perfecto, sanándome y renovándome. No temo a la escasez ni a la necesidad porque la esencia infinita me provee con todo lo que necesito en todo momento. Nada puedo temer, porque soy una parte inseparable de Dios. Vivo en El; El vive en mí; y yo me surto de Su paz perfecta.

Encuentro mi paz en el corazón de Dios.

DIOS ME RESTAURA A LA PERFECTA SALUD

El Espíritu dentro de mi es Dios; ese Espíritu es perfecto. Ese Espíritu es divino, entero, feliz y completo. El Espíritu de Paz Infinita está dentro de mí, y esa Paz—establecida en la vida perfecta y completa en la felicidad perfecta—ese Espíritu dentro de mí, es Dios. Esa Totalidad es perfecta ahora mismo.

Dios es una Presencia inmediata, y una Experiencia inmediata en mi mente y en mi alma, y estoy conciente de esta Presencia Perfecta, esta Sabiduría Divina, esta Totalidad Eterna. Ahora reconozco que el Principio de la Vida está en mi, alrededor de mi, y obra a través de mí; que no tiene ninguna necesidad, ningún temor, duda ni limitación. Existe eso dentro de mí que me dirige hacia la opulencia, el éxito, la armonía, el amor, la belleza y las amistades; y lo hace en paz, con gozo y seguridad. Permito que eso que es Divino dentro de mí—usando cualquier método que elija—me restaure a la salud perfecta, y a la felicidad y armonía perfectas, y que traiga a mi experiencia todo lo que es bueno, perfecto, verdadero y próspero.

No solamente soy uno con este Espíritu *sino este Espíritu es todo lo que soy.* Es todo mi ser, y esta Sabiduría Divina está en mi pensamiento, haciendo que me mueva y obre inteligentemente para hacer selecciones correctas y para perseguir metas correctas. No existe problema alguno en esta Sabiduría Divina. Por lo tanto, el camino se endereza ante mí; cada obstáculo es eliminado, y soy guiado—guiado irresistiblemente—a la meta cierta, absoluta, del Bien y del éxito.

Dios me restaura a la salud perfecta.

YO ME PERMITO SUMERGIRME
PROFUNDAMENTE EN MI NATURALEZA DIVINA

Esta meditación está basada en la idea que cada uno de nosotros tiene dentro de sí una naturaleza más profunda, y por supuesto, esta naturaleza más profunda está en unión eterna con Dios o el Espíritu Viviente, que es más que el hombre; es el lugar donde el ser del hombre o la naturaleza del hombre, se une con el Ser de Dios. Así, al sumergirnos profundamente en nuestra Naturaleza Divina, nos damos cuenta que al entrar en la Presencia Secreta de este Tabernáculo de Dios, tal como los Peregrinos antiguos, tenemos que despojarnos de todo lo que no pertenezca al Reino del Bien. Tenemos que eliminar deliberadamente todo lo que daña. No podemos entrar por la Puerta del Bien con una espada en la mano.

Por lo tanto, abandonándolo todo nos volvemos hacia la Profundidad Divina dentro de nuestra propia naturaleza donde el Espíritu de Dios—el Espíritu de Amor y de Paz—mora con serenidad y calma. Nos retiramos a ese lugar interno que nunca ha sido dañado, que nunca ha estado enfermo, que siempre ha vivido, y vivirá en paz divina y eterna…el Reino de Dios, que es Bueno. Y este Reino Interno es paz, es todo poder y perfección. Abandonamos todo odio, temor, animosidad y resentimiento. Arrojamos de nuestra conciencia toda duda y todo sentido de incertidumbre. Sabemos que estamos entrando en esa atmósfera de Totalidad, de felicidad y perfección, donde no hay temor, duda, incertidumbre, carencia o necesidad. Aquí existe perfección, totalidad, paz, poder, belleza, amor, abastecimiento y vida. Sabemos que la abundancia de esta vida cae como lluvia sobre nosotros; que estamos protegidos y somos guiados a la acción correcta, a decisiones correctas; cada día, cada hora, cada minuto el Principio de Inteligencia nos dirige, la Presencia del Amor nos anima, y la Paz de Dios nos protege. Y somos guiados en el camino de esta paz, en el conocimiento de esta perfección.

Estamos concientes del Dios que mora dentro de nosotros, y estamos concientes que este Dios Interno llena (e instantánea-

mente renueva) nuestros cuerpos, eliminando absolutamente todo
lo que no les pertenece; coordinando toda función, órgano,
acción y reacción (circulación, asimilación, eliminación), haciéndolo perfecto. El Principio de Vida en cada parte de nuestro ser es
perfecto y armonioso, y ahora mismo funciona perfectamente en
nosotros. Toda clase de discordia cambia a su orden natural de
armonía e integridad, y permitimos que el Poder Divino sea en
nosotros *exactamente Lo que es.* Ya no tememos porque el amor
desecha el temor. Nuestra fe destruye todo temor. Despertamos
del sueño de temor a la visión de la Realidad, donde no existen
sombras que atemoricen. Despertamos del sueño de escasez, de
carencia y de infelicidad, al conocimiento de armonía, abundancia
y paz.

Yo me permito sumergirme
profundamente en mi Naturaleza Divina.

LA INTELIGENCIA PERFECTA DIRIGE MI PENSAMIENTO

Ahora mismo dejamos todo atrás y entramos en un estado de paz.
Sabemos que el Espíritu dentro de nosotros es Dios, el Espíritu
Viviente todopoderoso...el Dios que es Infinito, Perfecto y
Completo que nunca ha necesitado nada, nunca ha tenido ningún
problema, *nunca podría* destruir; el Dios que nunca ha obrado en con-
tra de Sí Mismo, que nunca se ha condenado a Sí Mismo—este
Espíritu ha formado a cada uno de nosotros de Su propio Ser
Divino. "Después de todo, te conocemos Dios omnipresente, com-
pleto y libre; eres uno con cada camino tomado; nuestro destino
inmortal."

Esa Totalidad Infinita es paz perfecta dentro de nosotros. Esa
Inteligencia Infinita obra a través de nosotros y nuestros asuntos;
nuestros pensamientos son inspirados, dirigidos y gobernados por la
Sabiduría Divina. La Totalidad Infinita es la circulación de ideas, de
inteligencia, de sabiduría, de verdad y de vida. Es la eliminación de
todo concepto de confusión. Es la asimilación de todo lo que es
completo, feliz y perfecto. La Inteligencia Divina es el gobierno de

nuestros asuntos. Cada uno tiene dentro de sí este guía que lo dirige hacia la verdad, la razón, la belleza, la acción correcta, a la certidumbre y la paz.

La Inteligencia Perfecta dirige mi pensamiento.

NO ME ATA NINGUN ERROR

Ahora mismo abandonemos todo y entremos en la conciencia de lo que creemos. El Espíritu dentro de cada uno de nosotros es Dios y es perfecto; es amor, razón, vida, verdad y belleza. Es ilimitado, perfecto y completo. No sabe de carencia o limitación.

No existe nada que hayamos hecho, dicho o pensado que pueda levantarse contra nosotros, que tenga poder sobre nosotros o que nos limite; no existe ningún recuerdo de temor, ni condenación por errores pasados. Al desear librarnos de la insistencia en el error, el efecto de ese error previo se borra, así como la luz disipa la obscuridad. El Universo no retiene nada en contra de nosotros, ni puede tener nada en contra de nosotros porque no puede conocer nada que no sea como el Universo mismo. Por lo tanto, nos conoce sólo como Perfección. ¡Nunca ha ocurrido ningún acontecimiento por el cual tengamos que sufrir! Por consiguiente, ¡toda falta aparente—que pudiera identificarse como alguna violación mental o espiritual a la Ley—no solamente queda eliminada, *sino que el efecto queda corregido!*

Esto significa que no hay antecedentes en nuestro caso. La historia queda borrada este mismo momento por el conocimiento de que hoy la Ley perfecta—la Ley de Libertad—es la única ley en nuestra experiencia. Aceptamos esta libertad con gozo, libres de toda tristeza y de todo pesar. La aceptamos con alegría y Ligereza. Esta Ley nos eleva sobre la pesadez de la morbosidad, escasez y limitación hacia esa atmósfera más ligera donde no hay conflicto, y entramos ahí en paz, libres de temor.

Sabemos que la Totalidad Infinita está dentro de nosotros, a través de nosotros, y que nos rodea ahora mismo, y estamos concientes que somos renovados en este momento instantánea y perfectamente de acuerdo con la imagen de Perfección. Ahora mismo somos guiados a la acción correcta en el ejercicio de nuestros asuntos. Como no existe grande ni pequeño para el Infinito, las cosas que creemos que son de poca importancia en nuestras vidas son Guiadas Divinamente, perfecta y completamente, al igual que las cosas que creemos que son muy importantes. Somos guiados en el reconocimiento de la felicidad, la seguridad, la totalidad y la libertad; y sabemos que existe esa Esencia sutil del Espíritu que emana de nosotros todo el tiempo, sanando todo aquello con lo que hace contacto.

No estoy atado por ningún error.

MI IDEAL SE SUMERGE EN LA REALIDAD

Ahora dejamos todo atrás y entramos a la contemplación de la paz, el bienestar, la verdad y la belleza. Estamos concientes que Dios es Todo lo que existe y que no existe nada más. Estamos seguros que el Espíritu de la Realidad es nuestro Espíritu que fluye dentro de nuestro espíritu y a través de nuestro espíritu. Y estamos concientes que el Amor nos guía, nos dirige, nos mantiene y nos sostiene. Sabemos que cada uno de nosotros es un centro de esta Vida Divina en esta Paz Perfecta, en esta Felicidad Completa y en esta Totalidad Absoluta; y sabemos que esta Perfección—que es el centro de nuestro propio ser—es proyectada en cada átomo de nuestro ser.

Sabemos que la Ley de este Ser es perfecta y no existe obstrucción para Su operación. Sabemos que el Principio dentro de nosotros nos guía, no sólo en el camino de la Verdad, sino también en la forma y la ejecución de ese conocimiento. LO QUE ES PARA NUESTRO BENEFICIO YA HA SIDO PROVEIDO. Todo es una sola cosa. Todo es Una Presencia obrando a través de Una Ley fundamental; por lo tanto, todo lo que es necesario para nuestro bienestar, (ya sea que creamos que es mental, espiritual o físico) todo lo que es necesario para eliminar cualquier creencia en la obstrucción, y para el libre entrar y salir de ese Espíritu, llega a nuestra experiencia.

¡Todo bien, toda substancia, toda provisión, toda actividad, toda oportunidad para expresarnos, es nuestra ahora mismo!

Mi ideal se funde en la realidad.

REPRESENTO EL PRINCIPIO DE LA PERFECCION

En cada ser humano está representado el Todo, y todo el conocimiento de sabiduría, de salud, y de perfección de cada hecho se manifiesta—es decir, está representado. Y es por medio de esta Divina Voz Interior, nuestra Naturaleza Divina, que podemos percibir y confiar y tener contacto conciente con este Principio Divino. Somos perfectos a la vista de este Interior. Debemos tratar de vernos como Dios nos ve, libres, y llenos de vitalidad y plenitud en toda ocasión.

No es suficiente confesar que Dios es el único Poder que existe. Solamente cuando el conocimiento de este poder se engancha al dínamo de la mente, se genera, a través de la imaginación, una encarnación de aquello que se aceptó con fé y se soltó. No es suficiente decir que existe Una Mente y que esa Mente es Dios. A esto tenemos que agregar: "Esa Mente es mi mente ahora mismo." Eso completa el pensamiento y hace posible que la Inteligencia Divina surja por medio de nuestra propia imaginación.

No olvidemos que en los tratamientos tenemos que encarnar lo que queremos experimentar. Las declaraciones que se hacen en el tratamiento tienen el propósito, en cierta forma, de enviarle a la imaginación AQUELLO QUE YA ERA VERDAD ANTES QUE HICIESEMOS LAS DECLARACIONES. El problema no es *crear* sino *dirigir*, y no puede haber dirección sin que haya primero una encarnación. Tratemos de hacer esto en nuestra meditación. Sabemos que reflejamos la Perfección Divina y que existe dentro de nosotros la intuición que nos guía. Sabemos que todo el poder que existe y toda la presencia que existe es este Espíritu Perfecto, esta Realidad Divina que está alrededor de nosotros, a través de nosotros y en nosotros. Ahora, cada uno, volviéndose hacia su propio pensamiento, dice:

"El Espíritu dentro de mí, que es Dios, el Espíritu Viviente Todopoderoso, es Perfección. Es Totalidad; es Paz. Es el Guía Divino, la Paz Perfecta, Totalidad Entera, Perfección Absoluta, y ahora mismo, este Espíritu gobierna cada momento de mi vida. Me rodea con Luz y en esa Luz no existe ni obscuridad, ni pesadumbre, ni tristeza, ni temor. En esta Luz yo vivo, me muevo y tengo mi ser. Y esta Luz disipa toda obscuridad y arroja todo temor.

"Esta Sabiduría Divina dentro de mí guía todas mis acciones y dirige todo en mi vida hacia la felicidad, la paz y el poder; y siendo el Espíritu de Amor me rodea de belleza, de amistades y de gozo. Siendo Dador de la Vida, cada día recibo lo que es perfecto, abundante, feliz, gozoso y libre. Siendo esa Cosa Divina que se individualiza en mí, es completamente individual, personal y única. Soy la expresión de mi propio ser completo y no existe barrera ni prohibición para mi auto-expresión. Siendo Espíritu de Substancia, este Espíritu es Padre del Suministro, y me trae todo lo necesario para mi desarrollo, y me guarda en la sabiduría por medio de la cual me gobierna, ahora y siempre."

Yo represento el Principio de la Perfección.

TOMO LA MANERA DEL CRISTO PARA MI REALIZACION

Cuando Jesús dijo, "Nadie viene al Padre sino a través de mí," naturalmente, quiso decir el YO SOY. Por lo tanto, este YO SOY significa la Realidad interna de la naturaleza de cada hombre, y cuando reconocemos esto, ¿cómo podemos llegar a Dios, el Espíritu Viviente, sino por medio de las avenidas de nuestro propio conocimiento, que son el único medio que tenemos para acercarnos a Dios? Es otra manera de decir que la única manera en que podemos alcanzar la Realidad es descubriendo la Divinidad que está latente dentro de nuestra conciencia, en nuestra propia alma y en el centro de nuestro propio ser.

Todo hombre es divino, y La Manera del Cristo es el camino del desenvolvimiento de esta Divinidad por medio de su humanidad; es el descubrimiento de su individualidad espiritual, y el uso que el hombre personal, o su personalidad, hace de ella. La meditación tiene el propósito de reconocer concientemente la Divinidad del hombre y sacarla a luz. Para llegar a la manera del Cristo, a la conciencia de nuestra propia Divinidad, tenemos que abandonar todo temor, toda duda y toda perturbación, y tenemos que entrar en el silencio y contemplar que el Espíritu del Dios Viviente está dentro de nosotros—todo el Poder que existe, toda la Presencia que existe, toda la Vida que existe, está aquí mismo. Cada persona mira dentro de sí misma, sabiendo que:

"El Espíritu dentro de mí es Dios; ese Espíritu es perfecto, y porque ese Espíritu es perfecto, mi conocimiento de ese Espíritu destruye toda duda, todo temor, arroja toda incertidumbre y toda incredulidad, y me llena del conocimiento de mi propia perfección. Existe dentro de mí eso que es perfecto, divino, feliz, entero y armonioso. Existe dentro de mí eso que nunca ha tenido miedo, que nunca ha sido limitado. Es esta Naturaleza del Cristo dentro de mí que reconozco ahora y hablo mi palabra para que se manifieste a través de mi ser. Que el Espíritu dentro de mí, que es perfecto, borre todo pensamiento de enfermedad, estimule la actividad y reconozca la circulación perfecta de estas ideas Divinas. Que establezca dentro de mí no sólo el conocimiento de la Perfección Divina que verdaderamente soy, sino que se establezca en mi ser físico, una manifestación del conocimiento de la Realidad; una realización de esa Presencia, para que cualquier cosa dentro de mí que no me pertenece, sea eliminada, abandonada y destruida ahora mismo.

"Esa Guía Divina ES, y esa Inteligencia Perfecta gobierna las actividades de mi vida para llenarla de gozo, amor, unidad, felicidad y éxito, ahora y siempre."

Tomo La Manera del Cristo para mi realización.

LOS CICLOS ETERNOS DE LA VIDA EN MOVIMIENTO COMPLETAN MI FE

Esta es otra manera de decir que algo pasa cuando el hombre cree. Sobre la fe obra un principio que es gobierno de Ley y Orden, y que tiene dentro de Sí, poder propio para ejecutarse. La oración no es una súplica a Dios pidiéndole que sea Dios. Existe una Inteligencia Suprema en el Universo; no podemos decirle nada; lo poco que sabemos lo hemos aprendido de Ella. Existe un Espíritu Absoluto a nuestro alrededor que no necesita nuestra existencia. Ya se ha rendido a nosotros, pero nosotros no nos hemos rendido a El. Para esto es la oración o el tratamiento. No oramos que el Principio de Paz desista de la confusión, sino buscamos que esa Paz llegue a nuestras almas confusas. Por lo tanto, la oración o la meditación tienen el propósito de hacernos receptivos al Influjo Divino que ya posee todo, que lo sabe todo, lo gobierna todo y que crea todo lo que necesitamos—si se lo permitimos—semejante a su propia Naturaleza, la cual es bondad, verdad y belleza. Cada uno debe ir al interior de sí mismo de una manera similar a esta:

Abandonamos todo temor y toda confusión en nuestras mentes y entramos en comunión interna y secreta con la gran Realidad, que es nuestro Ser Universal—Dios—en Quien vivimos, nos movemos y tenemos nuestro ser. Estamos concientes que esta Presencia Divina está sobre todo y en todo. Está igualmente *fuera* y *dentro* de este ser físico y mental. Por lo tanto es la Realidad espiritual de este ser, el YO SOY, que es Universal, Eterno y Perfecto.

Ahora este Espíritu es nuestro Espíritu. Es nuestra vida, de donde ahora extraemos nuestro ser, completo y perfecto. Esta Inteligencia Divina nos gobierna inteligentemente; nos dirige conciente, recta e infaliblemente. Le entregamos a Ella todo temor, todo sentido de incertidumbre del futuro, todo pensamiento morboso del pasado. Abandonamos toda confusión y duda, y sabemos que este Influjo Divino elimina toda obstrucción mental hacia la paz; elimina todo sentido de condenación y de juicio, y entramos en la realización de su Perfección ahora mismo. Creemos que puede sanar cualquier parte de nuestro ser físico que necesite sanar; que el Poder creador que está dentro de nosotros y que nos rodea puede crear, recrear y sanar ahora mismo. Creemos que si en nuestra mente hay conflicto, puede ser eliminado porque el Espíritu está más elevado que la mente y es más que el cuerpo. Se trata de ese Espiritu que animan-do la mente con la Inteligencia Divina hace producir un influjo de vida espiritual en el cuerpo, sanando sin esfuerzo tanto a la mente como al cuerpo. Renunciamos y abandonamos todas las cosas que nos perturban mentalmente y que nos dañan físicamente. Sabemos que la Presencia Divina es el Sanador Eterno porque es el Dador infinito de la Vida. Y sabemos que la Inteligencia que creó el Universo y lo proyectó en forma lo gobierna con Ley perfecta, dirige nuestros movimientos inteligente, coherente, constructiva y ciertamente, trayendo a cada uno lo que llama éxito y prosperidad, felicidad, realización de la vida, acción. Y sabemos que ese Ser Divino, que todo lo gobierna según Su propia Naturaleza, obra sin esfuerzo—Es Eterno, Inmortal e Infatigable—y se mueve a través de nosotros ahora mismo para la solución perfecta de todos nuestros asuntos.

Los movimientos de los ciclos de la vida en acción llenan mi fe.

```
                        ESPÍRITU
                        ABSOLUTO
                    PRIMERA CAUSA-DIOS
                     EL GRAN YO SOY
                     MENTE CONCIENTE
                        PROPÓSITO
                     AUTO-IMPULSADO
    UNICO-TODO       AUTO-EXISTENTE        PERSONALIDAD
   NO CONOCE OTRO   VOLICIÓN-VIDA-VERDAD   IDEA CONCIENTE
   PADRE-MADRE DIOS   PODER-SELECCION      INMUTABLE
   LO INCONDICIONAL     VOLUNTAD           OMNISCIENCIA
 UNIDAD-MACROCOSMO   ESPÍRITU LIBRE        OMNIPOTENCIA
   LA CASA GRANDE     PAZ-SERENIDAD        OMNIPRESENCIA
     MASCULINO         LA PALABRA          RAZONA (DEDUCTIVA
      ACTIVO          LOGO PERFECTO         ÚNICAMENTE)

                         ALMA
  FUERZA CIEGA-LEY   MEDIO CREATIVO
  NO SABE-SÓLO HACE   SUBJETIVO - NO
    EL MEDIO DE        SELECCIONA
 TODO PENSAMIENTO,  MENTE SUBSCONCIENTE    LEY KÁRMICA
   PODER Y ACCIÓN     INMATERIAL         CONOCIDO COMO EL
 ESCENAS DE PELÍCULA ILUSIÓN DE LA MENTE  ETERNO SIERVO DEL
    RAZÓN (SÓLO       IMPERSONAL             ESPÍRITU
    DEDUCTIVA),        FEMENINO
  PASIVA Y RECEPTIVA   NEUTRAL
                       PLÁSTICO
                        MAYA

     REFLEXIÓN          CUERPO           ESPEJO RELATIVO
 ILUSIÓN DE LA MATERIA  EFECTO
 MULTIPLICIDAD-MUCHOS   FORMA             EMANACIÓN
                       OBJETIVO
                      CONDICIONES
                      RESULTADOS
                        TIEMPO
                        ESPACIO
                         COSAS
```

GRAFICA METAFISICA, No. I

Esta gráfica, llamada Gráfica Universal, demuestra el Universo como una Trinidad de Ser. La parte de arriba indica esos atributos del Espíritu que es conciente de Sí Mismo. La parte del medio indica el aspecto subconciente de la Ley; y la parte de abajo indica el efecto del Espíritu obrando por el medio de la Mente Universal. Lea y estudie cuidadosamente la explicación y el significado de las palabras que se usan en esta gráfica según se encuentran en el glosario.

GRAFICA METAFISICA, No. II-A

Esta gráfica describe primero el Espíritu Universal; en seguida el alma Universal o Subjetividad, que es el medio de todo pensamiento, poder y acción; y por último, la particularización o la manifestación del Espíritu.

El ángulo al centro simboliza el descenso del Espíritu que se convierte en materia o forma. Es necesario que el Espíritu se manifieste para poder expresarse a Sí Mismo. La palabra "Unidad" en la línea descendiente representa que todo proviene del Uno. El hombre reproduce toda la Vida Universal, y su naturaleza es idéntica en naturaleza al Espíritu. Lo que es verdad del Todo también es verdad de cualquiera de sus partes. El hombre llega a un punto de individualización en el Todo y está sujeto a la Ley del Todo.

GRAFICA METAFISICA, II-B

Esta gráfica demuestra como el hombre vuelve a representar el Todo y está sujeto a la ley de su propio ser. Al estudiar cuidadosamente el significado de esta gráfica, el estudiante comprenderá que el hombre piensa concientemente, y su pensamiento conciente viene a ser la ley de su propia vida. La parte de arriba representa al hombre auto-conciente; la parte de en medio representa al hombre subconciente; y la parte de abajo representa al hombre como aparece en su cuerpo y en las condiciones de su vida.

GRAFICA METAFISICA No. III

La parte superior demuestra como la mente conciente, o sea el espíritu del hombre, se refleja o se contempla a sí mismo, por medio del alma o la subjetividad, y así toma forma, es decir, se convierte en materia. La parte media representa el Alma del Mundo, o sea la Subjetividad; el Espejo de la Mente y la Materia Sin Forma; el Siervo del Espíritu. La parte inferior describe el resultado de la auto-contemplación según toma su forma en el mundo de la materia. Lea y estudie con cuidado el significado metafísico de las palabras que se usan en esta gráfica de acuerdo con las definiciones en el glosario.

EL MUNDO DEL PENSAMIENTO	EL MUNDO DE LA REFLEXION

PENSAMIENTO O CONDICIONES

LA PALABRA	
CAUSA	EFECTO
CREENCIA	CORRESPONDENCIA
IMAGEN	ESPEJO
SEMILLA	PLANTA
PENSAMIENTO LIMITADO	POBREZA
PENSAMIENTO LIBERADO	RIQUEZA
ACEPTACION	OPORTUNIDAD
PAZ	PAZ
ORACION	RESPUESTA
SI	SI
NO	NO
AMISTADES	AMISTADES
IMAGEN	LA COSA
INVOLUCION	EVOLUCION
TRATAMIENTO	DEMOSTRACION

GRAFICA METAFISICA No. IV

Como se manifiestan las ideas como cosas

Esta gráfica está dividida en dos partes y representa el mundo del pensamiento y el mundo de reflexión. Representa la Ley de Causa y Efecto. El mundo del pensamiento es el mundo de ideas, y el mundo de reflexión es resultado de los pensamientos. El mundo de reflexión es totalmente un mundo de efectos, y no está conciente de sí mismo ni tiene conocimiento alguno. Todo lo que se encuentra al lado izquierdo son solamente ideas o pensamientos, y todo lo que se encuentra al lado derecho es el resultado automático de la acción de la ley al producir el efecto correspondiente. Al usar esta gráfica con las explicaciones que se han dado, podemos ver como la Ley de Causa y Efecto trabaja de la idea a la cosa.

LA UNIDAD TRINA
EL TODO INDIVISIBLE
DENTRO DEL CUAL EXISTEN
TODAS SUS PARTES
LO ABSOLUTO, DENTRO DE LO CUAL EXISTE LO RELATIVO
LO NO CREADO, DENTRO DEL CUAL EXISTE LO CREADO
LO INMUTABLE, DENTRO DE LO CUAL EXISTE TODO CAMBIO
LO QUE NO TIENE FORMA,
DENTRO DE LO CUAL EXISTE TODA FORMA
LO ILIMITADO, DENTRO DE LO CUAL EXISTE TODO ESPACIO
LO ETERNO, DENTRO DE LO CUAL EXISTE TODO EL TIEMPO
LO UNIVERSAL, DENTRO DE LO CUAL EXISTE LO INDIVIDUAL
LA PERSONA UNICA, DENTRO DE LA CUAL
EXISTEN TODAS LAS PERSONAS
LA FUENTE Y CENTRO DE TODA LA VIDA,
TODO PODER Y TODA ACCION
VERDAD, AMOR, MENTE, LO ETERNO, EL TODO

DIOS

Padre Nuestro

que estás

en los Cielos

EL

HIJO

PERSONALIDAD . . . . INDIVIDUALIDAD

EL HOMBRE

GRAFICA METAFISICA No. V

Esta es una gráfica mística y muestra como lo Universal se convierte en Particularización de Sí Mismo por medio del hombre. El hombre es un punto en lo Universal, o sea Dios, y es la Idea de Dios como hombre. El Padre es representado como el Todo que respalda al hombre y está dentro y alrededor del hombre. Este es el Dios interno a Quien oramos y con Quien hablamos. El Místico tiene la habilidad de hablar concientemente con Dios y recibir concientemente la respuesta del Espíritu. Esta gráfica demuestra que lo Absoluto contiene lo relativo dentro de Sí, pero no está limitado por lo relativo. Debemos recordar que lo relativo no limita sino expresa lo Absoluto. Todos los cambios acontecen dentro de lo que no cambia. Toda forma subsiste dentro de lo que no tiene forma. Todas las condiciones provienen de lo que es Ilimitado; y la Creación eternamente crea dentro de lo No Creado. Todas son actividades de la Unica Mente y Espíritu de Dios. Todas las personas tienen un punto de individualidad dentro de lo que es Universal.

ESPIRITU O MENTE CONCIENTE

CONOCIMIENTO SOLO Y UNICO

PODER EN DIOS O EN EL HOMBRE

EL MAR PSIQUICO - EL SUBJETIVO

FALSEDAD O VERDAD - EL ESPEJO DE LA MENTE

EL MEDIO DE TODO FENOMENO PSIQUICO

FORMAS DE PENSAMIENTOS O ESCENAS MENTALES

OBJETIVO

ILUSION DE LA MATERIA

FALSEDAD O VERDAD

ESPEJO DE LA MATERIA

GRAFICA METAFISICA No. VI

Esta es la gráfica del psíquico y debe considerarse con cuidado porque muestra que el Espíritu, o sea la Mente Conciente, obra a través de un campo mental o ley, que es un mundo de reflexiones. El pensamiento se refleja primeramente en la Mente y después en la materia. Favor de leer de nuevo los aspectos concientes y subconcientes de ser. El mundo de la Subjetividad es un Mar Psíquico, y es el Medio de toda acción subjetiva. Desde el punto de vista del pensamiento del hombre puede ser verdad o mentira, según piense el hombre. Es la galería de escenas del alma, ambos en ambos sentidos universal e individual. La ilusión de la materia significa que las escenas mentales falsas producirán formas falsas en el mundo de objetividad. La mente no es una ilusión, pero sí puede contener escenas falsas que son ilusiones; la materia no es ilusión, pero sí puede tomar condiciones falsas. Debemos aprender a separar lo falso de lo verdadero.

GLOSARIO

No se pretende que el significado de cada una de las palabras en este glosario sea igual al significado en un diccionario regular, pero sí afirmamos que este glosario contiene el significado metafísico de las palabras según el uso que se les da en este libro de texto.

Un glosario, en el sentido más amplio, no es sólo un diccionario parcial, sino es un comentario que explica más detalladamente las palabras que usa el autor. En este caso, el escritor cree (y su intención es deliberada) que un estudio de este glosario, *conjuntamente con los cuatro capítulos de la "Introducción" a este libro,* proveerá un conocimiento práctico de la Ciencia de la Mente, y al mismo tiempo estimulará el deseo del lector de estudiar más profundamente la sabiduría que se encuentra en el libro entero.

ABSOLUTO—Lo que es Incondicionado es—aquello que nada ni nadie puede limitar; lo que transciende cualquier limitación o determinación concebible. Perfección incondicionada. Auto-existente, Auto-Suficiente. Con frecuencia se usa como sinónimo de Dios. La Verdad es absoluta y permanece inalterable a las opiniones, deseos o creencias del hombre.

ACCION DE GRACIAS—Se ha dicho que "la oración de acción de gracias es la oración de apropiación." Así oró Jesús cuando levantó a Lázaro de la tumba: "Padre, te doy gracias…" El reconocimiento, la unificación y la realización son los tres pasos en la oración o en el tratamiento. Cuando pronunciamos las palabras de gratitud al Dios interno, sabiendo que "antes que llamen les responderé," hay algo en esta actitud de gratitud que nos lleva más allá del campo de las dudas a uno de fe perfecta, aceptación y receptividad…de realización. Apreciación, gratitud y agradecimiento—el poder motivador que atrae y amplifica los potenciales ocultos de la vida.

ACTITUD MENTAL—Una actitud significa asumir una posición; calcular o premeditar una posición como indicación de cierta acción, sentimiento o ánimo. Nuestra actitud mental, entonces, es la tendencia general de la mente...la *tendencia* general que toman nuestros pensamientos.

ACTIVIDAD PASIVA—Ser pasivo y también ser activo significa no alojar vibraciones que antagonicen nuestra paz, mientras que al mismo tiempo declaramos la condición deseada. Esto es diferente a *soportar* una condición. Mientras se está en medio de condiciones indeseables que parece que no podemos cambiar, tenemos que practicar el saber, con toda la Mente de Dios que haya dentro de nosotros, que la condición deseada está presente en su totalidad. Está perfecta y totalmente presente en nuestro conocimiento. La persona que está conciente activamente de que la perfección invisible está presente—aún cuando aparentemente se encuentra en medio de la imperfección—está practicando *actividad* al mismo tiempo que es *pasiva* a la imperfección. Seguramente esto quería decir Emerson cuando dijo: "Veo que la acción es buena cuando se necesita, y el no hacer nada también es bueno." En nuestra mente, podemos permanecer sin hacer nada en una condición indeseable mientras que al mismo tiempo estamos activamente creando una condición deseable.

ACTIVIDAD SUBJETIVA—La acción interna de la ley automática.

ACTUAR DE NUEVO—Repetir una acción que ha ocurrido antes.

AFIRMACION—Afirmar cualquier cosa, es decir, que así es, y sostener firmemente que es la verdad aún cuando toda evidencia diga lo contrario. El pensamiento humano sólo puede afirmar, porque aun en el momento en que niega, ¡está afirmando la presencia de lo que está negando! Repetir una afirmación es dirigir la mente a ese estado de conciencia donde se acepta lo que se desea creer.

AFLUENCIA DIVINA—El continuo diluvio de bendiciones de Dios. Cuando abrimos nuestras mentes a la afluencia de la Sabiduría Divina, permitimos que nuestras vidas sean guiadas por lo Infinito. Mantenemos el conocimiento abierto a la Afluencia Divina.

ALABANZA—Alabar es expresar aprecio y encomio. Aplauso, honor. Toda la creación responde a la alabanza. Se dice que hasta la vegetación crece mejor para los que la alaban; los que entrenan animales no podrían tener éxito sin alabarlos; los niños necesitan aprobación para estimularlos e inspirarlos. Es necesario que alabemos hasta nuestra propia habilidad. Por medio de una ley inherente de la Mente, aumentamos lo que alabamos. Por medio de alabarte a ti mismo, cambias de debilidad a fuerza, de ignorancia a inteligencia, de pobreza a abundancia.

ALFA—Lo que existe primero. El principio.

ALMA—El Medio Creativo del Espíritu; el lado subjetivo de la vida; el espejo de la Mente que refleja las formas que el pensamiento le presenta. La vida del alma del hombre reproduce la Vida del Alma del Universo. El Alma es subjetiva porque toma el pensamiento de la mente conciente y obra sobre él. Su naturaleza es subjetiva y no puede analizar ni rechazar; sólo puede seguir las órdenes que se le dan. Es Infinita en Su poder y en Su habilidad de hacer, pero no sabe lo que hace.

ALMA DEL UNIVERSO—El Medio Creativo Universal.

ALMA UNIVERSAL—La Subjetividad Universal.

AMOR—El Amor es la dadivosidad propia del Espíritu através del deseo de la Vida de expresarse a Sí Misma en términos de creación. Emerson dice que el Amor es sinónimo de Dios. También nos dice el Nuevo Testamento que "El que no ama, no conoce a Dios, porque Dios es amor." El Amor es libre de condenación y de temor. El Amor es una fuerza cósmica irresistible.

ANDROGINO—Tener características de ambos sexos. Refiriéndose a la Deidad, se expresa como el "Padre-Madre Dios." Coleridge dice: "La Verdad es que una gran mente tiene que ser andrógina."

ANTICRISTO—El mal uso de la Ley. El espíritu del Anticristo es el espíritu de aquel que, entendiendo la Ley, la usa con propósitos destructivos.

APARICION—Formas de pensamientos que algunas personas ven cuando están bajo una tensión mental muy grande. Una apariencia inesperada o espectral. Algunas veces se usa como sinónimo de la palabra "fantasma."

APARIENCIA—En este libro la palabra apariencia se usa para distinguir *lo que parece ser de lo que verdaderamente es.* El pensamiento negativo puede producir condiciones que parecen ser verdaderas, pero esas condiciones no tienen poder, no tienen realidad, excepto el poder que nosotros les damos CUANDO CREEMOS QUE LA APARIENCIA ES LA VERDAD. La enfermedad, la discordia y la limitación no tienen prototipos espirituales. Son manifestaciones que se han objetivado en el cuerpo o en los negocios de la vida humana.

ARMONIA—Concordia o acuerdo en ciertos hechos, opiniones, modos, intereses, etc. El secreto de progresar es tener una correcta relación con lo Universal. "A tono con el Infinito." La afinación con el Orden Infinito es armonía. Hacer contacto con la Inteligencia Infinita, reconocer al Padre Interno, aceptar las leyes que respaldan la creación y moverse a su ritmo majestuoso es armonía. Una armonía asi arregla nuestros asuntos y enriquece nuestras vidas.

ATMOSFERA—Una influencia o condición que rodea un lugar, una persona o una cosa. Una persona cuya atmósfera es de amor y alegría, siempre atrae amigos. De igual manera, los lugares se impregnan de los pensamientos de sus habitantes, y esta atmósfera del lugar (o la cosa) tiene una atmósfera mental que puede sentirse fácilmente por aquel que esté en contacto con él.

ATMOSFERA (MENTAL)—La Emanación mental de cualquier cosa, cualquier persona o cualquier lugar. Cada cosa tiene algún tipo de atmósfera mental.

ATRIBUTO (DE DIOS)—Con frecuencia hablamos de "los atributos de Dios." Esto quiere decir: el ser, la esencia, la naturaleza, lo que es inherente. "Lo que la mente percibe que constituye la esencia de la substancia."

AURA—La atmósfera mental que rodea a una persona.

AUTO-ANALISIS—Analizar cualquier cosa es resolverla en sus partes o elementos constituyentes. El auto-análisis es analizarse a uno mismo. Mira hacia tu propio pasado, encuentra lo que temes, y convence a tu mentalidad que no hay nada que temer. Confronta la vida directamente; estudia tu mente profundamente, removiendo cualquier obstrucción que inhiba el libre flujo de las grandes realizaciones espirituales de las que hablamos en este libro.

AUTO-EXISTENTE POR SI MISMO—Viviendo por virtud de su propio ser. El Espíritu es existente por sí mismo.

AUTO-SUGESTION—La sugestión puede provenir de muchos orígenes, pero autosugestión es sugestión que uno se hace a sí mismo, ya sea conciente o inconcientemente. La auto-sugestión es con frecuencia el resultado de una creencia en expectativa.

BENDICION—Un pensamiento constructivo que se dirige a una persona o condición. *Bendices* a un hombre cuando reconoces la divinidad en él. *Bendices* su negocio cuando piensas en el negocio correctamente.

BIBLIA—El libro sagrado, o libros sagrados, de cualquier raza o cualquier nación. Cuando decimos simplemente "la Biblia," nos referimos a nuestra Biblia Cristiana. Cualquier otra Biblia se identifica por su nombre...como el "Corán," la Biblia Mahometana, etc.

BOSQUEJAR (DELINEAR)—No es responsabilidad nuestra bosquejar o decir como ha de venir nuestro bien. Nuestro trabajo consiste específicamente en poner la Ley en movimiento. Una actitud correcta es una que cree que existe solamente Una Mente y que esta Mente sabe exactamente qué hacer y cómo hacerlo, y lo hace cuando le damos la orden por medio de nuestra palabra; que abre los canales más apropiados para cumplir nuestros deseos, usando los agentes correctos, ya sean humanos o divinos. Debemos pronunciar la palabra y creer que al ser hablada esa palabra atrae para sí misma todo lo que necesita para cumplirse. La Ley hace lo demás.

CAIDA, LA—La historia de la Caída en el Antiguo Testamento es una presentación simbólica de la evolución del Hombre, y su despertar espiritual. Literalmente, esta historia sería ridícula. El escritor trataba de enseñarnos una lección cósmica. El Jardín del Edén tipifica la vida en su esencia pura. El Arbol de la Vida es nuestro verdadero ser, y el árbol de la fruta del conocimiento del bien y del mal, se refiere a nuestra Inteligencia Divina que lleva consigo, como tiene que ser, el libre albedrío, sin el cual no podríamos ser individuos; de otra manera seríamos autómatas. Podemos elegir hasta lo que no es mejor para nosotros, por lo tanto se le advirtió al hombre que no comiera de ese árbol. Adán tipifica nuestras facultades objetivas, y Eva las subjetivas. Adán y Eva representan el potencial en todos nosotros. La serpiente representa el Principio de la Vida de un punto de vista material, y nos engaña de esta manera: nos dice que el mal es tan verdadero como el bien; que el diablo tiene poder igual a Dios; que la negación iguala el bien positivo y que el universo es de doble naturaleza. Al aceptar este argumento, experimentamos ambos, el bien y el mal. Y si llegáramos a reconocer nuestra individualidad completa sin haber aprendido la lección de unidad, viviríamos para siempre en un estado de esclavitud. Esto es lo que significa lo que Dios dijo: "Y será como uno de nosotros y vivirá para siempre." La Mente Eterna no desea que vivamos en esclavitud para siempre, pero esto es lo que puede suceder a menos que aprendamos primero la lección del bien y del mal.

Y así, esa parte de nosotros que puede ser engañada, come la fruta de la experiencia dual, y al hacerlo, revela su desnudez. El estado original del hombre es de pureza, de paz y de perfección, y es solamente cuando él compara estas con la impureza, dolor e imperfección, que revela su desnudez. Emerson nos dice que la virtud no sabe que es virtuosa. Sólo cuando la virtud prueba las impurezas puede mirar su propia desnudez y se esconde de sí misma.

La voz de Dios, caminando en el Jardín en lo fresco del día, significa la parte meditativa e introspectiva en nosotros, que en sus momentos de intuición y razón pura, puede ver la ilusión que es la vida separada de Dios, o aparte del bien.

El error siempre es cobarde ante la Verdad, y no puede ocultarse a la Realidad, la cual ve a través de todo, abarca todo y penetra hasta las murallas de la prisión de la mente con Su claro esplendor.

La conversación entre Dios, Adán y Eva en el Jardín del Edén representa los argumentos en nuestras propias mentes cuando tratamos de realizar la verdad. Todos conocemos estos argumentos y no es necesario enumerarlos aquí.

La expulsión del Jardín es el resultado necesario y lógico de probar la experiencia dual. Si creemos en ambos, el bien y el mal, tenemos que experimentar los dos.

CANAL—Un canal es aquello a través de lo cual pasa cualquier cosa. Hablamos del hombre como "un canal para el bien." Es decir, el bien pasa por medio del hombre. El Urgir Divino de la Vida tiene que expresarse; y al expresarse por medio de la vida del hombre, el hombre viene a ser un canal por el cual fluye la Sabiduría Divina, un canal para todo lo que Dios es.

CARENCIA Y LIMITACION—Estos dos términos son sinónimos e indican que alguna cosa falta en nuestra vida. Creemos que estamos sin salud, riquezas, amigos u oportunidades. El dinero es una representación objetiva, un símbolo de una substancia eterna que FLUYE SIEMPRE, y se manifiesta siempre en el mundo visible. Debemos empeñarnos en reconocer que existe una Inteligencia que dirige nuestros negocios, que es perfecta, y que la Ley de esta Inteligencia es inmutable. A medida que retiramos nuestra atención del limitado mundo de *efectos* y la concentramos firmemente en el Bien Ilimitado, destruimos la única razón por la que la carencia y limitación pueden manifestarse en nuestras vidas. A medida que abandonamos lo limitado, entramos en lo absoluto.

CASTIGO—No existe el pecado sino el error, ni castigo sino la consecuencia inevitable. El que obra mal es castigado porque la

Ley de Causa y Efecto obra eternamente. El que obra bien también es premiado por la misma razón...No decimos que el hombre no puede pecar, ni peca, ni existe el castigo. Pero sí decimos que el HOMBRE SE EQUIVOCA Y POR ESO ES CASTIGADO AUTOMATICAMENTE. Seguirá siendo castigado hasta que encuentre el camino. Esto no quiere decir que existe un poder malvado en el Universo. Existe sólo un Poder y ese Poder es Dios. Pero sí quiere decir que existe una Ley inmutable de Causa y Efecto que fluye a través de todo, y ningún hombre puede escaparse de su acción. ¡El pecado es su propio castigo, y la justicia es su propia recompensa!

CAUSA...CAUSALIDAD...PRIMERA CAUSA—Causa es lo que ocasiona o produce un efecto. La razón, motivo u ocasión. Causalidad también es el hecho o el medio por el cual se produce un efecto. PRIMERA CAUSA siempre significa aquello de lo cual todo proviene. La Causa de todo lo que se manifiesta en cualquier plano. Lo que ocurre primero. Lo primero en cualquier serie creativa. La Vida que existe detrás de las cosas.

CAUSA CONCRETA—Una idea definida.

CAUSALIDAD SUBJETIVA—La ley mental puesta en movimiento.

CELOS—El resultado de un complejo de inferioridad y una naturaleza sensitiva.

CENTRO DE CONCIENCIA DIVINA—La mente del hombre que está conciente de sí misma, es su percepción de la Realidad. ES SU UNIDAD CON EL TODO, O SEA, CON DIOS, EN EL ASPECTO CONCIENTE DE LA VIDA, es garantía absoluta que el hombre es un Centro de Conciencia Divina en el vasto Todo. Es Dios expresándose por medio de él, como él.

CIELO—Un estado de felicidad. El cielo está dentro y gira alrededor de nosotros; es el resultado de esa atmósfera de convicción que nuestro pensamiento despierta dentro de nosotros. El Reino del Cielo no tiene forma, ni límites, ni condiciones. El cielo no es un lugar, una localidad "con calles de oro y puertas de perlas." Es el verdadero estado de Ser. Nosotros no lo hacemos verdadero, sino que es una Verdad eterna. Si moramos en el Padre, y El mora en nosotros en armonía, poder, paz y sabiduría, y si nuestro pensamiento es cordial, feliz, seguro y abierto, nuestro Reino del Cielo *es* un buen lugar para vivir.

CIENCIA—Conocimiento de leyes y de principios; conocimiento organizado. Los resultados de la ciencia y las revelaciones de la religión están acercándose más y más unos a otros.

CIENCIA DIVINA—Lo que se sabe acerca de la ley mental y espiritual. El conocimiento organizado y ordenado de la operación de las Leyes de la Mente Infinita; el estudio del Creador y Su Creación.

CIENCIA MENTAL—La Ciencia de la Mente y Espíritu. Un saber sistemático de las leyes que gobiernan el Mundo Mental y Espiritual.

CLARIAUDIENCIA—La habilidad de percibir sonidos sin el oído. Por lo general se asocia con la idea de espiritualismo, aunque es una facultad o habilidad que puede ejercitarse en un estado perfectamente normal. Percepción extra sensorial.

CLARIVIDENCIA—La habilidad de mirar mentalmente. El mirar sin los ojos físicos. La habilidad de percibir cosas que están fuera del alcance de la vista ordinaria. Percepción extra sensorial.

COETERNO—Existiendo siempre. No creado. Sin principio ni fin. La Ley, el Espíritu y la Substancia son co-eternos.

COEXISTENTE—Lo que existe con otra cosa. Existencia simultánea.

COMPAÑERISMO DIVINO—El hombre reproduce la Naturaleza Divina y usa las mismas Leyes que Dios usa. Encontramos en el hombre la misma naturaleza andrógina que encontramos en Dios. A esta naturaleza le llamamos facultades objetiva y subjetiva. Su mentalidad objetiva imbuye el subjetivo con ideas; y por su parte, el subjetivo recoge fuerzas y energía y produce formas de estas ideas. Somos como Dios, somos Dios en nosotros, y así experimentamos el Compañerismo Divino. Caminamos y hablamos con el Padre interno. Sólo tenemos que llamar y El nos responde.

COMPENSACION—Recompensa, remuneración, balance. La

Ley de balance en el mundo mental, causa y efecto. Lo que se siembra, se cosecha.

COMPLEJO—Una manera enredada o torcida de pensar. La raíz de la palabra complejo significa entretejer. Por eso en el trabajo mental, cuando hablamos de un complejo nos referimos a una actitud de la mente, al resultado de dos o más estados del conocimiento que se encuentran enredados; por lo general, en el aspecto emocional de la vida; siempre es un estado mental subjetivado.

COMUNION—Unidad...acuerdo. Intercambio de pensamientos y propósitos...concordia, participación. Volver la mirada al Padre Interno sabiendo que Él nos guiará; ésa es la comunión. Contacto mental o espiritual.

CONCEBIR—Aceptar algo en la mente. Concebir sugiere la idea de asir algo, como un pensamiento. Capturar por la razón o por la imaginación.

CONCENTRACION—Traer a enfoque. Arrancamos los pensamientos indeseables para que los que permanecen tengan más poder. Se le ha comparado con la manera de usar la electricidad. En electricidad, una corriente enorme que fluye lentamente se mide como voltaje; no obstante, cuando esta misma corriente es reducida a una intensidad muy fina al pasar por una bobina, se le nombra amperaje. La concentración hace con la mente lo que la bobina hace con la electricidad. Un pensamiento definido se fortalece con poder e intensidad al remover los pensamientos que no están relacionados, los cuales de otra manera, disipan la energía.

CONCEPCION COSMICA—La Mente Divina, dando nacimiento a Su Idea.

CONCEPTO...CONCEPCION—El término concepción se usa para indicar el hecho de concebir. En este libro la palabra concepto se usa como idea. La incorporación de la idea. Una semejanza mental de un bien deseado.

CONDICION—Lo que sigue a la causa; el efecto de la Ley.

CONFIANZA PROPIA—Creer en la habilidad de uno mismo.

CONFLICTO—En el estudio del psicoanálisis, es decir, el análisis del alma, aprendemos que el aspecto subjetivo del pensamiento (siendo el centro de la memoria) con frecuencia retiene pensamientos y emociones reprimidas que más o menos nos destruyen o nos atan. Esto es lo que significa el conflicto interno. Una lucha, una oposición mental, generalmente inconciente o subconciente.

CONCIENCIA—(tener conciencia de)—Noción mental. Estar conciente es un estado mental que puede ser objetivo o subjetivo. En el estado conciente objetivo se puede razonar en forma inductiva o deductiva; es donde reside el libre albedrío. El estado conciente subjetivo es completamente una reacción a esta volición objetiva. Es creativo pero no puede discriminar. Por supuesto, está conciente, pero no está conciente de sí mismo. Está conciente en el mismo sentido que la tierra está conciente de la semilla. Sabe como producir la planta, pero no sabe lo que está haciendo. No tiene factores reflectivos, deductivos o discriminativos. Está obligado por su propia naturaleza a aceptar y a crear. Cuando hablamos de la auto-conciente, queremos decir el Espíritu, ya sea el Espíritu en Dios o el Espíritu en el hombre. Cuando hablamos de la conciencia en un estado subjetivo, nos referimos al medio mental, la Subjetividad Universal, que es también la subjetividad del hombre. La Biblia usa la palabra alma cuando se refiere al estado subjetivo; el psicoanalista usa el término "el inconciente," el psicólogo le llama "el subjetivo" o el "subconciente." Todos tienen el mismo significado.

CONOCIMIENTO ACUMULADO—La suma total de todo lo que una persona ha dicho, visto, hecho o pensado toda la vida conciente o inconcientemente.

CONOCIMIENTO COSMICO—La percepción del Todo. Conocimiento Supremo e intuitivo del orden divino, superior a la facultad intelectual de comprender.

CONOCIMIENTO DE DIOS, EL—La mente del hombre que se conoce a sí mismo es su Unidad con el Todo, su percepción de la Realidad. Esta Unidad con Dios en el aspecto conciente de la vida es garantía que el hombre es un Centro del Conocimiento de Dios; es parte del Conocimiento de Dios.

CONOCIMIENTO ESPIRITUAL—La realización de la Presencia Divina.

CONOCIMIENTO PROPIO—Personalmente conciente. Se distingue del Conocimiento Cósmico, que es el conocimiento de la Unidad con el Todo.

CONOCIMIENTO SIMPLE—El conocimiento de los animales.

CONTAGIO...CONTAGIOSO—Comunicación de cualquier pensamiento o influencia, por ejemplo, el *contagio de entusiasmo*. Excitar emociones o conducta similar en otros. El *contagio del miedo*.

CONTEMPLAR—Saber dentro de uno mismo. El diseñar, proponer o meditar. En su significado más profundo es unirse con lo que se contempla. Emerson dijo que la mente que contempla a Dios se convierte en Dios.

CONTROL DE CONDICIONES—Los asuntos del hombre son controlados por los pensamientos que obran a través de la Unica Mente. Las condiciones son resultados de causas...es decir, son efectos. Las condiciones siempre son efectos. Ya que las condiciones siempre son exteriorizaciones del pensamiento, se deduce que pueden cambiarse al cambiar de pensamiento y al pensar constructivamente.

CONVICCION—Creencia firme; estar convencidos de una verdad.

CORRESPONDIENTES MENTALES—La imagen mental interna que equipa la objetivación exterior de sí misma. Toda cosa objetiva tiene en su interior un correspondiente mental.

CORRIENTE DE CONOCIMIENTO—La emanación mental automática del estado subjetivo del pensamiento.

COSA COSMICA—Substancia que no ha sido diferenciada. La Substancia Pura, Espiritual, de la cual se hace todo.

COSAS—Todas las *cosas* son pensamientos que se han manifestado. No existe nada en el universo, ya sea una piedra, un árbol, o un ser humano, que no haya sido primero una idea, que no haya existido primero en la Mente Universal como un concepto perfecto.

COSMOS—El Mundo Universal, visible e invisible. Cualquier sistema completo en sí mismo, con características de orden y armonía.

CREACION—Dar forma a la Substancia de la Mente. La Creación siempre ha sido y siempre será. Ser conciente es crear, porque el Espíritu tiene que estar conciente, y por lo tanto, tiene que tener algo de que estar conciente. La Creación es Dios haciendo algo de Sí Mismo, y convirtiéndose en la cosa misma que está creando. El pensamiento de Dios expresándose a Sí Mismo tiene que continuar para siempre. Debemos entender que la palabra *Creación* no significa hacer algo de la nada, sino quiere decir que la Substancia toma forma por medio de la Ley que es activada por la Palabra del Espíritu. La actividad del Espíritu no puede terminar nunca. Toda la acción del Espíritu tiene que ser dentro de Sí Mismo, sobre la Ley (que también está dentro de Sí Mismo) y sobre la Substancia Universal, o sea la materia, que también está dentro de Sí Mismo. Los tres en realidad tienen que ser Uno; ésto se conoce como, "La Trinidad."

CREADOR—Dios. El Principio inmutable e inexorable que respalda todo, y que es responsable de toda la existencia. El Padre-Madre Dios impersonal. El Ilimitado...El Todo.

CREENCIA—Una convicción o sentimiento de la verdad de alguna proposición o condición. *La creencia* puede quedarse solamente como concepto intelectual, mientras que la fe incorpora la confianza. "La creencia puede existir en todos grados, desde la sospecha más mínima hasta la seguridad más completa."

CRISTO, EL—La Palabra de Dios manifestada en el hombre y a través del hombre. En un sentido liberal, el Cristo significa la Manifestación Completa de Dios y por lo tanto, es la Segunda Persona de la Trinidad. El Cristo es una Idea Universal, y cada persona "se viste del Cristo" a medida que abandona un sentido limitado de la Vida y acepta la Realización Divina de su totalidad o su unidad con el Bien, con el Espíritu, con Dios.

CRISTO DENTRO, EL—Cristo en el hombre significa la idea de ser Hijo de Dios, el Hombre Perfecto en la Mente de Dios. El Cristo que mora dentro de cada uno de nosotros.

CRISTO INTERNO, EL—El hombre genérico, manifestándose

por medio del individuo. La idea de ser Hijos Divinos. El hombre Verdadero. Esta Realidad aparece en nosotros a medida que permitimos que se exprese por medio de nosotros. Favor de leer el Capítulo Veintidós para una elaboración completa de esto.

CUERPO—La forma exterior. La manifestación entera del Espíritu, ya sea visible o invisible, es el Cuerpo de Dios. Dentro de este cuerpo de Dios están incluidos todos los cuerpos menores. Este Solo Cuerpo, junto con la Inteligencia que fluye por medio de El, es llamado el Hijo, o la Segunda Persona de la Trinidad. Por supuesto, esto incluye al hombre, ambos visible e invisible. También incluye todos los grados de conciencia, desde lo más sencillo hasta lo más complejo, desde la célula hasta el arcángel. Es la manifestación entera del Espíritu en cualquier plano, y en todos los planos. El cuerpo es el bosquejo definido de la carne que contiene todas las ideas necesarias para hacer un instrumento físico completo.

CUERPO DE DIOS—La creación manifestada en su totalidad. Favor de ver la explicación anterior de "cuerpo."

DECISION—Acción de decidir firmeza, resolución…determinación.

DEIDAD—Dios.

DEMANDAR—Hacer una demanda del Universo no significa más que pedir, reclamar o aceptar algún bien que no hemos experimentado anteriormente. Cuando hablamos de hacer una demanda del Universo, no queremos decir que usamos coerción o fuerza de voluntad, ni siquiera concentración mental. Significa que reconocemos y aceptamos un bien definido y específico. El poder que puede crear ya existe, pero lo usamos personalmente sólo cuando lo reconocemos, nos unimos con él y cuando cumplimos su ley. Asegúrate de no estar tratando de forzar o de hacer que alguna cosa acontezca. "No tenemos que luchar ni tenemos que esforzarnos. Sólo tenemos que saber."

DEMENCIA—Control del subjetivo o subconciente, temporal o permanente, sobre la mente conciente. Este control puede ser completo o en grados. Los psicólogos tienen dificultad en distinguir la sanidad de la insania (demencia) porque todos padecemos de insania a medida que hacemos conclusiones erróneas acerca de la vida; pero en un sentido más amplio, insania significa la pérdida temporal o permanente de las facultades objetivas. El trono del razonamiento ha sido usurpado mientras que una reacción subjetiva y emocional gobierna el pensamiento. Por supuesto, la mente verdadera no puede enloquecer, y el tratamiento mental completo para tratar insania es saber que existe sólo Una Mente que funciona ahora mismo y que funciona perfectamente en el individuo que parece estar demente.

DEMOSTRAR…DEMOSTRABLE…DEMOSTRACION— Por medio de la actividad mental y espiritual del pensamiento dirigido hacia un propósito definido atraemos hacia nosotros más bendiciones, una vida más abundante y mejores condiciones que las que existían anteriormente. A esto le llamamos demostración. Podemos demostrar al nivel de nuestra habilidad de *saber*. El tratamiento que nos lleva a la demostración no tiene el propósito de *hacer que alguna cosa suceda,* sino tiene el propósito de proveer una avenida dentro de nosotros mismos, por medio de la cual pueda suceder la demostración. La demostración espiritual es la manifestación de la Realidad.

DEPLORAR—Sentir desagrado o pesar por causa de alguna cosa que se hizo o que no se hizo. Mirar hacia atrás lamentando lo pasado…tal vez con reproche.

DESCARNADO—Despojado de carne. Descarnado de la vida física. Uno que ya ha muerto.

DESEO—No debemos confundir un anhelo pasajero con un deseo. Nuestros anhelos son siempre caprichosos; hoy queremos una cosa y mañana otra. El deseo es *eso* que nos impulsa a extendernos y tomar lo que es nuestro. Este es el Urgir Divino que obrando como Ley produce energía. Y la energía tiene que encontrar salida. Por esta razón, *los deseos que son reprimidos* con frecuencia producen discordia e incomodidad. "El desear cualquier cosa, es la cosa misma en incipiencia." Esto significa que el deseo legítimo es la voz del Espíritu en ti, indicándote que lo que tú deseas ya viene en camino hacia ti. "Antes que llamen, contestaré."

DESTINO—El resultado de lo que el hombre piensa. El efecto que ha sido decretado de acuerdo con la ley perfecta...causa y efecto.

DIABLO—Cualquier pensamiento de dualidad. Cualquier cosa que niega la Unidad y la Totalidad del Bien. Cualquier idea que diluye la Verdad. Nunca conoceremos más diablo que lo que aparecerá como resultado de nuestro pensar negativo. La personificación de cualquier creencia en la maldad.

DIAGNOSIS—En términos médicos, hacer un diagnóstico es reconocer la presencia de una enfermedad por sus señales o síntomas. En la metafísica, significa hacer un juicio basándose en una percepción crítica o escrutinio...una percepción de motivos y de carácter. Descubrir las causas mentales.

DIMENSION—Una medida de una sola línea, como longitud, anchura, profundidad, etc.; generalmente se usa en plural y significa diferentes partes que pueden medirse. En la metafísica, dimensión es el alcance relativo de la conciencia al que hemos llegado en nuestra jornada. Empezamos con el instinto y viajamos por todo el camino hasta la intuición.

DINAMICO—Lleno de poder, caracterizado por acción, potencia y vigor.

DINERO—El símbolo de la Substancia de Dios; la idea del Suministro Espiritual objetivado. Así como Dios es Espíritu y el hombre es creación de Dios, el Espíritu es la Substancia del hombre; pero el Espíritu es Todo, por lo tanto, el dinero es una expresión de la Substancia.

DIOS—La Primera Causa, el Gran Yo Soy, lo No Creado, lo Absoluto o Incondicional, lo que Jamás Ha Nacido, el Uno y Unico. Espíritu o Energía Creativa que es la causa de todas las cosas visibles. Amor, Sabiduría, Inteligencia, Poder, Substancia, Mente. La Verdad que es real, el Principio en que puede confiarse.

DIOS INTERNO, EL—El Hombre Verdadero revela su naturaleza divina a medida que incorpora y personifica la Chispa Divina en su vida. A medida que *Lo reconocemos* en nuestro interior, la sabiduría, el Amor y el poder de Dios son nuestros para que los usemos.

DOGMA—Ciertas creencias fijas y establecidas a veces llamadas *doctrinas, credos y dogmas.* Una doctrina se refiere generalmente a lo que se enseña; un credo es mas o menos el bosquejo de lo que ha sido determinado por los líderes al interpretar su religión en particular. Un dogma es más que esto, es una aserción arrogante de una doctrina que llega hasta el punto de señalar su autoridad imponer a otros lo que deben pensar y creer.

DUALIDAD—La creencia en dualidad le ha robado poder a la teología, y ha corrompido la filosofía con falsedades; ha dividido la ciencia en contra de sí misma, y ha hecho que miles de personas pasen la vida tristes de corazón. Desde tiempo inmemorial ha existido la creencia en dualidad, y aun en la actualidad es creencia de muchas personas. Dualidad significa que existe más de Un solo Poder detrás de todas las cosas.

En la teología, la creencia en dualidad ha dado nacimiento a la idea que existe un Dios y un diablo—con poderes iguales para imponerle al hombre bendición o maldición—y los hombres han adorado al diablo con tanta seguridad como han adorado a Dios. Aun en la actualidad, esta idea monstruosa le roba al hombre el derecho que tiene al nacer de vivir feliz y sentirse con plena seguridad. Pero ha llegado el día de entender más claramente la naturaleza de la Deidad. Nadie puede negar que existe un Dios; que pueda existir un dios de venganza y odio—con todas las características de un hombre enorme y con una rabia terrible—es algo que nadie puede creer y aún mantener su sanidad. La verdadera filosofía ha percibido a través de los tiempos que el poder detrás de todas las cosas tiene que ser Un Solo Poder; y entre más claramente presenta la idea de Unidad, más grandiosa ha sido la filosofía. En la ciencia, la creencia en dualidad creó el Espíritu y la materia...un universo dual. Esta idea está desapareciendo rápidamente porque la ciencia reconoce que toda la materia está en un estado constante de fluidez. La verdadera filosofía y la verdadera ciencia se encontrarán un día con una base común, y reconocerán que lo Infinito tiene que ser Uno. Cualquier cambio que suceda tiene que suceder dentro del Uno, pero el Uno tiene que ser Inmutable. Si el ojo se mantiene "enfocado" en el bien, si la vista permanece fija, llegamos a ser uno con El.

DUDA—En un tratamiento no hay lugar para duda. Debes reconocer que el tratamiento lo haces con tu entendimiento, por medio de la Ley. Medita en el significado espiritual de las declaraciones que haces hasta que puedas inducir dentro de tu conciencia un concepto definido de un hecho ya establecido, aun cuando el hecho no se haya objetivado.

EFECTO—El producto de la causa. El efecto es lo que no se hace a sí mismo, sino que tiene un poder respaldándolo que es causa de lo que es. Toda manifestación es efecto, y todo efecto está sujeto a su causa. El Creador es más grande que Su Creación. Todo lo que vemos, tocamos, saboreamos, sentimos, oímos o percibimos con los sentidos físicos, es efecto. "Las cosas que se ven no son hechas de cosas visibles." Esto quiere decir que lo que podemos ver proviene de lo que no podemos ver. Si todas las causas existen en el Espíritu, y si la Ley que ejecuta la Voluntad del Espíritu es subjetiva, y si el cuerpo es sólo un efecto, entonces podemos concluir que ambos, la causa y el efecto son espirituales.

EGO, El YO—El Yo Soy de la Biblia, el Cristo, la idea perfecta de Dios. En términos metafísicos el Yo se refiere a la Conciencia del hombre. En la psicología lleva una variación ligera de interpretación, implicando una organización o un sistema de estados mentales. En este libro con frecuencia usamos el término para transmitir la idea del hombre interior...el hombre verdadero.

ELECCION PROPIA (ALBEDRIO)—Implica que tenemos la habilidad de escoger entre una o más cosas. Es lo que significa la individualidad; poder hacer selección por uno mismo y tener la habilidad, respaldada por el poder, de exteriorizar la selección. El hombre tuvo que ser creado con libre albedrío para ser individual.

EMANAR—Fluir del origen hacia fuera. Originar.

EMANUEL—"Dios con nosotros." El Cristo en cada persona.

EMOCION—Energía mental que es activada por medio del sentir. Cualquiera de las emociones de gozo, pesar, temor, odio, amor, asombro, reverencia. "La emoción es conciencia acompañada de otras formas de conciencia (como percibir o idear) a las cuales les da sentimiento." En una persona balanceada, la emoción es controlada por el intelecto, pero en muchas personas existe un conflicto entre la emoción y el intelecto. La emoción sin control produce caos; sin expresarse produce confusión, conflicto y complejos, porque la energía emocional tiene que encontrar salida. Embotellada, crea una presión que le hace mucho daño al hombre físico.

ENCARNACION, ENCARNAR—El Espíritu de Dios en toda la Creación. Encarnar es incorporar, personificar, dar forma. Cualquier forma concreta y real que ejemplifica un principio.

ENERGIA—La energía es un atributo divino e infalible, y por lo tanto, nunca se escasea. La palabra energía siempre lleva la idea de fuerza, vigor, potencia y vitalidad. En la metafísica se usa a veces como sinónimo de la palabra Vida, Espíritu…Energía Divina. Aristóteles usó la palabra para indicar un estado de potenciales realizados, distinguiéndolos de otros estados que no han sido realizados. La física trata con diferentes clases de energía: mecánica, eléctrica, termal, química, etc. En este libro con frecuencia se usa como poder inherente.

El pensamiento es energía creativa que le da forma a la Substancia no diferenciada. Esta es una forma de energía mental que se define como "la habilidad de mover objetos sin contacto físico." A esto se le llama energía telequinética.

ENERGIA TELEQUINETICA—La energía telequinética se define como "la habilidad de mover objetos voluminosos sin contacto físico." Esta forma de energía se demuestra en la clase de fenómeno mental que hace que los objetos se muevan sin ningún medio físico, y por lo tanto, es causada por alguna forma de *energía mental* u otro agente no físico.

ENFERMEDAD—La enfermedad es una fuerza impersonal del pensamiento que obra a través de la persona pero que no le pertenece en absoluto. Mientras que en todos los casos la enfermedad es primeramente un efecto y tiene que tener una causa subjetiva, en su mayoría, o sea, nueve de diez veces, no es una causa conciente en el pensamiento del que la sufre. El hombre es fundamentalmente perfecto. Nuestra premisa total es: Dios Perfecto, Hombre Perfecto, Ser Perfecto. En esta sola premisa basamos todos nuestros argumentos.

ENTIDAD...ENTIDADES—Cualquier cosa que verdaderamente existe, ya sea visible o invisible. El Ser, esencia, existencia. *La enfermedad no es una entidad.*

ENTUSIASMO—Exaltación del alma. Manifestación viva defervor. Interés agudo en personas y en cosas en dondequiera; se le ha llamado el "Adivino de la Vida." El entusiasmo es apremiante y lo abarca todo. La raíz de la palabra *entusiasmo* significa "inspirado," y la persona llena de entusiasmo es una persona inspirada, como poseída de un poder divino...y eso es lo que realmente es. Sentimos entusiasmo en el conocimiento que Dios nos sostiene y nos llena de Su poder. Estar concientes de esto hace nuestro entusiasmo irresistible.

EQUILIBRO, SERENIDAD—Balance mental. El equilibro es el balance perfecto que mantiene todo en su propio lugar sin ningún esfuerzo. Es la ley de balance sin la cual nada podría mantenerse. Es la ley de equilibrio que tiene que existir en la Mente Infinita porque no hay nada que la perturbe. Serenidad o balance, es la ley detrás de lo que llamamos, "La Ley de la Recompensa." Es la Vida, balanceada perfectamente. Una Vida Existente por Sí Misma solamente puede producir serenidad completa. No podemos imaginar lo que significa la serenidad tal como existe en el Espíritu; pero sí comprendemos que significa un Poder Eterno, tranquilo, sin emociones en conflicto, siempre seguro de Sí Mismo, sin ninguna prisa. La actividad de la mente puede ajustarse tan perfecta, tan serenamente que da la impresión de movimiento suspendido.

EQUIVALENTE—Igual en significado o valor. Para hacer una demostración, tenemos que tener el equivalente mental de nuestro deseo. El Regalo Eterno se da siempre. Se nos concede según nuestra medida. Si creemos poco, sólo podemos recibir un poco. A esto le llamamos la Ley de Equivalentes Mentales. La cantidad que podemos incorporar en nuestra conciencia como posibilidad. El abastecimiento de Dios siempre está al alcance. Si usamos una tubería de una pulgada (creyendo que haremos bien con ganarnos la existencia a duras penas) la corriente de la substancia espiritual se verterá gota por gota. Pero podemos escoger un tubo de doce pulgadas, si podemos creerlo, y así permitir que la substancia espiritual fluya a través de nosotros "prensada y derramándose." Nuestra abundancia depende del equivalente mental logrado; o sea, nuestra personificación de la conciencia de Dios.

EQUIVALENTE MENTAL—Es tener una idea subjetiva de la experiencia deseada. En la medida que expandemos nuestra visión fuera de los límites de nuestros conceptos presentes, inducimos conceptos más elevados y de esta manera demostramos más en nuestra experiencia.

EQUIVOCOS—Dios nunca se equivoca. Todos los equívocos se encuentran en la experiencia del hombre. "No hay pecado sino error, ni castigo sino consecuencia." Debemos declarar que nunca se ha cometido ningún equívoco, ni se está cometiendo, ni se cometerá. Si se han cometido errores, tenemos que neutralizar sus efectos declarando directamente que ya no tienen poder sobre nosotros.

ERROR—Cometer un error significa pensar incorrectamente. Significa un pensamiento basado en la creencia que existe un poder o presencia opuesto al bien.

ESCRITURAS...BIBLICAS—Cualquier escritura sagrada.

ESOTERICO Y EXOTERICO—Esotérico se refiere a las enseñanzas internas y secretas; las filosofías misteriosas y verdades ocultas de todos los tiempos. Se refiere a esa parte de las enseñanzas que no se ha dado a las multitudes. Exotérico significa las enseñanzas comunes que se les han dado a las multitudes.

Las parábolas de Jesús eran enseñanzas esotéricas. Cualquier enseñanza cuyo significado está oculto es esotérica. Significa lo mismo que oculto, interior, escondido, sólo revelado en parte, mientras exotérico significa exterior, revelado completamente. Lo que fue en un tiempo completamente esotérico y oculto, en la actualidad es revelado, y no tenemos mucho uso para esa palabra porque sería ridículo tratar de esconder la verdad.

ESPACIO—El espacio, como el tiempo, no es una cosa por sí misma; es solamente el bosquejo de la forma. Es una distancia relativa dentro de lo Absoluto. El espacio también es necesario para la expresión del Espíritu; porque sin el espacio, no sería posible producir una forma definida. No debemos confundirnos con las ideas de tiempo y espacio porque no son cosas por sí mismas. Son completamente relativas, y sin embargo, son necesarias. El espacio es la distancia entre dos formas específicas. El Mundo Cósmico.

ESPECIALIZAR—Manifestar una forma concreta.

ESPEJO DE LA MATERIA—El universo físico.

ESPEJO DE LA MENTE—El mundo subjetivo que refleja las imágenes del pensamiento que la mente conciente proyecta. El término se usa porque el aspecto Subjetivo de la vida obra como un espejo; refleja las formas de pensamiento que se le proyectan.

ESPIRITU—Dios, dentro del cual existen todos los espíritus. El que se Conoce a Sí Mismo. El Universo Conciente. Lo Absoluto. El Espíritu en el hombre es esa parte del hombre que le permite conocerse a sí mismo. Lo que verdaderamente es. No vemos el espíritu del hombre ni vemos el Espíritu de Dios. Podemos ver lo que Dios hace, pero no vemos al hacedor.

Hablamos del Espíritu como el Principio Activo y el Unico Principio Conciente de Sí Mismo. Definimos el Espíritu como Primera Causa o Dios; el YO SOY Universal. El Espíritu se impulsa a Sí Mismo, es Todo; es Existente por Sí mismo y tiene toda la vida dentro de Sí Mismo. Es la Palabra y la Palabra es volición. Es Voluntad porque puede escoger. Es Espíritu Libre porque no conoce nada fuera de Sí Mismo, ni nada que sea diferente a Sí Mismo. El Espíritu es Padre-Madre Dios porque es el Principio de Unidad detrás de todas las cosas. El Espíritu es toda Vida, Verdad, Amor, Ser, Causa y Efecto, y es el Unico Poder en el Universo que se conoce a Sí Mismo.

ESPIRITU DEL HOMBRE—Dios en el hombre.

ESPIRITU DEL UNIVERSO—La Mente de Dios que se conoce a Sí Misma.

ESPIRITU LIBRE—Lo que no puede ser atado. Es libre para hacer lo que desee hacer pero, por supuesto, no puede hacer nada que contradiga Su propia Naturaleza.

ESPIRITU SANTO—La tercera Persona de la Trinidad. El Siervo del Espíritu. Usándose en el sentido del mundo, el Alma o la Subjetividad Universal.

ESPIRITU UNIVERSAL—La Mente Conciente de Dios...el Universo de mente conciente y determinación propia. En la Gráfica Número Tres, esto se muestra claramente. La Subjetividad Universal significa el Medio Creativo del Espíritu. *Particularización* significa el mundo de materia y formas...El *descenso del Espíritu* significa el proceso del Espíritu al convertirse en forma—la particularización del Espíritu en muchas cosas. El punto dibujado desde arriba de la gráfica hasta abajo, simboliza la Unidad de toda la Vida. El Espíritu pasa por medio de la Ley para convertirse en forma. La multiplicidad proviene de la Unidad, pero nunca contradice la Unidad. Los muchos existen dentro del Uno.

La vida del hombre participa de la Naturaleza Divina, y esta gráfica puede usarse en el sentido individual o Universal. Nuestra mente conciente es una parte de la Mente Conciente del Todo. La Naturaleza Completa de Dios se refleja en el hombre, y el hombre usa la misma ley que Dios usa; porque sólo existe Una Ley, como también sólo existe Un Espíritu. Ambos, Dios y el hombre, usan el mismo Medio Creativo o Subjetividad Universal. Es la ley de todo pensamiento y toda acción. LAS COSAS PROVIENEN DE UNA FUENTE, A TRAVES DE

UNA LEY COMUN Y UN MEDIO CREATIVO COMUN.
Pensamos que nuestras vidas son una Unidad con el Todo en los
tres planos de expresión. Somos uno con la Mente Conciente,
uno con la Ley Creativa, y en nuestro cuerpo, somos uno con
toda la materia.

No importa para que estemos haciendo un tratamiento, o cual
sea el propósito del tratamiento, EL MEDIO DE TODO PEN-
SAMIENTO ES LA LEY UNIVERSAL! Se particulariza a Sí
Misma por el poder de la palabra que es pronunciada dentro de
Ella. Sólo la palabra está conciente, la Ley es automática y la
forma no tiene determinación por sí misma. El Espíritu
Universal significa el Universo de mente conciente y auto-
determinación.

ESPIRITUAL—La Atmósfera de Dios.

ESPIRITUS—Personalidades.

ESPIRITUS FAMILIARES—Esto se refiere al control de la conciencia por medios invisibles, a veces considerarados espíritus
descarnados. Contactos psíquicos.

ESTADO HIPNOTICO—Un estado subjetivo. Un estado mental
en el cual el movimiento conciente y voluntario está suspendido.

ESTANCAR—Ocioso o inactivo.

ETER—Un medio universal que debe ser el último análisis de la
materia; se encuentra en todas las cosas y en todo el espacio. Las
partículas más finas de la materia, o sea los electrones, se dice
que están unidos por el éter. El éter parece ser en el mundo
material lo que la mente es en el mundo mental…un medio
universal. Si la teoría acerca del éter que se acepta en la actualidad es verdad, entonces tenemos dentro de nuestros cuerpos una
substancia que es más sólida que la materia que ahora vemos.
Tenemos toda razón de suponer que tenemos un cuerpo dentro
de otro hasta la infinidad.

ETERNO—Sin elemento de tiempo. Sin principio y sin fin.
También puede implicar un estado o una cualidad que no es de
tiempo. *Como felicidad eterna, o gloria eterna.* Inmortal, impere-

cedero, infinito. Uno de los nombres de Dios.

EVOLUCION—El paso del Espíritu a la forma. Todo emerge del Uno, Cuyo Ser está siempre presente, y Cuya Vida, tomando formas innumerables, se manifiesta a través de toda la creación. La creación es el resultado lógico de la Vida expresándose a Sí Misma. Es el pasar del Espíritu a la manifestación. El desarrollo de la Primera Causa es lo que llamamos evolución. Debido a que la idea todavía está desarrollándose, vivimos en un universo que parece ser imperfecto. La evolución es el tiempo y el proceso a través del cual se desarrolla una idea para alcanzar un estado más elevado de manifestación; y como las ideas son Realidades Divinas, la evolución seguirá eternamente.

EVOLUCION EMERGENTE—La clase de evolución que ocurre a causa de la *necesidad* de la condición. Cuando los dedos nos fueron necesarios, nos crecieron.

EXITO—La terminación favorable de cualquier cosa que se intenta.

EXTERNO...EXTERIORIZACION...EXTERIORIZAR— Nuestra vida es la exteriorización de las ideas y las creencias que hemos aceptado. Externo quiere decir relacionado con lo de afuera, lo que se percibe por fuera. Exteriorizar es manifestar. Exteriorización es lo que se ha objetivado.

FACULTAD—"Cualquier modo de comportamiento corporal o mental que se considera una dotación natural o un poder adquirido; las facultades de ver, oír, sentir, etc." Personalidad. Habilidad ejecutiva, eficiencia.

FANTASMA—La forma mental de cualquier persona, en el cuerpo o fuera de él. Una aparición, un espíritu humano descarnado. Cualquier semblante débil y sombrío.

FE—"La Fe es la substancia de las cosas deseadas, la evidencia de las cosas que no se ven." La fe es una actitud mental incorporada tan profundamente en el interior que la mente no puede negarla. La fe es completa cuando encuentra aceptación conciente y subjetiva. Puede generarse la fe concientemente. En términos espirituales, la fe significa una creencia en la presencia de un principio invisible y una ley que nos responde directa y específicamente. "Tu fe te ha sanado."

FELICIDAD—Un estado de bienestar o de gozo por un bien de cualquier clase. El término en general se aplica al gozo, placer o satisfacción que proviene del bienestar de cualquier clase. En la metafísica significa un estado de paz interior, un conocimiento de la Bondad de Dios y la actitud bondadosa del Universo, el reconocimiento que todo hombre puede ser dichoso. La felicidad tiene un efecto definido en la mente, en el cuerpo y en los negocios. Un estado de gozo permanente. La voluntad de Dios o la voluntad de la Armonía Universal no es nunca que el hombre sea infeliz. Tenemos derecho a gozar de toda la felicidad que podamos concebir, con la condición que nuestra felicidad no haga daño a nadie y esté en armonía con la naturaleza de la Vida progresiva.

FENOMENO—Aquello que parece extraño, raro o inexplicable.

FENOMENOS PSIQUICOS—Fenómenos del alma o de la mentalidad subjetiva. Ya sea que los fenómenos psíquicos sean ocasionados por medio de espíritus, o por algún poder interno de nuestra propia mentalidad, es aparente que son ocasionados por un poder de la mente; no son causados en absoluto por lo que llamamos fuerzas físicas sino por una fuerza más fina que en la actualidad no podemos comprender. Un cierto poder independiente del cuerpo que puede ver, oír, sentir, oler, tocar y saborear, sin utilizar el instrumento físico. Un poder inteligente dentro de nosotros que puede viajar, comunicarse, proyectarse, reconocer y ser reconocido, sin la ayuda del cuerpo físico. A esas cosas les llamamos fenómenos psíquicos, pero tiene que haber una razón normal y natural detrás de todo esto. Todavía no entendemos suficientemente las leyes psíquicas.

FILOSOFIA—La idea que el hombre tiene de la vida. La filosofía ha sido definida como la ciencia de cosas divinas y humanas. Sabiduría práctica. La filosofía siempre ha superado a la ciencia, porque trata con causas y la ciencia trata con efectos. Muchas cosas que la filosofía ha enseñado por miles de años son ahora demostradas por la ciencia en la actualidad.

FORMA—Cualquier bosquejo definido en el tiempo y el espacio. Las formas pueden ser visibles o invisibles. Probablemente todo el espacio está lleno de formas de muchas clases. La forma es el resultado de una idea definida. La forma es algo real en el sentido de *forma*, pero no está conciente de sí misma, y está sujeta al poder que la ha creado. Las formas vienen y van, pero el Poder detrás de ellas permanece para siempre y es Inmutable. La forma es temporal pero la Mente es Eterna. Es necesario que el Espíritu se manifieste en *alguna clase de forma,* para que pueda expresarse al realizarse a Sí Mismo. Esto es lo que significa que la Creación está siempre aconteciendo. La forma siempre es efecto…nunca es causa. La Forma Inconciente, o Espejo de la Materia, se refiere al mundo material que refleja las formas del pensamiento que el Alma sostiene frente a ella. A continuación se describe el Proceso Creativo y la orden de secuencia:

Primeramente, en la cadena de Causalidad está la Palabra, que es conciente de Sí misma; en seguida, la acción de la Ley refleja la Palabra. (Esta Ley es subjetiva y obedece a la Palabra, reflejándola en forma o materia, habiendo primero carecido de forma, o sea, fue primero Substancia Universal Indiferenciada.) Luego toma forma, por medio del poder de la Palabra obrando sobre la Substancia, en el aspecto subjetivo de la vida. Ambos el Alma y la Substancia están sujetos al Espíritu; la forma, o sea la materia con forma, no tiene volición.

FORMA, LO QUE NO TIENE—Dios como Espíritu. La Mente como Ley. La substancia en un estado sin forma. Lo que no tiene forma siempre está tomando forma. Ninguna forma en particular puede ser permanente.

FORMAS DEL PENSAMIENTO—Todos los pensamientos tienen formas en el aspecto subjetivo de la vida.

FORZAR—Tensión, fuerza excesiva.

FRACASO—Una deficiencia, una falta de actuación, falta de éxito. A veces es la muerte de lo viejo para que pueda manifestarse lo nuevo. Debilidad, imperfección, no dar la medida. El reconocer esto es el primer paso necesario para progresar.

FUERZA—Algunos de los filósofos antiguos se referían al Alma, o al Medio Creativo, como "Una Fuerza ciega, que no sabe, sólo hace." Sabemos que esto es cierto acerca de todas las leyes. La Ley solamente puede ejecutar, no tiene volición conciente por sí misma. La *fuerza* del pensamiento es el movimiento de la conciencia que hace operar la ley. El movimiento de la conciencia dentro de sí misma crea un movimiento o vibración en la Inteligencia, sobre la Substancia, y la fuerza de tal movimiento o vibración equivale a la realidad del pensamiento que se ha puesto en acción. *Forzar*, usándose como verbo, significa obligar.

FUNDIRSE—Unirse en un cuerpo o un producto. Creciendo juntos. Mezclándose.

GENERICO—Característico de; perteneciendo a; teniendo el grado de; común a muchas especies; Universal como un *nombre genérico, una descripción genérica, una cualidad genérica*.

GRACIA—Gracia es la dádiva del Espíritu a Su Creación, y no es una ley especial sino es la ley especializada. En otras palabras, la Gracia existe pero tenemos que reconocerla. No es una cosa que Dios haya impuesto sobre nosotros, sino es el resultado lógico de aceptar la vida correctamente y de tener una relación correcta con el Espíritu. Por Gracia somos salvos en el grado que creemos, aceptamos y tratamos de encarnar la Ley del Bien; porque la Ley del Bien es siempre una Ley de Libertad y nunca es ley de limitación. La limitación no es una cosa, una entidad, es solamente una creencia. Libertad es Realidad Divina.

GRAN ACTOR, EL—El Espíritu.

GRAN CASA, LA—Otra manera de decir lo Universal.

GRAN DESCUBRIMIENTO, EL—El descubrimiento más grande que se haya efectuado jamás fue el descubrimiento del poder creativo del pensamiento, porque de esto depende totalmente la evolución del hombre. La habilidad de afirmar, de decir "Yo soy," de estar conciente de la relación de uno con el Universo, no es solamente una garantía que el hombre Es, y que es una parte del Universo, sino es por sí misma una procla-mación del Universo, porque el único conocimiento de Dios que podemos tener tiene que llegar por medio de la conciencia del hombre. La conciencia del hombre es una extensión de la conciencia de Dios.

GOZO—La emoción que se estimula por la expectación del bien. Felicidad, júbilo, alegría, regocijo.

HABITO—Cualquier acto que forma parte de la mentalidad sub-conciente. Los hábitos se forman pensando concientemente al principio, y después actuando inconcientemente. Lo que uno piensa ahora, mañana será parte de la memoria; y como la memoria es activa, lo que se piensa ahora como pensamiento conciente, mañana será un *pensamiento sumergido, pero activo*…un hábito.

HALO—La emanación que aparece alrededor de la cabeza. El halo que pintan los artistas alrededor de la cabeza de los santos es una cosa verdadera y no sólo una idea del artista. Una emanación mental y espiritual.

HIJOS DE DIOS—Todos somos Hijos de Dios y todos somos partícipes de la Naturaleza Divina.

HIPNOTISMO—El control mental de otra persona.

HOMBRE—La objetivación de Dios en forma humana. La idea de Dios manifestada en la carne. El Hijo del Padre. El hombre genérico es el Tipo, y el hombre personal es la expresión conc-reta del Tipo. La expresión más elevada de Dios en este planeta.

HOMBRE ESPIRITUAL—El hombre en un estado conciente.

HOMBRE INSTINTIVO—El hombre Espiritual.

HOMBRE MATERIAL—El hombre objetivo, no es algo con-trario u opuesto al Espíritu sino es el resultado lógico de la Mente Auto-conciente.

HOMBRE NATURAL—El hombre Instintivo o Espiritual.

HUMANIDAD—El género humano; seres humanos colectiva-mente; la raza humana. La expresión de Dios como múltiples personas. Los muchos que viven en el Uno.

HUMILDAD—La humildad no es degradarse a uno mismo, sino es esa actitud, como dice Emerson, de estar dispuestos a "quitar nuestra inflada insignificancia del camino del Circuito Divino." Es un reconocimiento inteligente que el Todo es más que ninguna de sus partes. "Mantente en la quietud y mira la salvación segura del Señor."

IDEA—Una idea es un concepto mental. Cualquier objeto de la mente que existe en entendimiento, concepción o pensamiento. Tema. Las ideas de Dios son las Realizaciones Divinas de Su Propio Ser. Las ideas verdaderas son eternas. No existen dos ideas iguales. La Mente Creativa del universo, siendo Infinita, piensa en un número infinito de cosas, y cada cosa es distinta y separada en el Gran Todo. Así como los átomos de la ciencia están unidos por el éter, así cada idea de la Mente Divina está unida en Un Espíritu. No hay dos cosas iguales, ni dos personas iguales. Todos provienen de la Vida Unica y todos existen en la Vida Unica y viven por Ella, pero cada uno mantiene para siempre su identidad en el Todo Perfecto.

IDEA CONCIENTE—No existen dos ideas iguales. La Mente Creativa del Universo, siendo Infinita, concibe un ilimitado número de cosas y cada cosa es distinta y separada en el Gran Todo. Así como los átomos de la ciencia son unidos por el éter, así cada idea de la Mente Divina se une en Un Espíritu. No existen dos cosas iguales, ni dos rosas iguales, ni dos personas iguales. Todo proviene de la Unica Vida, existe en la Unica Vida, y vive por la misma Vida; pero cada uno mantiene siempre su identidad en el Todo Perfecto.

IDEAL DIVINO—Las Ideas Divinas son las ideas de Dios. El Ideal Divino es la imagen perfecta que se mantiene siempre en la Mente de Dios. El Cuerpo Perfecto, el Cuerpo Espiritual, es el cumplimiento del Ideal Divino y es el Hombre Verdadero que todos deseamos manifestar. Este es el molde por el cual tratamos de manifestar perfección en nuestras vidas. En cada uno de nosotros existe la Imagen Divina de la perfección ultima porque Dios mora dentro de todo lo que crea.

ILUMINACION—Inspiración que alcanza un estado Cósmico. Contacto directo con la Realidad, con Dios. Una percepción intuitiva completa. Es la Auto-conciencia de Dios a través del hombre. La Iluminación viene a medida que el hombre realiza más y más su unidad con el Todo, pero como el Todo está en la Mentalidad Interna, sólo allí podrá el hombre tener contacto con El. "Habla con El, porque El te escucha." El único Dios que el hombre puede conocer es el Dios de su propia Vida Interior.

ILUSION—Los antiguos enseñaban acerca de la ilusión de la mente y la ilusión del universo material. A la ilusión de la mente le llamaban Maya, la gran "ilusión femenina," que no se refiere a la mujer, sino al universo subjetivo que contiene muchas imágenes falsas, resultado de las conclusiones erróneas del hombre. Esto no quiere decir que el mundo subjetivo por sí mismo es una ilusión, pero sí puede presentarnos con una ilusión a menos que discriminemos cuidadosamente la verdad de lo falso. Jesús dijo: "No juzguéis según las apariencias." Aún el universo físico no es lo que parece ser. En verdad, ni el universo físico ni el universo subjetivo son cosas por sí mismas. Como dijo Plotino, "La naturaleza es la gran nada, sin embargo no es exactamente nada," porque su función es recibir las formas de pensamiento que el Espíritu deposita en Ella. La ilusión no está nunca en la cosa misma sino en la forma en que la vemos.

IMAGEN—La semejanza mental de cualquier cosa. El alma o la mente subjetiva contiene todos nuestros pensamientos como imágenes o cuadros mentales.

IMAGEN MENTAL—Semejanza subjetiva.

IMAGINACION Y VOLUNTAD—Coué anunció una granverdad cuando dijo que la imaginación es superior a la voluntad, pero no dió una explicación de la filosofía de esta verdad. La voluntad simplemente es una suposición, pura y sencilla, y nada más. No vivimos porque tenemos voluntad para vivir, vivimos porque tenemos vida y tenemos que vivir. No hicimos la Vida ni podemos cambiarla, pero sí podemos usarla y la usamos por medio de la imaginación; porque esta facultad tiene en su raíz la fuente de vida y acción. La imaginación tiene consigo emoción y convicción, que significa vida y acción. Despierta las fuerzas internas de la naturaleza dentro de nosotros y provoca la acción de poderes latentes que de otra manera no podrían salir a la superficie. La fuerza de voluntad es necesaria como elemento directivo pero no existe como agencia creativa. Sentir que tenemos que hacer algo por nuestra propia fuerza de voluntad es tener duda aun viendo la Creación, y es suponer que la Vida no Existe Por Sí Misma ni se Impulsa Por Sí Misma. La imaginación toca la raíz del Ser y utiliza el Mismo Poder que ha creado el mundo del caos. "Los mundos fueron forjados por la Palabra de Dios." La imaginación es el poder de la palabra y la voluntad es el medio directo que denota el propósito que lleva la Palabra. El hombre reproduce el poder de crear, y en su propia vida, controla su destino por medio de la actividad de su palabra. No puede por fuerza de voluntad hacer que su palabra brote en expresión, pero sí puede por su imaginación permitir que su palabra se exprese.

IMPERSONAL—Que no le pertenece a ninguna persona en particular. El Medio Creativo es Impersonal porque no tiene personalidad por Sí Mismo. Ni sabe ni le importa quien lo use, pero está siempre preparado para trabajar por uno y por todos por igual. Es importante que recordemos esto. La Mente Creativa es receptividad impersonal porque recibe todas las semillas del pensamiento.

INCONCIENTE—Que no es conocido o entendido por la conciencia. El Alma es subconciente, pero no es *inconciente*.

INDIVIDUALIDAD—La Idea Verdadera del hombre, distinguiéndose de la personalidad exterior. Cada persona es una entidad separada en la Mente, y no existen dos personas iguales. Cada persona es un centro individualizado en la Conciencia de Dios. Nacimos con nuestra individualidad. Nuestra personalidad es el uso que hacemos de nuestra Individualidad Divina.

INDIVIDUALIDAD AUTOMATICA—No existe tal cosa. Debemos dejar de preguntar, "¿Porqué no *hizo* Dios bueno al hombre?" Si hubiese existido una manera que el Proceso

Creativo Divino de haber obligado al hombre a aparecer en la escena de la experiencia con toda su libertad, así lo hubiera hecho. La única manera que Dios puede hacer evolucionar a un individuo espontánea y libremente es dejarle solo y permitirle que despierte por sí mismo. Véase la definición de individualidad. Una individualidad mecánica o automática es una contradicción de términos, una imposibilidad.

INDUCIR—El acto de plantar las semillas del pensamiento en la Mente Creativa.

INFIERNO—Estar en un estado discordante. La creencia en dualidad. Un sentido de separación de Dios. La creencia que nuestro bien siempre *será*, pero nunca es. El infierno no es un lugar.

INFINITO—Lo que se encuentra fuera de la comprensión humana. Lo Infinito es Dios.

INFLUENCIA MENTAL—A medida que reconocemos nuestra Unidad con el Todo, concientemente vamos abriendo nuestro pensamiento a la influencia más elevada en cada dirección. No debemos permitir que tenga influencia sobre nosotros cualquier cosa que no hayamos permitido concientemente. Una influencia mental que trate de plantar en el subjetivo alguna idea que surja del interior y nos haga hacer cosas que de otra manera no haríamos, es una influencia hipnótica. La declaración, SOLO LA MENTE UNICA ESTA EN CONTROL, nos protege de cualquier influencia mental erronea.

INMANENTE—Operando o permareciendo dentro del tema considerado; que no es derivado de; que no pasa; no de fuera; interno; inherente. Lo contrario de la palabra trascendente, que significa superar, avanzar más. Reconocemos que Dios es ambos, inmanente y trascendente, es decir, está en nosotros como nosotros, pero es infinitamente más que nosotros.

INMATERIAL—Esta palabra significa que no consiste de materia. El Alma es inmaterial, según nuestra noción de la materia, pero podríamos llamarle *la materia del Espíritu,* la substancia del Espíritu. De la misma manera que toda la materia en el mundo físico finalmente se reduce al éter de donde proviene, así podemos pensar en la Substancia del Alma, y podemos comprender que todo lo que tiene forma, finalmente vuelve a un estado sin forma, o sea a ser Cosa del Alma.

INMORTALIDAD—El Principio del Ser siempre. Léase el Capítulo Veintitrés para estudiar este tema.

INMUTABLE—Esto se refiere al Uno que no puede cambiar debido a que siendo Todo no existe nada en que pueda cambiar más que en Sí Mismo. La única Causa detrás de todo nunca cambia, pero sí crea formas constantemente, y de esta manera percibimos la forma cambiante dentro de lo Inmutable.

INSPIRACION—Desde el punto de vista humano, inspiración significa hacer contacto con el subconciente del individuo o de la raza humana. Desde el punto de vista divino, significa hacer contacto con el Espíritu Universal.

INSTINTO—Esa cualidad en los animales que dirige su acción y les dice donde ir para encontrar comida y amparo. Es verdaderamente la Omnisciencia en el animal. En el hombre, a la misma cualidad le llamamos intuición.

INTELECTO—La cualidad mental de análisis. La parte de la mentalidad que se concierne con la adquisición y retención de conocimiento, distinguiéndose de la emoción y la voluntad. La emoción sin gobierno produce caos; sin expresarse produce confusión. Cuando combinamos el pensamiento con el sentimiento, el intelecto con la emoción, y agregamos a esto el reconocimiento del Padre Interno, tenemos un poder que es irresistible.

INTUICION—La intuición es Dios en el hombre, revelándole las Realidades de Ser. Así como el instinto guía al animal, la intuición puede guiar al hombre si él se lo permite. La habilidad de saber sin ningún proceso de razonamiento. Dios sólo sabe intuitivamente.

INVOCACION ELEVADA—Invocando a la Mente Divina; sembrando dentro de la Mente Divina las semillas del pensamiento acerca de uno mismo.

INVOLUCION—Invocando a la Ley. Poniendo la Ley en movimiento. Dando un tratamiento mental y espiritual. Sembrando la semilla del pensamiento en la Mente Creativa del

Universo. La involución precede a la evolución, y la evolución sigue a la involución con precisión matemática. Tratamos con el Principio Creativo de involución y evolución. Involución es la creación del concepto. Evolución es el tiempo y el proceso que toma el concepto para manifestarse. La involución es un hecho conciente, y la evolución es totalmente mecánica.

JARDIN DEL EDEN, EL—El Jardín del Edén tipifica el estado del hombre original perfecto antes que principiara a experimentar. El Arbol del Conocimiento significa el Principio de Vida que puede usarse de ambas maneras. Tenía el fruto del conocimiento de ambas clases de experiencia, del bien y del mal, de libertad y limitación. El hombre tiene que seleccionar la clase de fruta que comerá. La serpiente tipifica el Principio de la Vida desde el punto de vista materialista; arroja al hombre de su estado perfecto por su creencia en dualidad y en separación. El hombre eligió separarse del Bien, y es necesario que elija regresar al Bien. Dios le deja sólo porqué el hombre es libre y puede hacer lo que quiera consigo mismo. Cuando el hombre decide regresar a la Casa del Padre, ahí le encontrará todavia. La creación de Dios es perfecta y debemos despertar a este hecho y saber que estamos ahora mismo en el Reino del Cielo.

JESUS—El nombre de un hombre. Se debe distinguir del Cristo. El hombre Jesús llegó a ser la encarnación del Cristo a medida que la parte humana en él se rindió a la Idea Divina de ser Hijo de Dios. Véase el Capítulo Veintidós para más detalle.

JUICIO—"No juzguéis para que no seáis juzgado, porque con la medida que midiéreis, seréis medido." El juicio es solamente la Ley de Causa y Efecto en operación. El Universo no tiene nada en contra de nadie. "Manda la lluvia sobre el justo y el injusto." Somos juzgados por nuestros propios actos. El castigo y la recompensa son reacciones automáticas de la ley. Ana Besant dijo: "El Karma es ley que ata al ignorante y libera al sabio." Si deseamos que nuestro juicio sea bueno, feliz y constructivo, tenemos que usar la ley de esa manera.

KARMA—La ley subjetiva de tendencias que es activada por el individuo. La ley mental que obra a través del individuo. La Ley Kármica es el uso que el hombre hace de su mentalidad. Karma no quiere decir Kismet, porque Kismet significa "destino," y Karma es solamente una "tendencia mental." Karma es a la vez individual y colectiva. No reconocemos al Karma como retribución *inevitable*. Sabiendo que toda la vida es *efecto*…y que la causa de todo efecto es la mente…sabemos que en cualquier momento podemos cambiar nuestro pensamiento y activar nuevas leyes que gobiernen nuestras vidas. Cuando la paz, la armonía y el amor gobiernan nuestro pensamiento, sabemos que se manifiestan en nuestras vidas como efectos, en forma de salud, felicidad y prosperidad; cualquier Karma anterior, diferente a eso, es anulada.

KISMET—Destino, suerte.

LADO SUBJETIVO DE LA VIDA—El aspecto interno de la vida, la ley.

LASTIMA (de uno mismo)—Tenerse lástima uno mismo puede destruir el último vestigio de felicidad para cualquier persona. Es tonto que nosotros, sabiendo que somos Divinos, hagamos una cadena de nuestra propia lástima que nos ate y nos prevenga de expresar la vida completamente en toda su gloria. Debemos dedicarnos a dar más amor (cuando empezemos a sentir lástima por nosotros mismos) y buscar todas las avenidas que nos sea posible para expresar más amor, sin esperar resultados, sino sabiendo que el amor mismo es un remedio por sí mismo. ¡Somos uno con el bien eterno del Universo y no tenemos razón para compadecernos a nosotros mismos!

LEVITACION—Levantar un cuerpo o un objeto sin ayuda de ningún medio físico.

LEY—La Mente en acción. El Medio Creativo del Espíritu es la Gran Ley Mental del Universo. Es la Ley del Espíritu. Es la Ley Universal de la Mente. Las Leyes de la Mente y del Espíritu tienen que comprenderse para poder usarse concientemente con propósitos definidos. La Ley no tiene límite, parece ser que el entendimiento que el hombre tiene de la Ley sí está limitado. Lo mismo que nos hace enfermar nos puede sanar. No necesitamos buscar una ley de enfermedad y otra de salud. Solamente existe una Ley. El mal uso de esta Ley da la apariencia que existen muchas leyes. Lo que pensamos, creemos, sentimos, visualizamos, vemos, imaginamos, leemos, hablamos, en verdad, todos los procesos que nos afectan o nos impresionan de cualquier manera, pasan a formar parte del estado subjetivo de nuestro pensamiento, que es el uso individualizado que hacemos de la Mente Universal. La Ley es una fuerza ciega, y cualquier cosa que penetra el estado subjetivo de nuestro pensamiento, tiende a regresar como una condición. Véase el capítulo "Control de Condiciones," para más elaboración sobre la Ley de Atracción, la Ley de Correspondencia, la Ley Kármica, etc.

LEY DE CORRESPONDENCIA—La Ley de Correspondencia obra de la creencia a la manifestación. Si creemos que solamente podemos tener un poco de bien en nuestra vida, poco bien tendremos. La demostración que hacemos *corresponde* a nuestra habilidad de proveer el equivalente mental de nuestro deseo.

LEY MENTAL—La Subjetividad Universal es la avenida por medio de la cual Dios opera como Ley…La ley de acción mental. Debemos pensar en el Medio Mental como Ley Mental.

LEY UNIVERSAL—El Principio Creativo Divino.

LIBERTAD—La libertad verdadera significa que el hombre es creado en la imagen de la perfección, y que se le ha dejado solo y se le ha permitido que descubra esto por sí mismo. Libre albedrío significa la habilidad de hacer, decir, y pensar lo que uno desea y expresar la vida como uno desea personalmente. "Y conoceréis la verdad y la verdad os dará la libertad," enseñó Jesús. El entendimiento de la Verdad—el Principio Infinito—es el libertador. Nos ata nuestra propia libertad y nuestro libre albedrío. El Universo, siendo solamente deductivo, no puede negarnos nada. La misma fuerza que nos enferma nos sana. A medida que el hombre realiza su unidad con la Mente Creativa es liberado de la esclavitud de sus pensamientos falsos. Él puede ver también que la libertad significa liberación pero no libertinaje.

LIBIDO—El urgir de la emoción dentro de la Vida que es causa de toda expresión.

LIMITE...ILIMITADO—En este estudio de la Mente, tratamos con lo que no tiene límites. "Ilimitado" se usa para denotar el Espíritu, Dios.

LOGICA—Razonamiento que prueba una aserción o una palabra. La ciencia de las leyes del pensamiento.

LOGOS—La Palabra de Dios manifestada en el hombre y a través del hombre. "La Palabra Creativa Divina." Una emanación de la Conciencia Divina a la mente receptiva, y puede llamársele la fuente de iluminación. Ha sido llamada "la fuente universal de luz y razón." "La Palabra era con Dios y la Palabra *era* Dios." Es el Espíritu; Es Poder. Es el mismo Poder que usamos para crear. "También decretaréis una cosa y os será concedida."

LUZ—En destellos de iluminación, los inspirados han visto el CENTRO PURO DE LA REALIDAD, y han vuelto trayendo una impresión precisa de lo que han visto y sentido. Un vislumbre de esta Realidad ilumina todo el ser con un diluvio de luz. Cada místico ha tenido esta experiencia. Jesús fue el más grande de todos los místicos; y por lo menos una vez, después de un período de iluminación brillaba tanto su cara que deslumbró a sus seguidores quienes no podían verlo. En los momentos de realización más profunda, todos los místicos han sentido que Una Sola Vida fluye a través de TODO; y que todos son una parte de esta Vida. También han visto la Substancia, una Cosa blanca, fina, brillante, continuamente cayendo sobre todo; una Substancia indestructible y eterna. A veces la realización es tan completa que han sido cegados por la luz. La Luz fue la primera revelación de la Energía Creativa Divina que creó todas las cosas…"Y dijo, hágase la luz, y la luz se hizo." Existe luz sanadora en los rayos del sol que llamamos *luz física;* existe poder para sanar en las lámparas de gran potencia; pero aún mucho más fuerte es el poder sanador que Jesús reconoció en él mismo y en otros! "Yo soy la luz del mundo; el que siguiere mis pasos, no caminará en la obscuridad sino tendrá luz de vida." "…Te he hecho para que seas una luz…" "El que ama a su hermano mora en la luz." "…los hijos de Dios, sin reproche…brillan como luces en el mundo."

MACROCOSMO—El Mundo Universal. Es otra palabra para el Todo.

MALDAD—Lo que parece destructivo. La maldad es experiencia del alma en su camino hacia la realización de la Realidad. La maldad seguirá siendo un problema mientras que creemos en ella. No es persona, lugar, ni cosa, y desaparece en la medida que cesamos de usar métodos destructivos. Mientras seguimos errando, somos castigados automáticamente.

MAL ENTENDER—Mal interpretar, un desacuerdo. ¿Podemos ver el error fundamental que ocasiona esta condición? Podría ser otra cosa que la falta de realizar de la Unidad de toda la vida? Reconoce que existe sólo Una Mente; mira a Dios en cada persona, y el problema sanará.

MANIA—Un deseo irresistible que controla la acción personal…un deseo demasiado fuerte para ser controlado. Decimos que una persona tiene una manía de alguna cosa; es decir, ha subjetivado tanto su deseo por alguna cosa en particular que es controlado por el mismo poder que ha puesto en movimiento. Esto demuestra que debemos tener mucho cuidado de controlar nuestro pensamiento y no permitir que la mentalidad conciba ideas que no deseamos ver manifestadas.

MANIFESTACION—Manifestar significa demostrar alguna cosa o hacerla evidente. Todo lo que vemos—las plantas, animales, el hombre, todas las cosas visibles—son manifestación de Dios, diferentes únicamente en grado, *y cada una contiene, en esencia, el Todo,* de igual manera que una gota de agua en el océano es tan perfecta, en esencia, como el océano entero. No somos todo lo que Dios es, por supuesto, pero la Realidad dentro de nosotros es Dios. Al hacer uso concientemente de la Ley, sembrando una idea en la Mente y viéndola tomar forma objetivamente, producimos una manifestación.

MANSEDUMBRE—Es la cualidad del Hijo de Dios, que reconociendo su Unidad con el Todo puede practicar efectivamente la no-resistencia; no sólo eso, sino que perdona tan completamente, que devuelve bien por mal. Así fue la mansedumbre de Jesús.

MATERIA—Cualquier forma que tome la substancia en el mundo de la objetividad y de los sentidos. La ilusión de la materia se refiere a formas falsas. La ciencia nos dice que la materia es una masa de pequeñas partículas arregladas de alguna forma, y que la materia está en un continuo estado de flujo. Nuestros cuerpos son como un río que fluye constantemente, sólo el Espíritu Interno mantiene la identidad. Estamos aprendiendo ahora que el éter es más sólido que la materia.

MATERIALISMO—El materialismo no existe en la visión Espiritual porque para el Espíritu la materia es la substancia del alma en manifestación. La antigua idea de un universo sólido, estático ya ha pasado, y la ciencia reconoce en su lugar una energía dinámica y fluida que está presente dondequiera.

MAYA—El mundo de ilusión mental.

MECANICO—Procediendo automáticamente; hecho como por máquina.

MEDIO—Una cosa en el medio, o intermedia; lo que existe en medio; una substancia por medio de la cual obra una fuerza o se transmite un efecto. El Medio Universal, o sea el Alma, es receptivo al Espíritu y es impregnado con las Ideas Divinas. Este Medio Creativo es neutral. El Medio Creativo del Espíritu es la gran Ley Mental del Universo. Es el Medio por el cual obran toda ley y todo Poder. Lo que llamamos *nuestra* mente subjetiva es el medio con el cual hacemos contacto con la Mente Universal.

Una persona que llamamos *médium* es aquella que objetiviza la subjetividad.

MEDIO CREATIVO—En el sentido Universal es el Alma del Mundo; y en un sentido individual es el estado subjetivo del pensamiento del hombre. Al igual que la tierra creativa en la cual sembramos las semillas y de la cual crecen las plantas, el Alma del Universo es el Medio Creativo en el que cae la Palabra del Espíritu, y del cual proviene la Creación. Debemos tener cuidado de no pensar en el Alma y el Espíritu como dos cosas diferentes porque verdaderamente son dos partes, o dos aspectos de la misma Realidad, ambos Existentes por Sí Mismos y Co-eternos uno con el otro.

MEDITACION—Generalmente, se acepta que el término meditación significa contemplación o pensar continuo. Aquí significa algo más—significa el reconocimiento del Padre Interno, la seguridad de nuestra Unión con el Todo, la disposición inmediata del Poder, y la Sabiduría que resulta de esta Unión. Esta comunión con Dios trae armonía a nuestras vidas y a nuestros asuntos; establece la ley de salud y prosperidad, y nos hace luz para los que nos encuentran en su camino.

MEMORIA—Los pensamientos concientes que hoy deposita la mente conciente dentro de la mente subjetiva, mañana son memoria. La retención subjetiva de ideas. El Alma, o sea, la mente subjetiva, es el centro de la memoria y retiene dentro de sí todo lo que el individuo ha dicho, pensado, visto, oído, sentido, leído o lo que se le ha dicho; y absolutamente todo lo que le haya sucedido en la vida. También contiene la memoria de la humanidad.

MEMORIA INCONCIENTE—Memoria subjetiva.

MENTALIDAD—El uso individual de la Mente Universal. Existe Una Mente, pero dentro de esta Mente existen muchas mentalidades.

MENTE—Nadie jamás ha visto la Mente o el Espíritu. La única prueba que tenemos de que la Mente existe es que podemos pensar, pero estamos perfectamente justificados en creerlo. En verdad, no existe tal cosa como *tu* mente, *mi* mente, *su* mente, la mente de *ella*, y la Mente de Dios. Sólo existe Una Mente en la cual todos vivimos, nos movemos y tenemos nuestro ser. La Mente Conciente es Espíritu, ya sea en Dios o en el hombre. La Mente Inconciente es la Ley de la Mente Conciente obrando, y por lo tanto es subconciente o subjetiva. La Mente es una energía potencial mientras que el pensamiento es la fuerza dinámica que produce la actividad para la manifestación. La Mente Unica es toda la Verdad. Nuestra mente, ese punto en el Conocimiento de Dios al cual llamamos *nuestra mente*, es tanto de la Verdad como nos es posible permitir que fluya por medio de nosotros y nos bendiga.

MENTE CON CONOCIMIENTO PROPIO—La mente conciente.

MENTE CONCIENTE—La Mente Conciente de Sí Misma en Dios o en el hombre. La Inteligencia en el Universo que se revela a Sí Misma en toda Su Creación. Es imposible que podamos comprender la Conciencia Universal pero la vislumbramos a través de nuestro uso de "la Mente Unica común a todos los hombres."

MENTE COSMICA—La Mente de Dios.

MENTE CREATIVA—El Alma Universal o la Subjetividad. El Principio Femenino de la Vida Universal.

MENTE DIVINA—No existe tal cosa como *tu* mente, *mi* mente, *su* mente, y la Mente de Dios. Sólo existe Una Mente en la cual todos vivimos, nos movemos y tenemos nuestro ser. Consideramos a la Mente Conciente y al Espíritu como Uno y el Mismo. Lo que llamamos nuestra mente subjetiva es, en verdad, nuestra identidad en la Mente Infinita...nuestro centro en la Mente Universal Subjetiva. La Mente Divina es la Unica Mente. El Espíritu dentro de nosotros es la Mente Divina. La "mente mortal" y la "mente carnal" son términos que describen la mente que recibe información por medio de los sentidos físicos. La Mente Divina es la Mente Verdadera.

MENTE MORTAL—Lo que la Biblia llama la "mente carnal." Es una creencia en dualidad. En verdad, sólo existe Una Mente, la Mente Divina, y es la Mente que usamos.

MENTE OBJETIVA—La mente conciente.

MENTE UNIVERSAL—El Medio Creativo del Espíritu.

MESMERISMO—La influencia de la personalidad.

METAFISICA...METAFISICO—Los científicos en la actualidad están más cerca que nunca de estar de acuerdo con el metafísico en la idea de que Dios es Inteligencia Creativa, o Mente. Que está presente dondequiera en el Universo, y que se manifiesta a través de cada cosa creada. La metafísica es más que una filosofía especulativa; es la Ciencia de Ser. William James consideraba que la metafísica era un esfuerzo extraordinariamente obstinado de pensar clara y consistentemente. Se puede decir que la metafísica es lo que se encuentra más allá de las leyes físicas que actualmente conocemos.

METODOS DE DAR TRATAMIENTOS—Aunque se usan varios métodos de hacer tratamientos, sólo existen dos métodos distintos: a uno le llamamos *argumentativo* y al otro *realización*. En el tratamiento argumentativo el practicante debate consigo mismo acerca de su paciente hasta llegar a un punto de afirmación completa. El debate se hace totalmente dentro de su propia mente. Al usar el método de realización el practicante realiza dentro de sí—sin ningún debate—el estado perfecto de su paciente. En ambos casos, el tratamiento se da con el propósito de inducir una realización interna de perfección dentro de la mente del practicante, la cual obra a través de la Mente y se manifiesta en el paciente.

MICROCOSMOS—El mundo individual, distinguiéndose del mundo Universal.

MISTICISMO...MISTICOS—Un místico es aquel que siente la Presencia Divina. Algunos confunden el *misticismo* con el *psiquismo*, y es importante hacer una distinción clara. Un místico es aquel que intuitivamente siente la Realidad. Lo más elevado y lo mejor que ha producido la civilización—música, arte, religión, filosofía, poesía, ciencia, etc.—es el resultado del sentido místico que ha sido percibido por unos cuantos en cada época. Las capacidades psíquicas, por más elevadas que sean, sólo tratan con el pensamiento humano; sólo leen escenas y tendencias subjetivas. Un místico, sin embargo, no lee el pensamiento humano sino siente el Pensamiento de Dios. Para obtener información completa sobre este tema, léase el capítulo, "El Todo Completo."

MUERTE—"Dios no es Dios de los muertos sino de los vivos, porque todos viven en El." El Espíritu no nace ni muere. El Principio de Vida no puede conocer la muerte. La experiencia de la muerte es solamente poner a un lado una prenda de vestir y tomar una nueva. "Hay cuerpos celestiales y cuerpos terrestres, hay un cuerpo material y un cuerpo espiritual." Este cuerpo espiritual es el cuerpo de la resurrección.

MULTIPLICIDAD...MUCHOS—Del Uno provienen muchos. Todos provienen del Uno, y todos viven en el Uno y viven por medio del Uno. De la Unidad viene la multiplicidad, pero la multiplicidad no contradice la Unidad. Es como la tierra: crecen muchas plantas de la misma tierra, pero la Unidad de la tierra nunca es violada. De esta manera la Unica Mente, obrando a través del Medio Creativo, produce muchas cosas.

MUNDO DE SUEÑOS—Esto se refiere al mundo de pensamientos que no se han expresado.

MUNDO PSIQUICO—El mundo de la subjetividad.

NATURALEZA DE DIOS—Ya hemos descubierto que la Naturaleza de Dios es Una Trinidad—Espíritu, Alma y Cuerpo...Padre, Hijo y Espíritu Santo...o La Cosa, La Manera en que Trabaja, y Lo que Hace. Hay un capítulo entero que trata de ese tema.

NATURALEZA DIVINA—La verdadera naturaleza de todas las cosas.

NAZARENO—Porque Jesús venía de Nazaret, seguido se le refería como "el Nazareno," y sin embargo este mismo Nazareno fue la más completa manifestación que jamas haya existido de la Unica Mente.

NECESIDAD—Lo que hace un hecho o un evento inevitable. Una fuerza irresistible; algo indispensable.

NEGAR—El hecho mental de saber que no es necesario que exista ninguna condición repudiable. El negar abre el camino a la realización de la Verdad; borra el razonamiento equivocado. Es limpiar el terreno y dragar los canales mentales, en preparación para la edificación de una afirmación positiva, constructiva. No te conformes con negar. El negar es un paso preliminar; niega lo falso y afirma lo Real. La necesidad de negar acaba cuando el pensamiento se eleva a una percepción espiritual verdadera.

NEGATIVO...NEGACION—Un pensamiento negativo es cualquier pensamiento que no es Verdad. La creencia en dualidad es el origen de casi todos los pensamientos negativos. Negación significa el hecho de negar; es una declaración de lo que no es. El pensamiento negativo niega la Verdad de Ser.

NEUTRAL—No importa de que manera se obre. Todas las leyes son neutrales.

NEUTRALIZANDO EL PENSAMIENTO—El hecho de borrar mentalmente imágenes del pensamiento.

NO CONOCE OTRO—El Espíritu no podría saber nada f u e r a de Sí Mismo. Es el Centro y la Circunferencia de todo lo que existe. No tiene enemigos, diferencias, alteridad, distanciamiento o separación dentro de Sí Mismo; es Indivisible, Completo y Perfecto dentro de Sí Mismo. No tiene contrarios ni oposición. Solamente conoce su propia habilidad de hacer; y como es Todo, nada puede estorbarle en forma alguna. No nos es posible comprender una totalidad tal de Vida y Poder, pero sí la vislumbramos en momentos de verdadera inspiración, cuando comprendemos, hasta cierto grado que Dios es Todo.

NO RESISTENCIA—La lucha contra una condición adversa sólo aumenta su poder sobre nosotros, porque hacemos una *realidad* de la condición. Alguien ha dicho que "el idioma de la resistencia es el dolor, pero la no-resistencia encuentra la armonía del universo y se une a su movimiento, fluyendo así con la corriente de poder que alimenta y protege." La resistencia es el producto del temor y la ignorancia; el no resistir es el producto del amor.

NORMAL...NORMALIDAD...ESTADO NORMAL—La palabra normal significa natural, sin afectación o pretensión. *Normalidad* es la condición de estar normal. Un estado normal, o sea una condición normal de la mente, es el balance perfecto del conocimiento objetivo y subjetivo.

OASIS—Un sitio verde en el desierto. Un refugio.

OBJETIVO…OBJETIVADO—"Lo que es externo a la mente," es la definición común, pero aquí significa aquello que es exteriorizado visualmente. El pensamiento tiene el poder de objetivarse.

OBJETIVACION—El acto de objetivarse. El efecto.

OBLIGACION—Cualquier deber impuesto por ley, por promesa o por contrato.

OBSCURECER—Ensombrecer, esconder, hacer menos inteligible. Nublar.

OBSESION—Caer bajo la influencia de personas, ideas, ambiciones, temores, etc. Cualquier influencia mental que proviene de afuera y desea usurpar el trono de la razón y el libre albedrío.

OBSTRUCCION—Obstruir es impedir, estorbar, parar la obra.

OBSTRUCCION AL PENSAMIENTO—Debe ser aparente que el pensamiento no puede ser obstruido. El tiempo, el espacio y las obstrucciones no existen para la Mente y el pensamiento. Cualquiera que se adapte a la corriente de nuestro pensamiento se une con él, no importa donde se encuentre.

OCULTO—Escondido, encubierto.

OCUPACION—Lo que nuestro pensamiento causa que hagamos. Lo mismo que vocación.

ODIO—Aborrecimiento, antipatía, reproche. Estigma.

OMNIPOTENCIA—El Todopoderoso. Dios.

OMNIPRESENCIA—La Presencia Constante del Todo Indivisible. Léase de nuevo el capítulo sobre Unidad.

OMNISCIENCIA—El que Todo lo Sabe, la Mente de Dios que todo lo percibe.

OMNISCIENTE, EL YO SOY INSTINTIVO—Dios en el hombre y en las cosas.

OPORTUNIDAD—Tiempo apropiado o conveniente; ocasión. No puede haber falta de oportunidades; creer que la limitación existe sería limitar a Dios. El suministro de cualquier deseo existe en lo que no podemos ver, esperando sólo que hagamos nuestra demanda. "El deseo de cualquier cosa es la cosa misma en incipiencia." La Vida se esparce, rica y rebosante. A medida que realizamos nuestra unidad con lo Divino, nuestro pensamiento va abriéndonos todas las puertas; el Espíritu Indiferenciado fluye a través de nosotros, nos inspira, y sostiene esa inspiración hasta alcanzar la manifestación. Las oportunidades son ilimitadas.

ORACION—Véase el capítulo sobre la "Oración."

ORDEN—Esa condición en la cual todo está arreglado de tal manera que cada cosa hace la función que le corresponde; un sistema metódico o establecido.

ORIGINAL...ORIGINALIDAD...ORIGEN—Origen es aquello de lo cual brota toda cosa, la causa primordial. La fuente, la raíz, el principio. Original significa que no ha sido copiado, imitado, reproducido o traducido. El primero. Originalidad significa la habilidad de crear sin un molde, patrón o pauta. Pensar por uno mismo. Léase el ensayo de Emerson, "Confía en ti Mismo."

PADRE-MADRE DIOS—Los Principios de Ser Masculino y Femenino, según son incluidos en el Uno Andrógino, o la Primera Causa. Dios como Padre y Madre Universal de la Mente y el Espíritu.

PADRES...MENTE PATERNAL—Los padres (padre y madre) son los que dan a nacer; engendran; la fuente. La Mente Paternal es Dios.

PALABRA—La Palabra significa, por supuesto, la habilidad del Espíritu de declararse a Sí Mismo como manifestación, como forma. La Palabra de Dios significa el Espíritu contemplándose a Sí Mismo. El Universo Manifiesto tal como lo vemos y el Universo Invisible que tiene que existir son ambos resultado de la contemplación Propia de Dios. "Habló y se hizo." "La palabra era con Dios y la palabra era Dios."

PARTICULARIZACION—Formas concretas producidas por el Espíritu.

PASIVO Y RECEPTIVO—Neutral y femenino.

PATENTE—Lo que es obvio.

PAZ—Un estado de calma interior. Una calma interior tan completa que nada puede perturbarla. La Paz que se logra solamente por el conocimiento que el Espíritu lo es Todo. La Paz del Espíritu es la Paz Insondable. A esta paz se refería Jesús cuando dijo, "Mi Paz os dejo, mi paz os doy." El Infinito está siempre en paz porque nada puede perturbarle. La realización de nuestra Unidad con la Omnipresencia trae la paz, la cual trae consigo una conciencia de poder.

PECADO—Tratamos de enseñar que no existe el pecado sino el error, ni el castigo sino la consecuencia. La Ley de Causa y Efecto. Pecar simplemente significa errar el blanco. Dios no castiga los pecados. A medida que corregimos nuestros errores, perdonamos nuestros propios pecados.

PENSAMIENTO—Movimiento de la conciencia. Obra por medio de la ley, pero esa ley es activada concientemente. Léase el capítulo correspondiente.

PENSAMIENTO INCONCIENTE—El pensamiento subjetivo inconciente. No es necesario que el hombre haya pensado en la enfermedad específica que está sufriendo, pero su mente subjetiva puede haber estado contemplando ciertas combinaciones de pensamientos que lógicamente produjeron ciertas enfermedades. Si un hombre siente ira constantemente, numerosas toxinas son secretadas en su sistema, envenenándolo y produciendo la tendencia a manifestarse como alguna enfermedad. Es posible que él jamás haya oído de la enfermedad, y dirá: "¿Cómo es posible que yo pudiese haber pensado en esa enfermedad si nunca jamás había oído su nombre?" Aún así, no es difícil ver de qué manera su pensamiento ha sido la causa de la enfermedad.

PENSAMIENTO OBJETIVO—El pensamiento conciente.

PENSAMIENTO POSITIVO Y NEGATIVO—Pensar positiva y negativamente es usar la misma mente de dos manera diferentes debido a que tenemos libre albedrío. El pensamiento positivo es directo, afirmativo, está seguro de sí mismo y se mueve directamente a su objetivo. Por ejemplo, la luz es un principio positivo y cuando se activa este principio, la condición negativa de obscuridad es vencida instantáneamente. Las declaraciones de Jesús siempre fueron positivas.

PENSAMIENTO SUBJETIVO—La suma total de todo lo que la persona piensa, conciente y subconcientemente.

PERCEPCION...PERCIBIR—Una percepción es un objeto externo del que la mentalidad puede percatarse. Se distingue de un concepto, el cual es una idea interna. Percibir es ver, usándose en conexión con el acto de ver con el ojo físico; también se usa para expresar comprensión de la mente.

PERFECCION—El estado verdadero de ser; completo, de manera que no le falta nada. Impecabilidad ideal; el divino atributo de excelencia total. La única forma posible de que un tratamiento sea efectivo es que el practicante vea *sólo la perfección* en su paciente, sin importar cuales sean las apariencias.

PERSONAL...PERSONALIZADO—*Personal,* relacionado al individuo, su carácter, su conducta, sus motivos, sus asuntos, etc. *Personalizar* es hacer algo personal, es relacionarlo con el individuo.

PERSONALIDAD INFINITA—No creemos que Dios sea una persona inmensa, pero sí pensamos en el Espíritu como la Personalidad Infinita en toda la Vida y a través de todo. El Conocimiento Propio Infinito es la Esencia Abstracta de toda personalidad. Creer en Dios simplemente como un Principio Infinito sería reducir al Divino Ser a una COSA Infinita, a una Ley fría e impersonal, sin color o calor, sin habilidad de responder. Ese concepto de Dios le robaría al hombre su Herencia Divina, y lo arrojaría con las manos vacías a un abismo de Ley y Acción, sin motivo ni dirección. No podemos imaginar peor estado de mentalidad que creer que Dios es sólo un Principio. El simple hecho de que el hombre se manifiesta en el Universo en un estado conciente de sí mismo prueba que detrás de toda manifestación existe un Poder que tiene conocimiento propio; y un Poder conciente de Sí mismo tiene que ser Personal. Por supuesto que no tiene límite. Tiene que ser Infinito. Aún tan maravilloso como pueda ser el concepto, Dios es personal a cualquier persona que crea en El. Dios responde a todo el que se le acerca, y es el Elemento de "Personalidad Infinita" detrás de toda personalidad. No podríamos ser seres concientes a menos que hubiera un Primer Conocimiento en el Universo.

PERSONALIDAD—Lo que constituye la distinción de la persona. La personalidad es el resultado de la experiencia del hombre; es la suma total de todo lo que ha dicho, hecho, sentido, pensado, anhelado y creído; es el resultado de sus reacciones a los acontecimientos de la vida. Los elementos que deben considerarse en el desarrollo de la personalidad son los siguientes: herencia, sugestiones de la raza humana, medio ambiente, educación de niño, estudios, autosugestión, cualquier otra cosa y todo lo que impresiona el conocimiento. Por lo tanto, somos lo que somos debido en gran parte a nuestro conocimiento acumulado. La Personalidad es la evidencia objetiva de nuestra Individualidad. Nuestra Personalidad es el uso que hacemos de nuestra Individualidad Divina. Así como un arquitecto usa sólo los mejores materiales y planea con mucho cuidado la construcción de su edificio, así nosotros, al construir la personalidad debemos escoger con mucho cuidado la clase de materiales que deseamos usar. Cada uno construye su personalidad según el molde de sus propios deseos.

PLANO MENTAL—El plano precisamente en medio de lo espiritual y lo físico. Los tres planos se entrelazan uno con otro.

PLANO OBJETIVO—El mundo externo de impresiones.

PLANOS—Diferentes grados de vibración. Cuando hablamos de "planos diferentes" de existencia, no indicamos sitios o lugares. Reconocemos ciertos niveles o grados de pensamientos...planos de conciencia. A medida que nuestra mente se expande, y que nuestro conocimiento aumenta, avanzamos de un plano a otro, de una conciencia animal a una Conciencia Cósmica.

PLASTICO—Que se amolda fácilmente.

POBRE—Véase la palabra "pobreza."

POBREZA—Un pensamiento empobrecido. La creencia en escasez o limitación. La falta de conocimiento que la substancia y el suministro son espirituales. El resultado de la inhabilidad de percibir que la prosperidad siempre está presente. Negar el bien. Un sentido limitado del Universo.

PODER—La energía por medio de la cual todo vive. El Medio Creativo del Espíritu es la gran Ley Mental del Universo. La Ley Universal de la Mente. El Medio por el cual toda Ley y todo Poder obran. Y el poder creativo del hombre es maravilloso porque cada vez que piensa, activa la ley. Así como la activa o la pone en movimiento, la está especializando para algún propósito definido. Esto debe dar a todos un sentido de libertad y la comprensión de que no existen ni la competencia ni el monopolio. A cada uno le permite trabajar por su propia salvación, no con temor y temblando, sino con tranquilidad, paz y seguridad. El hombre puede transmutar tantos grados de la Energía Infinita en grados de poder como desee.

PODER UNIVERSAL—El Poder total de Dios. ¿Cómo puede un individuo usarlo? Así como un individuo—que es sólo parte de un Todo—puede respirar de la totalidad del aire y participar de la totalidad del sol. Así como el matemático, que no es el principio de las matemáticas pero que está en unidad con ese principio, tiene acceso a la totalidad de los números. De esa manera individualizamos el Poder Universal. Podemos tener y usar tanto poder como deseemos…"Tanto como creemos."

POTENCIAL—Posibilidad inherente.

PRACTICA...PRACTICANTE—El practicante es la persona que practica el sanar mental y espiritual; y obtiene demostraciones que no se limitan sólo a la salud física. El practicante sabe dentro de sí mismo la verdad acerca de su paciente; y ese saber se eleva en la conciencia del paciente. No tratamos al hombre como paciente, ni como cuerpo físico, ni como condición enferma; tampoco tratamos la enfermedad como algo que le pertenece al hombre; no pensamos que la enfermedad es algo que está conectado con él o que es parte de él. El practicante reconoce que el hombre es nacido del Espíritu y no de la materia. El Espíritu es Inmutable, Perfecto y Completo. Reconoce esto hasta que puede ver al paciente como una personificación viviente de la Perfección. (Véase el capítulo de "Sanar.")

PRECEPTO—Una ley, un mandato, una regla, un principio.

PRENATAL—Condiciones antes del nacimiento humano.

PRESENCIA, LA—"La Presencia" es Dios. Meditar sobre la Presencia de Dios es tomar el Universo entero dentro del alma. Dios no es una persona sino un Principio personificado en cada uno de nosotros. Espiritualidad es la atmósfera de este Principio. Religión es su forma exterior.

PRIMERA CAUSA—La causa de todo. Lo No Creado, de lo cual proviene toda la Creación. La Causa de todo lo que se manifiesta en *cualquier* plano. Lo que viene primero. Lo primero en cualquier serie creativa. La Primera Causa es de naturaleza Masculina y Femenina, e incluye el Principio Intermedio de la Actividad Creativa.

PRIMORDIAL—Primero en el orden; original; principio o elemento primero. Para la definición de "substancia primordial," véase la palabra *Substancia*.

PRINCIPIO—La Ciencia de la Mente es el estudio del Principio de Ser. La fuente, o la causa por la cual algo resulta; una verdad que no cambia. Primero entendemos el principio, y luejo lo relacionamos al problema para ponerlo a prueba.

PRINCIPIO ACTIVO DE LA VIDA—El Espíritu Conciente de Sí Mismo. La Inteligencia Existente de por Sí que se revela a Sí Misma en toda Su Creación.

PRINCIPIO DIVINO—Causalidad espiritual obrando por medio de la Ley Universal. Tal es el poder del pensamiento correcto que puede borrar y cancelar todo lo que no es correcto. El Principio no debe ser limitado. Contesta toda pregunta, resuelve todo problema, y es la solución a toda dificultad. El Principio no nos limita, lo que nos limita es nuestra inhabilidad de ver la perfección. El que comprende el uso del Principio Divino nunca trata de sugestionar o influenciar personalmente a nadie más.

PRINCIPIO FEMENINO—El Alma Universal. En el hombre, el subjetivo o la inteligencia subconciente. El Medio Universal, o el Alma, ha sido llamado "la Matriz de la Naturaleza" y "la Santa Madre," porque es receptivo al Espíritu y es impregnado con ideas Divinas. Da nacimiento a las ideas del Espíritu y por lo tanto es el Principio Femenino de la Naturaleza.

PRINCIPIO MASCULINO—El Principio Asertivo del Ser. El

Espíritu Auto-conciente y Auto-impulsanté. El Principio Proyector de la Vida fecundando el Alma Universal con sus ideas y conceptos. El Espíritu que se define a Sí Mismo, ya sea en Dios o en el hombre.

PRINCIPIO METAFISICO—La Mente Creativa Universal. Como Espíritu es conciente, y como Ley es subjetivo.

PROBLEMA—Un asunto que se propone para resolverse. Algo que se declara para ser examinado o comprobado. El "problema de la maldad" seguirá siendo problema hasta que dejemos de creer que es una verdad.

PROCESO—Proceso denota una acción progresiva, o una serie de hechos o pasos para hacer o producir alguna cosa. No existe un "proceso *de* sanar" pero sí puede existir un proceso en el sanar.

PROFESIA...PROFETA—Profetizar es hablar de algo que va a acontecer en el futuro. Al que profetiza se le llama profeta.

PROPOSITO—Determinación con incentivo.

PROPOSITO COSMICO—Las ideas del Espíritu propulsadas hacia una expresión externa. El deseo del Espíritu ejecutándose a Sí Mismo.

PROPOSITO TOTAL—Cuando hablamos del propósito del Espíritu, queremos decir que la mente conciente tiene la habilidad de saber lo que desea expresar, y *el poder para expresarlo*. Dean Inge dice que no puede haber tal cosa como un "Propósito Infinito" porque esto sería una contradicción del significado de la palabra *propósito*. Es probable que sea verdad; parece evidente que sí lo es, ¡pero eso *no quiere decir que no pudiese haber algo asi como un elemento de un propósito intencional fluyendo a través de la Mente Eterna!* Ciertamente, la evidencia de esta cualidad de ser es tan completa en el Universo que no podemos negarla. La evolución de la creación tan solo en este planeta presupone alguna clase de propósito. El término "propósito" puede definirse, en términos generales, como la antítesis de no tener objetivo o designio; es el espíritu del significado, de la importancia, la unión del deseo y la determinación; el reconocimiento interno del Urgir Divino.

PROPULSADO POR SI MISMO—Teniendo el poder dentro

de sí mismo. El Espíritu se propulsa a Sí Mismo.

PROSPERIDAD—Prosperidad es la demostración de la substancia en nuestros asuntos. Todo en el Universo es para nosotros. Nada está en contra de nosotros. Debemos saber que dondequiera encontraremos amistades, amor, ayuda e interés humano. La Vida siempre está dando de Sí Misma. Debemos recibir, utilizar y ampliar el regalo. El éxito y la prosperidad son atributos espirituales que le pertenecen a todo el mundo, pero no todos saben usarlos.

PROTECCION DIVINA—El Poder de lo Absoluto mora siempre dentro de nosotros y nos libera de cualquier cosa y de todo lo que no es el Bien. La Protección Divina es omnipresente.

PROTOTIPO—La idea original de cualquier forma.

PSICOANALISIS—Análisis sistemático del pensamiento subjetivo. Diagnóstico mental. Está basado en la teoría que la Naturaleza es perfecta, y cuando se le permite, fluye a través del hombre en forma de salud perfecta. El propósito del análisis es descubrir el complejo y eliminarlo para solucionar el conflicto. El análisis toma en cuenta todas las experiencias que el individuo ha experimentado, dando mucha atención a su educación de niño, y especialmente, a sus reacciones emocionales a la vida. En manos de los que comprenden completamente el principio en que se basa y reconociendo sus limitaciones al igual que sus efectos benéficos, produce el bien. Pero, este escritor cree que es una cosa sin alma, un esqueleto sin carne. Le hace falta el calor, el fuego, la realidad de la realización espiritual. Es inútil eliminar un complejo a menos que al mismo tiempo lo reemplacemos con una realización de lo que significa la vida. No debemos derribar sin reconstruir. No obstante, el análisis apropiado del alma (subjetivo), *junto con el verdadero reconocimiento espiritual* hará maravillas, y es algo sumamente valioso.

PSICOLOGIA—El estudio de la operación de la mente humana. La ciencia de acciones y reacciones mentales.

PSICOMETRIA—Leer desde el alma de las cosas. Psicometría es un estado clarividente en que el operador puede leer el alma, o el estado subjetivo de las cosas. Leer de esta manera se llama "psicometría." Cada cosa tiene su atmósfera mental que es resultado de los pensamientos que le rodean. Psicometría es leer esta atmósfera mental y decir lo que irradia.

PSIQUICO—Un psíquico es una persona que puede funcionar concientemente en el subjetivo; puede ver en el subjetivo la escena de algo que ocurrió ya sea en el pasado o que está ocurriendo en el presente. El poder psíquico siempre debe ser controlado por la mente conciente; permitir que el subconciente controle la mente conciente no es una condición normal o balanceada. Cuando el poder psíquico está bajo el control de la mente conciente, ofrece un almacén maravilloso de conocimientos. Toda la gente es psíquica, pero no todos son médiums. Un médium es aquel que objetiva el sentido psíquico.

PSIQUE—El alma o el subjetivo.

RADIAR—Iluminar, alumbrar, irradiar, iluminar intelectualo espiritualmente.

RAZA HUMANA—El pensamiento subjetivo de la humanidad.

RAZA HUMANA, DEL PENSAMIENTO—Esta es otra manera de llamar a las sugestiones de la humanidad. La forma de protegernos de ellas es *saber* que no pueden obrar por medio de nosotros; *saber* que dichas *sugestiones* no pueden afectarnos.

RAZA HUMANA, DE LA SUGESTION—Creencias humanas que obran por medio de la mentalidad del individuo. La tendencia a reproducir lo que la humanidad ha pensado y experimentado. Esta sugestión de la humanidad es una fuente prolífica de enfermedades. Estas tendencias subjetivas acumuladas de la humanidad obran a través de cualquier persona que sea receptiva a ellas.

RAZONAMIENTO DEDUCTIVO—El proceso de razonar que sigue una premisa ya establecida. El razonamiento inductivo hace preguntas acerca de la Verdad; es un proceso de análisis. Por lo tanto, Dios sólo puede razonar deductivamente. Lo que es Infinito no tiene que investigar la Verdad. La mente conciente del hombre puede razonar inductiva y deductivamente. Puede razonar desde el Todo hacia una parte, o de una parte hacia el Todo. El subjetivo sólo razona deductivamente.

RAZONAMIENTO INDUCTIVO—Razonamiento del efecto hacia la causa. El razonamiento deductivo es un proceso que sigue una premisa ya establecida. Procede del Todo hacia una parte. El razonamiento inductivo es un análisis, una encuesta de la Verdad; por eso Dios solamente puede razonar *deductivamente* porque Dios no tiene que preguntar acerca de la Verdad.

RAZONAR—La habilidad mental de analizar, determinar y formar una opinión. La mente humana puede razonar inductiva y deductivamente. La Mente Divina sólo razona deductivamente. Eso tiene que ser evidente. Debido a que el razonamiento inductivo es un análisis que es una investigación de la verdad, y como Dios ES LA VERDAD, Dios sólo puede razonar deductivamente. Lo que es Infinito no tiene que *investigar* acerca de la verdad. Por lo tanto, ni el Espíritu, ni el Alma del Universo pueden razonar inductivamente. No puede haber razonamiento inductivo en el Espíritu porque el Espíritu sabe todas las cosas; ni puede haber razonamiento inductivo en el Alma del Universo porque es el Medio Creativo, y *si pudiese razonar inductivamente podría rechazar ciertos pensamientos porque podría analizar!* El Alma, o sea, la subjetividad, no puede rechazar nunca; está sujeta por su propia naturaleza a aceptar. El razonamiento deductivo es el proceso que sigue una premisa ya establecida. Proviene del Todo a una parte específicamente. El Espíritu simplemente anuncia que Es lo que Es. Si fuéramos a atribuirle el poder de razonar, tendríamos que decir que solamente razona deductivamente, es decir, del Todo a la parte.

REACCION—Acción o influencia recíproca o de regreso. La actividad aumentada y exagerada, que sigue a una depresión o choque. Una acción inducida por una resistencia vital a otra acción. Por eso cuando hablamos de la Ley de Acción y Reacción, estamos hablando de la Ley de Causa y Efecto.

REALIDAD—La verdad de cualquier cosa. Realidad en verdad significa lo que es indestructible, incapaz de decaer. La realidad es inmutable y perpetua. El hombre que vemos es lo que él ha pensado de sí mismo, la forma que ha moldeado con su pensamiento. El Yo Verdadero es Perfección, porque Dios no podría saber algo que no fuese como El. Nuestra Calidad de Hijos es una Realidad—Cristo mora en nosotros. El Reino de Dios dentro de nosotros es la Realidad. Según concierne al hombre, la Realidad es que Dios en el hombre, como el hombre, es el hombre.

REALIZACION—Debemos tornar hacia la Presencia Viviente en nuestro Interior, el Padre en el Cielo, reconocerle como el Solo y Unico Poder en el Universo, y unirnos con El; declarar que nuestra palabra es la presencia, el poder y la actividad de ese Uno; y hablar la palabra como si la creyésemos, porque la Ley es Sierva del Espíritu. Si pudiésemos hacernos a un lado y permitir que la Vida Perfecta fluyese a través de nosotros, podríamos sanar a otros; tendríamos una realización perfecta de la perfección. La palabra *realización* siempre significa una impresión de la realidad en la mente; una comprensión clara; una aceptación en la mente que un pensamiento o una condición es verdadera. En este libro de texto, cuando hablamos de una "realización perfecta," nos referimos a la realización de nuestra Unidad con el Bien. Hay un punto en el momento supremo de realización en que el individuo se fusiona con el Universo, pero no pierde su individualidad; cuando el sentido de Unidad con toda la Vida penetra su ser de tal manera que no existe ningún sentido de separación. Es aquí donde la mentalidad ejecuta cosas que parecen milagros, porque no hay nada que estorbe el pasar del Todo por la mentalidad. Aun tan inmensa e ilimitada como es la Vida, Toda Entera llega al punto de nuestro conocimiento. Sólo podemos comprender lo Infinito hasta el grado que se expresa a través de nosotros, siendo para nosotros lo que nosotros creemos que es. En nuestra propia naturaleza está el camino que nos conduce gradualmente a la realización. Una comprensión subjetiva de la Verdad.

REANIMAR—Vigorizar.

RECEPTIVIDAD—El poder, o la capacidad de recibir impresiones. La cualidad de poder absorber, sostener, o contener...capacidad. El Espíritu sólo puede darnos lo que podamos tomar, y como el tomar es un proceso mental, es necesario que aceptemos que el ESPIRITU YA LO HA PROVEIDO TODO. Podemos aumentar nuestra receptividad dándonos tratamientos como el siguiente: "Dentro de mi existe algo que sabe, comprende, acepta, cree, reconoce e incorpora. Yo se, y se que se. Creo, y estoy conciente de que creo. Confío en el poder de mi propia palabra, y tengo confianza absoluta en la verdad. Espero con certeza que la Verdad obre." Así puede uno estar más y más conciente de una Presencia Divina, de un Poder y de una Ley, que responde a su palabra. Por lo tanto uno aumenta concientemente su receptividad a la Verdad.

RECEPTIVIDAD PASIVA—Dispuestos a recibir cualquier forma o todas las formas del pensamiento.

RECOMPENSA—La única recompensa que podemos recibir es aquella que es la consecuencia inevitable de la Ley de Causa y Efecto.

RECOMPENSAR—Dar en reciprocidad.

RECONCILIAR...RECONCILIACION—Causar que exista amistad de nuevo. Ajustar. Eliminar toda inconsistencia, y toda falta de armonía.

RECONOCIMIENTO PROPIO—Conocimiento de uno mismo. Conocimiento de la Divinidad de uno mismo.

REDENCION—La idea teológica de esta palabra es expiación y enmiendas. Nosotros la usamos en el sentido de una armonía completa, unificación.

REENCARNACION—Volver a nacer en carne y hueso. *Encarnar* significa dar forma actual, tomar cuerpo en alguna forma viviente. Reencarnar significa meramente encarnar de nuevo. La teoría de la reencarnación, en la que mucha gente cree, es que volvemos a vivir en esta tierra (después de la experiencia de la muerte) tomando una forma diferente.

REFLEXIONAR...REFLEXION—Reflexionar es pensar o volver a pensar en cualquier cosa; considerar mentalmente; pensar seriamente. Reflexión es la imagen que se proyecta. Cualquier estado en el cual la mente considera su propia conducta.

REGENERAR—Dar nueva vida o vigor.

REINO—"El reino del cielo" no es un lugar; está en el "interior," en nuestro pensamiento más recóndito. Es la Realidad de nuestro conocimiento individual y la Realidad de la Mente Universal. Es el reconocimiento de nuestra Unidad con lo Divino. Es el Diseño perfecto, la idea de Dios de la Creación, y sólo puede discernirse espiritualmente. Es la *verdad* de todo. El reino de Dios es *nuestra conciencia* de Dios. Al pensar los pensamientos de Dios, tendremos vida nueva y divina en nuestro cuerpo y en nuestros negocios. Entraremos en el Reino.

RELATIVIDAD Y ABSOLUTISMO—Lo Absoluto se define como algo "libre de restricciones, ilimitado, sin condiciones." "El Ser Ilimitado y Perfecto, Dios." La relatividad se define como algo que "existe solamente como un objeto, es decir, existe en relación a una mente que piensa." "Una condición de dependencia." Lo Absoluto, siendo Incondicional, es Infinito y es Todo. Es lo que Es, es decir, es la Verdad. Es axiomático que la Verdad, siendo todo, no puede separarse, limitarse o dividirse; tiene que ser Inmutable, Completa y Perfecta, y No Creada. La *relatividad* no es una cosa por sí misma, sino aquello que funciona dentro de lo Absoluto y depende de lo Absoluto.

Deseamos afirmar la relatividad sin destruir el estado Absoluto. Esto sólo puede hacerse comprendiendo que lo relativo no es una cosa aparte sino es una experiencia EN la Mente que Todo Comprende. Lo relativo no contradice lo Absoluto sino lo afirma; y *lo relativo, por sí mismo, garantiza que lo Absoluto existe.* Lo Absoluto es la Causa y lo relativo es el efecto. Suponer que podría existir lo Absoluto sin lo relativo sería suponer que podría existir un Dios, o Primera Causa, sin expresión. Esto es absurdo e imposible. La conciencia de Dios tiene que expresarse, y de aquí nace lo relativo. Tiempo, espacio, bosquejo, forma, cambio, movimiento acción y reacción, manifestación y creación, todos son relativos, pero todos son verdaderos—no separados sino dentro de lo Absoluto. La relatividad subsiste dentro de la existencia, y la Vida inherente es potencial y latente con posibilidades ilimitadas. Lo relativo y lo Absoluto no se contradicen uno a otro.

RELATIVO—Lo que depende de alguna otra cosa.

RELIGION—La idea que tiene el hombre de Dios, o de los Dioses.

REMISION—Perdón de pecados; liberación.

REPRESION—La energía que es activada por medio del urgir creativo dentro del hombre es el poder dinámico de la Mente, y a menos que sea expresado, se congestiona dentro de su mentalidad. La acción inhibida produce conflictos internos que mentalmente lo atan y lo desgarran, y al manifestarse en correspondientes físicos, producen desórdenes de los nervios. Se dice que muchas enfermedades físicas son causadas por emociones que han sido suprimidas, deseos que no se han expresado. Las cosas solamente pueden soportar cierta cantidad de presión, y nada más; cuando se alcanza el límite, tiene que explotar a menos que se le haya proveído de alguna avenida de expresión. Toda irritación y agitación son de origen mental, y pueden remediarse con sólo un sentimiento de paz, de calma. El temor es una emoción intensa, y si queda atrapado, puede secretar un veneno en el sistema. La ira, la malicia, la venganza y las emociones de esa clase son formas sutiles de temor, y provienen de un sentimiento de inferioridad. Tenemos que borrar todas estas emociones si deseamos tener paz, calma y serenidad—las cuales, al unirse, nos dan poder.

Si nos expresáramos completamente, no nos enfermaríamos nunca, ni jamás seríamos infelices. Por lo general, pasamos la vida expresándonos sólo en parte, y sintiendo siempre que no estamos satisfechos o completos. Tiene que suceder algo para que el individuo se sienta completo, permanezca feliz, normal y verdaderamente vivo. Cuando una emoción está en conflicto con la voluntad, y es suprimida o reprimida, vuelve a su estado subjetivo *pero permanece activa*. Puede permanecer por años en el estado subjetivo, pero al fin se manifestará a menos que haya sido neutralizada. Si una persona no expresa su deseo en muchos años, crea un deseo tan fuerte que su inclinación a expresarlo se vuelve irresistible.

La gente algunas veces se convierte internamente en

calderones hirvientes debido a alguna acción inhibida. La energía tiene que encontrar salida. La solución a este problema del deseo, es transformar cualquier tendencia destructiva en alguna acción constructiva. Sin embargo, expresar la emoción reprimida intelectualmente no es suficiente porque sólo aquellas cosas a las cuales nos podemos entregar por completo, pueden resolver el problema. Amar es darse uno mismo al objeto de adoración. Todos debemos encontrar algo que amamos, que nos encanta hacer, algo que expresa completamente lo que somos, algo que libera las energías de la Vida en acción y transmuta ese poder en una obra creativa. Debemos aprender a amar a todos, no sólo a ciertas personas.

Esto no excluye las relaciones humanas importantes que significan tanto para nosotros; pero sí elimina el aguijón de la vida y libera al individuo para que ame a todos, adore a algunos, y encuentre felicidad dondequiera. Imagino que alguno dirá, "Esta enseñanza es muy impersonal." No, no es impersonal; esto no quiere decir que nos importe menos la gente; en verdad encontraremos que por primera vez en la vida verdaderamente amamos, pero sin el aguijón. Rehúsa tener sentimientos heridos. Rehúsa el placer y la morbosidad de la sensibilidad. Abandona la intoxicación emocional y SE TU MISMO. Nunca permitas que tu pensamiento esté desalentado o morboso. Ocúpate en alguna actividad que exprese lo mejor de ti. No trates de extraer vida de otros, vive la vida que Dios te ha dado a ti; ¡es suficiente y completa. Vive, ama y ríe! Deja que tu corazón esté feliz y libre; regocíjate pensando en la vida y se feliz. Reconoce a Dios en todo y a través de todo, y únete con el Todo. ¿Por qué tomar fragmentos cuando puedes tenerlo todo sólo con pedirlo?

RESENTIMIENTO—Ira, desagrado, indignación, odio, mala voluntad, enojo.

RESISTIR...RESISTENCIA—Resistir es obstruir, estorbar, refrenar, frustrar, contrariar, oponer. Resistencia es el hecho de esforzarse en contra de algo.

RESOLVER—Determinar, concluir, llegar a una opinión.

RESPONSABILIDAD—La palabra *responsable* significa que se debe dar cuenta y razón hasta cierto grado. Obligado. Y responsabilidad…aquello por lo cual uno es responsable. Hemos repetido varias veces que nosotros no asumimos la responsabilidad de *hacer que un tratamiento trabaje.* Lo que sí asumimos es la responsabilidad completa *de dar* el tratamiento. Es la Ley la que hace que funcione. El poder por medio del cual el tratamiento ejecuta la obra no creado por nosotros. Solamente ponemos el poder en operación. Por lo tanto, no debemos estar más ansiosos al tratar un cáncer que al tratar un dolor de cabeza.

RESULTADOS—Lo que sucede como producto necesario de la Ley de Causa y Efecto. Los resultados suceden matemáticamente. Condiciones.

RESURRECCION—Elevándose de la creencia en la muerte. Restauración o renovación. Reconocemos que la vida es un desenvolvimiento y por necesidad tiene que culminar en una victoria sobre la muerte. Jesús claramente nos dijo que haríamos "aun cosas más grandes." Nos enseñó que la muerte no es la puerta que nos conduce al Reino de los Cielos, sino superando nuestras creencias limitadas mientras estamos aquí…reconociendo al Padre que mora en nuestro interior. Para mayor elaboración sobre el tema de resurrección, léase el capítulo sobre "Inmortalidad."

REVELACION—Enterarse concientemente de cosas ocultas. Las avenidas de revelación no pueden cerrarse nunca porque la mente que el hombre usa es la misma Mente que Dios usa (la Sola y Unica Mente). Pero nadie puede recibir la revelación de otro. Yo no puedo comprar tu revelación, ni tú la mía. ¿Recuerdan cuando Simón deseaba que Pedro le vendiera el poder que da el entendimiento espiritual? "Pero Pedro le dijo, tu dinero perece contigo porque has pensado que el regalo de Dios se compra con dinero. No tienes ni parte ni suerte en este caso porque tu corazón no está correcto a los ojos de Dios." Ni tampoco llega la *revelación* por rogar o suplicar ni por tratar de comprarla. La revelación es "el regalo de Dios." Con el tiempo aprenderemos que la revelación inapreciable de "*mi* Señor y *mi* Dios" llega sólo cuando nos volvemos hacia el Padre interno, que ha estado allí siempre esperando que le reconozcamos… esperando hacernos nuestra revelación.

RIQUEZAS—Ideas de abundancia; el resultado del conocimiento de suministro.

RITUAL…CEREMONIA RELIGIOSA…RITUALISMO—Enfasis en cosas tales como luces en el altar, vestidura eucarística, la posición hacia el oriente, la hostia, el cáliz mixto, el incienso, etc.

ROMERO—Un emblema de fidelidad, de constancia…para recuerdo.

RUTINA…SURCO—Curso regular, sendero trillado, dirección fija. Todos nos encontramos a veces en un surco mental. Necesitamos levantarnos y reafirmar de nuevo nuestra posición en la Mente Divina; necesitamos vernos rodeados de todo lo que es valioso en la vida, y necesitamos saber que la Verdad no puede ser atada por las condiciones que existen.

SABER/CONOCIMIENTO—"El saber," según se usa en este libro, significa aquello que puede comprobarse ante la Verdad. El saber verdadero es el conocimiento conciente del Padre Interno, la certeza que Dios mora al centro de nuestro ser en forma de salud perfecta, gozo completo, poder, sabiduría y bondad, y que puede manifestarse en nosotros en cuanto le solicitemos. Este conocimiento es el secreto de todo poder. En un sentido general, la palabra *saber* solamente significan la suma total de todo lo que la mente ha percibido y creído. Metafísicamente, *sólo podemos saber* lo que es verdad. Si *tenemos una creencia falsa,* obrará como si fuese verdad, porque "Conforme a vuestra creencia, así se os concede."

SABIO—El hombre versado en las verdades espirituales.

SACRIFICIO—Sufrir la pérdida de una cosa para obtener otra. Hacer una ofrenda.

SALVADOR—En la historia de la humanidad, el hombre Jesús sobresale como la figura más grandiosa de todos los tiempos. Sus enseñanzas contienen las mejores lecciones que la humanidad haya recibido jamás; y su vida y sus obras cuando estaba en la tierra proveen el mejor ejemplo para el hombre. En esta nuestra filosofía, no deseamos disminuir la grandeza de Jesús o refutar sus enseñanzas. En verdad, está basada en las palabras y las obras de este hombre, la personalidad más distinguida que jamás haya favorecido nuestro planeta con su presencia; y hasta el día en que aparezca otra persona más avanzada, Jesús permanecerá siendo el gran Guía de la humanidad. No perdamos tiempo en discusiones teológicas que no nos conducen a ningún lugar sino que, siguiendo su ejemplo, hagamos las obras que él hizo. "Las obras que hago yo, vos haréis; aún obras más grandes que éstas haréis vos; porque yo voy hacia mi padre."

SALVACION—La salvación no es una cosa, no es un fin, sino un Camino. El camino de salvación es la unión del hombre con el Todo. Gracia significa que el Espíritu se da a Sí Mismo a Su Creación.

SANAR—El sanar mental significa sanar por medio de la Mente. Sanar quiere decir hacer íntegro. Deseamos sanar las mentalidades de los hombres sabiendo que hasta el grado en que triunfamos, también sanamos sus cuerpos. La creencia en dualidad ha enfermado al hombre, y el entendimiento de la Unidad lo sanará. Dios representa para nosotros la única Vida en la cual todos vivimos. EL TRATAMIENTO MENTAL ES UNA DECLARACION DIRECTA EN LA MENTE DE LO QUE DESEAMOS QUE SE HAGA Y UNA REALIZACION DE QUE YA SE HA HECHO. Sanar es el resultado de pensar claramente y de razonar lógicamente esto se presenta a la conciencia quien actúa sobre ello. Reconoce que tú eres una Idea Divina y que tu palabra es ley sobre lo que pronuncias. La idea de sanar, cuando se comprende, es la substitución de la Verdad por el testimonio de los sentidos. Esto restaura al hombre a una condición de integridad.

SANTO—Un hombre inmaculado, sagrado.

SECUENCIA—El orden por medio del cual están relacionados o conectados los eventos. Sucesión sencilla.

SEGURIDAD—En verdad, tener *seguridad* es tener "la mente que estaba en Cristo Jesús." Es el conocimiento de nuestra Unidad con el Bien Total.

SER—Lo que existe en realidad o potencialmente. Por lo general se usa para denotar existencia conciente. Cuando se escribe con letra mayúscula, se refiere al Divino Ser, Dios. Existe sólo una Fuente de Ser—Dios—y todos estamos conectados con esta Fuente en todo tiempo.

SERIE CREATIVA—Cualquier manifestación concreta y particular del Espíritu.

SEÑOR—Otro término que se refiere al Dios Interno. "Y el Señor te guiará continuamente…" Mi Señor es el Cristo dentro de mi alma.

SERVICIO—Servicio es la clave del éxito e implica trabajo constructivo; también es lealtad al trabajo y a todos los que están involucrados en él.

SIERVO ETERNO DEL ESPIRITU— El Alma Universal, siendo el Principio Creativo del Universo, y la Ley del Espíritu, ha sido llamada "Espíritu Santo" o "Siervo del Espíritu Eterno por siempre jamás."

SILENCIO—Quizás esta palabra se usa más seguido y se entiende menos que ninguna otra en la terminología del metafísico. Para obtener el silencio no necesitamos ir a un cierto lugar; no necesitamos asumir ninguna postura en particular; no hay fórmula que debamos repetir. A este "tabernáculo interno" entramos por cualquier ruta que deseemos. Algunas personas viven en tal unidad conciente con el Bien que *instantáneamente* pueden tornar hacia su interior y dirigir el Bien por las avenidas que desean que tome. Otros tienen que acercarse por medio de la oración, otros cantando, leyendo algún verso de la Biblia, o repitiendo un poema inspirado. Si sabemos que Dios siempre está aquí dondequiera que estemos, no le *buscaremos fuera*. Entramos a la sala interna de nuestra mente y cerramos la puerta a toda discordia y confusión, y allí entramos en comunión con nuestro Dios, nuestra consciencia espiritual; Nuestro Padre Interno. Nuestros ojos no ven visiones ni nuestros oídos oyen sonidos. El Silencio es nuestra comunión con el Espíritu; el conocimiento de nuestra Unidad con el Bien, nuestro entendimiento de que "el Padre Interno hace las obras."

SIMBOLO—Una impresión mental que denota una verdad espiritual o mental. La mayoría de los Hebreos eruditos consideran la Biblia como una alegoría que registra el avance espiritual de los Judíos. Ciertamente Jesús creyó que valía la pena presentar algunas de sus enseñanzas más importantes en forma de parábolas. Para él, todo en el mundo natural era símbolo de alguna verdad espiritual...una representación de la manera que el Plan Cósmico estaba obrando en el desarrollo del hombre.

SIN PODER ELEGIR—Esto significa que no tiene la habilidad de escoger. El Alma, al contrario del Espíritu, no escoge por Sí Misma. Siendo subjetiva, tiene que recibir pero no puede escoger. Tenemos que recordar siempre que el Alma simplemente refleja las imágenes que el Espíritu proyecta en Ella.

SINCERO—Siendo en realidad lo que parece ser. Firme, verdadero, honrado; libre de hipocresía y disimulación; directo.

SOBRENATURAL—Lo que se considera sobre o más allá de la ley u orden natural. Milagroso, sobrehumano, *preternatural*. Preternatural excede de alguna manera lo que esnatural, ordinario o explicable, *sin que se sienta como algo sobrenatural*. *Sobrehumano,* se usa muchas veces como equivalente a supernatural, con frecuencia se usa como exageración de lo que aún siendo humano excede demasiado la norma ordinaria, como cuando decimos que una persona ha hecho un "esfuerzo sobrehumano" para llevar a cabo alguna cosa. En la metafísica aprendemos que mucho de lo que se ha llamado *sobrenatural* es divinamente natural, es la obra de la ley natural. Le llamamos milagroso cuando no conocemos la ley que lo apoya y lo gobierna. Lo sobrenatural simplemente significa, más allá, o fuera de lo que es natural—no es una violación a las leyes naturales, sino es transcenderlas.

SUBJETIVIDAD DEL UNIVERSO—El Alma Universal o la Ley Mental.

SUBJETIVIDAD UNIVERSAL—El Medio Creativo o la Mente Universal. Véase la descripción bajo el tema *Espíritu Universal*.

SUBJETIVO—Bajo el umbral de la conciencia. El lado interno. El subconciente.

SUBJETIVO AL ESPIRITU—La Ley está subjeta al Espíritu.

SUBLIMAR—Transmutar energía en otra forma de acción.

SUBSISTIR—Vivir por virtud del Espíritu.

SUBSTANCIA—Lo que no tiene forma y que se encuentra detrás de toda forma. La *Substancia Primordial* es la Cosa ultima sin forma de la cual todo proviene.

SUBSTANCIA SIN FORMA—La cosa fundamental de la cual todas las formas son creadas, se encuentra universalmente presente en su estado sin forma, y la inteligencia conciente y subconciente obra sobre ella. Es la naturaleza del Alma dar forma a las ideas con las cuales es impregnada, por lo tanto, el Alma contiene la Substancia dentro de Sí Misma.

SUERTE—Vida o evento arreglado o predeterminado. Predestinación. La persona que cree en la suerte debe sanar de esa idea porque no existe tal cosa. Existe Un Poder Perfecto, obrando siempre, y nunca depende de ningún lugar, persona, estación del año, ni nada más que de Sí Mismo.

SUGESTION—Recibir los pensamientos de otro. La sugestión acepta las ideas de otro y las cree. Puede ser conciente o inconciente.

SUMINISTRO—Suministro es el término general que se usa para incluir cualquier necesidad concebible. Como verbo sólo significa proveer, abastecer o suplir lo necesario. Como substantivo según se usa en este libro, suministro es sinónimo de substancia. Y ya hemos aprendido que Dios es la substancia de todas las cosas, y esta Substancia es por Sí Misma el *suministro* de cualquier petición que puede hacerse. En la economía política aprendemos que el suministro es la cantidad de una mercadería que esta disponible para una petición. En la Ciencia de la Mente aprendemos que el suministro de *cualquier bien* espera nuestra demanda: "Todo lo que el Padre tiene." En algún lugar, para toda necesidad ya se ha provisto abundamentemente un suministro igual a cualquier demanda que se haga ¡PERO LA DEMANDA TIENE QUE HACERSE! "Como tú lo creas." Cada uno tiene poder para reclamar su parte de los regalos que Dios ha proveído de salud, riquezas y poder. Cada uno es abastecido DE ACUERDO con su creencia.

TACTO—Tacto implica una percepción delicada y sensible, un entendimiento compasivo, particularmente cuando concierne a lo que es propio, agraciado o atento en ciertas condiciones. Un sentido de discernir lo que es correcto, propio o justo.

TALMUD—La ley civil y canónica de los Judíos que no se encuentra en el Pentateuco.

TAOISMO—Una de las religiones principales de la China, fundada por Lao-Tse, un filósofo del siglo sexto antes de Cristo.

TELEPATIA—Transferencia de pensamientos. Esto se conoce tan bien que sólo es necesario enfatizar un punto; la telepatía mental no sería posible a menos que hubiese un Medio a través del cual pudiese obrar. Este medio es la Mente Universal.

TEMOR—"El amor perfecto arroja fuera el temor." "No temáis mi pequeño rebaño, porque es el placer de vuestro Padre daros el reino." El temor es la antítesis de la Fe. Es la negación de la confianza. Al igual que la Fe, el temor puede ser conciente o subconciente, y si hemos de eliminarlo, tenemos que desecharlo tanto conciente como inconcientemente.

TENDENCIA—Propensión, inclinación, predisposición, ladearse en cierta dirección. *Tenor*, por el contrario, sugiere el curso prevaleciente, o continuidad de la misma cosa.

TENDENCIA SUBJETIVA—La dirección subjetiva del pensamiento.

TENDENCIAS HEREDADAS—El subjetivo, siendo la raíz de la memoria, contiene las características y tendencias de la humanidad. No heredamos enfermedades pero sí heredamos tendencias. De esta manera se transmiten las características de familia de la raza humana.

TEOLOGIA—Aquello que trata con la naturaleza de Dios. Lo que los hombres han pensado acerca de Dios y han formulado en credos y doctrinas, presentándolo como principios confiables para guiár nuestra vida. Con frecuencia la teología se preocupa más con la forma de adoración que con el Espíritu que la inspira, tratando con doctrinas en vez de tratar con la vida. Ningún anuncio dogmático debe perturbarnos; debemos buscar nuestra propia iluminación espiritual. La teología puede interesarse en el tema de como nació Jesús; nosotros debemos interesarnos en las verdades que enseñó.

TEORIA—Un principio general que se ofrece para explicar un fenómeno, y es más o menos creíble según la evidencia presentada.

TEOSOFIA—La "Sociedad Teosófica" en América fue fundada en 1875. Uno de sus propósitos era "Formar un núcleo de hermandad universal entre los humanos, sin hacer distinción de raza, credo o color." Incorporaba algunas teorías budistas y brahmanistas. En la actualidad, incorpora las leyes de Karma, Causalidad y Reencarnación. Sostiene ideales elevados de la Inmanencia de Dios y la Solidaridad de la Vida. Los que estudian nuestro libro de texto saben que estamos de acuerdo con la Teosofia al decir que somos *inmortales ahora mismo;* damos importancia a la Inmanencia de Dios, pero interpretamos las enseñanzas de Jesús sobre la Ley de Karma (la Ley de Causa y Efecto) como una Ley que puede cambiarse en cualquier momento por medio del conocimiento y la aplicación del principio de la Ciencia de la Mente.

TIEMPO—"La secuencia de eventos en un todo Unitario." Esta es una definición excelente de Dean Inge, porque en realidad el tiempo no es una cosa por sí misma. Es solamente la medida de una experiencia en la eternidad. El tiempo no contradice la Eternidad, pero permite que la Eternidad se exprese en términos de experiencias definidas. El tiempo es necesario porque permite que la experiencia ocurra dentro del Uno, pero el tiempo nunca es una cosa de por sí. Es imposible medir el tiempo porque ayer ya pasó, mañana no ha llegado, y el ahora está pasando rápidamente. Si deseáramos señalar un cierto momento, no podríamos hacerlo porque habría pasado antes que pudiésemos señalarlo. Pero, aún cuando el tiempo es una ilusión, es necesario para la experiencia.

TODO, EL—Cuando hablamos del "Todo," hablamos de Dios. La mente del hombre conciente de sí misma es su percepción de la Realidad. Es su Unidad con el Todo, con Dios, en el aspecto conciente de la vida, y es garantía absoluta que el hombre es un Centro del Conocimiento de Dios en el Vasto Todo.

TODO UNICO, o TODO BIEN—Esto se refiere a Dios o al Espíritu; toda la Substancia, Vida, Poder, Amor, Belleza e Inteligencia en el Universo, ambos, manifiesto y no manifestado.

TRASCENDENTE—Lo que es de calidad superlativa. Abarcar más allá. Sobrepasar.

TRANSICION—Pasar de un estado, de una fase o plano a otro.

TRANSMUTAR...TRANSMUTACION—Cambiar de una naturaleza, forma o substancia a otra. Transformar.

TRATAMIENTO—El tratamiento es el arte, el acto y la ciencia de inducir concientemente un pensamiento dentro de la Subjetividad Universal, con el propósito de demostrar que estamos rodeados de un Medio Creativo que nos responde por medio de la ley de correspondencia. En un significado más sencillo, el tratamiento es el tiempo, el proceso y el método necesarios para cambiar nuestro pensamiento. El tratamiento es aclarar el pensamiento, eliminar toda idea de negación, duda y temor, y percibir la eterna presencia de Dios.

TRINIDAD—El Universo triple. Una trinidad de ser parece fluir por toda la Naturaleza y toda la Vida. Por ejemplo, existe la electricidad, la forma en que trabaja, y lo que hace; tambien está la semilla, el medio creativo (la tierra), y la planta. Pero, en la Trinidad de Dios y el hombre fluye un Espíritu Conciente de Sí Mismo, y este Espíritu Conciente es lo que distingue al hombre del bruto. El hombre duplica la Trinidad de Dios en espíritu, alma y cuerpo. Somos Úno con toda la materia en el universo físico; Úno con la Ley Creativa del Universo en el Mundo Mental; y Uno con el Espíritu de Dios en el Mundo Conciente. El hombre como el círculo pequeño, y Dios como el Círculo Grande. Somos un punto en la Conciencia Universal, que es Dios; y Dios es nuestra Vida, nuestro Espíritu, Mente e

Inteligencia. No estamos separados de la Vida, ni la Vida está separada de nosotros; pero somos entidades separadas dentro de Ella—Centros Individualizados del Conocimiento de Dios.

ULTIMO—Fin; final; lo más alejado en tiempo y espacio; el extremo; el último resultado; incapaz de más análisis, división o separación; concluyente. Lo *último* del *efecto* ya es potencial en la *causa*. Debemos concebir que nuestra palabra es *la cosa*, el principio y el fin de la cosa pensada, la causa y el efecto—y ambos son lo último en el Espíritu. No existe maldad última porque lo último de todo es Dios—Espíritu. Por lo tanto, *la última salvación para todos existe.* Es imposible que ninguna alma se pierda porque cada una es parte del Todo.

UNA MENTE—Esto se explica bajo "Mente."

UNICO, EL—El Poder Solo…Dios.

UNICO-TODO—No existe nada aparte de Ello. Aquello que contiene dentro de Sí todo lo que verdaderamente es. La Vida en todo y el Amor a través de todo. La Unica Presencia y la Unica Persona Infinita a quien llamamos Dios o Espíritu. Dentro de este ser Unico, viven todos.

UNIDAD—Dios y el hombre, una sola cosa. Los iluminados de todos los tiempos han enseñado que detrás de todas las cosas existe Una Causa Invisible. No hay constancia de ningún gran pensador que haya enseñado la dualidad. Esta enseñanza de Unidad…"El Señor nuestro Dios es Un Dios…" es la piedra angular en las Escrituras Sagradas del Oriente, lo mismo que en nuestras Escrituras Sagradas. Es la fuente de las enseñanzas de las filosofías modernas, tales como las Enseñanzas de "*Unity*," el Movimiento del Nuevo Pensamiento, las Enseñanzas Ocultas, las Enseñanzas Esotéricas o Internas, las enseñanzas de nuestra Ciencia Religiosa, y aún mucho de lo que se enseña como Psicología. La ciencia no ha encontrado nada que contradiga estas enseñanzas, ni jamás lo encontrará porque esta enseñanza es evidente por sí misma. Hay un capítulo entero en este libro que puede aclarar este tema con más amplitud. La palabra *Unidad*, debemos explicar aquí, significa la unión de las partes, el resultado de muchas partes uniéndose en un todo perfecto y armonioso...Unidad...Una Vida, de la cual todos somos parte; Una Inteligencia, que todos usamos; Una Substancia que se manifiesta en múltiples formas; Un Principio, como enseñó Jesús: "Que todos ellos sean uno, así como Tú, Padre, estás en mí y yo en Ti, y ellos también en nosotros."

UNIDAD LA TRINIDAD—La Trinidad.

UNIVERSO—El Mundo Cósmico. En el universo entero, Un Solo Poder actúa, el Poder de la Palabra de Dios. Si el Universo no fuese perfecto, no podría existir ni por un sólo momento. Por lo tanto, es evidente que todo lo que está dentro del Universo tiene que ser perfecto. El estudiante de la Verdad tiene que darse cuenta y mantener que vive en un Universo Perfecto, entre personas perfectas. "Dios Perfecto, Hombre Perfecto, Ser Perfecto." Esta es nuestra premisa. Así conoce el alma a Dios y está en paz.

UNO, EL—Dios.

URGIR—Empujar, estimular, impulsar; trabajar con ahínco, argumentos, persuasión o importunidad; insistir; presentar de manera diligente. Una urgencia, por lo tanto, que evidentemente es una emoción más fuerte que sólo un deseo débil. Constantemente nos referimos al "Urgir Divino." ¿Cómo podemos distinguirlo de un impulso humano? ¿Es algo diferente? ¿Cómo podemos saber si nuestros deseos son completamente egoístas o si verdaderamente nos estamos fusionando con bien más grande del que lo es Todo? Aunque el Urgir Universal obra a través del individuo, nunca pierde de vista su Propósito Cósmico. Por lo tanto debemos preguntarnos si al realizarse nuestros deseos sólo se alcanzarán fines egoístas o si se beneficiarán todos, o por lo menos no harán mal a nadie. El Urgir Divino es altruista, sirviendo a muchos por medio de Su expresión más mínima. Trata con factores espirituales como el amor y el servicio por ser lo que es; es fiel a su naturaleza en todo plano de expresión.

URGIR COSMICO—El deseo del Espíritu de expresarse a Sí Mismo.

URGIR DIVINO—El deseo interno de expresar la vida. El deseo de hacer y alcanzar más, de ser más completamente feliz, próspero y satisfecho. Este urgir divino es parte de ese espíritu de desarrollo eternamente progresivo. Debemos rendir toda situación totalmente a la acción de la Inteligencia, con la convicción que la Inteligencia nos usará como canales perfectos.

VEJEZ—La vida no envejece. Cuando reconozcamos que existe sólo Una Mente, y que no pueden penetrarle ideas de depresión, temor, o decaimiento, ni sugestiones de imperfección; cuando tengamos el conocimiento que el hombre ni nace, ni muere porque es Espíritu sin edad, entonces no envejeceremos. Los científicos han comprobado que ninguna parte de nuestro cuerpo tiene más que varios meses de edad.

VERDAD—Lo que es. La Razón, Causa y Poder en todo y a través de todo. La Verdad no nace, ni muere, ni cambia; es Completa, Perfecta, Integra, Existente Por Sí Misma, Sin Causa, Todopoderosa, Dios, Espíritu, Ley, Mente, Inteligencia, y cualquier cosa y todo lo que implica Realidad. Por medio de un proceso de razonamiento axiomático llegamos a la conclusión que el Espíritu no sabe nada fuera de Sí Mismo. La Verdad es lo que Es; y siendo lo que Es, tiene que ser Infinita y tiene que serlo Todo. Siendo Infinita o siéndolo Todo, la Verdad no puede tener nada fuera de Sí Misma, nada que pueda dividirla; por lo tanto, el Espíritu es Indivisible, Innmutable y Completo dentro de Sí Mismo. El Mismo es todo lo que existe—ambos Causa y Efecto, Alfa y Omega.

VIBRACION...VIBRAR—Vibración es la Ley ejecutándose. Vibrar quiere decir fluctuar u oscilar. Moverse o cambiarse de un lado a otro. Hablamos de estar en vibración con un pensamiento y después otro; esto significa que estamos en armonía primero con un pensamiento y después con otro, cambiando del uno al otro. La vibración de un libro es la atmósfera mental de ese libro; es lo que leemos "entre líneas," lo mismo que en las líneas. Hablamos de la vibración elevada de una habitación, en particular una habitación donde se dan tratamiento mentales, indicando el conocimiento espiritual que se ha engendrado allí. Todo fenómeno es determinado por su grado de vibración. Desde lo que llamamos inanimado hasta el hombre—la forma más elevada de las creaciones de Dios— -todo es hecho de la Unica Substancia; la diferencia en la forma es determinada por la vibración de la substancia. El agua, el hielo y el vapor son la misma substancia pero tienen diferentes grados de vibración. La vibración más alta que el hombre puede experimentar es el Amor.

VICTORIA—Alcanzar superioridad en *cualquier* lucha. El metafísico encuentra su victoria en el silencio de su propia alma; volviéndose hacia el "Padre Interno."

VIDA—El Principio vivificador de Ser…Ese Algo Interno que hace que todo viva. Vida y Poder son atributos necesarios de un Ser Ilimitado, y van de la mano para completar un Ser Perfecto. La Vida es Eso que Vive, y ese Poder es la Energía con la que Ella opera. Considerando la Vida y el Poder como unidad combinada de Causación, vemos que constituyen la base fundamental de toda manifestación visible e invisible. En el mundo objetivo, la Vida es el Poder que lo une todo. Es evidente que la Vida se manifiesta en diferentes niveles. En el mundo mineral, parece ser inconciente, pero aún así, la afinidad química es una manifestación de la Vida atrayéndose a Sí Misma. En la vida de las plantas, se manifiesta como un poder para expresarse en un lugar, pero sin volición para moverse. Esto no indica que el Espíritu sea limitado, sino simplemente es una de las formas en que funciona. En el mundo de los animales, vemos diferentes grados de la manifestación de la Vida, desde la primera célula hasta el hombre. Por ejemplo, un perro es más inteligente que un pez, y sin embargo, cada uno tiene el poder de moverse de un lado a otro. En el hombre, la Vida se expresa en términos de Volición y Voluntad Propia; se manifiesta al nivel de la Conciencia Propia de la persona. Mientras que el Espíritu, Por Sí Mismo, debe siempre conocerse a Sí Mismo, estamos perfectamente justificados al decir que se manifiesta en diferentes niveles, comprobando que es infinito. Si tuviera que manifestarse sólo en un nivel, sería limitado. Cuando el Espíritu se manifiesta puramente en forma mecánica, decimos que es Vida Inconciente; cuando se manifiesta en el mundo de los animales, le llamamos conciencia simple; cuando se manifiesta en y a través del hombre, se dice que está en un Estado de Auto-conciencia. A medida que este Estado Auto-conciente de la mentalidad del hombre alcanza una realización más avanzada y comprende algo de Su Unidad con el Todo, decimos que llega a un Estado Cósmico. De esta manera sabemos de cuatro niveles en los que se manifiesta el Espíritu: Estado Inconciente, Conciencia Simple, Auto-conciencia y Conciencia Cósmica. Todas estas no son más que diferentes maneras en que se expresa el Poder único. La Vida, entonces, es esa cualidad de Ser que fluye a través de todo y que permite a toda cosa ser lo que Es.

VIDA INHERENTE—Vida verdadera, distinguiéndose de la vida latente. Inalienable, inseparable; envuelta en el carácter esencial de todo; innata, incrustada, esencial. Conectada con nosotros como atributo permanente. Nuestra vida inherente, nuestro Dios interno, nos asegura toda la vida, salud, paz, gozo y abundancia que podamos concebir o desear.

VIDA INSTINTIVA—El Uno en todo.

VIDA LATENTE—Vida que está dependiendo de la realidad. Se distingue de la vida inherente.

VIDENTE—Profeta. Alguien dotado con conocimiento espiritual. El que puede ver dentro de las causas.

VISION/VISTA—La habilidad de ver. Las personas que cierran todas sus avenidas de receptividad, que no aceptan ideas nuevas, que rehusan a reconocer la belleza, que *rehusan* MIRAR—frecuentemente encuentran que están perdiendo la habilidad de usar los ojos físicos. "Ceguera Espiritual" es un nombre erróneo porque en *verdad* no existe obstrucción a la vista; no existe la miopía ni la presbicia; ni visión débil o nublada...Solamente existe un Mirar Perfecto, que mira dentro de nosotros y por medio de nosotros. DIOS VE, Y SU MENTE ES LA UNICA MENTE QUE EXISTE. Es nuestra Mente; por lo tanto, el hombre sí ve aunque no sepa que está viendo.

Una identificación perfecta de uno mismo con la Unica Mente en la cual la Substancia y la Idea son Una, asegurará vista perfecta para siempre.

VISION INTERIOR—La capacidad espiritual de saber la verdad. Una cualidad mental que permite que la mentalidad comprenda la Verdad.

VISUALIZAR—VISUALIZACION—El arte de proyectar mentalmente una forma de pensamiento dentro del Medio Creativo Universal. *Visualizar* significa ver mentalmente la cosa que se desea tener o hacer. Cuando ves mentalmente las cosas que deseas—y las ves claramente—le presentas a la Mente Universal imágenes del pensamiento; y, así como la tierra produce las plantas, Esta de inmediato tiende a proyectar las imágenes en formas. Si la imagen del pensamiento es clara, provee un buen molde; si no está clara, el molde no es bueno. Esto no quiere decir que debemos mantener la mente fija, o sostener un cierto pensamiento, pero sí quiere decir que debemos pensar claramente.

Algunos practicantes usan el método de visualización casi completamente y es la manera en que trabajan. Deciden específicamente qué imágenes desean presentar a la mente. Guardan silencio y empiezan a ver el resultado completo de su deseo en escenas mentales, en todo detalle. Si desean una casa, conocen el tipo exacto de casa que desean. En el silencio de su mente se ven en esta casa, viviendo en ella, agasajando a sus amigos, y mentalmente van de habitación en habitación, deteniéndose a mirar un cuadro o un mueble. Mentalmente, hacen la casa tan real como les es posible. Entran a ella y se sientan, etc., y dicen, "Estoy viviendo en esta casa ahora mismo." Han puesto su palabra en acción, a través de la Ley, la cual producirá la demostración a menos que neutralicen el pensamiento. Continúan esto cada día hasta que aparece la casa. El método es el mismo, no importa que se desee una casa, un vestido, un empleo, o un marido. Esta es una forma, y es buena si no conocemos otra mejor. Es buena hasta cierto punto y hay quienes creen que este es un excelente método. Nuestro único comentario es que esta es una forma de limitación.

Si deseáramos comprar unos guantes, probablemente no le presentaríamos al empleado un retrato de los guantes; le diríamos la clase de guantes que deseamos, piel o tela, y el último estilo. Si sólo le mostráramos el retrato, el empleado podría responder que no tienen esa clase, y no nos mostraría los hermosos estilos nuevos que tiene en sus aparadores. Cuando aprendemos a leer y a escribir ya no necesitamos dibujar lo que necesitamos. Porque reconocemos nuestra unidad con la Substancia, y sabemos que el deseo es la cosa misma en su principio—la oferta y la demanda son lo mismo—sabemos que sólo necesitamos tornar hacia la Inteligencia nuestras más altas concepciones de belleza cuando hacemos nuestra petición por una casa, y recibiremos una casa mucho mejor que la que habríamos podido imaginar.

VITALIDAD Y ENERGIA—Energía es un atributo divino é inagotable, y por lo tanto nunca se agota, se limita o se destruye. Vitalidad es aquello de lo cual depende la vida, pero la vitalidad en el hombre proviene de Dios. La vitalidad de Dios existe por Sí Misma, y se impulsa por Sí Misma. A medida que estamos concientes de nuestra Unidad con el Bien, nos llenamos de entusiasmo, de energía y de vitalidad. Dios es el Poder Interno de nuestra vida. Al abrirnos a la vida interna, vital, y al mezclarnos en Su flujo nos llenamos de vitalidad y energía.

VOCACION—Lo que el pensamiento causa que hagamos. Aptitud especial.

VOLICION—El poder de actuar independientemente. El poder de escoger concientemente. Sólo existe un factor volicional en el Universo y es el Espíritu, o la Mente Auto-conciente. El Espíritu no puede dejar de saber.

VOLUNTAD—Voluntad significa la decisión puesta en ejecución. Tener voluntad es determinar por medio del acto de escoger. Volición, selección y voluntad tienen que ser atributos del Espíritu. Casi tienen el mismo significado. Debemos tener cuidado de no pensar en estas cualidades del Espíritu en términos humanos o limitados. Cuando escogemos, hacemos selección; esto significa que existen dos o más cosas de donde escoger, pero cuando el Espíritu escoge, simplemente anuncia. El Espíritu no tiene que usar voluntad para que sucedan las cosas; las cosas suceden porque esa es la voluntad del Espíritu. Esta voluntad, entonces, es simplemente la ejecución de un propósito; y como el Espíritu es Absoluto, nada puede negar Su Voluntad. Selección, volición y voluntad son atributos necesarios y verdaderos del Poder Existente Por Sí Mismo; porque sin estos atributos no habría un canal por medio del cual se expresaran las Ideas de Dios; en el hombre, estas cualidades, volición, selección y voluntad, son limitadas, pero en Dios, son infinitas.

YO SOY—El "Yo Soy" es tanto individual como universal. Es decir, el "Yo" individual es parte del "Yo Soy" Universal. La "conciencia del Yo Soy" es esa parte del pensamiento, tanto conciente como subjetiva, que no sólo afirma su unidad con Dios sino que también comprende el significado de su afirmación.

La Ciencia de la Mente:
Cambiará Su Vida

Renombrado como una de las principales autoridades espirituales de este siglo, Ernest Holmes unió lo mejor de la filosofía, psicología, y ciencia del Oriente y Occidente, en las ideas transformacional conocido como Ciencia de la Mente. Además, el formuló un tipo específico de oración meditativa, la curación espiritual, que ha mejorado la vida de millones de gente.

Su técnica para saber vivir está basado en una vida libre y llena de la sabiduriá sagrada, antigua, y moderna. Ernest Holmes delineó sus ideas en una collección de los libros inspiracionales. Escrito con sencillez y candor, estos libros proveen el modo para cada lector vivir una vida más satisfecha.

Para una lista de los libros por Ernest Holmes, llamen 1-800-382-6121.

**Visiten Science of Mind online
http://www.scienceofmind.com**

La revista, *Science of Mind,* ganadora de un premio, presente, mensualmente, artículos y entrevistas inspiracionales y profundos. Además, The Daily Guides to Richer Living presenta a usted la sabiduría y dirección espiritual para todos los días.

Para más información, llamen 1-800-247-6463.